DICTIONNAIRES & RÉFÉRENCES

7

LE THÉÂTRE FRANÇAIS

DE LA

RENAISSANCE

DU MÊME AUTEUR

- *Le Personnage du naïf dans le théâtre comique du Moyen Age à Marivaux*, Paris, Klincksieck, 1979, 354 p.
- (en collaboration avec H. Lagrave et M. Régaldo) *La Vie théâtrale à Bordeaux des origines à nos jours. T. I: Des origines à 1799*, Paris, CNRS, 1985, 501 p. (Prix de la Ville de Bordeaux, décerné en 1985 par l'Académie de Bordeaux).
- *Molière et ses comédies-ballets*, Paris, Klincksieck, 1993, 280 p. (Bibliothèque de l'Age classique, 7).
- *Le Théâtre français du Moyen Age*, Paris, SEDES, 1998, 432 p.
- (en collaboration avec Martine Mazouer) *Etude sur Molière, « Le Bourgeois gentilhomme », comédie-ballet*, Paris, Ellipses Edition Marketing, 1999, 127 p. (Résonances).
- *Trois Comédies de Molière. Etude sur « Le Misanthrope », « George Dandin », « Le Bourgeois gentilhomme »*, Paris, SEDES, 1999, 155 p.

ÉDITIONS CRITIQUES

- Raymond Poisson, *Le Baron de la Crasse et L'Après-soupé des auberges. Comédies*, Paris, Société des Textes Français Modernes, 1987.
- Jean-François Regnard, *Attendez-moi sous l'orme, La Sérénade et Le Bal. Comédies*, Genève, Droz, 1991 (Textes Littéraires Français, 396).
- *Farces du Grand Siècle. De Tabarin à Molière. Farces et petites comédies du XVIIᵉ siècle*, Paris, Librairie générale française, 1992, 508 p. (Le Livre de poche classique).
- Jean-François Regnard, *Le Légataire universel, suivi de La Critique du Légataire*, Genève, Droz, 1994 (Textes Littéraires Français, 442).
- Evariste Gherardi , *Le Théâtre italien, I,* Paris, Société des Textes Français Modernes, 1994.
- Robert Garnier, *Marc Antoine, La Troade*, deux tragédies [in] *Théâtre français de la Renaissance. La tragédie à l'époque d'Henri III. Deuxième Série. Vol. 1 (1574-1579)*, Florence-Paris, Leo S. Olschki-PUF, 1999, p. 219-435.
- Robert Garnier, *Antigone*, [in] *Théâtre français de la Renaissance. La tragédie à l'époque d'Henri III. Deuxième Série. Vol. 2 (1579-1582)*, Florence-Paris, Leo S. Olschki-PUF, 2000, p. 61-189.

Charles MAZOUER

LE THÉÂTRE FRANÇAIS
DE LA
RENAISSANCE

PARIS
HONORÉ CHAMPION ÉDITEUR
7, QUAI MALAQUAIS (VIᵉ)
2002

www.honorechampion.com

HISTOIRE DU THÉÂTRE FRANÇAIS

Sous la direction de Charles Mazouer
Professeur à l'Université Michel de Montaigne-Bordeaux III

À PARAÎTRE

1002939014

T

Diffusion hors France: Editions Slatkine, Genève
www.slatkine.com

Pour Maman
In memoriam

AVANT-PROPOS

Le lecteur trouvera ici le second volume annoncé en 1998 ; l'auda-cieuse entreprise amorcée avec Le Théâtre français du Moyen Âge *(Paris, SEDES) se poursuit avec ce* Théâtre français de la Renaissance. *La visée et les méthodes demeurent inchangées : faire connaître et goûter des textes de théâtre plus ou moins riches de sens et de beauté comme textes spécifiques destinés à une scène, au jeu des acteurs et finalement au plaisir des spectateurs ; et, de ce fait, les inscrire dans l'histoire, dans l'évolution d'une société et de sa culture, en étant particulièrement attentif à tous ces enjeux collectifs de l'activité théâtrale que sont la diversité et l'attente des publics, la stratégie des milieux littéraires ou les rapports avec les pouvoirs.*

La parution de ce deuxième volume a connu quelques vicissitudes, l'éditeur initial ayant abandonné le projet qu'il s'était engagé à mener d'une histoire de notre ancien théâtre jusqu'à la Révolution. Mais Claude Blum et les éditions Champion ont généreusement recueilli ce projet ; qu'ils en soient vivement remerciés ! Mieux même : ils ont désiré que l'histoire du théâtre français fût poursuivie, dans un identique esprit, jusqu'à la fin du XXe siècle. Je m'entourerai donc, pour les trois derniers siècles, d'une équipe de quelques auteurs qui parachèveront, dans des délais raisonnables, l'entreprise que j'ai commencé seul.

Juillet 2001

INTRODUCTION

Tout en la conservant pour diverses raisons, le volume précédent, consacré au *Théâtre français du Moyen Âge*[1], avait mis en débat la périodisation traditionnelle, puisque le théâtre médiéval tardif poursuit sa carrière au-delà de la fin du XVe siècle, frontière traditionnelle du Moyen Âge, en plein siècle de la Renaissance. Le présent volume, dédié au théâtre de la Renaissance, rend pleinement sensible ce phénomène. De fait, si des changements radicaux vont marquer le théâtre du XVIe siècle, ce sera à des moments et selon des rythmes différents, au terme d'une évolution lente ou sous le coup brutal des événements. La déchirure de la chrétienté disloque progressivement le public des mystères ; et les Réformes trouvent dans le pouvoir politique un allié : c'est l'interdiction, hautement symbolique, des mystères par le parlement de Paris, en 1548. De son côté, se renforçant, la monarchie supporte de plus en plus mal le théâtre de la parodie, de la satire et du rire, qu'elle s'efforce de marginaliser. La véritable révolution culturelle apportée par l'humanisme marque les esprits dès avant le début du XVIe siècle, et les humanistes redécouvrent, traduisent, imitent même assez tôt le théâtre antique, si étranger au théâtre médiéval ; mais il faut attendre les années 1549-1550 pour que le groupe des jeunes écrivains ambitieux de la Pléiade décide la mort du théâtre médiéval et fonde un théâtre français nouveau, un théâtre de tragédies et de comédies. On repère donc des événements majeurs et des dates symboliques qui marquent les ruptures ; mais l'observateur attentif discerne les glissements, les lentes évolutions avant de constater les cassures. Et il remarque des simultanéités étranges, que signalent la chronologie des manifestations de la vie théâtrale ou même tout simplement l'appellation des pièces de théâtre : que le *Pathelin* soit considéré comme une « comédie », que des mystères de la Passion ou des mystères de saints soient qualifiés de « belles et dévotes tragédies » signifie clairement que le courant médiéval a parfois mêlé ses eaux avec le courant du théâtre renouvelé de l'Antiquité.

Le XVIe siècle a donc vu se juxtaposer, se confronter et finalement se succéder un théâtre traditionnel de forme médiévale et un théâtre moderne

---

[1] Paris, SEDES, 1998.

bien déterminé à éliminer les genres gothiques. Il est un siècle de transition, un âge moyen pour le théâtre. Et en vue cavalière, le partage des eaux se situe bien au milieu du siècle.

Il suffit de comparer les caractéristiques du théâtre médiéval avec celles du théâtre nouveau pour mesurer l'ampleur des changements, du bouleversement même, qui vont marquer plusieurs siècles. Les humanistes n'inventèrent pas le théâtre, à l'instar des moines médiévaux, mais ils le firent renaître : re-naissance à partir des modèles antiques. Le théâtre médiéval était un théâtre européen, le théâtre de la chrétienté ; la Pléiade veut un théâtre national qui illustre notre littérature et notre langue françaises. Au théâtre médiéval avant tout destiné à la représentation s'oppose désormais un théâtre littéraire, soucieux de théorie, mais qui peine à trouver un public. C'en est fini largement d'un théâtre régional : si des initiatives locales demeurent, les poètes de théâtre, même quand ils résident en province, s'attachent à suivre modes et modèles imposés par les milieux intellectuels parisiens. On veut détrôner le mystère, supprimer la farce ; les genres grecs de la tragédie et de la comédie supplantent les formes anciennes.

Mais il faut voir au-delà des formes, et signaler de plus profonds changements. Le théâtre médiéval est essentiellement religieux, intégrant même le rire et la dérision dans les mystères ; et quand il est profane, c'est par refus du christianisme, qui sert de référence. Le mystère illustre une vision chrétienne, opposant le Bien et le Mal par rapport à quoi l'homme doit se déterminer et choisir entre le salut et la damnation. En se faisant le disciple de l'Antiquité, le nouveau théâtre se dégage de la sphère chrétienne et biblique, avec des conséquences de grande portée pour la vision du monde comme pour la conception du personnage. En quelque sorte laïcisé, allant chercher ses sujets de tragédie dans l'Antiquité dite païenne et développant une comédie fort peu soucieuse de la loi religieuse – ce qui ne va pas, dans l'un et l'autre cas, sans interrogations morales et philosophiques pour les hommes de la Renaissance qui restent des croyants –, il n'oppose plus le profane au sacré, mais Démocrite à Héraclite, la catégorie du comique à celle du tragique ; ces catégories impliquent un autre choix entre deux visions du monde contraires. Conjointement, le triomphe de l'individualisme qui bouleverse toute la culture finit par se manifester au théâtre, dont les personnages accèdent au rang de héros, vérifiant à la fois une solitude et une responsabilité plus grandes ; s'éloignant des cadres religieux où s'imposait la transcendance plus que l'humain, plaçant l'homme, son désir, sa volonté, ses choix, ses refus et ses erreurs au premier plan, le théâtre pourra se faire aussi plus problématique et plus polyphonique dans l'expression des points de vue. Nous assistons bien à la naissance du théâtre moderne, devenu naturel pour nous au bout de cinq siècles, mais qui rompait singulièrement avec les habitudes médiévales.

Ces considérations régissent notre démarche au long d'un parcours du siècle de la Renaissance qui nous mènera de 1500 à 1610 ; après les guerres civiles et la pacification réalisée par Henri IV, une autre période s'ouvre effectivement pour notre théâtre – d'autres dramaturges, d'autres conditions, d'autres esthétiques. Il est d'ailleurs intéressant de remarquer un certain synchronisme, au cours du XVIᵉ siècle, entre les aléas de l'histoire, l'évolution de la culture et l'évolution proprement dite de la vie théâtrale : essor économique et intellectuel de la première moitié du siècle, pendant laquelle à la fois le théâtre médiéval continue de plaire au public populaire, et même à certains lettrés, et à la fois le travail des humanistes prépare l'éclosion, réalisée par la Pléiade, d'un théâtre nouveau ; temps des crises et des affrontements où la sombre tragédie rencontre une grande faveur, tandis que la lecture de quelques comédies peut divertir certains du malheur des temps.

Un nombre égal de chapitres sera donc consacré à la tradition médiévale, dont il s'agit de mettre en valeur la persistance (chapitres I à IV), et au théâtre nouveau, qui bénéficiera naturellement de plus copieuses analyses (chapitres VI à IX), le théâtre scolaire, qui regarde du côté des genres traditionnels et qui prépare les genres nouveaux, faisant pivot (chapitre V). Sur le premier versant, d'obédience médiévale, seront présentés tour à tour les mystères (chapitre II), le théâtre engagé des sotties et des moralités (chapitre III) et le théâtre du rire des sermons joyeux, monologues et farces (chapitre IV) ; sur le second, dédié aux nouveautés humanistes, il s'agira de la tragédie et de la tragi-comédie (chapitre VII), de la comédie française et de la comédie italienne en France (chapitre VIII), des spectacles de cour et de la pastorale dramatique enfin (chapitre IX). Cette distribution, qui laisse ses droits à la chronologie sans en être l'esclave, mettra en valeur, je l'espère, la richesse et l'essentiel contraste de la vie théâtrale au siècle de la Renaissance.

CHAPITRE I

LA TRADITION DES GENRES MÉDIÉVAUX

Renaissance ? A ce formidable bouleversement de la civilisation le théâtre semble d'abord rester étranger. Comme si rien n'avait changé dans la vie matérielle et économique, comme si les grandes découvertes, Copernic et la méditation des humanistes n'avaient pas imposé une nouvelle image de l'homme et de sa place dans le monde, la vie théâtrale du XVIᵉ siècle se poursuit à l'identique du XVᵉ siècle et propose les mêmes spectacles. Le « menu peuple[1] » – mais aussi pendant longtemps les clercs, les intellectuels – se pressent devant les tréteaux pour voir les jeux édifiants, moraux ou joyeux du Moyen Âge tardif. Qu'on les combine (un mystère ou une moralité avec une farce, souvent) ou qu'on les représente seuls, non seulement les genres médiévaux passent tels quels au XVIᵉ siècle, mais il y restent vivants, parfois jusqu'à l'aube du siècle suivant. Ni naissance, ni renaissance en ce domaine.

Pourtant, ce théâtre de forme médiévale ne put échapper aux changements ni aux révolutions qui marquèrent profondément et durablement la société. L'imprimerie ou la multiplication des comédiens et des troupes professionnels surtout amenèrent de sérieuses inflexions dans la diffusion et la réception de tels spectacles. Mais, beaucoup plus gravement, les genres médiévaux ont subi le contrecoup des déplacements et failles culturels et religieux qui traversèrent le XVIᵉ siècle ; ils se virent ignorés ou utilisés, contestés, voire interdits.

Comme de coutume

Archives et chroniques soulignent fréquemment que les jeux de théâtre religieux sont donnés selon une ancienne habitude qu'il s'agit de perpétuer. C'est que le peuple tient à ces représentations, aussi bien à celles des dévots mystères qu'à celles des farces joyeuses. Censure, répression, interdictions, discrédit des anciens genres chez les intellec-

---

[1] Celui qui, invité en 1502 pour voir une comédie de Térence en latin au palais épiscopal de Metz, n'entendant rien à ce que les personnages disaient, envahit le hourdement et menaça de faire un mauvais parti aux comédiens !

tuels : rien n'y fait. La consultation des tableaux des représentations[2] renseigne sans équivoque sur les goûts du peuple, qui tient à son théâtre traditionnel. Et partout en France, du Nord, terre traditionnelle des jeux de théâtre, aux rivages méditerranéens, où le théâtre en provençal est fort vivant encore au XVIIe siècle, de la Bretagne, qui connaît Passions et mystères hagiographiques en moyen breton, à la Lorraine pour laquelle les témoignages ne manquent pas ! Car le théâtre traditionnel reste éminemment un théâtre local et provincial[3]. Si elle n'est pas si forte dans la seconde moitié du siècle, la densité des représentations de mystères de la Passion, de l'Ancien Testament ou de saints reste considérable. Tous les ans entre 1597 et 1608, on jouait à Rouen un mystère de la Passion. Des moralités sont attestées jusqu'au XVIIe siècle. Quant aux farces, il n'est pas d'année où elles ne soient mentionnées, après 1550 comme avant, et encore au début du XVIIe siècle. A Paris, en 1596, on signale des « jeux et farces » à la foire Saint-Germain ; il nous plaît de croire que cette tradition perdurera tout au long du XVIIe siècle pour renaître, avec quel éclat ! dans les théâtres forains du début du XVIIIe siècle.

Sans oublier qu'au XVIe siècle acteurs amateurs, écoliers ou comédiens professionnels mélangent dans leurs représentations le religieux et le profane[4] – on jouait à la suite histoires (c'est-à-dire mystères) et farces, ou jeux moraux et farces joyeuses –, illustrons cette continuité selon les genres.

---

[2] A ceux de Petit de Julleville (*Les Mystères*, 1880, t. II, et *Répertoire du théâtre comique en France au Moyen Âge*, 1886), il faut ajouter celui de Gustave Lanson (« Etudes sur les origines de la tragédie classique en France... », *R.H.L.F.*, 1903, pp. 177-231) et celui de Michel Rousse (*Le Théâtre des farces en France au Moyen Âge*, thèse dactyl. de 1983, vol. 4 : *Archives et documents datés. XIVe-XVIe siècles. Répertoire*).

[3] Aux travaux cités dans le volume précédent (*Le Théâtre français du Moyen Âge*, 1998), on ajoutera : Raymond Lebègue, « La vie dramatique à Rouen de François Ier à Louis XIII », *Bulletin philologique et historique...*, 1955-1956, pp. 399-422 (repris dans ses *Etudes sur le théâtre français*, II, 1978) ; Jacques Chocheyras, *Le Théâtre religieux en Savoie au XVIe siècle*, 1971, et *Le Théâtre religieux en Dauphiné du Moyen Âge au XVIIIe siècle*, 1975 ; Claude Longeon, « Le théâtre au Puy-en-Velay au XVIe siècle », [in] *Mélanges offerts à Georges Couton*, 1981, pp. 23-34 ; Jacques Chocheyras, « La conversion de sainte Madeleine représentée à Auriol en 1534 », *Recherches et travaux*, n° 26, 1984, pp. 25-42.

[4] Même les premières tragédies sont accompagnées d'une farce ! Et le XVIIe siècle, à la cour ou dans les théâtres, perpétuera cette habitude.

Le théâtre édifiant

Sa visée traditionnelle est rappelée par nos documents. En 1524, les habitants de Valence décident de jouer l'histoire des saints Félix, Fortunat et Achille dont les corps reposent dans cette ville, comme ils en ont l'habitude de vingt-cinq ans en vingt-cinq ans « par une ancienne et louable coustume et observance accoustumée ». Le motif ? « Pour preserver et garder leur ville des pestes et autres maladies et inconveniens et la tenir en prosperité et en sancté[5] ». En 1531, les habitants de Reims profitent de la paix revenue et décident « de faire jouer par personnaiges le tres hault mistere de la saincte Passion de Nostre Seigneur afin d'en avoir bonne et vraye commemoration a l'honneur de Dieu et au salut des ames d'un chacun ». Ce fut, ajoute la chronique, « une chose de grant devotion ; le peuple y accouroit de toutes parts[6] ». Augmenter la gloire de Dieu et édifier le peuple par le spectacle de la vie du Seigneur ou de la vie de quelque saint patron local de bon exemple, voilà toujours le but que se fixaient les organisateurs du mystère ; encore en 1600 – cinquante ans après l'interdiction des mystères à Paris, qui date de 1548 ! –, ceux de Remiremont représentèrent « l'histoire et vie de monsieur saint Romaric, dans cette droicte intention de ramentevoir au populaire la singulière devotion qu'avoit en son vivant ce benoist patron et fondateur de la ville[7] ».

Et le populaire garda au XVIe siècle son avidité de tels spectacles, si l'on en juge par leur durée. Dans des villages proches de Laval, un mystère consacré à saint Sébastien dura sept jours (1520) et un autre consacré à saint Vénérand onze jours (1534). La *Passion* jouée à Poitiers en 1534 sur la place du Marché-Vieux prit dix jours ; celle de Valenciennes, en 1547, se distribua en vingt-cinq journées. *Le Mystère des Actes des Apôtres* se donna pendant quarante jours à Bourges, en 1536, et à Paris, en 1541, pendant six ou sept mois, le dimanche seulement il est vrai.

Plus que jamais donc, se manifeste le formidable appétit d'images théâtrales du public. Ce que nous saisissons des conditions de la représentation des mystères au XVIe siècle répète le plus souvent ce que nous savons du XVe siècle. Mais s'il est un point sur lequel insistent les

---

[5] Petit de Julleville, *Les Mystères, op. cit.*, p. 113.

[6] *Ibid.*, pp. 117-119.

[7] *Ibid.*, pp. 171-172.

documents, qui se font alors plus nombreux et plus détaillés, c'est la richesse du spectacle – costumes, décors, machineries ; une mise en scène somptueuse enchâsse ces longs mystères. De longues histoires dans une mise en scène merveilleuse : voilà ce qu'on continue d'attendre du théâtre populaire des mystères. Les comptes rendus ou les chroniques ne manquent d'ailleurs pas d'insister sur les « secrets » bien faits, c'est-à-dire sur l'ingénieuse machinerie ; un Philippe de Vigneules les loue d'autant plus qu'il eut une part de responsabilité dans la réalisation des mystères joués à Metz en 1512 et 1513 .

Les moralités – qu'on appelle désormais souvent *moral* – continuent elles aussi d'édifier ce même public. A cause des conflits religieux, les moralités polémiques et politiques se multiplient. Dans les collèges ou en public, sur une scène ou sur des chariots menés par la ville (les « jeux sur cars » des villes du Nord), les moralités traversent le siècle, et perdurent même quand les tragédies leur font concurrence.

Les théâtres du rire

Il faut penser aussi à divertir le peuple par le rire, au moment même, parfois, où on vient de l'édifier ; le jour de la Fête-Dieu, en 1531, des gens de Béthume « jouent l'histoire par personnaiges avec une farse pour l'honneur du jour et recreer le peuple[8] ». Ceux de Cambrai, en 1556, donnent « quelque farce pour recreer le peuple[9] ».

Les fêtes carnavalesques demeurent une grande occasion pour ces divertissements comiques – la fête des Innocents et, surtout, le carnaval proprement dit. Sotties et farces sont également mentionnées aux jours gras, comme au siècle précédent. Et comme au siècle précédent, cette période est celle d'une certaine activité dramatique des associations joyeuses, abbayes facétieuses et autres basoches, qui sont tantôt subventionnées pour animer les fêtes, tantôt réprimées pour leurs critiques et leurs audaces, parfois accompagnées de violences. Nous avons présenté ces groupements dans le volume précédent ; contentons-nous de quelques jalons qui illustrent leur activité au XVIe siècle[10].

---

[8] Petit de Julleville, *Répertoire du théâtre comique...*, *op. cit.*, pp. 377-378.

[9] *Ibid* ., p. 391.

[10] A la bibliographie du volume précédent, ajouter : Charles Mazouer, « Le théâtre comique et populaire en France au Moyen Âge », [in] *Rappresentazioni arcaïche della tradizione popolare*, Viterbo, 1981, pp. 450-453, « Théâtre et carnaval en France jusqu'à la fin du XVIe

Les basoches et leurs clercs de procureurs et d'avocats, dirigés par un roi, se manifestent à Paris et dans les autres villes de parlement. Celle de Paris joue par exemple pour l'entrée du roi en 1515, pour son retour en 1526 ou pour les jours gars de 1548 ; celle de Bordeaux, dont on connaît quelques sketches satiriques, ne cesse son activité théâtrale qu'en 1561, ayant pris résolument et violemment parti contre les jeux des écoliers du collège de Guyenne, suspectés pour leurs tendances réformées. Il faudrait énumérer nombre de compagnies joyeuses, en particulier au nord de la Seine, qui proposent des « ébattements » pour refaire le peuple : Mère Sotte de Compiègne ; Sots de Béthune ; abbaye bouffonne de Lescache-Proffit ou abbaye de Plaisance à Cambrai. La Mère-Folle de Dijon, ou Infanterie dijonnaise, connaît son plein développement dans la seconde moitié du XVIe siècle ; chansons ou vers satiriques, véritables saynètes par personnages promenées sur des chariots et débitées au coin des rues censurent les mœurs du temps et ridiculisent nommément tel personnage local, comme en 1583. Evreux et Caen ont leurs Conards ; ceux de Rouen qui, malgré les interdictions, maintinrent leurs activités jusqu'au premier tiers du XVIIe siècle, sont fort célèbres. Un opuscule de 1587, *Les Triomphes de l'abbaye des Conards*, donne une bonne idée de ces activités ; la relation du défilé du dimanche gras de 1541 nous fait assister à des tableaux vivants ou à des spectacles muets qui sont autant de moralités allégoriques et très satiriques que des écriteaux, des bannières ou des poèmes aident à déchiffrer.

Toutes ces associations joyeuses ont donc présenté et leurs spectacles satiriques particuliers et de véritables farces, sotties ou moralités[11].

Ainsi, les genres comiques médiévaux restent très vivants au XVIe siècle. On prêche un sermon joyeux sur un tonneau (Cambrai, 1538). On débite un monologue dramatique de soldat fanfaron (Angers, 1524) ; ou, quand on le peut, des sotties aux allusions critiques. Les farces, surtout, ne cessent de donner du passe-temps − « farces vieilles et nouvelles, rebobelinées, et joyeuses a merveille », comme dit le chroniqueur qui

---

siècle », *R.H.T.*, 1982-2, pp. 147-161, et « Spectacle et théâtre dans la chevauchée des Conards de Rouen au XVIe siècle », *Fifteenth-century Studies*, vol. 13, 1988, pp. 387-399 ; Henri Weber, « Chevauchée de l'âne et plaisants devis des suppots de la Coquille », [in] *Conteurs et romanciers de la Renaissance (Mélanges Gabriel-André Pérouse)*, 1997, pp. 409-421.

[11] Le fameux recueil manuscrit La Vallière (présenté au volume précédent, pp. 277-278) constituerait ainsi, pour certains, le répertoire des Conards de Rouen.

signale le passage à Bar-le-duc, en 1524, de l'acteur Jean du Pont-Alais, dit Songecreux[12]. Pour une fête, pour un événement public heureux, pour le carnaval, pour le divertissement du peuple mais aussi bien pour contribuer à la distraction du roi, on a recours à la farce. Les restrictions des parlements et du pouvoir royal, les grincements de dents des Eglises, le mépris des doctes n'y feront rien : la farce populaire résiste tout au long du XVIe siècle ; en 1597, dans son *Art poëtique françois*, Pierre Laudun d'Aigaliers traite de la farce, et sans aucun mépris[13]. Et elle s'imposera avec éclat dans le premier tiers du XVIIe siècle[14].

Mais, outre que tous ces genres connaissent des renouvellements plus ou moins importants, les conditions de leur diffusion et de leur réception changent singulièrement.

La diffusion

Parmi les inflexions sensibles à la tradition, il faut faire leur place aux conditions nouvelles qui président à la réception, par un ou des publics, des œuvres de théâtre de facture médiévale. D'une part la multiplication des troupes d'acteurs assure une audience plus large à certains genres. D'autre part l'imprimerie permet la diffusion du théâtre par le livre, qui touche un public de lecteurs.

Comédiens et troupes

Tout au long du siècle, on a continué de représenter des mystères – qui attiraient de plus en plus le public régional des lieux circonvoisins –, des moralités, des sotties et des farces dans les conditions anciennes[15]. Le mystère est l'affaire d'amateurs, qui se regroupent occasionnellement, ou est pris en main par une confrérie. De 1500 à 1571 on a des témoignages sur l'activité dramatique de la confrérie du Saint-Sacrement à Argentan ; la célèbre confrérie parisienne de la Passion vit ses privilèges confirmés par François Ier en 1518 et, entre 1539 et 1541, donna avec éclat les longs

---

[12] Petit de Julleville, *Répertoire du théâtre comique...*, *op. cit.*, p. 369.

[13] Au livre second, chapitre IX, on lit ceci : « Il faut noter qu'il n'y a pas moins de science à sçavoir bien faire une farce, qu'une Egloque ou Moralité ».

[14] Voir *Farces du Grand Siècle. De Tabarin à Molière . Farces et petites comédies du XVIIe siècle*, éd. Charles Mazouer, 1992.

[15] Se reporter toujours à Petit de Julleville, *Les Comédiens en France au Moyen Âge*, 1885.

spectacles des *Actes des Apôtres* et du *Viel Testament*. C'est même en ces occasions que se cristallisa l'opposition du parlement au théâtre sacré, si bien que lorsque les confrères demandèrent l'autorisation de jouer dans la salle de l'Hôtel de Bourgogne qu'ils venaient d'acquérir (ils avaient joué successivement à l'Hôpital de la Trinité puis dans l'Hôtel des Flandres), le parlement rendit le célèbre arrêt du 17 novembre 1548[16], qui d'une part confirme le monopole théâtral des confrères dans Paris et sa banlieue, mais d'autre part leur défend « de jouer le mystère de la Passion Nostre Sauveur, ne autres mystères sacrez sur peine d'amende arbitraire, leur permettant néantmoins de pouvoir jouer autres mystères profanes, honnestes et licites... » Cela ne les empêcha pas d'aller jouer la même Passion à Rouen, à la demande des confrères de la Passion de cette ville, presque chaque année de 1543 à 1608, quand la guerre l'autorisait ! De leur côté les basoches, les associations joyeuses et les écoliers s'adonnaient aux jeux habituels de moralités, sotties et farces.

Nous l'avons vu au volume précédent : des troupes itinérantes de bateleurs et de farceurs apparurent très tôt. Ce qui est nouveau, c'est qu'elles se multiplient et que ces comédiens professionnels inscrivent à leur répertoire aussi bien le théâtre religieux que le théâtre profane. De 1502 (à cette date, d'ailleurs, les « compagnons » mentionnés à Amiens sont associés avec une actrice) à 1588 (dernière mention de comédiens à Cambrai, du moins dans les documents qui subsistent et sont connus), s'affirme la présence de ceux que les archives anciennes nomment « compagnons joueurs », ou « joueurs », et sur lesquels elles apportent d'intéressantes précisions.

Ces acteurs ne sont pas cantonnés dans la farce[17] : à côté de « compagnons joueurs de farces », on trouve des « joueurs de moralités et farces ». Mieux encore : ils jouent, sous le nom d'*histoires*, des mystères, sûrement de dimensions modérées, en même temps que des pièces morales et comiques. La troupe de Le Pardonneur joue *La Vie de Job* et une farce, à Rouen, en 1556 ; à Amiens, en 1560, Jacques Macron « et ses aultres compaignons joueurs de moralitez, histoires, farces et violles[18] » représen-

---

[16] Texte dans Petit de Julleville, *Les Mystères*, 1880, t. I, p. 429.

[17] On se servait aussi du terme de *badin* pour désigner un acteur comique, un farceur ou même un bateleur (qui donnait lui aussi des farces). Voir la farce normande du *Bateleur*, qui fournit toute une série de noms de farceurs du temps jadis ou de temps présent – c'est-à-dire des cinquante premières années du XVIe siècle.

[18] Petit de Julleville, *Les Mystères*, t. II, p. 162.

tent une *Apocalypse*. En quelque sorte, tous les genres médiévaux sont repris par les acteurs professionnels, qui se constituent ainsi leur répertoire. Notons dès maintenant qu'ils intégreront tout aussi bien les genres du nouveau théâtre, tragédies et comédies. D'année en année, on constate par ce biais le glissement des répertoires. A Amiens, entre 1536 et 1567, des comédiens sont désignés comme « joueurs d'histoires, tragédies morales et farces », ou « joueurs et récitateurs d'histoires, tragédies et comédies ». Cinquante ans plus tard, on parlera de « joueurs de comédies » ou de « joueurs de tragédies » – ce qui n'empêche pas lesdits joueurs de représenter encore des moralités ou des histoires.

On saisit donc de véritables troupes. On les saisit même en train de se constituer par devant notaire. Le plus ancien contrat de ce genre date de 1544, à Paris : le Piémontais Jehan Anthoine, qui se dit « joueur des anticques jeux romains » (comédies et tragédies latines ?), recrute sa « bande » d'acteurs et d'actrices – « tous joueurs d'anticques, moralitez, farces et autres jeux rommains et françoys[19] ». A Bourges, en 1545, la femme d'un bateleur s'engage dans la troupe d'Antoine de L'Esperonnyè-re, expert en « l'art de joueur d'enticalles de Rome [toujours des pièces de l'Anti-quité ?], consistant en plusieurs ystoires moralles, farses et soubressaulx ». Au passage, remarquons que la danse parfois, mais très souvent le chant et les instruments de musique sont liés à l'activité proprement théâtrale. En 1549, différents contrats, à Chartres notamment, associent des comédiens « pour aller ensemble par les villes, bourgs, bourgades et aultres lieux qu'ilz adviseront entre eulx veoir le pays et jouer farces, moralitez et aultres choses ». Le comédien errant, celui que le XVIIe siècle appellera le comédien de campagne, est né ; on en trouve une jolie définition dans un autre contrat de la même année : « joueur d'istoires, moralitez et farces allant par le pays[20] ». Et il est bien dommage qu'on ne puisse fournir que quelques jalons des voyages de troupes comme celles de Pierre Le Pardonneur qui le premier proposa aux Rouennais un spectacle payant (il eut des démêlés en 1556 et 1558 avec le parlement de Rouen), ou de François Savary, à qui Antoine, roi de Navarre, et les jurats de Bordeaux donnèrent permission de jouer « en

---

[19] Voir le Répertoire de Michel Rousse, 1983, et Stephen K. Wright, « Records of Early French Drama in Parisian Notary Registers », *Comparative Drama*, 1990, n° 3, pp. 232-254.
[20] Répertoire de Michel Rousse, à la date de 1549.

ceste ville des farces, histoyres, et moralités[21] ». D'autres troupes, comme celle d'Adrien Talmy ou de Valleran Le Conte sont mieux connues, mais leurs activités se situent à la fin du siècle et au début du siècle suivant.

On saisit aussi des acteurs : nombre d'inconnus dont ne restent que le nom ou le sobriquet, et comédiens plus fameux, qui sont des acteurs comiques. Pensons à Jean de L'Espine, dit Jean du Pont-Alais, issu des associations joyeuses avant de devenir comédien professionnel en 1512, qu'on trouve avec sa bande en diverses provinces et à Paris ; avec sa bosse, son agilité d'acrobate, ce farceur génial, qui connut la prison pour irrévérence et sut aussi amuser François Ier, créa probablement le type de Songecreux[22]. Marot, Rabelais et même le grave Théodore de Bèze l'admirèrent. C'est encore par Marot et l'épitaphe *De Jehan Serre, excellent joueur de farces*[23], qu'on connaît le mieux ce joueur de « belles farces gentilles » ; il était spécialisé dans les rôles de badin (emploi qui, selon Rabelais[24], était confié au meilleur élément de la compagnie). Le poète nous décrit son entrée en scène – le visage enfariné, avec son bonnet d'enfant garni de plumes et « sa grâce niaise » ; on ne pouvait se tenir de rire, affirme Marot.

Il faut prendre la mesure du changement et de ses conséquences : l'activité théâtrale passe aux mains de professionnels qui n'abandonnent pas le répertoire traditionnel, mais qui seront disposés à l'élargir au profit des genres nouveaux ; ces professionnels circulent et irriguent le territoire de spectacles de théâtre plus abondants. Ils cherchent encore à plaire au public populaire, plus avide de spectacles médiévaux ; la rupture se produira beaucoup plus tard, au premier tiers du XVIIe siècle ; les comédiens installés à Paris chercheront alors à plaire à la bonne société et rejoindront les doctes pour imposer un grand théâtre littéraire.

Le livre

Quoi qu'il en soit, l'imprimerie s'est très vite emparée des œuvres de théâtre, les transformant en œuvres à lire alors qu'elles n'étaient jusqu'ici

---

[21] Voir Henri Lagrave, Charles Mazouer, Marc Régaldo, *La Vie Théâtrale à Bordeaux des origines à nos jours*, t. I, 1985, p. 59.

[22] Voir Jean Frappier, « Sur Jean du Pont-Alais », [in] *Mélanges d'histoire du théâtre du Moyen Âge et de la Renaissance offerts à Gustave Cohen*, 1950, pp. 133-146.

[23] *Epitaphes*, XIII (éd. Gérard Defaux des *Œuvres poétiques*, I, 1990, pp. 107-108).

[24] *Tiers Livre*, chapitre XXXVII.

que des œuvres à jouer. Nos textes bénéficièrent du grand mouvement d'édition (et de réédition, les œuvres étant « nouvellement imprimées », c'est-à-dire à nouveau éditées) pendant une soixantaine d'années, de la dernière décennie du XVe siècle au milieu du siècle suivant.

A la différence des autres œuvres médiévales, les mystères[25] ne sont généralement connus que par un seul manuscrit, qui pouvait d'ailleurs circuler. Les libraires-imprimeurs allaient donc chercher le manuscrit qui les intéressait, ou le faisaient copier pour l'imprimer ; l'édition pouvait être liée à une représentation dont le succès lançait le livre. De toute façon, les mystères dont la ou les représentations sont trop anciennes ne risquaient guère d'être imprimés ; la *Passion* de Gréban n'a jamais été imprimée. Certains mystères ont connu un succès de librairie considérable : la *Passion* de Jean Michel[26], de 1486 (peu après la représentation) à 1542, a été éditée seize fois par dix libraires !

Les libraires, amateurs eux-mêmes et ayant en vue un lectorat populaire lui-même amateur, publièrent très vite également les minces plaquettes de format agenda qui donnaient à lire un sermon joyeux, une farce ou une sottie. Nous avons dit au volume précédent[27] que ces opuscules, bon marché mais ornés de bois, ont été réunis en recueils ; la maison Trepperel, qui semble bien s'être passablement spécialisée dans l'édition des pièces de théâtre, profanes et religieuses, publia elle-même sa collection théâtrale – notre fameux *Recueil Trepperel*. S'il nous reste des sermons joyeux manuscrits, les manuscrits des farces et des sotties ont généralement disparu. Pour tous les genres, la grande vague d'édition se développe jusqu'en 1550 ; l'impression des sermons joyeux et des farces connaîtra un regain entre 1580 et 1620.

L'écart chronologique pouvait donc être considérable entre la version manuscrite originale d'une pièce préparée pour la représentation et la ou les versions imprimées . Surtout, les imprimés ne donnent certainement pas une reproduction fidèle de la version originale, mais un ou des états nouveaux, avec changements et réfections introduits dans les représentations ultérieures ou à la volonté de l'éditeur. Un texte aussi populaire et aussi diffusé que la *Passion* de Jean Michel comporte nombre d'additions

---

[25] La question de l'impression des mystères vient d'être reprise à fond et de manière exhaustive par Graham A. Runnalls, *Les Mystères français imprimés*..., 1999.

[26] Voir Graham A. Runnalls, « La circulation des textes des mystères à la fin du Moyen Âge : les éditions de la *Passion* de Jean Michel », *B.H.R.*, 1996, pp. 7-33.

[27] *Le Théâtre français du Moyen Âge*, 1998, pp. 272-273.

et de changements[28]. A travers les versions imprimées, le texte de théâtre vit et se métamorphose.

Pour quels lecteurs imprime-t-on ces textes, et pour quel usage ? Faut-il vraiment croire que le format agenda des pièces comiques permettait au spectateur de la farce de glisser dans son vêtement et d'avoir en main facilement le texte pendant la représentation ? J'en doute un peu. Quelques compagnons pouvaient acheter une farce pour la jouer ; c'est ce qu'on voit dans la *Sottie des coppieurs et des lardeurs*, où les sots veulent acquérir « quelque vieille farce » (v. 140) dans la boutique ; *Pathelin* et *Le Pauvre Jouhan*, notamment, sont cités et considérés par les acheteurs comme trop anciennes. En fait, ces textes sont édités pour être lus (et relus), que le lecteur soit ou non (et il ne l'est que rarement pour les mystères) en même temps spectateur. C'est déjà le spectacle dans un fauteuil ! N'oublions pas, toutefois, l'immense masse des illettrés à cette époque.

Le colporteur débitait dans la rue les livrets de farce, comme il débitait chansons ou contes populaires – on en voit un en action dans la farce du *Vendeur de livres*. Les textes de plus haute tenue s'achetaient chez le libraire ; la farce de *Maître Pierre Pathelin*, dont on ne connaît aucune édition en format agenda, pourrait se ranger dans cette catégorie, car elle était aussi goûtée des amateurs cultivés que des gens du peuple.

Mais tous ces livres imprimés, quelle que soit leur qualité matérielle et typographique, qu'on les considère ou non comme « littéraires », élargissaient considérablement la diffusion des œuvres de théâtre, en nombre et en extension géographique. On a pu calculer que la *Passion* de Jean Michel, qui était presque devenue le monopole d'une famille de libraires-imprimeurs et de ses clans alliés, a été diffusée à 10 000 exemplaires, en cinquante années, et dans toutes les régions de France. Même, à partir de centres de commercialisation des livres, comme Lyon, les mystères trouvaient des acheteurs étrangers ; le fils de Christophe Colomb, Fernando, alla acheter des livres à Lyon et il possédait six mystères dans sa bibliothèque !

Par le biais du livre, enfin, les genres médiévaux s'ancrent davantage dans le nouveau champ littéraire. Alors que les fatistes du XVe siècle restaient le plus souvent dans l'ombre ou carrément anonymes, le XVIe

---

[28] Voir Jacques Chocheyras, « Les éditions de la *Passion* de Jean Michel au XVIe siècle », *Romania*, 1966, pp. 175-193.

siècle voit émerger des dramaturges, des poètes de théâtre qui signent de leur nom leur production conforme aux genres traditionnels. Gringore est sans doute le plus célèbre ; mais on pourrait citer aussi Jean d'Abondance, auteur affiché d'un mystère, d'une moralité et de farces[29]. Les Arts de seconde rhétorique mentionnent à peine le théâtre ; en 1539, Gratien Du Pont, dans son *Art et science de rhétorique métrifiée*, donne des indications sur la longueur des pièces profanes et des moralités (et il le fait en nombre de lignes imprimées) : « [...] quant monologue passe 200 lignes, c'est trop ; Farces et Sotties, 500 ; Moralités, 1000 ou 1200 au plus » (fol. 77, r°). Bientôt, les Arts poétiques, les théoriciens et les dictionnaires mentionneront les genres médiévaux – il est vrai rarement pour les louer...

Cet élargissement des publics par le livre ou par les comédiens ne doit pas faire illusion : dans le même temps, le théâtre de forme médiévale va être soumis à de rudes attaques, qui le mettront en péril.

Un théâtre contesté

Rien, au XVe siècle, ne venait contrecarrer l'activité théâtrale ; l'alliance était sans faille entre la société et son théâtre. Si l'Eglise et les pouvoirs de la cité restaient vigilants, ils approuvaient, aidaient, encourageaient l'entreprise. Poètes, clercs et théologiens participaient de bon gré aux mystères où la population se retrouvait, unie dans la foi ; le rire carnavalesque de la sottie ou de la farce dans lequel se détendait la même population était admis par ceux-là même à qui il s'en prenait. Le théâtre faisait partie de la culture de tous et de la civilisation. Cette alliance va se briser au XVIe siècle, en grande partie pour des raisons culturelles et religieuses.

Humanisme et Réformes

Admirateurs passionnés des grandes œuvres de l'Antiquité redécouvertes, les humanistes ne pouvaient entretenir que mépris pour les textes du théâtre médiéval, qui paraissaient d'ailleurs fort secondaires dans l'économie des spectacles. Au demeurant, de tels spectacles, où s'exprimaient la religiosité et la gaieté du populaire, ne pouvaient être bons que pour lui ; ceux qui goûtaient les bonnes œuvres des Anciens, qui étaient

---

[29] Voir Michel Rousse, « Jean d'Abondance et la farce de la Cornette », [in] *La Vie théâtrale dans les provinces du Midi*, 1980, pp. 51-61.

en même temps aussi exigeants pour la culture de l'esprit que pour la pureté de leur foi, se détachèrent vite d'un théâtre populaire.

Un Erasme, fort sensible au théâtre, qui n'était pas un adversaire du rire et sut montrer ce qu'a de réjouissant le spectacle de la folie des hommes, ne put que mépriser la farce grossière en langue vernaculaire et préféra introduire, dans l'éducation même, un poète comique païen comme Térence. Quant à la religion populaire, avec ses croyances et ses cultes, le culte des saints en particulier, il la combat ; on imagine ce qu'il pouvait penser des mystères hagiographiques ! On saisit peut-être moins indirectement ce qu'il pensa des mystères tirés de la Bible ; dans un passage de son *De amabili concordia ecclesiae* de 1533, où il parle des peintures religieuses qui peuvent décorer une maison et s'en prend à ceux qui traitent des thèmes scripturaires en y mêlant des éléments ridicules et indignes du sacré, il a cette comparaison : « Et comme c'est une espèce de blasphème de déformer l'Ecriture sainte en des jeux ineptes et profanes[30]... » Il semble bien qu'allusion soit ici faite aux images théâtrales des mystères, telles – avec leur réalisme familier, la présence du comique, de la grossièreté et de la dérision – qu'elles paraissaient davantage profanes que religieuses. Beaucoup d'autres pensèrent comme lui.

Humanistes et érudits, lettrés et professeurs furent partagés à l'égard de ce théâtre[31]. Une première génération resta liée à la culture populaire et à son théâtre. Marot, qui fut clerc de la basoche, sut défendre auprès du roi les jeux satiriques de l'association et déjà l'esprit de ces jeux. Jean Bouchet, autre basochien de Paris, devenu poète rhétoriqueur et grave procureur à Poitiers, encouragea les jeunes basochiens de Bordeaux, tout en leur recommandant la prudence. S'il considéra comme indigne de lui d'écrire farces ou mystères, il remania volontiers un texte de *Passion* pour le rendre plus conforme à l'orthodoxie ; et par deux fois, en 1508 et en 1534, il se fit carrément entrepreneur de mystères dans sa ville. Rabelais, qui joua la farce de *La Femme mute* à Montpellier, nourrit son roman

---

[30] *De l'aimable concorde de l'Eglise*, traduit dans Erasme, *Eloge de la folie, Dialogues...*, 1992, p. 839 (Bouquins).

[31] Voir : Gustave Cohen, *Etudes d'histoire du théâtre en France au Moyen Âge et à la Renaissance*, 1956 (chapitres consacrés à Rabelais et à Marot, pp. 271-326 et 346-353) ; Francis Bar, « Jean Bouchet et le théâtre de tradition médiévale », [in] *Mélanges Foulon*, t. I, 1980, pp. 13-21 ; Madeleine Lazard, « Un ordonnateur de mystères au XVIe siècle : le procureur poitevin Jean Bouchet », [in] *Etudes sur Etienne Dolet, le théâtre au XVIe siècle...*, 1993, pp. 139-150.

d'allusions à la vie théâtrale, aux représentations de farces et de mystères, aux œuvres elles-mêmes ; on sent plus qu'une sympathie : une véritable connivence avec le théâtre populaire. Louise Labé la poétesse admet que le badin de la farce puisse légitimement faire rire[32]. Et quel humaniste pouvait résister à *Pathelin* ? Le juriste et érudit Pasquier, qui appartient à la génération littéraire suivante, lit et relit *Pathelin*, avec un contentement tel qu'il serait prêt à lui sacrifier toutes les comédies grecques et latines !

Les poètes de la Pléiade, quant à eux, ne manquèrent jamais une occasion de dire leur mépris pour les genres du théâtre médiéval, dans quelque traité ou dans quelque Avant-Jeu liminaire d'une pièce de théâtre – opération nécessaire pour tenter d'imposer leur nouveau théâtre ; et rares furent les voix un peu discordantes, comme celle de Jodelle qui, dans sa comédie de *L'Eugène*, voulait plaire aussi au « plus bas populaire » qu'il dit ne pas dédaigner[33], rapprochant ainsi la facture et l'esprit de sa pièce de ceux de la farce, si populaire à l'époque. Des raisons d'ordre littéraire entraient en jeu d'abord dans ce mépris : il s'agissait, comme dit Du Bellay dans sa *Défense et illustration*, de restituer chez nous les jeux antiques de la tragédie et de la comédie en leur dignité. On sent aussi la volonté d'une élite intellectuelle de se démarquer du peuple et de sa culture[34]. Que les farceurs et les « joueurs de Passion[35] » instruisent le peuple et le fassent rire ! Les bons écrivains, eux, fonderont un autre théâtre, fait « selon le vrai art et au moule » des Anciens, afin de plaire aux personnes graves, alors que l'ancien théâtre ne devrait « servir de passetemps qu'aux valets et menu populaire », comme dit Jean de La Taille[36].

Cette opposition n'aurait pas été décisive : que pouvaient, seuls contre la tradition des spectacles populaires, quelques intellectuels imbus de leur supériorité? Le théâtre s'est trouvé pris, comme les réactions d'Erasme le laisse à penser au début du siècle, dans une tourmente religieuse autrement dangereuse. Jean Delumeau le rappelle : la Renaissance doit

---

[32] « Qui verra un homme enfariné avec une bosse derrière entrer en salle, ayant une contenance de fol, ne rira il incontinent ? » (*Discours de Folie et d'Amour*, dans Louise Labé, *Œuvres complètes*, éd. François Rigolot, 1986, p. 89).

[33] Prologue, v. 20.

[34] Voir Ubaldo Floris, « Farce et public populaire dans les théories dramatiques 'régulières' », [in] *Letteratura popolare di espressione francese...*, 1983, pp. 95-123.

[35] Expression employée par Henri Estienne dans son *Apologie pour Hérodote* de 1566.

[36] *De l'art de la tragédie*, 1572.

être considérée comme une réformation de l'Eglise, avec les conséquences qui en découlent dans ce secteur de la vie sociale qu'est le théâtre[37].

Défauts, abus et scandales dans la vie de l'Eglise alimentaient un puissant mouvement de contestation réformatrice. Dans les années 1520, si certains pensaient encore réformer l'Eglise de l'intérieur, d'autres comme Luther, dont les idées pénétrèrent en France à cette époque même, voulaient faire sortir la véritable Eglise du Christ de cette moderne Babylone qu'était devenue l'Eglise romaine. En France, la cassure intervint rapidement, le roi défendant l'orthodoxie romaine : l'édit de Fontainebleau, en 1540, donna la connaissance de la nouvelle hérésie aux juges royaux et l'édit de 1543 promulgua les articles de foi de la Sorbonne qui furent la norme de l'orthodoxie ; malgré une répression accrue entre 1547 et 1559, Calvin a constitué une Eglise séparée en 1559. Le théâtre des sotties et des moralités participa à la contestation et aux luttes religieuses de cette période.

S'ouvrirent ensuite pour la France, qui en fut ensanglantée, quarante années de troubles politico-religieux – peu favorables à l'activité théâtrale –, au milieu desquels le pouvoir royal tenta de s'affirmer. Mais, pendant ce temps, les Eglises désormais séparées se souciaient de leur établissement ou de leur réussite dans l'ordre spirituel ; et rappelons que le concile de Trente – le grand symbole de ce qu'on n'appelle plus maintenant la Contre-Réforme mais la Réforme catholique – s'est tenu de 1545 à 1563.

Or, catholiques et protestants se rencontrèrent sur leur méfiance du théâtre. Un vent de rigorisme chassa toutes les manifestations d'une religion populaire et interdit le théâtre des mystères. S'amorça chez les catholiques un combat majeur contre le théâtre en général, qui va de Charles Borromée à Bossuet – encore que jamais n'ait été perdu de vue l'intérêt des messages théâtraux édifiants, à l'usage de la jeunesse ou à destination des foules comme appui à la prédication populaire. Luther et Calvin stigmatisèrent également les formes impures de la religion populaire ; Calvin s'en prit particulièrement aux images, au culte des saints (et aux reliques !). Les mystères traditionnels – ne parlons même

---

[37] Titre du chapitre IV de sa *Civilisation de la Renaissance*, 1967 . Sur l'histoire religieuse de cette période, voir *Histoire de la France religieuse. 2. XIVe-XVIIIe siècle. Du christianisme flamboyant à l'aube des Lumières*, volume dirigé par François Lebrun, 1988, et Jean Delumeau et Thierry Wanegffelen, *Naissance et affirmation de la Réforme*, 8e édition refondue, 1997.

pas des farces ! – devaient disparaître, qu'ils mettent en scène les saints ou les livres de la Bible. De nouvelles exigences spirituelles, un nouveau rigorisme rendaient intolérable le théâtre des mystères. Au reste, comment un cité divisée dans sa foi, parfois jusqu'au massacre, aurait-elle pu lui fournir un public ?

Le durcissement des autorités

Les autorités ne s'étaient jamais désintéressées du théâtre, et l'aide qu'elles apportaient aux représentations était plus ou moins assortie d'un contrôle ; dans le nouveau contexte, leurs interventions vont devenir hostiles et répressives[38].

Qui intervient alors ? L'Eglise a pouvoir sur ses prêtres, qu'elle est de plus en plus réticente à laisser jouer dans les mystères. Elle contrôle les textes et peut les censurer. Si elle s'oppose à une représentation, elle fait agir le bras séculier. Comme les Eglises réformées, elle règle enfin la discipline de ses fidèles ; dès 1559, il est interdit aux fidèles protestants « d'assister aux comédies, tragédies, farces, moralités et autres jeux », surtout, ajoute la *Discipline des Eglises réformées*, « quand l'Ecriture sainte y est profanée ». Les autorités civiles détiennent le pouvoir concret de coercition. Au bout de la chaîne, échevinages et jurades veillent à l'ordre public[39] ; tous les conseils de ville appliquent aussi les décisions des parlementaires et du roi, et reflètent leurs préoccupations. Ils peuvent être plus tolérants : en 1602, les échevins d'Arras laissent jouer les comédiens à condition « de ne mesler esdits jeux aulcun passaige de la saincte escripture, ny en leurs farses aultres choses trop laschives dont aulcuns polroient estre scandalisez[40] ». Les parlements interviennent beaucoup, qui veillent à contenir les progrès de l'hérésie ; on doit à celui de Paris l'interdiction des mystères de 1548. Le pouvoir royal, au sommet, joue un rôle déterminant. Après un Louis XII assez tolérant[41] – il comptait sur les jeux des basochiens et des collégiens, rapporte Jean

---

[38] Voir Graham A. Runnalls, « Sponsorship and control in Medieval French Religious Drama : 1402-1548 », *French Studies*, 1997, pp. 257-266.

[39] Et à la police des spectacles ! A Tournai, en 1550, il est enjoint par ordonnance au public de ne pas entrer sans payer, de ne pas crier, de ne pas pisser sur les estrades, de ne pas se battre, de ne pas monter sur l'estrade réservée aux joueurs...

[40] Petit de Julleville, *Répertoire du théâtre comique, op. cit.*, n. 2, p. 402.

[41] Voir le volume précédent, 1998, p. 387 et la note.

Bouchet, pour connaître les abus commis en sa cour –, mais qui utilisait le théâtre comme moyen de propagande de sa politique, avec Gringore, François Ier ne supporta plus le théâtre libre et critique et le réprima[42]. D'une manière générale, avec les Valois, s'affirma l'absolutisme royal. Il n'était plus question de laisser s'exprimer l'opinion publique par le moyen du théâtre ; et les troubles religieux de la seconde moitié du siècle encouragèrent le pouvoir royal à surveiller de très près le théâtre.

Contre la farce proprement dite (le mot peut désigner aussi les sotties et les moralités), l'Eglise catholique, relayée par les parlements, et les Eglises réformées s'acharnaient, pour des raisons morales et religieuses ; un noble catholique dénonça à Henri III, en 1588, la « farce impudique, orde, salle et villane » . Mais ces « choses dissoluës et de mauvais exemple » plaisaient aussi aux grands et souvent aux rois ; un Charles IX s'est contenté d'en défendre la représentation les dimanches et les jours de fête, aux heures du service divin[43]. Le peuple garda ses farceurs et ses farces, que d'aucuns jugeaient, non sans raison, « immorales et impies ».

Le théâtre critique et engagé ne put jouir de la même tolérance. La satire des personnes, la contestation des institutions, tout ce qui pouvait faire figure d'opposition politique ou de mise en cause de l'Eglise fut réprimé ; d'autant que le théâtre, en particulier la moralité, servait de véhicule aux idées religieuses nouvelles, entraînant d'ailleurs, dans une polémique violente, les réponses théâtrales de l'autre bord. A Angers, à Paris, à Genève, les pièces satiriques des basochiens, des compagnies joyeuses et des écoliers furent réprimées, parce qu'elles diffamaient et injuriaient « plusieurs gens de bien » et parce qu'elles donnaient une voix à la contestation et à la révolte. Pour avoir fait allusion au luxe des courtisans et aux amours de François Ier, un certain Messire Cruche, un prêtre qui donnait des jeux de théâtre place Maubert, fut rossé par les gentilshommes du roi, en 1515. Un an après, des sotties injurieuses contre la reine valurent la prison aux joueurs.

En 1548, le parlement de Paris interdit, à Paris, les mystères sacrés. Les autres parlements et les conseils de ville ne tarderont pas à suivre, avec des motivations identiques. Comme une ordonnance municipale avait

---

[42] Voir, dans *Le Pouvoir monarchique et ses supports idéologiques aux XIVe-XVIIe siècles*, 1990, les deux articles de Jean-Claude Aubailly (« L'image du prince dans le théâtre de Gringore », pp. 175-183) et de Michel Rousse (« Le pouvoir royal et le théâtre des farces », pp. 185-197).

[43] Documents cités par Ubaldo Floris, « Farce et public populaire... », art. cit.

interdit les mystères tirés de l'Ecriture à Lille, les acteurs qui avaient représenté un jeu du *Veau d'or* sont mis en prison, en 1563. En 1585, pour la même ville, l'évêque de Tournai ne veut pas de théâtre tiré de la sainte Ecriture ; et on interdit aussi de tels jeux parce qu'ils donnent occasion de lire des Bibles en français. Les Réformés mettent au contraire la Bible dans les mains des fidèles, mais, comme les catholiques, refusent régulièrement qu'elle soit traitée au théâtre. Nous y reviendrons plus au long.

Ne nous imaginons pas que ce durcissement ait continûment et complètement étouffé l'activité théâtrale des genres anciens ! Des contradictions existent entre les pouvoirs et chez une même autorité, des tolérances de fait nuancent la rigueur des règlements ; l'activité théâtrale est trop éparpillée pour qu'une loi unique, dans un pays où l'autorité est décentralisée et morcelée, s'applique toujours et partout. Le théâtre de forme médiévale profita de ces marges importantes pour continuer de vivre ou de survivre, avant de devoir s'effacer. C'est ce que nous allons voir.

Chapitre II

LES MYSTÈRES

Parler sans nuance du déclin des mystères est donc impossible, tant persiste la tradition des genres médiévaux. Pendant un demi-siècle, remanieurs, compilateurs ou fatistes plus originaux fournirent de la matière pour des représentations brillantes et de mieux en mieux documentées : la floraison du XVe siècle se poursuit[1] sans rupture, d'abord. C'est vers le milieu du XVIe siècle que le théâtre édifiant des mystères est mis en cause, et son repli s'apparente alors à une survie. Qu'en est-il des textes ? des représentations ? Comment expliquer la fin des mystères ?

Les textes

Liée à des représentations ou à l'impression, toute une activité littéraire se poursuit : des textes anciens sont corrigés, remaniés, compilés ; des textes nouveaux, d'intérêt inégal, sont composés[2], le plus souvent dans des formes anciennes[3].

Les Passions

Les mystères de la Passion constituent le fleuron du théâtre religieux et le XVe siècle a vu éclore les chefs-d'œuvre d'Arnoul Gréban et de Jehan

---

[1] On se reportera évidemment au chapitre IV de notre *Théâtre français du Moyen Âge* de 1998, dont les analyses valent en grande partie pour les mystères du XVIe siècle.

[2] Voir toujours le répertoire de Petit de Julleville, ainsi que les premiers chapitres de la thèse de Raymond Lebègue, *La Tragédie religieuse en France. Les débuts (1514-1573)*, 1929.

[3] Voir le cas étonnant de Jean Louvet, sergent à verge au châtelet de Paris, qui composa pour sa confrérie de Notre-Dame de Liesse, de 1536 à 1550, douze petits « mystères » manuscrits de 800 à 1800 vers chacun, « à la louange de la Vierge Marie ». Les sujets, la facture et l'idéologie de ces pièces renvoient exactement aux miracles de Notre-Dame du XIVe siècle conservés dans le manuscrit Cangé ! On consultera la très récente étude de Graham A. Runnalls, « Jean Louvet : compositeur de mystères et homme de théâtre parisien (1536-1550) », *BHR*, 2000, pp. 561-589.

Michel[4]. On ne trouve malheureusement rien de comparable au XVIe siècle, les fatistes se contentant souvent de reprendre, en les retouchant, ces textes canoniques pour les représentations partout attestées. Ce qui a survécu du texte de la *Passion* jouée à Mons en 1501 indique que le fatiste a dû prendre son bien chez Gréban et Michel. En 1507, les trois libraires parisiens J. Petit, G. de Marnef et M. Le Noir impriment une immense compilation qui aurait été jouée à la même date, sous le titre suivant : *Le Mistere de la Conception et Nativité de la glorieuse Vierge Marie, avecques le Mariage d'icelle, la Nativité, Passion, Resurrection et Ascension de Nostre Sauveur et Redempteur Jesuscrist* ; on y reconnaît la première journée de la *Passion* de Gréban, augmentée d'épisodes antérieurs à l'Annonciation (mariage de Joachim et d'Anne, naissance et enfance de Marie) et remaniée – cet ensemble a connu plusieurs éditions séparées - , les quatre journées de la *Passion* de J. Michel, la quatrième journée enfin de la *Passion* de Gréban, consacrée à la Résurrection. En tout 65 000 vers, qui montrent bien comment on réemploie les textes célèbres !

Une quarantaine d'années plus tard, deux autres mystères de la Passion issus de la même région n'en usèrent pas autrement : le mystère de la Passion joué à Valenciennes en 1547, conservé dans deux manuscrits à peintures, et *La Passion en rime franchoise*, composée et probablement jouée entre 1541 et 1549[5] en Picardie. L'une et l'autre ont puisé à pleines mains chez les grands devanciers, mais des éditions permettraient sans doute de mesurer une certaine originalité des arrangeurs. Parce qu'elles sont toutes deux localisées dans le Nord, parce qu'elles sont très longues (de 40 000 à 50 000 vers chacune), ces deux Passions sont souvent confondues, à tort. Un autre trait les rapproche aussi : elles sont divisées en journées assez courtes, de 1500 à 2000 vers, qui font des durées de représentation raisonnables. Les vingt-cinq journées de la *Passion* de Valenciennes déroulent le grand livre d'images de la vie de Jésus[6], depuis

---

[4] Voir *Le Théâtre français du Moyen Âge*, pp. 196-207.

[5] Seules les trois premières journées de ce mystère ont été publiées, par Cécile Guérin : *La Passion en rime franchoise*, 1994. *La Passion en rime franchoise* s'est aussi servie du texte de Mons (Mary F. Foley, « Two versions of the Flood : the Valenciennes twenty day play and the *Mystère de la Passion* of Mons », *Tréteaux*, II, 1, mai 1980, pp. 21-38) ; comme si une sorte de vulgate commune circulait pour les représentations de la même province.

[6] Voir Elie Konigson, *La Représentation d'un mystère de la Passion à Valenciennes en 1547*, 1969.

l'histoire de Joachim et d'Anne jusqu'à la Résurrection, afin que les spectateurs en retiennent le sens utile pour leur salut. Avec une amplitude plus grande – ses vingt journées vont de la création du monde à l'Assomption de la Vierge – *La Passion en rime franchoise* procède de même, avec une laborieuse honnêteté, un certain sens de l'action et du spectacle, mais quelque indifférence à la théologie[7].

Bref, si l'on retrouve la finalité édifiante et la facture générale des mystères, on a perdu ce qui éclatait dans les Passions géniales du XVe siècle : la puissance de l'intention théologique, la force du dessein dramatique et la beauté de l'écriture. Le genre des Passions n'est plus créateur au XVIe siècle[8]. L'imprimerie ne s'y trompe pas, qui multiplie les éditions de Jean Michel.

Mais c'est le lieu, peut-être, de signaler quatre œuvres étranges, dues à la plume de Marguerite de Navarre, dont le théâtre est toujours inclassable . Dans le recueil des *Marguerites de la marguerite des princesses* de 1547, elles sont appelées des « comédies » (comprenons simplement : des pièces de théâtre) ; mais *La Nativité de Jésus-Christ*, *L'Adoration des trois rois à Jésus-Christ*, *Les Innocents* et *Le Désert*[9] [la fuite en Egypte] sont quatre petits mystères (de 1000 à 1600 vers octosyllabes chacun) sur des épisodes obligés mis en scène par les Passions qui racontent l'enfance de Jésus. Or, la tradition des mystères est parfaitement subvertie : il ne s'agit pas de raconter une histoire, des épisodes familiers de l'Histoire sainte mais, en utilisant les personnages connus ainsi que quelques allégories, de mener une méditation religieuse, mystique ; le mystère traditionnel est comme désincarné, privé de sa substance théâtrale au

---

[7] Voir le jugement de Jean-Pierre Bordier, dans l'introduction de sa thèse (*Le Jeu de la Passion...*, 1998, pp. 45-46).

[8] Que dire du maladroit *Joyeulx Mistere des Trois Rois*, révisé en 664 vers par Jean d'Abondance vers 1540 ([in] *Trois Jeux des Rois (XVIe-XVIIe siècle)*, éd. Y. Giraud, N. King et S. de Reyff, 1985), sur l'épisode de l'adoration des Rois mages ? Rien de plus. Le régent Eloy Du Mont (K.J. Ritch, « Notice biographique sur Maître Eloy Du Mont dict Costentin et son *Livre de la louenge de la mort corporelle* », *B.H.R.*, 1995, n° 2, pp. 401-406) laisse en manuscrit une *Résurrection abrégée* dédiée à François Ier, postérieure à 1531 et jamais jouée. Pierre Servet y voit une « œuvre hybride, à la croisée entre le mystère et la pièce de collège » (« La Résurrection abrégée (inédite) d'Eloy Du Mont, dit Costentin : mystère ou tragédie ? », *Nouvelle Revue du Seizième Siècle*, 1991, pp. 15-40). Rien encore qui puisse renouveler la forme des mystères.

[9] Au t. II de l'éd. F. Frank, 1873 (Slatkine Reprints, 1970).

profit d'une seule leçon religieuse, théologique même[10]. Voix singulière et sans postérité. Le genre des Passions ne se renouvellera pas.

Autres mystères tirés du Nouveau et de l'Ancien Testament

Nous retrouvons ici l'immense fresque du *Mystère des Actes des Apôtres*[11], dont les neuf « livres » mettent en scène, en l'enrichissant, le livre biblique des Actes des Apôtres composé par l'évangéliste Luc. Ce mystère, dont un beau manuscrit avait été exécuté pour Marguerite de Navarre (qui s'intéressait décidément au théâtre religieux médiéval) entre 1527 et 1538, connut trois éditions au XVIe siècle – les deux premières en 1538 et en 1540, liées à la représentation de Bourges (1536), la troisième, en 1541, profitant de la représentation des confrères de la Passion parisiens de la même date. Il est passionnant de comparer les divers états du texte et d'apprécier le travail des réviseurs. Voici les conclusions de Raymond Lebègue, qui a fait l'histoire du texte et des représentations de ce mystère[12] : le premier réviseur (probablement Jean Chaponneau), en 1538, fit œuvre de savant et de croyant attiré par l'évangélisme, plus soucieux d'édifier que de divertir ; le second réviseur, en revanche, a destiné les remaniements de 1541 au spectacle qu'il voulait développé et pompeux. Nous avons là un bel exemple de la vie d'un mystère, du XVe siècle à l'époque des Réformes : les changements renseignent sur l'évolution des mentalités et des goûts.

A la suite des *Actes des Apôtres*, on peut lire, dans l'édition de 1541, un nouveau mystère : *L'Apocalypse sainct Jehan Zebedee, ou sont comprinses les visions et revelations que icelluy sainct Jehan eut en l'ysle de Pathmos, le tout ordonné par figures convenables selon le texte de la saincte Escripture,* qui est l'œuvre de Loys Choquet, probablement auteur d'autres mystères ; les 7000 vers de son *Apocalypse* furent également

---

[10] Voir deux articles de Nicole Cazauran : « Marguerite de Navarre et son théâtre : dramaturgie traditionnelle et inspiration sacrée » (*Nouvelle Revue du Seizième Siècle*, 1989, n° 7, pp. 37-52), et « Marguerite de Navarre entre mystique et 'mystères' . La Vierge au repos dans *La Nativité* et *Le Désert* » ([in] *L'Art du théâtre. Mélanges en hommage à Robert Garapon*, 1992, pp. 25-34).

[11] Voir *Le Théâtre français du Moyen Âge*, pp. 217-218.

[12] *Le Mystère des Actes des Apôtres. Contribution à l'étude de l'humanisme et du protestantisme français au XVIe siècle*, 1929.

représentés à la suite des *Actes des Apôtres*, à la même date[13]. C'est bien une suite du *Mystère des Actes des Apôtres* ; au persécuteur Néron succède ici le persécuteur Domitien, d'ailleurs assassiné et remplacé par Nerva au cours de la pièce. Arrêté, torturé en vain – « Jésus-Christ est ma sauvegarde », répète-t-il – Jean est finalement exilé à Patmos. Dès lors, le mystère entrelace la persécution de Domitien, mu par une sorte d'*hubris* délirante et qui s'en prend non seulement aux chrétiens mais aux philosophes, aux savants, et les visions successives de Jean, occasion d'un certain déploiement scénique, et même d'un luxe étourdissant de machinerie si les quatorze visions ont été réalisées. On remarque au passage le goût des spectateurs – c'est vrai au XVᵉ siècle, mais plus encore au XVIᵉ siècle – pour l'histoire romaine. Mais ce mystère est assez monotone et malhabile ; il comprend d'ailleurs une sorte de partie finale, avec un titre séparé (*Mystère de sainct Jehan l'Evangeliste estant en lisle de Pathmos*), qui montre la lutte de Jean avec un habile enchanteur, Cynops, qu'il vaincra ; on pense à Simon le magicien, instrument des diables dans le *Mystère des Actes des Apôtres*, constamment combattu par les apôtres Pierre et Paul[14]. La mise en images scéniques du dernier livre du Nouveau Testament déçoit finalement.

Quant aux transpositions de l'Ancien Testament, elles sont circonscrites au *Viel Testament*[15] et à quelques remaniements du XVIᵉ siècle[16]. On sait que la première édition de cette grande compilation fort disparate de 50 000 vers date des environs de 1500 et représente un assemblage de mystères différents, d'auteurs différents, plus ou moins récents et plus ou moins remaniés. Il faudrait disposer d'une nouvelle édition critique pour tirer des conclusions intéressantes de la comparaison entre la première édition et les deux autres, de 1520 et de 1542 – cette dernière étant liée à la représentation parisienne de la même date. Mais certains épisodes ont

---

[13] *L'Apocalypse* de L. Choquet a été plusieurs fois jouée à Amiens (voir Raymond Lebègue, « L'évolution du théâtre dans les provinces du Nord », [in] *La Renaissance dans les provinces du Nord*, éd. F. Lesure, 1956, pp. 117-126).

[14] Le combat de Pierre contre Simon le magicien fait l'essentiel des *Actes de Pierre* apocryphes, source du *Mystère des Actes de Apôtres*.

[15] Voir *Le Théâtre français du Moyen Âge*, pp. 207-211.

[16] On peut presque passer sous silence la *Tragédie représentant l'odieux et sanglant meurtre commis par le maudit Caïn*, de 1580 ; c'est l'œuvre d'un attardé, Thomas Lecoq, qui s'est fort inspiré du *Viel Testament* et qui appelle « tragédie » ce qui a la forme d'un petit mystère, d'ailleurs très médiocre, et tient aussi de la moralité.

connu des éditions séparées dus à leur célébrité ou à quelque représentation ; on peut raisonner alors sur la portée des remaniements.

C'est le cas de l'épisode du sacrifice d'Isaac, qui eut des éditions
séparées, en particulier en 1539 quand les confrères de la Passion le
jouèrent en leur Hôtel de Flandres, muni d'un échafaud somptueux pour
le public de marque, princier et royal ; on dispose alors d'une édition du
Sacrifice d'Abraham « nouvellement corrigé et augmenté ». Barbara M.
Craig a édité les différentes versions et les a longuement comparées[17]
dans son introduction. De fait, des changements sont perceptibles ; ainsi,
la version de 1539, qui passe de 1200 à 1700 vers, présente un Abraham
plus sec, moins humain, plus rhéteur, plus bavard, scolastique et moins
touchant. Mais, comme l'avait déjà remarqué Raymond Lebègue, le
remanieur, qui supprime les Procès de Paradis, a fait surtout porter son
effort sur l'élaboration biblique et théologique : le sacrifice imposé à
Abraham est une *tentation* destinée à éprouver son obéissance, une
épreuve de la foi qui déchire le personnage partagé entre le mouvement
naturel, appelé « sensibilité » ou « Nature », et la « raison », qui doit
suivre l'ordre divin transcendant la nature ; un choix moral est même
allégorisé par le combat de Nature contre Raison. Avec ses nouveaux
développements de 1539, alors que la version originale évacuait le doute
d'Abraham sur la promesse de Dieu, nous nous rapprochons de ce que
sera la réflexion du Réformé Théodore de Bèze dans sa tragédie d'*Abraham sacrifiant*[18].

En 1538, les confrères de Notre-Dame de Liesse s'emparaient d'un
autre épisode du *Viel Testament* tiré de l'histoire de Joseph ; il fut
imprimé la même année sous le titre de *Moralité de la Vendition de
Joseph*[19]. Aux 5800 vers du *Viel Testament* suivi d'assez près, on ajouta
un bon millier de vers. Le réviseur, très soucieux de souligner la
correspondance entre les souffrances de Joseph et la Passion du Christ, a
voulu transformer la donnée biblique en moralité par l'adjonction d'une
scène de 361 vers où le personnage allégorique d'Envie excite la haine de

---

[17] *The Evolution of a Mystery Play : A Critical Edition of « Le Sacrifice d'Abraham » of
« Le Mistère du Viel Testament », « La Moralité du Sacrifice d'Abraham », and the 1539
Version of « Le Sacrifice d'Abraham » of « Le Mistère du Viel Testament »*, Orlando,
Florida, 1983.

[18] Voir Charles Mazouer, « Abraham du *Mistere du Viel Testament* à l'*Abraham sacrifiant*
de Théodore de Bèze », *R.H.R.*, 1997, pp. 59-60.

[19] Au t. II des *Moralités françaises* p. p. W. Helmich, 1980, pp. 331-413.

ses frères envers Joseph. Le drame ne devient pas pour autant une moralité vraie ; mais la révision montre une autre forme de la vie, ou de la survie des textes médiévaux.

Les mystères de saints

C'est en ce domaine que la moisson s'avère la moins pauvre. Indifférents aux interdictions, à l'évolution des mentalités et des goûts, les mystères hagiographiques satisfont trop pleinement la dévotion populaire[20] pour disparaître. Ils sont l'affaire de multiples communautés qui trouvent vingt occasions d'honorer leur saint par un jeu de théâtre. On continue de représenter partout des mystères hagiographiques, jusque dans les bourgades les plus reculées des vallées alpines. Et très avant dans le XVIe siècle, pour ne pas dire au-delà : une représentation lyonnaise de 1605 donne un épisode dramatisé de la vie de Marie-Madeleine[21]... Un nombre non négligeable de textes – manuscrits ou édités – nous reste donc.

Certains saints, qui faisaient l'objet de mystères au XVe siècle, continuent d'inspirer les fatistes, comme saint Christophe[22], saint Louis[23], saint Martin[24], saints Pierre et Paul[25], saint Sébastien[26]. Mais d'autres saints voient désormais leur vie dramatisée : saint Antoine[27], le

---

[20] Voir *Le Théâtre français du Moyen Âge*, pp. 218-242.

[21] *La Vie de Marie Magdaleine par personnages*, éd. J. Chocheyras et Gr. A. Runnalls, 1986.

[22] Chevalet, *S'ensuyt la vie de sainct Christofle elegamment composée en rime françoise et par personnages*, Grenoble, 1530 (représentée à la Pentecôte 1527). – Voir Pierre Servet, « L'insertion épique dans les mystères hagiographiques : *La Vie de sainct Christofle* de Chevalet », [in] *Les Genres insérés dans le théâtre*, 1998, pp. 31-45.

[23] Gringore, *Cy commence la vie et hystoire de monseigneur saint Loys, roy de France* (édité au t. II (*Mystère inédit de saint Louis*) des *Œuvres complètes* de Gringore par Ch. d'Héricault et A. de Montaiglon, 1877).

[24] *Le Mystère de la vie et hystoire de monseigneur sainct Martin* à 53 personnages, imprimé vers 1500 (réimpression chez Silvestre, 1841) et *Cy commence l'histoire de la vie de sainct Martin* de 1565 (éd. Fl. Truchet, *Travaux de la société d'histoire et d'archéologie de la Maurienne*, 1881, pp. 193-367).

[25] *S'ensuit le mistere de monseigneur sainct Pierre et sainct Paul* , imprimé entre 1511 et 1520.

[26] *Cy commence l'ystoire de monseigneur sainct Sebastien pour la première journée* (p. p. F. Rabut, 1872).

[27] En provençal, *Le Mystère de Sant Anthoni de Viennès* (éd. Paul Guillaume, 1884).

pape du IIIe siècle Etienne[28], saint Eustache[29], Marie-Madeleine, saint Rémi qui baptisa Clovis[30], saints Séverin, Exupère et Félicien dont les reliques étaient à Romans[31], saint Georges et saint Front[32], sainte Véronique[33], saint Dominique et saint Regnault[34] – saints qui ont connu le Christ, saints des premiers siècles, en Orient et en Occident, ou saints plus récents, qui ont presque tous subi tribulations et persécutions.

Nombre de ces mystères explicitent d'une manière ou d'une autre leur ancrage local : ils honorent, prient ou remercient le patron de la cité et de la confrérie. Le prieur de l'abbaye des bénédictins de Saint-Mihiel, en Lorraine, écrit un mystère sur Etienne, le patron de la ville ; un mystère de saint Martin est composé « pour la communaulté de Saint-Martin-de-la-Porte en Maurienne », en 1565, afin de conjurer la peste ; gageons que le *Mystère de saint Sébastien* joué à Lanslevillard, toujours en Maurienne, en 1567, est issu d'un vœu semblable ; heureux d'avoir échappé aux dangers de la peste, les habitants de Romans, dans la Drôme, remercient le Ciel et les saints dont ils possèdent les reliques, les trois doms. A Reims, on représente par deux fois le *Mystère de saint Rémi* – manière de glorifier la ville et son histoire ; le *Mystère de Notre-Dame du Puy d'Anis* met en scène la légende de ce sanctuaire et évoque l'évangélisation de la région[35]. Le *Mystère de sainte Venice* a vraisemblablement été commandé par la confrérie des maîtres jardiniers de Paris dont Véronique était la patronne (avec saint Fiacre) ; c'est probablement un dominicain qui a écrit, à usage interne, le *Mystère de l'Institution des frères prêcheurs* qui montre la fondation de l'ordre.

---

[28] Nicolas Loupvent, *Mister et jeux de monsieur sainct Etienne.*

[29] *Le Mystère de saint Eustache*, en provençal (éd. Paul Guillaume, 1883).

[30] *Le Mystère de saint Rémi*, éd. J. Koopmans, 1997.

[31] *Le Mystère des trois doms*, éd. P.-E. Giraud et U. Chevalier, 1887, 2 vol.

[32] Claude Doleson, *Le mistere et Histoire miraculeuse [...] de l'advenement, dedicace et fondation du devot et singulier oratoire de Nostre Dame du Puy d'Anis...*, [in] *Recueil des chroniqueurs du Puy-en-Velay. II. Le Livre de Podio ou chronique d'Etienne Médicis, bourgeois du Puy*, t. II, 1874, pp. 369-599.

[33] *Le Mystère de Sainte Venice*, éd. Gr. A. Runnalls, 1980.

[34] *Mistere de l'Institucion de l'Ordre des Freres Prescheurs*, éd. S. de Reyff, G. Bedouelle et M.-Cl. Gérard-Zai, 1997.

[35] Voir Graham A. Runnalls, « Le théâtre en Auvergne au Moyen Âge », *Revue d'Auvergne*, 1983, pp. 69-93.

Seuls les neuf « livres » de *La Vie de saint Louis* composés par Gringore vers 1512 échappent à cette situation ; c'est que, tout en magnifiant la figure du saint roi, le poète désire donner un exposé vivant de moralité politique et servir par là la propagande du roi Louis XII (comme il l'avait déjà fait dans son *Jeu du Prince des sots*[36]).

Quant à la facture, on retrouve pour commencer le principe de textes « évolutifs », remaniés, compilés de représentation en représentation ; le manuscrit ou l'imprimé représentent un état fort différent de l'état original à la suite des emprunts, interpolations, suppressions et autres changements[37]. Sur le même saint un autre fatiste récrit un autre mystère ; il peut avoir connaissance ou non des textes contemporains ou antérieurs[38] et s'en inspirer plus ou moins étroitement. Quels que soient les auteurs – le nom de l'auteur commence à être imprimé ou l'on connaît par ailleurs le fatiste –, la part d'un style personnel est réduite et les formes dramatiques du XVᵉ siècle perdurent. Des petits mystères (de 1000 à 4000 vers) voisinent avec des grandes machines (de 7000 à 20 000 vers) ; mais on prévoit de diviser les longs mystères en séquences raisonnables de représentation. Les 11 000 vers des *Trois Doms* sont répartis en six demi-journées (matin et après-dîner) ; les 14 000 vers de *Saint Rémi* sont explicitement divisés en douze unités (parfois elles-mêmes appelées « mystère ») qu'on pouvait représenter indépendamment ; chaque « livre » de Gringore fait en moyenne moins de 800 vers et l'épilogue de certains signale qu'on pourra attendre l'année suivante pour représenter les autres.

C'est que le public doit prêter toute son attention[39] à ces histoires exemplaires. « Pensons a nostre sauvement », rappelle le prologue de *Saint Rémi*[40] : les saints, les saintes, leur vie, leur martyre sont des

---

[36] Voir Jean-Claude Aubailly, « L'image du prince dans le théâtre de Gringore », [in] *Le Pouvoir monarchique et ses supports idéologiques aux XIVᵉ-XVIIᵉ siècles*, 1990, pp. 175-183.

[37] Voir l'exemple d'un manuscrit des années 1530 consacré à saint Denis : Graham A. Runnalls, « Un siècle dans la vie d'un mystère : *Le Mystère de saint Denis* », *Le Moyen Âge*, 1991, pp. 407-430.

[38] Voir André Duplat, « Comparaison de quatre mystères de saint Martin récités ou représentés aux XVᵉ et XVIᵉ siècles, en français et en provençal », [in] *Atti del IV colloquio della Société internationale pour l'étude du théâtre médiéval*, 1984, pp. 236-249.

[39] Au début de la seconde journée du *Mystère de saint Martin* de Saint-Martin-de-la-Porte, le messager demande le silence et précise : « Nostre jeu ne sera pas long / Que deux heures ung peu davantage » (p. 283).

[40] V. 49.

modèles, des exemples pour le chrétien qui veut faire son salut. Le
« devot populaire » ou « devot auditoyre » doit garder mémoire de ces
choses salutaires qu'il a vues, pour éviter la damnation[41]. Et il admire en
effet ces athlètes du Christ, qui doivent souvent d'abord se convertir à la
vraie foi pour s'en faire ensuite les propagateurs courageux et audacieux,
déjouant surtout les embûches des diables, qui manipulent leurs persécu-
teurs. Dans son désert, Antoine résiste aux tentations et aux tortures des
diables jusqu'à sa mort. On connaît les exploits miraculeux des apôtres
Pierre et Paul ou de saint Martin. Les forces du mal ne peuvent rien
contre « le plus parfait ami de Dieu » qu'est Rémi[42]. Dominique et
Regnault veulent raviver la foi chrétiennne dans un monde en proie à
l'hérésie et au désordre ; leur rencontre providentielle pour la fondation
de l'ordre et leur apostolat sont émaillés de miracles . Saint Louis est un
modèle de bon roi. La constance des martyrs surtout, en butte aux
différents empereurs romains animés à la persécution, édifie.

Et le public attend toujours sa part de merveilleux, de cruauté et de rire.
Diables et diableries, interventions du Ciel, miracles multipliés : le
surnaturel est présent et enveloppe la vie. Le goût sadique du spectacle
des tortures est toujours satisfait par les mystères hagiographiques : Paul,
Christophe et les trois doms décapités, parfois avec des raffinements de
cruauté, Pierre crucifié, Eustache exposé aux lions... Mais l'édification fait
bon ménage avec le plaisir comique, voire avec la dérision. Un messager
plaisant, un fol ou une folle, un badin, un rustre épisodique font rire de
leur grossièreté, de leur sottise[43] ; ils vont parfois jusqu'à se moquer du
sérieux du mystère édifiant[44].

Sans qu'il présente aucun renouvellement notable, le genre des mystères
hagiographiques se montre donc toujours créateur, alors que les mystères
tirés de l'Ancien et du Nouveau Testament se contentent surtout de
remaniements au XVIe siècle. Mais la rareté et la pauvreté des textes
laissent sauf l'éclat des représentations.

---

[41] Voir par exemple le *Mystère des trois doms*, vers 10 014-10 017.

[42] *Mystère de saint Rémi*, v. 3139.

[43] Voir : le *Mystère de saint Christofle* de Chevalet, vaste fresque historique où les passages
comiques sont d'une grande verve, en particulier avec les deux bandits Brandimas et
Barraquin qui parlent en argot ; le *Mystère de saint Martin* de Saint-Martin-de-la-Porte, avec
son Badin et son Fol ; le *Mystère de saint Sébastien* avec son Fol.

[44] Voir Charles Mazouer, « La dérision dans les mystères médiévaux », [in] *Rire des dieux*,
2000, pp. 73-83.

Les représentations

Délibérations des conseils de ville, contrats divers passés devant notaire, comptes des dépenses, chroniques locales fournissent, au XVIe siècle comme au XVe siècle[45], leur moisson de renseignements sur les représentations. Mais notre période s'enrichit de documents circonstanciés pour quelques représentations marquantes ; ces documents font revivre l'événement théâtral au service duquel le texte a été écrit[46].

Mons – un peu au-delà de nos frontières – a connu la représentation de très coûteux mystères entre 1433 et 1538 ; pour le mystère de la Passion joué en 1501, les archives communales conservent non seulement le livre des *Despenses de la Passion*, mais un *Abregiet* établi journée par journée[47] : c'est tout simplement ce que les modernes appellent un livre de conduite du régisseur. Il indique en effet tout ce qui doit se passer sur scène, tout ce que doivent faire les acteurs et à quel moment. Pour le *Mystère des trois doms* donné à Romans en 1509[48], comme pour la Passion représentée à Châteaudun en 1510[49], le document le plus intéressant reste le compte des dépenses – un manuscrit de 251 folios dans le cas de Châteaudun. Dans son étude du *Mystère des Actes des Apôtres*, Raymond Lebègue a consacré deux chapitres à la représentation de Bourges en 1536[50] et à celle dont se chargèrent les confrères parisiens

---

[45] *Le Théâtre français du Moyen Âge*, 1998, pp. 153-163.

[46] On espère toujours l'exhumation de quelque témoignage inconnu sur des représentations. Ainsi, un document nouveau vient d'être mis au jour et exploité par Graham A. Runnalls, concernant la représentation d'une Passion à Paris (« Le *Livre de raison* de Jacques Le Gros et le mystère de la Passion joué à Paris en 1539 », *Romania*, 2000, pp. 138-193).

[47] Gustave Cohen, *Le Livre de conduite du régisseur et le compte des dépenses pour le Mystère de la Passion joué à Mons en 1501*, 1925 (Slatkine Reprints, 1974). Voir, en dernier lieu, l'étude générale de Darwin Smith, « Les manuscrits « de théâtre ». Introduction codicologique à des manuscrits qui n'existent pas », *Gazette du livre médiéval*, n° 33, automne 1998, pp. 1-9.

[48] 300 pages de documents dans l'édition de ce mystère, p. p. P.-E. Giraud et U. Robert, 1887, 2 vol.

[49] Marcel Couturier et Graham A. Runnalls, *Compte du mystère de la Passion. Châteaudun, 1510*, s.d. (1991). Voir aussi Gr. A. Runnalls, *Etudes sur les mystères...*, 1998, pp. 161-173.

[50] Pour laquelle deux documents précieux nous restent : la *Relation de l'ordre de la triomphante et magnifique monstre du mystère des saincts actes des apostres...* établie par Jacques Thiboust (p. p. Labouvrie, en 1836) ; un *Extraict des fainctes qu'il conviendra faire pour le mystère des Actes de Apostres* (p. p. A. de Girardot en 1854) qui donne éléments de

de la Passion, en 1541. Enfin, Elie Konigson a proposé une reconstitution, journée par journée, de la mise en scène du mystère de la Passion représenté à Valenciennes, en 1547, à partir du texte, des notes marginales des manuscrits, des textes de présentation de chaque journée et des vingt-cinq miniatures de Cailleau[51] (**Planches 2 à 10**) ; les autres documents exploités concernant cette représentation – contrats des acteurs, recette et prix, témoignages – avaient été publiés au dernier siècle.

A partir de cette somme de témoignages – dont on remarquera qu'ils jalonnent régulièrement la première moitié du XVIe siècle – et d'autres documents sporadiques[52], il est aisé de rappeler les éléments essentiels de toute représentation de mystère au XVIe siècle.

L'organisation

Que l'initiative vienne de quelques particuliers – laïcs ou clercs, généralement des notables – ou d'une confrérie, quelle qu'en soit l'occasion – accomplir une intention ou un vœu religieux, fêter la paix ou quelque heureux événement, ou tout simplement réaliser une fête théâtrale –, la représentation devient le plus souvent l'affaire de la bourgade ou de la ville et des autorités dont elles dépendent. L'Eglise, qui autorise ses prêtres à participer à l'entreprise et qui prête des costumes, ne peut se désintéresser de l'affaire. L'évêque donne sa permission ; les textes surtout sont soumis au contrôle de l'autorité ecclésiastique, jusque dans la moindre bourgade. Dès 1527, l'évêque Briçonnet avait interdit toute représentation d'un mystère à Meaux, à moins que les pièces ne fussent examinées par lui ou ses vicaires. Mais les conseils de ville prennent surtout les choses en main, puisque aussi bien c'est la ville qui finance, et perd souvent de l'argent ; l'entreprise est longue et coûteuse : à Romans, sous la direction du chapitre et de la ville, la préparation du mystère dura presque un an.

---

décor, trucs de machinerie, accessoires et personnages et animaux feints, livre par livre.

[51] Elie Konigson, *La Représentation d'un mystère de la Passion à Valenciennes en 1547*, 1969.

[52] Publiés par Petit de Julleville au tome II de ses *Mystères*, ou plus récemment mis en lumière, comme le contrat passé avec deux charpentiers-menuisiers pour la construction d'un théâtre destiné à la représentation d'un mystère à Bordeaux, en 1525 (Henri Lagrave, Charles Mazouer, Marc Régaldo, *La Vie théâtrale à Bordeaux des origines à nos jours. T. I : Des Origines à 1799*, 1985, pp. 27 sq.).

Besoin est donc de désigner des responsables de l'organisation. A Romans, ce sont neuf commissaires qui suivent la préparation ; à Amboise, en 1507, ce sont des « gouverneurs ». Jean Bouchet, nous l'avons dit, ne dédaigna pas de faire l'ordonnateur d'un mystère dans sa ville de Poitiers. Bourges eut ses douze « entrepreneurs » du mystère de 1536 et Paris ses « directeurs » en 1541. A Valenciennes, on nomma treize « superintendants » qui eurent à la fois un rôle administratif et un rôle de régisseurs du spectacle.

Il leur faut déjà trouver un fatiste pour établir un texte, et éventuellement le copier. Les commissaires de Romans confièrent la rédaction du « livre » au chanoine Prat, de Grenoble, dont ils contrôlaient le travail (ils *visitent* le livre) ; d'ailleurs insatisfaits, ils demandèrent au poète et fatiste connu Claude Chevalet, de Vienne, d'être le coauteur avec Prat, le « coadjuteur » ; lequel Chevalet déserta son poste et laissa donc Prat seul pour travailler, corriger et amender son texte selon les désirs des commissaires. A Châteaudun, les organisateurs recrutèrent comme « factiste » maître Aignen Charuel, curé d'une petite paroisse, qu'on fit venir exprès d'Evreux pour remanier le texte d'une Passion et le développer en dix-huit journées. On voit exactement comment les fatistes devinrent des hommes de théâtre[53] sollicités dans toutes les régions pour préparer le texte d'une représentation, et dans quelles conditions ils accomplirent leur travail d'écrivain. Les gens de Saumur, en 1534, allèrent chercher un « facteur » de Rouen, Thomas Le Prévost, qui fut probablement aussi l'ordonnateur du mystère. Ces fatistes furent créateurs parfois, réviseurs souvent ; à propos des *Actes des Apôtres* nous avons noté que les révisions touchèrent aussi bien à l'esthétique qu'à l'idéologie.

Les organisateurs doivent ensuite passer contrats avec les entrepreneurs, artisans et ouvriers qui vont œuvrer à la construction de la scène. C'est sur ce point que les comptes des dépenses proposent une mine de renseignements en nous disant ce qui a été donné à chacun pour sa tâche et sa réalisation. Entrent alors en action charpentiers et menuisiers pour la construction des échafauds et des gradins, mécaniciens et horlogers pour la machinerie – les fameux « secrets » que réalisent, sans jamais dévoiler leurs moyens, ces « conducteurs » et « facteurs de secrets » –, peintres et décorateurs pour les décors, les accessoires et les feintes. De même que les fatistes parcouraient leur région ou des régions voisines qui

---

[53] Voir Graham A. Runnalls, « Deux hommes de théâtre au début du XVIe siècle », *R.H.T.*, 1996-4, pp. 391-406.

réclamaient leurs services, de même les peintres furent des artisans de théâtre itinérants. Le peintre-décorateur du mystère de Romans, François Thevenot, vient d'Annonay. Celui du mystère de Châteaudun, Guillaume Beuzeval, est un véritable peintre et metteur en scène professionnel qui n'hésite pas à quitter sa ville d'Evreux avec famille et domestiques et à s'installer dans quelque ville ; là « il dirige des équipes d'artisans qui s'occupent de la construction des échafauds ; il dessine et réalise des décors peints et des « fainctes » spectaculaires destinées à passionner le public ; il anime des représentations soit de grands mystères de la Passion, soit de tableaux vivants lors d'une entrée royale[54] ».

Mais la tâche essentielle concerne le recrutement et la préparation des acteurs – les listes d'acteurs qui nous restent indiquant que la plupart des rôles étaient joués par des notables, laïcs ou prêtres. Une plaquette nous a conservé « le cry et proclamation publique » du *Mystère des Actes de Apôtres*, du 16 décembre 1540, qui annonce aux carrefours, à son de trompe, le mystère et invite les acteurs amateurs à une audition à l'Hôtel de Flandre. A Valenciennes, en 1547, les acteurs recrutés sont liés par un contrat ou « obligation », qui précise strictement leurs devoirs : jouer quand il faut, accepter le rôle donné, être à l'heure pour les répétitions et les représentations, ne pas quitter son poste, ne pas récriminer, déposer un écu d'or sur quoi seront prélevées les éventuelles amendes infligées au contrevenant ; ce contrat associe également l'acteur à l'entreprise, à ses pertes ou à ses bénéfices. Les rôles distribués, il faut répéter – les répétitions sont les « records ». Pour les longs textes, les répétitions doivent être nombreuses ; on en fit quarante-huit pour les 35 000 vers de la Passion représentée à Mons.

Toute cette préparation culmine dans la « monstre » joyeuse et brillante, parfois accompagnée d'une cavalcade – parfaite publicité pour le spectacle. Celle de Bourges, le 30 avril 1536, a été racontée en détail par un contemporain . En présence des échevins, le cortège des acteurs se forma après avoir entendu la messe. Sur des chars qui portaient des décors ou à pied, tous les personnages de la pièce défilèrent dans leurs costumes afin de donner au peuple massé sur le parcours un avant-goût du spectacle. Entre les décors et personnages de l'enfer, qui ouvraient le défilé, et ceux du paradis, qui le fermaient, plus de sept cents personnages – acteurs et figurants – défilèrent, au son des trompes, trompettes, clairons

---

[54] *Ibid.*, p. 402.

et fifres. La relation de Jacques Thiboust est surtout fascinée (comme le public de l'époque !) par les costumes fastueux ; l'accoutrement des personnages, dit-il volontiers, « estoit riche et pompeux outre mesure[55] ». Il note aussi que l'émerveillement du public était silencieux : le défilé se fit « en tel et si grand silence qu'il serait difficile à croire, attendu le gros nombre de peuple forain estant lors espandu par les rues[56] ». Spectateurs étrangers à la ville et gens du lieu se montraient plus bruyants et turbulents lors des représentations !

Le lieu théâtral

Si la pratique du XVIᵉ siècle ne diffère pas de celle du siècle précédent en la matière, on notera toutefois les mentions plus abondantes de lieux fermés. Les confrères de la Passion parisiens donnaient les représentations à l'Hôtel de Flandre ; ainsi en 1541 pour les *Actes des Apôtres* et en 1542 pour le *Viel Testament*. A Lyon, de 1539 à 1541, un particulier, un certain Jean Neyron, aménagea sa maison avec une scène à trois étages, des balcons et des loges destinées aux spectateurs, pour y représenter des mystères les dimanches et jours de fête[57]. Mais on jouait dans une salle de château, ou dans une salle quelconque, sur lesquelles les archives ne donnent pas de pécisions ; à deux reprises, en 1512 et en 1513, le chroniqueur messin Philippe de Vigneules signale des jeux de théâtre « en chambre ». Le mot est courant au XVIᵉ siècle pour désigner une salle de spectacle ; plus exactement : une salle qui accueille un spectacle de théâtre.

Les lieux les plus courants restaient des lieux extérieurs investis pour un temps par le théâtre – avec tous les aléas du plein air. On s'emparait donc d'un espace de la ville : place publique surtout, mais aussi cimetière, cour d'évêché, jardin d'abbaye ; on demandait parfois aux charpentiers, comme à Bordeaux en 1525, de circonscrire le lieu de la représentation d'une palissade.

---

[55] P. 59.

[56] P. 73.

[57] Sur cette tentative pour ouvrir une salle de spectacle, voir Yvelise Dentzer, « Jehan Neyron, créateur du premier théâtre permanant de Lyon. 1539-1541 », *R.H.T.*, 1992-2, pp. 101-112. A Meaux, de 1547 à 1549, exista un théâtre permanent, fait de bois et recouvert de toile. On sent une poussée, qui n'aboutira qu'au premier tiers du XVIIᵉ siècle, vers un bâtiment théâtral permanent.

Les représentations du XVIe siècle illustrent toutes les configurations possibles du lieu théâtral[58].

On trouve la scène frontale à Mons, en 1501, sur l'ancien Grand Markiet : la grande scène rectangulaire faisait face à l'espace vide du parterre en arrière duquel étaient construites des galeries couvertes pour certains spectateurs. Le même dispositif frontal régnait certainement à Valenciennes, en 1547. *Le Mystère de trois doms* de Romans, en 1509, fut joué dans la cour du couvent des cordeliers, avec un dispositif à scène centrale ; le contrat des charpentiers permet de restituer le dispositif : une plate-forme de jeu rectangulaire et, de part et d'autre des grands côtés de cette scène, des gradins (en deux échafauds de chaque côté) et, à leur sommet, deux rangs de loges. Le dispositif en rond fut enfin mainte fois utilisé, comme à Autun en 1516, ou à Poitiers en 1534, où la Passion fut donnée « en un théâtre fait en rond ». Le cas de Bourges est intéressant : *Les Actes des Apôtres* furent joués sur l'emplacement d'un ancien amphithéâtre gallo-romain dont il ne restait en 1536 que les fondations. La fosse circulaire de l'arène, peu profonde et traversée d'un canal qu'on pouvait recouvrir, servait d'aire de jeu ; tout autour, des gradins puis des loges se déployaient. Je ne reviendrai pas sur la valeur de ces différents dispositifs concernant la réception du spectacle par le public ; elle n'a pas varié depuis le XVe siècle.

La mise en scène

Contrats et didascalies nous font retrouver les éléments de l'espace scénique, avec l'aire libre réservée aux acteurs – *parc*, *parquet* ou *champ* –, les praticables ou échafauds des décors (quand une tenture les recouvre, on parle de *tente*), sans oublier les dessous de scène, ou *fosseries*, auxquels des trappes permettaient d'accéder, ni l'espace supérieur dédié aux *voleries* – les spectateurs appréciaient que tout vole « bien haut et bas », la réussite de cette machinerie étant loin d'être assurée ! Car la machinerie tenait toujours une grande place[59], des feintes élémentaires aux *secrets* les plus élaborés. La scène des mystères devait tout représenter : déluge, naissances, apparitions d'êtres célestes, visions

---

[58] Voir toujours Henri Rey-Flaud, *Le Cercle magique. Essai sur le théâtre en rond à la fin du Moyen Âge*, 1973, et Elie Konigson, *L'Espace théâtral médiéval*, 1975.

[59] Voir Charles Mazouer, « Les machines de théâtre au XVIe siècle », [in] *L'Invention au XVIe siècle*, 1987, pp. 197-218.

surnaturelles, voyages, navigations, repas, décapitations et tortures, batailles rangées, diableries, scènes de magie, scènes de chasse, miracles de tout genre... De tout cela, *députés aux secrets* et *feinctiers* devaient donner une quasi-illusion qui satisfît le public selon les exigences admises de la vraisemblance de l'époque. On sait aussi la part de la musique et du bruitage, de quelques effets de lumière et même de senteurs.

A titre d'illustration, je prends l'*Extraict des fainctes* de Bourges pour le livre V des *Actes de Apôtres* et, parmi tout ce qui est énuméré (« Fault...fault... »), je retiens les trucs, feintes ou machineries un peu recherchés : un serpent d'airain qui chemine au commandement de Simon le magicien, une « ydolle qui doit rire » et un chien qui chantera au « commandement dud. Symon » ; une nef pour la navigation de saint Paul vers la Macédoine ; « fault qu'il se face gros tremblement de terre » qui provoque l'ouverture automatique de la porte de la prison où l'apôtre est enfermé ; un tonnerre et une nue blanche pour transporter Jean d'Ephèse à Jérusalem, une autre nue faisant le même office pour tous les apôtres dispersés qui doivent se retrouver autour de Marie agonisante ; Jésus descend également du Paradis accompagné d'une grande multitude d'anges et « a lheure que Jhesuscrist entre en la chambre de lad. Vierge fault qu'il se face grant odeur de quelques senteurs » ; le tombeau de Marie descend du ciel ; les mains des Juifs qui veulent prendre le corps de Marie deviennent sèches et demeurent attachées à la litière, tandis qu'une foudre se jette sur eux et les aveugle... Cela suffit pour faire comprendre l'importance de l'aspect proprement spectaculaire des mystères.

La mise en scène répond évidemment au principe de la simultanéité, les différents lieux, avec leur décor éventuel, étant juxtaposés et donnés simultanément à voir ; la grande révolution scénique apportée par la perspective et la construction d'une véritable scène d'illusion est encore à venir en France, à partir de l'Italie, son lieu d'origine. Entre le paradis et l'enfer, qui encadrent la scène du mystère, les lieux de l'action peuvent être fort nombreux, mais un même décor peut servir à plusieurs lieux fictifs ; Gustave Cohen en dénombre soixante-sept sur le hourt (la scène) de la *Passion* de Mons.

A partir des peintures du hourdement (mot synonyme de *hourt*) de Valenciennes par Cailleau – qui, selon la dernière page des manuscrits, « donna aussy le portraict du teatre ou hourdement [...] tel come il est painct au comechement de ce present livre et come il estoit audit jeu[60] » –, Elie Konigson fait le bilan des lieux, qu'il ne faudrait plus appeler « mansions ». Il distingue les lieux permanents à usage unique et les lieux permanents à usage multiple. En tête des premiers vient évidemment le paradis, espace cubique situé en hauteur ; au sommet d'un étage de gradins trône Dieu le père, entouré de ses filles, des anges et des archanges ; la machinerie céleste est dissimulée par une toile de fond. Une gueule d'enfer largement ouverte et accolée à une tour à étages, dont les ouvertures laissent voir les diables et des damnés attachés à des roues, est symétrique au paradis. Proche de l'enfer, une tour à moitié ruinée figure les limbes. Le Temple (un édifice à base semi-circulaire, comprenant autel et tabernacle, surmonté d'une coupole et d'un petit pinacle) et le Palais (il est construit sur la prison et sa décoration de base est un trône) complètent la liste des lieux à usage unique. Sous le paradis et entre les lieux à usage unique, on trouve les lieux à usage multiple : la salle, la montagne, une porte marquée « Nazareth », d'autres portes et différentes maisons ainsi que des lieux neutres peuvent servir, selon les personnages et les situations, à diverses scènes. A partir de là, il est possible d'imaginer une mise en scène du mystère (**Planche 1**).

Il semble bien qu'en la matière le rôle du peinre-décorateur ait été très grand, voire capital. Non seulement il faisait préparer et peignait les décors, construisait des feintes et des accessoires, mais il devait aussi superviser quelque peu la mise en scène. Lors de représentations à Athis-sur-Orge, en 1542, le peintre Christophe Loyson, assez célèbre alors, dut construire et tapisser le décor, fournir des costumes pour les diables, des masques pour des personnages allégoriques et divers accessoires comme des barbes postiches ou des feintes d'anges, procurer flambeaux, fusées et canons pour les diableries, et même des instruments de musique dont il joua[61] !

On voudrait en savoir davantage sur la acteurs, recrutés comme on l'a dit, qui étaient parfois, pour les rôles féminins, des actrices. Ces amateurs qui jouaient en une occasion donnée avaient-ils conscience de former une communauté homogène d'acteurs, à l'instar des confrères de la Passion

---

[60] E. Konigson, *La Représentation d'un mystère de la Passion à Valenciennes en 1547, op. cit.*, p. 34.

[61] S. W. Deirkauf-Holsboer, « Les représentations à Athis-sur-Orge en 1542 », [in] *Mélanges d'histoire du théâtre du Moyen Âge et de la Renaissance offerts à Gustave Cohen*, 1950, pp. 199-203.

qui montaient régulièrement sur les planches ? On ne sait. Mais dans le *Mystère de saint Martin* de 1565, le messager renvoie le public en lui demandant d'excuser les maladresses de la « trouppe » du jeu. Il est vrai qu'à cette époque de véritables troupes d'acteurs professionnels commençaient à parcourir déjà les régions.

On est un peu renseigné sur les costumes, dont la richesse fascinait les spectateurs. Il suffit de relire la *Relation* de la « monstre » de Bourges. L'idée dominante est celle du luxe et de l'éclat – qualité des tissus, beauté des coloris, ornements des bijoux et des pierreries. Au point que Jacques Thiboust lui-même tient cette recherche pour invraisemblable : des démoniaques, des aveugles, des paralytiques, des boiteux et autres malades revêtus de taffetas, de satin et de soie, c'est « trop mieux que à leur état n'appartenoit[62] ». La remarque est d'autant plus intéressante que le même Jacques Thiboust souligne une recherche de couleur locale – selon les idées du temps et les représentations qu'on pouvait se faire alors des costumes de l'Antiquité : tels personnages sont « à la mode antique », d'autres « à la mode judaïque », ou à la Turque ; d'autres portent des habits faits « à la mauresque ». L'exactitude archéologique n'est pas de mise, mais ressort la volonté d'obtenir une certaine vraisemblance esthétique. Il faut que le public puisse croire que c'est vrai, authentique – « autant pris du vif qu'il est possible[63] ». N'oublions pas que les costumes étaient à la charge des acteurs, qui comptaient sur eux pour briller !

Le jeu nous échappe pour l'essentiel. Si l'on en croit Jean Bouchet, qui parle d'expérience, les fatistes étaient soucieux de la clarté de la diction[64]. Nulle part il n'est question du jeu scénique, soumis, comme nous l'avons vu au volume précédent, à de redoutables contraintes. Bref, grande était la foi des acteurs et grand leur plaisir de jouer pour qu'ils se lancent dans une telle entreprise !

---

[62] *Op. cit.*, p. 23.

[63] P. 70.

[64] Voir l'*Epître* LXXXXII où il s'excuse de ne pas venir diriger le mystère à Issoudun (1535), et donne des conseils aux habitants. Parmi ces conseils, il insiste sur la vraisemblance : vraisemblance de l'acteur par rapport à son personnage (« Je vous supply que tous voz personnages / Vous assignez a gens selon leurs aages ») et vraisemblance des costumes dont l'éclat importe peu, mais qui doivent être « adjustez » aux rôles – comme le soulignait déjà J. Thiboust. Texte de Jean Bouchet dans Petit de Julleville, *Les Mystères*, t. II, pp. 129-130.

A ceux qui seraient déçus par toutes les tentatives de reconstitution du spectacle des mystères – l'historien et ses lecteurs, nous tous en fait –, il est toujours loisible de rêver devant l'œuvre des graveurs et des peintres ; telle gravure de Dürer, tel retable d'un sanctuaire régional apprennent beaucoup – formes et couleurs – sur le style qui devait être celui des représentations de nos mystères.

En tout cas, le spectacle durât-il un, deux, trois, huit, onze, vingt, trente-cinq ou quarante jours, ou tous les dimanches pendant six ou sept mois, il drainait un public enthousiaste – habitants de la cité et habitants des lieux circonvoisins attirés par la fête théâtrale.

Pourtant, au milieu du siècle, les mystères connurent leur dernière floraison.

Le déclin des mystères

Dans l'ultime chapitre de son grand livre de 1880 sur les mystères, intitulé « Décadence et fin des mystères », Petit de Julleville met d'abord en avant des raisons internes au genre : faiblesse et négligence du style ; prolixité dans les détails ; exagération dans l'emploi du comique ; indiscrète magnificence du costume et de la mise en scène[65]. Dans le même ordre d'idées, Raymond Lebègue[66] souligne la stérilité du genre, incapable de se renouveler depuis les grands dramaturges du XVe siècle et devenu aussi monstrueux que luxueux. En somme, une sorte de déter-minisme interne au genre devait le mener à sa fin ; tels les monstres des ères archaïques, les mystères auraient succombé à leur propre développe-ment, comme destinés à être remplacés par d'autres genres. De telles vues – à quoi nos historiens se gardent bien de se tenir tout à fait – sont très insuffisantes et même fausses, dans la mesure surtout où elles font fi de l'essentiel : le lien vital entre les mystères et la société que s'en donne le spectacle.

Comme l'a rappelé Graham A. Runnalls, dessiner une ligne d'évolution nette des mystères n'est guère possible[67]. Il n'y a pas d'évolution continue de textes courts à des textes longs, du XIVe au XVIe siècle ; le

---

[65] *Les Mystères*, t. II, p. 440.

[66] « La vie d'un ancien genre dramatique : le mystère », *Hélicon*, t. II, fasc. 1-3, 1940, pp. 216 sq.

[67] « L'évolution des mystères français : du geste à la parole ? », *Théâtre, Opéra, Ballet*, n° 1, automne 1995, pp. 11-23.

XVIᵉ siècle, nous l'avons vu, produit et représente nombre de textes de dimensions modestes, à côté des grandes machines. Et on aurait tort de se fonder sur le cas de Jean Michel pour affirmer une évolution qui ferait passer de la primauté du geste à celle de la parole ; les Greban et les Michel constituent plutôt des exceptions remarquables et géniales, car, tant qu'il y aura des mystères, les fatistes – souvent de simples remanieurs – garderont une place secondaire. En fait, les mystères, loin de présenter un développement esthétique cohérent et indépendant, ont été constamment tributaires des conditions extérieures, de leur situation dans la société. Telle est la loi du théâtre, particulièrement forte pour la vie théâtrale de cette époque.

Il faut donc chercher les raisons du déclin à l'extérieur des textes, dans la manière dont les mystères peuvent s'inscrire dans l'espace social du XVIᵉ siècle. Au siècle précédent, une sorte d'unanimité se faisait autour de la représentation d'un mystère, admise, aidée, préparée, accueillie par tous, des autorités communales au public, en passant par l'évêque du lieu et les différents artistes mis à contribution. La piété et le goût de chacun admettaient qu'à partir des textes sacrés ou des légendes, ces drames édifiants pussent mêler la réflexion théologique et la recherche de la beauté avec la présence du réalisme le plus familier, de la grossièreté et du grotesque, du rire et même de la dérision. Ces drames étonnants correspondaient parfaitement aux mentalités de leur public.

Au cours du XVIᵉ siècle, pour des raisons que nous avons présentées au chapitre précédent, tout se défait de cet accord entre une société et son théâtre et l'unanimité sociale, si nécessaire à la vie des mystères, vole en éclat.

La religion profanée

Contestations et ruptures se manifestent d'abord à propos du contenu même des mystères ; elles sont le fait aussi bien des Réformés que des catholiques pieux et exigeants, qui n'admettent plus la manière dont les mystères traitent les textes de l'Ecriture et la religion de manière générale. Les uns et les autres voient dans le traditionnel mystère une insupportable profanation.

Comment les partisans de la Réforme, qui voient dans la Bible la nourriture même de la vie chrétienne – *sola scriptura* ! – pourraient-ils admettre qu'on l'utilise pour en faire des sujets de théâtre, et d'un théâtre qui mêle toutes les manifestations de la vie, y compris les moins sacrées et les moins religieuses ? Comme le rappellera le synode de Nîmes, en 1572, la Sainte Ecriture « ne nous a pas été donnée pour nous servir de passe-temps, mais pour être prêchée et pour notre conversion et consolation ». Aussi bien Calvin, qui reproche en outre à l'Eglise son culte des saints, voulut-il interdire la représentation des *Actes des Apôtres* à Genève, en 1546 . On sait son hostilité constante au théâtre ; l'article 18, déjà mentionné, de la *Discipline des Eglises réformées* la rappelle en 1559 et interdit aux fidèles la corruption du théâtre, « surtout quand l'Ecriture sainte y est profanée ». Henri Estienne, dans son *Apologie pour Hérodote*, reproche aux catholiques de convertir « en vraies farces les sacrées paroles de la Bible ». Les Passions et autres mystères tirés de l'Ancien et du Nouveau Testament sont radicalement condamnés.

Du côté catholique, on s'indigne pareillement de l'utilisation de l'Ecriture par le théâtre, pour des raisons identiques ou bien différentes. Les autorités religieuses pensent désormais que l'Ecriture n'est vraiment pas faite pour être mise au théâtre ; elles craignent de surcroît que cela donne envie aux spectateurs de lire la Bible – ce que réprouvait l'autorité catholique, en opposition avec les Réformés qui diffusaient la Bible pour la faire lire. L'affaire de Lille, en 1585, est intéressante à cet égard, et mérite qu'on y revienne. L'évêque de Tournai interdit la représentation d'une tragédie tirée du premier livre des Rois – tragédie vraie ou mystère habillé en tragédie ? On ne sait et peu importe. Le texte du mystère ne lui paraît pas répréhensible, mais il refuse que les textes de la sainte Ecriture soient « ordinairement en public exhibés ». Et il fonde en outre son interdiction sur le fait qu'une telle représentation donnerait occasion aux acteurs et au peuple d'acheter et de faire acheter les Bibles en français, dont les protestants inondent le marché. Il rappelle enfin un édit royal (Bruxelles, 1555) vieux de trente ans, qui interdisait déjà, comme le fameux édit du parlement de Paris, à la chambre de rhétorique de Lille de monter des pièces de théâtre tirées de la Bible. Qu'ils veuillent encourager ou interdire la lecture de la Bible, catholiques et protestants sont d'accord sur un point : la parole de Dieu ne doit pas fournir matière à du théâtre.

Les frères séparés se retrouvent d'accord pour refuser tout ce que le mystère, en vue d'enrichir et d'humaniser pleinement les récits bibliques, avait introduit – en se servant beaucoup des textes apocryphes et des légendes diverses – de réalisme, familier, touchant ou grotesque. Comment admettre que l'adoration des bergers soit entremêlée de passages de bergeries grossières ? Comment admettre que la Passion du Christ se déroule au milieu d'échanges si vulgaires et si brutaux entre les bourreaux ? Plus encore que le réalisme, la présence du rire choque alors, qu'il s'agisse de bouffonneries basses et inoffensives ou, plus gravement, de dérision. Le fou et le sot sont-ils admissibles, dont les railleries ébranlent le caractère sérieux et sacré du mystère religieux ? L'époque est peut-être bien en train de séparer ce que le XVe siècle comprenait et admettait ensemble – en un mot, de dissocier le sacré et le profane.

En somme, le mystère traditionnel est victime d'un raidissement des mentalités religieuses, d'une volonté, commune aux catholiques et aux protestants, de pureté et de respect du sacré : respect de l'Ecriture, rectitude théologique, refus de tout ce qui est bas, méfiance à l'égard du rire. Ces croyants sincères ne tolèrent plus ce que le mystère médiéval tolérait. L'art religieux lui-même de la Contre-Réforme s'oriente vers un puritanisme qui condamne la luxuriance des mystères et le goût naïf de l'imagerie de ses spectateurs[68]. Les autorités religieuses, par le pouvoir qu'elles détiennent sur leurs fidèles ou par l'influence qu'elles ont sur la royauté, traduisent naturellement dans les faits leur hostilité aux mystères. Finie la bienveillance des autorités à la réalisation d'un mystère ; il faut désormais s'attendre à des interdictions. Finie cette belle unanimité de foi et de goût qui rassemblait la communauté autour du mystère ; une partie du public boudera le mystère ou, présente, le contestera ou le tournera en dérision.

La fin d'une unanimité

On pourrait reprendre toutes les étapes de la réalisation d'un mystère et tous ceux qui participaient à la production théâtrale, à l'œuvre de la représentation, pour montrer comment cette entreprise ne va plus de soi, combien elle est mise en cause.

Les pieux fidèles, les confrères ou, quand elles commencent à exister et semblent prendre le relais des particuliers, les troupes itinérantes, si tant est qu'ils en marquent encore le désir, y regardent à plusieurs fois avant de se lancer dans l'opération. Et s'ils le font, ils sont soumis au contrôle, à la censure, à l'interdiction des autorités religieuses et civiles. Nous avons déjà donné des exemples de l'intervention des évêques, des parlements et des rois – qui sont parfois plus tolérants que les parlements pour ces spectacles populaires traditionnels. Devant cette hostilité,

---

[68] Voir les réflexions d'Henri Rey-Flaud, *Le Cercle magique...*, *op. cit.*, « Postface : le cercle brisé », pp. 199-305.

entrepreneurs éventuels de mystères ou conseils de ville n'osent plus s'engager ni engager tous les artistes et artisans nécessaires.

Il est notable que, pendant les premières décennies du XVIe siècle, non seulement on trouvait quelque modeste fatiste pour compiler, remanier ou écrire un texte, mais les poètes les plus en vue et les mieux en cour acceptaient de devenir poètes dramatiques. Avec le développement de l'humanisme, le retour aux œuvres admirées de l'Antiquité et le coup de force des jeunes intellectuels de la Pléiade, s'amplifie un rejet radical de la littérature théâtrale médiévale. Pour qui ne jure que par les belles tragédies et comédies des Grecs et des Latins, les drames médiévaux sont dignes de mépris. Un écrivain, un poète n'irait plus se commettre dans la rédaction d'un mystère. Autre scission, autre fracture entre une élite nouvelle et le théâtre populaire traditionnel. Sans légitimité esthétique, rejeté par le nouveau goût, le mystère comme œuvre littéraire est désormais condamné. On a souvent fait remarquer cette conjonction, il est vrai riche de sens : l'année 1548 est celle à la fois de l'interdiction des mystères sacrés à Paris et celle de la publication de *La Défense et illustration* de Du Bellay.

Le public est aussi divisé, parfois sourdement hostile au mystère et prêt à la critique ou à la raillerie. Cela est fort nouveau, le public du XVe siècle ayant admis de bon cœur les outrances et aussi les imperfections des représentations. Cette adhésion se fissure.

Il vaut la peine de relire la requête rédigée par le procureur général du parlement de Paris contre les confrères de la Passion quand ceux-ci, après avoir représenté l'éclatant *Mystère des Actes des Apôtres*, voulurent récidiver avec le *Viel Testament*[69]. Le magistrat s'y oppose d'abord parce qu'il a repéré dans le premier mystère « plusieurs choses apocryphes » mises là par « ces gens non lettrez ni entenduz en telles affaires, de condition infame, comme un menuisier, un sergent à verge, un tapissier, un vendeur de poisson » pour l'allonger, et d'interminables passages farcesques : respect de l'Ecriture et du sacré. Il s'en prend surtout aux acteurs – « gens ignares » et autres « artisans mécaniques » – qui défigurent leur rôle ; tant les joueurs que les entrepreneurs sont ignorants,

> ne sachant ni A ni B, qui oncques ne furent instruictz ni exercez en théâtres
> et lieux publics à faire telz actes, et davantage n'ont langue diserte ni langage

---

[69] Larges extraits de ce texte dans Petit de Julleville, *Les Mystères*, t. I, pp. 423-424.

propre ni les accents de prononciation décente, ni aulcune intelligence de ce qu'ils dient : tellement que le plus souvent advient que d'un mot ils en font trois ; font point ou pause au milieu d'une proposition, sens ou oraison imparfaite ; font d'un interrogatif un admirant, ou autre geste, prolation ou accent contraires a ce qu'ils dient, dont souvent advient derision et clameur publicque dedans le theatre même, tellement qu'au lieu de tourner à édification leur jeu tourne à scandale et dérision.

Le texte est très intéressant et précieux pour ce qui concerne la diction des acteurs ; mais il souligne surtout la naissance d'un recul critique par rapport au spectacle, qui fut sans doute d'abord le fait de lettrés mais qui dut se propager et mit en cause le spectacle. Les maladresses des acteurs disqualifient la représentation, font naître la moquerie et provoquent chahut et scandale là où l'on devait trouver édification. Selon notre magistrat le public se gausse des acteurs comme des ratés de la machinerie et, par contrecoup, tourne l'objet du spectacle en dérision :

Et retournant desdictz jeux [les spectateurs du commun peuple] se mocquoient hautement et publicquement par les rues desditz jeux des joueurs, contrefaisant quelque langage impropre qu'ilz avoyent oï desdictz jeux, ou autre chose mal faite, criant par dérision que le Sainct-Esprit n'avoit point voulu descendre, et autres moqueries.

On imagine que les protestants surent exploiter et amplifier ces sortes de chahuts ! On en a le témoignage à Bordeaux[70] où, en 1578, est finalement abolie une représentation traditionnelle du baptême de Jésus par Jean-le-Baptiste parce que les hérétiques stipendiaient les acteurs (les tonneliers de la paroisse Saint-Michel) pour qu'ils jettent à cette occasion des sceaux d'eau sur la tête des prêtres et religieux venus assister à la représentation ! Voilà comment un « mystère de devotion », dit le chroniqueur bordelais Gaufreteau, est devenu « plutost une farce ».

Et l'on comprend que les autorités réagissent, ne serait-ce que pour le respect de l'ordre public. Ces représentations durent trop longtemps ; la messe, le sermon et les vêpres sont désertés (les prédicateurs eux-mêmes peuvent être tentés par le spectacle !) – bref, achève le magistrat parisien, adviennent « cessation de service divin, refroidissement de charitez et

---

[70] Voir H. Lagrave, Ch. Mazouer, M. Régaldo, *La Vie théâtrale à Bordeaux...*, *op. cit.* , pp. 30 et 35.

d'aumones, adultères et fornications infinies, scandales, derisions et mocqueries ». Soyons sûrs qu'il exagère un peu ! Mais une rupture est nette : ce que pouvait comporter de débordement la fête théâtrale religieuse du XVe siècle est devenu trouble de l'ordre public, désordre et atteinte à la religion et à la morale strictes. Le mystère a décidément perdu son terreau social.

On notera enfin cette remarquable insistance du magistrat parisien sur l'origine humble, populaire des entrepreneurs, des acteurs et, ailleurs, du public. Un peuple de « gens ignorans et imbecilles » qui ne pouvait comprendre le *Viel Testament* comme il faut, des acteurs illettrés issus des basses classes : le mystère est l'affaire de la populace et l'élite trouve de bonnes raisons pour lui interdire ce divertissement. Le théâtre populaire – au sens d'un théâtre pour toute la cité – des mystères est devenu impossible.

La survie des mystères

Le procureur général du parlement de Paris sut convaincre ses collègues : à la requête des confrères de la Passion qui demandaient de pouvoir reprendre leurs représentations « à l'édification et joye du commun populaire », l'édit de 1548 répond par une interdiction. La cour

> inhibe et deffend aux dits supplians de jouer le mystère de la Passion Nostre Sauveur, ne autres mystères sacrez sur peine d'amende arbitraire, leur permettant moins de pouvoir jouer autres mystères profanes, honnestes et licites, sans offencer ne injurier aucune personne[71].

Si, par définition, cette interdiction ne concerne que Paris, ses faubourgs et sa banlieue, elle revient bien à tuer le théâtre religieux à Paris, puisque les confrères se voient confirmer en même temps le monopole des représentations sur ce territoire ; quant aux mystères dits « profanes », on ne voit pas trop à quels textes le parlement fait allusion... Les parlementaires d'autres villes, comme Bordeaux ou Rennes, décidèrent aussi la suppression des mystères. Ces décisions ne sont pas concertées et elles ne peuvent prétendre s'appliquer effectivement sur tout le territoire ; mais elles sont le signe d'un rejet du mystère qui équivaut, à plus ou moins long terme, à son arrêt de mort.

---

[71] Cité dans Petit de Julleville, *Les Mystères*, t. I, p. 429.

Les années 1550 marquent ainsi un véritable tournant pour le théâtre religieux des mystères. Tous les refus, réticences, interdictions, obstacles signalés vont s'amplifier après ; pensons seulement aux guerres de religion qui détruisent radicalement toute possibilité de représenter les mystères. On n'a plus connaissance de ces représentations fastueuses qui avaient marqué tout le premier demi-siècle, jusque dans les années 40. Les imprimeurs abandonnent l'édition des mystères. Le mystère tend à devenir une survivance[72].

Il s'agit assurément d'une survivance tenace, si l'on en juge par le tableau chronologique des représentations de mystères qui nous sont connues dans la deuxième moitié du XVIe siècle. Des travaux récents ont complété les relevés de Petit de Julleville et montré combien certaines villes et certaines régions étaient attachées aux traditionnels mystères et le restèrent jusqu'avant dans le XVIIe siècle ; pour se limiter à ce seul exemple, le Dauphiné, où les mystères de saints viennent de Provence en empruntant la vallée de la Durance, connut un théâtre religieux vivant – Passions et mystères hagiographiques en provençal et en français – de 1382 à 1758... Et il s'agit bien dans tous les cas d'entreprises et de représentations conformes en tout point aux habitudes médiévales.

Une autre forme de survivance se manifeste dans l'influence que continuent d'avoir les mystères sur toute un série de pièces de théâtre à sujet religieux, qui se souviennent fort du genre médiéval tout en revêtant une forme contemporaine : tragédie, tragédie irrégulière, tragédie sainte[73]. Mais il ne s'agit plus que d'une influence littéraire lointaine. Le phénomène social de la représentation d'un mystère appartient désormais au passé.

---

[72] En voici une étonnante : saint François de Sales, lors de la mission du Chablais, à la fin du siècle, organisa avec les capucins des représentations théâtrales de mystères (sept pièces sur la vie du Christ et surtout sur des épisodes de l'Ancien Testament) où le saint fut même acteur ! Voir Charles Mazouer, « Théâtre et mission pendant la conquête du Chablais (1597-1598) », *La Revue savoisienne*, 1982, pp. 44-67, et *XVIIe siècle*, n° 137, 1982, pp. 399-412.

[73] Petit de Julleville et Raymond Lebègue en ont relevé les exemples. Voir, pour signaler un cas récemment mis en lumière, la tragédie en l'honneur de saint Honorat représentée à l'abbaye de Lérins en 1668 (Jean Emelina, « Un exemple de théâtre religieux et provincial sous Louis XIV : *Saint Honorat* », pp. 309-330 de son recueil d'articles *Comédie et tragédie*, 1998).

CHAPITRE III

LA MORALITÉ ET LA SOTTIE :
THÉÂTRE DIDACTIQUE ET THÉÂTRE ENGAGÉ

Moralités et sotties restent des genres fort vivants au XVIᵉ siècle. Collégiens, compagnons joyeux, joueurs professionnels de moralités et de farces – les représentations associent en effet souvent la farce à la moralité – trouvent toujours un public pour les moralités ; dans le dernier tiers du siècle, la moralité perd visiblement du terrain au profit de la tragédie, avec une sorte d'osmose sur laquelle il faudra revenir. La sottie, qui est le fait des basoches et des associations joyeuses, ne résiste guère au-delà des années 1540.

L'une et l'autre pérennisent les visées et les formes dramatiques établies au siècle précédent[1]. Toutefois, les contextes sociaux et politiques changent ; les conflits religieux surtout amènent le théâtre sur des voies un peu nouvelles. Mais alors que la sottie reste égale à elle-même jusqu'à sa disparition, la moralité connaît un double renouvellement dû à son utilisation dans la polémique religieuse d'un côté, et, de l'autre, à certaines évolutions propres à sa dramaturgie.

Les moralités

La forme dramatique

Nombreuses – on peut à peu près sûrement dater du XVIᵉ siècle une cinquantaine de moralités –, avec une longueur qui va de 500 à 2000 vers – c'est à peu près exactement le nombre de vers recommandé par Gratien Du Pont dans son *Art et science de rhétorique métrifiée* de 1539 ; les moralités très longues sont devenues très rares –, ces pièces répondent assurément toujours aux deux critères retenus pour définir la moralité dramatique : le didactisme et l'utilisation des allégories, laquelle n'est d'ailleurs pas absolument générale. Mais cette définition s'applique à des

---

[1] Voir notre *Théâtre français du Moyen Age*, 1998, pp. 242-264 et 372-389. Pour le XVIᵉ siècle, voir aussi Charles Mazouer, « La moralité au XVIᵉ siècle en France », *B.H.R.*, 1996, n° 2, pp. 351-365.

moralités fort différentes par leur sujet et par leur ton, que l'on peut distribuer en deux grandes catégories. Les plus nombreuses enseignent essentiellement, dans la perspective chrétienne qui est celle de l'époque, à fuir la voie du mal et à suivre la voie du bien, afin de mériter le salut ; certaines parmi elles, plus théologiques que moralisatrices, touchent en profondeur à la vie spirituelle. Un seconde catégorie, assez différente, bascule carrément dans la polémique. Ce sont d'une part des moralités dont la visée est la critique sociale ou politique, à l'instar des moralités que le XVe siècle consacra à la satire de la société. Ce sont d'autre part des pièces de polémique proprement religieuse dont la Réforme et la lutte entre le protestantisme et le catholicisme furent l'occasion ; le débat théologique y tourne vite à la violence et au pamphlet. Par ce rapide état des lieux, on voit que des allégories bien différentes risquent de paraître dans ces dernières pièces et que les leçons des moralités présentent des tours et une portée assez divers.

Il a été longuement question, dans le volume précédent, du système allégorique des moralités et de ses conséquences pour la conception des personnages et pour la mise en scène des pièces. L'allégorie triomphe autant dans les moralités du XVIe siècle, régissant les personnifications, l'action dramatique et la scène – espace, costumes, accessoires, jeux et actions scéniques de l'acteur –, comme nous le vérifierons. La maîtrise et le talent des dramaturges de la Renaissance ne sont pas égaux ; mais chez les meilleurs on constate un triple effort théâtral, quant à la dramaturgie de l'action, où l'on voudrait introduire comme une tension, une sorte d'intérêt malgré la structure convenue, quant à la conception des personnages et, conjointement, quant à la réalisation scénique qu'on veut vivante et animée.

Le problème du personnage est le plus intéressant, car c'est là sans doute que se développe l'évolution la plus nette. Notons déjà que, s'il est entendu que les allégories sont froides, à leur manière elles peuvent manifester beaucoup de pénétration dans l'analyse de la vie psychologique et morale ; un personnage allégorique comme Envie[2], par ses interventions variées, pourra montrer avec subtilité toutes les étapes de la jalousie fraternelle. Mais les personnages de la moralité sont loin de se limiter aux personnifications de valeurs morales ! Les protagonistes tiraillés entre l'attirance pour le mal et l'idéal du bien, tous les autres personnages tirés

---

[2] Dans *Les Frères de maintenant.*

de la réalité qui les entourent et qui ont un nom, des traits personnels, une histoire, présentent plus d'un aspect de réalisme moderne, avec un effort d'humanisation et même d'intériorisation. Ce sont des personnages vraisemblables et souvent intéressants. Quant aux caricatures des moralités politiques, elles peuvent faire naître le rire.

Bref, on comprend que le public du XVIᵉ siècle ait continué de se plaire à la moralité traditionnelle : le jeu, agrémenté des facéties d'un fol ou d'un badin – ce dernier personnage persiste dans les moralités et dans les sotties de l'époque – le retient ; familier avec l'allégorie, intéressé par tous les aspects proprement humains de la pièce, il accepte la leçon morale ou reste sensible, plus gravement, à la propagande violente ou haineuse des pièces polémiques.

Faut-il voir un essai radical de rénovation du genre dans les quelque cinq pièces, appelées « moralités » mais qui échappent cependant à ce cadre traditionnel[3] ? J'en doute.

Assurément, on constate un beau renouvellement des sujets et des personnages, bien constitués avec le choix de leurs valeurs, leurs désirs, leurs épreuves qui engendrent le drame. *La Pauvre Fille villageoise* part d'une anecdote et d'une situation courante : un seigneur veut prendre de force une campagnarde pauvre. *Un empereur qui tua son neveu*, l'*Histoire romaine d'une femme qui avait voulu trahir la ville de Rome* et *De l'orgueil et présomption de l'empereur Jovinien* sont tirés de l'histoire. *Pyrame et Thisbé* adapte Ovide. Certains personnages pourraient passer pour des personnages de tragédie – la ressemblance a souvent été notée entre ces moralités, appelées ou non *nouvelles*, et la tragédie. La villageoise Eglantine est en butte à un destin : la force et la brutalité du désir seigneurial, à quoi elle échapperait en se faisant couper la tête par son père. Pyrame et Thisbé vivent un amour tragique. L'empereur qui tua son neveu (il sera pardonné finalement par Dieu) se trouva dans un piège tragique, ayant eu le choix entre l'indulgence à l'égard de son neveu coupable et l'application stricte de la justice. Coupable d'*hubris*, l'empereur Jovinien se voit dépouillé de sa puissance royale par la colère de Dieu, qui suscite même à sa place un faux empereur. Les allégories ont disparu, mais ces moralités, parfois touchantes, toujours édifiantes,

---

[3] En voici la liste : *Nouvelle Moralité d'une pauvre fille villageoise...* ; *Moralité nouvelle de Pyramus et Tisbee* ; *Moralité d'un empereur qui tua son neveu...* ; *Moralité ou Histoire romaine d'une femme qui avait voulu trahir la cité de Rome...* ; *De l'orgueil et présomption de l'empereur Jovinien...*

imposent, sans le pesant prêche moralisateur, la vision chrétienne. L'héroïsme de la villageoise Eglantine, qui prie la Vierge, convertit le seigneur vicieux et violent. L'histoire de Pyrame et Thisbé est glosée en religion chrétienne, Pyrame représentant Jésus-Christ et Thisbé l'âme chrétienne. *L'Empereur qui tua son neveu* et L'*Histoire romaine d'une femme*... font une place centrale au respect de la loi, cruelle mais voulue par Dieu. Quant à l'empereur Jovinien, il réalise un véritable itinéraire spirituel sous nos yeux, de l'orgueil au repentir, à l'acceptation du châtiment, à l'appel à la miséricorde divine et au pardon ; on est proche de l'atmosphère des drames espagnols à portée religieuse du Siècle d'or ! Mais la facture et l'écriture restent maladroites.

Alors, quelle place assigner à ces moralités dites souvent « tardives » ou « historiques » ? Sortes de courts mystères ? Pressentiments de la tragédie ? Il faut rester dans l'indécision et constater que ces tentatives furent sans avenir.

Nous sommes, rappelons-le, à une période de transition pour les formes théâtrales, les genres sérieux médiévaux devant bientôt être supplantés par la tragédie à l'antique. Et il est piquant de constater que le glissement se réalise justement entre la moralité et la tragédie[4]. Avant le divorce entre les genres traditionnels et ceux de l'Antiquité retrouvée, prônés uniquement par la Pléiade, les théoriciens définissent la tragédie antique... comme moralité, la moralité représentant une image lointaine et dégradée de la tragédie, comme la farce dégrade la dignité de la comédie.

Mais, face à des Modernes qui méprisent les jeux médiévaux, des Anciens s'efforcent de définir un peu, voire de défendre le genre traditionnel et français de la moralité. Un Thomas Sébillet, dans le chapitre VIII du Livre II de son *Art poétique français* de 1548, distingue la moralité de la tragédie antique par deux traits : le souci moralisateur (« l'information de nos mœurs et vie ») et l'indifférence à la tonalité du dénouement (là où la tragédie antique réclamait toujours une fin « triste et douloureuse »). L'effort de Sébillet va même plus loin : il distingue deux sortes de moralités, faisant une place aux moralités proches de la tragédie (mais à quelles œuvres pense-t-il ?) à côté de la traditionnelle moralité allégorique où « l'instruction des mœurs » se fait à l'aide de personnages allégoriques. Toute moralité, selon lui, doit respecter et la

---

[4] Voir surtout Gustave Lanson, « Etudes sur les origines de la tragédie classique en France. Comment s'est opérée la substitution de la tragédie aux mystères et moralités », *R.H.L.F.*, 1903, pp. 177-231 et 413-436.

netteté de la leçon morale et la vraisemblance (le « décore », ce qui convient, en latin) des personnages. Combat d'arrière-garde : un an plus tard tombera la condamnation de Du Bellay, reprise par toute la Pléiade.

Pourtant, en 1551, la moralité bénéficiera comme d'une belle défense et illustration par Guillaume Des Autels, dans sa *Réplique aux furieuses défenses de Louis Meigret*. Ardent défenseur de « nos anciens Français » et de leurs poésies « purement françaises », il fait l'apologie de la moralité, chose « sainte et vénérable ». Il se permet même de montrer la supériorité sur les genres graves de la moralité, « divin genre de poème pour proposer aux yeux du peuple l'institution de la bonne vie ». Et il propose en outre une sorte de réforme, de modernisation modérée de la moralité (division en actes et en scènes ; nombre des personnages) afin que ce genre clairement moral continue d'instruire le peuple français.

C'est bien ce qui se produisit d'abord, malgré les intellectuels et les doctes, avant que la tragédie ne finisse par s'imposer, même au public des troupes ambulantes. De ce glissement, de cette substitution qui s'est produite de la moralité à la tragédie un témoignage amusant est fourni par les appellations, dont il faut particulièrement se méfier ; quand on lit dans les archives l'expression « tragédies morales », on ne sait trop s'il s'agit d'une moralité déguisée en tragédie ou d'une tragédie qui est sentie comme proche de la moralité... Quoi qu'il en soit, les années 1548-1551 marquent bien un véritable tournant dans l'évolution de la moralité. Cependant, malgré le discrédit qui s'attache au genre, non dans le public populaire mais chez les écrivains, des dramaturges n'hésitent pas à aborder cette forme, entre 1554 et 1591, en dissimulant généralement leur traditionalisme sous des dénominations et un habillage modernes ; il faudra retrouver la traditionnelle moralité dans telle comédie, telle tragédie, telle tragi-comédie. Ces pièces hybrides, qui participent de l'ancien et du nouveau, signalent d'ailleurs davantage la capacité de la moralité à persister qu'à se renouveler, malgré l'influence des formes neuves.

L'édification

Même si la moralité est suivie de la représentation d'une farce, elle traite des voies du salut et les enseigne *expressis verbis* en se servant de la fable dramatique. La moralité est *exemplaire, exemple, miroir* – « miroir et exemple moral », selon le titre des *Enfants ingrats*. Et, comme au sermon, le spectateur est interpellé à l'impératif, enseigné sur ce qu'il doit faire pour que sa conduite corresponde aux commandements de l'Eglise du Christ qui offre le salut ; quelque Preco, quelque messager ou tout autre personnage annonce en prologue une vérité et un enseignement religieux, le plus souvent explicité *in fine* – « de notre jeu la vraie substance[5] », est-il écrit à la fin du *Gouvert d'Humanité* de Jean d'Abondance, moralité qui montre justement comment l'homme doit se gouverner, se conduire. Le développement du titre de *Mundus, Caro, Demonia* pose bien la perspective religieuse de la moralité : vous y verrez, déclare-t-on au lecteur, « les durs assautz et tentations qu'ilz font au Chevalier chrestien et comme par conseil de son bon esprit avec la grace de Dieu les vaincra et à la fin aura le royaume de paradis ». Proche des mystères – avec ses 50 000 vers, ses diables et diableries, une sorte de *Procès de Paradis* –, la moralité des *Blasphémateurs de Dieu* montre parfaitement comment les pécheurs, malgré les avertissements de l'Eglise, refusent de se repentir ; pour signifier que ce péché et cet endurcissement sont mystérieusement une cause des souffrances du Christ, les blasphémateurs recrucifient, en effigie, le Sauveur sur la scène. Miséricorde est accordée à ceux qui finissent par se repentir, tandis que les autres, assaillis par Faim, Guerre et Mort, voient leurs âmes torturées sur scène de toutes les peines de l'enfer.

La perdition ou la béatitude finales seront donc fonction du choix qui aura été fait par l'homme libre entre le bien et le mal. Pour reprendre le grand dualisme paulinien : d'un côté les sollicitations de la chair avec tous les plaisirs qu'offre la terre, de l'autre, les injonctions de l'Esprit aidé par le Ciel[6]. Suivre la chair, c'est être libéré, joyeux, goûter tous les plaisirs de la vie – autant d'interdits transgressés et d'offenses à Dieu, de péchés. La liste est connue des vices, de ces fautes contre la loi de l'Eglise : l'orgueil, la volonté délibérée de négation et de blasphème, la luxure si fréquente, accompagnée de la gourmandise, la médisance (*Langue envenimée*), l'avarice (*Le Mauvais riche*), l'absence générale de charité

---

[5] V. 1687.

[6] Le « dialogue moral » (*dialogue* est le terme générique employé aussi par Sébillet pour désigner la moralité comme la farce) de Guillaume Des Autels intitulé *L'Homme, le Ciel, l'Esprit, la Terre et la Chair*, fait justement paraître ces allégories bien abstraites devant lesquelles l'Homme reste perplexe et entre lesquelles il est tiraillé. Dans son autre dialogue moral (*Vouloir divin, Ignorance, le Temps et Vérité*), Des Autels montre la puissance du péché des hommes, qui a pour conséquence lointaine la régression du christianisme en Asie et, plus proche de nous, la naissance des hérésies.

(*Charité*) ou l'ingratitude, souvent montrée chez les enfants peu respectueux de leurs parents... Oubliant sa fragilité, sa condition mortelle et l'injonction d'aimer et de servir Dieu, l'homme suit le conseil de Satan, relayé par exemple par Plaisance mondaine (*Les Quatre Eléments*), et décide de profiter de la création, d'épuiser toutes les jouissances que peut proposer le monde avant la mort et le jugement, qui le rattrapent. Le chemin est singulièrement plus rude et ardu si l'homme vit selon l'esprit, car il faudra renoncer à tous ces biens empoisonnés. Déjà la démarche du repentir et de la pénitence est une rigoureuse ascèse. Le jeune homme Humanité[7], qui s'était installé au logis de Péché mortel et caressait agréablement les seins de Luxure, en fait l'amère expérience dès lors qu'il prête l'oreille à Remords de conscience. « Adieu Bon temps ! » (v. 720), finis les friands morceaux, la compagnie des jouvenceaux, le son des tambours et des hautbois[8] : seul à table, réduit au pain, à l'eau et aux herbes, devant contempler une tête de mort, le galant Humanité, désormais habillé en habit de pèlerin, vérifie l'aridité de Pénitence et goûte l'amertume des fruits de son jardin (dont Carême est le portier), qui ont nom Confession, Contrition et Satisfaction[9].

Ce grand partage moral et religieux entre le bien et le mal s'inscrit évidemment dans des fables dramatiques, structurées selon des schémas et des motifs bien repérés : le voyage de l'homme, le conflit entre deux puissances opposées, le passage de l'aveuglement à la prise de conscience, parfois trop tardive, les rencontres avec les vices et les vertus dont on suit l'école... Je retiendrai, pour présenter les structures dramatiques des moralités du XVIe siècle, deux cas de figure qui rendent compte de la plupart des textes : le parcours de représentants de l'humanité, d'une part, et le double cheminement opposé d'un pécheur et d'un juste, d'autre part. Nous sommes en face de fables purement allégoriques ou de fables plus réalistes, mimétiques de la vie, auxquelles se mêlent ou non des allégories. S'affirme avec force ainsi une tendance nouvelle de la moralité dramatique. Il est à noter enfin que les personnages qui sont arrivés à la croisée des chemins sont souvent, comme il est naturel, des enfants ou des jeunes gens.

---

[7] Jean d'Abondance, *Le Gouvert d'Humanité*.

[8] Vers 1350-1352.

[9] Et, selon *Le Porteur de Pacience*, moralité un peu oublieuse, dans l'atmosphère plaisante de farce qui est la sienne, de la doctrine de la réversibilité des mérites, tout pécheur doit porter seul le poids de ses péchés et de la pénitence qu'ils entraînent.

Le trajet des hommes pécheurs peut aboutir à la perdition ou au salut.

Comme son nom l'indique, l'Enfant de perdition, fils de bons bourgeois, après s'être acoquiné avec des brigands, avoir volé ses parents, tué père et mère, prend conscience de son péché mais désespère de toute miséricorde et se donne au diable : « Diables d'enfer, venez me querre[10] ». La moralité vraiment allégorique du *Lymon de la terre* montre comment Chascun, fils de Terre et de Lymon, fait fi de leurs conseils (il les chasse grossièrement) et, au lieu d'écouter Raison, s'adonne aux vices, les suppôts de Monde (« Demenons joyeuse vie ! », clame-t-il)... jusqu'au moment où la mort arrive[11]. Rien de plus moral que l'histoire, tirée de l'Evangile, du *Mauvais riche*, qui paie de sa damnation le fait que, jouissant de ses richesses, il a été sourd à la détresse du lépreux venu frapper à sa porte. Point d'allégorie dans cette pièce que les imprimés ont successivement appelée « moralité nouvelle », « vie et histoire » (comme les mystères) et « histoire et tragédie ». Curieusement, on en retrouve dans la *Tragédie française à huit personnages* de Jean Bretog (1571), « traitant de l'amour d'un serviteur avec sa maîtresse », pièce étonnante tirée d'un fait divers français[12] ; à côté de personnages humains – le serviteur amoureux de sa maîtresse, celle-ci qui accepte l'adultère, son mari jaloux et les gens de justice – et dialoguant avec eux sur le même plan, on a des allégories comme Vénus, Chasteté et Jalousie. Peut-être appelée « tragédie » parce qu'elle se termine mal (la Femme est répudiée, le Mari se suicide et le Serviteur est pendu) ou présente fugitivement quelque monologue (par exemple celui du mari qui s'en prend au *fatum*) qui serait à sa place dans une tragédie, cette pièce n'introduit aucune vision tragique et, véritable *exemplum*, affiche lourdement sa volonté d'édification (le péché de sensualité apporte le malheur, le scandale et la damnation). Nous sommes bien aux frontières de la moralité et de la tragédie !

D'autres moralités ouvrent, plus ou moins tard, l'espace du repentir, faisant bifurquer le destin des pécheurs. Le prototype de ces moralités reste la parabole évangélique du fils prodigue, déjà dramatisée dans la

---

[10] *L'Enfant de perdition*, [in] *Recueil de livrets singuliers et rares...*, 1829-1830, p. 47.

[11] Au fond, Chascun croit tout tenir et n'a plus rien. Voir un autre Chascun (*Tout, Rien, Chascun*) qui désire Tout, mais que le Sort et Male Fortune mènent à Rien !

[12] Voir Enea Balmas, « La *Tragédie françoise* de Jean Bretog », [in] *L'Art du théâtre. Mélanges en hommage à Robert Garapon*, 1992, pp. 49-59.

moralité de *L'Enfant prodigue*, qui appartiendrait plutôt au XVᵉ siècle[13]. Le moment du repentir se présente assez différemment dans trois moralités du XVIᵉ siècle. Il est parfois tardif et quelque peu forcé, comme dans la moralité des *Enfants ingrats*. Cette pièce est un autre petit drame familial où les allégories ne paraissent pas. Des parents naïfs – « tant amoureux de leur enfant qu'ils ne savent en quel état le mettre et leur semble proprement que soit leur dieu », dit une des notices en prose qui interrompent le dialogue pour annoncer la séquence suivante – espèrent tout d'un enfant trop choyé ; celui-ci, marié à la fille d'un gentilhomme, renie ses parents et refuse de les secourir. Son grand péché d'ingratitude a son châtiment : un crapaud saute au visage du fils maudit et lui mange la face ; seule une confession au pape supprimera l'horrible châtiment de l'ingrat enfin repentant. On rapprochera de cette moralité *Carême-prenant*, « tragi-comédie » de Claude Bonet, publiée sous l'anagramme de Benoet du Lac en 1595. Avec ses six actes, la part de la gauloiserie et de la folie, cette pièce tient beaucoup du jeu de carnaval[14] ; mais, comme la moralité, elle donne une leçon et utilise des personnages allégoriques : ses 1700 octosyllabes montrent comment le Voluptueux, malgré Tempérance, Remords de conscience ou Religion, suit le Monde et Coutume, s'adonne à tous les excès du carnaval avant que Mercredi des cendres chasse tous les fêtards et que Carême conduise le Voluptueux à Pénitence, en une vision toute chrétienne.

L'intérêt de *Gouvert d'Humanité* est de donner à voir allégoriquement les hésitations, les tiraillements, les bifurcations de l'homme soumis à la tentation du mal : le jeune homme Humanité, l'ancien pécheur, hésite devant les exigences de Pénitence, qu'il accepte finalement ; mais, à nouveau tenté, il succombe en sachant qu'il offense Dieu ; il faudra l'intervention de Miséricorde divine (qui sauva les hommes une première fois de la mort) pour qu'Humanité se convertisse complètement et vive en bon chrétien. De manière plus réaliste, en s'inspirant un peu de l'histoire biblique de Joseph et de ses frères, les *Frères de maintenant* donnent un rôle certain à Remords de conscience, qui arrête d'abord les mauvais

---

[13] Rattachée, comme *Les Enfants de Maintenant* et *Le Gouvert d'Humanité*, à l'ancêtre dramatique commun, *Courtois d'Arras*. Voir Jean-Claude Aubailly, « Variations dramatiques sur la parabole du fils prodigue à la fin du Moyen Age », [in] *« Et c'est la fin pour quoy sommes ensemble ». Hommage à Jean Dufournet...*, 1993, t. I, pp. 109-124.

[14] Voir Philippe Gardy, « Naissance du théâtre en pays occitan : les célébrations carnavalesques », *R.H.T.*, 1982-1, pp. 10-31.

frères sur le bord de la mauvaise action, est impuissant ensuite à les en empêcher, les pousse enfin à s'excuser pour obtenir le pardon final. C'est que Remords a affaire à forte partie, en la personne d'Envie qui excite les deux frères contre leur cadet jalousé. Les allégories concrétisent les mouvements intérieurs de la conversion des pécheurs, avec les résistances et les rechutes.

A la manière de la grande moralité du XVe siècle *Bien Advisé, Mal Advisé*, nos textes aiment à opposer le bon et le mauvais, le pécheur et le juste. Dans la moralité bavarde et fort édifiante de *Charité*, qui est remplie de sermons, le Monde s'écarte de Charité, chassée de partout, pour suivre Jeunesse et Tricherie ; on trouve parmi les personnages les deux figures opposées du Riche Avaricieux et du Bon Riche vertueux. En revanche, *Les Enfants de Maintenant* sont structurés par l'opposition entre les deux enfants de Mignotte et de Maintenant, Malduict et Finet, et détaille leur cheminement, parallèle puis divergent. Ayant laissé Instruction et Discipline au profit d'une vie de galants et de gens de plaisirs, ils vivent auprès de Luxure, jusqu'à ce qu'un revers de fortune fasse diverger le destin des deux frères : tandis que Malduict se repent de sa folie et vient à résipiscence, Finet s'enferre, passe de Honte à Désespoir pour finalement se pendre au gibet de Perdition. Belle et bonne moralité tradition-nelle[15]. La formule séduit encore à la fin du siècle puisque *Le Désespéré* de Claude Bonet (1595), autre « tragi-comédie » qui emprunte parfois à la thématique et à l'écriture tragiques (III 2 ; IV, 2), mais qui s'affiche « pour exemplaire d'obéissance » et « poème très remarquable aux pères et enfants de famille », reprend l'opposition entre le bon fils et le fils dévoyé : l'un prend le parti de Sagesse et de Vertu et parviendra à une charge honorable avant de se marier ; l'autre, sectateur d'Abus et de Volupté, se retrouvera, après divers méfaits, en prison et, désespéré, choisira finalement, retenu d'un côté par l'Ange, poussé de l'autre par le Diablon, de se tuer.

A tout prendre, ces moralités ne sont jamais totalement dépourvues, malgré les allégories, d'une saveur concrète, réaliste, un peu humaine. Quelques autres se font presque totalement abstraites, et aussi plus

---

[15] Qui a été justement étudiée quant à sa représentation par Alan Hindley (« Staging the old french *Moralité* : the case of *Les Enfants de Maintenant* », pp. 77-90 de *Spectacle in early theatre. England and France*, 1996).

théologiques que moralisatrices[16]. Les *Dialogues moraux* de Guillaume Des Autels sont de ce type. Mais la meilleure illustration est sans doute fournie par les cinq pièces attribuées à Pierre du Val et aux « libertins spirituels » de Rouen, qui poussent en quelque sorte la réflexion dogmatique sur le choix éthique fondamental, et accèdent même à la haute spiritualité. Il y est question d'Amour divin, de la grâce qui tire Nature de son abjection, de l'homme affligé et fragile, adonné à la chair et à l'ignorance, passant de la concupiscence à la Loi, mais ne trouvant sa délivrance que dans la Foi et la connaissance du salut chrétien. Il y est question aussi de la prédestination et de la gratuité du salut, indépendamment des œuvres[17], dans une optique clairement protestante. On ne s'étonnera pas que le Réformé Henri de Barran, pourtant réticent à l'égard du théâtre religieux traditionnel, utilise au fond la forme de la moralité didactique, mais qu'il appelle « tragique comédie » ; ce moule permet à la *Tragique comédie française de l'homme justifié par Foy* (1554) de développer en 2000 vers un propos rigoureusement théologique – et une théologie d'accent protestant : on y voit l'Homme passer du régime de la Loi, enseignée par Rabbi, à celui de la Foi prêchée par saint Paul ; la Loi et la Foi sont des personnages dramatiques, l'une accompagnée d'Esprit de crainte et entraînant l'intervention de Satan et de ses enfants Concupiscence, Péché et Mal, l'autre liée à la Grâce et à l'Esprit d'Amour. Ainsi est développé le thème de la justification par la foi, qui n'empêche pas la tentation mais promet l'aide de Dieu et de son salut.

Avec tous les renouvellements possibles, la moralité ne cesse donc pas d'enseigner en dramatisant des itinéraires spirituels exemplaires de la vie chrétienne.

Politique et polémique religieuse

Les moralités que nous abordons à présent, qui font un grand usage des allégories, portent assurément leçon, mais ne donnent plus un enseigne-

---

[16] L'exemple le plus étonnant et le plus original est sans doute cette moralité de *Jhesuscrist est mis en prison* où, avec des personnages comme Secret divin, Joyeux Espoir, Genre humain, Péché mortel, la Vierge et le Fils, on montre le Christ prenant la place de Genre humain dans la prison (il entre effectivement dans une prison représentée sur la scène) que lui a valu Péché mortel !

[17] *Le Fidèle, le Ministre, le Suspens, Providence divine et la Vierge.*

ment moral ou religieux ; ce sont des œuvres de critique, de combat, de propagande politique ou religieuse, qui prennent parti et s'engagent.

Sans doute parce que les autorités veillent, la veine des moralités de critique sociale, si riche au XVᵉ siècle, semble presque tarie. Que reste-t-il de ces attaques contre les gouvernants, de ces doléances contre les abus et les vices d'un monde dévoyé et dur aux petits ? Le nombre des moralités qui pourraient se ranger dans cette catégorie est infime ; elles sont souvent singulières et la vigueur revendicatrice n'est pas leur fort.

On fait grand cas d'ordinaire de Pierre Gringore et de son *Jeu du Prince des sots* représenté le jour du mardi gras, en février 1512[18] (**Planche 11**) ; mais il faut bien avouer que la moralité, qui fut donnée entre la farce et la sottie, est un assez mauvais texte. C'est du théâtre de propagande au service de la politique royale de Louis XII en Italie : il s'agit de faire admettre au peuple français la nécessité de reprendre les hostilités en Italie. Le pape Jules II est donc particulièrement malmené, sous la figure de l'Homme obstiné, conseillé par Hypocrisie et Simonie et bientôt menacé par Punition divine (qui, au passage, n'épargne pas tout à fait ni l'Eglise de France, ni même le peuple français). Et la moralité, avec ses allégories plus ou moins adroites (il faut ajouter Peuple Français, Peuple italique et un curieux personnage féminin appelé Les Démérites communs), est mal bâtie. Le disciple des Rhétoriqueurs réussit mieux dans la sottie.

Le régent lyonnais Barthélemy Aneau[19], qui appartient à une autre génération, fit jouer dans son collège, en 1541, une « satyre française » intitulée *Lyon marchant* – 800 vers dans le style des Grands Rhétoriqueurs, bourrés de jongleries (allusions, équivoques, énigmes, jeux de mots, calembours, jeux avec les rimes). Héros mythologiques, personnages humains et allégories se côtoient pour présenter une sorte de revue des événements survenus en Europe depuis 1524, où le panégyrique de Lyon

---

[18] Et la critique s'y intéresse toujours : Robert Garapon, « Le comique verbal chez Pierre Gringore » (*Cahiers de Varsovie*, n° 8, 1981, pp. 39-47) ; Cynthia J. Brown, « Political Misrule and Popular Opinion : Double Talk and Folly in Pierre Gringore's *Jeu du Prince des sots* » (*Le Moyen Français*, 1982, pp. 89-108) ; Giovanna Trisolini, « Un re, un papa, un popolo. Per una ri-lettura del teatro profano di Gringore » ([in] *Saggi e ricerche sul teatro francese del Cinquecento*, 1985, pp. 63-88) ; Jean- Claude Aubailly, « L'image du prince dans le théâtre de Pierre Gringore » ([in] *Le Pouvoir monarchique et ses supports idéologiques aux XIV-XVIIᵉ siècles*, 1992, pp. 175-183).

[19] Voir Brigitte Biot, *Barthélemy Aneau, régent de la Renaissance lyonnaise*, 1996.

se mêle à la critique acerbe des grands dirigeants de l'Europe. Plutôt qu'écrire une moralité, B. Aneau voulait peut-être renouveler la *satura* antique. *La Prise de Calais*, « moralité nouvelle » de 1558, fait allusion à la victoire du duc de Guise, qui enleva Calais aux Anglais ; elle se contente de faire dialoguer l'Anglais qui se lamente et le Français qui se réjouit, et conclut que la gloire de la victoire revient à Dieu dont il faut accepter les volontés.

L'aspiration à la paix est un thème traditionnel, qui renvoie généralement, de manière indirecte et cachée, à l'actualité historique. Un attardé, le Gantois Henry Du Tour, proposa en 1558 une *Moralité de paix et de guerre mise et rédigée en forme de comédie* qui proclame en 1500 octosyllabes et en cinq actes (forme nouvelle oblige) les bienfaits de la paix. C'est un voyage allégorique : Soulas, ayant follement abandonné Paix, pour vivre au règne de Guerre et de Pillage, prend finalement conscience de son erreur et, par Bon Conseil, est reconduit auprès de Paix[20].

Finalement, les textes les plus intéressants sont deux moralités rouennaises des années 1530-1540, qui prêtent leur voix aux rancœurs populaires contre la noblesse et le clergé. Dans *Le Ministre de l'Eglise, Noblesse, le Laboureur et le Commun*, le peuple des villes et des campagnes se plaint des exactions des gens d'Eglise et des nobles, qu'il leur faut se résigner à supporter (v. 135-137) :

> Le povre Commun est taillé,
> Bastu, robé, et mutillé,
> Pillé, tribouillé, barbouillé.

L'Eglise, Noblesse et Pauvreté qui font la lessive fut donné sous forme mimée lors du défilé des Conards rouennais, en 1541[21]. A travers l'allégorie scénique (d'ailleurs tenue sans cohérence), se déchiffrent des plaintes semblables de Pauvreté, toujours condamnée à être battue si elle se rebelle et à se taire : aux gens d'Eglise et aux nobles la richesse, le

---

[20] On rapprochera la *Tragédie de la défaite et occision de la Piaffe...* de 1579, que son auteur, Gabriel Bounin, présente comme « plus facétieuse que tragique ». Cette autre plainte contre la guerre et cet autre appel à la paix, qui mélange aussi personnages humains, mythologiques et allégoriques, et présente quelques traits de l'écriture tragique (voir la date) n'emprunte pas un schéma strict de moralité.

[21] Voir Charles Mazouer, « Spectacle et théâtre dans la chevauchée des Conards de Rouen au XVIe siècle », art. cit. de 1988.

luxe, le pouvoir, avec leur cortège de vices et d'injustices, tandis que « le povre est aulx champs a gesir » (v. 202). Les reproches adressés à l'Eglise corrompue sont particulièrement sévères : ses représentants sont hypocrites, peu soucieux des enfants de l'Eglise et des pauvres, avides d'enrichissement (ils trafiquent les charges, les bénéfices, vendent les sacrements) et plus pressés de satisfaire leur ambition que d'accroître leur savoir. On reconnaît là des abus que les Réformateurs de tout bord signalent et que les protestants vont dénoncer violemment[22].

Le théâtre des moralités va ainsi devenir une arme entre les mains des adversaires en matière de religion, et une arme parfois meurtrière. On découvre là la grande nouveauté de la moralité au XVIe siècle, utilisée comme instrument dans la polémique proprement religieuse[23].

Avant d'aborder les textes les plus durs, disons un mot des textes issus de milieux humanistes ou évangélistes, où la satire veut encore espérer que l'Eglise pourra se réformer. Ainsi de *Science, son Clercq, Annerye et son clerq qui est badin* dont la première réplique, prononcée par Science, désigne l'objet : « Tant de sos mys en dignités » (v. 7). L'Eglise méprise Science et donne ses charges et bénéfices à des gens iniques, sans conscience et surtout dépourvus de savoir – comme le plaisant badin qu'Asnerye pousse en avant, au grand scandale de Science et de son clerc qui s'interroge : « Faire d'un tel conard un prestre ! » (v. 235). Critique humaniste et protestante contre l'ignorance du clergé.

C'est là aussi que pourraient prendre place quelques pièces d'inspiration toute religieuse[24] écrites par Marguerite de Navarre et très probablement jouées à la cour de Nérac ; elle les appela « farce » ou « comédie », mais ces pièces fort originales – toujours l'inclassable Marguerite ! – se rapprochent plutôt de la moralité de controverse religieuse. Sans être des abstractions personnifiées, les personnages représentent des classes

---

[22] Voir l'édition de ces deux moralités dans Jonathan Beck, *Théâtre et propagande aux débuts de la Réforme*, 1986, pp.133-141 et 111-121.

[23] Voir d'abord Emile Picot, sous le même titre *Les Moralités polémiques ou la controverse religieuse dans l'ancien théâtre français* : un reprint (Genève, 1970) des articles de 1887 et les trois derniers articles publiés dans le *Bulletin de la Société d'histoire du protestantisme français*, 1892, n° 11, pp. 561-582, 1892, n° 12, pp. 617-633 et 1906, pp. 254-262. Voir ensuite (et surtout) : Jonathan Beck, *Théâtre et propagande aux débuts de la Réforme. Six pièces polémiques du Recueil La Vallière* (*op. cit.* à la note précédente), qui comporte une solide introduction de 84 pages.

[24] V.-L. Saulnier les a pourtant publiées dans une recueil collectif intitulé *Théâtre profane de Marguerite de Navarre*, en 1963 !

d'individus ou des types. *Le Malade* (1535), avec son affabulation humaine vraisemblable et vive, prêche le recours direct à Dieu, la foi seule. *L'Inquisiteur* (1536) est une apologie de la joie insouciante tirée de l'abandon total à Dieu – elle est le fait des enfants et de leur simplicité –, à l'encontre d'un docteur en Sorbonne, l'Inquisiteur cynique et cruel. Une spiritualité analogue marque la *Comédie de Mont-de-Marsan*, plus tardive (1548), qui fait dialoguer quatre femmes qui représentent quatre attitudes – et l'on devine où vont les préférences de Marguerite de Navarre ! – : la Mondaine (le naturalisme amoral), la Superstitieuse (la bigoterie), la Sage (la foi intelligente) et la Ravie (l'amour mystique d'union à Dieu).

L'irénisme n'est plus de mise avec les auteurs protestants qui, depuis Genève, lancent des machines de guerre théâtrales contre l'Eglise catholique ou contre le pape. Si la dramaturgie n'y est pas toujours recommandable, ces pièces montrent une bonne maîtrise des effets proprement scéniques qui doivent atteindre les spectateurs.

Matthieu Malingre, dominicain devenu prédicateur réformé, intitule son « jeu moral » *La Maladie de chrétienté* ; cette moralité a été éditée en 1533 et plusieurs fois reprise à la scène en pays protestant. Elle est fondée sur l'allégorie systématiquement développée de la maladie et de la guérison – motif qu'on retrouve ailleurs[25] – , dont tous les aspects scéniques sont exploités. Ainsi de l'accoutrement des personnages allégoriques, décrit dans la liste initiale : Hypocrisie est en nonnain (peut-être même porte-t-elle deux masques – visage de la sainteté et visage de la fausseté) ; Péché porte par devant une robe mondaine et par derrière un habit de diable ; Inspiration est en habit angélique... Ainsi des situations : malade, Chrétienté avale d'abord les herbes empoisonnées de Péché avant de prendre la « liqueur belle » du vrai Médecin (la grâce justifiante qui

---

[25] Par exemple dans la curieuse et intéressante *Comédie du Monde malade et mal pensé*, publiée en 1568 par Jacques Bienvenu, Genevois d'un anticatholicisme militant. Gisant à terre, mal en point, le Monde va être mal soigné (le titre joue sur l'ambivalence *pensé/ pansé*), car il est pris en main par un juge aveugle, Bridoye, et sa troupe de fols qui le déshabillent et le trimbalent dans un chariot ; parce qu'il n'écoute pas Vérité, parce qu'il a oublié Dieu, le Monde est condamné à la déraison et à la folie – seuls les gens de Genève échappent à ce mal. L'originalité de cette « comédie », que les meilleurs spécialistes hésitent à classer dans les moralités ou dans les sotties, est la forte présence des fols, les quatre élèves de Bridoye le maître fol, qui nous donnent d'assister à une classe burlesque (« *Ad scholam, pueri* ! », v. 163) de haute graisse, où se mêlent les attaques contre la société ou contre la papauté et l'Eglise romaine, et des jeux comiques avec les mots (voir le joli examen de traduction fantaisiste du latin au français, vers 287 et suivants). La folie mêlée à la satire : on pense évidemment au burlesque de la sottie.

éliminera « toute la matière peccante ») ; l'analyse de ses urines permet de désigner la kyrielle des maux qui l'affligent (culte des reliques et des images, simonie, moines indignes, etc.) ; le Médecin détermine finalement « un bon *recipe* » (en quatre langues : les quatre évangélistes) pour que l'apothicaire (qui demeure rue de la Sainte Bible, à l'enseigne de la croix) prépare la liqueur salvatrice. Le détail est amusant et clairement déchiffrable, la moralité elle-même glosant l'allégorie : la chrétienté est malade de toutes ces déviations dues au péché, de tous ces abus stigmatisés dans les autres moralités, et seul Jésus-Christ pourra la guérir et lui faire retrouver une foi pure, débarrassée de toutes les tares et superstitions de l'Eglise romaine. Cette moralité milite pour la réforme religieuse et morale de la société et de la chrétienté, au nom des convictions réformées.

Presque trente ans plus tard, en 1561, alors que les deux camps sont désormais figés dans leur irréductibilité, la pièce de Conrad Badius est au fond de portée moindre ; il s'agit de la *Comédie du pape malade*, qu'on peut encore rapprocher de la moralité polémique avec des personnages comme Prêtrise, Moinerie, L'Ambitieux, l'Hypocrite, Vérité ou l'Eglise. Peu importe d'ailleurs à l'auteur le genre de son jeu ; il est seulement préoccupé de dénoncer la « turpitude » de ce « monstre infernal », proie de Belzébul, qu'est le pape : « Ce jeu-ci est pour ceux qui le pape détestent », dit le Prologue (v. 11), pour les Réformés qui, sûrs de la grâce, peuvent se moquer de cet ennemi de Jésus-Christ. Cela donne une pièce haineuse, violente, grossière – le pape malade, à l'agonie, vomit, et ses déjections complaisamment analysées retrouvent la liste connue des abus reprochés à Rome. Comme Satan ne veut pas que l'enfer, par la mort du pape, perde « sa vache à lait » (v. 642), il s'emploie à créer la discorde dans les rangs huguenots ou excite les adversaires de la Réforme ; ce qui nous vaut une galerie satirique, assez basse, de personnalités contemporaines[26].

Et du côté catholique ? Les moralités sont plus rares. *L'Eglise et le Commun* s'en prend trop vaguement aux novateurs : c'est l'Eglise elle-

---

[26] Avec sa *Bergerie spirituelle* (c'est le titre de l'imprimé ; les répertoires modernes désignent ainsi la pièce : *Vérité, Religion, Erreur et Providence divine*) de 1566, dont la partie musicale est développée, le protestant Louis Des Masures propose un texte de tout autre tenue, qui reprend des motifs traditionnels de la moralité (**Planche 12**). On y voit Religion s'éveiller et répondre enfin à la voix de Vérité – allégorie de la Réforme ; mais Vérité doit affronter Erreur, qui représente les catholiques. Et Providence divine, qui conforte Religion et Vérité, leur annonce cependant des persécutions, au cours desquelles Dieu les assistera. Il s'agissait donc bien de réconforter les Réformés.

même qui doit réformer ses maux. Dans *Hérésie, Frère Simonie, Scandale, Procès, l'Eglise*, est développée l'allégorie de la porte close et des clés : l'Eglise est close et les autres personnages tentent d'en forcer la porte à l'aide de leur clé – en vain. La signification idéologique semble être la suivante : consciente des abus qui se commettent en son sein, l'Eglise refuse pourtant de se laisser réformer par l'hérésie luthérienne – le personnage d'Hérésie porte « une clef de fer d'Alemaigne », transparente allusion – qu'elle condamne plutôt au bûcher ; l'auteur semble soutenir, dans cette moralité parfois bien énigmatique, une réforme de l'intérieur. Quant à la moralité du *Maître d'école*, que l'imprimé intitule « farce joyeuse », elle est à la fois plus précise contre les luthériens et plus dangereuse[27]. Après avoir enseigné le latin et Donat, le magister invite sa petite troupe à « coriger un tas de meschans » (v. 36) qui, refusant par exemple le carême ou le culte des saints, veulent « rompre nostre eglise » (v. 172). Faut-il aller jusqu'à parler de « Gestapo juvénile », comme Jonathan Beck ? De fait, les enfants, qui sont aussi dans la pièce d'amusants potaches, s'excitent à la vengeance et entendent, avant de chanter, cette injonction de leur maître : « Qu'on les brulle, sans efigie ! » (v. 174). S'il fallait la prendre au sérieux, elle inquiéterait effectivement, d'autant que des bandes d'enfants pouvaient être réellement mêlées aux violences des guerres civiles...

Mais c'est assez montrer le rôle des moralités dans les querelles religieuses, chaque camp se servant du théâtre pour faire avancer ses idées, discréditer celles de l'adversaire dont on donne une image caricaturale, et manipuler les spectateurs. La moralité, ici, est bien devenue théâtre de propagande[28].

---

[27] Voir Jonathan Beck, « De l'endoctrinement des enfants. Les écoliers de la Gestapo antipapiste d'après le théâtre aux débuts de la Réforme », [in] *Le Théâtre et la cité dans l'Europe médiévale*, 1988, pp. 471-483.

[28] La fameuse *Farce des Théologastres*, écrite entre 1526 et 1528 par Berquin ou l'un de ses amis, en est un dernier exemple, fort singulier encore ! L'humaniste Berquin, plus proche d'Erasme que de Luther, y règle ses comptes (sous la figure de Mercure) avec les théologiens de la Sorbonne (les théologastres) qui l'avaient déclaré hérétique en 1526. Deux groupes d'allégories s'opposent donc : Théologastres et Fratrez (les moines, violemment critiqués) – deux allégories collectives – contre Foy (malade de la simonie et du mal « sorbonique »), Raison et Texte de Saincte Ecriture (débarrassé des gloses de la Sorbonne). Derrière les griefs et la polémique personnelle de Berquin, on voit ses idées ; mais Berquin se défend bien d'être un hérétique : « je suis chrestien ! / Je ne suis point sorboniste », proclame-t-il (vers 488-489).

Les sotties

Sous le masque de la folie, la sottie demeure le théâtre engagé qu'elle était depuis ses débuts[29] – contestant le pouvoir ou se mettant parfois à son service. Mais la verve satirique des basochiens et autres confrères d'associations joyeuses est bridée et réprimée par les autorités : la sottie ne survivra pas au-delà des années 1540.

L'esprit et la forme dramatique

Souvent jouées à l'occasion du carnaval, les sotties en ont récupéré l'esprit de folie, d'inversion et de contestation. Le monde est fou, il n'a jamais été aussi fou. Trois Fols nouvellement pondus et éclos, occupant la scène avec leurs plaisanteries, leurs grossièretés, leurs sornettes et leurs chansons, se demandent si Dame Folie est morte. Réponse :

> Jamais si grande ne la vy,
> Ne si puissante comme elle est[30].

Le monde est fou, « Desordre est en tous estas[31] » ; les fous le disent sur tous les tons et dénoncent les folies. Mais deux mots de chanson font passer la mélancolie, d'autant que le monde est bien difficile à réformer[32] : « Gectons hors ennuy et soulcy[33] » ! « Et en povreté m'esbaudis / En passant ma melencolie », affirme un galant[34] ; mais c'est la devise de tous les sots et de tous les galants, qui jugent la société et lui portent des coups. Leur reprocherait-on des piques et d'autres traits de satire plus rudes ? Mais ils chantent, voyons ! Ils jouent avec les mots, chantent, sautent, dansent ; ils peuvent toujours se défendre en mettant en avant leur insouciance, en affichant leur folie. Ce que nous avons fait et dit, conclut un sot,

---

[29] Voir notre *Théâtre français du Moyen Age*, 1998, pp. 372-389.

[30] *Les Sotz nouveaulx, farcez, couvez*, vers 148-149.

[31] *Trois Pèlerins et Malice*, v. 197.

[32] *La Réformeresse*, vers 121-122. Cette sottie est aussi une sorte de défense, malgré les défauts qui leur sont reprochés, des ménétriers, chanteurs, mimes et autres joueurs de farce.

[33] *Trois Pèlerins et Malice*, vers 205 et 210.

[34] *Les Cris de Paris*, vers 4-5.

> Ce n'est que pour passer le temps
> Et resjouyr la compaignie[35].

Personne n'est dupe. Le masque de la folie présente ainsi un double avantage : il autorise la libre satire et laisse entendre qu'il vaut mieux rire de la folie des hommes. Comme le proclame Marot dans la ballade du *Cry du jeu de l'empire d'Orléans* (une association parisienne rivale de la Basoche, mais de même esprit), voici arrivés les jours déterminés « à blasonner, à desgorger et dire » : « Venez, venez, sotz, sages, folz et folles », venez tous écouter les mots, voir le jeu de la sottie et en rire[36] !

Les sotties du XVIᵉ siècle – à peu près la moitié des textes du corpus qui subsistent et qui ne sont pas forcément intitulés « sottie » – perpétuent évidemment les formes dramaturgiques traditionnelles, avec ses groupes de personnages, et les structures dramatiques connues. Sots ou galants, ces « enfants sans soucy » rassemblés sous la tutelle de quelque Mère Sotte ou de quelque Dame Folie, sont chargés de juger le train du monde ; ils font jeu commun avec tous les personnages allégoriques qui représentent tel groupe, telle classe de la société ou symbolisent une notion beaucoup plus abstraite comme Bon Temps. Les types de sotties distingués par Jean-Claude Aubailly[37] sont presque tous représentés à cette époque, sauf la sottie-action ; on retrouve donc des parades, des mises en scène de jugements et de rapports (sottie-journal), des revues, ou des sotties volontairement obscures pour déjouer la censure (sottie-rébus). Mais aucune œuvre vraiment marquante ne vient illustrer ces diverses catégories.

On attend que le sot bondisse sur la scène, en habit de fou, avec un sonnette sur le front et

> Une oreille à chaque costé
> Du capuchon de sa caboche[38].

A lui les sauts, les cabrioles, les roulades – le mouvement perpétuel. Mais tous les personnages, y compris les allégories, sont entraînés dans le jeu scénique. Qu'on relise simplement la sottie du *Jeu du Prince de sots* de

---

[35] *Ibid.*, vers 442-443.

[36] Vers 6 et 26.

[37] *Le Monologue, le Dialogue et la Sottie*, 1973, et *Le Théâtre médiéval profane et comique*, 1975 (qui présente aussi nombre de sotties du XVIᵉ siècle).

[38] C'est ainsi que Marot complète le portrait d'un « sot de la basoche », dans la seconde *Epître du coq à l'âne*, vers 80-85.

Gringore ! Outre les sots ou un personnage burlesque comme le Général d'Enfance, les autres personnages s'agitent beaucoup : Eglise se voit arracher son vêtement et se révèle être Mère Sotte ; prélats et princes facétieux se livrent à une bataille rangée sur la scène. Mouvements, sauts, danses[39], musique[40] et chansons donnent allégresse aux jeux. La vivacité des échanges y contribuent beaucoup aussi, qui peut devenir véritable ivresse verbale entre les sots. « Comment te va ? – Comme il me vient. – Comment te vient ? – Comme il me va[41] » ; et l'échange se poursuit ainsi entre les deux sots, qui abusent des jeux de mots et calembours (« sans soucy » et « sans six soubz », etc.). On retrouve le fameux « staccato-style » si entraînant.

L'allégresse et la joie doivent à tout prix s'imposer et se maintenir jusqu'à l'envoi final, selon l'esprit même de la sottie. Grâce à l'exubérance scénique, grâce à l'ivresse et à la fantaisie verbales. Toutes les plaisanteries, y compris les plus grossières, passent dans la bouche des sots. Pour renforcer le rire, les sots s'amusent avec quelque badin ou s'amusent de celui-ci, comme dans la sottie des *Trois Galants et un badin*[42]. D'autres procédés comiques égaient la sottie ; ainsi de la parodie liturgique[43], déjà rencontrée au XVe siècle, et qui illustre l'esprit carnavalesque.

Mais la sottie maintient son euphorie pour accuser et juger. Comment va réagir le pouvoir ?

La sottie et le pouvoir

Il n'est pas aisé pour la parole théâtrale d'être libre contre les autorités ; la sottie politique rencontra plus d'un écueil. Témoin les démêlés de l'association genevoise des Enfants de Bon Temps avec le duc de Savoie et sa police. Pour avoir participé à un charivari contre son représentant, un des membres de l'association joyeuse avait été exécuté : plus question

---

[39] Voir *Les Cris de Paris*, où l'un des sots se dit « docteur en dancement » (v. 257) et le démontre sur la scène.

[40] Dans *Le Cry de la basoche*, les instruments sonnent pour qu'on se récrée.

[41] *Les Cris de Paris*, vers 8 *sq.*

[42] Comme dans les moralités, le badin reste donc vivant dans les sotties. Voir aussi la sottie des *Sobres Sotz*.

[43] On en trouve dans *Les Sotz nouveaulx, farcez, couvez.*

de faire du théâtre. Quand la *Sottie des béguins* commence, à la faveur du carnaval (elle a été jouée le 22 février 1523, le dimanche des Bordes), Mère Folie arrive en noir, car elle est veuve de Bon Temps. Mais justement, un messager annonce que Bon Temps, qu'on croyait mort, est vivant et qu'il reviendra. Du coup, Mère Folie convoque ses suppôts, qui grimpent sur l'échafaud pour donner « quelques nouveaux jeux » (v. 204). Hélas ! ils ne trouvent plus leurs chaperons de fous et les béguins qu'on leur taille dans la chemise de Mère Folie ne comportent qu'une oreille ; ils ne peuvent donc encore jouer. Cette sottie[44], qui ose se produire et donner une voix à l'opposition politique, se déchiffre assez aisément : après la répression, on entreprenait à nouveau de jouer, en espérant dès lors un prince « assez bon » (v. 164) ; mais ce n'était pas encore vraiment possible, les conditions n'étaient pas encore remplies (les sots n'ont qu'une oreille sur les deux qu'il leur faudrait !).

Un an plus tard, pour le dimanche après les Bordes de 1524, on retrouve les Enfants de Bon Temps sur les tréteaux, avec leur béguin à une seule oreille, et en noir car Bon Temps n'est pas revenu et leur Mère Sotte est morte. Apparemment, le théâtre n'est pas encore vraiment libre ! D'ailleurs, le duc a refusé de venir à la représentation, en partie parce qu'on disait « que c'estoient huguenots qui jouoyent » – nous allons retrouver ces interférences avec les questions religieuses bientôt. Que faire ? Leur Grand-Mère Folie les laisse avec le Monde, malade et blessé du cerveau – selon une allégorie vue à plusieurs reprises dans les moralités. En fait, les Enfants de Bon Temps ne peuvent rien faire pour le Monde qui, loin de vouloir se guérir de ses abus, pourtant bien dénoncés par le Médecin[45], leur conseille, s'ils veulent être bien vus de lui, d'être menteurs, bavards, flatteurs, méchants... Leçon fort cynique que celle de cette *Sottie du Monde*, qui montre assez qu'à Genève le théâtre des sotties est loin d'avoir retrouvé toute sa liberté.

On comprend que les sotties pratiquent l'autocensure, l'allusion détournée et obscure, ou abandonnent toute critique un peu vive. Elles le disent même carrément. Un des galants des *Sobres Sots* (titre qu'il faut peut-être comprendre aussi comme « les sots qui sont mesurés, prudents dans leurs propos ») avoue :

---

[44] Voir Jean-Marie Privat, « Pour une approche ethno-critique des sotties »,[in] *Le Théâtre et la cité dans l'Europe médiévale*, 1988, pp. 145-162.

[45] Les bénéfices sont achetés par des voleurs et reviennent à des gens indignes ; partout règnent la cruauté, la débauche, la guerre.

> Je le diroys bien, mais je n'ose,
> Car le parler m'est deffendu[46].

C'est finalement le badin qui, conscient aussi que, malgré la liberté du mardi gras, il faut savoir « farder / Le penser qu'on a sur le cœur[47] », sera poussé par les sots à parler et à formuler des critiques à vrai dire peu compromettantes. Dans la sottie parisienne représentée aux jours gras de 1548, *Pour le cry de la Bazoche*, la Basoche elle-même ne cesse de recommander la prudence à ses suppôts : ne parlez pas trop, ne blâmez personne, « ne parlez sinon que pour rire[48] » ! Les allusions aux faits divers scandaleux ne seront donc pas de grande portée.

Il n'est pas étonnant que Marot puisse écrire une épître *Au Roy, pour la Bazoche*, où le roi est sollicité d'autoriser la Basoche à prendre ses libertés, sous promesse qu'elle adoucira l'aigreur des propos satiriques[49] !

Mais un roi habile saura utiliser la force du théâtre des sotties pour la mettre au service de sa politique et transformer la sottie en théâtre de propagande. Gringore, on l'a dit[50], s'illustra dans ce genre de théâtre de manipulation politique. Comme la moralité du *Jeu du Prince des sots* – le jeu est ouvert par un *Cry* par lequel le Prince des sots et Mère sotte convoquent tous leurs suppôts (« Sotz lunatiques, Sotz estourdis, Sotz sages, / Sotz de ville, de chasteaulx, de villages... ») à venir à la représentation du mardi gras, aux Halles – , la sottie invite le peuple, Sotte commune, à cesser ses récriminations contre son roi, qui est un bon prince, et à le soutenir dans sa politique armée et justifiée contre le pape.

Après avoir servi Louis XII, Gringore mit sa plume au service de François Ier, selon un procédé déjà utilisé par la sottie du XVe siècle : dénigrer les règnes passés pour tout attendre d'un royaume réformé par le nouveau roi. « Dieu mercy, le temps est changé[51] » : vive le nouveau roi ! Les sots mettent donc dans leur registre, en *chronique* – d'où le titre de *Sottie des chroniqueurs* – , comme en un journal, toutes les critiques

---

[46] Vv. 13-14.

[47] Vv. 282-283.

[48] V. 146.

[49] Il s'agit de l'Epître 54, d'authenticité d'ailleurs peu sûre.

[50] Voir *supra* p. 72 et la note 18.

[51] *Sottie des Chroniqueurs* (1515), v. 62.

portées contre la politique de l'ancien roi et contre ceux (haut clergé, favoris) qui ont fait échouer ses bonnes intentions ; les attaques sont claires, autant que les flagorneries à l'égard de François Ier dont on espère qu'il fera renaître l'âge d'or.

Il s'agit probablement d'œuvres de commande, comme la *Satyre pour les habitants d'Auxerre* que Roger de Collerye, ancien basochien qui passa sa vie au service des évêques d'Auxerre, composa pour l'entrée de la reine en 1530[52], alors que le traité de Cambrai est exécuté et que François Ier retrouve ses fils. Peuple Français et Joyeuseté se réjouissent de la paix, et Bon Temps est là qui crie « Vive le roi ! » Les plaintes du Vigneron (contre les boulangers qui trafiquent le pain, contre les usuriers, contre les gens de justice) ou celles, en écho, du badin Jenin-ma-fluste font donc long feu dans ce climat ; la liberté de parole de ce dernier (« Veullez ou non, je parleray », v. 276) ne tire pas à conséquence.

Malgré ces quelques poètes à gages, les sotties restent néanmoins, dans leur majorité, la voix d'une opinion publique et probablement de groupes sociaux particuliers radicalement critiques. Voyons pour finir le contenu de la satire formulée par ce théâtre engagé.

La satire

Le Monde est donc malade et tous s'ingénient à le faire aller à rebours. Pour dénoncer ce qui ne va pas, les sotties font souvent comparaître les coupables et les fauteurs d'immoralité pour les mettre en jugement ; on découvre d'ailleurs régulièrement qu'ils sont des suppôts de Folie. On peut aussi plus simplement rapporter et énumérer leurs méfaits. Ces manières correspondent aux grandes catégories de la sottie. Je veux signaler deux sotties fort originales quant à la manière : *Les Pauvres Diables* et *Trois Galants et un badin*.

Dans *Les Pauvres Diables*, la Réformeresse (un masque de Mère Sotte) fait comparaître à son tribunal divers accusés, comme le prêtre, l'avocat, la fille égarée, le moine. Ils sont assurément coupables, mais finalement absous, car ce ne sont que de pauvres diables, justement, victimes d'un monde mauvais et où de plus mauvais qu'eux sont impunis. Ainsi, le prêtre, mal prébendé, est obligé de multiplier les messes et d'attraper

---

[52] Voir Sylvie Lécuyer, *Roger de Collerye, un héritier de Villon*, 1997, qui publie cette sottie pp. 159-180.

d'autres revenus illégaux ; ainsi, la fille égarée se plaint des bourgeoises qui se prostituent et, non déclarées, lui volent sa pratique ; ainsi, le moine défroqué est révolté contre les supérieurs du couvent qui prennent du bon temps et imposent la règle aux autres. Critique au fond indirecte, qui atteint surtout clairement ceux qui ne sont pas mis en scène mais dénoncés par les personnages de la sottie. La sottie des *Trois Galants et un badin* s'y prend encore différemment, en utilisant le badin. Celui-ci a rêvé qu'il était Dieu ; les galants de plaisanter : qui mettrait-il au paradis ? On a donc une liste d'élus et une liste d'exclus qui vaut jugement. D'ailleurs le paradis rêvé se transforme bientôt en pays de cocagne, où les rivières seraient de vin, où les habits pendraient aux arbres, où il n'y aurait plus de guerre, plus de vieillards, où on changerait les femmes comme les chevaux... Le rêve reflète la réalité qu'il compense.

La satire, on s'en doute, est largement morale[53]. Les travers et les vices l'emportent dans un monde dévoyé. L'exercice d'un métier et la droiture ne rendent plus heureux ; pour plaire au monde,

> Soyez bavards, soyez menteurs,
> Soyez ruffiens, rapporteurs ;
> Soyez flatteurs et meschants gentz[54].

Ici est stigmatisé le règne de la frivolité et de la mode, là – et assez souvent – l'immoralité sexuelle des laïcs comme des clercs, ailleurs la malhonnêteté et le vol. A regarder les choses à fond, quand les sotties s'en prennent à des catégories sociales particulières, elles dévoilent et dénoncent finalement des aspects de l'immoralité ; nous le verrons dans un instant. Et ce qui rend possibles l'inconduite, l'ambition, la recherche du plaisir, l'avarice, la dureté de cœur, c'est que la source de la conduite

---

[53] La satire du mariage n'est pas particulièrement conforme à la morale chrétienne et représente un thème du sermon joyeux ou de la farce, pas de la sottie. Picot a portant voulu ranger dans les sotties deux pièces appelées « farces » : *Le Pèlerinage de mariage* et *Le Pèlerin et la Pèlerine*, variation de Claude Mermet sur le même thème – les maux du mariage, que seuls des naïfs peuvent désirer. La première est assez vivante et amusante, avec sa parodie des litanies ; la seconde est plus poétique que dramatique. Ni sotties, ni farces vraiment : J.-Cl. Aubailly a raison d'en faire deux illustrations du genre du dialogue – à propos duquel nous gardons quelque scepticisme, mais que des théoriciens du XVIe siècle mentionnent à côté des monologues, farces, sotties et moralités (Gratien Du Pont) ou au sein duquel ils regroupent les autres genres comme ses espèces (Thomas Sébillet).

[54] *Sottie du Monde*, vers 283-285.

bonne est tarie, que l'amour du prochain et l'amour de Dieu n'existent plus. Ecoutons le cynique Monsieur Rien (il arrive sur scène avec un petit sac plein de recettes, qu'il lit, pour faire aller le monde de travers) :

> Rien impossible
> N'est a l'homme qui laisse Dieu,
> Son amour et crainte en tout lieu[55].

La critique des états est traditionnelle et emprunte les chemins bien tracés au XVe siècle. On se plaint des favoris du roi et on condamne leur vie dissolue. La guerre insupportable – cette guerre qui voit mourir des hommes sans confession, privés d'une terre sainte, loin de chez eux[56] – entraîne la haine pour les fauteurs de guerre et les gens de guerre ; sergents et gens d'armes sont évidemment exclus du paradis du Badin. Les procès sont toujours coûteux ; à vrai dire, « Par argent Justice s'esmeut », et elle tord le droit ; les pèlerins de Malice (ses suppôts) en tirent les conséquences :

> – On veoyt mainct pauvre qui s'en deult.
> – On voyt mainct riche qui s'en rit[57].

Les récriminations contre les marchands – Marchandise – sont encore en bonne place dans les sotties. Contre les meuniers et les boulangers qui trafiquent la farine et le pain ; contre les taverniers qui trafiquent le vin. Contre les usuriers. A tous on reproche la déloyauté dans les rapports de marché :

> Les faulx sermens, les tricheryes,
> Les regnymens, les tromperyes,
> Les moqueryes et faulx marchés[58]...

Mais l'Eglise et les gens d'Eglise surtout sont attaqués dans nos sotties. Il y a là un phénomène massif qu'il faut assurément mettre en rapport avec les affaires religieuses. De bons esprits, parfaitement fidèles à leur

---

[55] *Pour le cry de la basoche*, vers 619-621.

[56] *Les Trois Pèlerins et Malice*, vers 117-122.

[57] *Ibid.*, vers 74-78.

[58] *Ibid.*, vers 104-106.

Eglise, dénonçaient depuis beau temps un certain nombre de ces tares ; la Réforme naissante reprend les critiques sur un autre ton, et on est presque tenté de voir, dans certaines sotties comme dans certaines moralités, la main des partisans de Luther. D'ailleurs, quand la *Sottie du Monde* énumère les vices reprochés aux gens d'Eglise, et durement, le Monde malade et dévoyé se défend ainsi des accusations portées :

> Ce sont des propos du pays
> De Luther, reprouvez si faulx[59].

Avant même la propagation des idées nouvelles, les sotties critiquaient une Eglise de toutes les manières infidèle à ses valeurs et à sa mission. Qu'on relise la sottie des *Sots ecclésiastiques qui jouent leurs bénéfices*, qui date du début du siècle ! Les trois sots ecclésiastiques, « merveilleusement dissolus » (v. 95), qui sautent sur la scène sont des parvenus, issus de rien (l'un faisait le maquereau à la cour, l'autre est fils de savetier, le troisième a été gouverneur de chiens), ignorants, que la faveur de quelque grand a couverts de cures, abbayes, prieurés et autres évêchés. Voilà comment s'acquièrent les charges et bénéfices ecclésiastiques ! Ces ecclésiastiques de « bas lieu » se montrent égaux à leur origine : à défaut de jeux très grossiers, ils se mettent à jouer aux cartes leur bénéfices (simonie), rêvent d'être le pape, voire Dieu en paradis ! Gringore aussi s'en prend durement aux « prelatz irreguliers », « maulvais pilliers » de l'Eglise[60]. Il n'admet pas que l'Eglise veuille mettre la main sur le temporel ; et les hauts prélats, qui veulent avoir autorité sur le prince et se mêlent à l'exercice du pouvoir, sont haïs du peuple. Mais la satire, virulente toujours, s'en prend aux simples moines – moines apostats, moines luxurieux et hypocrites[61].

---

[59] Vers 260-261.

[60] *Sottie contre le pape Jules II*, vers 261 et 263.

[61] *Les Trois Brus* est dit « farce » dans l'imprimé ; Picot range la pièce parmi les sotties, ce qui paraît assez discutable. Il reste que la critique des deux ermites (des sots transformés en ermites ?) y est sévère, sur un ton moins enjoué que celle des frères Frappart de la farce. Les moines, « fort membrus » (v. 136), se voient refuser la jouissance des filles galantes (les *brus*). La maquerelle leur reproche de polluer leur habit saint, de souiller la sainteté par des actes infâmes, de rompre leur vœu de chasteté. Si elle change de ton quand les ermites lui donnent de l'argent, la formulation de la critique demeure.

Malgré le contexte allégorique de la sottie et de ses folies scéniques, on constate une réelle dureté dans l'attaque, signe de rancœurs, d'indignation au moins. Voici la partie de la diatribe du Médecin qui reproche au Monde de rester froid devant les tares de l'Eglise :

> Et te troubles tu pour cela,
> Monde ? Tu ne te troubles pas
> De voyr ces larrons attrapars
> Vendre et achepter benefices,
> Les enfants ez bras des nourrices
> Estre abbez, evesques, prieurs,
> Chevaucher tresbien les deux sœurs,
> Tuer les gens pour leur plaisir,
> Jouer le leur, l'autruy saisir,
> Donner aux flatteurs audience,
> Faire la guerre a tout outrance,
> Pour un rien, entre les chrestiens[62] ?

Déplorant la dégradation de la morale, s'en prenant à certaines institutions et à certains groupes sociaux, les sotties peuvent être un peu moins générales en visant des personnages précis ou en faisant référence à des événements plus particuliers. Non sans réticence et non sans prudence. Elles contiennent quelques allusions nominatives ou quasi telles, mais assez peu. Au service de Louis XII et de François Ier, Gringore pouvait s'en prendre au pape Jules II ou à des prélats ; il est plus délicat de citer Louise de Savoie, la mère du roi et régente, accusée de vouloir la guerre, et on se contentera de parler de « femynin gerre[63] » – expression qui reste bien obscure. La même sottie, qu'on date de 1523, n'hésite pas à désigner par deux fois les luthériens ou « Lutheres » comme responsables pour leur part du désordre[64] ; les novateurs religieux, dont certaines idées nourrissent les sotties, servent donc aussi de cibles à d'autres sotties – ce qui nous rappelle encore les moralités. Quarante ans plus tard, peut-être, *Mars et Justice*, plus proche de la sottie que de la moralité, fait directement allusion, dans un contexte différent, à un épisode

---

[62] *Sottie du Monde*, vers 246-256. La dureté de *La Mère de ville* (Mère de ville est un autre nom de Mère Sotte) est assez estompée par la difficulté à déchiffrer les personnages allégoriques et leurs propos.

[63] *Les Trois Pèlerins et Malice*, v. 43.

[64] Vv. 64 et 137.

des guerres de religion du XVIe siècle, de manière d'ailleurs passablement obscure.

La question reste toujours de savoir de quels milieux émanent toutes ces critiques. Les sotties recueillent sans doute des plaintes qui sont celles du peuple en un sens large – toutes celles qui font allusion à la guerre, à la cherté de la vie et à ses difficultés. L'opinion publique en général pouvait être lassée de la domination et des privilèges de l'Eglise et en même temps dégoûtée de la conduite des gens d'Eglise ; elle avait des raisons aussi de s'en prendre à la mauvaise marche de la justice, à l'insolence et à l'arrogance des gouvernants et des favoris. Les novateurs religieux pouvaient être mal vus de l'opinion populaire. Mais ces critiques étaient évidemment relayées, comme l'a affirmé avec force Jean-Claude Aubailly, par une frange du tiers état – cette bourgeoisie moyenne qui voulait accéder au pouvoir et instaurer une réforme plutôt tournée vers les valeurs traditionnelles. Malheureusement, à travers les plaintes assez largement partagées et parfois générales ou vagues qu'elles recueillent, l'idéologie et les visées des sotties du XVIe siècle restent un peu floues, et on ne peut guère affiner l'analyse politique.

Quoi qu'il en soit, sachant utiliser les libertés de carnaval et manier le masque de la folie, les sots allègres et bondissants disent beaucoup, et durement. N'osèrent-ils pas, même, comme les Enfants de Bon Temps genevois, dénoncer sur leur théâtre l'oppression politique ?

*

* *

Chacune dans leur style, la moralité – qui continua en même temps sa carrière de théâtre moralisateur – et la sottie auront donc assuré la persistance d'un théâtre de combat, de forme médiévale, au XVIe siècle. L'une et l'autre, par nature très sensibles à l'actualité historique, s'emparèrent des affaires religieuses. Cependant, la lecture de ces textes relativement peu nombreux et trop souvent de qualité quelconque, dans des corpus moins homogènes, laisse finalement l'impression d'une arrière-saison, la haute floraison restant du passé.

En sera-t-il de même avec les genres exclusivement consacrés au rire ?

CHAPITRE IV

SERMONS JOYEUX, MONOLOGUES ET FARCES : LE THÉÂTRE DU RIRE

A côté du théâtre qui dénonce, revendique ou combat, persistent les genres médiévaux qui n'ont d'autre visée que la détente et le rire. Dans le *Tiers Livre*, après avoir raconté « la morale comoedie de celluy qui avoit espousé une femme mute » – la farce de la femme muette –, jouée par Rabelais et ses amis à Montpellier en 1530, Epistémon avoue : « Je ne riz oncques tant[1] ». Seuls les agélastes pourraient résister à la gaieté généralement débridée – ce « ris dissolu » refusé par les savants – qu'entraînent un prêcheur burlesque, un personnage de franc archer ridicule ou une scène de farce gauloise. N'était-ce pas aussi une manière de conjurer les contraintes de la vie quotidienne et les duretés de l'histoire ?

LE THÉÂTRE À UNE VOIX

Retrouvons d'abord ces formes théâtrales où tout le jeu repose sur les talents d'un acteur unique, qui doit intéresser et amuser les spectateurs : le sermon joyeux et le monologue dramatique.

Le sermon joyeux

En 1538, la municipalité de Cambrai gratifie un certain Claude Le Mausnier de quelques sols pour avoir « preschié sur un tonneau en recreant le peuple[2] ». Comprenons évidemment que ce prêche était parodique, qu'il s'agissait d'un sermon joyeux. Ce genre est fondé, on le sait, sur la parodie systématique du sermon sérieux[3], du signe de croix initial aux exhortations, absolutions et bénédictions finales retournées, en

---

[1] Rabelais, *Tiers Livre*, chap. XXXIV.

[2] Petit de Julleville, *Répertoire du théâtre comique en France au Moyen Âge*, 1886, p. 383.

[3] Se reporter à notre *Théâtre français du Moyen Âge*, 1998, pp. 275-287.

passant par le développement du *thema* facétieux choisi. Inséré dans le grand courant de la fête populaire, de l'inversion carnavalesque, le sermon joyeux agrémentait quelque fête scolaire, quelque réjouissance ou quelque défilé de la basoche ou des associations joyeuses. Roger de Collerye[4], qui reçut la prêtrise et fut au service des évêques d'Auxerre, était aussi abbé des Sots de la ville et, à ce titre, composa probablement un sermon joyeux pour cette confrérie (*Sermon de l'andouille*) ; un autre, le *Sermon pour une noce*, affiche sa destination. Le repas de noce était fréquemment l'occasion de débiter des sermons joyeux. Mais sur la place, à la campagne comme à la ville, ou dans quelque taverne, la verve gauloise d'un sermon joyeux mettait le public en joie, avec ses grossièretés et l'inversion radicale de ce qui était d'ordinaire considéré par chacun dans cette société comme sérieux et sacré.

Une petite douzaine de ces courts textes en octosyllabes à rimes plates peuvent être datés du XVIe siècle. Remarquons avec leur récent éditeur, Jelle Koopmans[5], que si les sermons joyeux furent régulièrement joués jusqu'au milieu de XVIe siècle, ils devinrent après 1530 des textes à lire.

La thématique

Le XVe siècle a beaucoup ri – en même temps qu'il était édifié par les mystères hagiographiques – des sermons consacrés à des saints facétieux ; le XVIe siècle continua de le faire. Ici, le prêcheur entreprend le panégyrique de saint Oignon[6], sorti de terre comme Lazare, martyrisé par le maître queux qu'il avait fait pleurer (c'est-à-dire : pelé, découpé, jeté dans l'huile et accommodé aux divers plats) et capable de miracles (rendre appétissants des plats malsains, guérir, faire pleurer les hypocrites...). Là[7], après l'exposé d'une *quaestio disputata* parodique à propos de la cuisson d'un chapon – rôti ou cuit au pot[8] ? – le prêcheur nous entretient de la « vie precieuse et digne » (v. 86) de la bonne dame Gueline depuis

---

[4] Voir Sylvie Lécuyer, *Roger de Collerye, un héritier de Villon*, 1997.

[5] *Quatre Sermons joyeux*, 1984 et *Recueil de sermons joyeux*, 1988.

[6] *Sermon joyeux de la vie saint Oignon : comment Nabuzarden, le maistre cuisinier, le fist martirer, avec les miracles qu'il fait chascun jour.*

[7] *La Vie de puissante et treshaute dame madame gueline.*

[8] Vers 1-4 :   « *Quaeritur utrum capones*
                          Et galinae meliores
                          Sint in brocca* quam in poto*   * broche à rôtir *pot au feu
                          Cum herbis, soupa et lardo ? »

sa naissance. Que de désolations, que de tribulations pour cette malheu-reuse poule : elle voit les siens décimés (« *Poulardi sunt trespassati* », v. 110), est ensuite violée par un coq, d'ailleurs infidèle, sa couvée est portée au marché ; son martyre s'achève dans une poêle. Epreuves et martyre de la nouvelle sainte ! Et, pour que la parodie soit complète,

> Incontinent l'ame volla
> Au royaume de Galinage[9].

On peut rapprocher de ces saints facétieux le personnage ancien (il paraît dans un sermon latin de la fin du XIIIe siècle) de *Nemo*, auquel un sermon assez plat est consacré[10], fondé sur une enfilade de citations latines qui comprennent le pronom indéfini négatif *nemo* et se voient aussitôt interprétées en français positivement, *Nemo* devenant un personnage effectif dont on énumère les faits.

Un thème traditionnel des sermons débités au cours des banquets de noce est la dénonciation facétieuse des maux de mariage : aux mariés, surtout à l'époux, on conseille la liberté et on détaille le servage et les maux du mariage ! Le *Sermon joyeux du ménage* énumère impitoyable-ment, et avec une belle précision, les charges et dépenses qui incombent au malheureux mari : meubler la maison, gagner la nourriture, subvenir aux exigences de sa femme (« Et souvent le bout de l'andouille », v. 108 !) qu'il ne pourra pas châtier, élever et marier les enfants :

> O Dieu ! Que le pauvre homme endure
> De douleur en diverse sorte[11] !

Même chanson dans le *Sermon pour une noce* de Roger de Collerye, passablement incohérent dans sa construction thématique d'ailleurs : la joie des ébats sexuels du début (« On s'entrebaise, on s'entr'acolle, / On jaze, on caquete, on bricolle », vers 57-58) est vite ternie quand le ventre

---

[9] Vers 258-259.

[10] *Les grans et merveilleux faictz du seigneur Nemo avec les priveleges qu'il a et la puissance qu'il peut avoir depuis le commencement du monde jusque a la fin.*

[11] Vers 155-156. Sur la langue de ce sermon (variété lyonnaise du franco-provençal), voir Jean-Pierre Chambon, « La langue du *Sermon joyeux du Mesnage...* », *Travaux de linguistique et de philologie*, 35-35 (1997-1998), pp. 165-181.

féminin se gonfle et que les marmots se suivent ; alors le mari se sent « escorniflé » (v. 67) et maudit son outil[12] !

Mais le sexe, la sexualité décrite, glorifiée, envahissent les sermons joyeux. A la faveur, assurément, de quelques sermons de noce. Partant du texte de l'Ecriture où Dieu soumet à l'homme tous les animaux, le *Sermon joyeux pour rire* prend pour *thema* la sujétion de la femme sous l'homme – elle qui, selon Nature,

> Souvent se renverse soublz l'homme
> En signe de subjection,
> Atendant la doulce onquetion
> Qui decent des deulx genito[i]res[13]...

De « l'instrument naturel » qui a droit à un véritable blason, de l'acte sexuel on ne se lasse pas de parler, à grand renfort d'inventions métaphoriques. On devine quel est le sujet du *Sermon de l'andouille* qui, à travers des récits, dit l'appétence des femmes, jamais rassasiées (« Continués, je ne suis lasse ! », v. 72, ou : « Faictes toujours : tout est de Dieu ! », v. 85, clame une veuve) du membre masculin ou de l'œuvre de nature. La congrégation phallique des friponniers (sens équivoque) est innombrable, qui lancent leur « chouard » à la porte des dames, en attendant d'entrer et de déposer leurs « reliques » ; c'est par charité qu'ils montent sur « les tabernacles » des dames[14]. La fantaisie sacrilège s'étale, à défaut d'une verve littéraire qui n'est pas toujours présente. A l'éloge du sexe est évidemment lié l'éloge du vin et de la nourriture : *Bibite et comedite*[15] ! Encore une manière de mettre à mal l'ascétisme chrétien et le mépris de la chair enseigné par l'Eglise : joyeuse inversion carnavalesque[16].

---

[12] Le *Discours joyeux en forme de sermon* de Jean Pinard, autre Auxerrois connu de Roger de Collerye, développe une thématique antiféministe plus large : qu'elles soient épouses ou prostituées, il ne faut pas user des femmes, trompeuses et méchantes.

[13] Vers 30-33.

[14] *Sermon joyeux des friponniers et friponnières.*

[15] *Sermon joyeux de bien boire*, v. 1.

[16] Le *Sermon joyeux des quatre vents* n'entre pas en série avec d'autres, mais, à travers des éloges facétieux, on repère la thématique connue ; sont successivement loués : le vent de vin, ce vent « souef » qui rend de bonne humeur ; le vent d'*instrumenton* – la musique qui rapproche hommes et femmes dans la danse ; le vent de chemise, autrement dit le parfum de la chemise féminine, qui invite au voyage de saint Bezet ; le vent de derrière, ce vent puant qui sépare, lui, les couples au lit.

La thématique des sermons joyeux du XVe siècle, leur grossièreté et leur gauloiserie sont donc reprises sans génie et sans invention particulière. On peut en dire autant pour la manière et les procédés d'écriture.

La manière

Du début à la fin, le prêcheur tient le public apostrophé, interpellé, facétieusement admonesté, plaisamment renvoyé, tout à sa main. Le début du *Sermon des friponniers et des friponnières* est caractéristique :

> *In nomine patris* silence !
> Seigneurs et dames, je vous prie,
> Car je n'ay pas haute loquence :
> *In nomine patris* silence !

Et cette fin du *Sermon joyeux du ménage* : « Adieu vous dis, je m'en vois boire ! » Le prêcheur boit d'ailleurs volontiers un coup, en guise de pause ou d'interlude.

Dans nombre de sermons du XVIe siècle, on retrouve la construction – plus ou moins stricte – et la rhétorique parodiées du sermon sérieux, avec le thème exposé en latin macaronique, les divisions du sermon, son arsenal d'autorités burlesques alignées avec le catalogue des citations plaisantes, des preuves et des exemples, ses préceptes et monitions enfin. Les *artes praedicandi* continuent d'être retournés. Certains sermons sont plus énumératifs et linéaires, comme ceux qui sont consacrés aux saints facétieux, d'autres structurés nettement (*Sermon des quatre vents*) ou fondés sur la reprise du même procédé (*Sermon joyeux des faits de Nemo* où une citation latine est suivie de sa glose en français). Rien de très remarquable, en somme.

De ce point de vue, le *Sermon de l'andouille* est plus intéressant : il est constitué de quatre petits récits du prêcheur, rendus vivants par l'utilisation de dialogues rapportés au style direct – ce qui permet à l'acteur de déployer une certaine virtuosité. Quant au *Sermon joyeux de bien boire*, il transgresse le théâtre à une voix, puisque le Prêcheur, qui vient de faire l'éloge du vin, est très vite interrompu par le Cuisinier, qui veut vanter la nourriture. Dialogues tendus jusqu'aux insultes et à la violence physique et aux coups, interruptions, échanges contradictoires et fractionnés, répliques par distiques et stichomythie : on trouve là tout un travail technique d'écriture qui nous fait passer du monologue au dialogue.

Reste le plaisir de la langue crue, grossière, avec le joyeux étalage d'obscénités qui libère. A quoi s'ajoute, puisque les auteurs sont des clercs, le jeu avec la langue latine, parfois déformée à plaisir. Les citations scripturaires ou d'autorités (plus ou moins fantaisistes) sont arrangées et détournées de leur signification sérieuse. Un tel latin ecclésiastique, mêlé aux propos gaulois, reste d'une belle saveur et d'une sûre portée comique. Mais là encore, les sermons du XVIe siècle empruntent des chemins connus.

Les monologues dramatiques

L'acteur unique, au lieu de faire le prêcheur burlesque et de débiter un sermon facétieux, pouvait incarner un personnage et faire rire de ce personnage à travers les propos tenus : c'est le monologue dramatique. Le genre, vivant au XVe siècle, se perpétue au siècle suivant ; les textes du XVIe siècle – datés, sauf exception, de la première moitié du siècle – sont même légèrement plus nombreux (une bonne quinzaine) que ceux du XVe siècle et présentent quelques changements et quelques élargissements[17]. Ils agrémentaient fêtes privées ou représentations publiques.

Les personnages

Parmi les vantards que les monologues dramatiques se chargèrent de ridiculiser, le soldat fanfaron acquit une grande célébrité sous les espèces du franc archer de Bagnolet ; le monologue qui lui fut consacré au XVe siècle devait être imité, surtout quand François Ier rétablit les francs archers : ces soldats d'infanterie incompétents, insolents et pillards étaient équipés par le peuple, qui les haïssait et s'en vengeait justement par le rire théâtral. *Le Franc-Archier de Cherré* et *Le Pionnier de Seurdre*[18] furent probablement représentés au carnaval de 1524 et permirent au mécontentement populaire de s'exprimer, dans les paroisses voisines d'Angers où une levée en masse de francs archers avait été décidée[19].

Beaucoup trop long (552 vers) et trop répétitif dans l'utilisation des mêmes procédés traditionnels, *Le Franc-Archier de Cherré* illustre néan-

---

[17] Voir notre *Théâtre français du Moyen Âge*, 1998, pp. 359-372.

[18] Ed. L. Polak, à la suite du *Franc Archier de Baignollet*, 1996.

[19] Voir Michel Rousse, « Angers et le théâtre profane médiéval », *R.H.T.*, 1991, 1-2, pp. 53-67.

moins parfaitement la structure du type comique, qui tient dans l'écart entre les vantardises et la rude réalité de la lâcheté. Comme il s'enivre de ses exploits – lui qui embrocha ses ennemis sur sa lance comme des andouilles sur une gaule (vers 77-78), lui qui s'illustra dans tant de batailles que les grands le félicitèrent et que le roi le distingua ! Il s'étourdit tellement de ses hauts faits, des traits infinis de sa « vaillantise » qui mériteraient un récit lui aussi infini (vers 441-444), qu'il est prêt à se mesurer à Bayard et à l'abattre ! Réelle allégresse de ces fanfaronnades, de ses rêves glorieux. Mais la réalité est autre et le fanfaron apporte lui-même le démenti de ses discours chimériques. Le gendarme de Cherré, qui ne rêve que trompettes, clairons, chevaux et batailles, précise qu'à la guerre il est « tousjours des premiers en fourraige[20] », c'est-à-dire à fourrager et à marauder. Qu'un paysan vienne réclamer les poules volées par lui et notre baudruche se dégonfle – avec un si joli aveu : « Il s'en fuyt et moy devant[21] ». En fait, il se contente de piller ; et il a peur des paysans qu'il a spoliés, qui le battent et le mettent en fuite – même une femme, dont il eut pitié, n'est-ce pas ? Au bruit des armes, il se cache « de peur de faire ung mauvais coup[22] ». Quant à Bayard, il le battrait..., « s'il vouloit et si j'ousoye[23] » ! On admirera ce distique, qui conclut le récit d'une fuite :

> Par la mort bieu, j'en tremble encore
> De la fierté de mon couraige[24] !

Le Pionnier de Seurdre met en scène le représentant d'un autre corps d'infanterie, chargé du terrassement ; ce pionnier, attablé devant un verre de vin à l'auberge (le *pion*, c'est le buveur !), s'épanche et raconte sa mésaventure avec un franc archer. Double effet : il exprime parfaitement la rancœur des paysans contre les francs archers ; il se transforme lui-même, à partir du récit de l'altercation entre ces deux lâches qui se réconcilièrent autour d'un « beau pot de vin » (v. 451), en authentique soldat fanfaron, hardi seulement et glorieux en paroles.

---

[20] V. 38.

[21] V. 103.

[22] V. 396.

[23] V. 330.

[24] Vers 421-422.

Coquillart, au XVe siècle, avait rendu célèbres ces monologues d'amoureux où un jeune galant, un mignon, fort infatué de lui et sûr de jouir
d'une dame de ses conquêtes, s'en voyait empêché par une cascade de
déboires qui le dégradaient et le ridiculisaient.

C'est à Roger de Collerye qu'on doit le seul monologue du XVIe siècle
qui s'en rapproche : le *Monologue du Résolu*[25]. A travers un récit
extrêmement vivant, le Résolu narre une conquête. Il a la vanité de ses
confrères concernant sa personne et ses ajustements. Comme il s'accoutre,
se peigne, se mire, se mouche en vue du rendez-vous[26] ! Et il est fort
satisfait du résultat :

> J'estoys faict comme ung angelot
> Que l'on voit painct en une eglise[27].

Il sait parler, plaire, séduire, par son caquet plaisant, couler des regards
langoureux. Mais Roger de Collerye, dont l'écriture mécanique et le vers
haché déshumanise passablement le personnage, n'a pas voulu montrer
l'échec du galant – faisant perdre au type une bonne part de son comique.
Sans doute la jalousie du mari, les réticences de la dame retardent-elles
la satisfaction ; mais « le coup amoureux » est fait, « en grant soing » (v.
315), supprimant le décalage si plaisant entre les vantardises naïves et les
avanies finales que ménageait Coquillart.

Les autres monologues d'amoureux sont prononcés par des personnages
féminins (souvent joués, mais pas toujours, par des acteurs masculins) qui
ne font pas un récit mais se contentent d'exprimer leurs sentiments[28].
Ces monologues ne font pas parler des vantards et l'on ne voit plus trop
en quoi ils peuvent faire rire. Ce sont des plaintes féminines, des
confidences où l'on voit, si l'on veut, une portée satirique. Mais *La Fille
égarée*[29] et le *Monologue d'une dame fort amoureuse d'un sien ami* de

---

[25] Dans Sylvie Lécuyer, *Roger de Collerye...*, *op. cit.*, 1997, pp. 263-273.

[26] Vers 97 *sq.*

[27] Vers 132-133 .

[28] Jean-Claude Aubailly (*Le Monologue, le Dialogue et la Sottie*, 1973, pp. 189-193) voit
dans ce cycle les représentants du monologue-état d'âme.

[29] Ou, sous un autre titre, *La Chambrière dépourvue du mal d'amour* (dans Anatole de
Montaiglon, *Recueil de poésies françoises des XVe et XVIe siècles...*, II, 1855, pp. 245-252).

Roger de Collerye[30] entraînent le monologue dramatique sur des chemins différents et sans issue au théâtre.

La chambrière du premier a 15 ans et se plaint de ne trouver personne pour soulager son mal d'amour. Les garçons tournent autour d'elle (« On va, on vient, ou touche, on baise », p. 246), mais aucun ne pousse assez loin, alors que, si elle n'avait pas peur du qu'en dira-t-on, elle ferait volontiers ouverture de son « cas » à quelque mignon. Finalement, il est si dur d'attendre qu'elle décide de prendre son plaisir avant le mariage – comme les autres – « au danger que la panche dresse » (p. 250). Sans doute l'auteur voulut-il stigmatiser la sensualité féminine. Roger de Collerye montre également une femme soumise au désir dans sa *Dame fort amoureuse d'un sien ami*, dont les vers hachés peignent joliment le manège des galants. Quels que soient les griefs de la dame à l'égard des hommes, elle revient à son amoureux :

> Je suis de luy si tresravie
> Et en amour tant asservie
> Que j'ay grant peur que je n'en meure[31].

Avec les monologues de charlatan, que le XVIᵉ siècle produit plus abondamment, nous retrouvons une forme traditionnelle et assurément comique, exploitée parfois de manière élargie.

La Fille bastelière se souvient fort de l'ancêtre du genre des monologues : le *Dit de l'Herberie* de Rutebeuf. Le personnage en est la chambrière d'un bateleur, qui lui a appris son métier – tirer de l'argent des bonnes gens de village – de manière originale et grivoise : en la déshabillant, etc. Les leçons semblent avoir porté : juchée le plus souvent sur un escabeau, elle vante ses drogues merveilleuses en se targuant de voyages qu'elle aurait accomplis avec un maître, afin de les renchérir, en soulignant leurs effets miraculeux – la grivoiserie traditionnelle est fort exploitée : elle a refait le bas ventre d'une vieille nourrice, relevé le membre d'un vieillard... –, en énumérant toutes les villes où elle a vendu ses remèdes, tout en faisant exécuter, en guise d'intermède, quelques tours à un chien savant. Inférieur au monologue de Rutebeuf, *La Fille bastelière*

---

[30] Dans Sylvie Lécuyer, *op. cit.*, pp. 275-292.
[31] Vers 143-145.

reste un bon texte de théâtre qui se moque des procédés des bateleurs et autres charlatans, si bien observés.

Un groupe de trois monologues, qui dépendent les uns des autres et qui se rattachent au *Watelet de tous mestiers* du XVᵉ siècle, mettent en scène un valet ou une chambrière qui se vantent de tous les talents : *Maître Hambrelin serviteur de Maître Aliborum, cousin germain de Pacolet*[32], *Varlet à louer à tout faire* et *Chambrière à louer à tout faire* – ces deux derniers, présentant les versions masculine et féminine du type, sont dus à Christophe de Bordeaux, un Parisien[33].

Le comique de tous ces monologues vient de l'énumération, qui ne permet pas beaucoup de variété. Mais les vantards qui savent tout faire se grisent et nous amusent de la kyrielle de leurs talents. Seuls les propos de la chambrière venue de Normandie pour se placer à Paris permettent d'entrevoir un personnage plus réel, avec ses mœurs plutôt légères et ses pratiques plutôt condamnables. L'essentiel du plaisir de ces textes réside dans la fantaisie énumérative du discours de cette sorte de fanfarons. Et la fantaisie confine à l'absurde quand, dans l'énumération, arrivent des surprises ou des contradictions dues aux rapprochements qu'on fait dans la liste. La chambrière normande sait cuisiner, coudre, faire le ménage, mais aussi babiller, boire, danser, chanter, tondre les sexes, aider une maîtresse adultère, faire l'amour, et même lire, écrire et composer comme un Ronsard ! « Je sais...Je sais... Je sais », répètent Maître Hambrelin et le valet à louer. Ils savent tous les métiers, honnêtes ou non, y compris « jouër farces sans roolle », c'est-à-dire improviser sur les tréteaux. Ils savent – à la file – préparer une sauce de poisson, plaider et faire la bête à deux dos. Tous les métiers, y compris les plus farfelus, dans un savoureux mélange. Tout et le contraire : « Je suis Picard, je suis Flameng » (v. 271), proclame Maître Hambrelin. On devine en ces vantards de fameux rêveurs et de réels fainéants ; cueillons cet aveu du valet (qui sait aussi prendre la lune à belles dents !) :

> Bref je fais rage
> Quand je me mets à travailler[34].

---

[32] Dans Emile Picot et Christophe Nyrop, *Nouveau Recueil de farces françaises des XVᵉ et XVIᵉ siècles*, 1880 (reprint en 1968), pp. 199-215.

[33] Dans Montaiglon, *op. cit.*, I, pp. 73-88 et 89-108.

[34] *Varlet à louer...*, p. 79.

La formule fut appliquée pour critiquer d'autres personnages. Placebo[35] est un homme de cour intrigant, qui se vante naïvement de ses mauvaises actions ; les vantardises de son monologue le dénoncent publiquement. Le clerc de taverne[36] fait l'éloge de tous les plaisirs qu'offre la taverne : le vin, le jeu, les filles ; là, « chacun appete sa plaisance[37] ». Pas plus que Placebo, le valet à tout faire et la fille chambrière, il ne se rend compte que sa réclame, comme les vantardises naïves, le transforme en objet du rire et de la condamnation des spectateurs.

On signalera pour finir un groupe de quelques monologues patoisants, composées au XVIe siècle par des basochiens de Poitiers, qui mettent sur scène des villageois naïfs[38]. En termes pittoresques, ces simples disent leur cause ridicule (on plaide pour le bois d'un sabot, pour les dégâts causés par un chien aux porcs et aux poules, pour un tas de fumier mis devant une maison), leur découverte étonnée et révoltée devant les défauts de la justice. Talebot va même plaider jusqu'à Paris et découvre la capitale en badaud ridicule et berné ; il a eu tort de quitter son « labourement ». Ces monologues critiquent la justice et se moquent des paysans qui font le récit de leurs mésaventures judiciaires[39].

Des textes à jouer

Si les tentatives d'élargissement et de renouvellement du genre n'ont produit aucun chef-d'œuvre comparable à ceux du XVe siècle, les monologues dramatiques du XVIe siècle restent bien des textes à jouer devant un public et qu'il s'agit d'animer théâtralement, de rendre vivants.

---

[35] Dans un monologue curieusement intitulé *Dialogue de Placebo pour un homme seul* (où *Dialogue* pourrait être synonyme de pièce de théâtre).

[36] *Monologue du clerc de taverne*, dans Montaiglon, *op. cit.*, XI, pp. 46-54.

[37] P. 51.

[38] Ce sont les « monologues de villageois » de Picot (classe X de son *Monologue dramatique dans l'ancien théâtre français*, articles de 1886-1888 repris par Slatkine en un volume en 1970). La plupart de ces textes, écrits entre 1541 et 1570, se trouvent réunis dans l'édition de *La Gente Poitevinrie* procurée par J. Pignon, en 1960. Voir leur analyse dans Charles Mazouer, *Le Personnage du naïf dans le théâtre comique du Moyen Age à Marivaux*, 1979, pp. 36-38.

[39] On se demande si le *Monologue des nouveaux sots de la joyeuse bande* (Montaiglon, I, pp. 11-16) est vraiment destiné à un acteur . De toute façon, il s'agit plutôt d'une parodie de mandement, où sont énumérés tous les sots (« Sotz glorieux et sotz cornuz », etc.) de la joyeuse bande, puis les victuailles qui lui sont nécessaires, en une liste savoureuse.

Il faut relire à cet égard le *Monologue fort joyeux auquel sont introduits deux avocats et un juge devant lequel est plaidoyé le bien et le mal des dames*[40]. Celui qui s'avance sur la scène se nomme et se présente ; il s'appelle Verconus et glorifie ses talents d'acteur, car il sait jouer n'importe quel rôle, *contrefaire* n'importe quel personnage : le niais, le gentilhomme, l'amoureux, l'orateur et le prédicateur... Ce n'est pas simple vantardise, car il va aussitôt donner un échantillon de son talent en jouant à lui seul trois personnages : les deux avocats (Mal-Embouché et Gentil-Couraige, contre et pour les dames) et le juge chargé de trancher la querelle. Le débat en lui-même, peu original, n'intéresse guère, mais plutôt la performance d'acteur de Verconus, héritier d'ailleurs du talent des jongleurs. Verconus divertissait ainsi un banquet. C'est dire que les monologues se soucient de la scène et du jeu de l'acteur.

Comme dans les sermons joyeux, l'acteur unique prend son public en main depuis le moment où il se présente, et ne le lâche plus jusqu'au moment où il pend congé – adieu modeste ou désinvolte. Placebo commence ainsi :

> Honneur messieurs *proficiat* !
> Placebo vous vient faire homage.
> Ie parle myeulx qu'un gay en cage
> Quant on me veult prester l'oreille[41].

« Or, escoutes ! », demande d'emblée la fille bastelière[42]. C'est que – les bateleurs le savent particulièrement – il faut de bout en bout capter l'attention du public ; d'où ses apostrophes plaisantes et traditionnelles (« Petis enfans, mouches vos nes », f° 9) ou ses adresses aux spectateurs qui sont invités à tendre leurs bras pour avoir les drogues qu'elle débite. Le Résolu multiplie les impératifs à destination du public qui doit écouter son récit, qu'il doit faire complice de ses succès amoureux. Le franc archer de Cherré, en veine de courage verbal, défie le public de lui envoyer un adversaire. Mais tout se passe comme s'il sentait que le public a du mal à croire l'entassement de ses vantardises ; il va au-devant de son incrédulité, des doutes de celui qui semble murmurer :

---

[40] Montaiglon, XI, pp. 178-191.

[41] Vers 7-10.

[42] Dans Le Roux de Lincy et Francisque Michel, *Recueil des farces, moralités et sermons joyeux*, 1° pièce, f° 1, v. 6.

Ne cuydez pas que je vous mente
D'ung seul mot et que je me vante,
Que je me mocque ; nenny, non ;
Par la mort bieu, ce ne fais mon[43].

Il faut aussi intéresser le public. Il n'était pas commode d'animer les énumérations des charlatans ; malgré la fantaisie, les surprises, quelques changements de rythme, la monotonie et donc la lassitude guettaient le public. Il en va tout autrement dès lors que le personnage unique fait un récit ou agrémente ses vantardises du récit de quelque scène. Même élémentaire et platement linéaire, un récit est doté d'une certaine organisation. Le Résolu nous fait partager son attente de la rencontre amoureuse : le rendez-vous pris pour le lendemain, la préparation du galant, les contretemps successifs provoqués par la survenue du mari jaloux, les atermoiements de la dame ; le narrateur nous tient en haleine. Et tout récit fait intervenir plusieurs personnages, plusieurs interlocuteurs ; l'acteur unique s'efforce de faire vivre ses personnages en rapportant au style direct et en jouant – soyons-en sûrs – les propos échangés entre les uns et les autres. Le pionnier de Seurdre multiplie bien maladroitement les « feis ge », « ce fai ge », ou « dist il » et autres « se va dire mon franc archer » ; mais il anime aussi le récit de son altercation avec son adversaire franc archer. Le clerc de taverne fait un usage abondant des répliques rapportées, met en scène le dialogue entre le tavernier et son clerc. Nos présents monologues reprennent enfin les procédés d'écriture et de métrique mis au point auparavant : onomatopées, mots monosyllabiques ou brefs, discours haché, vers disloqués ; Roger de Collerye fait un usage systématique et plutôt mécanique de cette sorte de « staccato-style ». Voici un morceau tiré du début, où il donne au public les bons conseils d'un galant rapide et vif en matière de pourchas amoureux :

Prompt, prest, preux d'actendre le choc,
Bon pied, bon œil, frès comme ung suc ;
Acoustré comme ung petit duc,
Asseuré, plus ferme qu'ung roc,
Donnez du taillant, de l'estoc*,   * du coupant et de la pointe

---

[43] Vers 522-525. Non, je ne mens pas, j'étais à la bataille – à tout le moins, précise-t-il avec cet habituel démenti comme lâché par mégarde – « je pourmenois / Les chevaulx de ceulx qui y furent » (vers 529-530). Ce franc archer se fait-il beaucoup d'illusion sur son courage ?

Gardez vous d'estre prins au bric*,   * piège
Baillez, comptez, payez en bloc,
Tousjours joyeulx, franc comme ung coq,
Aussi esveillé que ung aspic.
S'on* vous menasse, dictes pic ;   * Si on
A tout propos ayez bon bec.
Ne soyez longuement au nic*,   * nid
Mais poursuyvez moy ric à ric
Voz amourettes chault et sec[44].

Et cela se joue avec le corps ! Les acteurs ne pouvaient être dans la situation très singulière de Verconus, ni même de la fille bastelière qui reproduit le boniment et les actes d'un bateleur (le texte contient des didascalies pour que l'acteur (ou l'actrice) se serve d'un escabeau, se hausse et produise son chien savant). Mais même une énumération peut s'animer. Et que dire d'un récit, qui donne de la tablature aux qualités mimiques, gestuelles et vocales de l'acteur qui s'efforce de le rendre vivant !

On comprend que ce théâtre à une voix n'ait pas fini de tenter les grands farceurs et les grands acteurs.

LE THÉÂTRE DES FARCES

Les farces surtout continuent de faire rire. Bien qu'il soit fort malaisé de parvenir à des datations indiscutables, on peut affirmer que presque la moitié des textes qui nous restent appartiennent au XVIe siècle – à la première moitié du XVIe siècle, surtout. Au fond, nos farces françaises sont autant de la Renaissance que du Moyen Âge[45]. D'ailleurs, au milieu du siècle, théoriciens et auteurs d'arts poétiques prennent en compte la farce comme une réalité vivante ; sans doute soulignent-ils qu'elle n'a rien à voir avec la comédie latine et souhaitent-ils qu'elle laisse la place à une vraie comédie régulière, mais ils la décrivent, et pas forcément avec un absolu mépris. Un Thomas Sébillet, dans son *Art poétique françois* de 1548, en définit le sujet et la visée – « Le vrai sujet de la Farce ou Sottie Française sont badineries, nigauderies, et toutes sotties émouvant à ris et

---

[44] Vers 3-16.
[45] Voir Barbara C. Bowen, « Is French Farce a medieval genre ? », *Tréteaux*, vol. III, décembre 1981, n° 2, pp. 56-57.

plaisir[46] » – , rapproche sa licence des mimes latins qui provoquaient un rire débridé, remarque que l'octosyllabe est plus plaisant et la rime plate plus coulante et insiste enfin sur l'importance capitale de l'*actio* chez les acteurs. Cette définition, qui peut être complétée, est-elle si mauvaise ? Ayant longuement analysé les farces du XVe siècle dans le volume précédent[47], je me contenterai ici d'une présentation plus cursive, en reprenant la même démarche. Aussi bien, les changements et déplacements sont relativement rares d'un siècle à l'autre.

Un reflet de la vie quotidienne

C'est le côté réaliste de la farce, qui fait monter sur la scène gens et choses de l'époque ; les spectateurs désiraient retrouver cette image de leur vie et de leur société. L'échantillonnage social est sans doute moins large qu'au siècle précédent[48] et, surtout, la consistance et la saveur du réel moindres.

Types sociaux

Relevons quelques-uns des types sociaux qui passent sur les tréteaux des farces. Le gentilhomme y trouve toujours sa place – florissant et faisant valoir ses privilèges (*Le Gentilhomme, Lison, Naudet, la demoiselle ; Le Meunier et le gentilhomme*), ou ruiné (*Le Gentilhomme et son page*). Paraissent, et pas toujours dans l'exercice de leur métier ou de leur charge : des maîtres d'école (*Pernet qui va à l'école ; La Mère, le fils, l'examinateur*), des médecins (*Le Médecin, la badin, la femme ; Le Médecin qui guérit de toutes sortes de maladies*) ou des charlatans, quelques hommes de loi (*La Cornette*), un valet voleur ou un valet d'une finesse toute nouvelle (*La Cornette*), des chambrières[49] toujours bavar-

---

[46] Dans *Traités de poétique et de rhétorique de la Renaissance*, éd. Francis Goyet, 1990, p. 133.

[47] *Le Théâtre français du Moyen Âge*, 1998, pp. 287-358. On trouvera dans ce volume (n. 1 à 4, p. 273 et n. 5, p. 292) la liste des éditions des farces que nous continuons d'utiliser ; toutes ces éditions sont rappelées dans la bibliographie du présent volume. On trouvera également en notes les études critiques, qui valent pour les XVe et XVIe siècles.

[48] *Ibid.*, pp. 292-313.

[49] On peut rapprocher d'elles les lingères salaces et grossières de *Ragot, Musarde et Babille* (elles sont « *putani generis* », dit un personnage), qui trouvent particulièrement fameux le

des, querelleuses, délurées (*Les Chambrières* ; *Les Chambrières qui vont à la messe de cinq heures* ; *Tout-Ménage, Besogne faite et le Fol*), des soldats – précisément des francs archers, comme dans les monologues dramatiques, des engagés ridicules ou des fanfarons à la retraite, des gueux insouciants (*Gautier et Martin*).

Les farces du XVᵉ siècle multipliaient ces scènes de rue pittoresques qui mettaient en rapport et en conflit voisins, gens de métier, clients et commerçants ; celles du XVIᵉ siècle sont trop chiches à cet égard. Presque plus de ces artisans dont l'échoppe débordait sur la place publique. Les deux poissonnières de *L'Antéchrist* ne cessent de se disputer et l'altercation avec une bourgeoise, qui les gifle, puis la maladresse du sergent, qui renverse leur étal de poissons, ne les réconcilient pas. C'est une des rares scènes de marché qui nous soit donnée à voir ; le sergent y porte le curieux nom de l'antéchrist. Un autre sergent paraît, Lucas, borgne et boiteux, qui a du mal à récupérer de l'argent auprès d'un mauvais payeur ; mais la farce *Lucas et le bon payeur* le montre beaucoup dans sa vie conjugale.

Signalons en revanche quelques farces qui, d'une manière fort nouvelle, mettent en scène vendeurs des rues, bateleurs ou bonimenteurs, qui nous font retrouver l'atmosphère de la rue animée. Ici, un colporteur de livres propose à ses clientes, plutôt attirées par la littérature pieuse, des chansons, des farces, des contes comme les *Cent Nouvelles Nouvelles,* des nouveautés comme *Le Sacrifice d'Abraham*, des livres fantaisistes à la Rabelais, et surtout des livres obscènes, sans que les commères excédées (l'une l'empoigne aux cheveux, l'autre à la gorge) parviennent à faire cesser son boniment (*Le Vendeur de livres*). Là, trois bateleurs tentent d'attirer des clients et de vendre des portraits de farceurs – on disait de *badins* – célèbres (*Le Bateleur*) ; le boniment, les chansons restent vains, mais le bateleur, son valet et sa femme Binette gardent leur joie. Discrète apologie des bateleurs. *Le Pardonneur, le triacleur et la tavernière* articule les boniments de celui qui vend des pardons – ces reliques aussi fantaisistes que les oreilles de saint Couillebault et de sa sœur sainte Velue, font des miracles facétieux (comme rendre son pucelage à une dévergondée) et obtiennent pardons et indulgences – et du vendeur de drogues miraculeuses et aussi fantaisistes. Dans cet assaut verbal entre deux professionnels bien conscients d'« affiner / Et abuser les bonnes

---

membre des ecclésiastiques (voir A. Hindley, « Une pièce inédite du XVIᵉ siècle : la Farce de Ragot, Musarde et Babille », *R.H.T.*, 1967-1, pp. 14-23).

gens » (vers 151-152) gît le plaisir de la farce ; les deux coquins se mettent d'ailleurs d'accord pour berner une taverniere crédule qui accepte en guise de paiement de ces fameuses reliques, en quoi sa curiosité découvrira des braies souillées.

Gens et scènes de la campagne intéressent toujours les farceurs, qui se moquent d'ordinaire des paysans. Pas toujours, pourtant. La farce écrite en provençal de *Seigne Peyre et seigne Joan* (jouée à Montélimar en 1576) donne le dialogue de deux braves paysans, nullement ridicules, qui veulent le mariage de leurs enfants. Même dans la farce des *Enfants de Bagneux*, la manière dont les deux jeunes gars Guillot Tabouret et Tybault Chenevote se narrent avec une simplicité toute campagnarde leurs amourettes de village – tenir Michelette « en l'ombre de quelque buisson » (v. 42), rejoindre « la fille Perrin Piquet » à l'étable, éblouir les filles qu'on fait danser à la fête – est plutôt empreinte de sympathie.

Mais on retrouve un vilain trop confiant au marché et qui laisse partir sa volaille – des bêtes qui lui font honneur, dit-il ! – entre les mains de voleurs (*Le Marchand de volaille et deux voleurs*). Mais on retrouve des maris humiliés, précisément désignés comme vilains ou laboureurs. Mais on retrouve surtout tous ces jeunes paysans mis aux écoles ou que leurs mères naïves et ambitieuses confient à un maître dont l'éducation sera censée lancer ces crétins vers de hautes charges ; un examen grotesque démontre parfois la niaiserie des fils. *Pernet qui va à l'école, La Mère, le fils, l'examinateur* (**Planche 15**) ou *Maître Jehan Jenin* montrent de ces véritables types, sur lesquels il faudra revenir.

Des campagnes ou de la ville, les ecclésiastiques – curés, moines voire moniales –ne sont pas rares et ne sont nullement recommandables. Aucun prêtre n'est montré dans l'exercice de son ministère ; on voit seulement l'un d'eux (*Le Grand Voyage et pèlerinage de sainte Caquette*) avide de « richesses, dons et grans offrendes » (v. 72) que va lui rapporter le pèlerinage des dévotes de sainte Caquette, c'est-à-dire les femmes bavardes. Autrement, les curés sont saisis dans leurs entreprises adultères. Des titres comme *Le Vilain, sa femme et le curé* ou *Le Curia* l'indiquent aussitôt ; mais des curés coureurs se rencontrent dans *Messire Jehan*[50], dans *Guillerme qui mangea les figues du curé* et ailleurs. Un curé, un chapelain, un moine ont pour fonction de faire le troisième dans le trio

_____

[50] Messire Jehan, qui concubine avec la mère du badin persuadé d'être le fils du prêtre, doit être un ecclésiastique. Mais la farce comporte un autre personnage, le Curé, qui tâche de faire avouer au jeune fils badin l'adultère de sa mère avec Messire Jehan.

conjugal. Leur sensualité se ravale même à la pure paillardise, témoin Domine Johannes, qui donne l'*asperges* (avec l'équivoque supplémentaire sur *asperge...*) que l'on devine à trois ribaudes (*Les Chambrières qui vont à la messe...*).

La sensualité des moines est une tradition gauloise. Frère Guillebert l'illustre magnifiquement dans une farce originale[51]. Déshabillé, mis au lit pour donner quelques bons coups de lance à une mal mariée, le voilà dérangé par le retour imprévu du mari ; sa peur est extrême (il fait un testament de 30 vers tant il craint de mourir) et il fuit tout nu, son vit en main, qu'il ne voudrait pas perdre ! Mieux encore : *L'Abbesse et ses sœurs* (souvent appelé *Sœur Fessue*) nous fait entrer dans un monastère[52] où l'on mène belle vie de libertinage. Plus malhabile que les autres, Sœur Fessue s'est laissée engrosser par le frère Roydimet, mais l'abbesse qui l'accuse est obligée de l'absoudre car elle a encore sur la tête un haut de chausses masculin, signe éclatant et dénonciateur de son inconduite personnelle...

On le voit : la société que présentent nos farces est traversée par des conflits, des oppositions, des rapports de force, des divisions et des hiérarchies ; sans être particulièrement mis en valeur, cela n'est pas dissimulé. On trouve des riches et des pauvres, des petits et des puissants, des gens de la campagne et des gens de la ville. Le gentilhomme ruiné oublie sa misère dans des vantardises mensongères que dénonce son page[53] ; les deux gueux se servent volontiers de l'argot pour évoquer allègrement leurs mauvais coups passés et se rient de leur pauvreté : riches et pauvres mourront et se retrouveront sept pieds sous terre[54]. Dans une farce originale, le riche savetier voudrait se moquer du savetier pauvre, qui prise peu la richesse ; il est berné par le pauvre[55]. Sorte de revanche ? Le conflit entre les classes est plus net dans *Le Meunier et le gentilhomme* où s'affrontent, dans un climat détendu de bon tour

---

[51] *Frère Guillebert* commence par 72 vers qui ressemblent à un sermon joyeux. Voir J. Koopmans, « *Frère Guillebert* : taxinomies et visualisations d'une farce », *Revue romane*, 1989, pp. 49-64.

[52] *Guillod* présente un moine avide du plaisir charnel et se déroule pour partie dans un monastère masculin, où l'office est négligé au profit des chapons gras, du bon vin et de quelques chambrières à qui l'abbé fait une allusion fugitive.

[53] *Le Gentilhomme et son page.*

[54] *Gautier et Martin.* Voir le v. 131 : « Nous n'aymons que joye et dedu[y]t ».

[55] *Les Deux Savetiers.*

assurément, un meunier voleur et rusé, le riche abbé propriétaire du moulin et un gentilhomme qui veut lui emprunter de l'argent. La revanche sociale est parfaitement illustrée par *Le Gentilhomme, Lison, Naudet,* où le noble adultère est berné par le paysan Naudet, feint idiot, qui fait avec la femme du seigneur ce que le seigneur fait avec la sienne ; Naudet ne veut pas la révolution, mais bien que chacun garde sa femme :

> Ne venez plus naudetiser,
> Je n'iray plus seigneuriser[56].

On trouve enfin quelques traces du conflit ou de l'animosité entre la ville et la campagne. Si *Les Enfants de Bagneux* proclament qu' « il n'est amours que de village » (v. 308), *Le Fauconnier de ville* démontre qu'un grossier amoureux de village et son seigneur sont ridiculisés par un amoureux de Paris.

Avouons que la peinture sociale s'est appauvrie d'un siècle à l'autre. En est-il de même pour la vie privée ?

Vie privée

La vie familiale[57] a déjà été évoquée avec ces mères paysannes, généralement seules pour élever un garçon particulièrement sot. Les chambrières et les valets font aussi partie de la maisonnée ; nous reviendrons sur les valets badins. Le naturel des chambrières en fait des auxiliaires peu sûres pour une maîtresse de maison accomplie comme Tout-Ménage, dont la servante, nommée par antiphrase Besogne faite, n'aime pas travailler et, au lieu d'aller acheter de la viande, s'attarde à conter son mal d'amour, qu'elle soulagera bientôt en s'échappant avec un Fol (*Tout-Ménage*). Les chambrières préfèrent jaser entre elles – d'une maîtresse acariâtre qui vérifie le travail, des charges, des gages, d'un maître qui se permet des privautés, d'un valet trop galant – tandis qu'elles tirent l'eau de la fontaine, ou se disputent (*Les Chambrières*).

---

[56] Vers 407-408.

[57] *Les Bâtards de Caux* représentent un véritable *apax* touchant la vie familiale : elle montre le conflit entre l'aîné et les autres enfants à la mort du père ; on appelait *bâtards de Caux* les cadets sans fortune, qui ne pouvaient hériter (voir Stefania Spada, « Les *Bâtards de Caux*. Contribution à l'étude de la farce », *Annali della Facoltà di lettere e filosofia* (Università di Macerata), XIV, 1981, pp. 345-387).

Mais c'est la vie conjugale, avec ses difficultés et ses accidents, qui intéresse toujours les farces. Le *Conseil au nouveau marié*, dans un dialogue entre un nouvel époux et un docteur, dit à peu près tout ce qu'un mari doit supporter et tout ce qu'il risque, et qui fait du mariage un martyre digne de celui de saint Laurent sur son gril ! Les défauts attribués aux femmes transforment la vie du couple en enfer.

Le mal de sainte Caquette – l'irrépressible bavardage – est le moindre de leurs défauts. Malgré ses promesses de se taire, la femme du *Pèlerinage de sainte Caquette* ne cesse de parler et d'assommer son mari qui l'accompagne au pèlerinage de mille retardements fort drôles. La complaisance est la vertu la plus nécessaire aux maris, car les femmes sont volontiers querelleuses et autoritaires ; et toujours indociles, elles veulent l'emporter et commander. Marguet, la femme du savetier pauvre mais joyeux, est d'une facilité exceptionnelle, bien différente de Proserpine, l'insupportable femme du compère Jaquet ; qu'à cela ne tienne ! On échange les femmes et, rééduquée à coups de bâton, Proserpine devient fort souple[58] (*Le Savetier, Marguet, Jaquet*) . Et il faut voir comme les épouses traitent généralement leur maris ! Tel mari s'aviserait-il d'être jaloux et de le dire ? Il est aussitôt rembarré :

> Tu as menty, villain meschant,
> Par ton fort puant museau[59].

Deux maris, un couturier et un chaussetier, se plaignent[60] : leurs femmes ne cessent de les tancer, de les maudire, de les battre ; ils les voudraient noyées. De leur côté, les femmes, parties en vadrouillage, en pèlerinage de débauche, se sont promis de faire de leurs maris leurs valets. Ensemble, c'est la dispute, les insultes et les injures ; et les maris, lâchement, font la volonté des mégères et se voient contraints de porter des coiffes (insignes de leur soumission) comme des femmes ! On finit par ne plus faire attention à cet habituel climat conjugal de désaccord et de querelle, tant il est systématique ; il révèle pourtant une grande misère de l'amour conjugal.

---

[58] Au commandement, elle chante, fait des sauts, se couche par terre, pète...

[59] *Un mari jaloux*, vers 124-125.

[60] *Deux Jeunes Femmes qui coiffèrent leurs maris, par le conseil de Maître Antitus.*

C'est que parler d'amour n'est pas employer le mot qui convient. La femme de la farce est régie par sa toute-puissante sexualité, mue uniquement par la recherche du plaisir. Si, au lit, son mari lui tourne le dos, s'il est trop vieux ou trop mol à la besogne, si c'est un Raoulet Ployart, comme est nommé le mari de la farce de Gringore, la femme est fondée à se plaindre et à chercher satisfaction ailleurs. Le mari de *La Fontaine de Jouvence*, un vilain, finit par admettre qu'il est un peu vieux et part à la fontaine de jouvence pour revenir le « plus gaillard et le plus gay » (v. 52), sans résultat, on le devine. Dans deux ménages parallèles, le mari est sans doute riche et complaisant, mais vieux, c'est-à-dire « ung peu pesant et lasche / Pour faire l'amoureulx desduict[61] » – ce que chacun reconnaît lui-même. Les épouses espèrent que le fondeur de cloches redonnera aux vieillards leurs vingt ans ; mais refaits jeunes et virils, ils deviennent des époux autoritaires et brutaux. Nous sommes encore dans le domaine de la fantaisie[62].

En réalité, les épouses insatisfaites cherchent un amant. Il leur faut un ami gaillard, conseille une commère :

> Dieu n'entend point, aussi nature,
> Que jeunes dames ayent *souffrette[63].   * privation

Et la femme ne veut point que son « beau corps », destiné aux vers et à la pourriture, n'ait pas eu son plaisir. C'est ce que pense aussi la femme de *La Cornette* qui, en sus de son vieillard de mari qu'elle trompe magnifiquement et qui lui sert de couverture, a deux amants : un riche chanoine et un mignon de cœur qui bénéficie sans le savoir des largesses du chanoine ! On a là un aboutissement de la revendication au plaisir féminin, conséquence d'une nature toujours présentée comme soumise à

---

[61] *Les Femmes qui font refondre leurs maris*, vers 53-54. Pernette se plaint aussi que Collart soit toujours en train de grogner, de tousser, « cracher, niphler, souffler, ronfler » et le souhaite dans l'au-delà (vers 92-95).

[62] *Cf. Le Troqueur de maris. Cf.* aussi la farce tardive et fort curieuse des *Hommes qui font saler leurs femmes*, où les maris trouvent les femmes trop douces, les font saler et récupèrent des épouses acariâtres qui les battent. Impossible, dans tous les cas, de revenir sur les opérations inconsidérément voulues.

[63] *Frère Guillebert*, vers 100-101.

la loi du désir ; toutes les filles et toutes les femmes[64] sont « malades d'aymer » – maladie qui tient non au cœur, mais « au cul », comme le répète grossièrement frère Philibert, et dont le seul remède est « de prendre le galant fort royde » et de se faire donner un « bon clistere barbarin[65] ». Pour utiliser le titre d'un chapitre du *Tiers Livre* de Rabelais, les farces montrent souvent « comment les femmes ordinairement appètent à choses défendues[66] ».

Sauf exception rarissime, le couple de la farce associe donc deux mal mariés, qui se plaignent chacun de leur côté.

> Par mon serment, quand je la prins,
> Je fis une malle journée[67],

récrimine celui-ci ; et celui-là, qui est obligé de filer la laine, qui est battu, malmené, chante sa complainte devant un moine trop naïvement désireux de goûter à l'état de mariage : il a « la plus mauvaise femme / Qui fust jamais dessus la terre[68] ».

Parce que le mari est trop lâche ou trop crédule[69], les épouses mènent tranquillement leur train d'adultère, humiliant grossièrement les maris ou s'efforçant à quelque ruse pour masquer un peu la faute contre le mariage ; il faudra revenir sur la dramaturgie et la finesse de certaines tromperies conjugales, comme dans *La Cornette*. Doublette, qui reprochait vertement à son mari son impuissance, finit de se faire faire l'amour par un deuxième galant sous les yeux de son mari Raoulet Ployart[70]. Le mari du *Médecin qui guérit de toutes sortes de maladies* ne se doute de rien et

---

[64] Dans *Les Malcontentes*, l'adolescente se plaint de n'avoir pas d'amoureux, la femme mariée d'avoir un mari jaloux et impuissant, la religieuse d'être condamnée à la chasteté ; seule la veuve, qui a encore un corps appétissant, regrette son mari. Mais une autre veuve (*La Veuve*) désire fort retrouver un mari et jette son dévolu sur son jeune et vigoureux serviteur.

[65] *Frère Philibert*, dans Le Roux de Lincy et Francisque et Michel, *Recueil de farces...*, IV, f° 13 et 14.

[66] C'est le trente-quatrième qui s'intitule ainsi.

[67] *La Fontaine de Jouvence*, vers 22-23.

[68] *Guillod*, vers 96-97.

[69] Encore un *apax* : dans *La Ruse, méchanceté et obstination d'aucunes femmes*, le mari, d'abord furieux d'être cornard, finit par l'admettre si cela rapporte des écus.

[70] *Raoulet Ployart*, farce du *Jeu du Prince des sots* de Gringore.

s'endort à la porte du médecin qui « secoue » sa femme sous prétexte de compléter l'enfant qu'elle attend[71].

Contentons-nous de quelques illustrations de tromperies plus élaborées dans le jeu du triangle amoureux, les farces du XVIe siècle reprenant volontiers les schémas éprouvés. « – Je suys le maistre ! », affirme le vilain (*Le Vilain, sa femme et le curé*). « – Et moy mestresse ! », rétorque sa femme, devant laquelle il file doux et dont il est persuadé qu'elle le fait cocu (vers 110-111). Pour approcher la femme, qui est sa maîtresse, le curé se déguisera en commissaire, sans pouvoir tromper complètement le vilain, puis envisagera de se déguiser en diable (le manuscrit est incomplet). La longue farce du *Pâté* reprend nombre des motifs anciens. La femme et le curé s'efforcent de mener leur adultère en se débarrassant de Jehan. Après un long monologue du mari lucide, révolté (mais qui n'osera répéter nettement ses griefs à l'accusée), nous sommes en présence de sa femme, qui l'envoie inviter le curé à manger un pâté. Le mari n'en goûtera pas, car pendant que les amants se régalent, il est envoyé chercher de l'eau, sommé de réparer le cuvier qui est fendu en chauffant de la cire ; « Je suis Jehan qui chauffe la cire » (v. 682), avoue le mari qui aura laissé les deux autres en tête-à-tête. La jeune femme de *Frère Guillebert* réussit sans peine à éloigner son vieux mari pour recevoir son moine ; mais on se doute que le mari revient, provoque la panique du moine (dont se moque la femme), et, croyant prendre son bissac, se saisit des braies du moine, souillées par les effets de sa peur. Il faudra faire croire au mari, pourtant persuadé de l'inconduite de son épouse, que ces braies sont une précieuse relique : les braies de saint François !

Il faut le constater : l'image, assurément incomplète et déformée, que la farce du XVIe siècle donne de la société et de la vie quotidienne reprend beaucoup à la tradition antécédente, sans génie particulier et sans beaucoup innover.

---

[71] Le laboureur du *Curia*, à la faveur d'un quiproquo verbal, pousse lui-même le curé dans le lit de sa femme ; mais la jeune femme du cocu malgré lui est toute vertueuse.

L'esthétique comique

Le jeu sur l'échafaud

L'échafaud des farces, dressé en plein air sur la place publique ou dans un faubourg – mais il arrive aux farceurs de jouer en salle –, présente toujours son dispositif sommaire ; il suffit de considérer l'illustration bien connue d'un manuscrit daté de 1542 que conserve la bibliothèque municipale de Cambrai (**Planche 13**). On retrouve la simple estrade bien surélevée par rapport aux spectateurs qui se pressent, s'agglutinent, debout autour d'elle. Pas de décor ; un rideau tendu entre des perches délimite, au fond de l'espace scénique, des coulisses sommaires. Seuls les acteurs et quelques accessoires permettent de diviser l'espace de la fiction sur une scène de dimension fort réduite. C'est dire l'importance extrême des acteurs, de leur jeu, de leurs déplacements, de leur utilisation des costumes et de leur manipulation des accessoires dans le dispositif scénique, dont Michel Rousse a montré, à propos de l'exemple particulièrement intéressant du *Gentilhomme, Lison, Naudet*, le caractère contraignant pour la composition même de la farce[72].

Mimant la vie quotidienne dans sa diversité, les farces en reproduisent la variété et le mouvement sur la scène. A parcourir les sujets de ces pièces, on imagine aisément les costumes, les déplacements nécessaires à l'action, les gestes, les objets et accessoires manipulés, les mimiques même et l'utilisation de la voix. Mais les farces devaient faire rire : le jeu y était grossi, poussé à l'excès, à la fantaisie ; et le jeu mettait visuellement en valeur des situations aptes par elles-mêmes à engendrer le rire[73].

Un franc archer envahit la scène, tout sonore de son harnachement et de son verbe fanfaron, jusqu'à l'arrivée d'un danger, qui défait le personnage et l'accule à la fuite ; les farceurs jouaient cela, avec exubérance. Les querelles conjugales se donnaient avec un rythme, une violence sensibles sur scène, les coups succédant aux insultes, le contraste entre l'autoritarisme des unes et la soumission des autres passant par le jeu physique des acteurs. Le déroulement des adultères était l'occasion de jeux et de gags scéniques : la hâte du désir, la fébrilité du déshabillage,

---

[72] « Fonction du dispositif théâtral dans la genèse de la farce », [in] *Atti del IV colloquio della S.I.T.M.*, 1984, pp. 379-395.

[73] Pour les sujets communs avec le XVe siècle, voir notre *Théâtre français du Moyen Âge*, 1998, pp. 315-318.

la déception quand un gêneur arrive – l'acte sexuel mimé sur scène, quand les amants peuvent y parvenir, n'avait rien de comique –, la fuite honteuse du galant à moitié nu et qui abandonne quelque pièce de vêtement dénonciatrice destinée à faire rebondir l'action. C'est l'occasion de rappeler l'importance des objets facétieux ou manipulés de manière incongrue : pensons aux braies de frère Guillebert, souillées par sa peur qui, successivement, sont prises par le mari pour son bissac et présentées pour finir comme les reliques de saint François ; pensons encore à l'abbesse de sœur Fessue dont la tête est coiffée, en guise de cornette, du haut-de-chausses de son galant !

Le badin, plus vivant que jamais au XVIe siècle, avec son costume et son jeu, est l'exemple même de l'emploi destiné à faire rire en utilisant toutes les ressources du jeu scénique, qu'il s'agisse d'un mari ou d'un jeune niais. Il faut suivre Naudet, le mari apparemment tout complaisant de Lison[74]. Pétulant, folâtre dans ses gestes comme dans ses propos, maladroit et importun à dessein, prenant pour s'en revêtir la robe du seigneur occupé nu à nue avec sa femme Lison, chargé de reconduire le cheval du gentilhomme (amusant numéro d'un cheval réalisé par des acteurs dissimulés sous quelque couverture !), empoignant la femme du noble et la poussant sur la « couchette » pour la besogner, il donne son mouvement au jeu scénique de la farce. Et le jeune Pernet, qui se croit déjà curé parce qu'il ouvre la farce en chantant – singe grotesque – la messe[75] ? Même pour aller passer ses examens, il faut qu'il soit accompagné de son chat Meaulin ; armé de son écritoire et d'une serpe pour tailler ses plumes, il s'est de surcroît muni d'un énorme bâton pour suivre les lettres sur le livre !

Les badins n'ont pas l'apanage des gags scéniques. Qu'on pense seulement à la jolie farce d'*Un chaudronnier*, fort intéressante pour la mimique. Les époux en conflit y ont fait le pari de rester sans bouger et sans parler le plus longtemps possible et l'un plus longtemps que l'autre : occasion d'un amusant moment scénique. Mais arrive le chaudronnier qui voudrait que l'homme lui réponde ; les mots n'y faisant rien, il décide de transformer le muet insensible en statue de saint, lui faisant une barbe de foin, lui donnant une cuillère en guise de croix, « un pot pissoir » en guise de livre, et une couronne burlesque, lui barbouillant le museau... En

---

[74] *Le Gentilhomme, Lison, Naudet.*

[75] *Pernet qui va à l'école.*

fait, il ne parvient à le faire parler que lorsqu'il se met à caresser sa femme également immobile et muette.

Rappelons enfin que les tromperies avec déguisements et impostures, toujours nombreuses, sont particulièrement propices au jeu scénique. Voici quelques exemples. L'échange entre Guillod et le moine est fort drôle[76] : Guillod le mari enfile le froc de son ami et va au couvent, où il doit apprendre «les grimasses de moynerie » (v. 219) et se montre d'une maladresse burlesque quand il s'agit de dire les heures ; quant au moine qui est déguisé en laïc pour jouir librement de la femme de Guillod, il est aussitôt battu par ladite ; Guillod refuse de lui rendre son froc de moine. L'imposture n'a là qu'une portée limitée. A l'inverse, toute la farce de *La Cornette* repose sur le mensonge et le déguisement intérieur de la femme qui, pour mettre à couvert sa vie galante, joue une fine comédie à son mari, faisant la tendre et l'amoureuse épouse ; s'il a sa contrepartie scénique, le jeu est ici surtout psychologique.

Il n'en va pas de même dans les *Trois Galants et Phlipot*, où l'innocent Phlipot est la victime de trois plaisantins qui jouent, pour se moquer de lui, plusieurs comédies à son intention . L'un imite la voix de Dieu ; tous trois font les cordonniers et tirent le ligneul pour attirer Phlipot à ce métier ; enfin, en un jeu plus complexe, ils préparent et donnent au « sotart » une dernière comédie : l'un se déguise en paysan, les deux autres en gens d'armes et ils jouent l'attaque de deux hommes de guerre rançonnant un paysan – ce qui attire Phlipot à ce nouveau métier. Redoublement du jeu dans le jeu, traditionnel aussi dans nos farces.

La dramaturgie

S'il leur arrive de prendre en compte – très allusivement – le sujet, le jeu scénique, le vers ou les effets comiques de la farce, les premiers auteurs d'art poétique des années 1548-1555 ignorent totalement les problèmes de la structure dramaturgique des farces, persuadés sans doute qu'il n'y a même pas lieu d'en parler pour des textes de 400 ou 500 vers. Cette attitude est loin d'être toujours justifiée.

De simples parades sans doute font rire d'un boniment, sans aucune intrigue. Le colporteur de livres s'amuse à proposer une kyrielle de titres obscurs ou facétieux à des clientes qui réclament de la littérature pieuse

---

[76] *Guillod.*

(*Le Vendeur de livres*) ; sans même ce piment d'une provocation, les bateleurs se contentent de faire leurs boniments et leurs tours, en vain, devant des clientes qui pensent à autre chose (*Le Bateleur*).

Une dispute ou une querelle, même si elles se développent, n'offrent pas véritablement de matière dramatique. Les farceurs du XVIᵉ siècle l'ont senti et ont voulu en renouveler l'intérêt en montrant la genèse du conflit et en attirant l'intérêt du spectateur pour sa réalisation : souci dramaturgique. Les deux chambrières s'entendent d'abord à merveille pour jacasser sur leurs maîtresses et leurs maîtres respectifs, pendant les 192 premiers vers des *Chambrières,* qui en comptent 454. Mais le personnage allégorique de Débat intervient pour les brouiller et à chacune séparément rapporte les médisances de l'autre sur elle ; « Tantost y aura beau sabat ! », se félicite-t-il[77]. La querelle éclate enfin entre les deux filles excitées l'une contre l'autre et passe vite à incandescence ; seul un cordelier parvient à les apaiser et leur fait clore le débat. Avec plus d'art, me semble-t-il, *Le Rapporteur* exploite la même structure. C'est ici un badin qui se divertit en semant la zizanie, avec une sorte d'allégresse méchante. Après avoir échauffé la femme contre son mari, le mari contre sa femme et sa voisine contre la femme, il s'apprête à contempler le résultat : « Voyla ases beau ieu pour rire[78] ». Quand les combattants en viennent aux prises, il les excite encore sous couleur de les calmer. A partir de scènes séparées, le spectateur a donc attendu la mêlée générale. Ce n'est pas tout : les combattants finissent par se demander d'où viennent les rapports qui les ont mis aux prises ; malgré ses efforts pour retarder l'éclaircissement, le Badin est démasqué comme fauteur de guerre et tous se retournent contre lui ; reflux et retournement après le flux. En étoffant la dispute, on est donc parvenu à une construction intéressante et véritablement comique.

Certaines farces déploient une vraie petite fable dramatique, avec une suite de scènes. On peut prendre *Le Médecin qui guérit de toutes sortes de maladies* comme exemple de farce mal construite ; cinq ou six séquences dramatiques peuvent être dégagées ; mais elles sont pour le moins très mal agencées entre elles : le farceur a accumulé à la hâte, sans aucun souci de la construction, des scènes qui se suivent dans le temps entre ce médecin trompeur et sensuel, une épouse adultère et un mari

---

[77] V. 253.
[78] Dans Le Roux de Lincy et Francisque Michel, II, pièce 30, fᵒ 17.

particulièrement niais et victime des tromperies et des moqueries de l'une et de l'autre. La matière du *Pèlerinage de sainte Caquette* est beaucoup plus mince : une femme et son mari partent en pèlerinage et finissent par arriver à leur but pour vénérer les reliques de sainte Caquette, qui rapportent au curé et à son trésorier. Mais le mari n'a accepté d'accompagner sa femme que si elle se tait pendant le voyage. Or, le sel comique de la farce vient du fait que la femme ne cesse de contrevenir à son engagement lors du voyage : parce qu'elle veut se confesser, parce qu'elle veut pisser, rattacher sa culotte, se regarder dans le miroir, mettre son chaperon, parce qu'elle a oublié les chandelles, son chapelet ou son livre de prières, elle parle et retarde son mari, dont la colère monte. La structure est simple – répétition du même procédé – mais efficace.

Il ne se passe pas grand chose non plus dans *La Veuve* : dès le départ, la Veuve propose à son valet, Robinet le badin, jeune gars fort apte à faire branler le lit, de se marier avec lui, et la noce se réalise à la fin ; la farce montre les hésitations ultimes de la veuve : doit-elle épouser ce gaillard bien sot, au risque de trouver en lui un nouveau maître, alors qu'elle pleure encore son défunt mari ? Hésitations et remords sont balayés par la commère, à qui la veuve ne demande pas au fond son avis, mais qu'elle confirme le choix qu'elle a fait d'épouser à nouveau et dont elle n'est pas absolument sûre[79]. Peu de matière donc et un développement linéaire, mais finement et allègrement mené.

Les farces de la tromperie nécessitent évidemment une construction plus élaborée.

La crédulité du personnage trompé peut être massive ; en ce cas, la tromperie va vite à son but, sans élaboration dramaturgique particulière. Le vieux mari qui veut à tout prix rajeunir croit aussitôt le peintre trompeur qui prétend lui redonner ses trente ans et se contente, moyennant quelques florins d'or, de lui barbouiller le visage (*La Fontaine de jouvence*). Le marchand ne met pas un instant en doute les déclarations de son valet qui profite de la nuit pour lui faire croire qu'il est attaqué par des voleurs tout imaginaires qu'il joue lui-même, comme le valet du *Garçon et l'aveugle*, ou comme Scapin, et pour le dépouiller (*Le Valet qui*

---

[79] Parmi les arguments qu'elle se donne à elle-même en faveur de son mariage, on trouve celui-ci : depuis la mort de son mari, les cloches lui disent : « Prent ton valet ! Pren ten valet ! » (v. 201). A peu près exactement ce que disent les cloches de Varennes à Panurge (« Marie toy, marie toy : marie, marie... », Rabelais, *Tiers Livre*, chap. 27) !

vole son maître). Les dupes croient d'emblée le trompeur et la ruse se déroule rapidement, sans difficulté, en une ou deux scènes.

Il est heureusement des farces où, pour arriver à bonne fin, les trompeurs doivent emprunter des chemins plus longs qui structurent la pièce en une organisation beaucoup plus recherchée, parce que les trompeurs ont affaire à plus forte partie ou doivent manœuvrer en tenant compte de plusieurs éléments. Le rapport entre le crédule et le trompeur rusé s'enrichit, peut devenir plus fin, et, du coup, la farce plus complexe. A ce point, il faut s'arrêter sur deux farces particulièrement réussies, la seconde constituant probablement le chef-d'œuvre des farces du XVIe siècle .

Le Médecin, le badin, la femme, parfois appelé *Le Galant qui a fait le coup*, présente le cas unique d'une épouse naïve complètement dupée[80]. Cres-pinette – c'est son nom – est partie seule en pèlerinage, laissant au logis son mari Oudin (le badin) et sa chambrière Malaperte, laquelle cède assez vite au désir de son maître. L'action se morcelle alors : d'un côté la femme revient de pèlerinage et approche de sa maison, en exprimant sa joie de revenir et celle qu'elle suppose identique chez les siens ; de l'autre, le badin, qui a engrossé la chambrière, demande conseil au médecin, qui lui suggère une ruse. Par deux fois, nous sommes tantôt sur la route avec la femme, tantôt au logis d'Oudin ou chez son médecin, selon une progression du temps en plusieurs espaces bien connue des farces. Une fois arrivée chez elle, Crespinette serre fortement son mari dans ses bras, lequel se dit aussitôt malade. C'est le début de la ruse réalisée avec la participation de la chambrière et du médecin, et grâce à l'immense crédulité de cette femme sincèrement amoureuse de son mari : en serrant son mari, Crespinette l'a rendu « enceint » et le seul remède pour le guérir est de faire coucher Oudin avec la chambrière (à qui Crespinette n'a pas oublié de rapporter quelques images pieuses) pour lui passer son mal et le sauver de la mort ! Et la pieuse femme de supplier la chambrière de coucher avec son mari et de s'éloigner discrètement en murmurant : « Ouy, le troissiesme n'y vault rien[81] »... L'invraisemblance importe peu ; compte ici la construction et l'agencement des scènes.

---

[80] Voir Charles Mazouer, *Le Personnage du naïf...*, *op. cit.*, pp. 60-61.
[81] V. 368.

La Cornette[82] de Jean d'Abondance[83], en une structure moins dispersée, montre une progression assez simple mais fondée sur un art assez génial de la tromperie. On retrouve ici l'épouse trompeuse, mal mariée, mais fort différente des mégères habituelles de la farce : au lieu de malmener son vieux mari détesté et de lui reprocher son âge, elle l'endort dans son bonheur tout en lui persuadant qu'il fait celui de sa femme. Complètement aveuglé, Jehan est manœuvré et selon des ressorts plus fins psychologiquement. L'essentiel de la farce est au fond consacré à la prévention, à la mise en condition du naïf. Par un habile jeu hypocrite, la femme, fort libertine, renforce d'abord l'erreur de son mari, qui se croit aimé par une épouse vertueuse, incapable de le tromper. Mais on apprend que les neveux du mari sont décidés à dénoncer à Jehan l'inconduite réelle de sa femme – intention surprise par le valet Finet et immédiatement rapportée à la femme. D'où, parallèle à la première grande scène, une autre scène où la femme déploie à nouveau son art, cette fois pour faire face au danger immédiat. Avec mille feintes réticences, elle raconte au crédule que ses neveux vont venir critiquer... la cornette (large bande d'étoffe qui ornait le chaperon) du cher homme ; et elle lui annonce en quels termes – ceux-là mêmes dont elle sait que les neveux ont l'intention de se servir pour dénoncer sa conduite adultère. Fâché qu'on critique son habillement, Jehan est en parfaite disposition pour ne pas entendre ses neveux à l'avance discrédités. La confrontation avec les neveux tient ce qu'on a amené le spectateur à en attendre : le cocu empêche ses neveux de parler de la femme, d'elle – un *elle* ambigu est continuellement employé –, persuadé qu'il est qu'ils veulent parler de la cornette ; il les renvoie sans que le quiproquo soit éclairci. En moins de 400 vers, se déploie une comédie serrée de la tromperie.

Rares sont évidemment les farces qui atteignent à cette finesse psychologique et à cette aisance dramaturgique. Mais beaucoup mettent en œuvre les procédés structuraux simples et bien connus de la tradition pour varier et enrichir la dramaturgie de la tromperie.

---

[82] Voir Michel Rousse, « Jean d'Abondance et la farce de la Cornette », [in] *La Vie théâtrale dans les provinces du Midi*, 1980, pp. 51-61, et Ch. Mazouer, *Le Personnage du naïf...*, *op. cit.*, pp. 66 et 70-71.

[83] Jean d'Abondance est aussi l'auteur d'une pièce de carnaval qui, selon la tradition, oppose la morale épicurienne (Carmentrant) à la morale de l'Eglise (Carême) : *Le Testament de Carmentrant*, élaboré vers 1540.

Effet de surprise : le déroulement d'une tromperie peut être gêné ou compromis par un événement non prévu par les trompeurs, comme le retour intempestif d'un mari qui dérange les amants adultères. Ce procédé fort classique est repris dans *Pernet qui va au vin* (après une longue séquence où l'on parvient plus ou moins à faire croire au cocu qu'il est le cousin de l'amant et issu de noblesse), dans *Frère Guillebert* (où le moine doit décamper et où on aura quelque difficulté à ôter son soupçon au mari cocu), et pareillement au début du *Gentilhomme, Lison, Naudet*. Il est dommage que la cohérence dramaturgique du *Badin, la femme et la chambrière* laisse à désirer, car l'idée structurelle est intéressante : à la tromperie, à la ruse succède une contre-ruse. A sa femme qui s'apprête à recevoir son amant, Messire Maurice le prêtre, le mari badin se déclare malade, mais saute du lit et se déguise en Messire Maurice venant auprès de l'épouse – ce qui donne une situation plutôt cocasse. Mais la femme de son côté a décidé de se déguiser en religieuse venue fournir une assistance spirituelle au badin de mari qui s'est dit à l'article de la mort... On est en face d'un enchevêtrement de déguisements et de tromperies.

Deux derniers procédés efficaces sont à mentionner. On peut étoffer une farce en répétant ou en accumulant les tromperies. *Les Trois Galants et Phlipot* est tissé de trois tromperies juxtaposées : on fait croire à l'innocent que Dieu lui parle, qu'il rencontre des cordonniers puis des hommes de guerre réels. Dans *Lucas, le bon payeur*, le sergent est berné par le mauvais payeur, puis le berne ; il vient ensuite surprendre sa femme avec son galant, mais est finalement berné par la rusée qui lui bouche son seul œil utilisable sous un prétexte fallacieux, tandis que l'amant déguerpit.

Cette dernière farce met en œuvre le procédé banal mais aussi efficace du retournement, du trompeur trompé, qui est d'un grand usage dans nos farces. Les femmes qui font refondre leurs maris – en deux couples parallèles utilisés structurellement dans la farce – doivent finalement supporter des hommes redevenus jeunes et vigoureux, certes, mais rebelles et mal gracieux (*Femmes qui font refondre leurs maris*) ; le moine de *Guillod* se repent trop tard d'avoir voulu prendre l'état de mari, que Guillod ne veut plus échanger en retour. Le riche savetier, qui voulait s'amuser de son compère pauvre, se fait berner et voler par lui (*Les Deux Savetiers*). Un mari qui se doute de son cocuage veut-il éprouver sa femme ? Oubliant les recommandations faites à son valet (battre le chapelain, amant de la femme, à son arrivée), il imagine de prendre justement le déguisement du chapelain pour en avoir le cœur net ; il est dupé par sa ruse et copieusement battu à son retour au logis (*Un mari jaloux*). Naudet enfin, qui semble accepter que sa femme le trompe avec le gentilhomme, s'arrange pour coucher avec la femme de ce dernier ; puisque le gentilhomme s'est permis de « naudetiser », il en a profité pour « seigneuriser » : « A trompeur trompeur et demy » (*Le Gentilhomme, Lison, Naudet*, v. 412).

Malgré quelques réussites, la dramaturgie des farces du XVIᵉ siècle reste assez sommaire et un peu rustique. Mais elle répond toujours au souci de l'efficacité comique, et parfois avec de remarquables finesses.

Les personnages

La galerie des personnages de la farce – on l'aura remarqué en considérant l'image de la vie quotidienne que reflètent nos textes – se renouvelle assez peu[84]. A peu près les mêmes personnages de la vie sociale et de la vie familiale se rencontrent au XVIᵉ siècle, et ils se reproduisent à l'identique de farce en farce, puisque les sujets et les situations restent assez peu nombreux. D'autre part, ils restent des types aux traits attendus, sommaires, des caricatures grimaçantes entraînées dans le jeu allègre de la farce, plus violents, plus méchants, plus grossiers ou plus bêtes que nature pour faire rire. Sans nom personnel parfois, parfois dotés d'un prénom ou d'un sobriquet, ils sont réduits à un aspect : la situation sociale, le rôle familial ou quelque trait psychologique. Ce sont des types aux caractéristiques constantes. Chacun est mû par un besoin, un désir, une passion, chacun veut réaliser un objectif, une ruse – et chacun se limite à cela ; les comportements théâtraux sont attendus et comme mécaniques, dans un rapport de force sommaire et âpre entre les personnages. Le désir, satisfait ou non, la volonté de dominer, avec les vainqueurs et les vaincus, la volonté de tromper, avec les trompeurs rusés et les dupes crédules – tout se manifeste de manière schématique, pour faire rire.

Je ne reviens donc pas sur les différents types envisagés au volume précédent. Mais je voudrais mettre en valeur deux aspects qui me paraissent propres au développement de la farce du XVIᵉ siècle : l'exploitation poussée de certains types et emplois ; une certaine nouveau-

---

[84] Voir notre *Théâtre français du Moyen Âge*, pp. 325-332.

té, soit dans la nature des personnages, soit dans l'analyse qui est faite d'eux à travers la sommaire intrigue des farces.

Le soldat fanfaron, célèbre dès les monologues dramatiques du XVe siècle et repris dans ceux du siècle suivent, devient au XVIe siècle surtout un personnage de la farce et connaît ainsi un beau regain, facilement explicable : les circonstances historiques incitent à exploiter un type théâtral célèbre depuis le franc archer de Bagnolet. Après Charles VIII et Louis XII qui firent la guerre en Italie, jusqu'à la conquête du royaume de Naples, François Ier, en 1521, leva des francs archers pour la guerre d'Italie ; une expédition malheureuse eut même lieu à Naples en 1528. L'opinion, qui supportait mal ces guerres et encore plus mal le comportement des soldats recrutés ou des anciens soldats, se vengeait d'eux par la farce. D'autre part, on sait que le pape accorda un grand pardon à la France en faveur d'une croisade contre les Turcs (1517). La conjoncture est donc propice au développement du fanfaron. De fait, un certain nombre de farces reprennent le type, permettant de constituer une sorte de famille des francs archers et des fanfarons ; avec prudence, on peut même parler d'un « cycle[85] » de plusieurs farces qui mettent en scène le maire de village Thévot, son fils Colin et la mère.

La fréquence et la célébrité du personnage n'entraînent pas son renouvellement ; les procédés comiques généralement mis en œuvre dans les monologues dramatiques sont purement repris (et parfois même le texte du *Franc Archier de Baignollet*). Mais l'action d'une farce à plusieurs personnages permet des situations plus inédites[86].

Plus que la fantaisie des vantardises excessives, c'est la dénégation, faite par eux-mêmes du courage qu'ils affichent, qui intéresse dans ces textes. Colin, pourtant sans illusion sur le courage de la famille, se laisse aller à rêver qu'il tuera quatre Sarrasins à chaque coup ; mais il ajoute bien vite qu'il sera sans crainte pourvu qu'il soit « loing a l'escart[87] », caché. Je ne crains aucun homme « s'il n'a plus de dix ans », lance le premier franc archer ; et le second : « Je ne crains rien, fors les gendarmes » ; et à nouveau le premier affirme ne pas craindre un page, « mais que de fouir j'ayes espace[88] ». On comprend qu'ils hésitent avant

---

[85] Voir les remarques d'André Tissier, au t. V de son *Recueil de farces...*, 1989, pp. 167-187.

[86] Voir Ch. Mazouer, *Le Personnage du naïf...*, pp. 32-36.

[87] *Thévot le maire, Perruche, Colin leur fils*, v. 95.

[88] *Deux Francs Archers qui vont à Naples*, vers 13, 16 et 40.

de partir se battre à Naples. Le courage affole aussi le très hardi Aventureux et son ami Guillot ; mais ils avouent eux-mêmes qu'ils se sont retrouvés pour fuir devant le danger.

Ce que la farce ajoute par rapport au monologue dramatique, ce sont d'autres personnages et donc des situations en rapport avec la visée satirique et comique. Au lieu d'un fanfaron, en voici deux sur la scène qui, après s'être vantés, tombent nez à nez et se font une peur horrible : la dénégation est réalisée par une situation. On la trouve dans *Thévot le maire* entre père et fils, ou dans les *Deux Francs Archers qui vont à Naples* où les fanfarons se font peur et où l'un des deux finit par être encore plus lâche que l'autre ; la situation est étirée dans *L'Aventureux et Guermouset*, les pères fanfarons devant en venir aux mains à cause de leurs fils, mais préférant finalement un accommodement. Dans *Colin, fils de Thévot*, Colin est obligé d'admettre devant son père, qui fait le juge de village, qu'au lieu de faire la guerre, il a volé la poule d'une vieille paysanne venue se plaindre (qui l'a d'ailleurs bourré de coups de poing et mis à mal), laissé sa jument gâter le potager, et fait l'amour à la chambrière ; il n'a poursuivi qu'une poule jusqu'à la mort ! Quant au prisonnier sarrasin qu'il se vante d'avoir fait, ce n'est qu'un inoffensif pèlerin.

Il faut enfin mentionner la farce de *Maître Mimin qui va à la guerre* – qui illustre, elle, le cycle de Mimin – pour son originalité. Elle comporte trois fanfarons recruteurs et un badin écolier de la campagne, qui abandonne tout à coup sa « clergise » pour l'état de soldat, gardant néanmoins son écritoire pour tenir le registre de ses victimes. Mais sa mère Lubine, qui a nourri, aimé son garçon pour en faire un homme d'Eglise, ne l'entend pas ainsi et imagine cette ruse pour récupérer son enfant : elle se déguise en homme, sonne dans un cornet et simule à elle seule une troupe ennemie ; aussitôt les gendarmes s'égaient comme moineaux apeurés, et Mimin exprime la peur commune que le jeu de la mère aura dénoncée : « Je ne sçay par où je me musse[89] »...

---

[89] Vers 285. – On rapprochera d'autres personnages de fanfarons. Phlipot (*Trois Galants et Phlipot*), quand il fait l'homme de guerre, se réjouit de pouvoir aller au pillage, mais devant la fausse attaque, il se rend et crie : « Vive ! ... les plus fors / Vivent! » (vers 499-500). Le gentilhomme déclassé vante ses exploits passés ; mais le page dont la fonction dans le dialogue est de le contredire constamment, rappelle la réalité : il allait au pillage et se cacha dans un fossé (*Le Gentilhomme et son page*). Les exploits du capitaine Mal-en-point ne valent pas plus cher (*Le Capitaine Mal-en-point*) ; sur cette farce, voir Paul Verhuyck, « La Farce du Capitaine Mal en Point... », *R.H.R.*, n° 44, juin 1997, pp. 27-47.

Un autre personnage – à la fois emploi d'acteur et type – triomphe dans la farce du XVIᵉ siècle : le badin, avec son visage enfariné, son accoutrement et ses bosses traditionnelles. Marot, dans l'épitaphe *De Jehan Serre, excellent joueur de farces*, composée avant 1527, nous donne l'idée de l'entrée en scène irrésistible d'un célèbre badin ; Rabelais, au chapitre 37 de son *Tiers Livre* (1546), rappelle que ce rôle était tenu « par le plus perit et perfaict joueur » de la bande comique. Rôle codé avec son costume, ses habitudes de jeu, sa souplesse gestuelle et verbale, son comportement et ses habitudes de type, le badin connut dès le XVᵉ siècle de multiples avatars[90] ; on le retrouve à présent sous les espèces d'un mari, d'un valet, d'un fils niais mis aux écoles[91]. Des traits communs rendent le badin reconnaissable en toute occasion[92].

C'est un jeune animal soumis à ses instincts, sans vergogne, de manière libérée, fantaisiste. Regardez ce Janot, un valet affamé, qui déclare d'emblée son appétit et refuse d'ailleurs de faire quoi que ce soit tant que ses maîtres ne l'auront pas nourri[93] ! Regardez ce Robinet, que sa maîtresse veuve veut épouser et qui en bondit de joie, faire éclater une sensualité toute naïve et dire crûment son désir de tenir en ses griffes la dame, accolée dans un beau lit[94] ! Sensualité, faim et ivrognerie joyeusement exhibées : le badin est mû par une vitalité débordante, dans une sorte d'impulsion joyeuse de sa nature qui fait fi des usages, des règles, qui prend le monde et les autres avec désinvolture et déborde en actions déraisonnables, en gestes désordonnés, en mots étourdiment lâchés.

Les jeunes gars – fils niais et enfants sots mis aux écoles[95] – font beaucoup rire de leur niaiserie, en multipliant puérilités, innocences, naïvetés et bêtises. Jouart montre un attachement forcené et ridicule à sa

---

[90] Voir Ch. Mazouer, *Le Théâtre français du Moyen Âge*, pp. 326-328, et « Le badin au XVIᵉ siècle » (*Langages, codes et conventions dans l'ancien théâtre* », Tours, septembre 1999, à paraître).

[91] Laissons de côté le badin de *Guillod*, simple meneur de jeu qui ouvre et ferme la farce, à l'action de laquelle il reste étranger. Rapprocher le Fol assez amusant de *Tout-Ménage, Besogne faite ;* de même le mari badin de *L'Arbalète* qui se contente de débiter des sottises à sa femme excédée – ce qui constitue la seule matière de cette farce toute fantaisiste.

[92] Voir des développements plus articulés dans Ch. Mazouer, *Le Personnage du naïf...*, pp. 40 *sq.*

[93] *Le Badin qui se loue.*

[94] *La Veuve*, vers 5-7.

[95] Ch. Mazouer, *Le Personnage du naïf...*, pp. 46-58.

mère[96]. Tel autre badin, obsédé par sa bouteille qui renferme, il ne sait comment, un bateau, poursuit cette idée fixe et ne la quitte que pour tenir des propos emmêlés et incohérents[97]. Guillerme, étrange « estudiant en theologie » en pension chez un curé, s'acharne, avec une belle maladresse, à répéter, devant un mari, que sa femme est l'amante du curé[98]. Tous ces bêtas disent ce qu'il ne faut surtout pas dire, comme ils font ce qu'il ne faut pas faire ; on comprend qu'ils suscitent un rire libérateur.

Malgré leur sottise avérée, eux-mêmes ou leurs proches – une mère, une tante – envisagent, avec beaucoup d'ambition, de leur faire faire carrière dans l'Eglise. Celui-ci désire être « sacerdos[99] » ; celui-là refuse d'être prêtre, car il se voit déjà évêque[100]. Jehan Jenin rêve encore position plus élevée : étudiant en théologie après avoir fait les arts libéraux, la médecine, le droit civil et le droit canon (ce qui l'autorise à mépriser sa mère), il sait aussi déchiffrer les songes et celui de la mère Jaquette lui montre clairement qu'il sera pape[101]! Evidemment, les jeunes crétins qui ne sont pas du niveau de Jehan Jenin font éclater leur stupidité devant l'examinateur ; c'est le thème de l'examen ridicule. Celui de Pernet qui, après avoir multiplié les bourdes, épelle facétieusement les lettres de l'alphabet, est particulièrement drôle.

Les farces font toujours accompagner le type de l'enfant mis aux écoles de celui des mères naïves par ambition : comment ne rêveraient-elles pas de voir leur progéniture échapper à l'état de simple paysan pour gagner quelque belle situation dans la cléricature ? Mais les mères reviennent d'ordinaire, vaincues par la bêtise des fils, au sentiment de la réalité et doivent abandonner leurs rêves ambitieux. La mère de Jehan Jenin montre parfaitement ce passage de l'affection admirative pour le savant rejeton au bon sens ; craignant qu'il ne devienne fou, elle lui propose des songes didactiques à déchiffrer pour l'amener à se défaire de son orgueil et de ses ambitions – la farce s'inversant et faisant succéder un moment descendant à un moment ascendant.

---

[96] *La Mère, le compère, Jouart, l'écolier.*
[97] *La Bouteille.*
[98] *Guillerme qui mangea les figues du curé.*
[99] *Un qui se fait examiner pour être prêtre.*
[100] *Pernet qui va à l'école.*
[101] *Maître Jehan Jenin, vrai prophète.*

La sottise des écoliers est avérée et indiscutable ; pour d'autres badins, nous le savons, elle pose problème. Le jeune Jaquet – on remarquera les prénoms de tous ces sots – est amené à faire l'entremetteur entre sa mère et son amant Messire Jehan[102]. Il multiplie les bourdes indiscutables, en clamant ce qui doit rester caché, et les naïvetés vraies, quand il est manipulé par le curé qui le fait parler ; mais il a aussi la niaiserie ambiguë des badins : il sait monnayer ses services et peut-être jouer de sa bêtise pour effrayer l'amant. Dans une situation analogue, Janot[103] agit et parle en valet inconsidéré, s'étonnant de l'arrivée de l'amoureux, gênant les amants et les dénonçant pour finir au mari revenu ; sa maladresse est-elle seulement involontaire ? Naudet, le mari que son seigneur fait cocu, est un badin[104] et en a apparemment la simplesse ; pourtant il n'est pas dupe et s'il laisse faire le seigneur, il se venge de lui. Alors ? S'agirait-il d'un rusé compère déguisé en niais ? Pas exactement : qu'il soit cocu ou qu'il se venge, Naudet reste un badin insouciant, fantaisiste, léger, comme s'il n'était pas vraiment engagé ni dans son cocuage ni dans sa revanche[105]. Telle est bien la nature profonde du badin. En revanche, les maris du *Badin, la femme et la chambrière* ou du *Médecin, le badin, la femme* sont plus nettement rusés et trompeurs. Ainsi de Jehan de Lagny qui abuse les filles[106], ou du badin qui sème la zizanie[107]. Voilà des badins lucides, astucieux, trompeurs, qui parfois d'ailleurs échouent – non des naïfs. Mais tous gardent, plus ou moins, cette touche d'insouciance joyeuse propre au type.

On ne peut achever une analyse des personnages sans signaler quelques faits nouveaux. Il est assez naturel que les farces fassent paraître de nouveaux représentants de métiers ou changent la présentation de ceux qui faisaient partie de son personnel dramatique, d'autant que d'autres se sont effacés. Le colporteur de livres apparaît, ainsi qu'une troupe de bateleurs

---

[102] *Messire Jehan, le badin, sa mère et le curé.*

[103] *Le Badin qui se loue.*

[104] *Le Gentilhomme, Lison, Naudet.*

[105] On peut rapprocher Pernet (*Pernet qui va au vin, A.T.F.*, I). On veut lui faire croire qu'il est le cousin germain de l'amant de sa femme, preuve qu'il serait de lignage noble ; il se sait vilain et s'amuse à faire le gentilhomme. Mais, envoyé au vin, il revient sans cesse et dérange les amants – parfaitement conscient qu'on est en train de le faire « jenin parfaict » (p. 210) avec ce faux parent. Mais il s'en moque !

[106] *Jehan de Lagny, Messire Jehan.*

[107] *Le Rapporteur.*

vendeurs de drogues ; dans la farce tardive des *Deux Savetiers*, la présentation théâtrale du riche et du pauvre est fort différente de ce qu'on connaissait de ces petits artisans. Les métiers changent, leur succès théâtral peut varier ; et tant de farces sont perdues que toute conclusion hâtive est interdite. Mais parfois on sent une volonté particulière et rare de donner quelque consistance et quelque finesse à des personnages qui, sans être tout à fait des caractères, ne sont plus des types aux caractéristiques trop sommaires. Cela signale au demeurant davantage le talent d'un farceur que l'évolution du genre, car la farce restera, au-delà même du XVIᵉ siècle, un théâtre de types. Donnons trois illustrations.

Derrière l'invraisemblance de la donnée, due à la crédulité de l'épouse trompée – cas presque unique, répétons-le –, *Le Médecin, le badin, la femme* propose des observations assez fines : la chambrière hésite à se livrer au maître et lui fait promettre de couvrir une éventuelle grossesse ; le mari Oudin , qui est pourtant un badin sensuel et inconscient, a du mal à avouer au médecin qu'il a engrossé la servante et prend la peine de s'en excuser sur la continence forcée que lui a imposée sa pieuse épouse (vers 168-169) ; et toute l'analyse de la femme Crespinette montre observation et justesse : sa joie de revenir de pèlerinage, sa réelle douleur quand elle croit Oudin à l'article de la mort, son repentir quand elle est persuadée d'en être la cause, ses scrupules à faire coucher la chambrière avec Oudin et la crainte bien naïve que la fille ne refuse... La donnée de *La Veuve* est parfaitement originale ; la farce montre joliment comment la jeune veuve est tiraillée en sens contraire par la sensualité qui lui fait rechercher son valet en mariage, le regret de son ancien époux, sa crainte de retrouver un maître, sa peur du qu'en dira-t-on, même. Elle prend conseil après avoir affirmé sa décision, et on sent quelle ne supporterait pas la contradiction. Alors que le mariage va se réaliser, elle fait encore part d'un rêve où le défunt mari lui interdirait le mariage – manière de se faire donner encore par la commère des arguments contraires, en faveur du nouveau mariage !

Il faut enfin réserver une place à part à *La Cornette* de Jean d'Abondance, dont nous avons vu que la construction reflète la finesse psychologique. Du point de vue des personnages, tout y est neuf et rien ne semble venir de la tradition farcesque. A commencer par le vieux mari détendu que sa femme tient par son amour sénile et par la comédie du bonheur qu'elle lui joue : il en oublie son âge, la répugnance qu'il pourrait inspirer à une jeune femme et les tromperies dont il pourrait être victime ; il devient une proie crédule, facile à manœuvrer, quand on joue en particulier de sa vanité vestimentaire (on ose critiquer sa cornette !)[108]. Mais les neveux furieux de voir un oncle aveugle sur l'inconduite de son épouse, dilapidant l'héritage, mais le valet Finet, agent habile et tout dévoué de la dame, sont aussi nouveaux dans la farce. Quant à la femme, son originalité est la plus remarquable : elle couvre ses galanteries grâce au mariage et ménage deux amants – un chanoine riche qu'elle plume pour gâter un jeune mignon. Et avec quel cynisme ! « Ce sont des biens / Du crucifix », observe Finet à propos de l'argent du chanoine. « Il ne m'en chaut », rétorque la femme : le crucifix « est tousjours tout nud à la croix / Et ne mange point[109] ». Serait-ce un prélude au féminisme que cette indépendance et cet amoralisme de l'épouse dans sa vie amoureuse ?

La langue comique

Tous ces personnages parlent, dialoguent ; ils agrémentent même parfois le déroulement de la farce d'une chanson, qui accentue le climat de gaieté et de joie des farces, à l'ouverture ou pour renvoyer les spectateurs. Le vers octosyllabe n'entrave guère la parole des personnages. En 1548, Thomas Sébillet, dans son *Art poétique françois*, fait remarquer que le vers de huit syllabes est le plus plaisant et la rime plate plus coulante ; en 1555, un autre théoricien, Jacques Peletier, utilise l'expression « rimer en farceur », qui signifie qu'on ne se soucie guère de la rime . La forme versifiée est donc perçue, à l'époque, comme assez souple. Le lecteur contemporain doit aussi assouplir une versification qu'on ne pourrait supporter trop raide[110]. La langue des farces doit donner l'impression du langage de la vie quotidienne d'où sont tirés les personnages – d'une langue populaire, savoureuse, vivante, coupée, qui porte sur l'autre, frappe, s'exclame. Elle donne bien cette impression d'être improvisée par les acteurs, qui est la caractéristique d'une bonne langue, d'un bon style de théâtre. Le dialogue – la part du monologue ou des *a parte*, fort bien utilisés, est évidemment des plus minces – se fait le plus souvent en répliques courtes qui se croisent ou se heurtent allègrement ou avec violence, brisant volontiers les barrières du vers.

---

[108] Ch. Mazouer, *Le Personnage du naïf...*, pp. 66 et 70-71.

[109] Vers 43 à 47.

[110] Voir André Tissier, « Sur le vers dans le genre dramatique des farces à la fin du Moyen Âge », *C.A.I.E.F.*, n° 52, mai 2000, pp. 247-265.

Cette bonne langue de comédie ne doit pas seulement donner l'impression de la vie ; les farceurs ont toujours su manier la langue pour faire rire, produisant un comique verbal qui relève d'un jeu conscient avec le langage[111].

Maîtres du verbe comique, les farceurs jouent avec l'abondance et s'adonnent à la fantaisie verbale. Ils pratiquent le néologisme plaisant (*naudetiser, seigneuriser*[112]), inventent des noms ou des sobriquets significatifs (le mari insuffisant s'appelle Raoulet Ployart, le moine paillard qui a engrossé la sœur Fessue a nom Roydimet, le gueux fanfaron Mal en point[113]...). L'invention est illimitée en matière sexuelle ; pour désigner le sexe masculin ou féminin et l'acte sexuel, les métaphores abondent et les équivoques qui s'en suivent. L'engin, l'épée, le bâton, la gaule (qui ploie parfois), pour le sexe masculin, dont la tête se dresse chez les mâles vigoureux[114] ; l'engin aussi, la cheminée, le chaudron, le gaufrier même, pour le sexe féminin[115]. Il s'agit donc de ramoner la cheminée, de nettoyer le chaudron et d'en boucher les trous avec le clou. Les kyrielles d'insultes grossières et d'injures[116] participent du même comique du bas. On retrouve, comme au XVe siècle, des répétitions[117], des énumérations, dans les boniments par exemple[118], des fanfaronnades virtuoses[119].

Un aspect important de la fantaisie verbale est constitué par les jargons qui font rire du travestissement d'une langue. Beaucoup plus que du langage paysan[120] ou du « jobelin » (langage des gueux), employé par un pèlerin prisonnier[121] qui parle peut-être une langue purement imaginaire, la farce tire des effets comiques du jargon latin. Pas étonnant quand on est dans une abbaye ! L'abbesse lubrique qui régente un monastère de

---

[111] Voir notre *Théâtre français du Moyen Âge*, 1998, pp. 333-337.

[112] *Le Gentilhomme, Lison, Naudet.*

[113] *Raoulet Ployart, L'Abbesse et les sœurs (Sœur Fessue), Le Capitaine Mal-en-point.*

[114] Voir *Le Ramoneur de cheminées, Le Fauconnier de ville, Sœur Fessue...* Le badin Guillerme mange les *figues* du curé (*Guillerme qui mangea les figues du curé*).

[115] Voir *Le Ramoneur de cheminées, Les Femmes et le chaudronnier, Le Curia.*

[116] On s'en échange de belles dans *Le Rapporteur.*

[117] Comme le « je ne sçay » de Phlipot (*Trois Galants et Phlipot*, vers 16-26).

[118] *Le Vendeur de livres.*

[119] *L'Aventureux et Guermouset.*

[120] *Les Enfants de Bagneux.*

[121] *Colin, fils de Thévot.*

débauchées use à sa manière du latin d'Eglise. Ayant convoqué le chapitre (« *Tenamus chapitrum totus* ») et fait sonner les cloches (« *Sonnare clochetas* bien *totus* »), elle s'adresse ainsi à la coupable : « *Venite et aprochantés. / Madamus, agenouillare*[122] ». Les jeunes sots mis aux écoles, dont tout l'enseignement se fait par le latin, déforment continuellement cette langue. Pernet affirme qu'il sait et veut parler latin : « *Ego vultis*, par saint Copin ; / *Ecce* desjà *librus meus*[123] » : tout juste du latin de cuisine. Guillerme, étudiant déjà en théologie et passablement sonné par ses études, fait à peine mieux, multipliant barbarismes et surtout solécismes : « *Ego fuit duabus horas / Legendo epistolibus* » ; on peut dire qu'il reste à la cuisine : « *Ego gardatis cuysina*[124] » (**Planche 14**). Jehan Jenin est un théologien encore plus diplômé que Guillerme et il barbouille naturellement ses discours de latin macaronique ; pour éblouir sa pauvre mère Jaquette, il lui développe ainsi ce que signifie la comète et traduit étrangement son jargon latin :

> *Signont belloront multoront* :
> C'est que belles mulles seront
> *Inter principes* de grand pris,
> C'est à dire que, a ce lundi,
> Belles mulles se vendront bien[125].

Ne manquent pas de drôlerie enfin tous les procédés et toutes les situations qui aboutissent à une mauvaise compréhension du langage, à l'impossibilité de comprendre autrui ; le jeu linguistique perturbe volontairement la fonction première du langage, qui doit permettre la communication. Avec leurs coq-à-l'âne, leurs propos sans suite, la suite de leurs réflexions étourdies et incohérentes, les badins écoliers la troublent. Une autre spécialité des badins est de ne pas comprendre, ou de faire semblant de mal comprendre ce qu'on leur dit : faute de connaître une expression ou incapable de saisir le sens figuré, ils restent au sens premier. La mère, qui va conduire son fils à l'examen, se félicite qu'il sache manier la plume ; mais le badin, qui manie la plume des oies aux champs, répond sottement, car il ne sait pas que, transformée, la plume

---

[122] *L'Abbesse et les sœurs*, vers 158-159 et 175-176.

[123] *Pernet qui va à l'école*, A.T.F., II, p. 371.

[124] *Guillerme qui mangea les figues du curé*, A.T.F., I, pp. 238 et 343.

[125] *Maître Jehan Jenin, vrai prophète*, vers 121-125 .

des oies sert à écrire[126]. Quand on demande au badin Naudet de mettre le vin (à rafraîchir) dans un sceau d'eau froide, il verse le contenu du pot dans l'eau (*Le Gentilhomme, Lison, Naudet...*, vers 135 *sq.*). D'une manière différente, Pernet, à qui on fait épeler l'alphabet, ne peut penser les lettres dans leur abstraction ; il faut qu'il leur trouve un mot concret équivalent, qu'il orne de jeux de mots et d'équivoques diverses : K : « ung cas ? » ; L : « Une aelle ? mais de quel oyseau » ; N : « Une asne ? Et où sont les oreilles ? » ; Q : « Fy, il (y) parle du cul », etc[127]. Il ne peut faire la différence entre la lettre, le signe et le mot. L'incompréhension culmine évidemment dans les dialogues de sourds. Si son maître lui dit « sans demeure » ou « braire », le valet sourd comprend « meure » (mûre) et « libraire » et développe ses réflexions à partir de là ; au lieu de l'apothicaire qu'il devait ramener, il revient avec un chaussetier aussi sourd que lui à qui il avait demandé où se trouve le presbytère, car il avait compris qu'il devait ramener un prêtre (« le curé ou *vicaire* », v. 117, le dernier confondu avec *l'apothicaire* demandé)[128].

L'art du dialogue et l'utilisation du langage pour faire rire parachèvent bien l'esthétique de la farce, toute tournée vers la production du rire. Cette esthétique débouche naturellement sur une vision du monde.

Une vision du monde

La farce continue, bien sûr, de proposer un monde où règnent les instincts les plus bas et la violence, qui se moque de l'Eglise chrétienne et de sa morale ; de cet univers grimaçant elle fait rire, d'un rire allègre dont il faut apprécier la portée[129].

Au ras des instincts

A travers les personnages schématiques et simplifiés de la farce, l'homme est saisi au ras de ses pulsions et de ses instincts : la faim, le sexe – comme déshumanisé et réduit à la nature animale.

---

[126] *La Mère et l'examinateur*, vers 52-63.

[127] *Pernet qui va à l'école*, A.T.F., II, pp. 369-370.

[128] *Maître Mimin le gotteux*.

[129] Voir les développements correspondants concernant le XVe siècle, avec une bibliographie toujours utile pour le XVIe siècle, dans notre *Théâtre français du Moyen Âge*, 1998, pp. 337-358.

On a souvent faim dans les farces : reflet sans doute de la préoccupation réelle du pain quotidien. Pour rester joyeux dans leur gueuserie,
Briffault et Paillart n'en demeurent pas moins affamés, réduits à rêver
d'une soupe, d'un chapon et d'une chopine et à se contenter de l'odeur du
rôti qui s'échappe de la cuisine[130]. Valets, jeunes gars ou maris, les
badins ne sont pas des gueux, mais, exhibant tranquillement et joyeusement leur nature, ils disent et redisent leur faim ; affamés, ils sont
toujours à l'affût de quelque bon morceau, de quelque festin. A peine sait-
il qu'il va épouser sa maîtresse que Robinet se préoccupe du festin de
noce : que sa mère apporte de la tarte ! Qu'on hâte le mariage,

> Car j'ey peur que le rost ne gaste,
> Qui sera mengé à la feste[131].

Une femme se plaint de son mari Pernet, autre badin qui ne cesse de
réclamer de la nourriture, « tant il est friant et gourmant[132] ».

On se doute bien que la farce n'évite pas le bas organique des entrailles
ni la scatologie. Une farce publiée en 1595, un peu informe et inachevée,
Poncette et l'amoureux transi, dit les plaintes d'un mari qui regrette
d'avoir été amoureux « D'une femme qui toujours pette[133] ». Pris de
panique au retour imprévu du mari, (« le cul me tremble »), frère
Guillebert, qui avait jeté bas son froc pour rejoindre la femme au lit, lâche
son ventre et empuantit le logis, avant de fuir, nu, protégeant de sa main
son précieux vit qu'il a si peur de perdre.

En fait de vie organique, la sexualité surtout est évoquée et montrée sur
la scène.

On en parle beaucoup, et le plus crûment du monde, ou à l'aide de
métaphores ou d'équivoques sans mystère. Après une sorte de sermon qui
prêche une sexualité sans frein, le même frère Guillebert se propose pour
fourbir le haubert des dames (expression argotique pour « faire l'amour »)
– « car g'y suis expert[134] », précise-t-il. Aussi peu saintes dans leurs
abbayes, les compagnes de sœur Fessue n'ont qu'un sujet de conversation

---

[130] *Le Capitaine Mal-en-point.*
[131] *La Veuve*, vers 18-19, puis 58-59.
[132] *Pernet qui va au vin*, v. 7.
[133] Dans *Recueil de livrets singuliers et rares...*, 1829-1830, pièce 5, p. 7.
[134] *Frère Guillebert*, vers 69 et 70.

et de préoccupation : tomber à la renverse sous frère Lubin ou frère Roydimet et prendre leur plaisir sans être engrossées ; et elles ne s'épargnent pas à cette besogne que toutes pratiquent en maint lieu ! Les mercières Musarde et Babille (qui sont plutôt « *putani generis* ») évoquent, jugent et comparent les outils de leurs galants[135]. En confession, Margot – dame si charitable et si compatissante aux curés et moines excités – avoue ingénument et tranquillement ses péchés sexuels, sans rien cacher de ces membres à la tête rouge munis de deux belles « sonnettes » qu'elle a accueillis et épuisés entre ses cuisses[136]. Les femmes insatisfaites, parfois à la face de leurs vieux maris, se plaignent qu'ils soient mauvais ouvriers à la besogne, que leur houe ou leur bêche ne soient pas assez fortes. Doublette à son mari Raoulet Ployart :

> Par ma foy, ma vigne se gaste
> Par deffault[e] de labourage[137].

Mais la farce montre la sexualité, du désir à l'acte. Un badin encore illustre aussi bien la faim sexuelle que la faim de nourriture : c'est Robinet, à qui sa maîtresse vient de proposer le mariage. « Me vouldroys-tu ? », lui demande-t-elle ; et le jeune gars de bondir :

> Vertu sainct Gris !
> Que vous tinsai-ge de mes *gris,   *griffes
> Acollée dens un beau lict !

Et de promettre qu'il défoncera le châlit[138] ! C'est l'universel appétit sexuel, dont certains personnages masculins n'hésitent pas à nous décrire parfois même les effets physiologiques.

Beaucoup plus souvent les farces montrent l'approche des amants adultères. Approche, ou assaut, plus que séduction, tant le sentiment de l'amour et le langage qui lui est lié paraissent absents, tant l'impérieux désir se rue à la satisfaction. Quant aux femmes, leur résistance est faible ; elles ne craignent souvent que le qu'en-dira-t-on. Nous avons vu les

---

[135] *Ragot, Musarde et Babille.*
[136] *La Confession Margot.*
[137] *Raoulet Ployart*, vers 14-15.
[138] *La Veuve*, vers 5 *sq.*

dispositions de frère Guillebert. Remarquant une femme, il crie merci, donne son cœur en otage, mais, « en poy de langaige », va vite au fait :

> M'amye, je vous pry qu'il vous plaise
> Endurer trois coups de la lance[139].

La femme ne demande que le secret et répond aussitôt : « Venez donc demain bien matin[140] ». C'est grande pitié d'un pauvre amant « qui ne peult jouyr de sa dame », se plaint l'amoureux de Nicole :

> J'enraige que je ne l'acolle
> En lieu secret ung tantinet[141].

La femme ne parle de son honneur (?) que pour la forme et imagine déjà une ruse pour donner le change au mari. Le gentilhomme qui est l'amant de la belle paysanne Alison a le langage de sa caste, un vernis de courtoisie : Alison tient son cœur en prison[142], sa présence comble son cœur de liesse[143]. Mais on s'entrebaise bien vite, en attendant la suite. Lison : « Monsieur, faictes vostre plaisir[144] ». Le gentilhomme :

> Quand sera-ce que je tiendray
> Ce beau gentil corps nud à nud[145] ?

Un mari badin désire fort la chambrière de sa femme, qui lui fait frissonner les membres, émouvoir le sang ; il attaque aussitôt – c'est une servante – : viens çà et prête-moi un peu « de ton service corporel[146] ». La fille résiste avant de céder à la nécessité naturelle, car elle a peur du déshonneur d'une grossesse[147] ; mais l'accord est vite conclu pour le plaisir :

---

[139] *Frère Guillebert*, vers 122 et 126-127.

[140] V. 136.

[141] *Pernet qui va au vin*, vers 8-9 et 12-13.

[142] *Le Gentilhomme, Lison, Naudet*, v. 36.

[143] V. 57.

[144] V. 60.

[145] Vers 93-94.

[146] *Le Médecin et le badin*, vers 29-30.

[147] « Mais sy vostre esperon / Faisoyt tant que la pance dresse ! » (vers 44-45).

LA CHAMBRIÈRE. –	Or bien donc, qui soyt regardé
	De moy à vostre voulloir faire,
	Et qui n'en soyt plus rien tardé !
	Qu'on face tout ce qu'on doibt fere.
LE BADIN. –	Or me baise et que je t'acolle ;
	Et puys tout sera comply[148].

On le sait : les farces vont jusqu'à montrer le passage à l'action. Une fois le mari écarté – pour un temps –, le gentilhomme entraîne Lison : « Allons derriere, vous et moy » ; mais Naudet revient, entend les amants et les observe par un trou qui donne dans la coulisse censée représenter la chambre de derrière : « Hon ! ilz font la beste à deux dos », dit-il pour les spectateurs qui ne voient pas les amants. De même, quand, chez le noble, il empoigne la demoiselle, fort consentante, pour lui montrer ce que le gentilhomme fait avec Lison, il se déshabille, saisit la femme et l'emporte sur la couchette qui reste cachée à la vue du public[149]. En revanche, il n'y a plus rien à deviner dans *Raoulet Ployart*, car Doublette se fait hardiment besogner par Faire, et besogner une seconde et une troisième fois par lui, avec les encouragements de la dame (« Besongnez, je vous ayderay[150] ») – à la vue du valet Mausecret qui fait le guet, du mari revenu qui regarde le dernier jeu et du public qui devait prendre plaisir à voir l'acte sexuel mimé sur la scène. Quant aux trois ribaudes des *Chambrières qui vont à la messe*, elles réclament et réclament encore l'*asperges* de Domine Johannes et se disputent autour de l'instrument du prêtre, qui finit par ne plus pouvoir fournir aux appétits des trois : « Plus n'ay d'eaue à mon benoistier », avoue-t-il piteusement[151].

Les personnages de la farce se réduisent bien à l'instinct et à sa satisfaction.

La violence

Ces personnages rudimentaires et déshumanisés se heurtent violemment les uns aux autres, dans des relations brutales ; les farces sont constituées par leurs conflits, leurs rapports de force violents.

---

[148] Vers 52-57.

[149] *Le Gentilhomme, Lison, Naudet*, vers 171, 178, 274-277.

[150] *Raoulet Ployart*, v. 197.

[151] Dans *A.T.F.*, II, p. 445.

La tromperie, l'affrontement entre un malin et un sot, un rusé et un naïf, est violence faite à autrui qu'on manipule, à qui on ment et à qui on joue la comédie, volonté de le réduire. L'esprit du *Roman de Renart* continue d'inspirer les farces gauloises. On trompe par une sorte de nécessité – pour voler, pour se venger d'un maître, pour éviter de payer sa dette – en se félicitant de la facilité et de la crédulité de sa victime.

La tromperie paraît aussi une sorte d'art, un jeu assez méchant malgré le plaisir allègre qu'y prennent les trompeurs et qui entraîne le spectateur. Les trois galants sont ébahis de la sottise de Phlipot : « C'est un inocent inocent[152] ». Ils s'amusent donc d'elle en jouant au niais plusieurs tours ; « Y n'en peult sortir que soulas », dit l'un d'eux[153]. Et, entre les tromperies, nos galants de s'esclaffer :

> O ! je renonce Lucifer,
> Sy n'est trop plus sot c'une anesse.
> Faisons luy quelque aultre finesse[154]...

On soupçonnerait volontiers les badins, qui eux passent pour des idiots, de s'amuser à prouver le contraire en inquiétant ceux qui les méprisent ; c'est toute l'ambiguïté du badin. Que penser de ces jeunes gars qui, avec un étrange à-propos, dénoncent l'adultère qu'il faudrait cacher ? Bourde d'imbéciles ou vengeance méchante de qui n'est pas si demeuré que le pensent les autres ? Le Badin du *Rapporteur* trompe sciemment, par ennui et pour s'amuser du désordre qu'il va créer par ses calomnies distillées aux uns et aux autres. Il trompe les crédules, s'en frotte les mains (« Et la la la, il est bien pris[155] ») et jouit à l'avance des conséquences de ses mensonges (sans prévoir que toutes ses victimes se ligueront et se retourneront contre lui pour se venger et le battre) :

> Voyla ases beau ieu pour rire,
> Vous voeres tantost la bataille
> De femme par desus la paille.
> Mon Dieu, quel deduict se sera.
> Mauldict soit-il qui se faindra

---

[152] *Trois Galants et Phlipot*, v. 7.
[153] V. 140.
[154] Vers 241-243.
[155] Dans Le Roux de Lincy et Francisque Michel, II, n° 30, f° 10.

> De fraper, sy puys ariver
> Ie les ay faictes couroucer,
> Par mon serment i'en suys ioyeulx[156].

C'est la vie conjugale qui est le lieu des affrontements les plus violents et des tromperies les plus humiliantes. Dans les rapports quotidiens des couples, la lutte est directe et franche ; ni amour, ni tendresse, ni pitié, mais la dureté et la cruauté.

Pour garder le pouvoir dans le ménage, car aucun d'abord ne veut céder, ou s'affirmer, on s'insulte, on se bat. La tension règne dans les couples, le désaccord et la guerre qui aboutissent généralement à la victoire de la femme et à la défaite du mari ; les farces conjugales ignorent l'harmonie entre les époux. Nous avons évoqué la farce des *Deux Jeunes Femmes qui coiffèrent leurs maris*. Tancés, injuriés, battus comme plâtre, les maris capitulent, lâchement, et deviennent les valets de leurs femmes qu'ils préféreraient voir mortes ; quant aux femmes, elles ne restent dans le mariage que pour couvrir leur débauche. La haine seule lie les couples ; d'où cette prière d'une femme à propos de son mari – mais on lit ailleurs des voeux semblables :

> Je requiers le doulx Jesus-Christ
> Et ma dame saincte Geneviefve
> Que de son corps puisse estre veufve[157].

Le conflit conjugal débouche évidemment sur la tromperie de l'adultère. Que les ruses mises en jeu soient sommaires ou plus fines, la répartition des forces est toujours identique. Les femmes et leurs amants, tout à la satisfaction de leurs désirs, méprisent toute résistance éventuelle de la victime, dont la simplicité et la crédulité leur paraissent certaines. Et de leur côté, le plus souvent, les maris sont suffisamment aveugles ou lâches pour être vaincus. Non sans humiliations. Aux vieux maris on reproche, devant des témoins même, leur insuffisance sexuelle. Conscients qu'on vient de les tromper ou qu'on est en train de les tromper, par lâcheté les maris se taisent et acceptent, laissant le dernier mot à la femme. Pire encore : Raoulet Ployart doit assister au spectacle de son infortune, sa

---

[156] F° 17.

[157] *Le Badin, la femme et la chambrière*, A.T.F., I, p. 274. Cf. *ibid.*, p. 279 : « [...] si fut / Mort il y a dix ans il m'en / Fut de beaucoup mieulx qu'il / N'est ».

femme se faisant besogner sous ses yeux. On ne peut pousser plus loin l'humiliation.

Dans le cas de Naudet, la défaite et l'humiliation seront suivies de la vengeance, la loi du talion retournant la violence de la victime au trompeur. Le mari badin de Lison a dû faire mine de n'être pas conscient de son déshonneur, laisser la place libre au seigneur et même voir les amants faire l'amour dans sa chambre ; de tout cela, il semblait se rire. Mais il n'en est rien et Naudet prépare sa revanche :

> Au fort, fasché fort je suis faict ;
> Mais, si je puis, je luy rendray[158].

De fait, non seulement il dénoncera le seigneur à sa femme, mais il fera l'amour avec elle. A lui maintenant d'humilier le gentilhomme de retour chez lui, et bien plus finement que le seigneur ne l'a trompé. « Voycy Naudet Monsieur qui vient[159] », remarque-t-il plaisamment quand le noble arrive. Et de lui avouer qu'il a pris la demoiselle sa femme, que de toute façon le « chose » de celle-ci et le « chose » de Lison se valent, qu'il est prêt à être Monsieur ou Naudet... Mieux vaut finalement que chacun reste à sa place, sous peine de vengeance : si l'autre vient « naudetiser », Naudet ira « seigneuriser ». Car telle est la loi de la farce : « A trompeur trompeur et demy[160] ». Et on a vu l'importance du schéma dramaturgique du trompeur trompé – tromperie contre tromperie, violence contre violence.

Je viens d'insister sur la méchanceté et sur la cruauté, sur la dureté, sur la grande misère que manifestent ces situations humaines ; un aspect noir des rapports entre les hommes s'y dévoile. Mais les personnages de la farce sont justement déshumanisés et la violence qui marque leurs rapports est prise dans un rythme, dans une mécanique dramaturgique qui en éloignent singulièrement la gravité. On peut rire de cette image affligeante de l'humanité, entraînée elle aussi, nous le verrons bientôt, dans l'allégresse carnavalesque.

---

[158] *Le Gentilhomme, Lison, Naudet*, vers 91-92.
[159] V. 331.
[160] V. 412.

Le christianisme contesté

Cette image heurte de plein fouet le christianisme sous le régime duquel vit cette époque. A lire les farces, on vérifie sans doute à quel point la vie quotidienne du temps était marquée par la civilisation chrétienne. Les références à la religion sont imposantes – à Dieu et aux saints, à l'Eglise, à ses ministres, à ses prières, à ses pratiques ; prêtres et moines envahissent la scène. Et le langage en est imprégné. Mais il faut croire que la chrétienté, que la christianisation n'atteignaient souvent que la surface sans toucher en profondeur les comportements ! En tout cas, la transposition esthétique des farces ignore, combat ou raille tranquillement le christianisme imposé par la société.

La violence des conflits et des tromperies témoigne d'un monde sans charité où prévalent les égoïsmes et leur satisfaction, où règnent la ruse et la fourberie – le monde amoral du péché que la farce ne met pas en jugement. Le souci éthique est effacé et le salut devient un objet de raillerie. C'est tout simplement le règne du plus fort ou du plus malin, qui veulent satisfaire leur désir, trouver le plaisir sans se référer à une loi, sans prendre en considération autrui.

La vie conjugale, qui reste toujours le grand sujet de la farce, fournit une illustration exemplaire de cette vision, avec ces femmes et ces amants réduits à l'instinct et qui se ruent littéralement vers le plaisir, mus par une avidité sans frein, un appétit de jouissance parfaitement opposé à l'ascétisme prôné par l'Eglise. Il faut relire au long le dialogue entre la femme qui se plaint que son vieux mari ne lui fasse guère l'amour et la commère de *Frère Guillebert*. Vous avez besoin d'un « amy gaillard », conseille aussitôt la commère ; « Dieu n'entend point, aussi nature » que les jeunes femmes soient ainsi privées. Et, à peine gênée qu'on la voie rechercher un amant, la femme prend sa décision :

> Mais, quoy qu'on jase ou barbette*,   * murmure
> Je jouray de bref à l'anvers*.   * je me mettrai bientôt à la renverse
> Doibt mon beau corps pourrir en vers
> Sans voir ce que faisoit ma mere ?
> Vienne*, fust-il moyne ou convers,   * que vienne (un amant)
> Je luy presteray mon aumoyre*[161].   * armoire = le sexe

---

[161] *Frère Guillebert*, vers 98, 100-101 et 106-111.

Il faut jouir avant de mourir, sans préoccupation du péché et de la damnation. Beau refus de la morale sexuelle de l'Eglise et parfaite destruction du mariage, dont la farce fait un enfer !

Nos farces vont encore plus loin dans la contestation du christianisme : non seulement elles en refusent la morale courante, mais elles en raillent les croyances et les pratiques par le moyen de la parodie. La liturgie, les sacrements, l'au-delà même sont raillés.

Le jeune badin Pernet ouvre ainsi la farce, disant la messe à sa manière :

> *Per omnia secola seculorum. Amen.*
> *Sursum corda. Habemus a Domine.*
> Qu'en dictes-vous ? Suis-je curé[162] ?

On reconnaît aisément, sans trop de déformations, une formule conclusive de prières et l'un des dialogues qui précèdent la Préface ; la mère villageoise s'exclame d'ailleurs aussitôt : « Mon filz chante desjà la messe ». C'est la situation qui introduit la volonté parodique : un jeune crétin mime le prêtre célébrant le sacrifice eucharistique. Il y a pire, dans la farce déjà évoquée des *Chambrières*, dont voici le titre complet : *Les Chambrières qui vont à la messe de cinq heures pour avoir de l'eau bénite*. Si les chambrières Troussetaqueue, Saupiquet et la nourrice se lèvent de si bon matin pour assister à la messe dite par Domine Johannes, c'est qu'elles tiennent par dessus tout au rite préalable de l'*asperges me* où le prêtre jette de l'eau bénite sur les fidèles ; on a vu de quelle nature est l'eau bénite, qu'il distribue généreusement aux ribaudes. L'équivoque sexuelle rend grossièrement parodique une telle réplique du Domine, qui sait exactement ses prières :

> *Asperges me, Domine,*
> *Ysopo, et lavabis me.*
> *Miserere mei Deus.*
> Aprochez-vous. Qui dit : j'en veulx ?
> *Gloria patri* ; n'en vient-il point[163] ?

---

[162] *Pernet qui va à l'école*, vers 1-3 et 6.
[163] Dans *A.T.F.*, II, p. 443.

Et contentons-nous de rappeler le sermon parodique prononcé par frère Guillebert en ouverture de la farce du même nom – prêche de 70 vers où le moine invite la « noble assistence » à l'exercice le plus débordé de la sexualité, avec ce refrain : « *Foullando in calibistris* ».

Dans *Guillod*, le mari déguisé en moine – il ne sait donc pas dire les heures monastiques – et l'abbé du monastère, pressé d'en finir avec elles pour aller manger, se livrent à une fameuse parodie de l'office. Au lieu de répondre liturgiquement, Guillod répond, selon son obsession : « Demy douzaine de chappons, / Troys pastez et my pot de vin[164] ». Quant à l'abbé, en jouant avec le latin du bréviaire, il dépêche un office burlesque, couronné par des litanies parodiques, qui sont dès longtemps pratiquées par les farces, vraisemblablement avec la mélodie.

La parodie de la confession est aussi ancienne. Margot[165] se met à genoux devant le curé et confesse en pleurant tous ses péchés sexuels : elle a secouru moine, curé, pèlerin en nécessité de faire l'amour. Il n'y a pas de mal, dit le curé, et il gagne même la gloire des cieux celui qui « faict bien aux religieux[166] » ! Elle reçoit donc l'absolution sans peine et se voit infliger comme pénitence (comme dans le rite du sacrement, le curé met la main sur la tête de la pénitente) de continuer d'abandonner son corps aux moines, curés et voisins s'ils en ont besoin . Subversion du sacrement respecté dans son déroulement. Mise en accusation devant le chapitre de son monastère, sœur Fessue, malheureusement engrossée par le moine, doit s'expliquer : pourquoi n'a-t-elle pas crié quand frère Roydimet était sur elle ? Pourquoi n'a-t-elle pas avoué sa grossesse ? Elle a réponse à tout. La règle veut qu'au dortoir le silence soit gardé et elle se contenta de faire « signe du cul » ; c'est le bon frère Roydimet qui, au demeurant, la confessa et lui donna absolution de ses péchés, en lui commandant le secret sous peine de damnation. On voit comment l'aveu, la faute et toute la démarche de la pénitence sont ravalés.

Une confession particulièrement grave est celle qui précède la mort ; les farces continuent de s'en moquer. Dans *Le Badin, la femme et la chambrière*, le badin commence par se déguiser en prêtre ; puis il fait le moribond et c'est sa femme qui se déguise en nonne – quel respect pour les ecclésiastiques et les religieuses ! – venue assister le badin sur son lit

---

[164] Vers 252-253.
[165] *La Confession Margot*.
[166] Vers 23-24.

de mort et lui rappeler le souci de son âme ; on imagine quel ton de feinte piété elle peut prendre. Comme Pathelin à l'article de la mort, le badin est récalcitrant au souci spirituel ; il se moque de la confession qu'on lui propose et se met à chanter l'office qu'il désire qu'on fasse pour sa dépouille quand il sera mort : arrivent des *gaudeamus* et un *Te Deum laudamus* pour le moins étranges ! Parodie de la bonne mort chrétienne, d'ailleurs très inférieure à ce que réalisa l'auteur du *Testament Pathelin*.

Alors que dans sa peur il se voit déjà mort, frère Guillebert ne pense pas d'abord à sa confession, mais à faire deux mots de testament[167], laissant son âme à Cupidon pour qu'il la mette avec des fillettes, ses « brelicques » (ses breloques, auxquelles il tient tant !) aux jeunes filles, ses braies aux jeunes dames, etc. C'est seulement quand le mari est sur le point de le découvrir que le moine lâche des bribes de prières qui lui reviennent, certaines étant d'ailleurs en situation, comme l'*In manus tuas, Domine*, ou le *Confiteor Deo celi* (à la place de *Deo omnipotenti*).

Dans *La Résurrection de Jenin Landore*, qui fait penser à l'antérieure *Résurrection de Jenin à Paume*, la raillerie vise non plus la mort, mais l'au-delà – à la faveur d'une résurrection parodique. Jenin Landore, qui est mort en demandant à boire, reparaît tout à coup, dans une sorte de statut fantomatique (ni mort, ni vivant vraiment). Il se met à raconter ce qu'il a vu et appris au paradis et au purgatoire : il a vu tous les saints du paradis, avec leurs attributs populaires, qui se battent entre eux ; il n'a rencontré en ce lieu ni guerre ni procès, ni avocat, ni procureur, ni sergent ; et il a appris qu'on peut faire taire les femmes en leur donnant à boire... D'autres propos irrévérencieux et facétieux sont débités dans cette farce quelconque mais qui se moque encore du christianisme.

Par quelque biais qu'on envisage le monde de la farce, on débouche sur le rire. Il reste à réfléchir un peu sur la nature et sur la portée de ce rire – ce rire vigoureux que ne connaîtra plus la comédie humaniste[168].

Le rire

Sa portée satirique est traditionnelle. Les farces continuent ainsi de s'en prendre aux femmes – insupportables et bavardes (qu'on pense au *Pèle-*

---

[167] *Frère Guillebert*, vers 296 *sq.*
[168] Voir Michael Freeman, « Hearty Laughs and Polite Smiles... », [in] *Origini della Commedia nell'Europa del Cinquecento*, s.l.n.d. (congrès de Rome, 1993), pp. 131-144.

rinage de sainte Caquette !), plus gravement querelleuses et trompeuses en satisfaisant par l'adultère leur exigeante sexualité – , mais aussi aux hommes, dont la bêtise et la lâcheté sont également moquées et critiquées. Elle écorche au passage tel paysan ridicule, tel noble sensuel placé dans une situation humiliante et risible. Rien de neuf en cela.

En revanche, certaines insistances reflètent une volonté satirique datée, significative des préoccupations de l'époque et qui feraient aussi de la farce, sinon un théâtre vraiment engagé, du moins une arme efficace pour exprimer des doléances ou participer à quelque combat. Voyez l'exemple des soldats fanfarons, qui sont devenus au XVIe siècle des personnages de la farce : leur nombre exprime la lassitude populaire devant la guerre, les méfaits des soldats, et peut-être une récrimination indirecte à l'égard des rois qui mènent ces guerres. Par le rire qui s'attaque à des soldats aussi vantards que lâches, la farce permet à la colère et à la hargne de s'exprimer.

On est surtout frappé par l'importance que paraît prendre à l'époque la critique de l'Eglise ; et l'on est très tenté de rapprocher la farce des moralités polémiques, qui renvoient au bouillonnement et aux conflits religieux du temps. C'est affaire de nuance, car la farce n'avait jamais épargné les prêtres sensuels et indignes ni les moines paillards ; mais tout se passe comme si les attaques, conventionnelles et un peu émoussées, retrouvaient une vigueur plus inquiétante en rejoignant celles que formulaient gravement les évangélistes réformistes à l'égard de leur Eglise ou les Réformés à l'égard de l'Eglise qu'ils condamnaient. On rit toujours d'aussi bon cœur, mais on se dit que les farceurs vont désormais bien loin dans la satire ; surtout quand les farces reprennent les thèmes de la polémique religieuse de l'époque.

On rit du boniment du pardonneur[169] et de l'énumération des reliques grossières, grotesques et fantaisistes ; est-ce si loin de la dérision dont se servira Calvin contre cette superstition ? En tout cas, dans *Le Pèlerinage de sainte Caquette*, plusieurs scènes insistent sur le commerce que le curé et son trésorier font des reliques et des pardons ; c'est fait sans acrimonie, mais la farce dénonce la simonie. L'inconduite des moines ? Frère Guillebert passe la mesure de la grossièreté et du sacrilège[170]. Ce qui est montré des mœurs d'une abbaye dans *Guillod* (pures « grimasses de

---

[169] *Le Pardonneur, le triacleur et la tavernière.*
[170] *Frère Guillebert.*

moynerie », v. 219) ou au monastère de paillardise de sœur Fessue[171] fait rire, mais est également récupérable pour l'indignation et le scandale, c'est-à-dire pour la satire. La mauvaise vie des prêtres ? Elle est stigmatisée à travers tous ces personnages de curés et autres chanoines qui ne pensent qu'à la satisfaction de leurs instincts ; car il est entendu que le curé est biberon, gourmand et très porté sur le « femenin[172] ». Il n'est pas jusqu'à la critique de l'ignorance du clergé qui ne paraisse dans nos farces. Tous les jeunes sots qu'on veut mettre aux écoles seraient plus tard des prêtres. Ils ne savent rien, sans doute ; mais « il en est bien d'aultres » dans le même cas, affirme un personnage de la farce de *La Bouteille*[173], assez sévère au passage pour les curés ignorants, soucieux de ramasser l'argent et pressés de se décharger sur un vicaire. Voilà à qui l'on confie cures et bénéfices[174] !

Encore une fois, tout cela est entraîné dans le mouvement des situations comiques et jamais aucune critique n'est formulée de manière acerbe et polémique ; mais le spectacle est là, qui permet d'affirmer que la farce, dans le contexte des Réformes, a été anticléricale.

La dimension satirique, bien présente, ne rend pourtant pas compte à elle seule du rire farcesque ; elle est même prise dans le joyeux renversement qu'entraîne l'esprit carnavalesque décrit par Bakhtine. Au fond, sous le souffle de cet esprit de jeu et de joie, la farce s'amuse à mettre le monde à l'envers. Elle renverse tout, dans la grande liberté du rire. Elle se moque de l'Eglise, du sacré qu'elle révère, de ses prêtres, de l'ordre social et moral qu'elle veut imposer. L'Eglise n'estime en l'homme que la part destinée à l'immortalité ? Elle prêche la charité ? La farce insiste joyeusement sur la bas, la matière réprimée, et montre des personnages égoïstes, violents, uniquement préoccupés de jouissances sexuelles. Elle fait rire d'autres renversements sociaux ou conjugaux. Ici, un noble est fait cocu par le paysan qu'il cocufie[175]. Là, les femmes, dont le statut réel était tout d'infériorité, prennent le pouvoir, insultent, battent,

---

[171] *L'Abbesse et les sœurs.*

[172] *La Résurrection de Jenin Landore*, v. 170.

[173] Dans Le Roux de Lincy et Francisque Michel, III, n° 46, f° 13-14.

[174] *L'Aventureux et Guermouset* montre le duel intellectuel de deux jeunes gars aussi ignorants l'un que l'autre, qui se disputent un bénéfice à coup de citations latines qu'ils ne comprennent pas.

[175] *Le Gentilhomme, Lison, Naudet.*

commandent et trompent les maris soumis, voire devenus leurs valets[176]. La farce, si soucieuse de faire reconnaître la vie quotidienne, la transforme dans sa vision ; elle s'affranchit de la réalité et du sérieux de la vie, jouit d'un monde à l'envers où tout est caricatural. Encore une fois[177], le personnage du badin me semble tout à fait emblématique de cette liberté joyeuse qui donne libre cours à l'instinct, qui fait fi des normes, du bon sens, de l'ordre normal.

Mais on aurait tort de surfaire la portée du rire de la farce. La satire n'y est guère subversive et, après la libération carnavalesque, le monde revient à l'endroit. Le rire farcesque canalise et énerve au fond la critique. Le seigneur du *Gentilhomme, Naudet, Lison* a été cocufié par son paysan ; mais à la fin de la farce, celui-ci, loin de revendiquer le bouleversement de l'ordre social, prêche le conformisme et le retour à l'ordre : « Chascun à ce qu'il a se tienne[178] ! » L'anticléricalisme est davantage une bravade qu'un combat de libertins. Pas de révolution en vue ! On a simplement fait sauter la bonde du tonneau et déclenché un rire ravageur : c'est la fonction de la farce carnavalesque. Mais on sait que la subversion du carnaval finit toujours par être récupérée par l'ordre, que tout revient à sa place. De même pour la farce, qui permet cependant, dans l'imaginaire de la fiction théâtrale, une belle libération du rire.

*

*   *

Ce n'est pas avant tout pour être agréable au lecteur du volume précédent que la présentation des farces répertoriées du XVIe siècle a suivi la même démarche que pour celles du siècle précédent : le corpus l'imposait ; et les mêmes termes souvent risquaient de revenir sous la plume. La tradition de la farce fait bien fi de nos périodisations et assure

---

[176] Les promesses du badin Robinet avant son mariage (*La Veuve*) font penser encore au rolet du Jaquinot du *Cuvier* : il épluchera, fera la lessive, bercera les enfants, s'occupera du feu, portera les chandelles de sa femme à l'église et même tiendra son pot de chambre quand elle lâchera son urine (vers 134-143) !

[177] Voir notre *Théâtre français du Moyen Âge*, 1998, p. 356, à la fin du développement sur le rire de la farce du XVe siècle.

[178] V. 409. Voir Jean-Charles Payen, « Un ancêtre de Figaro : le badin Naudet dans la farce du *Gentilhomme* », [in] *Mélanges offerts à Georges Couton*, 1981, pp. 15-22.

largement sa pérennité pendant toute la première moitié du nouveau siècle .

La question est de savoir alors si l'on peut discerner une évolution, des changements, et dans quel sens. Répétons-le : trop d'incertitudes règnent (et régneront toujours) sur la datation des farces pour que les conclusions qu'on peut avancer à l'issue de ce chapitre aient un caractère de certitude. Je propose donc prudemment les remarques qui suivent . Les farces du XVIe siècle présentent quelques nouveautés intéressantes, mais déçoivent souvent.

Elles sont l'écho de leur temps et connaissent forcément un certain renouvellement. Les guerres d'Italie assurent un regain au soldat fanfaron, qui devient seulement alors un personnage de la farce. Les charges contre l'Eglise et la nuance d'acrimonie que l'on sent sous l'excès comique signalent un bouillonnement des mentalités religieuses. Surtout, sous des influences et pour des raisons qui nous échappent souvent, quelques farceurs connus ou anonymes font preuve d'originalité et d'une remarquable finesse dans l'invention de personnages ou dans leur analyse ; du coup, la dramaturgie est entraînée dans ce renouvellement. Les quelques farces en question semblent d'ailleurs se situer plutôt vers le milieu du siècle, à l'époque même où le genre donne l'impression de s'essouffler.

Car des farces comme *Le Médecin, le badin, la femme*, comme *La Veuve* ou comme *La Cornette* de Jean d'Abondance demeurent fort rares. L'immense majorité de la production – de ce qui en reste, car les farces n'ont pas été favorisées par l'imprimerie, qui les dédaigna ou les imprima sans soin – donne l'impression de reprendre sans talent particulier, sans invention ce qu'avait mis au point le XVe siècle. Moindre saveur du réel représenté sur la scène et d'un réel plus restreint, exploitation de personnages mis au point auparavant, reprise plus ou moins adroite de procédés structuraux connus : on refait, on exploite, on contamine ; l'énergie créatrice semble s'effacer. Le monde comique de la farce perdure, avec ses traits, ses qualités théâtrales, sa signification ; mais, dans l'état actuel et très incertain, je le redis, de nos datations, c'est la farce du Moyen Âge qui paraît avoir été éminemment créatrice, pas la farce de la Renaissance.

Et après le milieu du siècle ? On représente toujours des farces, on en imprime parfois, même si les témoignages n'abondent pas. La farce est en butte aux attaques conjuguées des autorités civiles et religieuses, qui veulent n'y voir que saletés et diffamation. Dans sa Remontrance adressée au roi Henri III en 1588, un noble catholique condamne la « farce impudique, orde, salle et villaine », où se débauche le menu peuple[179]. Certaines farces publiées à l'extrême fin du siècle pourraient lui donner raison. Mais on reconnaît là le mépris d'un rigoriste pour le théâtre – mépris partagé par les doctes et qui va traverser tout le XVIIe siècle[180]. Il reste que les premières décennies du XVIIe siècle marqueront à la fois un regain de l'édition des farces[181] et surtout de leur succès à la scène . Il est vrai qu'alors la tradition nationale se sera enrichie de l'influence de la *commedia dell'arte*.

---

[179] Cité par Ubaldo Floris, « Farce et public populaire... », étude citée de 1983.

[180] Voir l'introduction des *Farces du Grand Siècle. De Tabarin à Molière...*, éd. Ch. Mazouer, 1992.

[181] Le *Recueil de plusieurs farces tant anciennes que modernes*, dit Recueil Rousset, date de 1612.

CHAPITRE V

LE THÉÂTRE SCOLAIRE

Au cœur de cet ouvrage, il est bon de s'arrêter un peu sur le théâtre scolaire qui, au fond, par son propre développement, permet d'embrasser du regard les deux versants du théâtre au XVIᵉ siècle : habitude ancienne parmi les étudiants, le théâtre cultive encore à sa manière les genres médiévaux ; mais les régents humanistes vont être à l'origine du renouveau de la tragédie. C'est souvent un théâtre en latin, produit par des clercs qui connaissent et imitent les grands dramaturges comiques et tragiques de l'Antiquité ; mais le théâtre néo-classique déborde un peu le cadre scolaire[1]. D'autre part, le théâtre scolaire se sert beaucoup aussi de la langue vulgaire, comme au Moyen Âge. Exercice pédagogique, l'activité théâtrale devient par ailleurs l'objet d'une réflexion sur ses visées éducatives et morales. Mais ce théâtre n'est pas confiné dans les collèges : largement ouvert sur le monde extérieur, il joue un véritable rôle culturel et social.

Une tradition universitaire

Depuis le drame liturgique, l'histoire du théâtre médiéval est jalonné de témoignages sur l'activité théâtrale des étudiants. En latin, le *Danielis ludus* somptueux composé au XIIᵉ siècle par les étudiants de l'école cathédrale de Beauvais, ou, des XIIᵉ et XIIIᵉ siècles, les « comédies » issues des milieux scolaires et humanistes, en particulier des bords de la Loire. En français, des moralités et une farce (*Le Couturier et Esopet*) furent sûrement composées et représentées au collège de Navarre au XVᵉ siècle ; tel sermon joyeux, comme le *Sermon de la choppinerie*, qui fait allusion au patron des écoliers, saint Nicolas, a des chances de faire partie du répertoire scolaire.

---

[1] Ainsi de la *Comedia S. Nicolai* du moine augustin Geoffroy Pierre, de Bayeux (vers 1510), du *Dialogus Passionis* du prêtre François Bonadus (1541), ou des tragédies de l'Italien Stoa publiées en France (1514) sur la mort de l'Homme-Dieu – *Théoandrothanatos* – et sur le jugement dernier – *Théocrisis*. Sur ces pièces, voir Raymond Lebègue, *La Tragédie religieuse en France...*, 1929, chap. VII et VIII.

Ces quelques traces assurées disent mal l'importance du théâtre dans la vie des étudiants du Moyen Âge[2], qui profitaient de multiples fêtes et solennités pour donner des jeux ou des *ludi* à destination d'un public beaucoup plus large que celui du collège concerné, quand les jeunes clercs ne participaient pas à quelque fête publique. A défaut de textes de pièces, la liste des arrêts rendus au XVe siècle pour réprimer les débordements des écoliers dénonce bien tout un théâtre comique, volontiers grossier et violemment satirique ; au point que l'Université enjoignit aux principaux de contrôler à l'avance les jeux de théâtre de leurs étudiants.

Etudiants et collégiens du XVIe siècle poursuivirent la tradition, leurs débordements satiriques étant toujours réprimés par le pouvoir. Le catalogue des représentations et quelques textes qui nous sont parvenus nous le montrent. En français, on joua des farces et des moralités. Le maître d'école du Mans François Briand, composant quatre « histoires » (quatre très courts mystères dédiés à la Nativité) « à jouer par les petits enfants », y intercala une farce de *L'Aveugle et son valet tort*, sur un thème traditionnel (1512). Les étudiants de Montpellier, qui avaient l'habitude de jouer en langue vulgaire (*ydiomate communi* – ce qui peut vouloir dire aussi en langue d'oc), donnèrent, au témoignage de Rabelais, une farce de *La Femme mute* (1530). Les municipalités pouvaient subventionner ces représentations. Tout au long du siècle et en particulier dans le Nord où les témoignages sont nombreux, les collèges donnèrent des moralités édifiantes ou satiriques, souvent en public.

De l'activité théâtrale traditionnelle en latin, nous avons un très intéressant témoignage avec les vingt-quatre *Dialogi* attribués à Jean Tixier de Ravisy, qui latinisait son nom en Ravisius Textor (v. 1470-1524). Ce Ravisius Textor, qui devint Recteur de l'Université de Paris, fut professeur au collège de Navarre – haut lieu du théâtre scolaire comme nous venons de le voir[3] ; ses pièces, éditées seulement en 1530 (mais qui connurent dix-sept éditions jusqu'au milieu du XVIIe siècle), y furent jouées entre 1500 et 1524[4]. Ce qui est admirable c'est que ce régent, qui

---

[2] Voir L.-V. Gofflot, *Le Théâtre au collège du Moyen Âge à nos jours*, 1907, ou Louis Petit de Julleville, *Les Comédiens en France au Moyen Âge*, 1885, chap. IX.

[3] Voir Robert Bossuat, « Le théâtre scolaire au collège de Navarre (XIVe-XVIIe siècle) », [in] *Mélanges d'histoire du théâtre du Moyen Âge et de la Renaissance offerts à Gustave Cohen*, 1950, p. 165-176.

[4] Voir J. Vodoz, *Le Théâtre latin de Ravisius Textor (1470-1524)*, 1898 (Slatkine Reprints, 1970).

était évidemment nourri de culture latine, écrivit en latin un théâtre qui poursuit les genres médiévaux : sotties, farces, moralités! Les pièces sont courtes (de 50 à 500 vers), rarement en prose, le plus souvent en vers (hexamètres et distiques, qui alternent fréquemment).

Ecclesia, duo episcopi, tres hypocritae et *Moria, duo mendaces* sont de pures sotties. On voit ici un sot dénonciateur des vices du clergé et des fautes des évêques qui confient des responsabilités aux faux dévots. Là, Folie convoque ses suppôts : menteurs, trompeurs et deux Sots qui débitent des menus propos. Ne soyons pas étonnées que la farce passe également en latin chez Ravisius Textor : *Pathelin* fut transposé en vers latins par un juriste parisien en 1512 (*Veterator* de Connibertus), et l'on retrouve le trio adultère farcesque dans un *Advocatus* anonyme en cinq actes, représenté en 1553 au collège du Mans[5]. Trois dialogues de notre régent sont des farces. On y retrouve un fanfaron, frère de Colin et autres jeunes soldats de néant (*Thersites, Vulcanus, Mater Thersitis*) ou deux autres officiers fanfarons, des thrasons (le nom vient évidemment de la comédie antique) dont les valets dégonflent les vantardises en *a parte*, comme dans *Le Gaudisseur qui se vante de ses faits et un sot qui répond au contraire* (*Mistyllus, duo thrasones, Taratalla*). La dernière farce (*Comoedia, Juvenis, Pater, Uxor*) est un peu plus neuve : on y voit un fils qui refuse d'aller à l'Université (il a peur des mauvais traitements des maîtres) ou d'être soldat (il a peur des coups) et préfère se marier ; mais il est vite mis à la besogne, malmené et maltraité par sa femme!

Ravisius Textor composa surtout des moralités, près d'une vingtaine, purement édifiantes, rarement politiques. On y retrouve les allégories et les thèmes moraux de la moralité française. Il y est beaucoup question du salut et de la damnation de ceux qui, oubliant qu'ils sont mortels, jouissent du monde présent en épicuriens – un de ces dialogues s'intitule *Tres Epicuri, Morbus* et fait paraître Epicure. L'Homme (*Terra, Aetas, Homo et alii plerique*), les Mondains (*Tres Mundani, Mors, Natura*), les jeunes et les vieux (*Sapiens, Juvenis, Senex*), tous ont choisi le mal, avec leur libre arbitre (*Mundus, Liberum arbitrium*). A la différence des Contempteurs du Monde (*Contemptor Mundi, Mors, Morbus*) qui aiment Dieu, ils seront entraînés à la perdition par leurs péchés. Nos moralités insistent passablement sur la mort. Leur grand thème est monnayé par des réflexions morales plus banales : tombé dans le malheur, le riche est

---

[5] Voir Madeleine Lazard, *Le Théâtre en France au XVIᵉ siècle*, 1980, chap. III.

abandonné par ses amis (*Dives gloriosus et Adulatores*) ; critique de la paresse (*Pecunia, Piger, Labor*) ; critique de l'avarice et de la prodigalité (*De filio prodigo*) ; force de l'amour et responsabilité des femmes dans les malheurs qui en découlent (*Amor, Salomon, Interpres* et *Troia, Salomon, Samson*). Paraît aussi la satire de certains états, comme celui des courtisans ; car ce théâtre moral attaque des péchés et des vices concrets et contemporains, comme les farces, sotties et moralités françaises.

Collèges, théâtre scolaire et société

Depuis leur création aux XII° et XIII° siècles – où ils n'étaient que des internats destinés à des étudiants pauvres –, les collèges se sont considérablement transformés. Au cours des XIV° et XV° siècles, ils connurent à la fois un grand développement et une transformation radicale[6]. Des étudiants plus riches s'y installèrent et, dans un cadre confortable voire somptueux, suivirent un enseignement de plein droit et complet, la Faculté se contentant de faire passer les examens ; un enseignement universitaire y était dispensé, aidé par la constitution d'importantes bibliothèques, sur le modèle aristocratique des grandes abbayes.

Multiplication des collèges

Les collèges se généralisèrent et rencontrèrent un plein succès au XVI° siècle, mais au prix d'une mutation radicale : liés à l'origine à l'enseignement universitaire, ils se détachèrent de l'université et devinrent exclusivement des établissements d'enseignement secondaire au cours du XVI° siècle ; l'ordonnance d'Orléans, enregistrée par le parlement de Paris en 1561, qui invitait à « instruire les jeunes enfants de la ville gratuitement et sans salaire[7] », joua un rôle décisif dans cette mutation. Municipalités, Eglises réformés, congrégations religieuses et parmi elles surtout les jésuites, créèrent et prirent en charge ces nouveaux collèges ; Paris exclus,

---

[6] Voir Jacques Verger, *Les Universités au Moyen Âge*, 1973.

[7] Cité par Adrien Demoustier, « Des 'grandes écoles' aux 'collèges'. Un aspect du rôle des Jésuites dans l'évolution scolaire du royaume de France au XVI° siècle », [in] *Les Jésuites parmi les hommes aux XVI° et XVII° siècles*, 1987, p. 377.

on en compte près de 200 dans le royaume en 1600[8]. Et les collèges parisiens, multipliés et tôt touchés par l'humanisme, brillèrent d'un éclat particulier.

L'exemple de Bordeaux illustre parfaitement le mouvement général[9].

Ville universitaire depuis 1451 – mais l'université n'y brille pas –, Bordeaux a son collège universitaire, qui végète au début du XVIe siècle. Mais les jurats de Bordeaux, conscients du renouveau introduit par les collèges parisiens sous l'influence de l'humanisme du Nord (dont l'inspirateur est Erasme), désirèrent fonder un collège du même genre dans la cité, afin, dit le procès-verbal de 1532, que les enfants de la ville et des lieux circonvoisins pussent étudier[10] et profiter tant de la science des maîtres que de l'éducation aux bonnes moeurs qu'ils devront dispenser ; on décida donc de fonder un collège, tant pour l'éducation et le bien des enfants du lieu que pour la renommée de la ville, car on espérait bien que le collège de Guyenne attirerait de nombreux collégiens étrangers à Bordeaux. Le collège ouvrit en mai 1533, sous la houlette de Jean Tartas, originaire de Guyenne, qui dirigeait à Paris le collège de Lisieux ; un an après il céda la place de principal à André de Gouvéa, qui dirigeait un autre collège parisien, celui de Sainte-Barbe. S'ouvrit alors une grande période pour le collège, qui correspond à peu près exactement à la scolarité de Montaigne ; les *Essais* (I, 26) rendent d'ailleurs hommage à Andreas Goveanus, « le plus grand principal de France ». Principaux et régents souvent distingués se succédèrent, qui donnèrent un éclat remarquable au collège ; grâce au collège de Guyenne, la renaissance des bonnes lettres s'imposa à Bordeaux et le programme de l'humanisme se réalisa : rupture avec le passé médiéval et son formalisme, retour aux Anciens, à leurs langues, à leurs oeuvres et à leurs exemples qui doivent apprendre à vivre, à être libre, à développer l'humanité en l'homme

---

[8] Toute réflexion sur les collèges s'appuie d'abord sur le merveilleux ouvrage de Marie-Madeleine Compère et Dominique Julia, *Les Collèges français. 16e-18e siècles. Répertoire 1. France du Midi*, 1984 , et *Répertoire 2. France du Nord et de l'Ouest*, 1988.

[9] Voir Henri Lagrave, Charles Mazouer, Marc Régaldo, *La Vie théâtrale à Bordeaux...*, *op. cit.*, pp. 50 *sq.*

[10] Les sept arts libéraux, les langues grecque et hébraïque, la philosophie, la théologie, la médecine... Nos jurats rêvent passablement et rejoignent l'idéal d'un savoir universel chanté par Rabelais dans son *Pantagruel*, qui date de la même année 1532.

moderne[11]. Telle était la visée des *studia humanitatis*, des disciplines littéraires, qui utilisaient nécessairement le latin comme langue de culture.

Le collège de Guyenne avait un tort : ses sympathies pour les « évangéliques » et pour la Réforme. Face à ce qui était devenu un foyer réformateur, les jésuites ouvrirent donc leur propre collège, le collège de la Madeleine ; l'ouverture des classes eut lieu le 1er octobre 1572. Alors que la jurade était plus favorable au collège de Guyenne, le parlement soutint les jésuites. Ceux-ci furent chassés en 1589 et leur collège fermé, à cause des troubles de la Ligue ; ils ne s'y réinstallèrent qu'en 1603, pour accueillir un millier d'élèves.

Le collège de la Madeleine était le douzième établissement de ce genre fondé en France par les jésuites – le premier ouvrit ses portes à Billom, dans le diocèse de Clermont, en 1556, et la formule rencontra très vite un grand succès. Les jésuites, ces éducateurs de la société française, permirent au fond à celle-ci – mais on sait que toute l'Europe de la Contre-Réforme se couvrit de leurs collèges – l'épanouissement des idées éducatives mises en oeuvre d'abord dans les collèges parisiens[12]. Les établissements bordelais jalonnent bien l'évolution du XVIᵉ siècle : le modèle parisien des collèges réformés à la lumière de l'humanisme est diffusé en province à l'initiative de la municipalité, qui sera finalement dépossédée quand le nouvel ordre religieux, instrument de la Contre-Réforme, multipliera ses propres collèges, fort inspirés par le même modèle parisien[13].

En effet, lui-même étudiant de l'Université de Paris, au collège de Montaigu, Ignace de Loyola imposa le choix du *modus parisiensis* pour les collèges de la Compagnie, à commencer par celui de Messine (1548), qui a été considéré comme le prototype de tous les collèges des jésuites, et en continuant par le Collège Romain (1551), véritable modèle. L'organisation, les méthodes, les exercices portent la marque de ce *modus parisiensis* ; les auteurs classiques, parfois expurgés sans doute, forment le coeur du cycle des humanités, comme dans les collèges humanistes. La

---

[11] Voir Eugenio Garin, *L'Education de l'homme moderne (1400-1600). La pédagogie de la Renaissance*, 1968 (1957 en italien).

[12] Voir l'article cité *supra*, n. 7, d'André Demoustier.

[13] Voir Gabriel Codina Mir, *Aux sources de la pédagogie des jésuites. Le « modus parisiensis »*, 1968.

lecture de l'œuvre du P. François de Dainville[14] montre qu'au-delà de cette source parisienne, les jésuites ont beaucoup innové, par exemple dans les disciplines enseignées : outre les humanités classiques, les jésuites ont enseigné l'histoire, la géographie, les sciences.

Mais surtout, leur finalité est autre : plus encore qu'aux lettres et aux sciences, on veillait aux bonnes moeurs et au profit spirituel des enfants – le P. Nadal, fondateur du collège de Messine et futur général de l'ordre, écrivait que les exercices scolaires étaient « comme une sorte de hameçon pour pêcher les âmes[15] ». Les jésuites voulaient former des chrétiens et des chrétiens capables de collaborer à l'oeuvre de l'Eglise, qui est de racheter le monde et de le mener à Dieu, à commencer par les hérétiques qu'il faut reconquérir pour l'Eglise de Rome. Plus que des académies humanistes[16], les collèges des jésuites seraient ainsi des couvents chrétiens[17]. Ou, selon la concise et merveilleuse expression d'un jésuite espagnol de la deuxième génération, le P. Juan Bonifacio : « *Puerilis institutio est renovatio mundi* ».

Publiée en 1599, mais élaborée depuis 1548 et à partir du programme d'études rédigé par le P. Nadal, la fameuse *Ratio studiorum*[18] codifia dans le détail la philosophie et la pratique du système éducatif des jésuites.

Le théâtre au collège

Quelles que soient les institutions et les collèges, partout on faisait du théâtre. Le répertoire établi par Raymond Lebègue en 1929[19] est éloquent

---

[14] Voir en particulier *La Naissance de l'homme moderne*, 1940 (Slatkine Reprints, 1969), et le gros recueil d'articles réunis sous le titre *L'Education des jésuites (XVIe-XVIIIe siècle)*, 1978.

[15] Cité dans G. Codina Mir, *op. cit.*, p. 282. .

[16] Comme la culture classique est mise au service de la formation du « soldat » chrétien, les humanités sont finalement au service de la théologie (et d'une théologie fort proche de l'aristotélisme scolastique) ; Eugenio Garin précise nettement qu'il ne reste chez les jésuites qu'un pâle reflet de l'humanisme érasmien et de l'éducation moderne qu'il nourrit (*L'Education de l'homme moderne...*, *op. cit.*, chap. VI).

[17] Selon l'expression de Marc Fumaroli, en préface à un fort cahier de la *R.S.H.* (n° 158, juin 1975), intitulé « Aspects de l'humanisme jésuite au début du XVIIe siècle ».

[18] Titre complet : *Ratio atque Institutio studiorum Societatis Iesu* (Plan raisonné et institution des études dans la Compagnie de Jésus). Voir la récente édition bilingue, 1997.

[19] *La Tragédie religieuse en France...*, *op. cit.*, pp. 145-153.

à cet égard : des témoignages sur des représentations scolaires sont là pour les collèges parisiens, les collèges de province et ceux des pays limitrophes (Pays-Bas, duché de Lorraine, Franche-Comté, cantons suisses ou écoles françaises d'Allemagne) ; ce répertoire vaut pour les collèges français, mais il ne faut pas oublier que le phénomène est européen, du Portugal à l'Allemagne et aux Pays-Bas. Divertissement ou exercice littéraire, le théâtre a sa place dans les collèges humanistes, dans les institutions protestantes – selon Luther, les représentations scolaires sont « très utiles à la jeunesse qui s'exercera à la langue latine », et les chrétiens ne doivent pas se priver de ce « moyen d'édification[20] » –, chez les Frères de la vie commune, chez les jésuites[21].

Le théâtre est à ce point intégré à la pédagogie qu'on le trouve explicitement mentionné dans des documents contractuels. Quand Jean Tartas, premier principal du collège de Guyenne, passe contrat avec une vingtaine de professeurs, le contrat mentionne expressément la composition de pièces de théâtre. Ainsi, maître Nicolas Roillet s'engage « pour en icelluy collège régenter, et faire classe et règle, composer et prononcer oraisons, arangues, dialogues, comédies, et lire publiquement[22] ». Dialogues et comédies renvoient bien au théâtre. Les élèves joueront donc les pièces composées par leurs régents, en particulier, mais non exclusivement, à la fête annuelle des Ludovicales, le 25 août.

La *Ratio studiorum* des jésuites mentionne évidemment le théâtre[23]. Mais avec une réticence étonnante quand on sait le développement que le théâtre des jésuites connaîtra au siècle suivant[24]. Pour commencer, les spectacles publics donnés à l'extérieur sont interdits aux élèves externes ; interdiction d'assister au théâtre et interdiction de jouer : « *spectacula et scenae interdicantur* ». A l'intérieur du collège, on pourra faire du théâtre.

---

[20] Cité par Edith Weber, « Le théâtre humaniste protestant à participation musicale et le théâtre jésuite : influences, convergences, divergences », [in] *Les Jésuites parmi les hommes...*, *op. cit.*, p. 446.

[21] Il faut dire à quel point le livre du P. Codina Mir (*Aux sources de la pédagogie des jésuites...*, 1968) est utile pour dresser un panorama de l'histoire des collèges du XVIe siècle, avec leurs activités pédagogiques et théâtrales.

[22] Contrat du 17 novembre 1533, cité dans Henri Lagrave, Charles Mazouer, Marc Régaldo, *La Vie théâtrale à Bordeaux...*, *op. cit.*, p. 51.

[23] Comment les disciples de saint Ignace auraient-ils pu ne pas utiliser les images théâtrales quand on sait l'importance de l'imagination dans les *Exercices spirituels*?

[24] Voir Ernest Boysse, Le *Théâtre des jésuites*, 1888.

Une règle enjoint aux professeurs de rhétorique (la rhétorique est la cinquième classe du cycle de grammaire – *studia inferiora*, avant le cycle de philosophie, *studia superiora* –, après les trois années spécifiques de grammaire et l'année consacrée aux humanités et à la poésie) de proposer une intrigue pour faire faire un dialogue ou une scène et de faire représenter en classe le meilleur des textes composés en distribuant les rôles entre le élèves ; mais, ajoute la *Ratio*, sans aucun apparat théâtral (« *sine ullo tamen scenico ornatu* »). Le texte le plus connu se trouve dans les Règles du recteur[25] ; il donne l'impression de multiplier les restrictions : comédies et tragédies, dont le sujet doit être pieux et sacré, seront en latin et très rares ; les intermèdes intercalés entre les actes, eux aussi en latin, seront décents ; les personnages féminins, même joués en travesti, sont interdits. Nous verrons qu'au XVIIᵉ siècle la pratique assouplira singulièrement certaines de ces restrictions. Reste que le théâtre a sa place dans la pratique pédagogique.

Qu'en attend-on? La visée du théâtre scolaire – si on laisse de côté les pièces traditionnelles de pur divertissement – est triple.

Un distique du régent Calmus, qui enseigna aux collèges parisiens de Lisieux puis du Plessis (ces régents du XVIᵉ siècle étaient souvent itinérants et passaient d'un collège à l'autre), formule très bien ce que les éducateurs attendaient des pièces scolaires :

> Juvenilem vocem formant, memoriam
> Exercent, gestum componunt[26].

La voix, le geste et le maintien du corps, la mémoire. Montaigne, qui joua avec succès des rôles dans les tragédies de Buchanan ou de Muret représentées au collège de Guyenne, parle (*Essais*, I, 26) de cette faculté de son enfance développée au collège : « une asseurance de visage, et souplesse de voix et de geste, à m'appliquer aux rolles que j'entreprenois ».

Secondement, le théâtre scolaire en latin est devenu essentiellement un exercice de langue, de rhétorique (ici, le théâtre fait nombre avec les

---

[25] Voici le texte latin : « *Tragoediarum et comoediarum, quas non nisi latinas ac rarissimas esse oportet, argumentum sacrum ac pium ; neque quicquam actibus interponatur, quod non latinum sit et decorum, nec persona ulla muliebris vel habitus introducatur* ».

[26] Dans le prologue de sa comédie de 1555 (cité par Raymond Lebègue, *La Tragédie religieuse...*, *op. cit.*, n. 2, p. 143).

oraisons, disputes et autres joutes publiques en différentes langues qui ornaient également les fêtes scolaires) et de littérature. Au niveau élémentaire de l'imprégnation des structures du latin et des procédés du discours, déjà. Mais surtout, les grands régents humanistes firent jouer les textes du théâtre latin et les traductions latines de pièces de l'Antiquité grecque. Phénomène capital : c'est par les collèges que s'est fait le retour au théâtre antique, bientôt pris pour modèle pour des tragédies et comédies en français qui écloront souvent, elles aussi, dans des collèges. Plus encore qu'une simple complément à l'enseignement de la littérature, le théâtre scolaire joue dans ce cas un rôle véritablement culturel.

Enfin, destinées à des enfants ou à des adolescents, les pièces scolaires ont une portée éducative et morale. Elles se doivent d'être moralisatrices et d'inculquer les bonnes valeurs morales. Davantage encore : les maîtres usent du théâtre pour véhiculer leur idéologie. Les tendances évangéliques et réformées des régents du collège de Guyenne sont visibles dans leurs pièces scolaires, qui purent devenir carrément militantes et polémiques. Traiter des grandes fables de la mythologie ou mettre en scène des héros de l'Antiquité entraînait une vision qui possédait sa philosophie ou son idéologie sous-jacentes, dont s'imprégnaient les jeunes acteurs et les jeunes spectateurs. C'est bien sur cela que comptaient aussi les jésuites qui, avec leur théâtre, enseignaient une philosophie de l'histoire et une morale chrétiennes.

Mais le théâtre scolaire ne restait pas confiné dans les collèges, *ad intra* ; il était ouvert *ad extra*.

Le théâtre de collège et la cité

Les jeux scolaires – farces ou sotties en français, moralités en latin, dialogues, comédies et tragédies en latin puis en français – trouvèrent un public beaucoup plus large que celui de la simple communauté du collège.

Sans doute les exercices les plus modestes n'entraînaient que les classes considérées, ou l'ensemble du collège. Mais les occasions se multipliaient – fêtes comme celle des Rois, fêtes scolaires, distributions des prix – où les portes s'ouvraient pour un public beaucoup plus large : les écoliers et étudiants des collèges voisins, les familles des collégiens, les autorités locales, quelque grand personnage, voire le roi en personne étaient conviés au collège pour des représentations scolaires. En février 1561, à Bordeaux, deux régents du collège de Guyenne se rendent auprès des jurats (fondateurs et protecteurs du collège bordelais) pour les inviter à la représentation de plusieurs pièces au collège ; ils disent prévoir ces représentations « pour l'exercice des escouliers et rejouissance du peuppe ». La formule est parfaite, qui fait la part du souci pédagogique et de celui d'atteindre un public plus large – ici des édiles, des magistrats, un public bourgeois assez cultivé, substantiellement différent du public populaire des genres médiévaux. Réjouissance et instruction du peuple des spectateurs : les nouveaux genres de la comédie et de la tragédie qui constituaient de plus en plus le répertoire des collèges étaient aussi présentés au public. Les collèges parisiens comme ceux de Navarre, de Coqueret ou de Boncourt, les collèges provinciaux comme ceux de Saint-Maixent ou de Bordeaux, les collèges jésuites comme ceux de Bordeaux, de Pont-à-Mousson ou le collège de Clermont à Paris en assuraient la diffusion.

Mieux : les jeunes acteurs amateurs pouvaient quitter le collège pour jouer dans quelque Hôtel particulier, ou tout simplement sur la place publique. Les collèges parisiens du Plessis et de Coqueret, en 1507, jouèrent une farce devant le duc de Calabre. En 1538, les écoliers de Cadillac-sur-Gironde furent subventionnés par les jurats pour jouer une farce devant le maire de ville. A Béthune, devant la Halle, à Montreuil-sur-mer et à Cambrai dans la salle de l'échevinage, les régents et les écoliers donnaient régulièrement, au milieu du siècle, des jeux de farces et de moralités, également subventionnés, « pour recreer le peuple et enseigner les josnes enffans » (Béthune, 1546) ; à Cambrai, cela dura jusqu'en 1571-1572. A Aix, à Draguignan, dans les dernières années du siècle, on retrouve des écoliers jouant dans les mêmes conditions. Il semble d'ailleurs que ces représentations dans l'espace public aient été plutôt dédiées aux genres médiévaux traditionnels, le public devant se déplacer au collège pour voir tragédies et comédies à l'antique.

Le théâtre scolaire ne se contenta pas d'amuser le public ni de lui faire partager la culture nouvelle – ce qui était manière aussi d'entretenir la renommée des collèges. Régents, élèves et collèges exercèrent leur liberté de critique, prenant parti dans les conflits qui déchirèrent le siècle, bref, s'engageant à leur manière dans les affaires de la cité. Cela leur valut d'être étroitement surveillés et réprimés à l'occasion par les diverses autorités.

Les jeux satiriques étaient de tradition dans ces milieux. Le roi François Ier ne les admit guère et le parlement de Paris défendit aux principaux et régents de laisser jouer dans leurs collèges « aucunes farces, sottises et aultres jeux contre l'honneur » du roi, de la reine, de la famille royale ou des grands (1516)[27]. Mesure préventive insuffisante : en 1533, quelques collégiens du collège de Navarre furent emprisonnés pour avoir représenté Marguerite de Navarre, que certains suspectaient d'hérésie, sous l'habit d'une furie incendiant le royaume . Partout et tout au long du siècle, les écoliers osèrent donner « des farces très pernicieuses à la réputation de plusieurs personnages » – l'expression est employée pour des jeux scolaires au collège du Plessis, en 1579. En 1558, les jeux de comédie du collège de Guyenne tournent en ridicule la jurade de Bordeaux, qui les estime diffamatoires et en réfère au parlement. Du coup, les magistrats instituent la censure préalable et multiplient interdictions ou restrictions – par exemple de ne jouer qu'en latin, ce qui réduit considérablement la portée de la satire. Le phénomène est national. Rappelons l'édit de Blois, de mai 1579 ; en son article 80, il stipule qu'il est interdit de jouer dans les collèges « farces, tragédies, comédies, fables, satyre, scènes ne autres jeux en latin ou françois, contenans lascivetez, injures, invectives, convices [injures] ne aucun scandale contre aucun estat, ou personne publicque ou privée, sur peine de prison et punition corporelle[28] ».

Gageons que cet édit – qui n'empêcha pas la poursuite des jeux scolaires satiriques – visait aussi le théâtre scolaire engagé dans les luttes religieuses de l'époque. Ici (collège du Plessis) on se moque du redoutable Noël Béda ; là (collège de Navarre) on s'en prend à l'inverse à la reine de Navarre, suspectée d'évangélisme ou pire. Les partisans des deux bords, jusqu'aux troubles de la Ligue, s'emparèrent du théâtre scolaire, quels que soient le genre ou la langue utilisés, pour s'en servir comme d'une arme dans la polémique religieuse. Les autorités des collèges, les édiles, les magistrats des parlements, le pouvoir royal n'y purent rien. En 1544, un régent de Caen, Eloy Du Mont[29], fit jouer dans cette ville une farce qui défendait l'Eglise contre l'Hérésie. Mais les Réformés usaient de la même arme et d'un même moyen de propagande. Les maîtres du collège de Guyenne – pour prendre une dernière fois l'exemple de cet établissement célèbre qui occupe une position de choix dans la géographie des collèges et dans la circulation des régents – faisaient évidemment passer leurs idées favorables aux nouveautés religieuses. Et en réplique, les jésuites bordelais du collège de la Madeleine utilisèrent le théâtre pour

---

[27] Cité par L. Petit de Julleville, *Les Comédiens en France au Moyen Âge, op. cit.*, p. 300.

[28] *Ibid.*, p. 318.

[29] Voir Katharine Janet Ritch, « Notice biographique sur Maître Eloy Du Mont dict Costentin et son livre de la louenge de la mort corporelle », *B.H.R.*, 1995, n° 2, pp. 401-406.

lutter contre l'hérésie. Les uns et les autres servirent d'ailleurs au mieux, selon leur idéologie, les autorités civiles et religieuses.

En un mot, le théâtre scolaire revêt, comme l'avait bien vu Gustave Lanson[30], une grande importance dans la vie théâtrale du XVIe siècle par ses liens multiples avec la société contemporaine. Il n'a pas seulement continué de divertir un public qui trouvait bien moins que par le passé ses fêtes traditionnelles, religieuses ou comiques ; il a pris sa part de propagandiste dans les querelles religieuses et a fait l'éducation du public au nouveau théâtre humaniste.

Un théâtre moral et édifiant

L'humanisme érasmien

Selon Erasme[31], on peut bannir les poètes comiques de l'éducation, sauf Plaute et Térence ; Térence en particulier est justifié, car son oeuvre condamne le vice. Par le plaisir, Térence peut enseigner aux jeunes gens, et aux jeunes gens chrétiens ; il détourne du mal par le rire. Autant Erasme réprouve les jeux de théâtre qui déforment l'Ecriture sainte (il vise certainement les mystères), où il dénonce presque un blasphème[32], autant il semble favorable au théâtre païen de l'Antiquité dans l'éducation.

Lui-même d'ailleurs écrivit des *colloques* à allure théâtrale – un acte qui faisait dialoguer deux personnages en latin, car le colloque était déjà un moyen pour apprendre la langue latine aux élèves. Erasme et ses émules les régents de toute l'Europe du XVIe siècle[33] – comme par exemple le Français Mathurin Cordier qui fut recruté par Antoine Gouvéa au collège de Guyenne (1535) – profitaient aussi de cet exercice pour installer dans l'esprit des enfants un certain nombre de principes et d'idées[34].

Un de ces colloques, *Uxor mempsigamos sive Conjugium*, de 1523, fut adapté en 891 vers français par le régent lyonnais Barthélemy Aneau pour

---

[30] Voir ses fondamentales « Etudes sur les origines de la tragédie classique en France... », *R.H.L.F.*, 1903, pp. 177-231 et 413-436.

[31] Voir Jacques Chomarat, *Grammaire et rhétorique chez Erasme*, 1981.

[32] Voir *De l'aimable concorde de l'Eglise* (*De amabili concordia ecclesiae*) de 1533 (Erasme, *Eloge de la folie...*, éd. Claude Blum *et alii*, « Bouquins », 1992, p. 839).

[33] Voir Louis Massebieau, *Les Colloques scolaires du XVIe siècle et leurs auteurs (1480-1570)*, 1878.

[34] La Sorbonne puis le concile de Trente pourchasseront l'utilisation scolaire des colloques.

un spectacle scolaire, et publié en 1541 sous le titre de *Comédie ou dialogue matrionial exemplaire de paix en mariage*[35]. Deux femmes mariées, dont l'une se plaint fort de son époux, s'entretiennent de la vie conjugale et proposent comme modèle l'enseignement de saint Paul sur le mariage ; comme le dit la *Permonition au lecteur*, cet « interlocutoire », ce dialogue « est fait à la doctrine tant des hommes que des femmes joints par le sacrement de mariage[36] ».

Quoi qu'il en soit, les régents humanistes s'inspirèrent de la pensée d'Erasme et tinrent que le théâtre, *speculum vitae*, miroir de la vie, pouvait concourir à la formation de l'enfant et à son progrès dans la vie morale. C'est dans cet esprit qu'ils composèrent colloques, dialogues et pièces de théâtre diverses, qui inculquaient à la jeunesse la morale pratique et prenaient le relais des moralités qui faisaient détester le vice et aimer la vertu ; on habillait la leçon du vêtement de la comédie à l'antique, mais aussi bien de la traditionnelle moralité.

Un seul exemple, emprunté au collège de Guyenne dans les années 1533-1543. Le régent Robert Breton y fit jouer une comédie divisée en actes et écrite en vers latins : *De virtute et voluptate et paterno amore in liberos*. S'y succèdent la figure de la vertu, Livia, jeune fille pure enlevée puis rendue à l'amour de son père, et celle du vice, le jeune épicurien Pisistratus, entouré des auxiliaires de sa débauche. R. Breton réduisit sa comédie pour en faire un colloque « *studiosis discendi adolescentibus perutile* », dit le titre, puisqu'il montre la force de la vertu et le règne de la volupté[37].

Les intentions religieuses

Le théâtre scolaire devait se heurter aux réticences générales de l'Eglise à l'égard du théâtre[38]. Il prospéra pourtant, laissant à vif un fameux paradoxe au XVIe et au XVIIe siècle[39] : on condamnait le théâtre public

---

[35] Ed. Luigia Zilli, pour le t. 6 du corpus du *Théâtre français de la Renaissance* : *La Comédie à l'époque d'Henri II et de Charles IX*, 1994, pp. 181-226.

[36] *Op. cit.*, p. 200.

[37] « *Virtutis vis et voluptatis regnum* », p. 28 du *De ratione consequendae eloquentia liber. Cui adjunctum est jocosum [...] colloquium*, 1544.

[38] Voir Jean Dubu, *Les Eglises chrétiennes et le théâtre (1550-1850)*, 1997.

[39] Voir J. H Phillips, « Le théâtre scolaire dans la querelle du théâtre au XVIIe siècle », *R.H.T.*, 1983-2, pp. 190-221.

et on soutenait le théâtre scolaire. C'est qu'à l'intérieur de toutes les Eglises, les positions divergeaient et fluctuaient.

L'Eglise catholique, farouchement opposée au théâtre depuis les Pères, a encouragé le théâtre religieux médiéval, puis le pourchasse au milieu du XVIe siècle ; bientôt le concile de Trente, achevé en 1563, reprend la condamnation du théâtre, qu'il ne parvient pas à imposer à la société civile. Et l'Eglise admet le théâtre scolaire édifiant, non sans prudences comme on le voit dans la *Ratio studiorum* des jésuites. Du côté calvi-niste[40], on hésite d'abord : à Genève, Calvin paraît moins défavorable que certains pasteurs rigoristes surtout acharnés, comme un Tertullien, contre la représentation elle-même. Mais à partir du synode de Poitiers (1560), les synodes de Nîmes (1572), Figeac (1579) et Montpellier (1598) interdisent formellement aux chrétiens les jeux de théâtre et en particulier, à partir de 1572, alors que les Protestants ont fini d'exploiter la veine des sujets empruntés à la Bible, le théâtre biblique. Condamnation sans appel, qui épargne toutefois le théâtre scolaire : « quand en un collège il sera trouvé utile à la jeunesse de représenter quelque Histoire, on le pourra tolérer », précise le synode de Nîmes, en éliminant aussi les sujets bibliques du théâtre scolaire.

Bref, parce que le théâtre scolaire peut concourir à la formation morale et religieuse des enfants, les luthériens, les calvinistes, les catholiques l'admettent et le développent. Examinons quelques pièces scolaires dont l'intention religieuse est affichée[41].

Commençons par l'oeuvre du régent écossais George Buchanan, professeur à diverses époques de sa vie aux collèges parisiens de Sainte-Barbe, du Cardinal-Lemoine et de Boncourt, qui entra au collège de Guyenne en 1539 ; comme tous les régents de ce collège, il était obligé de donner chaque année aux enfants une pièce à jouer[42]. Il y introduisit la tragédie à l'antique et composa pour ses élèves deux tragédies

---

[40] Voir G. D. Jonker, *Le Protestantisme et le théâtre de langue française au XVIe siècle*, 1939, chap. VIII.

[41] On peut laisser de côté le *Christus xylonicus* (1529) du régent Nicolas Barthélemy qui met la Passion dans le moule d'une tragédie latine en quatre actes ; ou *La Céciliade, ou martyre sanglant de sainte Cécile, patronne des musiciens* « où sont entremêlés plusieurs bons exemples moraux, graves sentences, naïves allégories... » (1606), du maître de grammaire des enfants de choeur N. Soret – pièce hagiographique fort édifiante destinée à un public bien particulier (la musique des choeurs est gravée avec la tragédie).

[42] Voir H. Lagrave, Ch. Mazouer, M. Régaldo, *La Vie théâtrale à Bordeaux...*, *op. cit.*, pp. 52-54.

originales en latin, représentées par eux entre 1540 et 1544 (et probablement restées au répertoire du collège, puisque Montaigne les joua) : *Baptistes* et *Jephtes*[43]. Théâtre rigoureusement pédagogique, nous dit le dramaturge, qui doit animer les enfants à la piété[44].

Dans le cadre formel de la tragédie grecque (1300 vers pour un prologue et six épisodes séparés par cinq choeurs), *Baptistes sive calumnia* montre comment meurt un innocent que poursuivent des calomniateurs acharnés à sa perte. La personne austère du Précurseur et sa prédication intransigeante suscitent réactions et passions opposées : là où le pharisien Gamaliel – et même le roi Hérode – voient un authentique et saint prophète, Malchus, l'autre pharisien, dénonce en Jean-Baptiste un réformateur dangereux qui a tort de fustiger publiquement tous les vices, y compris ceux des puissants, qui agiterait le peuple et voudrait détruire la religion traditionnelle. Pour le perdre, le haineux Malchus et la reine Hérodias (outrée que le Baptiste ait critiqué la conduite privée du roi) calomnient le « séditieux », le « factieux » (*concitator, factiosus*) auprès d'Hérode qui, plus par sûreté politique que par haine pour le prophète, le fait mettre en prison et accepte qu'il subisse le châtiment que rapporte l'Evangile. Quant à la facture, disons simplement que Buchanan dessine des personnages aux traits caractérisés : le tyran cynique mené par les calomniateurs, la voluptueuse Hérodias, le juste enfin.

Précisément, Buchanan, esprit très indépendant et favorable aux idées religieuses nouvelles, profite de son sujet biblique pour formuler des critiques contre le catholicisme ; il ne dénonce pas seulement pour le public d'élèves les ravages de la calomnie. Quand Jean critique les rabbins hypocrites, s'en prend à la dîme dont s'engraissent des loups impies, stigmatise les prêtres et leur chef, il fait carrément oeuvre antipapiste. Raymond Lebègue a raison d'écrire que Jean, qui méprise la mort, représente « le prédicateur protestant, martyr du Christ, dénoncé au roi comme l'inspirateur de complots[45] ».

L'autre tragédie biblique de Buchanan, *Jephtes sive votum*, de facture identique (les 1450 vers se répartissent en sept épisodes entrecoupés de six choeurs), connut un succès considérable au long du siècle et fut au

---

[43] George Buchanan, *Tragedies*, éd. P. Sharratt and P. G. Walsh, 1983.

[44] « *Ad pietateis studium [...] animos excitare* ».

[45] *La Tragédie religieuse...*, *op. cit.*, p. 215.

moins trois fois traduite en français[46], la meilleur traduction restant celle de Florent Chrestien, ami protestant de Buchanan. L'histoire, empruntée au livre des Juges (XI, 29 *sq.*), est bien connue : Jephté a promis, en cas de victoire contre les Ammonites, de sacrifier à Dieu la première personne qui viendra sa rencontre ; c'est sa fille Iphis qui se présente la première et qu'il fait sacrifier pour être fidèle à son terrible vœu.

C'est une belle tragédie néo-latine, qui dessine les contours de la future tragédie française dans sa forme, écrite en un beau latin. A côté des longs débats, de haute densité d'ailleurs, des événements plus nombreux, habilement disposés, des péripéties entretiennent l'intérêt. Les personnages principaux savent nous indigner ou nous émouvoir. L'obstination du père imprudent révolte et apitoie : chargé de remords, il choisit, malgré l'affection paternelle, de demeurer l'esclave d'un voeu injuste et se fait le bourreau de sa fille. Rien n'ébranle ce père déchiré, ce nouvel Agamemnon, ni la douleur maternelle de sa femme Storge, ni la douceur de sa fille Iphis, nouvelle Iphigénie – qui toutes deux donnent à la pièce sa charge de pathétique.

Bien au-delà des intentions polémiques qu'on a prêtées à Buchanan (ainsi contre les prêtres et les moines qui enfreignaient leurs voeux), *Jephtes* posait aux élèves du collège de Guyenne des questions d'une tout autre portée morale et religieuse. On sait que les théologiens catholiques et réformés débattaient du cas de Jephté. Lui fallait-il accomplir le voeu imprudent fait à Dieu, dans un mouvement d'orgueil et sans l'aide de la prière? Le voeu était irréfléchi, sot, dément ; mais, au moment de l'accomplissement, Dieu se tait et laisse Jephté choisir. Situation véritablement problématique, que cristallisent les débats avec son ami Symmachus ou avec le Prêtre : il faut accomplir le voeu, c'est un devoir de piété (*pietas*), dit Jephté ; et les autres en soulignent au contraire l'horreur, la parfaite impiété (*impietas*) dès lors que le père doit sacrifier sa fille. Jephté est un véritable héros tragique, seul en face des conséquences de son voeu, seul pour choisir le devoir monstrueux que tous les

---

[46] Par Claude de Vesel, en 1566 (éd. Patrizia De Capitani, dans le corpus du *Théâtre français de la Renaissance* : *La Tragédie à l'époque d'Henri II et de Charles IX*, vol. 3, 1990) ; par Florent Chrétien, en 1567 (éd. Daniela Boccassini, *ibid.*) ; en 1601 par le sieur Fiefmelin, qui en fournit d'ailleurs une interprétation allégorique (Jephté sacrifiant sa fille, c'est la part spirituelle qui met à mort la part rationnelle et fait souffrir la sensualité et les passions représentées par Storge), prenant finalement à contresens les intentions initiales de Buchanan.

autres personnages et le chœur condamnent dans la tragédie – et de ce fait brisé, et abattu dans son orgueil comme l'explique l'Ange du prologue.

C'est aussi à l'intention de ses étudiants de Lausanne, à qui il enseignait le grec, que Théodore de Bèze, ayant choisi la Réforme, écrivit notre première tragédie en français, *Abraham sacrifiant*. Et c'est aussi l'histoire d'un père à qui Dieu demande de sacrifier son enfant, mais dont il retient la main au dernier moment. D'emblée, cette remarquable tragédie débordait le public scolaire et s'adressait à tout le peuple protestant, à l'instar des tragédies bibliques écrites sur ce modèle par ses coreligionnaires. Je dégagerai donc en son temps la haute leçon théologique et spirituelle de l'épreuve de la foi qui est donnée en spectacle dans *Abraham sacrifiant*.

Avec quelque retard par rapport à d'autres pays d'Europe comme l'Italie et les pays germaniques[47], les collèges jésuites français organisèrent des représentations théâtrales ; leur perspective éducative s'inscrivait évidemment dans l'esprit de la Contre-Réforme militante. Si l'on a quelques témoignages de représentations dans les collèges jésuites du XVIe siècle et du tout début du XVIIe siècle (mentions ou programmes[48]), on ne peut lire presque qu'un seul texte, mais fort original et intéressant. Il s'agit de *L'Histoire tragique de la Pucelle de Domrémy, autrement d'Orléans*, publiée sans nom d'auteur en 1581[49], mais que le P. Fronton Du Duc avait fait représenter par ses élèves du collège de Pont-à-Mousson en 1580[50].

Le P. Fronton Du Duc[51], qui devait devenir un des plus grands spécialistes de patristique grecque de son ordre, faisait alors, avant sa théologie, un stage de régent de rhétorique au collège de Pont-à-Mousson,

---

[47] Voir André Stegmann, *L'Héroïsme cornélien. Genèse et signification. T. II : L'Europe intellectuelle et le théâtre. 1580-1650*, 1968, pp. 16 *sq.* et le tableau pp. 669 *sq.*

[48] Voir Louis Desgraves, *Répertoire des programmes des pièces de théâtre jouées dans les collèges en France (1601-1700)*, 1986.

[49] L'éditeur J. Barnet a certainement retouché le texte dont le P. Fronton Du Duc ne s'était pas soucié (voir Alain Cullière, « Jean Barnet, éditeur de *L'Histoire tragique de la Pucelle de Dom-Remy* », *B.H.R.*, 1993, pp.43-63).

[50] On se servira de la réimpression de 1859 : *L'Histoire tragique de la Pucelle d'Orléans par le P. Fronton Du Duc, représentée à Pont-à-Mousson, le VII septembre 1580, devant Charles III, duc de Lorraine, et publiée en 1581 par J. Barnet* (Slatkine Reprints, 1970).

[51] Voir Charles Mazouer, « Le Père Fronton Du Duc et son *Histoire tragique de la Pucelle d'Orléans* », [in] *Les Jésuites parmi les hommes...*, *op. cit.*, pp. 417-429.

un des premiers en France à proposer du théâtre scolaire[52]. Tout naturellement le jeune Père (il avait tout juste vingt ans) se fit dramaturge,
d'abord avec un *Julien l'apostat* dont nous n'avons pas le texte, puis avec
La Pucelle de Domrémy, préparée pour la venue de Henri III et finalement
donnée devant les seuls princes de Lorraine. L'Avant-Jeu rappelle le
dessein pédagogique : former l'esprit de la jeunesse aux vertus. Mais
l'originalité est double : la pièce est écrite en français et elle célèbre une
héroïne régionale.

A une époque où l'historiographie de Jeanne d'Arc est déchirée entre
partisans et adversaires de l'héroïne, où les procès ne sont accessibles
qu'en quelques exemplaires manuscrits ou sous forme d'abrégés, le jésuite
se montre fort fidèle à l'histoire – eu égard aux ellipses qu'impose la
dramaturgie. La facture est celle des tragédies contemporaines : peu de
mouvement dramatique, mais de la parole, du discours ; le régent de
rhétorique transparaît à chaque scène : monologues, tirades, récits, débats
surtout. Enfin, plus qu'aux personnages qui restent de simples silhouettes,
le P. Fronton Du Duc s'attache aux buts idéologiques de sa pièce.
L'Histoire tragique de la Pucelle d'Orléans, en proposant Jeanne en
modèle, glorifie la Lorraine, exalte le patriotisme français et offre à
l'admiration une servante du Dieu qui dirige l'histoire – ce dernier aspect
rejoignant la thématique qui sera centrale dans le théâtre jésuite du XVIIe
siècle[53].

Sans ambition littéraire, la pièce du jeune jésuite illustre fort bien le
théâtre de la Compagnie dans ses visées et dans ses moyens.

Trois pédagogues du Nord

Les pédagogues dont il va être question, tous trois professeurs de
français – Antoine Tiron, Gérard de Vivre et Pierre Heyns –, d'ailleurs
plus ou moins liés ensemble, appartiennent aux Pays-Bas d'alors, où

---

[52] Voir Françoise Pélisson-Karro, « Le théâtre des jésuites à Pont-à-Mousson dans la
Lorraine ducale (1574-1737) », [in] *Symphonies lorraines. Compositeurs, exécutants,
destinataires*, 1999, pp. 229-270.

[53] En 1606, Nicolas Romain se contenta, avec son *Maurice*, de mettre en français une
tragédie latine du jésuite Pierre Mousson, qui avait été représentée au collège de Pont-à-
Mousson. A travers le destin de l'empereur Maurice renvoyé et massacré par le tyran
Phocas, c'est encore une leçon de théologie de l'histoire qui est donnée aux enfants : Dieu
se sert de Phocas pour punir Maurice de sa faute et le renverser en bas. Vision providentielle.

Anvers et les presses de Plantin constituaient un foyer d'attraction intellectuelle.

Antoine Tiron[54] traduisit en français deux pièces scolaires du théâtre néo-latin – de ces *comediae sacrae* qui eurent tant d'influence dans les pays du Nord et dans les pays germaniques, et qui moulaient leurs sujets dans la forme de la comédie latine. Il les publia à Anvers, dans la même année 1564. L'une, *L'Histoire de Joseph extraite de la sainte Bible et réduite en forme de comédie*, traduit le *Josephus* (1544) du grand professeur Macropedius (Georgius van Langeveldt), membre de l'ordre des Frères de la vie commune (hiéronymite), qui enseigna notamment à Liège et à Utrecht. Les cinq actes de cette « comédie » (le Prologue avoue que l'auteur n'a pas « trop rigoureusement » gardé « les lois comiques »...) montrent le vice de la femme de Putiphar pour mieux mettre en valeur la vertu de Joseph, pieux jeune homme qui catéchise la maison de son maître et éconduit la concupiscente Egla[55]. L'autre traduction – *L'Histoire de l'enfant prodigue* – part de l'*Acolastus, de filio prodigo comedia* (1529) de Gnapheus (Willem de Volder ou Van de Voldersgraf), natif de La Haye, autre pédagogue et autre grand nom du théâtre scolaire, et qui passa à la Réforme. Cette nouvelle version théâtrale de la parabole évangélique du péché et du pardon humanise l'histoire de manière intéressante ; mais les cinq actes restent avant tout édifiants. L'extrait suivant de la dédicace mise par Tiron en tête de sa traduction pourrait être signé de tous ces pédagogues :

> Et pourtant ayant délibéré écrire quelque chose en ma langue maternelle française, pour le profit et instruction de la jeunesse studieuse d'icelle, et voyant déjà bon nombre de Colloques et Dialogues voltiger par les boutiques des libraires, il m'a semblé bon de traduire de latin en français aucunes comédies extraites des saintes Ecritures et composées par personnages doctes, où sont entremêlées et comme tissues plusieurs belles et graves sentences tant des saintes Ecritures, comme d'autres auteurs de sainte et bonne vie[56].

---

[54] Bonne notice biographique par Mariangela Miotti, avec son édition des deux traductions de Tiron dans le corpus du *Théâtre français de la Renaissance* (*La Comédie à l'époque d'Henri II et de Charles IX*, vol. 8, 1996, pp. 1-166).

[55] Voir Kazimierz Kupisz, « Autour du drame biblique. L'histoire de Joseph », [in] *Parcours et rencontres. Mélanges [...] Balmas*, t. I, 1993, pp. 361-377.

[56] Ed. citée, p. 112.

Antoine Tiron révisa aussi l'édition collective des trois comédies que le Gantois Gérard de Vivre – pédagogue flamand exilé à Cologne – écrivit « pour l'utilité de la jeunesse et usage des escoles françaises[57] ». Ces trois comédies, qui ne visent pas à faire rire, sont assez différentes[58]. *Les Amours de Theseus et Dianira* (1577) reprennent les motifs du roman grec ancien (amours contrariées, fuites et poursuites, intervention des brigands, malheurs et dangers des jeunes héros, reconnaissances, mariage réalisé malgré toutes les contrariétés de la fortune) ; elles se déroulent lors de l'invasion de l'Egypte par les Romains. *La Fidélité nuptiale* (1577) renvoie davantage à la comédie de la Renaissance : une épouse fidèle refuse de se remarier, et heureusement car son mari disparu à la guerre revient ; Gérard de Vivre intègre ici scènes et personnages comiques[59], dont le valet Ascanio, curieusement « accoustré en badin », à la manière de la farce. Quant au *Patriarche Abraham et sa servante Agar* (1589), c'est une dramatisation du récit de la Genèse (21, 9-19).

Assez malhabile dans la technique de la dramaturgie, notre pédagogue se soucie fort de la représentation de ses pièces par les écoliers. C'est que les comédies doivent faire pratiquer aux enfants une langue française courante. Le jeu théâtral est aussi pour lui l'occasion d'entraîner à la parole et au maintien. Ce qui est plus original, c'est que de Vivre a laissé des traces de la mise en scène dans l'édition de ses pièces : à côté des didascalies, il utilise un système de sept signes conventionnels – un a trait aux déplacements des jeunes acteurs, les six autres concernent la diction et règlent la durée des pauses, l'intensité et la régularité du débit (**Planche 19**). Le souci de la diction scénique est particulièrement significatif des préoccupations du professeur de langue.

Gérard de Vivre est aussi chargé de l'esprit et de l'éducation morale des enfants : il se veut « profitable » à la jeunesse (il le rappelle dans son adresse *Aux lecteurs*) et doit l'instruire « en toutes bonnes moeurs ». Qu'apprenait la jeunesse en jouant ce théâtre? D'abord – le thème est capital dans le théâtre du XVIᵉ siècle – l'importance des mutations de la fortune dans les affaires humaines. Les trois comédies montrent au vif que rien n'est stable, que la fortune semble se jouer des hommes, réduit à

---

[57] *Trois Comédies françoises*, Anvers, chez Guislain Janssens, 1595.

[58] Voir une analyse plus détaillée dans Charles Mazouer, « Le théâtre de Gérard de Vivre », *R.H.T.*, 1991-3, pp. 275-284.

[59] Voir Donald Perret, *Old comedy in the French Renaissance. 1576-1620*, 1992, chap. II (« *De la fidélité nuptiale* : a comic *Bigarrure*, with songs! »), pp. 63-81.

néant leurs espoirs et leurs joies, ou les élève au faîte du bonheur après les avoir soumis aux épreuves et à la peine. Mais Fortune n'est pas chrétienne ; pour le maître d'école qui enseigne en pays catholique, nos maux et nos biens ne sont pas le fait d'un hasard absurde : tout est dans la main de Dieu, qui punit le péché et exerce sa miséricorde, et à la volonté duquel il faut rester soumis. Agir selon la volonté de Dieu et s'en remettre à sa Providence, tel est le sens profond du théâtre de Gérard de Vivre, qui proposait une leçon de morale illustrée par les portraits contrastés des personnages vertueux, sensés et prenant conseil de Dieu, et des vicieux qui, agissant au rebours, aboutissent à une fin malheureuse. C'est d'ailleurs par ses visées morales et pédagogiques et non par ses qualités dramaturgiques que l'oeuvre de Gérard de Vivre requiert encore l'attention de l'historien.

Gérard de Vivre s'essaie au moins à une affabulation à la moderne ; son collègue Pierre Heyns, qui fut maître d'école à Harlem, à Anvers, puis à nouveau en Hollande, nous fait souvent rétrograder vers la moralité ancienne. Ses trois pièces furent représentées par des jeunes filles, à qui Heyns enseignait la langue française « et toute autre honnêteté » ; elles devaient leur servir de miroir de la perfection ou de l'imperfection de leurs mœurs. Il les réunit dans une édition collective en 1596[60]. *Jokebed* est dite « tragi-comédie de l'enfance de Moïse » et montre comment Dieu veille à ce que Moïse soit sauvé, au bonheur de sa mère Jokebed : c'est le miroir des mères. *Susanne, ou Le Miroir des ménagères* est une « comédie très honnête représentant la différence d'une bonne et d'une mauvaise ménagère » ; elle oppose deux soeurs mariées, Susanne l'exemplaire et Nemra qui est son opposée[61]. *La Tragédie sacrée d'Holoferne et Judith, ou Le Miroir des veuves* (représentée à Anvers en 1582) fait retour à la Bible, sans être nullement une tragédie biblique, et représente, « parmi les troubles de ce monde, la piété d'une vraie veuve et la curiosité d'une folâtre » – Judith, la veuve charitable, pieuse, virile, étant opposée à la veuve mondaine.

Ces trois pièces ne sont pas dépourvues d'intérêt dramatique ; on y trouve des allusions amusantes aux *realia* des Pays-Bas et même les

---

[60] *Les Comédies et tragédies du Laurier* [sa devise était *Daphné changée en laurier*] : *La Jokebed, miroir des mères, La Susanne, miroir des mesnagères* et *Judith, miroir des veuves*.

[61] Sur cette pièce, voir Patrizia De Capitani, « Una 'pièce scolaire' della secunda metà del Cinquecento : *Susanne ou le miroir des mesnagères* di Pierre Heyns », [in] *Saggi e ricerche sul teatro francese del cinquecento*, 1985, pp. 165-182.

allégories ne manquent pas de vie scénique. Mais la volonté d'édification, qui se manifeste par l'omniprésence de personnages allégoriques, par l'opposition sommaire des bons et des méchants, par les dialogues moraux et des prêches interminables – qui reflètent bien d'ailleurs l'idéologie du temps concernant les femmes –, les rendent assez pénibles à notre goût. Dramaturge d'occasion comme tous ses collègues, Pierre Heyns sait au moins, en bon maître d'école, écrire quelques dialogues courts et vivants[62].

Théâtre scolaire et nouveau théâtre

Quand les régents dramaturges des vingt dernières années du XVIe siècle écrivent leurs pièces, ils utilisent les formes dramatiques désormais au point : tragédie surtout, comédie et même la toute récente tragi-comédie. Mais il faut revenir à leurs collègues de la première moitié du siècle pour apprécier le rôle primordial que les collèges ont joué dans l'établissement des formes nouvelles du théâtre français. Car, tant pour la connaissance des oeuvres antiques qui vont servir de modèles que pour l'éclosion et le développement du théâtre nouveau en français, les collèges, en concomitance avec certains milieux lettrés, voire à l'occasion de la cour, restent le foyer principal, le creuset de la révolution théâtrale[63].

La connaissance du théâtre antique

On sait l'immense travail de l'humanisme européen en matière de manuscrits et d'éditions des textes de l'Antiquité. On cherche des manuscrits, on édite, on publie des commentaires ; et l'on traduit. Et toute cette culture dont se nourrissent avidement les maîtres passe dans leur enseignement, puisque l'éducation des humanistes est fondée sur la

---

[62] *La Comédie française intitulée L'Enfer poétique* du Français Benoît Voron, recteur aux écoles de Saint-Chamond, publiée en 1586, est une véritable moralité sur les sept péchés mortels et les sept vertus contraires, malgré ses cinq actes et ses alexandrins. Les pièces du régent Jean Behourt, représentées au collège des Bons Enfants de Rouen entre 1597 et 1604 – une tragi-comédie : *La Polyxène* ; une pièce biblique : *Esaü ou Le Chasseur, en forme de tragédie* ; une tragédie : *Hypsicratée, ou La Magnanimité* – ont une portée éducative variable, parfois peu visible, parfois davantage appuyée ; mais elles se distinguent assez peu du répertoire du théâtre public.

[63] Voir toujours l'article fondamental de Gustave Lanson, « Etudes sur les origines de la tragédie classique en France... », 1903.

littérature gréco-latine. Quant au théâtre, on le lit, on le traduit et on l'étudie ; on peut même jouer le théâtre latin[64].

Parmi les comiques, Aristophane n'eut guère d'influence. Mais le grand humaniste Dorat fit traduire le *Plutus* par ses élèves Ronsard et Jean-Antoine de Baïf, et cette version fut jouée au collège de Coqueret ; lui même fit jouer dans son collège son adaptation du *Cyclope*, drame satyrique d'Euripide. Ménandre est mal connu et passe seulement pour le modèle de Térence. Plaute intéresse beaucoup moins que Térence ; il faut attendre 1567 pour qu'il soit adapté. Térence en revanche connut une fortune considérable. Edité plus de deux cents fois entre 1470 et 1600 – parfois spécialement pour la jeunesse des collèges –, étudié, traduit, joué, imité par les dramaturges néo-latins puis français, il fournit à la fois un enseignement théâtral sur la composition des comédies – une structure, une intrigue, des personnages – et un enseignement moral – il loue les vertus et critique les vices (**Planches 16 à 18**). Mais, à partir de 1560, notre comédie imitera davantage les œuvres italiennes de la *commedia erudita* (qui puise elle-même à la source romaine).

En revanche, notre tragédie nationale a contracté une dette majeure auprès de l'Antiquité. Trop peu du côté des Grecs : Eschyle n'est pas traduit avant 1550 ; Sophocle et Euripide connaissent des traductions en latin, comme celles d'Erasme ou de Buchanan, et des traductions en français. Le langage des tragiques grecs paraît difficile à nos Français. Quand Lazare de Baïf traduit l'*Electre* de Sophocle (1537) ou Bochetel l'*Hécube* d'Euripide (1550)[65], ils font précéder leurs traductions de définitions ou de quelques développements sur la tragédie ; les théoriciens y puiseront. Mais Sénèque le latin seulement, et peut-être malheureusement, servira de modèle constant à nos dramaturges – Sénèque traduit, adapté, imité et pillé. Il faudra y revenir[66].

---

[64] Pour les influences antiques qui s'exercèrent sur la naissance de notre tragédie et de notre comédie, on se reportera toujours aux deux synthèses de Raymond Lebègue : *La Tragédie de la Renaissance*, rééd. 1954, chap. II, et *Le Théâtre comique en France de Pathelin à Mélite*, 1972, chap. X. ; elles tiennent compte des travaux plus anciens et classiques de R. Sturel, de M. Delcourt et de H. W. Lawton.

[65] Voir Bruno Garnier, *Pour une poétique de la traduction : « L'Hécube » d'Euripide en France, de la traduction humaniste à la tragédie classique*, 1999.

[66] Deux références dès maintenant : *Les Tragédies de Sénèque et le théâtre de la Renaissance*, 1964 ; Gordon Braden, *Renaissance tragedy and the Senecan tradition*, 1985.

Là encore, grand est le rôle des collèges. Régents et précepteurs font traduire, apprendre et éventuellement jouer les tragédies qu'ils commentent. Ainsi d'Amyot ou de Dorat, qui fit connaître à ses disciples de Coqueret Eschyle et Euripide. Ainsi de Buchanan, qui translata, dans un beau latin digne et drapé, la *Medea* et l'*Alcestis* d'Euripide et les fit représenter par ses écoliers du collège de Guyenne, entre 1540 et 1544. Imagine-t-on l'impression que put faire sur de jeunes esprits, contemporains des derniers mystères médiévaux, la découverte de cet univers tragique et de deux mythes grecs, l'un brutal l'autre plus touchant? Et la connivence semble telle entre la sensibilité de Buchanan et Euripide le styliste, Euripide le pathétique...

L'imitation des modèles antiques

La connaissance doit mener à l'imitation des Anciens, *ad imitationem antiquitatis* – Buchanan le dit et le redit. Lui-même montra la voie avec son *Baptistes* et son *Jephtes*.

J'ai dit la portée édifiante et religieuse de ces deux tragédies ; il faut aussi parler de leur facture et vérifier qu'elle constitue un relais entre le théâtre antique réservé à une élite et la tragédie française de la Renaissance, qui va petit à petit se trouver un public. Buchanan ne divise pas ses pièces en actes, ce que feront bientôt ses traducteurs en français ; mais les épisodes sont séparés par des choeurs, qui seront de règle pendant longtemps dans la tragédie française comme ils l'étaient dans la tragédie grecque. L'écriture dramatique, imitée de l'Antiquité, fait un grand usage des longues tirades, des dialogues en débats (si chers à ces professeurs de rhétorique!) où s'affrontent rigoureusement les personnages et leurs points de vue opposés. Dans *Baptistes*, ce sont le débat entre les deux pharisiens Malchus et Gamaliel, l'affrontement entre Hérode et Jean-Baptiste. Dans *Jephtes*, ce sont le long dialogue moral entre Jephté et son ami Symmachus, l'affrontement avec le Prêtre, la douloureuse discussion avec sa femme qui tente de sauver Iphis. La même tragédie propose le long monologue d'action de grâce de Jephté au retour de sa victoire ; dans les dialogues – que Buchanan sait animer soit par la précipitation des événements soit par la vivacité des personnages – les répliques sont le plus souvent longues et se développent en tirades. *Baptistes* et *Jephtes* ont leur *Nuntius*, leur messager, auteur de longs récits. *Jephtes* contient même un songe, procédé dont les dramaturges abuseront. Bref, qui est lecteur familier de la tragédie de la Renaissance trouve dans le latin du régent écossais procédés et formes d'écriture imités de l'Antiquité qui s'imposeront chez les dramaturges nationaux.

L'autre parrain de la tragédie de langue française – pour reprendre une excellente expression de Raymond Lebègue – est Marc-Antoine Muret, grand humaniste lui aussi et grand pédagogue. Avant de quitter précipitamment Paris pour l'Italie, où il se fixa jusqu'à sa mort, le jeune pédagogue limousin fit carrière en France[67] : Poitiers, Bordeaux, Auch, collège du Cardinal-Lemoine à Paris. Il obtint une chaire au collège de Guyenne au début de 1547 et composa pour la fête annuelle son *Julius Caesar*[68] ; parmi les jeunes acteurs : Montaigne. Il s'agissait de la première tragédie originale à sujet profane, inspirée des grands modèles de Rome. On y voit le dictateur au faîte de son pouvoir – non sans orgueil : « *Jam tota pene terra Romanos timet* » (v. 1), proclame-t-il d'emblée, en précisant : « *Reges vel ipsi Caesaris nomen timent* » (v. 8) – et, comme il convient dans la tragédie, au bord de sa chute. Car Brutus et Cassius ne peuvent supporter cette tyrannie et décident de remettre la patrie « *in antiquam / Libertatem* » (vers 177-178). Malgré les craintes de sa femme Calpurnie, César, au-dessus des présages et de la crainte, part pour le Sénat où le destin l'attend ; « *Roma tandem libera est* », (v. 477) se glorifient alors brutalement les meurtriers.

Courte, écrite dans une langue simple et claire pour des débutants, assez éloignée du latin aride et subtil de Buchanan où l'apprenti latiniste déjà avancé faisait son miel, émaillée de formules dociles à la mémoire[69], la tragédie de Muret me paraît une jolie réussite scolaire. Les personnages n'ont sans doute pas beaucoup d'épaisseur, mais ils familiarisaient les enfants avec les vieux Romains et les vertus républicaines. Surtout : avec ses cinq actes séparés par les interventions du chœur, de grands monologues, des dialogues généralement assez lents malgré l'inévitable sticho-

---

[67] Voir Roger Trinquet, p. ex. « Un maître de Montaigne : l'humaniste limousin Marc-Antoine Muret. Sa carrière pédagogique en France et la composition de son *Julius Caesar* », *Bull. de la Société des amis de Montaigne*, n° 7, juillet-septembre 1966, pp. 3-17.

[68] Publié dans ses *Juvenilia* de 1552. Edition dans J. Foster, « *César* » de Grévin, 1974, pp. 103-123 ; édition, présentation et traduction par Pierre Blanchard, *La Tragédie de Julius Caesar*, 1995.

[69] En voici quelques-unes : « *Vivente Bruto, Roma reges nesciet* », affirme le meurtrier de César (v. 132) ; « *Si Caesar orbem, Caesarem mulier regit!* », s'exclame Decimus Brutus pour aller contre l'avis de Calpurnia (v. 364) ; « *Incertus animi, et huc et illuc distrahor* », avoue César hésitant (v. 379), avant de prendre sa décision (v. 391) : « *Eamus : omnis jacta nobis alea est* ».

mythie, un songe sanglant et prémonitoire (celui de Calpurnie), l'apparition d'un spectre (celui de César venu dire l'apothéose finale de son âme dans les sphères célestes), la facture de la pièce est celle que suivront les tragédies en français bientôt à venir ; le *César* de Grévin devra d'ailleurs au *Julius Caesar* de Muret[70].

Et qu'on y prenne garde! Muret et Buchanan n'acclimatent pas seulement une forme, la facture de la tragédie avec les éléments qui deviendront obligés de son esthétique. L'imitation de l'Antiquité entraîne des sujets et surtout une conception du héros tragique – tranchons le mot : une philosophie tragique. Le théâtre est touché par la grande question qui vaut pour le mouvement littéraire qui s'abreuve aux sources antiques : l'imitation, l'adaptation des formes ne sont pas innocentes et véhiculent la vision du monde que formulaient les oeuvres anciennes – au risque d'entrer en contradiction avec la vision du monde de ceux qui imitent. Sans que ce siècle en ait toujours eu une juste aperception, la vision antique heurtait souvent de front le christianisme. Nous y reviendrons à propos des tragédies bibliques, où la difficulté est la plus vive ; la philosophie tragique des Grecs ou de Sénèque n'est pas compatible avec le christianisme des dramaturges français du XVIe siècle qui imitent Sénèque ou les Grecs!

La question échappe assurément aux jeunes gens qui, sous la conduite de Dorat, de Buchanan, de Muret, de tout ce réseau de régents humanistes, ont traduit, étudié, joué du théâtre latin ou du théâtre néo-latin. C'est à partir de ce théâtre qu'il s'agit alors d'édifier un théâtre en français, pour défendre et illustrer la langue. Le jeune Du Bellay le proclame en 1549 : « Quant aux comedies et tragedies, si les roys et les republiques les vouloint restituer en leur ancienne dignité, qu'ont usurpée les farces et moralitez, je seroy' bien d'opinion que tu t'y employasses, et si tu le veux faire pour l'ornement de la Langue, tu scays où tu en dois trouver les archetypes[71] ».

Et ce théâtre nouveau que la Pléiade appelle de ses voeux se sert naturellement des collèges comme foyer de diffusion. A propos des

---

[70] Le régent Claude Roillet, qui fut en rapport avec Buchanan et Muret, mais aussi avec Dorat, La Péruse et Du Bellay, fit paraître en 1556 quatre tragédies latines dont rien n'indique la représentation scolaire (*Philanira*, qu'il traduira lui-même en français, *Petrus*, *Aman* et *Catharina*). Ces tragédies ne purent avoir aucune influence sur la tragédie en français éclose à partir de 1550.

[71] *Défense et illustration de la langue française*, livre II, chap. 4, *in fine*.

comédies et des tragédies nouvelles, on retrouve les noms des grands collèges provinciaux et des grands collèges parisiens comme les collèges de Coqueret, de Beauvais ou de Boncourt...

Ainsi, le théâtre scolaire assura parfaitement, à sa manière, la jonction entre les formes médiévales et les formes modernes. A la suite des adolescents enthousiastes du XVIe siècle, abordons maintenant ce théâtre moderne.

CHAPITRE VI

LA NAISSANCE D'UN THÉÂTRE MODERNE

Cette naissance se produit au beau milieu du siècle, les années 1548-1553 étant décisives. Qu'on en juge !

En 1548, l'année même où le parlement de Paris interdit la représentation des mystères d'esprit médiéval, la colonie des marchands et banquiers italiens offre à Henri II et à Catherine de Médicis, pour l'entrée du roi à Lyon, la représentation de la *Calandria*, comédie fort leste et agréablement compliquée du cardinal Bibbiena ; sont ainsi pour la première fois révélées à la cour et la somptuosité de l'art théâtral italien et une forme de théâtre jusqu'ici inconnue en France : une comédie à l'antique en langue vernaculaire. Brantôme marque bien la surprise de la cour devant la nouveauté :

> car paravant on ne parlait que de farceurs, des conards de Rouen, des joueurs de la Basoche, et autres sortes de badins et joueurs de badinages, farces, mômeries et sotteries : même qu'il n'y avait pas longtemps que ces belles tragédies et gentilles comédies avaient été inventées, jouées et représentées en Italien[1].

En 1549, Du Bellay encourage les jeunes écrivains qui veulent illustrer notre langue à restaurer comédies et tragédies selon le modèle de l'Antiquité.

Bien qu'il ait l'antériorité avec son *Abraham sacrifiant* représenté à Lausanne en 1550, Théodore de Bèze ne s'engage pas vraiment dans cette voie ; la première tragédie selon les voeux de Du Bellay est due à Etienne Jodelle, auteur également de notre première comédie en français. C'est dans un collège, à l'automne 1552, qu'est donnée la comédie de *L'Eugène*, qui commence de suivre les traces des « comiques vieux ». Quelques mois après, au début de l'année 1553, le poète donne sa *Cléopâtre captive*, première tragédie régulière française, de manière beaucoup plus éclatante : d'abord en l'Hôtel de Reims, palais archiépisco-

---

[1] Cité par Gustave Lanson, « L'idée de la tragédie en France avant Jodelle », *R.H.L.F.*, 1904, pp. 578-579.

pal des cardinaux de Lorraine, devant le roi Henri II et sa cour ; puis au collège de Boncourt, devant un grand nombre « de personnages d'honneur » et d'écoliers, selon Pasquier. Ronsard, qui tentera en vain d'annexer Jodelle à la Pléiade, chante aussitôt sa « gloire éternelle »

> Pour avoir d'une voix hardie
> Renouvellé la Tragedie
> Et deterré son honneur le plus beau
> Qui vermoulu gisoit sous le tumbeau[2].

A lui l'honneur d'avoir « par une voix hardie », haussé « le bas style françois » pour l'égaler à celui de la tragédie des Grecs[3]. D'autres suivront bientôt ses traces.

Un théâtre nouveau est né, qui se veut résurrection du théâtre antique, renaissance, et qui rompt avec le théâtre des XVe et XVIe siècles – ce théâtre médiéval méprisé et honni dans tous les écrits théoriques[4]. On pourrait opposer presque systématiquement les traits caractéristiques du théâtre de la Renaissance à ceux du théâtre médiéval : d'un côté le religieux et le profane, de l'autre le tragique et le comique ; d'un côté un théâtre fondé avant tout sur la puissance des images, de l'autre un théâtre du verbe ; d'un côté un théâtre populaire, de l'autre un théâtre plutôt réservé à des élites... Les jeunes écrivains rejettent donc le passé théâtral français et bâtissent un théâtre moderne en revenant (le paradoxe n'existe que pour nos contemporains, tributaires d'une esthétique de l'originalité absolue, d'ailleurs mythique), comme tout le mouvement humaniste européen, aux oeuvres de l'Antiquité gréco-romaine et en suivant l'exemple des Italiens[5] qui les avaient précédés dans cette voie.

La présentation de ce nouveau théâtre humaniste peut s'ordonner autour de deux axes : la littérature théâtrale et la recherche du public.

---

[2] Vers 142-146 du dithyrambe « A la pompe du bouc de E. Jodelle poëte tragiq », publié dans le *Livret de Folastries* (1553).

[3] *Response de Ronsard aux injures et calomnies...*, vers 451 *sq.*

[4] Cette époque voit naturellement aussi le renouvellement du vocabulaire du théâtre (Teresa Jaroszewska, *Le Vocabulaire du théâtre de la Renaissance en France (1540-1585). Contribution à l'histoire du lexique théâtral*, 1997).

[5] Voir aussi Jean Balsamo, *Les Rencontres des Muses. Italianisme et anti-italianisme dans les lettres françaises de la fin du XVIe siècle*, 1992, chap. VI.

Un théâtre littéraire

Rappelons-nous la condition du texte dans le théâtre médiéval : il est toujours commandé – en particulier au XVe siècle – pour une représentation, jamais premier dans l'ordre des préoccupations. Pour la représentation d'un mystère, on se met en quête d'un écrivain, d'un fatiste – créateur de génie ou simple remanieur dont il arrive qu'on surveille et contrôle le travail ; pour la représentation d'une farce, les compagnons joyeux ou la petite bande comique s'adressent à quelque farceur anonyme et fort peu soucieux de sortir de l'anonymat. Cela ne signifie nullement, nous l'avons montré dans le précédent volume, que le théâtre médiéval ne laisse pas de beaux textes de théâtre! L'imprimerie d'ailleurs va diffuser les textes et constituer au XVIe siècle une littérature théâtrale, introduisant le théâtre dans le champ littéraire[6]. Mais le théâtre médiéval demeure régi par l'organisation d'une représentation.

Il n'en va plus de même à l'époque où nous sommes arrivés et le rapport du théâtre à la littérature s'inverse. Ce qui devient premier c'est l'oeuvre d'un poète, c'est l'écriture d'une grave tragédie ou d'une comédie plaisante. Plus de dramaturges anonymes! Nous sommes entrés dans l'ère des poètes dramatiques, des nourrissons des Muses conscients de leur inspiration et de la valeur de leur travail poétique, qui signent leurs oeuvres, les publient d'abord, sans trop se soucier de savoir si elles seront représentées ; on en a même longtemps tiré l'idée fausse que les oeuvres n'avaient pas été portées à la scène ni même écrites pour être jouées. Nous verrons qu'il n'en est rien. Mais les dramaturges humanistes s'affirment d'abord et avant tout comme des écrivains. Il n'est que de feuilleter les éditions et de lire, au seuil des livres, cette agaçante guirlande de pièces liminaires où les amis du poète viennent faire, en latin et en français, sa louange dithyrambique et couvrent d'encens le nouveau Sophocle.

Ce changement de perspective entraînera des conséquences.

---

[6] Voir *supra*, chap. I, pp. 23-26.

Les auteurs

Mais d'abord, qui sont ces dramaturges? Ce n'est pas le lieu de développer une sociologie des écrivains de théâtre, mais il est possible d'introduire quelques remarques sur ces nouveaux auteurs.

La révolution théâtrale est lancée par des jeunes gens : Jodelle a vingt ans en 1552, comme Jean-Antoine de Baïf ; Charles Toutain publie à vingt-et-un ans sa tragédie d'*Agamemnon* ; Jacques Grévin aura fait jouer en public ses deux comédies et sa tragédie entre l'âge de vingt ans et de vingt-trois ans. Jacques de La Taille, mort à vingt ans, laissait deux tragédies que publia son frère Jean. La Péruse meurt à vingt-cinq ans après avoir écrit sa *Médée*. Cela explique peut-être l'éclat et le bruit que produisit le renouveau théâtral... D'autre part, l'activité dramatique apparaît assez souvent comme liée à la jeunesse et se trouve bientôt abandonnée. Dramaturge de la génération suivante, Pierre Matthieu composa deux de ses tragédies entre quinze et vingt ans. Tous nos dramaturges ne sont pas aussi précoces, certes.

Beaucoup se rattachent à un groupe, à un mouvement, à un foyer d'amitié et de vie intellectuelle. On sait le rôle de la Brigade, devenue la Pléiade ; autour de Ronsard – qui transporta au collège de Coqueret le petit cénacle qui se réunit d'abord chez Lazare de Baïf, le père de Jean-Antoine –, Du Bellay, J.-A. de Baïf, Dorat, Jodelle, La Péruse et Belleau gravitèrent, à un moment ou à un autre. Les jeunes gens trouvaient là un milieu propice aux aventures littéraires, où fermentèrent les idées nouvelles. Ils se souviendront d'avoir assisté, au collège de Boncourt, à la représentation de la *Cléopâtre captive* de Jodelle, certains, comme Jodelle, Belleau et La Péruse, ayant même tenu un rôle dans la pièce. Mais il ne faudrait pas surfaire le rôle de la Pléiade ni négliger d'autres foyers intellectuels comme ceux de province, eux aussi propices au nouveau théâtre. Pensons à Poitiers et au *sodalitium* poitevin ; parmi les poètes et érudits qui ont animé ou fréquenté ce groupe autour de 1553-1555, on compte les dramaturges La Péruse, Baïf, Toutain... Plus tard, le salon de Madeleine et Catherine des Roches accueillit dans cette ville un Odet de Turnèbe ou un Pierre Le Loyer, tous deux auteurs de comédies.

Ces cercles littéraires sont proches des collèges et des universités qu'ont fréquentés les dramaturges. Anciens du collège de Coqueret, de Boncourt ou d'autres collèges parisiens et provinciaux, ils ont tous reçu une formation humaniste. Si l'on regarde les études universitaires que certains entreprirent, on est frappé par le nombre de juristes ; l'importance du droit dans la culture et dans la pensée du XVIe siècle a déjà été relevée[7]. Cette formation laisse des traces dans les oeuvres de théâtre. Un Grévin, qui fit des études de médecine, ou ceux qui suivirent une formation théologique pour devenir prêtres ou pasteurs réformés font figure d'exception.

Quel statut social acquirent les dramaturges? Car on ne vit pas de sa plume, et qui veut s'adonner entièrement à la poésie doit trouver quelque prélat ou quelque grand personnage qui, à défaut du roi, joue le rôle de mécène. Ainsi de Belleau, auteur d'une comédie de *La Reconnue*, ou de l'ombrageux Jodelle. Baïf entra dans les ordres pour obtenir des bénéfices ecclésiastiques ; Larivey le comique était chanoine, Nicolas de Montreux le tragique prêtre, de Bèze pasteur. Grévin devint médecin. On ne s'étonnera pas du grand nombre des magistrats : Garnier, Matthieu, François d'Amboise, Turnèbe sont de graves magistrats qui consacrent quelques loisirs, les deux premiers à la tragédie, les deux autres à la comédie. Jean de La Taille, auteur à la fois tragique et comique, s'adonna à la vie militaire ; et la vie très aventureuse de Montchrestien, qui ne l'empêcha pas d'écrire six tragédies, présente un caractère très original. Pour beaucoup, la littérature et le théâtre représentèrent une activité seconde.

Un dernier trait mérite d'être souligné : les engagements religieux et politiques de ces dramaturges, qui retentissent sur leur théâtre, surtout sur la tragédie. Théodore de Bèze et Des Masures écrivirent un théâtre protestant, religieux et parfois politiquement militant. Le monarchisme tempéré de Robert Garnier marque la philosophie politique de ses tragédies. Un catholique extrémiste comme Chantelouve défend la Saint-Barthélemy ; le ligueur Matthieu se sert du théâtre pour la propagation de ses idées. Les auteurs de théâtre appartiennent bien à l'histoire de leur temps.

Des genres nouveaux

Suivre les modèles du théâtre antique, c'était abandonner les genres médiévaux et remettre en circulation les catégories théâtrales des Anciens : la tragédie et la comédie – qui sont davantage que des catégories esthétiques, car elles engagent la culture grecque qui oppose deux manières d'envisager le monde. Il est à noter que ces catégories ne

---

[7] Par exemple Enea Balmas, dans son bon manuel de *Littérature française* (*La Renaissance II. 1548-1570*), 1974.

vont pas de soi et que la culture biblique, sur quoi reposent largement les mystères médiévaux, ignore cette dichotomie. Quoi qu'il en soit, selon le lieu commun de l'humanisme qui vient des Grecs et oppose les larmes d'Héraclite au rire de Démocrite, le théâtre propose désormais deux regards sur le monde : les larmes devant le spectacle du malheur, le rire devant les défauts, les vices et les sottises. Rejeté le théâtre religieux médiéval où le sacré et les visées édifiantes pouvaient accueillir le rire et même la dérision ; une tragédie religieuse survivra bien, en particulier chez les dramaturges protestants, mais de manière marginale et elle exclura le comique. Au fond, si au Moyen Âge tout se pensait en fonction du sacré, y compris la farce qui en prenait le contre-pied, tout le théâtre rejoint désormais la sphère du profane, même si la tragédie et la comédie donnent ou prétendent donner un enseignement moral. Il faut prendre la mesure de cette révolution dans l'histoire de notre théâtre et dans l'histoire de tout le théâtre occidental.

Le renouvellement touche d'entrée les sujets. Selon les comptages de Françoise Charpentier[8], si 21 % des tragédies humanistes empruntent encore leur sujet à la Bible – en fait à quelques épisodes de l'Ancien Testament –, l'essentiel des sujets (environ 33%) viennent de l'Antiquité – les grands mythes et légendes grecs, des histoires tirées d'Homère, des épisodes de l'histoire romaine. Le reste, c'est-à-dire près de la moitié des sujets (environ 46%), regroupe des thèmes très divers, tirés de la littérature italienne, des thèmes romanesques et exotiques, des thèmes historiques, parfois même des sujets tirés de l'histoire contemporaine.

La rupture est assez nette aussi dans l'ordre de la comédie[9] qui, plus que de l'Antiquité, s'inspire de la *commedia erudita* italienne et devient une comédie d'intrigue plus soucieuse de l'agencement de l'action que de l'individualisation des personnages. Il y est essentiellement question d'amour et de mariage, de jeunes amoureux rencontrant divers obstacles avant de parvenir à leurs fins avec l'aide de quelque valet ou de quelque entremetteuse. Bien que les sujets viennent de l'étranger, bien que les types remontent parfois jusqu'à l'Antiquité, cette comédie nouvelle se naturalise et reflète assez bien la vie et les moeurs bourgeoises françaises

---

[8] *Pour une lecture de la tragédie humaniste...*, 1979.

[9] Encore que la farce médiévale manifeste passablement son influence chez les auteurs comiques de la première génération (voir Madeleine Lazard, « Du théâtre médiéval à la comédie du XVIe siècle », *R.H.R.*, n° 44, juin 1997, pp. 65-78).

du temps, qu'elle stigmatise à l'occasion. En cela, et en cela seulement, elle retrouverait en partie le projet comique de la farce médiévale, qui se veut le reflet caricatural de la vie quotidienne ; mais les sujets et l'esthétique dramatique de la comédie humaniste sont bien autres.

Le renouvellement des sujets et des personnages entraîne celui de la pensée dramatique, des thèmes humains, moraux, philosophiques qui sont envisagés problématiquement à travers le conflit des personnages. De la farce, on peut tirer une vision du monde. Mais la pensée, dans cette lutte sommaire pour satisfaire ses désirs ? Elle est presque nulle. Malgré ses stéréotypes, la comédie humaniste élabore nettement une thématique sur l'argent, l'honneur, la sexualité et le mariage... C'est surtout la tragédie qui élargit les horizons de la pensée. Rappelons que le mystère médiéval s'en tient aux cadres de la foi chrétienne, qui invite le croyant à délaisser le péché et lui propose les moyens du salut par-delà la mort – antithèse sommaire entre le mal et le bien. L'imitation des thèmes et des modèles antiques réintroduit au théâtre tout un univers philosophique que le christianisme avait éliminé, dont les humanistes se sont emparés, et qui rentrait en concurrence, sans qu'ils y prennent parfois assez garde, avec leurs convictions chrétiennes ou avec lequel ils tentaient de les concilier. Prendre pour modèles les tragédies grecques et traiter à nouveau leurs sujets, c'est inévitablement poser le problème du *fatum*, qui est tout le contraire de la Providence chrétienne. S'inspirer de Sénèque et de ses héros, c'est imiter le stoïcisme et le faire dialoguer avec le christianisme ; pensons seulement à la question du suicide, lancinante dans les tragédies humanistes. Et les dramaturges n'échappent évidemment pas aux questions de leur temps, sur le pouvoir et l'action politique par exemple ; il n'est pas étonnant que le machiavélisme puisse s'infiltrer dans les tragédies. La nouvelle tragédie autorise cet extraordinaire élargissement de la pensée morale, philosophique, religieuse.

Cette ouverture est assurément rendue possible par le véritable bouleversement culturel de l'humanisme, qui retire l'homme d'un ordre immuable et transcendant pour le jeter en face des possibles où il inscrit une action plus libre. Comment n'en verrait-on pas les conséquences au théâtre ? On ne peut pas dire que les mystères illustrent seulement un théâtre monodique, puisqu'ils sont régis par un conflit essentiel qui, chez les fatistes les plus géniaux ou les plus modernes, déchire parfois le personnage dramatique. Mais l'alternative est sommaire ! La tragédie a la possibilité de devenir un théâtre authentiquement polyphonique, où la multiplicité des voix peut s'exprimer en dysharmonie ou pour faire accord

– même si, de fait, cette polyphonie reste le plus souvent assez limitée et raide dans la tragédie du XVIᵉ siècle. De même, la nouvelle image de l'homme doit transformer l'image du personnage de théâtre, à la fois plus problématique et plus individualisé ; on pense aux réflexions d'Erasme sur les types légués par la comédie hellénistique et qu'il voudrait voir enrichis par des traits individuels (*decorum peculiare*), à l'imitation de Térence[10]. Sans doute le théâtre médiéval n'ignore-t-il pas des personnages plus individualisés et plus complexes ; sans doute le théâtre humaniste – la comédie avec des types tout juste individualisés, la tragédie avec ses personnages parfois simples porteurs d'un discours ou d'un point de vue – est-il loin d'avoir exploité cette possibilité de renouveler le personnage de théâtre. Mais la voie était ouverte de la constitution des caractères.

Théories

L'élaboration d'un théâtre littéraire imité des Anciens, qui avaient leurs arts poétiques, s'accompagne nécessairement de réflexions sur l'esthétique des genres et d'écrits théoriques. L'esthétique de la tragédie et de la comédie sera détaillée, pour chacune, en son temps. Mais il faut dire quelques mots maintenant sur les écrits théoriques[11] – phénomène tout à fait neuf par rapport au théâtre du Moyen Âge.

Remarquons d'emblée la minceur du corpus théorique, surtout quand on pense à l'hypertrophie des débats théoriques sur le théâtre qui vont agiter le siècle suivant. Un court traité consacré à la tragédie, quelques Arts poétiques qui n'accordent pas une grande place au théâtre, des prologues et préfaces surtout, où le traducteur ou le dramaturge original prennent du recul par rapport à leur travail créateur pour devenir un peu critiques et théoriciens : voilà tout de ce dont on dispose.

Il faut dire qu'en la matière, le XVIᵉ siècle vécut très longtemps sur quelques textes anciens transmis par le Moyen Âge (mais étrangers au théâtre médiéval) : l'*Art poétique* d'Horace et les traités des deux

---

[10] Voir Jean Lecointe, *L'Idéal et la différence : la perception de la personnalité littéraire à la Renaissance*, 1993.

[11] On dispose de quelques bonnes anthologies : celle de H. W. Lawton (*Handbook of French Renaissance Dramatic Theory*, 1949), celle de Bernard Weinberg (*Critical Prefaces of the French Renaissance*, 1950), celle de Paulette Leblanc (*Les Ecrits théoriques et critiques français des années 1540-1561 sur la tragédie*, 1972). Synthèse récente, avec la perspective européenne : *Histoire des poétiques* (dir. Jean Bessière), 1997, pp. 119-161.

grammairiens latins du IVᵉ siècle, Donat et Diomède, publiés et commentés au XVIᵉ siècle, qui distinguent la comédie et la tragédie avec leurs caractéristiques essentielles. Ainsi, comme le montre Gustave Lanson qui a constitué un dossier parfait[12], jusqu'à Jodelle et parfois au-delà, « la notion de tragédie était, pour l'essentiel, composée dans les esprits français par les définitions et les remarques de Donat et de Diomède, auxquelles s'ajoutaient Horace et un texte de Vitruve » – le théoricien de l'architecture latin, sur lequel nous reviendrons ; là-dessus se superposait la lecture des oeuvres latines et grecques et de quelques comédies et tragédies modernes de provenance française ou étrangère.

Si la *Defense et illustration* de Du Bellay se contente de mentionner le théâtre en quelques phrases pour en recommander la constitution en France, Jacques Peletier du Mans, qui avait traduit Horace en 1541, consacre le chapitre VII du second livre de son *Art poétique* de 1555[13] à la comédie et à la tragédie. Mais Peletier reprend les définitions traditionnelles et, à cette date (il avoue de surcroît n'avoir pas vu la *Cléopâtre captive* de Jodelle, jouée en 1553), il se contente d'encourager d'éventuels dramaturges français. De fait, la première génération des dramaturges français produira sans guère se soucier de théorie.

Et Aristote, qui paraît au fondement de toute poétique du théâtre? Sa *Poétique* n'est pas publiée chez nous avant 1538, et en grec et en latin ; elle ne sera traduite en français qu'en 1671! Aristote sera donc connu par des médiateurs italiens – Jules César Scaliger qui publie ses *Poetices libri septem* en 1561, Lodovico Castelvetro qui publie à Vienne en 1570 les sept parties de sa *Poetica d'Aristotele vulgarizzata e sposta* – et, par ces médiateurs, influencera le dramaturge Jean de La Taille pour son petit mais important traité *De l'art de la tragédie* de 1572, qui fait date en France dans la théorie de la tragédie[14].

Dans le dernier quart du siècle, des dramaturges continuent de proposer des réflexions sur la conception qu'ils se font de leur art, comme Montchrestien pour la tragédie ou Larivey pour la comédie. Et les *Arts poétiques* – celui de Vauquelin de La Fresnaye, commencé dès 1574 mais

---

[12] « L'idée de la tragédie en France avant Jodelle », art. cit. de 1904, p. 580.

[13] Texte dans les *Traités de poétique et de rhétorique de la Renaissanc*e, éd. François Goyet, 1990.

[14] Voir Françoise Charpentier, « *L'Art de la tragédie* de Jean de La Taille et la doctrine classique », [in] *Etudes sur Etienne Dolet, le théâtre au XVIᵉ siècle[...] à la mémoire de Claude Longeon*, 1993, pp. 151-160.

publié seulement en 1605, et celui de Pierre Laudun d'Aigaliers, publié en 1597 – se greffent à la fois sur les définitions et débats traditionnels, tout en tenant compte de l'évolution des genres dont ils sont les spectateurs ou les praticiens.

De cet ensemble, tirons au moins les définitions de départ, dans l'idée desquelles travaillent les dramaturges. La tragédie montre le malheur des grands et enseigne l'instabilité de la fortune ; la fin y est donc lamentable, horrible même, et le style élevé. Son vrai sujet, écrit Jean de La Taille, ne « traicte que de piteuses ruines des grands Seigneurs, que des inconstances de Fortune, que bannissements, guerres, pestes, famines, captivitez, execrables cruautez des Tyrans, et bref, que larmes et miseres extremes[15] » ; ce sujet, « poignant de soi », doit émouvoir la compassion et donc le dramaturge doit ménager ses effets sur les spectateurs. Les remarques de Jean de La Taille sur la technique dramaturgique – cinq actes qui commencent *in medias res*, les choeurs, l'unité de jour et de lieu, la décence – deviendront des règles classiques auxquelles tous les dramaturges de cette époque ne se soumettent d'ailleurs pas.

Quant à elle, la comédie est très anciennement définie comme « miroir de la vie » (*imitationem vitae, speculum consuetudinis, imaginem veritatis* », selon une phrase attribuée à Cicéron). A l'inverse de la tragédie, elle introduit des « personnes populaires » et leur fait tenir un langage familier ; ses cinq actes, après le Prologue, montrent successivement l'exposition de la situation (ou protase), le surgissement des difficultés et des obstacles, l'issue enfin (ou catastrophe), qui est « soudaine conversion des choses en mieux », pour reprendre les termes de Peletier du Mans. Elle parle d'amours, fait rire et se donne également un but moral en stigmatisant les vices. Un Larivey, qui répète à satiété que la comédie est « le mirouer de nostre vie », « vray mirouër de nos oeuvres », insiste beaucoup sur le profit moral que les spectateurs doivent tirer de ses comédies. En fait, la comédie ne tentera guère les dramaturges, fascinés surtout par la hautaine tragédie.

Il nous faudra revenir plus longuement sur l'esthétique des genres. Mais il est assez notable que nombre de ces textes théoriques s'occupent de la représentation des pièces, du théâtre, de la mise en scène, de l'acteur. Preuve, déjà, que ce nouveau théâtre littéraire était aussi un théâtre à jouer devant un public.

---

[15] *De l'art de la tragédie*, éd. Elliott Forsyth, avec *Saül* et *La Famine*, 1968, pp. 3-4.

La recherche du public

Ce théâtre littéraire fut évidemment publié et réédité, souvent d'ailleurs dans des livres de petit format, à la typographie serrée et sans grande beauté. Les dramaturges de « l'école artificielle et savante de Garnier et de Jodelle » – comme dit le jeune Sainte-Beuve, en un raccourci discutable à plus d'un égard[16] – voulaient être lus. Pour autant, ils ne se désintéressaient pas de la représentation. Contre des idées fausses longtemps admises, Raymond Lebègue a définitivement établi[17] que les auteurs écrivaient en vue de la représentation et qu'ils furent représentés tout au long du demi-siècle. Plus fondamentalement encore, ils assignaient au théâtre une fonction sociale.

Le théâtre et la cité

Thomas Sébillet regrette que nos jeux de théâtre soient une entreprise privée et n'aient pas l'éclat que des gouvernants à la recherche de la faveur populaire leur donnaient dans l'Antiquité ; mais il pense aux moralités et aux farces. Un an plus tard, quand Du Bellay appelle de ses voeux la restauration d'un théâtre à l'imitation de l'Antiquité, c'est aux rois et aux Etats qu'il en appelle : « si les roys & les republiques les vouloint restituer en leur ancienne dignité qu'ont usurpée les farces & moralitez[18] ». C'est-à-dire que le théâtre est l'affaire de la cité et concerne le pouvoir.

Les dédicaces s'adressent beaucoup au roi, à commencer par les louanges hyperboliques de Jodelle, au seuil de sa *Cléopâtre captive*, au roi Henri II ; il est le principal mécène, il peut commander une représentation et l'honorer de sa présence. Surtout, les fables tragiques semblent concerner au premier chef les princes ; elles semblent avoir été instituées à l'origine, affirme Bochetel, traducteur de l'*Hécube* d'Euripide[19], pour les princes – « pour remontrer aux rois et grands seigneurs l'incertitude et lubrique instabilité des choses temporelles ; afin qu'ils n'aient confiance

---

[16] *Tableau historique et critique de la poésie française et du théâtre français au XVIe siècle*, 1828, t. I, p. 392.

[17] Dans « La représentation des tragédies au XVIe siècle », article de 1951, repris dans ses *Etudes sur le théâtre français*, t. I, 1977, pp. 140-147.

[18] *Défense et illustration..*, livre II, chap. IV, *in fine*.

[19] Paris, 1550, p. 4 ; *La Tragédie d'Euripide nommée Hécuba* est d'ailleurs dédiée au roi.

qu'en la seule vertu ». Les tragédies devraient être lues, vues et méditées d'abord par les rois parce qu'elles constituent une leçon, rude parfois. Le thème courut jusqu'à Montchrestien, en passant par Jean de La Taille et Garnier.

Mais la tragédie n'est pas destinée seulement au roi, aux princes et aux grands personnages qui en sont systématiquement les dédicataires : elle est profitable à tous, « comme une école ouverte à tous venants », dit Montchrestien[20] ; son « clair enseignement » devrait toucher tout un chacun. Publiant ses traductions de Sénèque à une date où les idées d'Aristote ont commencé à circuler[21], Roland Brisset s'adresse longue-ment à ses lecteurs et, réfléchissant au plaisir tragique, montre comment le spectacle des malheurs nous dépouille de nos passions, nous apprend la vanité des grandeurs et nous entraîne à supporter les revers de la fortune. Qu'on saisisse là, presque à son origine, le contresens sur la *catharsis* aristotélicienne transformée en instrument de moralisation importe peu ; la conclusion de Brisset nous intéresse plutôt : loin de corrompre les moeurs, la tragédie, qui rétablit l'harmonie en l'homme et lui enseigne d'utiles préceptes, tend à « l'institution et règlement de la vie civile ». Forte conclusion : le théâtre tragique est profitable à l'Etat. Dans les épîtres dédicatoires ou dans les prologues de ses comédies, Larivey ne dit pas autre chose[22].

Si le théâtre est utile à la société, il convient que les rois s'y plaisent et s'y intéressent. « Pleust à Dieu que les Roys et les grands sçeussent le plaisir que c'est de voir reciter et representer au vif une vraye Tragedie ou Comedie en un theatre... », regrette Jean de La Taille dans son *De l'art de la tragédie* de 1572 ; c'est donc qu'à cette date le pouvoir royal ne semble guère s'intéresser au théâtre. Le célèbre développement de Montaigne à la fin du chapitre *De l'institution des enfants* (I, 26) le confirme, qui souhaiterait que les princes et les villes favorisent « ces esbattemens » et « plaisirs publiques », que les villes populeuses aient leur théâtre et reçoivent volontiers les comédiens pour des passe-temps « reglez ». Les « bonnes polices », dit Montaigne, « prennent soing d'assembler les citoyens et les rallier [...] aussi aux exercices et jeux ». Et,

---

[20] Epître à Henri de Bourbon, prince de Condé, en tête de l'édition de 1604 de ses tragédies.

[21] *Le Premier Livre du théâtre tragique de Roland Brisset* est publié à Paris, en 1589.

[22] Madeleine Lazard, « Du public italien au public français : épîtres dédicatoires et prologues de Pierre de Larivey », [in] *L'Ecrivain face à son public en France et en Italie à la Renaissance*, 1989, pp. 253-264.

de fait, si les rois firent peu finalement, l'activité théâtrale se développa néanmoins.

On sait dans quel difficile contexte historique[23] : de 1559 à 1598, la France, déchirée par les conflits religieux, est en proie aux guerres civiles. Cet état de guerre pratiquement ininterrompu ne pouvait permettre l'établissement d'une véritable institution théâtrale en France et entravait forcément les efforts, les initiatives et les activités de ceux qui tenaient au théâtre. Les malheurs du pays constituaient d'ailleurs une suffisante tragédie – les dramaturges tragiques le remarquent régulièrement. Mais, à l'inverse, ces pitoyables malheurs et, au-delà, sur le plan culturel, cette sorte d'automne de la Renaissance expliquent sans doute le goût pour le genre tragique, alors que la comédie resta peu cultivée ; le pessimisme de l'époque se complaisait naturellement dans la tragédie.

En tout cas, les auteurs de tragédies furent vite pris dans la tourmente – la comédie pouvait ne pas prendre l'histoire au sérieux, et la pastorale, qui va naître, l'oublier au profit d'un monde rêvé. Jusqu'à l'édit de Nantes, nombre de dramaturges furent des militants et se servirent du théâtre pour prendre parti dans la mêlée où ils furent bien engagés. Un fossé demeure entre un Robert Garnier qui, sous le voile de l'histoire romaine ou des légendes antiques, ne cesse de parler des malheurs de la France, et les extrémistes – protestants, catholiques et ligueurs – qui écrivent un véritable théâtre de propagande. Mais pour tous le théâtre est bien revêtu d'une mission sociale autant que morale, que devait favoriser l'impact d'une représentation.

Le théâtre rencontra inévitablement les pouvoirs, à commencer par le pouvoir royal à l'ombre duquel il voulait d'abord se développer. Mais les leçons de morale politique administrées par la tragédie ne devaient guère enthousiasmer les rois. Et il fallut attendre un Richelieu pour organiser la vie théâtrale en fonction de ses visées politiques. Les Valois, qui surent utiliser les spectacles monarchiques pour leurs desseins, ne se servirent ni de la tragédie ni de la comédie pour endoctriner ou endormir leur peuple[24] ; et ils n'allaient pas encourager la propagande de leurs adversaires religieux et politiques. Leur intérêt pour le théâtre fut ponctuel : spectacles à la cour, goût pour les nouveautés apportées par les comédiens italiens, goût pour la farce persistante. Ce relatif désintérêt n'est pas

---

[23] Voir Arlette Jouanna, *La France du XVIᵉ siècle. 1483-1598*, 1996.

[24] Marie-Madeleine Fragonard, « Du bon usage politique de la tragédie », [in] *Les Tragédies de Jean de La Taille, Cahiers Textuel*, n° 18, 1998, pp. 43-56.

exactement partagé par les Eglises ni par les autorités de justice et de police. L'Eglise catholique et les Eglises de la Réforme sont opposées au théâtre[25] : elles voudraient l'interdire à leurs fidèles et obligent les magistrats à encadrer l'activité théâtrale. Mais il est difficile de distinguer, dans la réglementation de cette période, ce qui a trait aux spectacles médiévaux et ce qui pouvait viser le nouveau théâtre[26] ; en tout cas, les entraves mises à l'activité des comédiens par l'Eglise et par les parlements, ainsi que le refus d'institutionnaliser les spectacles touchaient aussi la diffusion de ce théâtre.

Au total, le nouveau théâtre, qui méprisait le public populaire des jeux médiévaux[27], qui avait une haute idée de la fonction sociale du théâtre, et du théâtre effectivement représenté, trouva assurément des lecteurs mais, bien que joué régulièrement, ne parvint pas à se constituer un véritable public. C'en était fait d'un théâtre populaire à la manière médiévale ; en ce qui concerne le théâtre, les nouveaux genres consomment le divorce entre la culture des élites et la culture populaire[28].

Quels furent donc les spectateurs du nouveau théâtre, au gré des circonstances et des années? Régents, écoliers et étudiants avec leurs familles et leurs amis, notables : voilà devant qui on jouait dans les collèges, qui restèrent tout au long de la période des foyers très importants de diffusion de ce théâtre. La cour, foyer de vie intellectuelle et par ailleurs ouverte à l'Italie et à ses nouveautés dramatiques, les grands en leurs châteaux ou hôtels particuliers furent un autre foyer, mais infiniment moins important. Les comédiens professionnels atteignirent un public moins aristocratique, plus large – la bourgeoisie cultivée y tenait une bonne place – et probablement plus populaire. Il ne faut pas exclure enfin des représentations privées. Cela fait des conditions bien diverses pour la représentation des spectacles ; il ne faudra pas perdre de vue cette diversité et éviter les généralités.

---

[25] Voir toujours Jean Dubu, *Les Eglises chrétiennes et le théâtre (1550-1850)*, 1997.

[26] Voir Elisabeth Belmas, « La police du théâtre à l'âge classique », [in] *Théâtre et spectacles hier et aujourd'hui. Epoque moderne et contemporaine*, 1991, pp. 293-302.

[27] Dans le prologue de sa comédie de *L'Eugène*, Jodelle déclare vouloir contenter aussi « le plus bas populaire » (v. 20) – exception soulignée par Ubaldo Floris dans son article cité de 1983, « Farce et public populaire dans les théories dramatiques 'régulières' ».

[28] Voir Robert Muchembled, *Culture populaire et culture des élites dans la France moderne (XVᵉ-XVIIIᵉ siècle)*, 1978.

Les représentations

L'initiative en revient encore beaucoup aux amateurs. Dans les collèges bien entendu, adolescents et jeunes gens se font acteurs pour une représentation, jouant l'oeuvre de leur régent ou, plus âgés, celle d'un condisciple ambitieux ; des années après, les acteurs amateurs se souviennent encore de leur prestation d'alors, comme Jodelle et ses amis, comme Montaigne. Dans les cercles lettrés, qui tissent plus d'un lien avec régents et élèves des collèges, on s'adonne à des représentations privées. Amateurs aussi, à l'occasion, des personnes de la cour : en 1556, au château de Blois, la *Sophonisbe* traduite en français du Trissin est jouée par Marie Stuart, les princesses royales encore enfants et des dames de la cour[29].

Mais le phénomène le plus intéressant reste le développement des comédiens professionnels – comédiens ambulants puisqu'il n'existe pas de troupe fixe attachée à un théâtre. Nous avons signalé l'apparition, puis la multiplication des bandes de comédiens constituées de « compagnons joueurs » au XVIe siècle et fait remarquer ce glissement capital au cours du siècle : les comédiens qui avaient à leur répertoire les genres médiévaux devinrent des « joueurs de comédies » et des « joueurs de tragédies[30] ». C'est-à-dire qu'il faut bien admettre que les comédiens ambulants se sont emparés du répertoire nouveau et l'ont diffusé dans les provinces, à Paris et même à l'étranger, car dès la fin du XVIe siècle ils n'hésitaient pas à passer les frontières[31].

Les archives locales révèlent les contrats que passent ensemble les compagnons et le chef de troupe pour jouer, pendant le temps convenu, tel type de répertoire. Elles permettent parfois de soulever un peu le voile sur la condition de ces comédiens ambulants – tributaires des guerres, d'abord, soumis aux autorités, à leur permission, à leur réglementation soupçonneuse et tatillonne (les échevins vont jusqu'à fixer le prix des places). Telle chronique locale permet aussi d'entrevoir le rôle social que joue une troupe de passage dans une ville de province. Soit le cas du

---

[29] Raymond Lebègue, « Sophonisbe au château de Blois », article de 1946, repris dans ses *Etudes sur le théâtre français*, t. I, 1977, pp. 160-165.

[30] Voir *supra*, chap. I, pp. 20-23.

[31] Le XVIIe siècle amplifiera cette habitude : voir Charles Mazouer, « Le répertoire des comédiens ambulants à l'étranger et la diffusion du théâtre français », [in] *Horizons européens de la littérature française au XVII° siècle...*, 1988, pp. 289-298.

célèbre chef de troupe Valleran le Conte, qui est mentionné pour la première fois à Bordeaux comme « insigne comediant françois » (notez qu'il n'est plus question de *joueur*, mais de *comediant* – le *commediante* italien –, ou de *comédien* – qui en est la traduction française) en 1592[32], et qui connut une longue carrière dramatique, faisant alterner les séjours en province ou à l'étranger avec les passages parisiens à l'Hôtel de Bourgogne, associant sa troupe à celle d'Adrien Talmy ou avec des troupes italiennes et jouant beaucoup le théâtre d'Alexandre Hardy, le poète à gages de sa troupe. Le chroniqueur bordelais Jean de Gaufreteau montre que la cité attend et accueille avec curiosité et avidité les spectacles apportés par la troupe de passage, que le public s'intéresse assurément à la vie privée des comédiens (et surtout à celle d'une belle comédienne), mais qu'il est attentif à la qualité du jeu des acteurs. A cette époque et dans ce cas, on a affaire à des comédiens expérimentés, affirmés, qui mettent en valeur un répertoire nouveau auprès d'un public curieux de théâtre.

Du répertoire de Valleran à Bordeaux, on ne sait que les genres : la farce, la tragédie et la tragi-comédie – la farce impérissable et deux genres nouveaux. Les recherches de Raymond Lebègue[33] sur le répertoire des troupes ambulantes et sur celle de Talmy – Adrien Talmy, mis à part un séjour à Paris où il s'associa à Valleran le Conte et joua à l'Hôtel de Bourgogne, circula surtout dans le Nord pendant les dernières années du siècle – aboutissent à des conclusions nettes : si la moralité et la farce demeurent au répertoire, comédies, tragédies, tragi-comédies et pastorales s'imposent – inégalement sans doute[34] ; avec son petit groupe d'acteurs, Talmy a représenté sûrement trois tragédies de Garnier (*Les Juives*, *La Troade* et *Hippolyte*), la *Philanire* de Roillet et une pastorale de Nicolas de Montreux... Le nouveau théâtre a eu aussi ses acteurs professionnels.

On ne sait pas du tout où les comédiens ambulants donnaient leurs spectacles devant l'assemblée des spectateurs (on disait alors une

---

[32] Henri Lagrave, Charles Mazouer, Marc Régaldo, *La Vie théâtrale à Bordeaux...*, *op. cit.*, pp. 60-61.

[33] « Le répertoire d'une troupe française à la fin du XVI° siècle », article de 1948, repris dans ses *Etudes sur le théâtre français*, t. I, *op. cit.*, pp. 253-269.

[34] Alan Howe (« La place de la tragédie dans le répertoire des comédiens français à la fin du XVI° siècle et au début du XVII° siècle », *B.H.R.*, 1997, pp. 283-303) montre que la tragédie était peu appréciée du public parisien de cette époque et donc surtout connue par le livre...

chambrée – ce qui semblerait impliquer un lieu à l'intérieur). En plein air ou plutôt en salle? Dans quelque local communal? Dans une salle d'auberge ou dans un jeu de paume, comme ils le feront au XVIIᵉ siècle? Une salle de château, la grande pièce d'un hôtel particulier, la salle des actes ou la cour d'un collège se transformaient en lieu théâtral pour une représentation occasionnelle organisée par des amateurs. Il n'existait aucun bâtiment théâtral en province.

A Paris, il en existait un, l'Hôtel de Bourgogne[35], édifié en 1548 par les fameux confrères de la Passion. Pour leurs mystères – mais ils subirent presque aussitôt l'interdiction de jouer les mystères religieux –, ils avaient prévu une grande scène surmontée d'une scène plus petite. A part quelques loges le long des murs latéraux de la salle rectangulaire, les espaces réservés aux spectateurs étaient le parterre, où ils se tenaient debout et, au fond, les gradins de l'amphithéâtre. S'ils y jouaient peu eux-mêmes, les confrères gardèrent le monopole des représentations théâtrales parisiennes et régentaient donc les représentations des comédiens de passage qui étaient théoriquement obligés de s'installer chez eux. Ainsi, à partir de 1578, on voit défiler à l'Hôtel de Bourgogne troupes françaises (Agnan Sarat, Valleran le Conte et Talmy, Robert Guérin, dit Gros-Guillaume...) et étrangères (quelques troupes italiennes, celles qui ne refusaient pas de jouer chez les confrères, une troupe anglaise), qui louent le théâtre. En ce lieu, les spectateurs se tenaient fort mal. Quant à la mise en scène, elle devait rester proche des habitudes médiévales, de par la disposition des lieux.

Si l'on prend les choses d'un peu haut[36], la grande révolution scéno-graphique, qui vint d'Italie, est l'avènement de la scène d'illusion qui donne l'image exacte d'un lieu réel grâce à l'art de la perspective et du trompe-l'oeil. Cette révolution, que l'on doit aux peintres italiens et qui se manifeste à la fin du XVᵉ et au début du XVIᵉ siècle en Italie, toucha la construction des théâtres, les drames et la mise en scène, la réception des spectateurs enfin ; c'est la première grande révolution de l'histoire de

---

[35] Voir essentiellement S. Wilma Deierkauf-Holsboer, *Le Théâtre de l'Hôtel de Bourgogne, I : 1548-1635*, 1968 et *Histoire de la mise en scène dans le théâtre français à Paris de 1600 à 1673*, 1960.

[36] On peut s'aider des ouvrages suivants : Nicole Decugis et Suzanne Reymond, *Le Décor de théâtre en France du Moyen Âge à 1925*, 1953 ; T. E. Lawrenson, *The French Stage and Playhouse in the XVIIᵗʰ Century. A Study in the Advent of the Italian Order*, 2ᵉ éd. 1986 (1957) ; *Le Lieu théâtral à la Renaissance*, éd. Jean Jacquot, 2ᵉ éd. 1968 (1964).

la scénographie occidentale (**Planche 21**). Pendant deux siècles, l'Italie compliqua et perfectionna sa scénographie ; et, petit à petit, elle la diffusa et l'imposa dans toute l'Europe, selon une évolution variable et lente. La France, qui connaissait de diverses manières la réflexion et les réalisations scéniques italiennes, ne s'en inspira que très progressivement et d'abord dans les ballets, mascarades et autres spectacles de cour, ne serait-ce que parce qu'elle ne construisit pas de théâtre pour les mettre en pratique. La France ne possédait pas son *Teatro Olimpico* de Vicence!

Au demeurant, on ne sait rien de la mise en scène dans les collèges et presque rien non plus de celle des comédiens ambulants, Français ou Italiens de la *commedia dell'arte*, dans les salles de fortune ou à l'Hôtel de Bourgogne, pas grand chose même de certaines représentations de château ; pour la *Sophonisbe* de Blois, on a seulement la description des riches costumes. Il est à penser, dans tous les cas, que le décor, si décor il y avait, restait des plus rudimentaires ; sur des scènes de fortune ou d'occasion, il n'était pas question de construire un espace selon les lois de la perspective et encore moins d'utiliser une machinerie quelconque. On peut affirmer que la scène à l'italienne resta inconnue à l'essentiel des représentations théâtrales françaises du XVIe siècle. Sans doute, à lire tragédies et comédies nouvelles en imaginant leur possible mise en scène, observe-t-on une certaine tendance vers l'unité de lieu[37], qui tient aux modèles suivis et aux idées qu'on se faisait des représentations de l'Antiquité. Mais la multiplicité des lieux juxtaposés, qui était la caractéristique de la mise en scène simultanée des mystères médiévaux[38], ne sera vraiment congédiée qu'au cours du XVIIe siècle.

Les nouvelles idées scéniques se sont pourtant infiltrées chez nous.

Tous les humanistes connaissaient Vitruve et le livre V de son *Architecture* consacré au théâtre, qui leur donnaient l'idée du spectacle et de la décoration antiques. Mêlant la reconstitution archéologique et le

---

[37] Raymond Lebègue, « Unité et pluralité de lieu dans le théâtre français (1450-1600) », [in] *Le Lieu théâtral à la Renaissance, op. cit.*, pp. 347-355 ; repris dans ses *Etudes sur le théâtre français*, t. I, *op. cit.*, pp. 148-159.

[38] Ce sont aussi les dispositifs médiévaux que semblent refléter les bois gravés si discutés du Térence publié à Lyon, en 1493, par Trechsel. Raymond Lebègue (« Le Térence de Trechsel », contribution de 1964 reprise dans ses *Etudes sur le théâtre français, op. cit.*, pp. 129-139) doit avoir raison contre T.E. Lawrenson et Helen Purkis (« Les éditions illustrées de Térence dans l'histoire du théâtre... », [in] *Le Lieu théâtral à la Renaissance, op. cit.*, pp. 1-23).

langage nouveau de la perspective (qui ne sont peut-être pas compatibles), architectes et scénographes italiens aboutirent à la scène d'illusion ; l'architecte bolonais Sebastiano Serlio, que François Ier fit venir en France en 1541 et qui y mourut en 1554, fut le grand vulgarisateur de la scène en perspective. Son *Secundo libro di perspettia,* publié à Paris en 1545 et aussitôt traduit (*Second Livre de Perspective*) par Jean Martin, résume un demi-siècle de technique théâtrale[39]. On y lit un hymne à la scène d'illusion, à sa machinerie et aux autres artifices qui donnent un si grand contentement à l'oeil ; et, avant de s'occuper des lumières, du bruitage et autres feintes, il décrit son théâtre avec les trois types de décor repris de Vitruve – *scena tragica*, *scena comica* (**Planches 22 et 23**), *scena satyrica*.

Alors que les princes italiens bénéficiaient depuis longtemps de décors en perspectives et de machineries dans les salles des fêtes de leurs palais, la représentation de la comédie de la *Calandria* à Lyon, en 1548, devant la cour, fut une révélation ; le metteur en scène, les comédiens, les musiciens étaient italiens et firent admirer au roi et aux Lyonnais la décoration et une machinerie à l'italienne[40]. Il est notable que cette somptuosité se déployait non dans la comédie elle-même, mais dans les divertissements indépendants de la comédie (prologue, intermèdes, épilogue).

De tels intermèdes – *intermedio* ou *intermezzo* en italien ; *intermedie* ou *entremets* aussi en français –, venus d'Italie, seront adoptés en France[41]. Laissant de côté ceux qui orneront *Le Brave*, comédie de Baïf représentée sur ordre du roi en l'Hôtel de Guise, en janvier 1567, mettons en valeur ceux qui furent mêlés à la représentation d'une pastorale de Nicolas de Montreux, l'*Arimène*, que le duc de Mercoeur fit donner à Nantes en février 1596 ; la grande salle du château accueillit des machines du plus haut intérêt pour l'historien de la machinerie au XVIe siècle[42]. Voleries de dieux, combat naval, escamotages de personnages dans les dessous, monstres articulés : la mythologie et l'histoire grecques, avec leur

---

[39] Voir Hélène Leclerc, *Les Origines italiennes de l'architecture théâtrale moderne...*, 1946 (Slatkine Reprints, 1975).

[40] Voir Raymond Lebègue, « Les représentations dramatiques à la cour des Valois », article de 1956 repris dans ses *Etudes sur le théâtre français, op. cit.*, pp. 166-172.

[41] Voir Helen M. C. Purkis, « Les intermèdes à la cour de France », *B.H.R.*, 1958, pp. 296-309.

[42] Voir Charles Mazouer, « Les machines de théâtre au XVI° siècle », [in] *L'Invention au XVI° siècle*, 1987, pp. 197-218.

merveilleux, avaient besoin d'une technologie pour produire l'illusion ; on retient particulièrement les quatre pentagones au mouvement invisible – ces machines tournantes renouvelées de l'Antiquité (périactes ou *telari*) qui occupaient le fond de la scène et permettaient cinq décors différents selon les sujets respectifs des actes de la pastorale et des « intramèdes ». Ici, la scène d'illusion à l'italienne a trouvé sa version française. Quand nous étudierons les pastorales et les pièces de cour, nous reviendrons sur de tels aspects spectaculaires.

Un trait commun de ces divertissements est l'usage de la musique ; ce n'est pas une nouveauté au théâtre : la place de la musique est importante dans tout le théâtre médiéval. Avec ses chœurs, la tragédie nouvelle peut proposer, nous le verrons, une partie musicale importante.

Ainsi, du point de vue de la scène, nous dirions volontiers que le XVIᵉ siècle est une période de passage ; en tenant compte des lacunes considérables de la documentation et du nombre de représentations données dans des conditions assez élémentaires, on peut affirmer que, malgré la volonté de retrouver l'Antiquité, malgré les révolutions scéniques italiennes qui ont été connues voire imitées dans quelques spectacles, la mise en scène n'évolue que très lentement et très partiellement par rapport aux habitudes médiévales. Sauf exception, le spectateur ne put encore regarder la scène comme s'il contemplait directement la réalité[43].

---

[43] Voir Marinus Elling, « Théories dramatiques sur la présence du spectateur », [in] *Dramaturgie et collaboration des arts au théâtre*, 1993, pp. 191-202.

CHAPITRE VII

LA TRAGÉDIE
ET LA TRAGI-COMÉDIE

La tragédie représente vraiment la part essentielle, brillante et privilégiée du nouveau théâtre de l'époque. En volume déjà : de 1550 à 1610, entre cent et cent cinquante tragédies ont été composées, contre une vingtaine de comédies. Nul autre genre ne marque mieux la rupture avec le théâtre médiéval des mystères et des moralités ; et le long succès de ces dernières, où certains théoriciens du milieu du siècle voyaient une sorte d'équivalant de la tragédie grecque et qui de fait permirent au public de passer par glissement au genre nouveau de la tragédie[1], ne va pas là contre. La tragédie imitée des modèles antiques n'a rien à voir avec les moralités et les mystères ; une nouvelle forme s'impose, avec ses sujets et sa vision du monde. En France comme dans les autres pays d'Europe occidentale, les humanistes redécouvrent, fascinés, ce joyau de la culture antique qu'est la tragédie et veulent en enrichir leur propre culture. La tragédie adaptée de l'Antiquité est bien l'invention théâtrale du XVIe siècle.

De Théodore de Bèze et de Jodelle à Montchrestien et à Claude Billard se déploie l'art de la tragédie humaniste, non sans inflexions et évolutions dans la dramaturgie et dans la pensée tragique – l'apparition de la tragicomédie, extrêmement timide, représentant une de ces inflexions. Notre présentation, qui s'attachera successivement à l'esthétique de la tragédie, aux sujets tragiques et à la pensée qu'ils mettent en scène, aux grands dramaturges de ce demi-siècle enfin, ne devra jamais oublier les grandes lignes d'évolution du genre[2].

---

[1] Voir *supra*, chap. III, pp. 64-65.

[2] Rappelons ici, une fois pour toutes, les manuels classiques consacrés à la tragédie du XVIe siècle : Emile Faguet, *Essai sur la tragédie française au XVI° siècle (1550-1600),* 1883 ; Gustave Lanson, *Esquisse d'une histoire de la tragédie française,* nelle éd. revue et corrigée, 1954 (1920) ; Raymond Lebègue, *La Tragédie française de la Renaissance,* 2e éd. revue et augmentée, 1954 ; Elliott Forsyth, *La Tragédie française de Jodelle à Corneille (1553-1640). Le thème de la vengeance,* éd. revue et augmentée, 1994 (1962) ; Jacques Morel, *La Tragédie,* 1964 ; Jacques Truchet, *La Tragédie classique en France,* 3e éd . corrigée, 1997

L'ESTHÉTIQUE

A l'origine, donc, la fascination qu'exerce sur les traducteurs et les jeunes dramaturges les tragédies des Anciens : il semble – écrit Bochetel dans la dédicace au roi son souverain de la traduction de l'*Hécube* d'Euripide – que les tragiques « surpassent tous autres écrits en haulteur de style, grandeur d'argumens et gravite de sentences[3] ». Ce sont ces œuvres belles que l'on va imiter, à partir desquelles la tragédie française va se définir et déterminer sa forme.

Enrichir la langue et la littérature françaises

Les traducteurs déjà, en passant d'une langue à l'autre (et en avouant leur difficulté particulière avec le grec, surtout le grec des chœurs tragiques), travaillent au profit « des amateurs de l'une et l'autre langue[4] » et ont conscience d'enrichir notre langue qui, se plaint Sébillet en 1549, est « encore rude et pauvre[5] ». Voilà pourquoi, la même année, Du Bellay invite les jeunes écrivains à enrichir et à amplifier la langue par l'imitation des Anciens ; en se fondant sur les archétypes de l'Antiquité, ils rétabliront la tragédie « pour l'ornement » de la langue[6]. *Illustration* de notre langue.

Comprenons qu'en transportant en français les fables, les pensées et les sentiments des œuvres tragiques anciennes, on obligeait la langue à s'ouvrir à ce qu'elle n'avait jamais connu, à exprimer ce qu'elle n'avait jamais dit et à inventer pour cela un vocabulaire, une phraséologie, un style neufs. Le vers français dut être capable de formuler des situations et des idées tragiques jusqu'alors inouïes, rivalisant par là avec la poésie latine. On peut juger diversement cette langue tragique créée par la Renaissance française – des « paroles bien choisies et éloignées de la

---

(1975) ; Françoise Charpentier, *Pour une lecture de la tragédie humaniste. Jodelle, Garnier, Montchrestien*, 1979 ; Madeleine Lazard, *Le Théâtre en France au XVI° siècle*, 1980 ; Gillian Jondorf, *French Renaissance Tragedy. The dramatic Word*, 1990 ; Christian Delmas, *La Tragédie de l'âge classique (1553-1770)*, 1994.

[3] *La Tragédie d'Euripide nommée Hécuba*, 1550, p. 4.

[4] Traduction par Baïf de la *Tragédie de Sophocle intitulée Electra*, 1537, extrait du soustitre.

[5] *L'Iphigénie d'Euripide*, tournée de grec en français par Sébillet, 1549.

[6] *La Défense et illustration de la langue française*, Livre II, chap. IV.

façon de parler du vulgaire », écrit encore en 1584 Jean Robelin[7] – qui,
pour s'opposer aux langages du théâtre médiéval et à leur simplicité,
recherchait tant l'emphase. Il n'empêche que par là s'enrichissait notre
langue. Par là aussi, des pensées nouvelles s'introduisaient dans notre
univers culturel.

Beaucoup plus que vers les Grecs – Sophocle et Euripide, en fait –, le
goût des dramaturges humanistes les porta vers Sénèque, et même vers
certains aspects des tragédies de Sénèque[8]. C'est Sénèque surtout qu'ils
imitèrent et qui fut leur modèle pour la constitution d'une tragédie
française, à l'égal des autres pays de l'Europe renaissante[9]. Quelles que
soient les autres sources où ils puisèrent, nos dramaturges furent d'abord
marqués profondément par les sujets, la manière, le style et la philosophie
des neuf ou dix tragédies de Sénèque.

On retrouva chez nous ces malheurs terribles, tissés de violences et de
cruautés, qui sont l'objet de lamentations, de longs récits ou montrés sur
le scène. On retrouva cette rhétorique travaillée, ampoulée parfois, ce style
déclamatoire, grandiloquent, parfois passablement forcené, sur quoi nos
dramaturges n'eurent que trop tendance à renchérir – car Sénèque est
moins bavard, plus nerveux dans son écriture. De même, la psychologie
du Latin est beaucoup plus aiguë, les Français oubliant un peu les personnages au profit de leurs discours. La tragédie sénéquienne donnait à
penser, multipliant les sentences ou les débats qui retrouvent vite le moule
de la stichomythie. Dans leur recherche d'un enseignement moral, les
Français firent là leur miel et suivirent d'autant plus volontiers Sénèque.

Sénèque développe aussi une philosophie, celle de personnages aux
prises avec leur destin. Plus que les dieux régulièrement pris à parti, une
Fortune capricieuse régit la vie humaine ; deux beaux vers de *Phaedra*
disent cela :

Res humanas ordine nullo
Fortuna regit[10]...

---

[7] *Au lecteur* de sa *Thébaïde*.

[8] Voir le bilan établi par R. Lebègue, aux pp. 468-474 de sa *Tragédie religieuse en
France...*, *op. cit.*

[9] Voir *Les Tragédies de Sénèque et le théâtre de la Renaissance*, 1964, et Gordon Braden,
Renaissance tragedy and the Senecan tradition, 1985.

[10] Vers 977-978.

Face aux malheurs qui éprouvent l'homme, la philosophie stoïcienne recommande la confrontation courageuse ; le héros supporte le malheur avec courage (« *[...] animo ruinas [...] capis magno tuas*[11] »), brise l'adversité (« *adversa [...] perfringe*[12] »), si besoin est par le suicide, puisque aussi bien il n'y a rien après la mort : « *Post mortem nihil est ipsaque mors nihil*[13] ».

Philosophie séduisante, surtout aux temps tragiques dans lesquels vivaient nos dramaturges, et qui était revêtue du prestige d'un grand ancien ! Mais cette philosophie n'était pas toujours compatible, c'est le moins qu'on puisse dire, avec les convictions des modernes chrétiens. Un Garnier s'en avisa, même quand il imita de très près : il condamna le suicide et formula une autre idée de la divinité et de sa Providence[14].

Tel était le risque de l'imitation de Sénèque. Il reste que grâce à lui naquit une tragédie nationale.

L'art de la tragédie

Pendant les vingt premières années de son développement, la tragédie se passa d'un effort théorique d'élaboration de son art. Les préfaces, les arts poétiques et les dictionnaires[15], qui la rapprochaient volontiers de la moralité, se contentaient d'une définition.

Définitions

Les traducteurs commencèrent, à partir des tragédies antiques. Signalons cette remarque de Bochetel, unique à cette date (1550) : la tragédie est feinte qui trompe et déçoit le spectateur en lui faisant croire que les fables représentées, si bien imitées, sont véritables[16]. Quoi qu'il en soit, la tragédie nous fait entrer chez les grands et nous montre leurs malheurs.

---

[11] *Hercules furens*, v. 412.

[12] *Ibid.*, vers 1274-1275.

[13] *Troades*, v. 397.

[14] Voir Raymond Lebègue, « Les tragédies de Sénèque et le théâtre de la Renaissance », [in] *Etudes sur le théâtre français*, I, 1977, pp. 180-194.

[15] Voir Mariangela Miotti, « La definizione di 'tragedia' in alcuni dizionari francesi del cinquecento », [in] *Parcours et rencontres. Mélanges [...] Enea Balmas*, 1989, t. I, pp. 489-507.

[16] Dans la dédicace de sa traduction d'*Hécube*.

« Ce ne sont que pleurs, captivitez, ruines et désolations de grans princes, et quelque fois des plus vertueux », continue Bochetel[17] ; les tragédies ont même été inventées pour ceci, « pour remonstrer aux roys et grans seigneurs l'incertitude et lubrique instabilite des choses temporelles ». Lazare de Baïf donnait déjà, avant sa traduction d'*Electre*, cette *Définition de tragédie* : « Tragedie est une moralite composee des grandes calamitez, meurtres et adversitez survenues aux nobles et excellentz personnages... » De fait, les tragédies antiques sont pleines de crimes horribles – sauf exception, comme le souligne Buchanan au seuil de sa traduction latine de l'*Alceste* d'Euripide. Tous les auteurs anciens[18] montrent des grands personnages dans le malheur, déclare Roland Brisset aux lecteurs de sa traduction du théâtre de Sénèque[19]. La tragédie, c'est une reine qui a du malheur, dira Jean Anouilh !

Ainsi sera définie la tragédie française, par les dramaturges et par les auteurs d'arts poétiques, qui mettront l'accent sur les retournements, « les effects de Fortune maligne[20] ». Jacques Peletier, en 1555 : la matière et les sujets de la tragédie « sont occisions, exils, malheureux définements [fins] de fortune, d'enfants et de parents[21] ». Jean de La Taille, en 1572 : la tragédie, – « genre de Poësie non vulgaire, mais autant elegant, beau et excellent qu'il est possible » – ne traite que des ruines pitoyables des grands seigneurs, des inconstances de Fortune, des bannissements, guerres et autres exécrables cruautés, « et bref, que larmes et miseres extremes[22]... » Vauquelin, à partir de 1574 : la « brave Tragedie » est née pour montrer « que l'homme à tous propos peut la mort rencontrer », que sa vie est tissée de maux et de malheurs ; elle s'attache en particulier à donner le spectacle des « desastres soudains » des princes et des rois[23]. Ou encore, du même : le sujet tragique est un fait imité

---

[17] Nombre de ces textes sont repris dans les anthologies citées *supra*, chap. VI, n. 11, p. 182.

[18] Qui étaient « comme ensevelis dans le cercueil de la barbarie » et que cet âge a ressuscités, précise Roland Brisset, en 1589.

[19] Tours, 1589.

[20] Jean de La Taille, Sonnet au Prince de Navarre, v. 1, à la suite de *Saül*.

[21] *Art poétique*, Second Livre, chap. VII (pp. 303-304 de l'éd. Francis Goyet des *Traités de poétique et de rhétorique de la Renaissance*, 1990).

[22] *De l'art de la tragédie* (pp. 3 et 4 de l'éd. E. Forsyth du théâtre de Jean de La Taille, 1968).

[23] *L'Art poétique françois*, éd. Georges Pellissier, 1885, Livre II, vers 445 *sq.*

De chose iuste et graue, en ses vers limité :
Auquel on y doit voir de l'affreux, du terrible,
Vn fait non attendu, qui tienne de l'horrible,
Du pitoyable aussi[24]...

Eu égard à sa date tardive (1597), *L'Art poétique français* de Pierre Laudun d'Aigaliers, qui prend ses distances avec la tragédie selon Garnier, reflète bien un changement de goût. Après avoir rappelé que la tragédie met en scène des grands personnages et qu'on y traite des affaires d'Etat, il donne sa définition : « Les choses ou la matiere de la Tragedie sont les commandemens des Roys, les batailles, meurtres, viollement de filles et de femmes, trahisons, exils, plaintes, pleurs, cris, faussetez et autres matieres semblables[25]... » L'accumulation est impressionnante et prend encore plus de relief quand on lit, quelques lignes plus bas : « Plus les Tragedies sont cruelles plus elles sont excellentes[26] ». Disons qu'il y a là une insistance sur l'horreur et sur le goût de l'horreur qu'on trouvait moins auparavant et qui dénonce sans doute à plein l'esprit baroque. Mais des malheurs horribles subis par les grands ont de bout en bout été la matière de la tragédie humaniste. Comme le répète Claude Billard en 1610, là « où il y a effusion de sang, mort, et marque de grandeur, c'est vraie matière tragique[27] ». Et cette matière tragique se résout dans l'issue terrible, fatale et lamentable, cette catastrophe définissant dès longtemps la tragédie par opposition à la comédie.

Règles et théories

Ces définitions ne constituent pas un art et encore moins une tragédie régulière. Nous avons dit au chapitre précédent quels traités anciens servirent de base à la réflexion des dramaturges du XVIe siècle ; sans être totalement ignoré, Aristote n'a droit qu'à quelques allusions, chez Grévin, en 1561, qui l'associe à Horace, ou chez Rivaudeau, en 1566, avant d'influencer davantage Jean de La Taille, en 1572. De toute façon, jusqu'à ce dernier il n'y a pas de véritable traité de l'art dramatique ; un Grévin ou un Rivaudeau ne fournissent que quelques remarques ou quelques

---

[24] Livre III, vers 153-157 .

[25] Ed. Jean-Charles Monferran, 2000, Livre cinquième, chap. IV, p. 202.

[26] P. 204.

[27] *Tragédies françaises*, 1610, *Au lecteur.*

règles. Après Jean de La Taille, les arts poétiques consacreront une place respectable au théâtre[28].

Le court mais dense *De l'art de la tragédie* de La Taille, publié en 1572, impose la dignité du genre tragique : écrire, et écrire des tragédies est une occupation noble, plus noble que les occupations factices et sottes des courtisans, qui méprisent bien à tort les hommes de lettres. Et il a conscience dans son traité de révéler les « secrets de l'art[29] » de composer des tragédies. Ce faisant, il s'oppose non seulement aux moralités et farces du Moyen Age, mais aussi aux comédies et tragédies composées « sans art ny science » par des rimailleurs qui trouvent malheureusement à être édités et qui pensent qu'on peut devenir « excellent en cest art, avec une fureur divine sans suer, sans feuilleter, sans choisir l'invention, sans limer les vers[30] ». Faire des tragédies est un métier, un véritable art, qu'on apprend à l'imitation des Anciens. C'est cet art qu'il développe dans le traité, sous la forme prescriptive ; Jean de La Taille donne les règles pour la composition d'une tragédie.

Sans être explicitées aussi complètement ailleurs, ces quelques règles sembleraient admises et pratiquées par les dramaturges. En réalité, plus le siècle avance vers sa fin, plus certains auteurs se dégagent de ces contraintes et prennent des libertés dont le théoricien Laudun d'Aigaliers se fait le chantre ; son *Art poétique français* de 1597 ne cesse de discuter les règles admises et argumente solidement en faveur de la transgression de certaines contraintes, au nom de la vraisemblance et du goût moderne, afin de contenter le peuple. Même si l'expression paraît un peu forte – jamais la dramaturgie du XVIe siècle n'a été corsetée par les règles comme le théâtre du XVIIe siècle ; et l'irrégularité de certains dramaturges de la fin du siècle reste relative –, Raymond Lebègue a eu raison de signaler, après Lanson, le développement d'une tragédie irrégulière[31].

Quels domaines touchent ces règles ? Quelles prescriptions formulent-elles ? Sans être exhaustif, je pointe quelques aspects, en particulier quand ils sont l'objet de contestations.

---

[28] A la bibliographie du chapitre précèdent, ajouter l'intervention de Françoise Charpentier sur « Les poétiques du langage dramatique en France au XVIe siècle » (Table ronde de la *Revue de littérature comparée*, n° 1, janvier-mars 1977, pp. 304-305).

[29] P. 8. André de Rivaudeau avait déjà cette conscience, mais à un degré bien moindre, et il ne l'exploita guère.

[30] Pp. 10 et 11.

[31] Chap. IX, pp. 85-93, de sa *Tragédie française de la Renaissance*, 1954.

L'essentiel porte évidemment sur la dramaturgie. Faut-il suivre les restrictions des Anciens et se limiter à un petit nombre de personnages ? Assurément, dit encore Vauquelin. Non, rétorque Laudun d'Aigaliers ; il faut changer, « car il n'y a personne pour le jourd'huy qui voulut avoir la patience d'oüir une Tragedie en forme d'Eglogue, n'estant que de deux personnages, et cependant la tragedie n'est faicte que pour contenter le peuple, ce qui adviendroit tout au contraire, car plustost l'on s'ennuyeroit que d'y avoir contentement[32] ». Argument fort intéressant : la tragédie semble avoir élargi son public et au nom de l'intérêt des spectateurs Laudun récuse cette suite d'interminables tirades entre deux personnages ; accroître le nombre des personnages permet de nourrir et d'animer l'action. Signe d'une évolution de la dramaturgie sur laquelle il faudra revenir et qui annonce quelque peu Alexandre Hardy. Seul Jean de La Taille parle du caractère moral du héros qui, selon Aristote, ne doit être ni tout à fait bon, ni tout à fait mauvais.

« Il faut tousjours representer l'histoire ou le jeu en un mesme jour, en un mesme temps, et en un mesme lieu[33] » : c'est une des premières règles que formule Jean de La Taille. Rivaudeau déjà, dans l'*Avant-parler* de son *Aman* (1566), avait rappelé la règle aristotélicienne de l'unité de jour[34], en l'associant d'ailleurs au refus du *deus ex machina* utilisé pour le dénouement. Vauquelin laisse l'unité de lieu et mentionne l'unité de temps. Mais Laudun ne développe pas moins de cinq arguments solides pour refuser cette règle[35] – celui-ci notamment, qui touche au vœu d'une tragédie à la matière, à l'action plus nourrie, vraisemblable et crédible : « [...] si il faloit observer ceste rigueur l'on tomberoit en des grandes absurditez pour estre contraincts introduire des choses impossibles et incredibles pour embellir nostre Tragedie, ou autrement elle seroit si nuë qu'elle n'auroit point de grace : car outre que ce seroit nous priver de matiere, aussi n'aurions nous pas moien d'embellir nostre poëme des discours et autres evenements[36] ».

---

[32] Pp. 203-204.

[33] P. 5.

[34] « Mais ces tragédies sont bien bonnes et artificielles, qui ne traitent rien plus que ce qui peut être advenu en autant de temps que les spectateurs considèrent l'ébat » (éd. Mariangela Miotti, vol. 3 du corpus du *Théâtre français de la Renaissance*, 1990, p. 19, l. 37-39).

[35] C'est tout le chap. IX du Livre cinquième.

[36] P. 216.

Juste après la règle des unités de lieu et de temps, Jean de La Taille proscrit sur scène les spectacles indécents, comme les meurtres et autres sortes de mort. Les dramaturges ne se sont pas toujours beaucoup souciés de cette règle ! Laudun visiblement la rejette et fait remarquer malicieusement que, si l'on suit le précepte d'Horace, « la moitié de la Tragedie se joüe derriere le Theatre[37] »...

Quant à la mise en forme, l'accord se fait généralement sur l'alexandrin à rimes plates, que peut remplacer le décasyllabe ; on renâcle parfois à la nécessité des rimes riches. Le vers en tout cas est nécessaire pour la langue hautaine de la « grave tragédie » ; on veut une langue ornée de tous les ornements de la poésie : sentences, similitudes, etc. Jamais ne sont mises en cause les formes de l'échange : succession de longues tirades ou stichomythie ; en 1610, Claude Billard avoue bien que ses monologues peuvent être un peu longs, mais il les justifie : « ils sont la naïve représentation de nos pensées, nos espérances et nos desseins, qui bien souvent nous entretiennent plus longtemps qu'une simple tirade de cent ou deux cents vers[38] ».

La division en cinq actes est de règle, et chaque acte, selon Jean de La Taille, doit avoir son sens complet. Ils sont séparés par des chœurs dont la fonction est nettement définie (nous reviendrons sur leur esthétique) : « une assemblee d'hommes ou de femmes – dit Jean de La Taille – , qui à la fin de l'acte discourent sur ce qui aura esté dit devant[39] ». Vauquelin précise davantage : le chœur, qui exprime le point de vue de l'auteur, « de la vertu doit estre la defence[40] » ; il donne des conseils pleins de sagesse, loue l'effort de la vertu, la justice, la paix, apaise l'âme courroucée, prie les dieux, ôte la douleur aux humbles affligés et prédit le malheur aux orgueilleux[41]. Laudun, qui reproche à Garnier d'avoir introduit des chœurs ailleurs qu'entre les actes, a une seule phrase à ce sujet[42] : « Les chœurs declarent tousjours la verité du faict, et deplorent la fortune de ceux qu'on represente, ou loüent leurs beaux faicts ».

---

[37] P. 205.

[38] *Tragédies françaises*, 1610, *Au lecteur*.

[39] P. 8.

[40] Livre II, v. 467.

[41] Vv. 469-486.

[42] Au chap. VII du Livre cinquième, p. 212.

Les meilleurs d'entre les théoriciens songent au spectateur et aux effets que produit sur lui le spectacle tragique. Jean de La Taille insiste sur l'émotion du spectateur, « veu que la vraye et seule intention d'une tragedie est d'esmouvoir et de poindre merveilleusement les affections d'un chascun[43] » ; d'où la nécessité d'un sujet poignant et de héros capables de susciter la pitié (donc ni absolument bons ni absolument mauvais). Cette excitation des passions passera telle quelle dans la doctrine classique ; il est bon qu'on pleure à la tragédie. Traitant de la disposition d'une tragédie, Jean de La Taille n'oublie pas l'intérêt du spectateur et indique que le « principal point » de la tragédie est qu'elle « change, transforme, manie, et tourne l'esprit des escoutans deçà delà », afin de les faire passer de la joie à la tristesse ou l'inverse[44]. Laudun renchérit évidemment : la construction de la tragédie doit être soignée « afin de tenir tousjours les spectateurs beants[45] ».

Seul Roland Brisset, dans un texte décidément fort original, s'interroge sur le plaisir paradoxal du spectateur de tragédie : pourquoi est-ce le spectacle du malheur qui provoque son plaisir ? C'est que la tragédie nous dépouille de nos passions – férocité, ambition, convoitise, vanité des grandeurs – par le tableau de l'instabilité du monde. *Catharsis,* en quelque sorte ! Mais la *catharsis* aristotélicienne commence bien d'être prise à contresens, comme bienfait moral sur les passions : « nous nous trouvons rétablis en un meilleur état de nous-mêmes, consolés en nos afflictions, modérés en nos désirs et plus contents de nos fortunes[46] ». Pour cette purgation des passions qui rétablit l'harmonie chez eux (avec un profit second sur la concorde civile), les spectateurs doivent probablement s'identifier aux héros du spectacle, ou au moins les considérer comme vrais – pour reprendre une problématique bien moderne. Aucune spéculation sur ce point n'apparaît évidemment au XVIe siècle.

Il va de soi que tous les théoriciens insistent sur les leçons de la tragédie. La tragédie est une école, elle donne des exemples pour la vie morale, des leçons de philosophie sur le sens de cette aventure tissée de malheurs et de revers. Elle doit viser particulièrement et toucher les princes, disait Charles Estienne, dès 1542 ; elle est utile aux rois et école

---

[43] P. 4.

[44] Pp. 6-7.

[45] P. 201.

[46] *Aux lecteurs* du *Premier Livre du théâtre tragique de Roland Brisset.*

pour tous, reprend Montchrestien. Représentant au vif les accidents de la vie, les coups de la Fortune, les voies et les jugements de la Providence, elle est exemple ; elle apprend ainsi – selon la vision particulière du dramaturge Montchrestien – « à mépriser les choses grandes de ce monde, seule et divine grandeur de l'esprit humain, et à tenir droite la raison parmi les flots et tempêtes de la vie, seul et plus digne effet qui dépende de notre disposition[47] ».

De *l'échafaud* ou de *l'étage*, comme dit Vauquelin – c'est-à-dire de la scène et de ses acteurs –, il n'est pratiquement jamais question. C'est pourquoi il faut louer Jean de La Taille de réclamer de bons acteurs – « des personnes propres », aux « gestes honestes » et à la prononciation naturelle, également éloignée du pédantisme et du badinage[48]. La réalité dut s'éloigner de cet idéal et, les textes s'y prêtant par trop, donner dans l'emphase et la diction ampoulée ! Mais on vérifie le caractère assez complet du petit traité de Jean de La Taille.

Au total, ces efforts théoriques ne manquent pas d'intérêt. Mais il ne faut pas les surestimer, ni surestimer leur efficacité sur les dramaturges. Nous ne sommes pas encore au XVIIe siècle !

La forme de la tragédie

La facture des tragédies se déduit en partie des règles énoncées par les arts poétiques ; on y reviendra aussi, fatalement, lors de l'étude des œuvres. Il n'est pas inutile, néanmoins, de fournir au lecteur, dès maintenant, des remarques générales sur la forme tragique de cette période[49]. Mais on n'oubliera pas qu'en même temps que la production de tragédies augmente – très nette accélération dans les deux décennies qui encadrent l'année 1600 –, et que les générations se succèdent, le genre évolue : la tragédie est mise au point, exploitée et menée à une sorte de perfection (Robert Garnier), mais aussi renouvelée par l'originalité de grandes œuvres (Jean de La Taille, Montchrestien), voire un peu transformée par des exigences nouvelles. En tenant compte de ces

---

[47] Dédicace au Prince de Condé de l'édition de 1604 de ses *Tragédies* (éd. Jacques Scherer du *Théâtre du XVIIe siècle*, I, 1975, p. 4).

[48] P. 9.

[49] Voir surtout les développements de Françoise Charpentier sur la « Typologie du discours tragique », p. 9-44 de son *Pour une lecture de la tragédie humaniste...* de 1979. Gillian Jondorf, *French Renaissance Tragedy...*, 1990, est plutôt sommaire sur cet aspect.

inflexions, il est possible de dégager quelques vues sur la forme de la tragédie de 1550 à 1610. Et il faudrait commencer par redire le poids de l'imitation : imitation des tragédies antiques à la lettre ou adaptées, dans les événements, les personnages, les dialogues, les chœurs ; imitation plus large de beaux morceaux de la littérature antique dont on veut enrichir la tragédie française. Voilà qui pèse lourdement sur la forme de notre tragédie humaniste.

La dramaturgie tragique

En ce qui concerne la dramaturgie, le lecteur moderne – qui revient volontiers à la définition répétée d'Aristote, selon laquelle la tragédie présente des personnages agissant, en action – se trouve désarçonné : l'action dramatique est mince, guère montrée dans une intrigue, et l'issue en est connue d'avance ; ce que l'on voit sur la scène, ce ne sont pas les faits, mais leur récit et leurs conséquences sur les personnages qui les déplorent et se lamentent longuement devant nous. Comme le dit Gustave Lanson[50], le fait tragique « est donné, non produit ». Ce qui nous est montré, c'est le spectacle d'une victime qui craint son infortune ou qui la plaint une fois arrivée. Ce n'est pas un théâtre d'action, mais un théâtre de la parole, où dire n'est pas faire. On y débat sans doute, et on s'y affronte, mais comme sans prise immédiate et nette sur la marche des événements ; comptent avant tout la beauté du discours, sa valeur rhétorique ou poétique. D'emblée, ces tragédies donnent une impression de statisme, de lenteur hiératique. Lanson n'a pas tort de définir ainsi la tragédie humaniste : « un drame pathétique qui tire l'émotion non de la vue directe du fait tragique, mais de la plainte des victimes[51] ». Et Robert Garnier mena à sa apogée cette tragédie déplorative, qui met en scène des discours plus qu'une action.

La tragédie humaniste se ressentira toujours, jusqu'à l'apparition du théâtre d'Alexandre Hardy, de cette caractéristique fondamentale. Mais il faut prendre en compte de sérieuses inflexions, bien mises en valeur par les travaux de Françoise Charpentier : vers 1560-1570, quand Aristote commence à être connu, les dramaturges se soucient de l'action ; avec un Jean de La Taille apparaît une tragédie d'action, beaucoup plus animée,

---

[50] *Esquisse d'une histoire de la tragédie française*, 1954, p. 18.

[51] *Ibid.*, p. 21.

plus tendue que les tragédies de la déploration des vingt premières années, dont le modèle continuera de persister. D'où le souci de La Taille et de Laudun d'Aigaliers pour la construction de l'action dramatique, en vue des effets à produire sur les spectateurs qui doivent être intéressés, surpris et émus par les événements dramatiques. D'où le recours aux sujets romanesques[52], à la fin du siècle ; d'où aussi sans doute la naissance du genre de la tragi-comédie, plus libre pour montrer de l'action. Et les tragédies fin de siècle, appelées « irrégulières » ou « shakespea-riennes[53] » par Raymond Lebègue – car, à cette date (1937), le concept de *baroque* n'était pas en circulation – chargent l'action dramatique au détriment du discours et montrent sur scène beaucoup d'actions violentes.

La conception du personnage est liée à celle de l'action. Si la tragédie est statique, le personnage agit peu, mais débat, se lamente, raconte ; il paraît presque comme simple support de la parole et non pas comme sujet de l'action. Sa marge de liberté face au malheur imposé par le destin reste au demeurant réduite. Non pas qu'il n'intéresse pas ou n'émeuve pas ! A la suite de la réflexion d'Erasme, le XVIe siècle s'est efforcé d'individua-liser les personnages[54]. Notre tragédie de la Renaissance connut fort bien le débat, le déchirement intérieur du personnage, parfois écartelé par un dilemme[55]. Mais, comme le dit Françoise Charpentier[56], même quand ils sont individualisés, les personnages restent des rôles et souvent stéréotypés. Les choses changent quand, le personnage conquérant sur le destin une marge de liberté, il peut agir ; ses actions, montrées, font alors le personnage, dans la confrontation avec les autres, et une volonté héroïque peut émerger. La tragédie de Montchrestien montrera cet aboutissement : des personnages agissant, intériorisant l'action et devenant ainsi de véritables héros.

---

[52] Voir : Raymond Lebègue, « L'influence des romanciers sur les dramaturges de la fin du XVIe siècle », pp. 270-276 de ses *Etudes sur le théâtre français, op. cit.* ; Françoise Charpentier, « Le romanesque et la contamination des formes au théâtre », [in] *L'Automne de la Renaissance. 1560-1630*, 1981, pp. 236-241.

[53] Raymond Lebègue, « La tragédie 'shakespearienne' en France au temps de Shakespea-re », [in] *Etudes..., op. cit.*, pp. 298-339.

[54] Voir Jean Lecointe, *L'Idéal et la différence : la perception de la personnalité littéraire à la Renaissance*, 1993.

[55] Alan Howe, « The Dilemma Monologue in Pre-Cornelian French Tragedy (1550-1610) », [in] *En marge du classicisme...*, 1987 , pp. 27-63.

[56] *Pour une lecture de la tragédie humaniste..., op. cit.*, pp. 36-44.

Tragédie de déploration ou tragédie d'action, la tragédie de la Renaissance, finalement assez libre à l'égard de la règle du lieu unique, se moula dans le cadre connu des cinq actes, eux-mêmes distribués en séquences dramatiques successives qui constituent autant de scènes, mais ni nommées ni montrées comme telles. Longues de 1500 à 2000 vers, les tragédies équilibrent souvent assez mal les différents actes, le premier et le cinquième étant les plus courts. Pour la disposition de la matière dramatique, l'art de l'exposition, le recours à la péripétie, la manière dont la catastrophe est amenée, aucune affirmation générale n'a de valeur, les bons dramaturges ou les auteurs de tragédies d'action utilisant des techniques particulières et variées que nous envisagerons le moment venu.

Il faut insister en revanche sur la grande alternance entre l'action dramatique – les actes – et les pauses lyriques que sont les chœurs, spécifiques de la tragédie de la Renaissance. Les théoriciens nous ont dit leur fonction. Comme dans l'Antiquité, où les chœurs étaient destinés à être chantés par les choristes avec l'accompagnement de la musique, ils sont l'occasion de recherches métriques diverses . Qu'en est-il de l'aspect musical dans la tragédie française, où le chœur intervient entre les actes, mais parfois aussi à l'intérieur des actes ? La question n'a jamais reçue de réponse sûre[57] et elle ne peut probablement pas en recevoir. Dans certains cas – dans certaines tragédies protestantes, par exemple –, on est sûr que des psaumes ou des cantiques étaient chantés ; on peut conserver aussi la partie musicale, qui fait preuve. A l'inverse, un Jacques Grévin semble explicitement refuser les chants pour son *César*[58], où il fait parler « la troupe interlocutoire » des soldats. Mais ailleurs ? Chant choral ? Déclamation rythmée, psalmodiée avec fond musical ? Diction particulière ? On ne sait. Ces morceaux poétiques, qui rythment l'action en lui faisant écho sur un autre registre, disparaîtront avec Alexandre Hardy, initiateur d'une tragédie toute d'action.

---

[57] Voir Helen M.C. Purkis, « Chœurs chantés ou parlés dans la tragédie française au XVIe siècle », *B.H.R.*, XXII (1960), pp. 294-301, et Michel Dassonville, « Une tragédie lyrique ? Pourquoi pas ? », [in] *Saggi e ricerche sul teatro francese del Cinquecento*, 1965, pp. 1-15.
[58] Voir le *Brief Discours pour l'intelligence de ce théâtre*.

L'écriture tragique

Ce qui vient d'être dit de la dramaturgie donne à comprendre l'importance du langage tragique, de l'écriture, dans ces pièces où beaucoup est discours. La tragédie procède par monologues et par échanges dialogués à deux ou plusieurs personnages. Les monologues sont d'ordinaire de belle longueur. Quant aux échanges, ils peuvent se dérouler avec lenteur ; ainsi quand on écoute le long récit d'un messager, ou quand les personnages développent leurs points de vue respectifs dans des tirades plus ou moins amples. Mais le débat ou la confrontation s'amorcent volontiers, les échanges se font plus rapides et la tirade devient plus courte au point de se réduire au vers : le conflit verbal se formule alors dans la stichomythie – procédé largement employé dans la tragédie antique. La stichomythie est un passage obligé de l'écriture des tragédies de la Renaissance ; elle vient automatiquement, systématiquement pourrait-on dire et de manière toute mécanique. Il restera vraiment aux dramaturges du début du XVIIᵉ siècle à assouplir une écriture dramatique hiératique, figée dans ses habitudes, et si peu naturelle et scénique à nos yeux.

Deux autres aspects sont à mettre en valeur, concernant la teneur et la manière du discours tragique.

La critique[59] a beaucoup insisté – un peu trop selon certains – sur l'importance de la rhétorique. Rompus par leurs études et leurs lectures des œuvres antiques à l'art d'argumenter, les dramaturges transportent au théâtre, à l'imitation des auteurs qui leur servent de modèles, les ressources, les habitudes et les principes de la rhétorique pour l'invention, la disposition et la formulation des arguments produits par les personnages. On comprend que cette tragédie multiplie les débats, parfois même de manière passablement artificielle, et se complaise dans les confrontations réglées, travaillées et ornées ; les récits eux-mêmes d'ailleurs, comme les lamentations qui doivent émouvoir, ressortissent par quelque biais à la juridiction de la rhétorique.

Si elle est tributaire de la rhétorique, l'écriture des tragédies reste aussi extraordinairement poétique. Nous avons déjà signalé la rupture que les chœurs, qui utilisent les combinaisons métriques et strophiques les plus variées, amènent avec l'alexandrin le plus généralement employé au cours de la tragédie. Mais cet alexandrin lui-même est très travaillé, de façon

---

[59] Anglo-saxonne en particulier : voir, par exemple, Richard Griffiths, « The influence of formulary rhetoric upon french Renaissance tragedy », *The Modern Language Review*, 1964, pp. 201-208.

presque maniériste parfois. La tragédie, la haute et grave tragédie, tire sa gloire de son style. Qu'elle effraie ou apitoie, qu'elle exprime les émotions ou propose des réflexions morales – nos tragédies sont alourdies jusqu'à l'insupportable par ces maximes, ces sentences que la typographie encadre de guillemets et qui encombrent aussi bien les chœurs[60] que le discours des personnages –, la tragédie s'efforce au beau style, au style élevé. Chaque dramaturge a sa palette, bien sûr : la manière contournée et volontiers compliquée de Jodelle ne ressemble pas à l'éloquence assurée et drapée du magistrat Garnier, ni au langage plus nerveux et plus abrupt du stoïcien Montchrestien. Mais la tendance est à l'élévation du style qui, chez les plus médiocres, devient tirades ampoulées, enflure et excès. Nos poètes dramatiques n'ont que trop conscience de chausser le cothurne !

Une présentation générale de la forme de la tragédie peut relever, à côté de l'écriture et de la dramaturgie, une sorte de topique tragique. De tragédie en tragédie, le lecteur retrouve des thèmes récurrents et obligés, des scènes à faire – des sortes de lieux communs à toute tragédie qui finissent par caractériser le genre de la tragédie.

L'apparition de l'ombre d'un mort ou de quelque furie infernale sur la scène[61] est l'un de ces *topoï*, d'ailleurs examiné de manière critique par Laudun d'Aigaliers, à la fin du siècle[62]. Beaucoup plus fréquents et presque systématiques dans la tragédie : les récits de songes, accompagnées d'ailleurs de pressentiments. Ils constituent un morceau obligé de la composition et de l'écriture de la tragédie ; et on le retrouvera au XVIIe siècle[63]. On pourrait dresser de cette manière une typologie des scènes : scènes de lamentation et de déploration, scènes de prières ou d'imprécations, scènes de forcènement et de folie[64], scènes de débat avec un

---

[60] Voir Perry Gethner, « The Didactic Chorus in French Humanist Tragedy », *Classical and Modern Literature*, III, (1982-1983), pp. 139-149.

[61] Voir Olivier Millet, « L'ombre dans la tragédie française (1550-1640), ou l'enfer sur la terre », [in] *Tourments, doutes et ruptures dans l'Europe des XVIe et XVIIe siècles*, 1985, pp. 163-177.

[62] *Art poétique français*, Livre cinquième, chap. IV.

[63] Voir Jacques Morel, « La présentation scénique du songe dans les tragédies françaises au XVII° siècle », *R.H.T.*, 1951-3 (repris aux pp. 35-44 de ses *Agréables mensonges*, 1991).

[64] Voir Françoise Charpentier, « L'illusion de l'illusion : les scènes d'égarement dans la tragédie humaniste », [in] *Vérité et illusion dans le théâtre au temps de la Renaissance*, 1983, pp. 75-87.

conseiller[65], scènes d'affrontement avec un ennemi ou un adversaire, scènes consacrées au récit du messager... Les dramaturges puisèrent dans ce répertoire ; à charge pour eux de manifester, ou non, quelque originalité là où on les attendait!

La thématique aussi des débats et des dialogues en général ressortit à certains *topoï* politiques et moraux – par exemple sur la clémence ou la vengeance ou sur la manière d'accepter ou non le malheur imposé par la Fortune. Mais nous quittons là le domaine de l'esthétique – éléments, habitudes et codes mis en œuvre dans la fabrication et l'écriture de la tragédie – et touchons aux sujets et à la pensée, sur lesquels il nous faut à présent nous arrêter plus longuement.

LES SUJETS TRAGIQUES

Bien que théoriciens et écrivains, comme d'autres, réaffirment dans les années 1550 leur volonté de rompre avec le théâtre religieux médiéval – Jacques Peletier voudrait que les « jeux de martyres » laissent la place aux tragédies[66] ; Jacques Grévin se scandalise qu'on mêle la religion et la Bible aux fictions de théâtre[67] –, notre première tragédie en français, l'*Abraham sacrifiant* de Théodore de Bèze, fut une pièce biblique. Protestants puis catholiques ne cessèrent, tout au long du siècle, de traiter des sujets bibliques dans des tragédies religieuses. Mais, puisque le nouveau théâtre voulait faire revivre la tragédie antique, l'essentiel de ses sujets vinrent de la mythologie et de l'histoire antiques, surtout de l'histoire romaine. Toutefois, on sent assez tôt la volonté de diversifier les sources des intrigues tragiques ; ainsi l'actualité, l'histoire moderne ou contemporaine, la littérature romanesque passèrent dans la tragédie, surtout vers la fin du siècle.

Il va de soi, dans un genre qui affiche sa portée morale, que ces différents sujets proposent chacun une certaine pensée tragique.

---

[65] C'est notamment l'occasion pour nos dramaturges de prendre position sur les doctrines de Machiavel (voir Heather Ingman, *Machiavelli in Sixteenth-Century French Fiction*, 1988).

[66] *Art poétique*, 2° partie, chap. 5.

[67] Voir l'*Avant-Jeu* de *La Trésorière*, comédie de 1558, vv. 8-10 : « Aussi jamais les lettres Sainctes / Ne furent données de Dieu / Pour en faire après quelque jeu ».

Les tragédies bibliques

Au XVIᵉ siècle, la tragédie religieuse est presque exclusivement une tragédie biblique[68]. Loin d'être négligée, elle a attiré tous les grands dramaturges : de Théodore de Bèze à Montchrestien, en passant par Jean de La Taille et Robert Garnier, les meilleurs écrivains, qu'ils fussent Réformés ou catholiques, modérés ou ligueurs, illustrèrent le genre, avec des chefs-d'œuvre. Réservant pour plus tard l'étude approfondie des grandes œuvres, dégageons à présent les lignes de force qui orientent les quelque trente tragédies bibliques publiées entre 1550 et 1610.

Il est intéressant d'observer quelles grandes figures bibliques ont été portées à la scène[69]. Abraham, dont la foi est éprouvée, Moïse, sauvé par la fille de Pharaon pour délivrer les Hébreux, Salomon, le successeur de David, Judith et Holopherne[70], Joseph[71] et les enfants de Jacob, ainsi que d'autres qui apparaissent quand on veut prospecter, d'ailleurs platement, la matière biblique à la fin du siècle, s'y rencontrent rarement. En revanche, Esther[72], qui défend son peuple contre la démesure d'Aman – les ennemis du peuple de Dieu sont frappés d'*hubris* – , David surtout[73], dans les différents épisodes de sa geste, avec Saül en particulier, sont souvent produits. Et quelle diversité dans la peinture de David et de

---

[68] Voir : Raymond Lebègue, *La Tragédie religieuse en France...*, 1929 ; K. Loukovitch, *L'Evolution de la tragédie religieuse classique en France*, 1933 (Slatkine Reprints, 1977) ; David Seidmann, *La Bible dans les tragédies religieuses de Garnier à Montchrestien*, 1971 ; Yves Le Hir, *Les Drames bibliques de 1541 à 1600. Etudes de langue, de style et de versification*, 1974 ; Marguerite Soulié, « Le théâtre et la Bible au XVIᵉ siècle », [in] *Le Temps des Réformes et la Bible*, 1989, pp. 635-658 ; Dario Ceccheti, « La nozione di tragédie sainte in Francia tra Rinascimento e Barocco », [in] *Mélanges [...] offerts à Louis Terreaux*, 1994, pp. 395-413.

[69] Alexandre Lorian, « Les protagonistes de la tragédie biblique de la Renaissance », *Nouvelle Revue du Seizième Siècle*, 1994, pp. 197-208.

[70] Giovanna Trisolini, « Adrien d'Amboise : l'*Holoferne*... », [in] *Lo Scrittore e la Città...*, 1982, pp. 61-75. Voir aussi André Blanc, « Les malheurs de Judith et le bonheur d'Esther », [in] *Poésie et Bible de la Renaissance à l'âge classique. 1550-1680*, 1999, pp. 83-101.

[71] Voir K. Kupisz, « Autour du drame biblique. L'histoire de Joseph », [in] *Parcours et rencontres. Mélanges [...] Balmas*, t. I, 1993, pp. 361-377.

[72] Régine Reynolds-Cornell, « Le personnage d'Esther dans la tragédie française... », [in] *Saggi e ricerche sul teatro francese del Cinquecento*, 1985, pp. 183-195. Voir aussi l'article d'André Blanc cité *supra*, à la n. 70.

[73] Voir Charles Mazouer, « La figure de David dans les tragédies de la Renaissance », [in] *Claude Le Jeune et son temps...*, 1996, pp. 253-263.

ceux qui sont liés à lui ! On va du David désespérément édifiant de Des Masures au roi sensuel et couard de Montchrestien, du Saül frappé de folie à cause de son péché de Jean de La Taille au Saül peu religieux de Claude Billard.

Choix des personnages, choix d'un éclairage. Mais, aussitôt, un problème technique se pose pour les dramaturges de la Renaissance, qui s'était posé pour ceux du Moyen Âge : comment dramatiser les récits bibliques ? Et, avant même le choix d'une forme, sur laquelle nous allons revenir, s'imposait la nécessité de l'invention de circonstances vraisemblables et qui ne fassent pas violence, précise Des Masures, à l'histoire racontée par l'Ecriture sainte, car la Bible peut ne pas fournir assez à la matière dramatique. On imagine que tous ces choix portent conséquences.

On peut déterminer assez nettement une évolution de la tragédie biblique.

La tragédie militante des Réformés

Nous avons d'abord affaire à une tragédie protestante, militante en plus d'un sens[74]. A la suite de Théodore de Bèze, Joachim de Coignac (*La Déconfiture de Goliath*, 1551), Louis Des Masures (trois *Tragédies saintes* publiées en 1566 : *David combattant*, *David triomphant* et *David fugitif*) et le mystérieux Philone[75] (*Josias*, 1566, et *Adonias*, 1586) l'illustrèrent. Tous sont calvinistes et les trois premiers sont des pasteurs. Ils écrivent précisément pendant une période où le calvinisme, traversé par des courants opposés quant à la tolérance à l'égard du théâtre, laisse se développer un théâtre biblique édifiant ; le synode de Figeac, en 1579, interdira définitivement la représentation des tragédies bibliques.

Cette tragédie protestante semble, à la suite de Théodore de Bèze, avoir figé son esthétique. Tragédie ? De Bèze, qui recommandait par-dessus tout un style simple, hésita entre comédie et tragédie, avant de se fixer à cette dernière appellation ; curieusement, il ne mentionne pas les mystères médiévaux qu'il connaissait à coup sûr. Des Masures est beaucoup plus

---

[74] Voir encore G. D. Jonker, *Le Protestantisme et le théâtre de langue française au XVI° siècle*, 1939.

[75] Sur ce personnage ou ce pseudonyme, voir la notice de Rosanna Gorris pour son édition de *Josias*, au vol. 3 du corpus du *Théâtre français de la Renaissance*, 1990, pp. 87 sq. – Publié vingt ans après *Josias*, *Adonias* est influencé, dans sa facture, par le patron tragique qui prévaudra dans la tragédie biblique avec Rivaudeau et Jean de La Taille.

prolixe, dans une longue *Epître au seigneur Philippe Le Brun* qui ouvre son volume. Il s'y démarque successivement du mystère médiéval et de la tragédie à l'antique. A la différence des mystères, ces « publiques jeux » destinés au passe-temps, au plaisir des yeux et qui mêlaient les plaisanteries à la sainte parole de Dieu, son théâtre est fait « pour servir à instruire[76] » . Mais il se démarque ensuite de la tragédie des « profanes auteurs », qui utilisent et amplifient des « fables mensongères » ; son théâtre laisse de tels sujets et s'attache « à la vérité simple, innocente et pure » de la Bible[77]. Le sonnet *Au lecteur* y revient : son but n'est pas de donner sans plus du plaisir aux yeux et aux oreilles, mais de faire méditer des exemples et des leçons contenus dans la Parole de Dieu ; non de plaire avec des fables et des mensonges, mais d'enseigner la pure vérité.

Si, quant au sujet, Des Masures refuse autant le mystère médiéval que la tragédie à l'antique, il faut reconnaître que la facture de ses tragédies saintes se rapproche singulièrement de celle des mystères. Prologue et épilogue, pas de division en actes mais une progression dramatique rythmée par des pauses, pas de chœurs mais des cantiques chantés par une troupe ou par une demi-troupe de personnages[78] ; une dramaturgie très lâche, sinon éclatée, peu soucieuse des ruptures de temps et de lieu et qui permet d'inventer des scènes diverses, vivantes et pleines de saveur réaliste ; un langage familier, sorte de *sermo humilis* déjà prôné par Théodore de Bèze : tout cela n'a que très peu à voir avec l'esthétique de la tragédie à l'antique.

Des Masures et ses coreligionnaires écrivaient des pièces rigoureuse-ment confessionnelles, à l'intention des calvinistes persécutés qu'il s'agissait d'édifier et de réconforter, sinon de galvaniser. A cet égard, personnages et épisodes bibliques leur sont, comme dirait Pascal, un chiffre à l'aide duquel ils parlent de la situation présente dans le contexte politique du temps ; il faut savoir déchiffrer les allusions et trouver les clés, faire les applications qui s'imposent alors, selon les aléas de la

---

[76] Voir vers 119 *sq.*

[77] Vers 175 *sq.*

[78] Voir Bénédicte Louvat, « Le théâtre protestant et la musique (1550-1586) », [in] *Par la vue et par l'ouïe. Littérature du Moyen Âge et de la Renaissance*, 1999, pp. 135-158.

politique royale et de ce que les protestants attendent du pouvoir[79]. Ainsi, les protestants s'assimilent au peuple élu, au peuple saint, à Israël persécuté par les impies – la papauté et le pouvoir royal qui la soutient. La lutte de David, l'élu de Dieu, contre Goliath est presque un lieu commun pour les huguenots ; en face de Saül, le roi rejeté par Dieu, David reste respectueux – ce qui dévoile un choix politique des Réformés. On voit donc apparaître dans ces pièces les problèmes politiques concrets qui se posaient aux huguenots face au pouvoir dans ces temps de guerre civile. Henri II est-il un nouveau Saül ? Faut-il espérer de Catherine de Médicis qu'elle soit une nouvelle Esther, ou craindre en elle une nouvelle Jézabel ? *Josias*[80] formule l'espoir que les protestants mirent dans l'avènement de Charles IX, en qui ils auraient voulu voir la réincarnation de l'enfant du roi de Juda, Josias, fidèle à la Loi. *Adonias*[81] laisse transparaître le conflit entre huguenots et ligueurs, qui voulaient exclure Henri de Navarre de la succession royale.

Plus profondément, la leçon des tragédies bibliques est morale et spirituelle, appuyée sur une théologie chrétienne pour temps d'épreuves. Punition du péché ou épreuve permise par Dieu, le malheur et la souffrance doivent être supportés dans la pleine acceptation de la volonté divine et dans la vive espérance que Dieu sauvera son élu ou son peuple, et punira les méchants. De manière toute gratuite, Dieu sauve l'homme pécheur, en vertu de sa grâce et de sa miséricorde, se souvenant de son alliance – ces pièces illustrant à leur manière *L'Institution de la religion chrétienne* de Calvin. Le mal est loin d'être effacé du monde : Satan y règne, anime les réprouvés et les méchants à la révolte contre Dieu, persécute et fait douter les élus[82]. Et Dieu n'assure pas le bonheur

---

[79] Voir, sur cet aspect ; Raymond Lebègue, « Théâtre et politique religieuse » (article de 1974 repris dans ses *Etudes...*, t. I, 1977, pp. 195-206) ; Max Vernet, « 'L'Histoire tragique au service du Prince'. Un sens politique de la trilogie de Des Masures », *Renaissance and Reformation / Renaissance et Réforme*, 1981, pp. 146-161 ; Elliott Forsyth, « La portée morale et religieuse des tragédies bibliques dans le théâtre protestant du XVIᵉ siècle », *Op. cit.*, 11, nov. 1998, pp. 43-49.

[80] Sous-titre : « Vrai miroir des choses advenues de notre temps ».

[81] Sous-titre : « Vray miroir, ou tableau, et patron de l'état des choses présentes, et que nous pourrons voir bientôt ci-après qui servira comme de mémoire pour notre temps, ou plutôt de leçon et exhortation à bien espérer. Car le bras du Seigneur n'est point accourci ».

[82] Le « prince Satan » est un personnage capital chez Des Masures. Mais on le trouve dans d'autres tragédies protestantes (voir Jacques Bailbé, « Le personnage de Satan dans les tragédies protestantes du XVI° siècle », [in] *L'Art du théâtre. Mélanges [...] Garapon*, 1992, pp. 35-47).

terrestre à ses élus ; témoin David, qui vérifie que tout est muable et incertain dans la vie humaine. Mais, à travers l'échec et la souffrance, c'est encore Dieu qui guide David et ne peut vouloir que son bien et sa joie, dans l'au-delà sinon ici bas. Telle est la théologie qui irrigue la trilogie de Des Masures comme la tragédie de Coignac[83].

Dans leur volonté d'édification, les dramaturges Réformés mettent en œuvre une vision du monde et des personnages passablement manichéens, opposant les impies menés par le diable aux personnages exemplaires. En face du trop ambitieux Adonias, le juste Salomon (*Adonias*). En face du jeune et parfait Josias, soutenu par Jérémie, qui rétablit le culte du vrai Dieu et fait revenir au Livre (allusion probable à la place de la Bible chez les Réformés), Jérobaal, prêtre de Baal (allusion au pape) (*Josias*). David surtout, chez Des Masures, est à ce point parfait dans son humanité et dans sa foi (amour et crainte de Dieu, confiance en lui) qu'il en perdrait tout intérêt humain et dramatique. Mais l'hagiographie est-elle compatible avec la tragédie ? Un héros parfait peut-il encore être tragique ? D'autre part, et plus profondément, la théologie providentielle qui, du point de vue du croyant, mène tout à bien – avec des dénouements qu'on peut dire heureux –, entre en contradiction avec la philosophie tragique des Anciens[84].

Dans le moule de la tragédie à l'antique

Mais, dès les années 1560, la tragédie biblique va prendre un autre chemin, avec un Rivaudeau ou un Jean de La Taille. Non qu'elle cesse tout à fait d'intéresser les auteurs Réformés : justement, Rivaudeau est un Réformé et Jean de La Taille, après s'être engagé dans l'armée royale, se souvint de ses origines huguenotes et se rallia au prince de Condé. Mais ce ne sont plus des protestants militants qui utilisent le théâtre pour servir la cause de leur Eglise ; ce sont avant tout des dramaturges qui veulent illustrer le nouveau genre de la tragédie à l'antique et qui le font à partir de la matière biblique, sans que leurs convictions religieuses apparaissent forcément. Au demeurant, vont aussi se mettre à écrire des tragédies bibliques des auteurs catholiques, parfois connus comme ligueurs. La tragédie biblique n'est plus une affaire exclusivement confessionnelle.

---

[83] Voir encore l'article cité *supra*, à la n. 73

[84] Voir Charles Mazouer, « Les tragédies bibliques sont-elles tragiques ? », *Littératures classiques*, n° 16, printemps 1992, pp. 125-140.

L'ambition d'André de Rivaudeau est avant tout littéraire. Dans son orgueilleuse dédicace d'*Aman* à la reine de Navarre, il proclame hautement :

> Mais je veux en ma langue oser, audacieux,
> Faire entendre qu'on peut tout autant que les vieux[85]...

Et l'*Avant-parler*, où il souligne sa qualité d'helléniste, rappelle et le modèle de toute tragédie (Sénèque) et les théories qu'il faut suivre : Aristote (en particulier pour l'unité de jour et le refus du *deus ex machina*), Horace et le gros volume de Scaliger, dont il avoue n'avoir vu encore que le titre. Bref, il s'agit d'écrire une tragédie « à l'art et au modèle des anciens Grecs », qui soit bonne et artificielle – comprenons : qui suive les règles de l'art tragique défini par les Anciens[86]. Telle est bien aussi l'ambition esthétique de Jean de La Taille dans son *De l'art de la tragédie* publié en 1572, six années après les *Œuvres* de Rivaudeau. Au passage d'ailleurs, La Taille conteste radicalement, au nom d'Aristote, le choix fait par un Théodore de Bèze, un Coignac ou un Des Masures de leurs héros et du dénouement imposé par leur sujet. Pour que la compassion s'exerce, il faut un héros ni tout à fait mauvais ni tout à fait bon, et qui tombe dans le malheur. Abraham tout saint à qui Dieu finalement épargne l'infanticide (*Abraham sacrifiant*), Goliath, extrêmement méchant, tué par David, autre jeune garçon de sainte vie (*David combattant*) entraînent des dénouements heureux et non tragiques. Nous retrouvons le débat entre le monde biblique et le monde tragique.

Désormais donc, les sujets bibliques doivent entrer dans le moule de la tragédie à l'antique. Ainsi, sans renoncer à des intentions religieuses, voire confessionnelles – *Aman* est une « tragédie sainte » qui impose un sujet biblique[87] au milieu de la fascination pour les sujets païens, qui enseigne la confiance en Dieu, recours assuré contre les méchants qui persécutent le peuple juif, qui par là peut se déchiffrer aussi comme une allégorie de la situation des protestants réclamant de Catherine de Médicis qu'elle joue le rôle d'Esther – , André de Rivaudeau fait d'Aman le héros de la

---

[85] Vers 95-96.

[86] Voir Mariangela Miotti, « La 'tragédie artificielle' : André de Rivaudeau », [in] *Tragedia e sentimento del tragico nella letteratura francese del Cinquecento*, 1990, pp. 32-47.

[87] Danon Di Mauro, « André de Rivaudeau et la Bible », *Bull . Soc. hist. du protestantisme français*, 141 (1995), pp. 207-219.

tragédie, c'est-à-dire un personnage qui jouissait du bonheur et de la faveur du roi Assuère, mais que la démesure de sa haine contre les Juifs mène à sa perte. Méprisant les dieux, se croyant au-dessus du destin (acte I), allant jusqu'à braver le Dieu des Juifs (v. 615 : « je ne crains point leur Dieu »), Aman est trop confiant en sa force, trop orgueilleux : « on est dieu à soi-même », ose-t-il affirmer (v. 1583) au milieu de sa rage et de sa fureur contre Mardochée et les Juifs. Il est châtié pour son *hubris*, plongé dans le malheur et l'infortune. Telle est la trajectoire générale des héros tragiques de la Renaissance. Qu'Aman soit entièrement mauvais et n'inspire guère la pitié, que sa volonté de vengeance forcenée épargne les Juifs pieux pour qui la fin est heureuse, n'empêche pas qu'Aman reste le héros tragique foudroyé par la transcendance, en l'occurrence le Dieu des Juifs.

La *Tragédie de Pharaon* du gentilhomme gascon Chantelouve (1576) et *Holopherne, tragédie sacrée extraite de l'histoire de Judith* d'Adrien d'Amboise[88], futur évêque de Tréguier (1580), suivent le même patron. Parce qu'il veut rester maître du destin de Moïse, parce qu'il s'estime invincible et part à la poursuite des Hébreux, le Pharaon du gentilhomme gascon trouve le désastre. Parce qu'Holopherne, le lieutenant de Nabuchodonosor, se croit plus grand que le Dieu des Hébreux et ne se méfie pas des grâces dangereuses de Judith, il est mené à sa perte par ce Dieu tout puissant.

L'*Holopherne* du jeune Adrien d'Amboise est écrit en un style assez bavard, mais coulant ; Chantelouve est obscur et d'une insigne maladresse ; André de Rivaudeau, dramaturge malhabile, recherche l'excès dans son écriture. Mais tous trois respectent, en même temps que le patron du héros tragique, la facture de la tragédie de la Renaissance que les premiers dramaturges protestants avaient du mal à suivre. C'est précisément sur ces points qu'on appréciera la différence avec les pièces géniales de Jean de La Taille (*Saül le furieux* ; *La Famine ou les Gabéonites*) ou de Garnier (*Les Juives*) : une dramaturgie et une écriture maîtrisées, des personnages beaucoup plus élaborés et donc une pensée religieuse infiniment plus intéressante.

Pierre Matthieu, qui remania une trop longue *Esther* en deux tragédies de *Vasthi* et d'*Aman* (1589), fait bon nombre avec les *minores*. Sa tendance propre – on ne s'en étonnera pas chez le futur auteur des

---

[88] Voir Giovanna Trisolini, « Adrien d'Amboise : l'*Holoferne...* », art. cit. *supra*, n. 70.

Tablettes de la vie et de la mort[89] – est un moralisme pesant auquel peut se joindre à l'occasion un engagement politique. Les sous-titres explicitent longuement la leçon morale qui encombre ensuite le texte des tragédies, qui deviendraient de la morale en dialogues. *Vasthi* montre ce que doit être un bon prince et la soumission que doit manifester une épouse (Vasthi, en l'occurrence, manifeste au rebours orgueil et désobéissance, avant d'être remplacée par Esther) en vue d'un mariage harmonieux. Peu d'action en tout cela. *Aman* reprend la trame connue et met en scène le « tragique changement » qui survient à ce conseiller ambitieux qui abuse de la confiance du roi Assuérus. Aman « comme une orde grenouille / Dans le bourbier d'orgueil se vautre et se fatrouille[90] » ; son *hubris* lui vaudra de faire « un soubresaut » terrible et d'être pendu. Leçon morale et précisément politique qui s'inscrit davantage dans une dramaturgie tragique.

Un renouveau

Le règne d'Henri IV va se montrer très propice aux tragédies bibliques[91], dont le regain est particulièrement net entre 1598 et 1610[92]. Réaction contre les tragédies mythologiques, païennes, et

---

[89] Louis Lobbes (« Pierre Matthieu, dramaturge phénix (1563-1621) », *R.H.T.*, 1998-3, pp. 207-236) montre bien les implications politiques de ce remaniement qui transforme *Aman* en allégorie et en pièce à clés (Assuérus serait Henri III, Esther Marie de Médicis, Mardochée le duc de Guise, Aman le duc d'Epernon), comme chez les dramaturges militants protestants.

[90] Acte II, p. 37 de l'édition de Luynes, 1589.

[91] Et même à des pièces hagiographiques, comme le *Saint Jacques* de Bardon de Brun (voir Hélène Bordes, « Bernard Bardon de Brun et sa tragédie... », [in] *Etudes sur Etienne Dolet...*, 1993, pp. 175-186) ou *La Céciliade* de Soret, il est vrai nées dans des contextes particuliers, et qui font penser parfois à une sorte de regain des mystères. Le *Joseph le chaste* de Nicolas de Montreux, appelé « comédie », dont les trois actes mêlent décasyllabes et octosyllabes et font alterner des scènes de tonalité simple, voire comique, avec des scènes de facture noble, fait aussi beaucoup penser aux mystères.

[92] Fr. Perrin, *Sichem ravisseur* (1589) ; Montchrestien, *David et Aman* (1598) ; J. de Virey, *La Maccabée* (1599) ; Thierry, sieur de Monjustin, *David persécuté* (1600) ; R. de Marcé, *Achab* (1601) ; Nicolas de Montreux, *Joseph le chaste* (1601) ; Pierre de Nancel, *Le Théâtre sacré* (1607), comprenant *Dina, ou Le Ravissement, Josué, ou Le Sac de Jéricho* et *Débora, ou La Délivrance* ; Nicolas Chrétien Des Croix, *Tragédie d'Amnon et Thamar* (1608) ; Claude Billard, *Saül* (1610). Soit une douzaine de tragédies, auxquelles il faudrait rattacher les pièces scolaires (appelées *tragédies, tragi-comédies* ou même *comédies*) qui exploitent les sujets bibliques pour instruire les enfants.

recherche de sujets plus aptes à contenter les chrétiens, comme dit Scévole de Sainte-Marthe dès 1579 ? Dans son *Art poétique*, Vauquelin de la Fresnaye appelait aussi à un sursaut des poètes chrétiens et voulait qu'on extraie « proprement » une tragédie de l'Ancien Testament[93]. Le rétablissement de la tolérance et de la paix favorisait-il ce mouvement ? Toujours est-il qu'en publiant son *Achab*, Roland de Marcé explique que le devoir d'un chrétien est de traiter de l'Ecriture sainte « plutôt que s'amuser et prendre le temps à représenter des fables et histoires profanes » ; que l'imprimeur rouennais Raphaël du Petit Val publia en 1606 un recueil de *Diverses Tragédies saintes* ; que Pierre de Nancel offrit une trilogie pour un *Théâtre sacré*, en 1607.

Si des épisodes auparavant dramatisés sont repris – l'histoire de David ou de ses enfants, celle d'Aman, celle de Joseph chérie par le théâtre scolaire, celle de Saül –, les dramaturges cherchent à prospecter davantage la matière de l'Ancien Testament, dans l'histoire des patriarches (épisode de l'enlèvement de Dina), dans l'histoire des Juges (Josué, Déborah), dans celle des Rois (Achab), ou même dans les événements les plus tardifs de l'histoire de l'ancien Israël (les Maccabées).

Une fois encore, il faut mettre à part les chefs-d'œuvre – ceux de Montchrestien – dans le jugement qu'on peut porter sur cette série de tragédies bibliques.

La dramaturgie, quand elle n'est pas inexistante (*La Maccabée*) ou très maladroite (*Sichem*), reprend avec plus ou moins de bonheur les poncifs désormais bien établis de la forme tragique, avec sa répartition de l'action, avec ses ombres et ses songes, avec ses récits, la rhétorique de ses monologues ou le lyrisme de ses plaintes ; un Nancel ou un Billard n'innovent pas. Un Chrétien Des Croix se montre, dans *Amnon et Thamar*, égal à lui-même : bavard et dépourvu de sens dramatique ; mais il manifeste du goût pour une certaine violence baroque. L'*Achab* de Roland de Marcé reste la pièce la plus intéressante sur le plan dramaturgique, avec des personnages auxquels on peut croire : le terrible Elie qui semonce le roi Achab, Achab à la fois entêté et orgueilleux, mais aussi versatile, capable d'abattement, faible devant sa femme la redoutable Jézabel, dont la démesure orgueilleuse fait souvent penser à Athalie.

---

[93] Voir aussi Michel Lioure, *Le Théâtre religieux en France*, 1982, chap. II.

Il faut dire aussi que c'est cette pièce qui propose la pensée tragique la plus intéressante : fidèle au livre biblique, elle montre bien comment le « cœur obstiné » et « l'esprit obstiné » de la reine et du roi sont abattus par le Dieu du prophète Elie. Les autres tragédies entraînent les leçons bibliques vers un assez plat moralisme, sans profondeur ni invention, et arrivent à peine à dégager une authentique pensée de l'action tragique. Bref, cette dernière période produit surtout des pièces pieuses et plates.

Mais, je le répète, il ne faut pas juger la tragédie biblique sur ces dernières pièces. Tout au long du demi-siècle, des chefs-d'œuvre ont éclos, auxquels nous ferons bonne part. Et la persistance des tragédies bibliques, à travers ses différents avatars, donne à réfléchir.

Sujets antiques

Tout naturellement pour des dramaturges qui imitaient les modèles de l'Antiquité, nos écrivains puisèrent des sujets dans la Fable ; mais, beaucoup plus que la mythologie, l'histoire, l'histoire romaine surtout les inspira.

Malgré les réticences d'humanistes chrétiens conscients que la littérature antique imitée transmet une philosophie incompatible avec le moderne christianisme, la mythologie et les légendes grecques irriguent une part de notre tragédie du XVIe siècle, persuadée que les vieilles fables « seruent tousiours de seurs enseignemens[94] ». Les plus grands – Garnier ou Montchrestien, dont les œuvres seront étudiées à part – s'y illustrèrent. Il s'agit d'apprécier comment se fit la reprise des mythes antiques[95].

Les mythes

Si l'on met à part un *Méléagre* (1582) qui ne s'inscrit dans aucune tradition dramatique[96], cinq histoires ou cycles légendaires sont exploités : l'histoire de Médée et celle de Phèdre, le destin des Atrides et des Labdacides, la guerre de Troie et ses malheurs.

---

[94] Vauquelin de La Fresnaye, *Art poétique*, II, v. 1114.

[95] Cette question est étudiée en détail par Charles Mazouer, « Les mythes antiques dans la tragédie française du XVIe siècle », [in] *L'Imaginaire du changement en France au XVI° siècle*, 1984, pp. 131-161.

[96] Pierre de Bousy y montre la vengeance divine contre le jeune héros.

La *Médée* de La Péruse[97] est notre première tragédie publiée, en 1556 . Elle doit beaucoup à Sénèque et un peu à Euripide ; mais La Péruse se montre un adaptateur habile, d'ailleurs fidèle à la fable antique dont il ne change en rien l'interprétation. Le jeune dramaturge a été visiblement fasciné par la violence de l'héroïne, cette femme trahie, souffrante, orgueilleuse, dangereuse par ses horribles méfaits de magicienne.

C'est Garnier qui donna de l'éclat à une autre héroïne passionnée de la légende : Phèdre. Nous reviendrons sur les infléchissements donnés par Garnier aux personnages de la Nourrice et de sa maîtresse incestueuse, ainsi que sur cette idée d'un « méchant destin » qui s'attache à « la fatale maison » (v. 95), de la faute de Thésée à la mort du pur Hippolyte. Huit ans après l'*Hippolyte* de Garnier (1573), un certain Jean Yeuwain publia son propre *Hippolyte* (1591), simple adaptation de la *Phaedra* de Sénèque.

Deux tragédies françaises furent consacrées aux malheurs de la race d'Oedipe : l'*Antigone* de Garnier, en 1580, et *La Thébaïde* de Jean Robelin, dédiée au duc de Lorraine et très certainement donnée par les jésuites sur leur théâtre du collège de Pont-à-Mousson, en 1584. Il était difficile de rivaliser avec Garnier, qui introduit de véritables transformations dans le traitement du mythe, qui fait baigner son héroïne, toute de pitié et de piété filiale, dans une lumière plus humaine et qui, à la place du destin et des dieux, introduit plutôt le Dieu de justice et d'amour des chrétiens. Mais Robelin, tout en mettant en œuvre les principes du genre tragique, tente de manifester sa singularité et met bien en valeur le goût du pouvoir et l'ambition démesurée des deux frères Etéocle et Polynice.

Le mythe des Atrides, fondateur dans la tragédie grecque, est très pauvrement exploité chez nous. L'*Agamemnon* de Charles Toutain (1556) n'est qu'une plate traduction de Sénèque, en une langue obscure. Le tout jeune Pierre Matthieu – il prétend avoir écrit sa *Clytemnestre ou L'Adultère*[98] publiée seulement en 1589, vers quinze ans – avoue ses intentions moralisatrices (par trop visibles dans l'avalanche des sentences et dans les débats moraux) dès son sous-titre : « *De la vengeance des*

---

[97] Ed. Marie-Madeleine Fragonard, 1990. – Voir S. Bokoam, « Jodelle, La Péruse et le commentaire de Marc-Antoine Muret à l'*Ethique à Nicomaque* d'Aristote... », *I. L.*, 1990-3, pp. 3-6, et Françoise Charpentier, « Médée figure de la passion d'Euripide à l'époque classique », [in] *Prémices et floraison de l'âge classique...*, 1995, pp. 387-405.

[98] Ed. Gilles Ernst, 1984. Voir aussi G. Ernst, « Sénèque et Matthieu dans la *Clytemnestre* (1589) », [in] *Traduction et adaptation en France...*, 1997, pp. 345-358.

injures perdurable à la posterité des offencez, et des malheureuses fins de la volupté ». Au vrai, plus encore que la vengeance et le poids du destin, il met en valeur les deux amants enragés et sinistres, ensorcelés par le feu d'amour, littéralement abandonnés à l'appel du désir.

La guerre de Troie et ses suites surtout attirèrent les dramaturges, qui voyaient dans les violences et les désastres de la guerre troyenne une image des calamités de la France.

La où Garnier dans sa *Troade* (1579), accumule les malheurs qui frappent Priam et les siens, peu résignés à la méchanceté du Ciel, Claude Billard, dans sa *Polyxène* (1610), traite le seul sacrifice de Polyxène, voulu par un Achille vindicatif par-delà la mort. Comme Garnier, Billard met les dieux en accusation et marque le dégoût devant ces vengeances infinies.

Le *Pyrrhe* de Luc Percheron (1592) et celui de Jean Heudon (1599) mettent en scène la légende de Néoptolème – Pyrrhus est le surnom de Néoptolème – et d'Hermione, qui fournit de la matière à une partie de l'*Andromaque* d'Euripide. Par ces deux dramaturges de la fin du siècle, la vengeance que prend Oreste sur Pyrrhus est dramatisée de manière différente. Le maladroit Percheron met en exergue l'idée de la justice divine, dont Oreste se fait l'instrument contre un Pyrrhus torturé par son amour sans réponse et tourmenté par un songe affreux. Jean Heudon conserve ces thèmes, mais opère un notable renouvellement : introduction de personnages nouveaux et intéressants, transformation de Pyrrhus en arrogant outré, goût des spectacles horribles, assouplissement de l'écriture.

Restent quelques tragédies isolées et sans modèle qui dramatisent quelque autre épisode de la guerre de Troie. La *Tragédie de Priam, roi de Troie* de Berthrand (1605) présente une série de tableaux qui vont du jugement de Pâris à l'incendie de Troie et illustrent l'idée que la passion amoureuse est à l'origine de tous ces malheurs. Jacques de Champ-Repus est le seul à s'être intéressé au retour d'Ulysse, qui reçut la mort de Télégon (Télégonos), fils bâtard qu'il avait eu de Circé (*Ulysse*, 1603). Mal fait et peu cohérent, l'*Achille* de Nicolas Filleul (1563), qui chercha un épisode nouveau – le mariage projeté d'Achille avec Polyxène et sa mort par trahison –, montre surtout la vengeance d'Hécube. La plus belle des tragédies consacrées à la guerre de Troie est l'*Hector* de Montchrestien (1604), qui méritera une étude spéciale.

Plus que la facture de ces tragédies mythologiques – la diversité des auteurs, jeunes ou expérimentés, maladroits ou talentueux, cherchant ou non à être un peu originaux et à renouveler la dramaturgie, n'apprend rien de nouveau –, il est intéressant de mettre en valeur quelques thèmes fréquents, qui dévoilent des constantes de la pensée philosophique et morale.

Riche en sujets épouvantables, aptes à susciter l'horreur et la pitié, la mythologie propose à la tragédie le spectacle de la souffrance et du malheur de personnages exemplaires, particulièrement victimes des variations de fortune. Médée hurle sa douleur de femme trahie, Phèdre ressent comme torture son amour pour Hippolyte ; l'une et l'autre, dans leur souffrance, donnent la mort. *Antigone* précipite les infortunes d'une race, et aussi du peuple de Thèbes, qui souffre de la lutte fratricide entre les princes. Les nombreuses tragédies consacrées à la guerre de Troie redisent inlassablement le malheur de la guerre, des vaincus et des vainqueurs, de tout un peuple : dix années de cruauté, de vengeances, de douleurs qu'on entend si souvent déplorer par les femmes – la plaintive théorie des Hécube, Cassandre, Andromaque, Polyxène...

Parce que la loi du talion les gouverne, parce qu'ils ont toujours quelque offense ou quelque mort à venger, les humains eux-mêmes perpétuent le malheur. Après le travail d'Elliott Forsyth[99], point n'est besoin d'insister : tous se vengent, tous paient une faute ; même les morts viennent de l'au-delà pour réclamer vengeance.

Une autre source de violence et de souffrance, moins mise en valeur par les Anciens, est exploitée par les dramaturges du XVIe siècle : la passion amoureuse, qui s'empare de l'être, l'entraîne furieusement à l'assouvissement du désir et le dégrade. Inassouvie, elle déchire le personnage de Pyrrhus, qui ne parvient pas à se faire aimer d'Hermione, autant qu'une Phèdre. Et l'amour semble avoir finalement partie liée avec la destruction, avec la mort ; c'est vrai pour Phèdre, pour Clytemnestre et Egisthe[100], pour Achille, vrai également de l'amour entre Pâris et Hélène à Troie.

Au-dessus des violences, des passions et des souffrances humaines règnent les dieux, s'impose un destin, selon les conceptions religieuses et philosophiques des tragiques anciens. Eclate la fragilité de l'homme soumis à un destin implacable et aux caprices d'une fortune muable. Jouets dans les mains du destin et de la divinité, les hommes voudraient voir dans les dieux des justiciers ou des garants de la justice ; mais les

---

[99] *La Tragédie française de Jodelle à Corneille (1553-1640). Le thème de la vengeance*, éd. revue et augmentée, 1994 (1962).

[100] Voir Gilles Ernst, « *Clytemnestre* de Pierre Matthieu, ou l'amour fou », [in] *Amour tragique, amour comique...*, 1989, pp. 71-84.

dieux ne punissent pas toujours le mal et les méchants, ni les orgueilleux : ils ne sont pas toujours justes et le héros en vient à douter des dieux. Et que faire face aux dieux et au destin ? Consentir, généralement, car la rébellion contre l'ordre de la souffrance et des violences est vouée à l'échec – mettre sa liberté et sa gloire même à accepter lucidement et volontairement son destin ; ou, comme Antigone, exercer la compassion .

Voilà qui est sans doute conforme à la théologie de l'Antiquité ou à la philosophie de Sénèque, mais peu compatible avec une philosophie chrétienne, qui chasse le destin et le remplace par la Providence d'un Dieu de miséricorde et d'amour. Sans concevoir, apparemment, qu'elle nie leur foi chrétienne, nos dramaturges, en reprenant les sujets mythologiques, acceptèrent l'essentiel de la philosophie tragique ancienne qu'ils véhiculaient.

L'histoire

L'histoire surtout fournit des sujets aux dramaturges. La vie, les malheurs et la fin des grands personnages historiques permettaient des réflexions politiques, morales, une méditation aussi sur la philosophie de l'histoire. C'est essentiellement l'histoire de Rome, à laquelle l'humanisme familiarisait le public à travers Tite-Live ou Plutarque, qui proposa héros et héroïnes[101].

Seule la *Didon se sacrifiant* de Jodelle, qui ne sera publiée qu'en 1574, renvoie aux temps mythiques, quand Enée, en marche vers un destin plus haut voulu par les dieux, se résout à abandonner la reine de Carthage. La période des rois n'a guère inspiré les dramaturges. A côté d'une courte et très mauvaise *Lucrèce* (1566) due à Nicolas Filleul, on trouve, en 1596, un *Horace trigémine* de Laudun d'Aigaliers, qui signale des évolutions : intériorisation des personnages (le vieil Horace, déchiré dans sa paternité, est la proie d'un débat intérieur) ou libération du spectacle (le combat des Horaces et des Curiaces, comme le châtiment de l'orgueilleux Tullus Hostilius, ont lieu sur scène).

Mais c'est la période républicaine qui s'avère la plus féconde. On peut passer très vite sur le *Coriolanus* de Pierre Thierry, sieur de Monjustin (1600), qui montre un Coriolan partagé entre le sentiment patriotique et le désir de vengeance, pour arriver aux guerres puniques. Pas moins de

---

[101] Voir Simone Dosmond, *La Tragédie à sujet romain : historique et typologie (1552-1778)*, thèse de 3° cycle, Poitiers, 1981, 2 vol. dactyl.

cinq tragédies, entre 1559 et 1607, portèrent à la scène l'histoire de
Sophonisbe : Mellin de Saint-Gelais adapta en prose la *Sofonisba* du
Trissin, Claude Mermet l'adapta en vers (1584) ; en faisant retour aux
histoires antiques et avec un génie divers, Montchrestien (1596), Nicolas
de Montreux (1601) et Elie Garel[102] (1607) dramatisèrent cet épisode ;
et chaque *Sophonisbe* montra le courage de la reine de Numidie, qui, face
à l'impérialisme romain en Afrique, conquiert sa liberté par le suicide[103].
A l'opposé, le *Régulus* de Beaubrueil (1582) – où la bataille entre
Romains et Carthaginois est censée avoir lieu sur scène, à l'acte IV –
glorifie la fermeté morale et le patriotisme de Marcus Attilius Regulus –
Attilie dans la tragédie[104].

Pour des raisons faciles à comprendre étant donné l'état de la France à
cette époque, la période des guerres civiles fascina particulièrement.
Jacques Grévin, qui se souvint du *Julius Caesar* latin de Muret, se voulut,
avec son *César* de 1561, le premier à publier une tragédie régulière[105] ;
cette tragédie, sobre mais un peu mince, montre un César orgueilleux mais
passablement désabusé, que soutient l'habile politicien Antoine et que
veulent éliminer les partisans de la liberté. Jodelle, puis Garnier – dans
Cléopâtre captive, *Porcie*, *Cornélie*, *Marc Antoine*, souvent avec de
grandes figures féminines – explorèrent ces temps troublés qui vont de
Pharsale à Actium, de 48 à 31 avant le Christ, de la prise de pouvoir par
César à la victoire définitive d'Octave, bientôt Auguste. Nous y revien-

---

[102] Voir Daniel Courant, « La Sophonisbe de Garel », [in] *La Poésie angevine du XVIᵉ au
début du XVIIᵉ siècle*, 1982, pp. 74-87.

[103] Quand il remanie en 1601 sa *Sophonisbe* de 1596, Montchrestien l'intitule *La
Carthaginoise, ou La Liberté*.

[104] Voir Christine de Buzon, « La tragédie humaniste selon Jehan de Baubrueil : *Regulus*
(1582) », [in] *Les Officiers 'moyens' à l'époque moderne*, 1998, pp. 345-365. – La *Bysathie*
de Pageau (1600) dramatise bien un épisode de l'histoire romaine, tiré de Plutarque (Crassus
et les Massiliens), en glorifiant le mythe romain ; mais elle met surtout en valeur une
histoire d'amour ; pour sauver le Romain vaincu et prisonnier qu'elle aime d'un amour
ravageur, la fille du roi des Massiliens trahit son père, finalement tué pour le plus grand
profit de Crassus et des Romains.

[105] Jeffrey Foster publie les deux pièces dans *César de Jacques Grévin*, 1974. – Voir I. D.
Mc Farlan, « En relisant le *César* de Jacques Grévin », [in] *Mélanges pour Jacques
Scherer...*, 1986, pp. 185-191, et F. Bevilacqua Caldari, « Il tema della Fortuna in Jacques
Grévin », [in] *Il Tema della Fortuna nelle letterature francese e italiana del Rinascimento...*,
1990, pp. 87-105.

drons en détail[106]. La *Cléopâtre* de Montreux (1585) rivalisa platement avec ces illustres devanciers.

L'empire ne suscita aucune œuvre vraiment intéressante. *La Tragédie d'Octavie* de Regnault (1599) mérite à peine une mention . Le grand magistrat savoyard Antoine Favre se fourvoya dans la tragédie avec *Les Gordians et Maximins, ou L'Ambition* (1589), interminable leçon de morale historique, aussi peu dramatique que possible. Toujours assez peu adroit, Laudun d'Aigaliers revint à un sujet chrétien avec *Dioclétian* (1596), centré sur l'empereur persécuteur des chrétiens, et de Sébastien en particulier, qui, après voir abdiqué, s'empoisonna. Le *Maurice* de Nicolas Romain (1606), adapté d'une tragédie latine jésuite, nous amène à Byzance et développe une philosophie de l'histoire habituelle dans la Compagnie.

Les héros des tragédies romaines ne sont pas tous exemplaires et Rome elle-même n'est pas éternellement destinée à être invincible et glorieuse. Il n'empêche : ces tragédies contribuèrent à façonner le mythe de Rome. La tragédie scolaire de Jean Behourt, *Hypsicratée* (1604), qui met aussi en valeur la vertu conjugale de l'épouse de Mithridate, le montre bien : même aidé par Junon qui veut la perte de Rome, Mithridate échoue devant les Romains de Pompée, car les dieux et les destins « favorisent en tout l'empire des Latins[107] ». Quelques années plus tôt, en 1600, la médiocre *Monime* de Pageau donnait la même leçon en y ajoutant la fin pitoyable que le cruel Mithridate vaincu imposa à son épouse forcée. Le mythe romain est fort vivace autour de 1600.

L'histoire grecque a peu inspiré. Si l'on excepte *Les Lacènes* de Montchrestien (1600), où le roi spartiate Cléomène vérifie sa vertu et gagne la liberté et la gloire par la mort volontaire, il ne reste que les deux belles tragédies de Jacques de La Taille, écrites avant 1562 et publiées par son frère Jean en 1573 : *Daire* et *Alexandre*[108]. On y voit la fin de deux grands rois, d'ailleurs victimes de conspirateurs : le roi de Perse Darius, dont les troupes ont été défaites par le jeune Alexandre, est trahi, humilié,

---

[106] Contentons-nous de mentionner la première pièce consacrée à Pompée, l'anonyme *Tragédie nouvelle appelée Pompée* de 1579, courte et plate.

[107] Acte IV, p. 68.

[108] Ed. Maria Giulia Longhi, au vol. 4 du *Théâtre français de la Renaissance*, 1992, pp. 289-436. Ed. d'*Alexandre* seul par Christopher N. Smith, 1975 ; sur cette pièce, voir Gillian Jondorf, « 'An aimless rhetoric' ? Theme and structure in Jacques de La Taille's *Alexandre* », *French Studies*, 1987, pp. 267-282.

abandonné ; Alexandre de Macédoine, arrivé à Babylone, au faîte de son pouvoir, se voit abandonné par la Fortune, victime d'une conspiration, et se console un peu des terribles souffrances que lui inflige le poison par le rêve de sa gloire *post mortem*.

Nous sommes encore en Perse avec l'histoire de Panthée, empruntée à la *Cyropédie* de Xénophon pour glorifier à la fois l'amour conjugal et la vertu d'un bon prince, Cyrus en l'occurrence. La *Panthée* de Guersens (1571) est si mauvaise qu'on comprend que d'autres aient voulu la refaire. Guérin Daronnière s'y essaya en 1608, opposant le désir furieux d'Araspe pour Panthée, l'épouse d'Abradate, à la vertu de Cyrus, qui donne une belle leçon de néo-stoïcisme à Panthée, laquelle, devenue veuve, choisit de se tuer par fidélité à son époux. En 1610, Claude Billard centra sa tragédie sur les rapports politiques entre Cyrus et Abradate et sur le bel amour conjugal brisé par la mort.

Deux dernières tragédies orientales sont à signaler[109]. La *Soltane* de Gabriel Bounin, de 1561, pour commencer, qui situe son action chez le Sultan et montre une intrigue de cour ; la sultane Rose (Roxane) perd par ses manœuvres Mustapha, qui doit régner au détriment de ses enfants. L'idée centrale est neuve, mais la réalisation est catastrophique : pas de couleur locale vraie dans un thème tragique commun, langage boursouflé des personnages dépourvus d'intérêt. La critique semble s'intéresser beaucoup, enfin, à l'*Orbecc-Oronte* de Jean-Edouard Du Monin, qui n'est pourtant qu'un plagiat de l'*Orbecce* de G.-B. Giraldi Cinthio. L'histoire de cette famille d'un roi de Perse est horrible, avec sa cascade de cruautés et de vengeances : dénoncée par sa naïve enfant Orbecque et tuée sur place par son mari, la mère adultère veut se venger par-delà la mort ; elle y parviendra car le roi, furieux d'apprendre, quand il veut la marier, que sa fille a secrètement épousé Oronte et en a deux fils, fait tuer Oronte et les enfants et présente leurs têtes à Orbecque, qui poignarde son père avant de se tuer. C'est assurément un modèle, et bien isolé, de tragédie

---

[109] *La Soltane* de Bounin a été éditée par Michael Heath, en 1977. *Orbecc-Oronte* est paru dans *Le Phénix* de Du Monin, en 1585, pp. 73-129 ; voir : Antony Gable, « Du Monin's Revenge Tragedy *Orbecc-Oronte* (1585)... », *Renaissance Drama*, XI, 1980, pp. 3-25 ; James Dauphiné, « Du songe dans l'*Orbecche* de Giraldi et l'*Orbecc-Oronte* de Du Monin », [in] *Mélanges Maurice Descotes*, 1988, pp. 187-197, et « Du Monin dramaturge », *Bull. Ass. G. Budé*, 1991, pp. 194-203 ; Rosanna Gorris, « Tragedia come apologo della crudeltà... », [in] *Tragedia e sentimento del tragico...*, *op. cit.*, p. 48-71.

sanglante ; mais le langage excessif, prétentieux et obscur révèle un adaptateur un peu étrange, et qui ne mérite pas la célébrité...

Les leçons de l'histoire

Ne serait-ce qu'*a contrario* – même Du Monin parle d'*Orbecc-Oronte* comme d'une « tragédie morale », qui laisse effectivement sans voix le spectateur devant le triomphe du mal et de la vengeance sanglante –, la tragédie historique voulait fournir un enseignement, dans le domaine politique et dans le domaine moral. Elle donna à condamner et elle donna à admirer.

Les personnages féminins, victimes particulièrement émouvantes, sont battus par les tempêtes du malheur. Les femmes les affrontent avec une vertu souvent héroïque. Calpurnie, femme de César, Porcie, femme de Brutus, Cornélie, fille de Scipion puis femme successivement de Crassus et de Pompée[110], sont accablées sur la scène par la mort qu'on leur rapporte des êtres chers. Il leur reste la lamentation, les devoirs funèbres ; après quoi, comme dit Cornélie, elles n'ont qu'un devoir : vomir leur vie. Privée d'un fer, Porcie avale des charbons ardents. Epouse et veuve modèle, Panthée maintient sa fidélité au mari absent contre les tentatives d'Araspe, puis sa fidélité au mari mort en mourant elle-même. Chez Guérin Daronnière, elle donne et reçoit de belles leçons de stoïcisme. A l'amoureux enflammé qui invoque le destin trop fort : « notre esprit est parsus les destins », ou encore : « Toute necessité par la vertu se dompte[111] ». Quand elle est veuve, Cyrus lui donne le conseil de la constance, fondé sur l'idée, bien proche du christianisme, que les dieux et la providence « font pour le mieux[112] » ; elle choisira néanmoins le suicide, interdit pourtant par les mêmes dieux et la même providence, car cela lui paraît la seule voie ouverte à son amour conjugal pour triompher du malheur. De fait, la mort volontaire, recherchée, ou la mort acceptée avec courage, constituent l'issue vertueuse pour ces reines prises au piège du destin. Voyez la Cléopâtre de Jodelle et toutes les Sophonisbes qui recouvrent leur liberté par la suicide.

---

[110] Grévin, *César* ; Garnier, *Porcie* et *Cornélie*.

[111] Guérin Daronnière, *La Panthée, ou L'Amour conjugal*, III, 2.

[112] V, 2.

La constance et le courage ne sont pas seulement l'apanage des héroïnes. Témoin le Darius de Jacques de La Taille qui, défait, humilié, prisonnier, refuse même de se donner la mort, au nom de la magnanimité que lui enseigne le fidèle Artabaze :

> Ayez courage, et d'un cœur magnanime
> Ne cédez point au mal qui vous opprime :
> Soyez plus ferme encontre la Fortune,
> Que le rocher contre l'onde importune[113].

Les grands Romains, ces *viri illustres*, doivent montrer ces hautes vertus. Le Régulus de Beaubrueil, à qui son orgueil et sa dureté valent un revers de fortune et la défaite, va en manifester plus d'une. On sait que les Carthaginois le laissèrent aller sur parole à Rome pour négocier le retour des prisonniers ; s'il n'obtenait pas la liberté des Carthaginois, il devait revenir à Carthage. Devant le Sénat, il plaida pour qu'on ne rende pas les prisonniers carthaginois et il retourna lui-même à Carthage. « Je ne romprai ma foi pour garantir ma vie[114] », déclare-t-il fièrement : patriotisme et fidélité à la parole donnée. La fin de l'acte V montre les supplices infligés (en rupture, d'ailleurs, de la parole donnée par les Carthaginois) et la constance du héros, sûr de trouver au ciel un loyer égal à sa vertu, qui l'élève au rang des dieux.

Chefs, rois et princes sont loin d'être toujours exemplaires. La première tentation qui guette les détenteurs du pouvoir est l'orgueil, la démesure, cette *hubris* que la tragédie antique punissait impitoyablement. Vainqueur d'Antoine et maître de Cléopâtre, l'Octavien de Jodelle veut être mis au rang des dieux[115]. Pourtant en proie à la crainte, le César de Grévin se croirait invincible[116]. A Alexandre qui a conquis tout l'univers, qui est devenu l'égal des dieux les plus fameux, il ne reste plus, lui disent les flatteurs, qu'à se faire adorer comme un dieu[117]. L'empereur Dioclétien – pour prendre l'exemple d'une tragédie de la fin du XVIᵉ siècle – est

---

[113] *Daire*, acte III, vers 1045-1048.

[114] *Régulus*, acte V, p. 61.

[115] *Cléopâtre captive*, acte II.

[116] *César*, acte I.

[117] Jacques de La Taille, *Alexandre*, acte I.

dans la même situation : est-il homme plus valeureux que lui, plus à l'abri du malheur et plus digne d'être adoré comme un dieu[118] ?

Cet orgueil ne prédispose pas à la maîtrise des passions ni à la magnanimité. Il n'existe presque pas de tragédie sans le débat obligé sur la clémence. Faut-il punir, se venger ? Faut-il pardonner ? Le mauvais prince est inaccessible à la clémence. Le mauvais prince satisfait également ses passions et l'amour le ravale clairement et le détourne de son devoir ; c'est ce que fait comprendre le Romain Scipion à Massinissa dans les différentes tragédies de *Sophonisbe* ; c'est ce que montre le *Marc Antoine* de Garnier ; c'est enfin la leçon que donne Cyrus – bon roi vertueux qui gouverne ses passions – dans la *Panthée* de Guérin Daronnière.

A travers les erreurs, les horreurs et les malheurs des rois de la tragédie d'histoire, il n'est pas impossible de repérer les éléments d'une pensée politique, mais qui n'est ni élaborée ni univoque ; on se montrera donc prudent[119]. L'ambition et l'abandon aux passions font des mauvais rois, des tyrans, des usurpateurs même[120]. Un roi devenu tyran est-il supportable ou est-on justifié à conspirer contre lui au nom de la liberté ? La tragédie d'histoire ne donne pas une image très positive des « conjurateurs[121] »... Un Garnier s'est intéressé aux rapports entre le roi et son peuple. Les idées de Machiavel, qui connut sa première version française en 1553, ne furent pas non plus sans influence sur la pensée politique des dramaturges ; on en a relevé plus d'une trace. Mais encore une fois, il est impossible de dégager une réelle pensée politique articulée des tragédies historiques, qui se contentent, au fil de l'intrigue, de poser quelques problèmes politiques. Seuls les grands dramaturges peuvent développer une pensée personnelle sur le pouvoir ; et ils n'ont pas à être des Jean Bodin[122] !

---

[118] Laudun d'Aigaliers, *Dioclétian*, acte I.

[119] On pourra consulter les études suivantes : H. Ingman, « The Use of Machiavelli by some French Renaissance dramatists », *B.H.R.*, 1984, pp. 277-298, et *Machiavelli in Sixteenth-Century French Fiction*, 1988 ; Jacques Truchet, « La tyrannie de Garnier à Racine... », *Travaux de linguistique et de littérature*, XXII, 2, 1984, pp. 257-264 ; Madeleine Lazard, « Le roi et son peuple dans la tragédie française de la Renaissance », [in] *Mito e realtà del potere nel teatro...*, 1988, pp. 229-244.

[120] Voir, par exemple, *Les Gordians et Maximins, ou L'Ambition* d'Antoine Favre.

[121] Voir Grévin, *César*, et Jacques de La Taille, *Daire* et *Alexandre*.

[122] Ses *Six Livres de la République* datent justement de 1583.

La tragédie historique s'avère plus attachée à la méditation philoso-phique qui, à la différence de la forme tragique qui évolue, et contraire-ment aux éléments épars de la pensée politique, présente une certaine constance.

Quel sens en effet donner à l'histoire et à l'action des hommes dans l'histoire ? Quelle part est-elle laissée à leur action autonome, à leur liberté ? Quelle est la portée de leurs actes, bons ou mauvais ? Quelles puissances finalement gouvernent l'histoire des hommes ?

N'oublions pas que nous sommes en régime tragique : l'histoire y est faite du malheur des hommes – des rois et de leurs peuples. Après cinq actes qui sont lamentation du malheur, la tragédie est pourvue d'une fin sanglante qui entraîne parfois indistinctement coupables et innocents. Combats, meurtres, exécutions, vengeances ou suicides héroïques, l'histoire telle que la montre la tragédie a toujours partie liée avec la mort et exhibe ses victimes. Pour autant, dans cette trame de haine et de sang, la raison du plus violent ne l'emporte pas forcément.

C'est qu'au-dessus des hommes et de leurs cruautés règne une puissance supérieure qui les malmène et se joue d'eux, qui les ramène à leur essentielle fragilité : celle que la tragédie appelle si souvent la Fortune, volontiers le destin ou les destins, parfois les dieux – bref, une transcen-dance qui surplombe les actions humaines et qui régit finalement l'histoire. Innombrables sont les chœurs qui chantent la puissance de la Fortune changeante, depuis Jodelle :

> Si l'inconstante fortune
> Au matin est opportune,
> Elle est importune au soir[123].

C'est elle qui entraîne les mortels dans le malheur. C'est « la fortune marâtre » ou le Ciel qui brassent le désastre au crédule innocent[124], au saint martyr, qui outrage les épouses des grands, qu'elles aient nom Porcie ou Monime. C'est elle qui culbute les grands, faisant du vainqueur d'hier le vaincu d'aujourd'hui, châtiant les orgueilleux et les dépouillant de leur orgueil. La roue de Fortune tourne : « rien n'est assuré au théâtre mondain », reconnaît l'Attilie de Beaubrueil[125]. César, Alexandre,

---

[123] *Cléopâtre captive*, chœur final de l'acte III, vers 1107-1109.

[124] Bounin, *La Soltane*, acte V, vers 1737-1738.

[125] *Régulus*, acte IV.

Darius, Mithridate en font l'amère expérience, eux qui se croyaient les « mignons[126] » d'une Fortune en réalité aveugle et changeante, et perdent l'empire et la vie. Méditant sur la défaite de Syphax, Scipion fait écho à Pindare : « [...] tous tant que nous sommes de vivants sur la terre ne sommes qu'ombres et songe de fumée[127] ». Les empires, les nations elles-mêmes peuvent être culbutés par la Fortune ; témoin Rome sur le destin de laquelle Garnier médite souvent.

Fragilité des hommes, des empires, *vanitas vanitatum* : la tragédie historique montre à l'envi « que du monde ce n'est rien[128] ». L'histoire serait-elle privée de sens, absurde ? Livrée aux caprices du hasard qui laisserait prospérer les violents sans profit et souffrir les innocents pour rien ? Les chrétiens du XVIe siècle ne pouvaient pas accepter un tel pessimisme, admissible seulement chez les païens. Pour eux, le malheur ne peut être dû au hasard ni à la Fortune, puisque la Providence divine veille sur les hommes. On sait que les censeurs romains critiquèrent les *Essais* de Montaigne pour l'emploi qu'il avait fait du mot *fortune* dans son livre...

Les dramaturges entrevirent sans doute la difficulté mais, pour autant qu'on puisse la discerner clairement, leur pensée reste ambiguë. De la transcendance – davantage alors les dieux que la Fortune – ils font certainement un juge qui punit les ambitieux et les orgueilleux. Les astres, la Fortune, les destins, les dieux, Jupiter en personne, qu'importe : la transcendance rétribue les mauvaises actions ou la démesure. Cela ne gênait pas les esprits de ce temps de dire *les dieux* et de penser *Dieu*. De très rares pièces – la *Sophonisba* de 1559, *Dioclétian*, *Maurice* – tentent de christianiser la transcendance et assimilent la transcendance justicière à la Providence chrétienne, de manière partielle et ambiguë d'ailleurs. Mais la souffrance des innocents ? Elle n'est jamais pensée dans une

---

[126] Sur Alexandre :

> « Lui qui pensait brider l'inconstance du sort,
> Se disant de Fortune être le grand mignon,
> Et des dieux immortels se faisant compagnon :
> Maintenant que les dieux l'ont culbuté d'en haut,
> Qu'il advertisse autrui, que jamais il ne faut
> Pour les vaines faveurs du monde s'orgueillir »

(Jacques de La Taille, *Alexandre*, acte IV, vers 838-843).

[127] *Sophonisba* du Trissin, dans la traduction de Mellin de Saint-Gelais, lignes 635-636.

[128] Laudun d'Aigaliers, *Dioclétian*, acte V, f° 30 v°.

vision chrétienne et demeure une énigme effroyable. La théologie de l'histoire – où l'on retrouve les problèmes de la pensée tragique des pièces mythologiques – reste donc fort incomplète, tant est obsédant le spectacle du malheur qui envahit la scène tragique.

Le renouvellement des sujets

Si les tentatives d'élargissement des sujets se manifestent assez tôt, il faut reconnaître que c'est la fin du siècle qui prospecte surtout une nouvelle matière tragique en dehors des chemins traditionnels. On peut ainsi demander des sujets à l'histoire – non plus à l'histoire des anciens Grecs ou des anciens Romains, mais à l'histoire plus proche des modernes, voire à l'histoire la plus contemporaine dont nombre d'auteurs du XVIᵉ siècle ont signalé le caractère éminemment tragique. A l'inverse, les fictions, avec les histoires merveilleuses et romanesques, sont exploitées : le tragique habite aussi les rêves.

Sujets historiques et contemporains

L'anonyme et maladroite *Tragédie française du bon Kanut, roi de Danemark* date de 1575[129] ; l'histoire de ce roi doux et clément dont des rebelles poursuivent et obtiennent la mort, bien qu'elle se situe au XIᵉ siècle, fait écho à l'actualité avec la question de la rébellion à l'égard du roi légitime : « Voulez vous donc meurdrir votre Roy souverain ? », demande-t-on aux conjurés pétris de violence[130]. La période un peu plus reculée du haut Moyen Âge offre des sujets encore plus violents et sanglants. Témoin *Rosemonde, ou La Vengeance*, de Nicolas Chrétien Des Croix[131], qui emprunte à l'histoire des Lombards ; Elliott Forsyth range cette tragédie parmi les pièces macabres de goût baroque[132]. De fait, la surcharge et la complication de l'intrigue, un certain nombre d'invraisemblances et d'incohérences chez les personnages, les meurtres, empoisonnements et autres horreurs dénoncent cette esthétique. Après avoir été

---

[129] Ed. Renée Giménez, 1989.

[130] Acte I, v. 139.

[131] 1603. La pièce, remaniée, sera éditée à nouveau en 1608, sous le titre *Alboin, ou La Vengeance* ; dans sa présentation du sujet, l'auteur donne alors un tour plus chrétien à la leçon et insiste sur la punition que « Dieu vengeur » inflige à de « si énormes forfaits ».

[132] *La Tragédie française de Jodelle à Corneille..., op. cit.*, pp. 268-282.

contrainte par son mari Alboin, le roi des Lombards, à boire dans le crâne de son père qu'Alboin avait vaincu et tué, Rosemonde décide de se venger, de manière fort compliquée, et d'ailleurs vaine car elle et son complice sont forcés de boire le poison . La pensée tragique n'a vraiment rien de neuf : la prospérité se change en adversité, la Fortune « envieuse et sans yeux » (acte III) culbute ceux qui se croient ses favoris ; elle est « diverse » : « O comme le destin grands et petits renverse[133] ! » Dans son *Alboin* de 1610, Claude Billard reprit le sujet et, comme toujours, simplifia et modifia sans adresse excessive ; il mit en valeur l'assurance orgueilleuse du roi Alboin et – ce qui est nouveau – l'amour frénétique de Rosemonde (« Jouissons seulement », rétorque-t-elle à sa dame qui lui rappelle l'honneur conjugal, à l'acte II) pour un gentilhomme lombard dont elle compte se servir pour sa vengeance.

L'histoire la plus contemporaine peut inspirer les dramaturges. Ainsi de la destinée malheureuse de Marie Stuart, qui a ému toute l'Europe du XVIe siècle. Nous verrons ce qu'en fit Montchrestien dans sa *Reine d'Ecosse*.

Je voudrais mettre en valeur une autre tragédie de Chrétien Des Croix, fort originale : *Les Portugais infortunés*[134], qui date de 1608. Nous sommes au sud de l'Afrique, au Mozambique ; la pièce va mettre en présence un groupe de Portugais naufragés autour du gentilhomme Pantaleon Sala – les Blancs –, et un groupe d'indigènes autour du roi caffre Mocondez – les Noirs. Passons sur un certain nombre d'invraisem-blances dues au fait que le dramaturge tient à retrouver les *topoï* de la tragédie (il faut un roi et une reine orgueilleux ; il faut un débat sur la clémence..., comme si l'on était dans une cour européenne) ; la tragédie n'est pas vraiment exotique. Mais signalons quelques tentatives intéres-santes de faire voir et entendre le point de vue des Africains : ce sont les Noirs qui s'étonnent des Blancs différents, ce sont eux qui se plaignent de la rapacité des navigateurs et autres colonisateurs. Le prologue, où le Génie ou Démon du cap de Bonne-Espérance entre en débat avec l'ange Raphaël, protecteur des voyageurs, pose parfaitement la question de fond. Le Génie s'en prend aux Portugais avides et ambitieux, tenant une sorte de discours anticolonialiste. La réplique de Raphaël est nette : il reconnaît que certains chrétiens ont l'âme avide, mais réaffirme que l'entreprise des

---

[133] Acte V, p. 121.
[134] Ed. A. Maynor Hardee, 1991.

peuples baptisés est honorable et que rien ne les empêchera d'aller
« encor prescher en chacun lieu / De ce rond univers l'Evangile de
Dieu[135] ». Reste que la petite troupe des Portugais va subir sous nos
yeux un destin horrible, tragique : loin de faire pitié aux Africains, ils sont
trompés, séparés et affamés jusqu'à la mort. Il y a là un malheur qui pose
problème à la conscience et à la pensée des Portugais de la pièce, victimes
de cette « inconstance du sort » (v. 661). La réponse est claire et répétée :
le malheur ne vient pas de la fortune, mais du Tout-Puissant (v. 952), et
s'explique comme un châtiment de l'avarice générale des Portugais ; et
le châtiment est accepté, y compris par les enfants innocents qui meurent
sous nos yeux. Le dernier chœur le redit[136] :

> Dieu, pour nous chastier du desir violant
> Qui nous poussoit d'aller des biens acumulant,
> De porter là sa foy prenant un faux pretexte,
> Nous a fait encourir ce desastre funeste.

Les Portugais naufragés finissent en véritables martyrs ; mais ils semblent
avoir admis la leçon que Montaigne donnait quelque vingt ans plus tôt au
chapitre *Des coches*.

Le tragique peut se trouver encore plus près du spectateur, dissimulé
dans un événement de la chronique contemporaine. Deux tentatives
méritent d'être signalées à cet égard. En 1563, Claude Roillet donne une
Philanire[137], traduction française de sa *Philanira* latine de 1556. En
2283 vers bavards nous est présenté le drame d'une épouse et mère de
famille qui accepte de se donner à celui dont dépend le sort de son mari
condamné ; elle sera d'ailleurs trompée (son mari sera quand même
liquidé) et verra le trompeur, obligé par le Vice-Roi d'épouser Philanire,
décapité. Les malheurs de cette double veuve piémontaise illustrent le
tragique de l'existence – thème tragique par excellence – aussi chez les
plus humbles. La *Philis* de Chevalier, en 1609, tout irrégulière, prétend
partir d'un fait véritable ; c'est une pièce ratée mais l'on y voit le débat
d'un amant devenu constant et vraiment amoureux, qui hésite à sacrifier
sa conviction protestante pour épouser une catholique. Tragédie en ce que

---

[135] Vers 335-336.

[136] Vers 2675-2678 de l'acte V.

[137] Ed. Daniela Mauri, dans le vol. 2 du *Théâtre français de la Renaissance*, 1989, pp. 125-214.

l'amant Florisel, accepté par le père de sa Philis sans avoir à se renier, meurt abruptement : « Notre vie est un songe, un soupir qui s'en-fuit[138] ».

L'histoire française : engagement et distance

Mais le public français de la tragédie doit s'intéresser davantage encore à son histoire nationale.

Il était presque inévitable que la tragédie s'occupât de l'actualité troublée et sanglante – tragique, en un mot – de la France des guerres civiles[139]. Comme le dit l'un d'eux[140], les dramaturges qui mettent en scène l'actualité écrivent des tragédies conformes et semblables «à celles que la France a vues durant les guerres civiles ». Un certain nombre d'événements vont donc se trouver mis en scène. Certains sont de portée régionale, comme l'extermination, en 1545, des habitants de Cabrières d'Avignon, place forte vaudoise. D'autres concernent l'histoire du royaume dans son ensemble : en 1572, Charles IX ordonne le massacre de la Saint-Barthélemy ; en 1587, à Coutras, Henri de Navarre défait l'armée royale ; en 1588, Henri III, aux états généraux de Blois, fait assassiner Henri, duc de Guise et son frère le cardinal de Lorraine ; en 1589, le même Henri III est mortellement blessé par le moine Jacques Clément. Tels sont les quelques épisodes des guerres retenus par des dramaturges qui écrivent à distance plus ou moins grande de l'événement ; les plus engagés écrivent presque à chaud . Car ces tragédies sont en général l'œuvre de partisans, voire de propagandistes.

Peu de protestants parmi eux. On se souvient que la tragédie biblique protestante du troisième quart du siècle n'évitait pas les allusions ni même les prises de position politiques. Sauf exception, c'en est fini de la tragédie protestante après 1575[141]. Il faut cependant mentionner la

---

[138] III, 4.

[139] Jacques Chocheyras, « La tragédie politique d'actualité sous les règnes de Henri III et de Henri IV », [in] *Etudes sur Etienne Dolet...*, 1993, pp. 161-173.

[140] J. de Fonteny, dans le sous-titre de *Cléophon*.

[141] L'anonyme *Tragédie de François Spera, ou Le Désespoir* (1608), écrite par un protestant pour montrer les tortures morales, le désespoir et la damnation du jurisconsulte Spera qui avait abjuré sa religion réformée entre les mains du légat du pape, n'est guère française et pas du tout politique.

Tragédie du sac de Cabrières[142], où j'ai personnellement bien du mal à voir un talent de dramaturge[143]. Il s'agit d'opposer la cruauté et la rouerie des assiégeants à l'égard de ces Vaudois du Lubéron qu'ils considèrent comme des hérétiques, et la confiance naïve des Vaudois qui ont d'abord repoussé les assiégeants, puis qui acceptent de parlementer avec le capitaine général de l'armée, le très ambigu et finalement traître Polin, pendant que les assiégeants saccagent Cabrières et exterminent ses habitants. Autant de martyrs qui feront se lever d'autres Eglises protestantes, dans cette France qui est trop séduite par « l'Antéchrist romain ». On ne sait ni par qui, ni quand (1566-1568 ?) fut écrite cette tragédie qui soulève l'indignation des lecteurs contre les chefs catholiques et apitoie sur les martyrs vaudois.

Les catholiques prirent volontiers la plume et se servirent du théâtre pour leur propagande.

Ainsi de François de Chantelouve, gentilhomme bordelais dont nous ignorons presque tout ; il mit son zèle au service de la foi catholique et du roi en publiant, trois ans seulement après l'événement, une tragédie engagée : *La Tragédie de feu Gaspard de Coligny* (1575)[144], œuvre de passion politique et religieuse entreprise pour justifier le massacre de la Saint-Barthélemy[145]. Elle constitue un excellent exemple de théâtre de propagande. Il s'agit d'abord de désigner à l'exécration du peuple le Mal, l'adversaire : Coligny, celui dont les projets furent punis d'une juste mort. Le camp des méchants – Coligny et quatre gentilshommes protestants – est mené par la violence et la détermination à faire mourir le roi. En face du Mal, le Bien : le roi, ce juste fragile face aux méchants ; en face du méchant endurci, le roi bon, comme amené contre son gré à châtier, selon la volonté du Dieu juste. Après avoir été terrifié et indigné par les huguenots de la pièce, le public ne peut ressentir que pitié, affection et

---

[142] Ed. Daniela Boccassini, dans le corpus du *Théâtre français de la Renaissance*, vol. 3, 1990, pp. 203-278.

[143] Contrairement à Olivier Millet (« Vérité et mensonge dans la *Tragédie du sac de Cabrières* : une dramaturgie de la parole en action », *Australian Journal of French Studies*, 1994, pp. 259-273), ou même à Roger Klotz (« Lecture méthodique de la *Tragédie du sac de Cabrières* », *I.L.*, 1994, pp. 36-39).

[144] Ed. K. Cameron, 1971.

[145] Voir Charles Mazouer, « Chantelouve et la Saint-Barthélemy : *La Tragédie de feu Gaspard de Coligny* (1575) », [in] *Les Ecrivains et la politique dans le Sud-Ouest de la France autour des années 1580*, 1983, pp. 129-140.

admiration pour Charles IX. Le chœur lui-même, qui représente le peuple français, souffle au public ce que Chantelouve veut qu'il pense. La propagande haineuse de Chantelouve envers les huguenots tend à justifier le massacre de la Saint-Barthélemy et cherche à accréditer l'idée d'un complot protestant, selon les thèses officielles que d'autres polémistes catholiques mirent en circulation. Il ment évidemment et refait l'histoire. Comment reconnaître le Coligny historique dans le fou furieux que peint Chantelouve ? Comment accepter que rien ne soit dit du rôle capital de Catherine de Médicis ? Il invente, fausse, omet pour mieux justifier les responsables de l'atroce massacre. La tragédie de *Coligny* est sans beauté mais bien conçue et écrite en vue de ses fins, et terriblement efficace.

Pierre Matthieu, que nous avons déjà rencontré à plusieurs reprises, est un autre catholique engagé, plus extrémiste même que Chantelouve. Sa *Guisiade* de 1589[146], écrite sous le coup de l'événement, est « un pamphlet de la Ligue[147] ». Au cœur de la tragédie : la réunion des états de Blois, avec la harangue des trois ordres, qui tous semblent partager les idées de la Ligue et poussent le roi à accepter l'abandon de sa politique de douceur et d'accommodement à l'égard des hérétiques. Mais Henri III est présenté comme un roi débauché, peu chrétien, haï de son peuple, jaloux de son pouvoir (« je veux seul estre Roy », v. 181) et déloyal : non seulement il ne se mettra pas à la tête de la Ligue, mais il fera assassiner les « Guisards ». En face de lui – selon la dramaturgie de propagande – un duc de Guise loyal, attaché à la foi, à la monarchie, à la France, qui refuse de douter de la parole de son roi et de prendre en considération les bruits de son futur assassinat ; la malheureuse victime, armée de sa vertu et de sa foi, sera liquidée par quelques coupe-jarrets apostés qui laisseront au roi la sinistre fonction de porter le coup de grâce en frappant du pied la face blême du duc. Qui ne partagerait le sentiment qui anime les imprécations finales de la mère de Guise, Madame de Nemours, contre le roi ?

---

[146] Ed. Louis Lobbes, 1990.

[147] Voir Louis Lobbes, « Pierre Matthieu, dramaturge phénix (1563-1621) », art. cit. de 1998, p. 233.

Ici militant, Pierre Matthieu se montre égal à lui-même comme dramaturge : boursouflé, ampoulé, maladroit et lourd, voulant à toute force faire entrer de l'histoire partisane dans le moule de la tragédie[148].

Passons vite sur *Cléophon* de Jacques de Fonteny (1600), tant la pièce est médiocre pour ne pas dire nulle ; sous des noms supposés, elle fait paraître le roi Henri III, son entourage et ceux qui interviennent pour arriver à son assassinat. Et faisons une place pour finir au *Triomphe de la Ligue* (1607), qui serait l'œuvre d'un pasteur réformé, Richard-Jean de Nérée. A vingt ans de distance de l'événement, de manière donc moins engagée et plus paisible, ce protestant prend néanmoins parti contre la Ligue, c'est-à-dire contre les Guises et les jésuites qui furent fauteurs de troubles et de guerre. Parmi les personnages allégoriques ou symboliques, on trouve un huguenot et un catholique qui tombent d'accord contre les excès de la Ligue et des Ligueurs, d'ailleurs défaits à Coutras, selon le récit de l'acte IV.

C'est de manière différente, apaisée, moins partisane, que d'autres dramaturges ont abordé l'histoire de France, à bonne distance en général du présent.

Au chapitre du théâtre de collège[149], j'ai présenté la *Pucelle de Domrémy* du jeune jésuite Fronton Du Duc (1581) qui, autant et plus que la glorification de l'héroïne lorraine et nationale, vise l'illustration d'une théologie de l'histoire. Jean de Virey revint sur le sujet vingt ans plus tard avec une *Tragédie de Jeanne d'Arc, dite la Pucelle d'Orléans...*, pièce assez nulle. L'histoire y est passée à la moulinette du style à l'Antique (Jeanne quitte les nymphes, les antres sauvages, les « troupeaux porte-laine », Diane en un mot, pour suivre Mars (acte II) ; sur le point d'être brûlée (acte V), elle se lamente de devoir rejoindre « le champ pluto-nien »), et rien n'est dit ni montré de sa foi ou de sa sainteté. Jeanne

---

[148] On rapprochera de *La Guisiade* de Matthieu *Le Guysien* de Simon Beylard « ou Perfidie tyrannique commise par Henry de Valois es personnes des illustriss. Reuerendiss. et tresgenereux Princes Loys de Loraine Cardinal, et Archeuesque de Rheims, et Henry de Loraine Duc de Guyse... » (1592) – pièce que L. Lobbes juge fort inférieure à celle de Matthieu (« L'exécution des Guises, prétexte à tragédie », [in] *Le Mécénat et l'influence des Guises*, 1997, pp. 567-579).

[149] Voir *supra*, chap. V, pp. 164-165. Ajouter à la bibliographie : Robert Aulotte, « En passant par la Lorraine, le jésuite bordelais Fronton Du Duc fait jouer à Pont-à-Mousson une *Pucelle de Domrémy* (1580) », [in] *Lorraine vivante...*, 1993, pp. 15-23 ; Christopher Smith, « Fronton Du Duc's *Histoire tragique de la Pucelle* (1580) », *Renaissance Studies*, vol. 9, n° 4, 1995, pp. 374-384.

d'Arc ne fournit pas aux dramaturges l'occasion d'élaborer une mythologie nationale.

Pas davantage Francus, fils d'Hector le Troyen, à qui l'on voulait attribuer la fondation du royaume de France – voir la *Franciade* de Ronsard. *La Franciade* du dramaturge Jean Godard (1594) montre comment le fugitif Francus, ou Francion, vainc et supplante la race des rois Gaulois, à laquelle il se mêle afin de réaliser une monarchie parfaite pour un peuple parfait. Le tableau d'histoire est plat et peu tragique.

Deux tragédies s'intéressent aux dissensions sanglantes qui marquèrent les règnes des successeurs de Clovis ; ces cruautés du haut Moyen Âge trouvèrent apparemment un écho au milieu des guerres civiles du XVIe siècle. Dans *Saint Clouaud* (1599), Jean Heudon montre les cruautés des oncles Clotaire et Childebert à l'égard de leurs neveux, dont ils veulent se débarrasser ; seul Clouaud s'échappe et rejoint un monastère. Dans *Mérovée* (1610), Claude Billard met en valeur la figure de Frédégonde, à la fois adultère et sanguinaire, qui s'était fait épouser en secondes noces par Chilpéric, après l'avoir poussé à assassiner sa première femme ; elle mène un mari amoureux (qu'elle trompe d'ailleurs) et lui fait liquider Mérovée, le fils du premier lit, par ambition pour elle et pour son propre fils. Cette reine monstrueuse, qui peut annoncer la baroque Cléopâtre de la *Rodogune* de Pierre Corneille, s'explique tout entière en ces deux vers :

> Mais telle cruauté me contente et me plaît
> Puis que c'est pour régner[150].

Les deux dernières tragédies qu'il nous faut mentionner ici sont également dues à la plume de Claude Billard, décidément amateur de tragédies historiques ; il s'agit de *Gaston de Foix* (1610) et de *Henry le Grand* (1612). La plus ancienne dramatise la mort du duc de Nemours, Gaston de Foix, à Ravenne, en 1512, prélude à la défaite et au retrait des Français d'Italie. Le destin du jeune héros, passablement orgueilleux et par trop téméraire, est présenté comme un destin tragique, les pressentiments des uns et des autres annonçant le malheur final ; Gaston de Foix a été soumis à « la loi du destin ». D'autre part, Claude Billard, qui loue son héros et les Français, s'arrange pour dévaloriser ou noircir les ennemis de Louis XII, le roi de France ; ainsi du chef des troupes romaines et du chef du régiment espagnol, ainsi du cardinal de Médicis, le légat de

---

[150] Acte II, f° 70 v°.

Jules II. Car Claude Billard ne cache pas son nationalisme ni son loyalisme monarchique. Ce dernier éclate dans *Henry le Grand*, alors que la souffrance de l'assassinat de Henri IV est vive encore dans les cœurs. De l'assassinat du roi, voulu expressément par Satan en personne, qui n'admet pas qu'Henri IV ait rétabli la paix civile, ait abjuré son hérésie, Claude Billard ferait un parfait cas tragique : ce roi est par trop orgueil-leux (« je suis ce grand César conquérant de la France[151] ») et subit « ce coup de la fatalité » – couronnement, en quelque sorte, de « la fatalité / D'un siècle tout de sang[152] ». Mais c'est Satan qui manœuvre et guide la main de l'assassin – accomplissant en réalité la volonté de Dieu. Et, avant d'aller vers la mort, Henri IV, ce bon roi idéalisé, aura eu le temps de prier seul, d'accepter la mort en châtiment de son péché et de s'en remettre à la volonté divine. Bon roi et parfait chrétien.

Ses tragédies historiques sont l'occasion de dire un mot sur l'art tragique de Claude Billard[153], dramaturge mineur – assez maladroit dans la construction de pièces souvent assez déséquilibrées, sans puissance dans la peinture des personnages ni dans la pensée –, mais qui a eu le mérite, avec ses sept tragédies, d'alléger, de simplifier un peu la dramaturgie, de rendre plus souple, moins emphatique, moins rigide, en un mot : plus naturel, le dialogue. Il annonce une dramaturgie plus moderne.

Tel est l'élargissement des sujets par le recours à l'histoire.

Le romanesque

Dans une direction exactement inverse, l'imaginaire d'histoires merveilleuses ou de fictions romanesques s'installe dans l'univers tragique.

On emprunte à l'Italie. Un peu au Tasse et à sa *Jérusalem délivrée* : de Veins dramatise, dans *Clorinde* (1599), la mort de la fameuse guerrière que son « destin rigoureux » fit tomber sous les coups mêmes de celui qui l'aimait, Tancrède.

---

[151] Acte II.

[152] Acte V.

[153] Voir Lancaster E. Dabney, *Claude Billard...*, 1931, et Thomas Zamparelli, *The Theatre of Claude Billard...*, 1978.

Beaucoup plus à l'Arioste et à son *Roland furieux*, qui fera une longue carrière dans notre littérature des XVIe et XVIIe siècles[154]. Chacun dans une *Isabelle*, Nicolas de Montreux (1594) et Jean Thomas[155] (1600 ?) portèrent à la scène le même épisode de la mort d'Isabelle (canto XXIX de l'*Orlando furioso*) : privée de son amant Zerbin, persécutée par le désir du païen Rodomont, elle lui échappe par une ruse mortelle pour elle, qui amène Rodomont à tuer lui-même celle qu'il veut posséder. Le bavard Montreux coule cette histoire dans le moule de la tragédie ; beaucoup plus maladroit, Jean Thomas met davantage en valeur la vantardise de Rodomont (« je ne redoute rien », III, 1), et surtout l'aspect tragique des aventures romanesques d'Isabelle. « Un destin plus fort, une fatalité », qui s'imposent même à Jupiter, règlent le sort des hommes, pense sa nourrice (I, 2) ; ou encore, les aventures romanesques des amants malheureux sont régies par « la marâtre Fortune » (I, 1) – cette divinité omnipotente et capricieuse qui dirige déjà l'univers du roman hellénistique. Quant à lui, Charles Bauter adapta deux fois l'Arioste, en 1605, en deux pièces qui ne justifient guère leur appellation de *tragédies* : *La Rodomontade*, après avoir montré le colosse Rodomont vaincu par Roger, nous fait rire de lui et des fanfaronnades qu'il débite désormais comme âme séjournant au royaume de Pluton, en une sorte de burlesque ; *La Mort de Roger* est plutôt un mélodrame noir qui montre le traître Ganelon et la magicienne Alcine, amoureuse du paladin et qui use de son pouvoir, ligués contre Roger, finalement tué par Ganelon.

Avant d'envahir la tragi-comédie, le romanesque irrigue la tragédie de la fin du siècle[156]. De 1595 à 1610, huit de nos tragédies recourent au roman, à la nouvelle ou à des histoires romanesques. La *Charite* de Poullet (1595), avec les deux rivaux qui se disputent la même femme, la série des vengeances du débauché évincé, la contre-vengeance et le suicide de la veuve, vient d'une histoire de *L'Âne d'or* d'Apulée. La *Cammate* de Jean Hays (1598), qui se déploie sur sept actes, emprunte sa « tragique aventure » aux *Moralia* de Plutarque ; ici aussi, un amoureux

[154] Pour le théâtre, voir Irène Mamczarz, « Quelques aspects d'interaction dans les théâtres italien, français et polonais des XVIe et XVIIe siècles... », [in] *Le Théâtre italien et l'Europe...*, 1983, pp. 171-217.

[155] L'*Isabelle* de Thomas a été éditée par Alexandre Cioranescu, en 1938.

[156] Raymond Lebègue, « L'influence des romanciers sur les dramaturges de la fin du XVIe siècle », art. cit.. Voir aussi Françoise Charpentier, « Le romanesque et la contamination des formes au théâtre », [in] *L'Automne de la Renaissance. 1580-1630*, 1981, pp. 231-241.

rejeté tue le mari, que sa veuve venge avant de se suicider[157]. Du Souhait, dans sa *Tragédie de Radegonde duchesse de Bourgogne* (1599), reprend, probablement par des intermédiaires italiens ou français, la célèbre et lugubre histoire médiévale de la *Châtelaine de Vergy* où la duchesse de Bourgogne, amoureuse repoussée, accuse faussement d'adultère celui qui l'a repoussée, l'oblige à rendre publique sa liaison secrète et provoque ainsi la mort de sa rivale heureuse. C'est à un roman d'amour et d'aventures contemporain (*Les Amours de Pistion et Fortunie*, d'Antoine Du Périer) que Jacques Du Hamel emprunte la trame d'*Acoubar, ou La Loyauté trahie* (1603)[158], qui se déroule au Canada. Le roi Acoubar veut y débarquer pour réclamer Fortunie, à lui promise et qui aime maintenant un cavalier français ; les rivaux finissent par s'entre-tuer. Pièce irrégulière et fort peu cohérente, mais mouvementée. De cette tragédie canadienne on peut rapprocher la tragédie américaine que Le Saulx dit avoir empruntée à un roman qu'on n'a pas retrouvé : *L'Adamantine, ou Le Désespoir* (1608) ; les deux prétendants rivaux de la fille d'Atamalacq, seigneur de ce lieu « barbaresque », finissent aussi par s'entre-tuer, entraînant la mort de la fille et de son père. On connaît maintenant la source romanesque (les anonymes *Fantaisies amoureuses*) de *Tyr et Sidon, ou Les Funestes Amours de Belcar et Méliane* de Jean de Schélandre[159] (1608), tragédie à la fois rocambolesque et sanglante. A partir de la rivalité amoureuse de deux sœurs, mêlée à la guerre que se livrent les deux rois de Tyr et de Sidon qui détiennent en otage chacun le fils de l'autre, se bâtit une intrigue où s'accumulent les cruautés, les trahisons, les fuites, les malentendus, les meurtres et les suicides ; c'est un complet renouvellement de l'action tragique, qui passe de lieu en lieu et se charge en recherchant la diversité, le mouvement et la surprise. Bellone enfin s'inspire d'un roman de 1599 pour écrire sa tragédie des *Chastes et Infortunées Amours de Dalcméon et de Flore* (1610) ; le titre dit beaucoup de l'intrigue : en tentant d'échapper à la volonté paternelle qui leur est défavorable, les amants sont pris, mis en prison, s'échappent, sont repris et se tuent,...imités aussitôt par le père opposant.

---

[157] Sur ces deux tragédies, voir Elliott Forsyth, *La Tragédie française...*, *op. cit.*, pp. 260-264.

[158] Edité par Roméo Arbour, 1973. Voir Rosalba Guerini, « *Les Amours de Pistion et Fortunie* et *Acoubar...* », [in] *Saggi e ricerche sul teatro francese del Cinquecento*, 1985, pp. 197-211.

[159] Ed. Joseph W. Barker, 1975.

Cette simple présentation indique assez à quel point la tragédie est devenu avide d'une action plus riche, plus mouvementée, plus surprenante – celle que justement lui offrait la littérature romanesque. Mais d'autres caractéristiques marquent cet ensemble de tragédies, qui visent toutes, au fond, à toucher davantage le spectateur, par la pitié ou par l'horreur.

Ce sont des tragédies du désir et de l'amour, où le désir et l'amour n'admettent aucun obstacle ni aucun frein. Les amants unis passent outre la volonté des pères, outre les lois – celles de la décence, de la morale ou de l'Eglise. « Je serai donc à toi, clair soleil de mon âme, / Tu seras donc à moi tout ainsi qu'à ta femme », chante, seule, l'Américaine Bézémonde ; et elle évoque très précisément la future rencontre des deux corps[160]. Faisant venir celui à qui on refuse de la marier, la fille du roi de Thèbes l'invite : « Approche-moi tes yeux que je les baise encore / Avant que de mourir[161] ». Le mariage anticipé, l'enlèvement, la fuite sont donc aisément envisagés. Et que dire des amoureux ou des amoureuses refusés, dont le désir devient par là plus brûlant ? Véritable bête en chaleur, Radegonde s'offre : « Jouissez, mon ami, et ne refusez pas / Celle qui veut de vous la vie ou le trépas[162] » ; comblez-moi ou tuez-moi ! Rien ne les arrête pour se satisfaire et, s'ils ne le peuvent pas, même par la violence et la tromperie, leur désir se transforme en haine et en volonté de vengeance.

Car ces tragédies sont des tragédies de la violence et de la vengeance, qui terminent dans le sang et dans la mort. Thrasile, l'amoureux éconduit de *Charite*, masque sa volonté de vengeance, mais la réalise bientôt, achevant son rival comme on achève une bête (« Le voilà achevé comme je désire », acte III) ; mais la veuve prépare sa contre-vengeance, endort le galant qu'elle feint d'accueillir avant de l'aveugler de sa main : « je me suis donc vengée », clame-t-elle (acte V), avant de se tuer. Pièces macabres, dit justement Elliott Forsyth de *Charite* et de *Cammate*, où le rival évincé proclame sur une vingtaine de vers : « Je veux tuer, meurdrir, puisque meurdrir il faut... » (acte II). Les rivaux s'entre-tuent, les amants séparés se suicident. Un père irascible fait tuer sa fille, tue son conseiller dans un acte de folie, avant d'être liquidé : c'est sur un tel carnage que s'achève *Tyr et Sidon*, la tragédie la plus réussie de cette série.

---

[160] Le Saulx, *L'Admantine*, acte II.

[161] Bellone, *Les Chastes Amours de Dalcméon et de Flore*, acte IV.

[162] Du Souhait, *Tragédie de Radegonde*, acte II .

« O subit changement ! », déplore un personnage de Bellone[163] : que le malheur s'abatte justement sur les personnages est la loi tragique. Mais les tragédies romanesques mettent particulièrement en relief le rôle de la Fortune – cette *Tuchè* capricieuse qui déroute continuellement les mortels. Pistion, le malheureux cavalier français, se dit « le plus triste des mortels », « esclave de Fortune[164] ». Belcar accuse « la fortune et les destins contraires[165] » ; dans cette tragédie de *Tyr et Sidon*, qui multiplie les revirements et les surprises, on s'en prend d'ailleurs volontiers à cette « Royne aux yeux bandés[166] » qui malmène les uns et les autres, punissant au hasard les méchants et éprouvant la vertu des autres. On comprend que Jean de Schélandre ait repris son histoire et ses personnages (souvent partagés, d'ailleurs, et qui délibèrent) pour faire, en 1628, de *Tyr et Sidon* une tragi-comédie en deux journées.

Il n'est guère besoin de développer : depuis beau temps la critique a rattaché ces traits au baroque, qui commence à se manifester à cette époque. Qu'on parle de tragédies irrégulières (Lanson), ou de tragédies baroques avec leur goût de la violence, de la démesure, de l'horreur et de la surprise (Lebègue), ces tragédies témoignent pour une sorte d'esthétique fin de siècle. L'inflexion vers le romanesque en constitue une marque essentielle, qu'on va retrouver dans la tragi-comédie naissante.

La tragi-comédie

Plus tardivement développée chez nous qu'en Espagne ou en Italie, la tragi-comédie n'apparaît vraiment en France qu'à partir du dernier quart du XVIe siècle, et avec un tout petit nombre d'œuvres caractéristiques ; il faut attendre Alexandre Hardy et surtout les années 1630-1640 pour assister à la floraison du genre nouveau.

En attendant, certains dramaturges du XVIe siècle ou du tout début du XVIIe siècle profitèrent de l'imprécision du genre pour mettre sous un pavillon nouveau une marchandise toute traditionnelle, et de tradition médiévale. Henri de Barran (*L'Homme justifié par la foi*, 1554) et Claude

---

[163] Acte V des *Chastes Amours de Dalcméon et de Flore*.

[164] Du Hamel, *Acoubar...*, acte III, vers 873-874.

[165] Jean de Schélandre, *Tyr et Sidon*, acte II, v. 728.

[166] Acte IV, v. 2079. – Dans sa folie, le roi Tiribaze s'en prend au « tyran, parricide, meschant / Adultere Jupin » (acte V, vers 3032-3033), ou encore à ces « Dieux impertinents qui des humbles se mocquent » (v. 3047).

Bonet (*Le Désespéré* et *Carême-prenant*, 1595) écrivirent en réalité des moralités[167]. D'autres pièces tiennent de la moralité et de la farce[168], ou plus carrément de la farce[169]. Tout cela reste marginal et parfois plus que médiocre[170].

En revanche, les auteurs de pièces bibliques surent tirer parti du genre de la tragi-comédie, qui faisait succéder une issue heureuse aux périls et permettait une certaine variété des tons[171]. A cet égard, l'œuvre la plus intéressante[172] est un *Jacob*, « histoire sacrée en forme de tragi-comédie retirée des sacrés feuillets de la Bible » (1604), de l'obscur poète provincial Antoine de la Pujade, qui était au service de la reine Margot[173]. *Histoire* était couramment employé pour désigner les mystères de tradition médiévale ; mais le prologue justifie la forme de la tragi-comédie par la recherche d'un milieu qui mêle la « tristesse » devant certaines mésaventures du patriarche à « la liesse », et il précise finalement qu'il ne s'agit pas tellement de nous faire rire ou de nous attrister, mais de « faire oüyr la volonté de Dieu ». Cette tragi-comédie de *Jacob* reste très proche des anciens mystères édifiants ; elle utilise même l'exégèse allégorique chrétienne de l'Ancien Testament si présente dans le mystère du *Viel Testament*. Quant à l'invention et à la dramaturgie, l'assez maladroit La

---

[167] Voir *supra*, chap. III, pp. 70-71. Pour le collège de Rouen, Jean Behourt reprit une histoire déjà dramatisée par un Miracle de Notre-Dame (*La Polyxène*, 1597).

[168] *Tragi-comédie plaisante et facétieuse intitulée La Subtilité de Fanfreluche et Gaudichon...* (1610 ?) où l'écolier gueux Fanfreluche fait le savant pour attraper une épouse, vend son âme au diable et est emporté par la Mort.

[169] *Tragi-comédie des enfants de Turlupin, malheureux de nature* (1610 ?), pièce grivoise et passablement parodique en quatre actes, où l'on retrouve les types de farceurs Turlupin et Garguille.

[170] *La Nouvelle tragi-comique* du capitaine de Lasphrise (Marc Papillon) (1597) met en scène une histoire romanesque, passablement délirante d'ailleurs, et affiche la volonté de quitter les sujets tragiques traditionnels ; mais cette œuvre n'est même pas entièrement dramatique et un récitant fait la jonction entre les scènes dramatisées.

[171] Et très tôt, comme en témoigne la *Tragi-comédie* d'Antoine de La Croix, tirée en 1561 du troisième chapitre du livre de Daniel, et qui, par sa facture aussi, se rapproche de la tragédie biblique des protestants de la même époque.

[172] En 1596, le dramaturge scolaire Pierre Heyns avait également sous-titré sa *Jokebed* « tragi-comédie de Moïse ».

[173] Voir Charles Mazouer, « Antoine de La Pujade et son *Jacob* (1604) », *Les Cahiers de Varsovie*, 1992, n° 19, pp. 47-57.

Pujade retrouve les habitudes des fatistes. Muni d'abondantes didascalies, *Jacob* a vraisemblablement été représenté devant la reine Margot.

Comme la « tragi-comédie nouvelle » de *Thobie* – construite par Jacques Ouyn, en 1606, autour d'un acte fourni par les dames Des Roches –, *Jacob* témoigne d'une survivance tardive des mystères anciens dans une forme nouvelle. D'autres dramaturges ont proposé du neuf, avec des sujets profanes et romanesques, en quelques tragi-comédies véritables et véritablement nouvelles[174].

Le seul théoricien qui ait accompagné la naissance du genre est Vauquelin de La Fresnaye, et encore en quelques vers réticents de son *Art poétique français* (Livre III, vers 163-174) ; il pense en effet qu'on abuse du nom pour désigner des tragédies à fin heureuse qui suivent la pure tradition d'Euripide. La tragi-comédie se caractérise donc par une issue heureuse, même quand il y a eu auparavant « du meurtre ». Sans autre précision, il indique qu'elle mêle le tragique et le comique et fait voisiner le parler bas et le parler grave. De cela, et surtout de la considération d'un corpus qui va s'étendre sur la première moitié du XVIIe siècle, on peut tirer les caractéristiques principales de la tragi-comédie, drame qui veut se dégager des règles : sujet sérieux où le bonheur ou la vie sont en péril, fin heureuse, fable romanesque sur quelque thème passionnel comme des amours contrariées, protagonistes de rang élevé, qui peuvent être flanqués de personnages plus humbles (bourgeois ou populaires), aptes à apporter la dimension du rire[175]. Voyons comment les premières tragi-comédies illustrent cette définition.

C'est à l'Arioste d'abord qu'on emprunte des histoires qui terminent heureusement « après les plus cruelles traverses de la fortune[176] » : une *Genèvre* représentée à Fontainebleau en 1564, mais dont le texte est perdu, la *Genèvre* de Claude Billard (1610), et *Bradamante* de Garnier (1582).

---

[174] Sur la naissance et les débuts du genre, voir Henri C. Lancaster, *The French Tragicomedy. Its Origin and Development from 1552 to 1628*, 1907.

[175] Voir l'excellente définition que Roger Guichemerre propose dans sa bonne mise au point récente (*La Tragi-comédie*, 1981, p. 15) : « une action dramatique souvent complexe, volontiers spectaculaire, parfois détendue par des intermèdes plaisants, où des personnages de rang princier ou nobiliaire voient leur amour ou leur raison de vivre mis en péril par des obstacles qui disparaissent heureusement au dénouement ».

[176] Dédicace de la *Genèvre* de Billard.

Tels que les présente Billard, les malheurs de la belle Genèvre, fille du roi d'Ecosse que son amant Ariodan croit traîtresse à tort, nous plongent dans une atmosphère exactement tragique ; mais au lieu que la fatalité tragique mène les personnages vers la mort ou au comble de la souffrance, la tragi-comédie fait survenir un événement heureux (« quel heureux accident ! », s'exclame le roi d'Ecosse au dernier acte) qui rétablit le bonheur. Si la tragédie faisait passer du bonheur au malheur, la tragi-comédie mène du malheur au bonheur ; la fortune, qui règle toujours le sort des personnages, se montre ici plus favorable.

Avec sa *Bradamante*, Robert Garnier s'éloigne un peu plus de la tragédie, mais laisse voir à quel point la tragi-comédie dérive de la tragédie. On y sent d'ailleurs Garnier conscient de devoir assouplir l'écriture tragique qu'il maîtrise, la raideur et le hiératisme ne convenant plus à l'histoire romanesque, compliquée et mouvementée des amours contrariées et mises en péril de Bradamante et de Roger. Il va de soi que Charlemagne pourra marier les deux amants au dénouement, car de « l'amère tristesse » des quatre premiers actes vient « sourdre tout soudain » la liesse (vers 1777-1778), dans une vision d'ailleurs providentielle[177], car c'est Dieu qui donne le bonheur. Avec plus ou moins d'adresse, Garnier s'essaie à mêler ce que Vauquelin appelle le tragique et le comique, c'est-à-dire des personnages épiques, tels que Charlemagne et les paladins qui paraissent à sa cour, et des personnages qui, malgré leur rang, manifestent des préoccupations et tiennent des propos d'un réalisme bourgeois bien bas et assez amusant, tels le vieil Aymon – père autoritaire, avare et fanfaron – et sa femme Béatrix, les parents de Bradamante[178].

Malgré son antériorité, j'ai gardé pour la fin la tragi-comédie de *Lucelle*, écrite par Louis Le Jars en 1576, première des véritables tragi-comédies et tout à fait originale ; on a parfois voulu voir dans cette pièce, qui n'est pas exactement un chef-d'œuvre, une bonne illustration de l'esthétique baroque[179].

---

[177] La vue providentielle déborde de l'histoire d'amour et s'étend aussi à l'idéologie monarchique, nettement illustrée ici (voir Paola Sissa, « Tragicommedia e *engagement...* », *Quaderni di lingue e letterature* (Università di Verona), 21 (1996), pp. 103-114.

[178] Voir Micheline Cuénin, « *Bradamante* : de l'épique au burlesque », [in] *Myth and its Making in the French Theatre...*, 1988, pp. 30-43.

[179] Albert-Marie Schmidt, « *Lucelle*, chef-d'œuvre du théâtre baroque », *Médecine de France*, 1959, n° 102, pp. 33-40.

Dès sa dédicace, Le Jars défend l'emploi de la prose, nécessaire quand on veut « représenter les actions humaines au plus près du naturel » ; l'emploi du vers n'est ni vraisemblable ni naturel dans une conversation courante, encore moins dans un dialogue entre un valet et une chambrière. La prose, qui permet de s'expliquer, est donc préférable et permet de varier le style, de le hausser ou de le baisser selon le rang ou la passion des personnages. Souci fort neuf, du moins en dehors du genre de la comédie !

L'intrigue, qui emprunte beaucoup à la *commedia erudita* et à la *commedia dell'arte*[180], est rocambolesque à souhait. Lucelle, la fille du vieux et riche banquier lyonnais Carponi, rebute le baron de Saint-Amour au profit d'Ascagne, le « facteur » (sorte de commis principal) de son père. Terriblement enflammée, la fille se déclare, arrange un mariage secret ; mais les amants sont trahis et le père leur fait avaler du poison. C'est alors qu'on apprend qu'Ascagne n'est autre qu'un prince polonais. Qu'on se rassure ! L'apothicaire s'était trompé et avait préparé un somnifère à la place du poison : les morts ressuscitent et le père, qui n'est plus ni infanticide ni meurtrier d'un prince, peut les marier. Les deux premiers actes sont joyeux, dit Le Jars ; en particulier, le banquier se félicite naïvement de sa réussite et de la chasteté de sa fille, et en remercie la Fortune. Le troisième laisse pressentir la colère de l'amoureux rebuté et du père trompé. Le quatrième est « du tout furieux et tragique », puisqu'on y laisse les amants pour morts. Et le cinquième est « inespérément joyeux ». La tragi-comédie illustre les caprices de Fortune[181] et veut que tout se termine heureusement.

Baroque ou prébaroque, cette tragi-comédie se caractérise par sa manière de mêler des éléments peu compatibles. Elle met en contact des représentants de milieux sociaux extrêmes, du prince de sang aux valets et serviteurs, en passant par un baron et un banquier et négociant qui s'est enrichi dans le grand commerce international. Les comportements et les tons sont extrêmes. Voyons les comportements amoureux : Ascagne, qui cache son rang, est un amoureux respectueux, soumis, vertueux, qui accueille la mort en philosophe platonicien ou en chrétien ; le baron est un amoureux plus pétrarquiste, qui veut se venger comme un noble quand

---

[180] Robert Aulotte, « La *Lucelle* de Louis Le Jars », [in] *Mélanges [...] Raymond Lebègue*, 1969, pp. 97-106.
[181] Giovanna Trisolini, « I caprici della Fortuna nella *Lucelle* ... », [in] *Il Tema della fortuna...*, *op. cit.*, pp. 173-187.

il se sait trahi ; quant à Lucelle, elle se jette littéralement au cou d'Ascagne, faisant fi de la morale et de ses devoirs de fille (« amour n'a point de loi[182] », proclame-t-elle). Elle doit tenir sa violence de son père, car celui-ci n'hésite pas à liquider les deux amants quand il découvre qu'on l'a joué ! En face de ces violences ou de cette vertu, on a les saillies truculentes (dignes des traditions médiévales) du valet Philippe l'altéré, qui égaie la pièce avec Bonaventure, l'homme de chambre bossu du baron de Saint-Amour . La tragi-comédie réunit bien le comique et l'horreur tragique.

Les pièces liminaires publiées par Le Jars le rattachent à l'école de la Pléiade, qui l'entraîne parfois à un bien maladroit pédantisme. Mais sa tentative dans la forme de la tragi-comédie méritait d'être mise en valeur face à la plus classique *Bradamante*. Il reste que les rares et diverses tentatives du XVIe siècle dans le domaine de la tragi-comédie ne sont pas assez concluantes.

LES GRANDS DRAMATURGES

La présentation de l'esthétique et des sujets tragiques a fait apparaître, dans les cinquante ou soixante années pendant lesquelles se déploie la tragédie de la Renaissance, plus d'une inflexion et plus d'une fracture. La nécessité de récupérer le développement d'une histoire se fait sentir. Mais les historiens de la littérature et du théâtre sont devenus prudents en matière de périodisation. L'histoire politique – laquelle d'ailleurs ? Le règne des rois ? Les guerres ? – peut fournir quelques dates et quelques repères, mais leur pertinence est souvent douteuse ; il n'y a pas une tragédie de style Henri IV ! On se méfie beaucoup aussi du développement organique d'une forme littéraire, reconstruit par les historiens pour la beauté de l'exposé, surtout si ce développement est tout orienté vers un idéal qui échappait totalement à la vue des contemporains ; on en a fini avec l'enfance, puis la jeunesse, puis la maturité de la tragédie du XVIe siècle selon Faguet, qui n'y voyait d'ailleurs que la genèse de l'idéal du théâtre classique : Jodelle, Garnier ni Montchrestien n'ont les yeux fixés sur ce point lumineux que représenterait l'*Athalie* de Racine.

Si l'on veut penser l'évolution dramatique – en admettant du reste des décalages, des contrastes et des retours en arrière apparents, bref, des

---

[182] Et encore, au même acte III, à propos de son père : « Il a un pied dans la fosse, il faudra avoir patience que l'autre y soit pour découvrir notre amitié ».

incohérences –, il faut se tenir aux œuvres telles qu'elles se donnent à lire elles-mêmes, à leur contenu et à leur esthétique.

C'est de cette manière que nous désirons présenter maintenant l'histoire de la tragédie du XVIe siècle. Mais comme nous avons déjà mentionné les *minores*, qui sont même parfois des auteurs de troisième zone, il nous paraît intéressant de partir de l'analyse des grands dramaturges, chacun au fond illustrant un aspect ou une période de l'histoire de la tragédie. Après l'expérience unique de Théodore de Bèze, c'est à Etienne Jodelle qu'il revint de lancer véritablement la tragédie humaniste. Cette tragédie de la déploration se vit passablement mise en cause par un Jean de La Taille, qui désira imposer une tragédie de l'action – pour commencer de reprendre les catégories très pertinentes de Françoise Charpentier[183]. Robert Garnier, qui se situe au cœur de la période et la surplombe, mena à son achèvement la tragédie de la déploration, mais fut sensible aux exigences de l'action ; en aval, il laisse également pressentir l'évolution du personnage tragique, de plus en plus constitué en caractère. Ce fut le rôle de Montchrestien d'en faire véritablement un héros, alors même que se développait une tragédie irrégulière.

Théodore de Bèze

Celui qui, devenu pasteur de l'Eglise réformée, succéda à Calvin en 1564, celui qui joua un rôle considérable dans son Eglise et dans la vie religieuse du temps, cet écrivain à l'activité inlassable – bref, celui qui fut une des plus grandes figures de la Réforme genevoise écrivit aussi, pour l'édification d'abord de ses étudiants de Lausanne, la première tragédie française, représentée et éditée en 1550[184]. Il avait alors 31 ans et enseignait le grec à l'Académie de cette ville, où Calvin l'avait nommé.

Abraham sacrifiant est l'œuvre d'un jeune converti : « Il y a environ deux ans que Dieu m'a fait la grâce d'abandonner le pays auquel il est

---

[183] *Les Débuts de la tragédie héroïque : Antoine de Montchrestien (1575-1621)*, 1981, Introduction, p. X *sq.*

[184] L'édition de référence est celle que procurèrent Keith Cameron, Kathleen M. Hall et Francis Higman, en 1967 . Le texte été reproduit et modernisé dans la bonne et suggestive édition due à Marguerite Soulier, 1990, ici suivie. Je renvoie à la bibliographie qu'on trouve aux pp. 73-80 de cette édition, qu'on pourra compléter avec Charles Mazouer, « Vingt ans de recherches sur le théâtre du XVIe siècle » (1ère partie), *Nouvelle Revue du Seizième Siècle*, 1998, n ° 16/2, pp. 301-325.

persécuté, pour le servir selon sa sainte volonté », affirme pour commencer l'avis *Aux lecteurs* qui ouvre la tragédie et qui mérite à tous égards
d'être soigneusement médité. Né à Vézelay en 1519, tôt orphelin, formé
par l'humaniste allemand Melchior Wolmar, étudiant à Bourges puis à
Orléans, de Bèze mena en effet pendant neuf années une existence
parisienne facile et brillante, tout adonnée, comme il l'écrira en 1560 à
Wolmar, aux voluptés charnelles, à la gloire littéraire – ses *Poemata
juvenilia* obtinrent grand succès en 1548 – et à l'ambition. Le travail
intérieur qui s'opéra sous cette vie brillante fut secret et lent ; une grave
maladie provoqua la crise décisive : de Bèze se tourna vers le calvinisme,
rompit avec son passé, quitta son pays, les siens, ses amis, sa vie
d'écrivain humaniste, sa fortune, et rejoignit Genève. Sa conversion date
de la même année 1548.

Pourquoi l'*Abraham sacrifiant* ? Tout part de la méditation de la Bible,
de « la parole du Seigneur », et en particulier de ces exemples des grands
personnages du Vieil Testament, comme on disait alors, à travers qui
éclatent les merveilles de Dieu : Abraham, Moïse et David. Ecrire sur
Abraham, pour celui qui deviendra le bibliste que l'on connaît, c'est
approfondir la méditation et louer Dieu . C'est aussi, quand on vous
demande d'écrire précisément une pièce scolaire, faire passer le propos
édifiant et inciter les jeunes acteurs et leur public à imiter « la vive foi de
ce saint personnage », comme le souligne encore l'Epilogue (vers 1013-
1014).

Je rappelle qu'en 1549-1550, la tragédie française n'est pas inventée.
Les mystères sont toujours représentés, voire édités. En particulier, cette
vaste compilation du *Mistere du Viel Testament*, qui consacre un bon
millier de vers à l'épisode du sacrifice d'Isaac, a été imprimée trois fois
entre 1500 et 1542, et jouée intégralement à Paris à cette dernière date.
Théodore de Bèze, qui a très probablement lu et vu cet épisode, avec
d'autres, s'en inspira fort peu ; mais sa tragédie resta marquée par la
forme du mystère. Et la comparaison entre les deux œuvres est de grand
enseignement[185]. D'autre part, de Bèze connaissait et admirait le théâtre
antique et n'ignorait rien des efforts des régents pour écrire en latin des
pièces sur ces modèles. Son *Abraham sacrifiant* est un peu à la croisée de

---

[185] Voir Charles Mazouer, « Abraham du *Mistere du Viel Testament* à l'*Abraham sacrifiant*
de Théodore de Bèze », *R.H.R.*, n° 44, juin 1997, pp. 55-64.

ces deux formes théâtrales et en tire sa singularité de première pièce biblique en français.

Mais Théodore de Bèze intitula sa pièce « tragédie », la situant d'emblée parmi les formes littéraires modernes ; non sans avoir hésité entre la tragédie et la comédie – car les souffrances d'Abraham sont oubliées dans une fin heureuse, car les personnages de la pièce sont simples et parlent en style simple, car on a même, avec le personnage de Satan (seul personnage surnaturel avec l'ange, fort rare), affublé d'un froc de moine, un personnage qui doit aussi faire rire... On aura toujours du mal à faire rentrer les pièces bibliques dans le moule tragique !

A partir des dix-huit versets du très sobre récit de Genèse, 22, Théodore de Bèze dut donc inventer des circonstances, faire des « conjectures » comme il dit, afin de constituer une intrigue et des personnages, qui évoluent dans un dispositif à plusieurs mansions qui vient du mystère. Ni actes, ni scènes. Les 1016 vers de cette courte pièce, encadrés par un Prologue et un Epilogue, sont répartis en trois grands blocs, séparés par deux pauses, à la façon des comédies anciennes et... des mystères. Le premier ensemble (476 vers) est le plus riche : alors qu'Abraham et Sara sont bénis dans l'enfant de leur vieillesse, l'ordre divin de sacrifier Isaac parvient à Abraham qui, bien que déchiré, s'apprête aussitôt à obéir, malgré les réticences de Sara qui juge, elle, l'ordre divin. Le drame intérieur se jouera plus tard. Le deuxième ensemble ne fait que 125 vers et forme simple passage : Abraham, Isaac et la troupe des bergers marchent durant trois jours, et le père monte seul avec son fils et les instruments du sacrifice au lieu voulu par Dieu. Le troisième et dernier ensemble (322 vers) équilibre sensiblement le premier et lui répond : d'emblée Abraham accepta l'ordre de Dieu ; maintenant que l'acte de sacrifier son fils approche, le dramaturge nous montre la difficulté de l'exécution, le coût humain en quelque sorte de l'obéissance, pourtant effective, jusqu'au moment où l'ange du Seigneur retient le bras d'Abraham. Avec un art consommé, Théodore de Bèze ménage la progression du pathétique : la tension est portée à l'insoutenable, du déchirement solitaire du père aux gestes qui doivent mener au meurtre, en passant par le face-à-face avec Isaac ; l'innocence de la victime, sa révolte puis son acceptation pieuse, ferme même à côté des tremblements de son père, accroissent l'émotion ; le pathétique est surtout celui du père déchiré dans sa paternité, montré de manière éminemment théâtrale, avec les troubles du corps (cette main qui tremble et lâche le couteau...) et les troubles de la parole (quand Abraham se plaint dans la prière solitaire ou en *a parte*).

On peut laisser au lecteur la tâche de vérifier le soin apporté par de Bèze au détail de sa dramaturgie, en chaque séquence des trois grands ensembles. Mais il faut dire un mot de l'écriture du drame. En rupture avec l'écriture des Anciens et en contraste avec le style hautain de la Pléiade qui va marquer toute la tragédie humaniste, de Bèze n'a pas voulu user « de termes ni de manières de parler trop éloignées du commun ». Les personnages ne se prêtaient pas à un style recherché et le dramaturge ne voulait pas « épouvanter les simples gens » destinés à être le public de sa pièce édifiante. Il rejoignait ainsi les préoccupations de Calvin, qui voulait qu'on imitât la « simplicité rude et quasi agreste » de l'Ecriture, qui dit plus et touche davantage que toute l'éloquence. Cette esthétique de la simplicité se moule dans des vers courts, décasyllabes ou octosyllabes, qui donnent au dialogue une grande fluidité. Seules les parties lyriques, qui font office de chœurs et furent peut-être chantées[186] – les cantiques sont inspirés des psaumes que de Bèze était en train de traduire – marquent quelques recherches métriques.

A la différence du *Viel Testament*, de Bèze s'en tient à l'événement littéral, dans sa réalité brutale et scandaleuse d'épreuve de la foi ; ce resserrement du drame psychologique et spirituel sur l'épreuve de la foi, sur la tentation du doute, transforme mieux encore la tragédie en *exemplum* : le patriarche, le père des croyants, et avec lui les siens, sont exemplaires pour la vie chrétienne.

Le Prologue et l'Epilogue y insistent : la tragédie donne en modèle la foi, la « vive foi » d'Abraham. Comme le dit Olivétan dans sa traduction (1546) de Genèse, 22, 1, « Dieu *tenta* Abraham ». Dans *L'Institution de la religion chrétienne*, Calvin explique que, par cette tentation, Dieu afflige son serviteur pour éprouver sa patience, exercer sa foi ; il lui apprend ce qu'il peut souffrir avec son aide et lui enseigne à se dépossé-der de sa volonté d'homme pour être soumis à la volonté divine. Dans la tragédie, la tentation est effective, authentique, bien soulignée par la présence de Satan qu'Abraham ne voit pas, mais qui matérialise sur scène l'attirance vers le mal, vers le péché, en se réjouissant des faiblesses du patriarche et en se montrant déconfit de sa fermeté. Hésiter à obéir, douter de la Promesse, appeler la mort, c'est en effet péché.

---

[186] Voir l'article cité *supra*, dans le présent chapitre, à la n. 78.

La troisième partie surtout met en œuvre, dramaturgiquement, la tentation. En assauts, en crampes successives, le doute s'approfondit. Dieu semble se contredire, se dédire : « Est-il trompeur ? » (v. 715). Tuer Isaac, ce serait faire « Dieu menteur » (v. 743) : il ne peut commander un acte aussi barbare et il rend vaine son Alliance. Mais Dieu donne à son élu la force de résister à la tentation. A chaque fois, le doute est suivi d'un mouvement de reprise de tout l'être. Abraham surmonte la révolte de la « chair », des « affections » et des « humaines passions » contre l'esprit, selon le langage paulinien. Du fond du désespoir, il retrouve l'espérance et la foi. Il obéira, « nonobstant toute raison humaine » (v. 925), absurdement, dans la nuit. Suspension de l'éthique, saut de l'homme dans l'obéissance à l'absurde : l'Abraham de Théodore de Bèze fait bien penser à celui de Kierkegaard, le chevalier de la foi de *Crainte et tremblement*. Malgré cette souffrance, la fin de la pièce – la main du père arrêtée, le mouton substitué à Isaac en sacrifice, la Promesse redite, le Christ annoncé – lui ôte tout tragique ; d'ailleurs, visant très clairement son prédécesseur en tragédie sans le dire, Jean de La Taille, en 1572, dans son *De l'art de la tragédie*, récusera un tel sujet comme indigne du nom de tragédie, car il « n'apporte rien de malheur à la fin[187] ».

Demeure la leçon de cette pièce, très austère si on la compare au mystère médiéval, mais pleine aussi d'humanité, d'ailleurs belle et émouvante pour cela. A cause de Satan déguisé en moine, à cause d'allusions à la justification par la foi (v. 33) ou à la prédestination (v. 64), on a un peu trop insisté sur l'aspect calviniste de cette tragédie. La couleur calviniste s'y remarque indéniablement, dans des aspects dogmatiques, historiques (Abraham, l'élu ballotté par les épreuves, est l'image des huguenots chassés de leur pays et éprouvés par Dieu) et même esthétiques (cet Abraham du début de la pièce, accablé d'années et de maux, par lesquels Dieu montre finalement sa bonté, confiant en Dieu, mais un peu triste...). Mais son enseignement est d'un christianisme commun ; que je sache, c'est bien saint Paul (Romains, 4) qui, à propos d'Abraham, parle de cette « justice de la foi », de cette foi qui seule justifie.

---

[187] Voir Charles Mazouer, « Les tragédies bibliques sont-elles tragiques ? », *Littératures classiques*, n° 16, 1992, pp. 125-140.

Si *Abraham sacrifiant* eut un grand succès en pays protestant et donna un modèle à la tragédie biblique protestante[188], il n'eut aucune influence sur la tragédie humaniste à naître ; et Théodore de Bèze abandonna aussitôt et à jamais le théâtre. Pionnier par sa date, original par sa facture, ce chef-d'œuvre reste singulier à plus d'un titre.

Etienne Jodelle

Joué à Lausanne, publié à Genève, l'*Abraham sacrifiant* protestant de 1550 passa inaperçu en France. C'est la représentation de la *Cléopâtre captive*, dont Jodelle sut faire un événement littéraire et mondain, qui lança brillamment le nouveau genre de la tragédie à Paris . Le poète avait tout juste vingt ans[189].

On sait peu de choses sur ce fils de bourgeois parisiens et sur sa formation, probablement au collège de Lisieux. Poète précoce, il ne fut lié au collège de Boncourt que tardivement, en 1552-1553 ; ses amis ne sont pas alors les poètes de la Pléiade, qui ne l'annexeront qu'après le succès de sa tragédie. A la fin de 1552, Jodelle donna, avec *L'Eugène,* la première comédie française de la Renaissance, sans éclat particulier. En revanche, saisissant l'opportunité de la victoire sur les Impériaux – Henri II est longuement loué dans le Prologue de *Cléopâtre captive* – et des fêtes subséquentes du carnaval de 1553, Jodelle, le premier à suivre l'exemple des Anciens, « des auteurs vieux », offrit au roi une tragédie, « qui d'une voix plaintive et hardie[190] » représentait le malheur de la reine d'Egypte. La première eut lieu à l'Hôtel de Reims devant le roi et la cour ; la tragédie fut ensuite donnée au collège de Boncourt, « où toutes les fenêtres étaient tapissées d'une infinité de personnages d'honneur, et la cour si pleine d'écoliers que les portes du collège en regorgeaient » - selon Etienne Pasquier qui, comme nombre de ses

---

[188] Voir *supra*, pp. 213-216.

[189] Les travaux d'Enea Balmas font autorité sur notre poète ; il ouvrit son corpus du *Théâtre français de la Renaissance* avec une édition de *Cléopâtre captive* (*La Tragédie à l'époque d'Henri II et de Charles IX*, Première série, vol. 1, 1986, pp. 55-117). Mais l'édition de référence de cette tragédie est celle de Françoise Charpentier, Jean-Dominique Beaudin et José Sanchez, 1990. La bibliographie de cette édition (pp. 91-98) est à jour jusqu'en 1990 ; pour les dernières années, voir Charles Mazouer, « Vingt ans de recherches... », art. cit., pp. 322-323. On lira *Didon se sacrifiant* dans l'édition de Mariangela Miotti (*La Tragédie à l'époque d'Henri II et de Charles IX*, Première série, vol. 5, 1993, pp. 341-430).

[190] Prologue, v. 38.

contemporains, garda le souvenir de cette représentation mémorable[191].
Parmi les acteurs, Jodelle lui-même et d'autres jeunes poètes. En moins
d'un an, Jodelle avait donc « restitué » le théâtre à l'antique – comédie
et tragédie.

Inquiet, irritable, ambitieux, personnalité finalement mystérieuse, Jodelle
connut le succès et aussi l'échec. Il mourut en 1574 en blasphémant, nous
dit-on, son Créateur, sans avoir rien publié de son œuvre. Son ami Charles
de La Mothe se chargea donc de publier une partie de l'oeuvre, en mettant
en valeur la poésie, qu'il conviendrait sans doute de revaloriser – Enea
Balmas parle de « la sombre splendeur » de son langage poétique ; selon
l'éditeur posthume, L'Eugène et Cléopâtre seraient des œuvres de jeunesse
à quoi pourrait s'opposer Didon se sacrifiant, tragédie dont on ne sait
dater la composition, peut-être en 1560, et qui serait le fait d'un poète
plus mûr. L'étude de la pièce fait un peu douter de cette hypothèse et le
talent dramatique se trouve plutôt du côté de Cléopâtre captive.

La dramaturgie et le style tragique

Jodelle alla chercher le sujet de sa première tragédie chez Plutarque,
minutieusement lu par lui dans le grec ou dans une traduction latine, car
Amyot n'avait pas encore publié la version français des *Vies des hommes
illustres* ; il se servit beaucoup de la *Vie d'Antoine*. Quand s'ouvre
Cléopâtre captive, Antoine est mort et, du royaume des ombres, appelle
Cléopâtre à la mort, « plutôt qu'être dans Rome en triomphe portée » (v.
101). Octavian César (Octavien) en effet, trop orgueilleux de sa victoire
sur son rival, veut la reine d'Egypte à son triomphe. A la suite d'un
entretien violent (il occupe tout l'acte III), au cours duquel Cléopâtre lui
a menti pour sauver ses enfants, le vainqueur croit pouvoir la garder en
vie ; à tort : « cœur aux liens indocile » (v. 1178), Cléopâtre se donne la
mort, rejoint l'aimé Antoine et échappe à l'humiliation romaine.

Une autre femme est l'héroïne de la seconde tragédie de Jodelle,
Didon se sacrifiant, venue non exactement de l'histoire mais de la légende
fondatrice de Rome ; il travailla cette fois avec le chant IV de l'*Enéide* de
Virgile sous les yeux. Les destins veulent qu'Enée parte pour l'Italie et
abandonne la reine de Carthage. Si Enée se montre ravagé par la
mélancolie, Didon, hors de sens, s'en prend à ce « cœur de marbre » (v.
894), au « parjure cruel » (v. 466) qui l'abandonne en invoquant la

---

[191] Etienne Pasquier, *Recherches de la France*, 1723, VII, p. 6.

volonté des dieux (acte II). Dès lors, Didon se traîne, comme elle le dit elle-même (vers 1085-1086), meurt « à petit feu » de son amour trahi (v. 1656) et, folle de souffrance, finit par se suicider avec l'épée même d'Enée dont la flotte vient de quitter le rivage. Voici le dernier distique de la tragédie, un beau distique à la Jodelle :

> Nul vivant ne se peut exempter de furie,
> Et bien souvent l'amour à la mort nous marie[192].

Premier dramaturge à illustrer la tragédie à l'antique, Jodelle met en place une dramaturgie qui s'imposa pour de longues années. *Cléopâtre captive* et *Didon se sacrifiant* donnent à voir un grand malheur – avec moins d'images scéniques impressionnantes dans la seconde tragédie, a-t-on fait remarquer – et sont assez pauvres en action dramatique. *Cléopâtre captive* mène jusqu'à la mort de Cléopâtre, pour qu'elle échappe au vœu d'Octavien. Mais, dès l'acte I, l'ombre d'Antoine avait annoncé cette mort pour la fin du jour ; et cette mort est racontée, non montrée sur la scène. Pauvreté de l'action qui fait dire à Faguet que cette tragédie n'est qu'une élégie. *Didon se sacrifiant*, avec ses 2346 vers, paraît encore plus vide d'action et plus lente, plus statique ; entre la décision du départ des Troyens et le suicide consécutif à ce départ effectué, la tragédie ne comporte aucune action dramatique, ne s'anime un peu que dans la confrontation de l'acte II entre Enée et Didon, avant de se traîner, puisqu'Enée reste inflexible, pendant trois actes interminables jusqu'au dénouement attendu. Il faut être moins sévère – étant entendu que nous jugeons toujours selon notre goût moderne – pour la matière dramatique de *Cléopâtre captive*, dont les 1554 vers sont mieux organisés et distribués qu'on ne l'a dit parfois : après les deux premiers actes qui exposent la situation du point de vue des personnages principaux (Antoine, mort et vaincu, Cléopâtre désormais au pouvoir d'Octavien, et Octavien le vainqueur), les troisième et le quatrième actes développent la situation, avec le grand affrontement de l'acte III (lui-même bien agencé en trois blocs et que la véhémence des protagonistes entraîne dans un réel dynamisme) entre Octavien et Cléopâtre, laquelle nous apprend à l'acte suivant sa feintise et son désir de mourir, effectif et constituant la catastrophe au dernier acte.

---

[192] Acte V, vers 2345-2346.

La part du discours en général, du verbe poétique, reste considérable. Elle est accrue par l'importance des chœurs, pauses lyriques et méditations particulièrement travaillées par Jodelle. A qui veut restituer le climat des tragédies et approfondir la pensée du dramaturge, il convient de lire de près les interventions du chœur des femmes alexandrines de *Cléopâtre captive* et celles des deux chœurs de *Didon se sacrifiant*, celui des Troyens et celui des Phéniciennes. Ces chœurs, qui sont l'occasion de multiples recherches métriques et stylistiques, haussent l'action dramatique au niveau de la méditation morale et philosophique ; ils peuvent devenir aussi personnages du dialogue.

Prestige de la parole, désintérêt pour l'action dramatique : ces traits hérités du modèle sénéquien ne sont pas les seuls à devoir marquer la facture de nos tragédies françaises de la Renaissance. L'apparition d'une ombre, l'évocation ou le récit de songes constituent de ces *topoï* de la tragédie. De même le heurt des points de vue dans le débat (débat entre Cléopâtre et ses femmes ; débat entre les compagnons d'Enée), qui débouche sur les grandes confrontations attendues, tenacement et précisément argumentées (Cléopâtre affrontant Octavien ; Didon affrontant Enée). Les récits enfin, qui sculptent dans le verbe ce que la scène ne montre pas : si Didon paraît encore dans l'acte V avant de mourir et si donc le rapport de sa nourrice sur le suicide est de dimension modeste, Cléopâtre meurt entre les deux derniers actes et sa mort est longuement déplorée puis racontée par Proculée, un conseiller d'Octavien qui remplit le cinquième acte – ancêtre de ces innombrables messagers de la tragédie.

Une telle dramaturgie permet-elle la constitution de personnages dramatiques intéressants ? Beaucoup n'ont guère de consistance. Achate, Ascaigne et Palinure ne sont exactement rien d'autre que la position philosophique qu'ils défendent à l'ouverture de *Didon se sacrifiant*. D'autres s'effacent derrière leur rôle : une sœur affectueuse, une nourrice (Anne et Barce dans *Didon se sacrifiant*) ; des femmes attachées à leur reine, des conseillers flatteurs (dans *Cléopâtre captive*, Eras et Charmium, Agrippe et Proculée). Même Octavien n'est que l'incarnation du vainqueur orgueilleux, tenté par la démesure et vindicatif. Les personnages de Cléopâtre, de Didon et d'Enée ressortent avec d'autant plus de relief – non que leur caractère manifeste quelque évolution ou s'enrichisse de quelque profondeur, mais parce que ce sont des héros qui s'affrontent au destin.

De toutes les manières, les tragédies de Jodelle restent des tragédies poétiques. Mais avant d'apprécier le style propre du poète, disons un mot de sa stylistique théâtrale, qui deviendra commune aux autres dramaturges de la période. L'échange se réalise dans la raideur ; même au fond quand le dialogue, délaissant répliques longues et tirades, s'anime sous l'empire de la compassion ou de la colère, dans l'urgence ou dans la violence. En règle générale, le personnage – j'allais dire : l'orateur ! – prend son temps, qu'il s'agisse de se plaindre, de développer sa pensée, son trouble, sa souffrance, ou de convaincre ; les personnages sont assurément de bons orateurs, qui savent tenir leur partie dans le débat, inventer et disposer les arguments pour défendre leur choix, orner de toutes les façons leur parole, qu'elle soit lyrique - déploration, invocation, prière, expression de la souffrance ou du déchirement qui cherchent une forme belle -, ou qu'elle soit purement rhétorique, dans le discours qui cherche à convaincre.

A ce style hautain, volontiers emphatique, qui sera la marque du genre, et qui ne fait que trop penser à Ronsard, il faut ajouter aussi la patte spécifique du poète Jodelle – cette écriture compliquée, torturée à en devenir obscure, brusque dans la stylistique et la métrique et rude à l'oreille. Mais on aurait tort de rester sur une impression défavorable. Outre qu'un véritable souffle poétique peut animer le discours tragique, même dans *Didon se sacrifiant* dont le déroulement est languissant, cette poésie tendue et ombrageuse réserve des surprises lumineuses – de ces diamants poétiques qui font oublier 500 vers alambiqués. Que veut l'ombre d'Antoine apparue en songe à Cléopâtre ? Elle le dit ainsi : « Que je trace / Par ma mort un chemin pour rencontrer son ombre[193]... » Enée, échappé au carnage de Troie, dit ainsi sa souffrance de la souffrance qu'il lit sur le visage de Didon :

> Du fer, du sang, du feu, des flots et de l'orage,
> Je n'ai point eu d'effroi, et je l'ai d'un visage,
> D'un visage de femme[194]...

Et Didon, qui se laisse couler dans la mort, à sa sœur Anne :

> Faible, pâle, sans cœur, sans raison, sans haleine,
> Anne, mon cher support, malgré moi je me traîne
> Derechef çà et là[195]...

---

[193] *Cléopâtre captive*, acte II, vers 188-189.

[194] *Didon se sacrifiant*, acte I, vers 181-183.

[195] *Ibid.*, acte III, vers 1085-1086.

La philosophie tragique

Sans comprendre de quelle puissance capricieuse ils peuvent être les sujets, les hommes sont soumis à la succession du bonheur et du malheur ; c'est l'instable Fortune – les chœurs des tragédies de Jodelle y reviennent à l'envi – qui se joue d'eux : « Pareille aux dés est notre chance humaine », dit un personnage de *Cléopâtre captive*[196]. Thème baroque et thème tragique. Dans « ce val tant instable[197] », l'homme est souvent précipité dans la catastrophe et dans la souffrance : tel et le spectacle tragique. Ouverte par la vision impressionnante d'Antoine, ombre désormais qui vient du séjour des morts pour déplorer sa pitoyable fin, *Cléopâtre captive* culmine, à l'acte IV, sur les obsèques d'Antoine, au seuil du tombeau, avant le suicide de Cléopâtre : de la mort à la mort. Toute la tragédie expose et lamente le malheur de la reine d'Egypte – amoureuse brisée par le suicide d'Antoine, pour lequel elle reconnaît sa part de responsabilité, et reine vaincue, soumise à la loi du vainqueur Octavien qui veut la traîner à son triomphe, avant, probablement, de la liquider. *Didon se sacrifiant* montre comment le destin, en séparant les deux amants, fait deux malheureux : Enée, déchiré, part, conscient de sa faute, désabusé (quelle peut être « l'issue » « d'un amour qui son amante tue[198] » ?) et accablé (« Un pesant faix de maux avecques moi j'emporte[199] ») ; et Didon, d'abord révoltée et furieuse de voir partir son aimé, est vite détruite par la résolution inébranlable d'Enée, par sa trahison, et se meurt à petit feu, pâmée, alanguie, désespérée, ne voyant de guérison que dans la mort qu'elle se donne sur le bûcher qu'elle a fait préparer pour un feint sacrifice aux dieux.

Mais pourquoi ce malheur ? Ne peut demeurer aux « bas mortels » cette impression première que la capricieuse Fortune, le simple hasard mènent leur vie, que « Tout n'est qu'un songe, une risée, / Un fantôme, une fable, un rien, / Qui tient notre vie amusée / En ce qu'on ne peut dire sien[200] ». De leur malheur, les hommes portent aussi la responsabilité. Si l'on veut que la tragédie de Jodelle donne une leçon morale, elle est ici : les

---

[196] Séleuque, acte III, v. 1164.

[197] *Cléopâtre captive*, acte V, v. 1459.

[198] *Didon se sacrifiant*, acte III, v. 1568.

[199] V. 1566.

[200] *Didon se sacrifiant*, acte I, v. 337 et vers 363-365.

hommes sont menés à leur perte par leur passion, s'anéantissent par leurs défauts. Antoine devenu ombre reconnaît qu'il a été équitablement puni à cause de l'ardeur amoureuse fatale qui l'aveugla ; mais ses ennemis dévoilent une autre faute : « l'orgueil et la bravade » (v. 421), son ambition excessive. Encore sous le coup de la vision d'Antoine qui lui est apparu dans son sommeil, Cléopâtre est projetée sur scène et récapitule longuement, remâche, comme elle dit, tout le mal qu'elle a pu faire à Antoine, par son long amour et, pour finir, en provoquant son suicide ; et c'est son orgueil de reine qui provoque sa propre mort volontaire. Tout dans le malheur des amants semble avoir été préparé par leurs fautes : la passion de l'amour et l'orgueil. Même une Didon, qui se révolte contre Enée le traître, qui lance des imprécations contre cette Rome coupable d'appeler plus impérieusement son amant, se sent coupable : ses amours, ses « amours folles » (v. 2220) avec Enée lui ont fait trahir la mémoire de son époux Sichée.

Mais, fautifs ou non, les personnages tragiques semblent pris dans un engrenage qui les dépasse, comme si, dès le début, ils étaient le jouet du destin, comme si, sans s'en rendre compte, ils étaient dessaisis de leur liberté, poussés à la faute par quelque transcendance qui leur apparaît ensuite comme garant de la justice. En fait, s'il est des dieux – la transcendance se nomme tour à tour le destin ou les destins, le ciel ou les cieux, les dieux – les dieux immuables qui tiennent en main la vie des mortels sont des dieux méchants et travaillent à leur perte. « Des dieux jaloux » (v. 10) ont perdu Antoine ; devant le cadavre de Cléopâtre et de ses femmes, Proculée s'en prend à « l'injuste destinée » (v. 1464) ; et le chœur final de *Cléopâtre captive* s'entraîne à maudire les dieux, « auteurs » du malheur (v. 1524).

Jodelle se montre aussi pessimiste avec *Didon se sacrifiant* qui d'emblée, à l'acte I, d'une manière sans doute dramatiquement très lourde dans le débat entre Achate, Ascaigne et Palinure, pose le problème du sens : pourquoi le destin oblige-t-il Enée à quitter la reine de Carthage ? Faut-il partir en Italie et briser le bonheur des amants ? A travers ce débat, à travers aussi la révolte des héros malheureux et la méditation des chœurs, s'impose cette idée que l'homme et son bonheur sont peu de chose sous l'emprise de dieux dont le dessein est insaisissable et d'apparence incohérente. Les dieux veulent-ils vraiment le bien final à travers le malheur ? Donnent-ils heur et malheur de manière capricieuse ? Et le dramaturge semblerait inviter le spectateur à aller au-delà, vers l'impiété et l'athéisme : des dieux méchants, certes, mais dont on pourrait même imaginer qu'ils n'existent pas, la vie humaine étant renvoyée à la succession absurde des biens et des maux...

Quelle réponse peut apporter le mortel à ce destin ? Subir en reconnaissant sa part de responsabilité et, pour le reste, en maudissant les hommes et les dieux qui donnent le malheur. C'est la philosophie des personnages secondaires, acteurs ou témoins du drame. C'est, de manière plus consciente et plus amère, un peu aussi celle d'Enée, dont les Phéniciennes se demandent s'il ne cache pas la responsabilité de sa trahison derrière la volonté des dieux – ces dieux qui ordonnent le parjure, firent sacrifier Iphigénie et commandèrent d'autres meurtres... On peut le croire réellement déchiré par l'appel de son destin que les dieux lui ont préparé – ce « destin de fer » (v. 743) ; il adhère néanmoins à cet ordre pour le moment incompréhensible, sachant le mal qu'il fait à Didon et fait voile vers Rome dans un grand désabusement – les héros de Virgile ont bien changé ! Ce choix est conforme à la philosophie stoïcienne. Mais le stoïcisme offre une autre issue au malheur, par quoi le personnage vérifie sa liberté et sa noblesse de héros tragique : la mort volontaire. Didon, qui s'est noyée dans le désespoir d'être abandonnée, qui ne peut plus supporter de vivre, organise sa mort, lucidement et volontairement, « me dépêtrant du mal – dit-elle – qui sans fin me rentame » (v. 2232). La liberté lui reste de vouloir son destin. Quant à elle, Cléopâtre marche à la mort dès le début, appelée, comme happée par l'ombre d'Antoine. D'abord abattue et brisée, elle reprend son destin en main, lutte pied à pied contre Octavien, par l'hypocrisie, le mensonge et la ruse ; c'est qu'elle veut garder la disposition de sa vie. Elle n'est plus appelée malgré elle à la mort : elle ira volontairement, lucidement, à la fois pour rejoindre son amant et pour éviter l'humiliation du triomphe romain. Cléopâtre ne sera pas captive d'Octavien. La reine au cœur plein de superbe, au cœur indomptable (« Ayant un cœur plus que d'homme », dit le chœur final, v. 1540), ce cœur aux liens indocile, s'échappe du piège de la destiné par la mort choisie. En découvrant le cadavre, Proculée s'interroge : « est-ce / Noblement fait ? » (vers 1489-1490). Oui, c'est noblement fait. Mieux qu'Enée, qui assentit au destin qui le laisse en vie et fera son bonheur, mieux que Didon qui finit par se suicider, Cléopâtre se montre d'emblée plus forte que son destin, et exerce pleinement la liberté qu'il lui laisse.

*
* *

Jodelle est donc original de plus d'une manière : outre qu'il fut le premier des tragiques de notre Renaissance – un La Péruse, un Garnier, d'autres encore seront ses émules –, il reste un dramaturge singulier par sa pensée comme par son style poétique. Récupéré d'abord par la Pléiade, il retrouva bientôt sa position solitaire, Ronsard et les siens entonnant les louanges de Robert Garnier. Mais Jodelle sait arrêter le lecteur moderne.

Jean de La Taille

Jean de La Taille, seigneur de Bondaroy, connut sans aucun doute Jodelle : le jeune homme fit ses études au collège de Boncourt, à partir de 1550 environ ; ce collège, fort lié à la Pléiade, était un foyer de la renaissance du théâtre à l'antique, maîtres et élèves participant au mouvement. Après des études de droit suivies à Orléans sans enthousiasme, il rejoignit Paris et s'occupa des études de ses deux frères – de Jacques en particulier, qu'il confia à Dorat et qui eut le temps d'écrire, avant d'être emporté par la peste à 20 ans, les deux tragédies de *Daire* et d'*Alexandre*, publiées en 1673 par Jean, qui admirait son frère. En 1562, Jean de La Taille lui-même avait certainement écrit sa première tragédie, *Saül le furieux*, « une tragedie que j'ay faicte selon le vray art – dit-il dans la dédicace de sa *Remontrance pour le roi* – de la mort misérable du Roy Saül, dont parlent les Sainctes Lettres ».

Pendant huit années, ce gentilhomme fréquenta la cour et les champs de bataille des guerres de religion. Il fut plus opportuniste que fanatique : bien que d'origine protestante, il fit d'abord partie de l'armée royale ; mais en 1568, il s'engagea au service du prince de Condé dans l'armée huguenote. Blessé, il renonça à la vie militaire à la fin de la troisième guerre de religion et s'occupa de la publication de ses œuvres. *Saül le furieux* parut en 1572, précédé, en guise de préface, d'un petit traité *De l'art de la tragédie* écrit entre 1570 et 1572, dont nous avons déjà vu l'importance. L'année suivante, en 1573, parmi d'autres œuvres (dont deux comédies), il donna une suite à *Saül le furieux* : la tragédie de la *Famine, ou Les Gabéonites*[201].

---

[201] L'édition de référence des deux tragédies est celle procurée par Elliott Forsyth, 1968 ; voir aussi celle que Gabriel Spillebout prépara vers la même époque et qui vient seulement d'être publiée, en 1998. Cette dernière édition comporte une bibliographie mise à jour, pp. LXXV-LXXXV. Compléments : Charles Mazouer, « La figure de David dans les tragédies de la Renaissance" » [in] *Claude Le Jeune et son temps...*, 1996, pp. 253-263 ; Elliott

Le gentilhomme écrivain est très conscient de la valeur de son art et de sa mission. Ecrire des tragédies en homme de lettres est occupation noble, bien préférable aux autres passe-temps des courtisans, tels que la chasse. Et les tragédies s'adressent d'abord aux princes : images de leur destin et leçons parlantes pour eux. Un sonnet clôt l'édition de *Saül le furieux*, adressé à Henri de Navarre, et insiste sur la leçon de la tragédie, qui a montré « les effects de Fortune maligne » (v. 1) sur la destinée d'un roi. Quant à la longue dédicace de *La Famine* à Marguerite de Valois, reine de Navarre, elle fait clairement allusion à « la boucherie d'une Guerre civile », au massacre de la Saint-Barthélemy et explicite le parallèle entre la situation française et le malheur du peuple élu ; il est bon que Charles IX son frère pleure à *La Famine* et qu'il y voie une invitation pressante à se repentir et à se soucier de son peuple malheureux, sous peine d'encourir la colère de Dieu contre lui et contre sa descendance. A l'instar d'autres dramaturges, Jean de La Taille se sert de sa bilogie biblique pour prendre une position politique et morigéner le roi.

L'art des tragédies

On pourrait reprendre un par un les « secrets de l'art » de faire une tragédie que Jean de La Taille expose dans son petit traité et les illustrer par la dramaturgie qu'il mit en œuvre dans ses deux tragédies bibliques. Je me contenterai de mettre en valeur quelques aspects capitaux, qui sont tous issus de l'intention affichée par le dramaturge d'intéresser et de toucher sans relâche spectateurs et lecteurs ; une tragédie doit être construite « de sorte qu'elle change, transforme, manie, et tourne l'esprit des escoutans deçà delà[202]... »

Forsyth, « La portée morale et religieuse des tragédies bibliques dans le théâtre protestant du XVIe siècle », *Op. cit.*, n° 11, nov. 1998, pp. 43-49 ; *Les Tragédies de Jean de La Taille, Cahiers Textuel*, n° 18, 1998 ; « *Par ta colère nous sommes consumés* ». *Jean de La Taille auteur tragique*, textes réunis par Marie-Madeleine Fragonard, 1998 ; *Le Théâtre biblique de Jean de La Taille...*, éd. Yvonne Bellenger, 1998 ; Nathalie Dauvois, « Enonciation lyrique, énonciation tragique dans *Saül le furieux* », *Littératures*, n° 39, automne 1998, pp. 31-42 ; Catherine Moins, *Lectures d'une œuvre. Saül le furieux. La Famine ou les Gabéonites*, 1998 ; Jean-Yves Boriaud (dir.), *Saül le furieux. Jean de La Taille*, 1998 ; Frank Neveu (dir.), *Faits de langue et sens des textes*, 1998 (trois articles, pp. 33-91) ; Louis-Georges Tin, « L'univers tragique de Jean de La Taille... », *R.H.R.*, n° 48, juin 1999, pp. 25-44.

[202] *De l'art de la tragédie*, éd. cit., p. 6.

S'il s'est servi de Sénèque – de l'*Hercules furens* pour les accès de démence de Saül et des *Troades* pour les enfants arrachés aux mères de *La Famine* – , La Taille dramatisa deux récits bibliques mettant en jeu Saül, le premier roi d'Israël, et son successeur David. *Saül* s'appuie sur les derniers chapitres du premier livre de Samuel et sur le premier du livre suivant ; *La Famine* développe quatorze versets d'un autre chapitre de ce même deuxième livre de Samuel (II S, 21, 1-14).

Saül s'ouvre de manière impressionnante sur la démence (Saül est « tout furieux », dit le XVIe siècle) du roi, qui met en péril le peuple d'Israël, alors même qu'il est pressé par les Philistins (acte I). Quand Saül revient de sa folie, de sa « manie », c'est avec la conscience désespérée (acte II) qu'il est la proie de la colère de Dieu, qui châtie et abandonne son élu. Que faire ? Pour connaître l'avenir, Saül commet une autre faute et consulte la Pythonisse d'Endor, qui évoque pour lui l'ombre de Samuel ; l'avenir est terrifiant pour Saül ! Les Juifs vont être vaincus, Saül mourra, laissant le royaume à David, et la punition de la faute de Saül s'étendra sur sa descendance (acte III). Inéluctablement, la prophétie va se réaliser. Les Hébreux sont défaits ; les trois fils de Saül meurent et le roi, faute de pouvoir se faire donner la mort par son écuyer, choisit, de manière « magnanime », d'aller au-devant de sa fin en se jetant dans la mêlée (acte IV). En apprenant la défaite de son peuple et la mort du roi, David, dont on avait parlé jusque-là mais qui n'était pas apparu sur scène, déchire ses vêtements et déplore longuement la mort de son cher Jonathan (acte V).

Saül annonce parfaitement la tragédie suivante. Escomptant une récompense de la part de David que Saül poursuivait en ennemi, le soldat amalécite qui fait le récit du désastre prétend avoir tué de sa main Saül. Mal lui en prend. Parce qu'il se targue d'avoir porté la main sur l'oint du Seigneur, David le fait liquider, sans pitié ; cette férocité de David est l'occasion d'une malédiction précise : le soldat prie Dieu que la faim, la peste et la guerre infectent le pays de David devenu roi, et que contre lui s'arment ses fils[203]. *La Famine, ou Les Gabéonites* s'ouvre justement sur ce malheur initial : le royaume de David est dévasté depuis trois ans par la famine et la peste. Et la cause ultime, qu'il faudra supprimer en mettant à mort les descendants de Saül, nous renvoie plus haut, à la prophétie de Samuel. Parfaite continuité.

---

[203] Acte V, vers 1291-1296.

La Famine montre donc d'abord David malheureux du malheur de son peuple, révolté même dans un premier temps contre Dieu qui semble l'abandonner ; à quoi succède l'appel à la miséricorde et la prière croyante de soumission à la volonté du Seigneur. Mais quel coupable a offensé Dieu ? Quelle est la volonté de Dieu (acte I) ? Des femmes en ont le pressentiment déchirant : Mérobe, fille de Saül, et Rezèfe, femme de Saül, à qui l'ombre de son mari est apparue en songe – le récit de l'apparition fournit un autre de ces tableaux saisissants. Dieu punit toujours les fautes de Saül et va atteindre cette fois sa descendance : « Telle est de Dieu la destinee horrible[204] ». Les mères se demandent où cacher leurs enfants (acte II). De son côté, David apprend la réponse du prophète : Israël paie la faute de Saül contre les Gabéonites, dont Dieu soutient la vengeance gardée jusqu'à ce temps. Arrive alors le prince de Gabéon, qui pose ses conditions : il faut lui livrer la descendance de Saül, les fils et petits-fils devant payer pour la faute du père. C'est le cynique Joabe, cousin et connétable de David, qui va chercher les enfants pour le moment encore cachés (acte III). Cette scène enjambe l'acte et se poursuit : les enfants paraissent et suivent volontairement Joabe qui les mène « comme aigneaux à la boucherie[205] » et les arrache à leurs mères (acte IV). Il ne reste plus au Messager qu'à conter l'horreur des enfants crucifiés, de ces sept croix dressées, de « cette offrande innocente[206] ». Comment une mère pourrait-elle survivre à cette vengeance, à cet accomplissement de la volonté divine (acte V)?

J'ai volontairement indiqué la répartition des actes afin que le lecteur puisse prendre la mesure des équilibres et de la progression, et voir à quel point l'intérêt et l'émotion sont soutenus. Comme l'a dès longtemps affirmé Françoise Charpentier, Jean de La Taille est bien l'inventeur d'une tragédie d'action, alors que ses confrères, de Jodelle à Garnier, illustrent plutôt une tragédie statique de la lamentation . Les tragédies de Jean de La Taille sont relativement courtes (1500 et 1366 vers), mais animées et mouvementées. Les événements sont assez nombreux et s'enchaînent parfois en ménageant une progression dans l'intensité ou une surprise. Toujours le spectateur est dans l'attente. Sans doute chaque acte, comme le veut le dramaturge, présente-t-il un sens accompli, que ponctuent les

---

[204] Acte II, v. 347.
[205] Acte IV, v. 1146.
[206] Acte V, v. 1207.

chœurs – dont les apparitions sont d'ailleurs discrètes et s'intègrent à l'occasion au dialogue ; mais, jusqu'au dénouement, toujours une question se pose, un intérêt est entretenu qui prépare aux émotions à venir. « Qu'il n'y ait rien d'oisif, d'inutile, ny rien qui soit mal à propos[207] », demande l'auteur *De l'art de la tragédie* en parlant de l'agencement de la matière dramatique. Tel est bien le cas de ses œuvres, fort bien réglées, et dans un rythme plutôt soutenu.

L'écriture contribue à ce mouvement. Nous avons parlé du volume modeste des chœurs, peut-être destinés au chant[208]. La même retenue caractérise en général les monologues et les échanges. Si on lit encore de longs monologues et de longues tirades (David lamentant la mort de Jonathan son ami ; David déplorant le malheur de son peuple ; Mérobe réclamant la mort après la crucifixion de ses enfants), les échanges sont d'ordinaire beaucoup plus naturels, beaucoup plus souples ; quand ils sont pressés, on n'a jamais cette impression de raideur que donnent ailleurs les stichomythies. Le vers lui-même – le décasyllabe et l'alexandrin alternent dans le dialogue – semble perdre de sa rigueur métrique, tant La Taille pratique l'enjambement, travaille à varier les rythmes. Comme l'action, les vers de La Taille, qu'il voulait « bien faicts, bien coulants[209] », avancent et manient parfaitement « l'esprit des esoutans ».

Surtout, l'action et la parole les émeuvent, les guident à la compassion devant la gravité approfondie des malheurs. Mais le théâtre ne se contente pas de faire saisir la marche des événements à travers la parole ; il montre, il donne à voir. Et Jean de La Taille use des prestiges du spectacle en habile homme de théâtre ; ne réclamait-il pas de bons acteurs, quant au geste et à la prononciation ? Dans ses tragédies, il donne à voir et tient à frapper la sensibilité, plaçant à l'occasion sur la scène un personnage témoin et commentateur du spectacle qui doit atteindre en dernier lieu le spectateur. Pensons, dans *Saül*, à la folie de Saül et à son retour au sentiment du réel, pensons à l'évocation de l'ombre de Samuel par la sorcière d'Endor. Dans *La Famine*, les personnages devaient jouer la révolte, la douleur, les donner à voir par le corps des acteurs. Quoi de plus pathétique que la douleur des mères affolées qui cachent leurs enfants, veulent les dérober à la mort, d'une mère qui s'affaisse au récit

---

[207] P. 7.

[208] Si l'on en croit une allusion du début de l'adresse *Au lecteur* de *La Famine*.

[209] *Ibid.*

de la crucifixion des petites victimes ? Quoi de plus pathétique que ces enfants exhibés sur la scène, allant volontairement au supplice ?

« Le poème tragique – écrit La Bruyère[210] – vous serre le cœur dès son commencement, vous laisse à peine dans tout son progrès la liberté de respirer et le temps de vous remettre... » Jean de La Taille sut réaliser ces effets par sa dramaturgie et son écriture dramatique. Il y parvint aussi en excitant la pitié pour de véritables personnages tragiques.

Des personnages tragiques

Pour « esmouvoir » et « poindre merveilleusement les affections d'un chascun », dit *De l'art de la tragédie*[211], il faut un sujet « pitoyable et poignant de soy » à la tragédie, autrement dit qu'elle nous montre les malheurs d'un grand personnage ni tout à fait méchant, ni tout à fait bon – on reconnaît là Aristote, lu à travers Castelvetro . Saül est le parfait exemple d'un personnage tragique.

Elu de Dieu, tiré de son humilité pour être sacré roi d'Israël, soutenu, aidé, favorisé par Dieu qui lui donna constamment la victoire, Saül est désormais l'objet de sa colère, chassé, banni, forclos de sa première grâce, haï de Dieu ; Dieu même lui envoie ces crises de folie, qui au moins lui font oublier ses maux. Il faut relire la très belle tirade qui ouvre, à l'acte I de *Saül*, le débat avec l'Ecuyer[212]. Mais pourquoi ce châtiment, pourquoi Saül est-il devenu un roi maudit, pourquoi Dieu l'a-t-il élevé, comme pour le faire tomber de plus haut ? Pour une faute, pour une désobéissance à l'ordre de Dieu, où Saül a pu voir, lui, l'exercice de la pitié ; Dieu avait ordonné qu'on exterminât tous ceux d'Amalec et Saül ne mit pas tout à sac et épargna le roi Agag, contrevenant ainsi à la volonté divine transmise par le prophète Samuel. Mystérieuse et incompréhensible Providence, gémit Saül : « Pour estre donc humain j'esprouve sa cholere[213] » ! Et culpabilité mêlée, aux yeux du roi. Saül dès lors, au lieu de reconnaître la Justice divine et de demander son pardon, au lieu de réclamer miséricorde, s'enferme dans la solitude du réprouvé, ayant à la bouche l'imprécation plus que la prière, aggravant sa faute en voulant

---

[210] *Les Caractères*, « Des ouvrages de l'esprit », 51.
[211] P. 4.
[212] Vers 282-300.
[213] V. 312.

connaître l'avenir. Proie de la transcendance, il est frappé dans sa raison, dans ses fils, dans son peuple : « O Dieu, s'il m'est permis de t'appeler, cruel[214] ! » Là où le croyant – c'est la position du premier Ecuyer – devrait voir une épreuve envoyée par Dieu par le biais de l'inconstance de la fortune, Saül déchiffre la haine (le mot revient à plusieurs reprises) d'un Dieu qui le maudit. Après avoir été accablé, c'est privé de tout espoir qu'il se livre à la mort, sans d'ailleurs que celle-ci apaise la vindicte de Dieu, ce Dieu qui semble prendre plaisir à abattre celui qu'il avait élu.

Quel est le personnage tragique de *La Famine* ? Le titre ne désigne pas de héros et signale le malheur du peuple, auquel le roi David fait écho. Mais ce malheur cessera au prix du sacrifice de la descendance de Saül, dont une autre faute contre les Gabéonites – cette fois de cruauté pleine et entière, sans contestation – est la cause. Ceux que la tragédie plonge dans le malheur et dans la mort sont donc la femme de Saül, sa fille et leurs enfants respectifs. Autre manière de personnages tragiques : il s'agit de pures victimes, parfaitement innocentes. L'« ire », la colère, l' « inimitié » de Dieu s'étendent toujours sur la race, punissant sur les enfants la faute du père, permettant aux Gabéonites de réclamer vengeance au-delà même de la mort du coupable. Avec un sacrifice horrible, qui fait penser à celui du Christ, et auquel les enfants se soumettent volontairement, puisque telle est l'ordonnance de Dieu. Sacrifice qui amplifie les situations pathétiques, mais qui enlèvent aux mères et à leurs enfants la possibilité d'être des héros, simples objets broyés qu'ils sont entre les mains d'une transcendance sur laquelle il faudra s'interroger.

Et David, qui n'apparaît qu'au dernier acte de *Saül* pour pleurer Jonathan et récupère, non sans réticence, la couronne de Saül, et qui, dans *La Famine*, se révolte contre les malheurs envoyés par Dieu, avant d'accepter, sans rien dire, qu'ils cessent par le sacrifice des enfants ? David souffre assurément : de la mort de Jonathan, de la famine qui frappe son peuple. Mais, loin de le plonger dans le malheur, Dieu fait accéder son nouvel élu au pouvoir et lui donne le moyen de faire cesser les souffrances d'Israël. Il ne peut nous apitoyer. Il n'est pas non plus exactement édifiant : il est impitoyable avec le soldat amalécite qui met au jour ce qui doit être au moins une tentation pour David et dont la Bible ne souffle mot (se réjouir de la mort de Saül, dont le pouvoir barrait les

---

[214] Acte IV, v. 922.

ambitions du nouvel élu) ; au début de *La Famine*, il doute d'abord du Dieu de l'Alliance et s'en prend à lui comme les héros révoltés de la tragédie antique ; plus tard, il accepte de se salir les mains en faisant crucifier les descendants de Saül, accomplissant l'ordre de Dieu, mais en étant peut-être conscient que ces morts lui permettent d'éliminer des menaces contre son pouvoir... Un personnage humain, donc, un croyant aussi, finalement toujours soumis à la volonté divine. Mais pas un personnage tragique.

La théologie

Ce Dieu qui châtie sans miséricorde, ce Dieu qui permet que la faute des pères retombe sur les enfants innocents – ce Dieu cruel est-il bien le Dieu de la Bible ? A la page de titre de *Saül le furieux*, on lit cette mention : « Tragédie prise de la Bible, faicte selon l'art et à la mode des vieux Autheurs Tragiques ». Un sujet biblique et une forme antique. Mais si la pensée tragique des Anciens s'était glissée dans l'emprunt de la forme ? Les tragédies bibliques seraient-elles tragiques, c'est-à-dire marquées par une théologie peu compatible avec celle de l'ancien Israël[215] ? La question se pose pour les deux tragédies de Jean de La Taille.

Les sujets sont bibliques, certes. Et si, dans *La Famine*, La Taille doit inventer nombre de circonstances pour donner de la matière à sa tragédie, les deux tragédies sont fidèles aux récits de l'Ancien Testament. Oui, un esprit mauvais et meurtrier fut suscité par Dieu à Saül, dès lors que celui-ci fut rejeté à cause de sa désobéissance. Oui, parce que Saül, rompant sa promesse, avait mis à mort les Gabéonites, Dieu voulut que ceux-ci obtinssent vengeance et que le sang versé par Saül fût expié par celui de ses descendants. Et si l'on n'écoute pas trop pour l'instant le cri des victimes, les deux tragédies peuvent s'interpréter comme authentiquement bibliques – conformes à la vision vétéro-testamentaire et aussi, d'une certaine manière, à la vision chrétienne.

Dans *Saül*, le chœur des Lévites, voix du peuple croyant, et l'Ecuyer, ancêtre des confidents, disent le point de vue religieux droit, l'orthodoxie. Un Dieu personnel et unique, qui a fait alliance avec son peuple dont il veut le salut et le bonheur, lui a donné aussi une loi et lui fait savoir sa volonté. Ce Dieu châtie le coupable, mais sait aussi pardonner à celui qui

---

[215] Voir Charles Mazouer, « Les tragédies bibliques sont-elles tragiques, », art. cit.

se repent. Saül – dans le destin duquel les Réformés voyaient l'image du réprouvé et du méchant que condamne le jugement rigoureux de Dieu (« sa juste vengeance », dit même Calvin) – est donc justement puni, privé de l'amour de Dieu qui avait couvert de bienfaits son élu. Au lieu de réclamer miséricorde, Saül se plaint de cet abandon, met en accusation un Dieu qui n'a pas à se justifier, multiplie les fautes et y met le comble par la désespérance et par son suicide. Rien de scandaleux pour la pensée religieuse à cela. L'oint de Dieu est remplacé par un autre, David, selon les desseins de la Providence divine. David devient héritier de la promesse et c'est lui que Dieu soutient dès lors.

Non sans épreuves. L'action de grâce est aisée, quand Dieu donne la réussite, et la soumission à sa volonté. Mais dès lors que Dieu frappe son peuple – et David peint les souffrances du peuple avec un réalisme effrayant ? Il faut au nouveau roi d'Israël près de cent cinquante vers pour parvenir à une attitude authentiquement croyante, dans *La Famine* : soumission à la volonté divine, même quand elle envoie le malheur, qu'il soit punition ou épreuve mystérieuse ; reconnaissance de son péché et appel à la bonté de Dieu dans la prière. En l'occurrence, Dieu fait vite savoir sa volonté, son « ordonnance fatale » (v. 453), comme dit le chœur. Et il faut l'accepter, aussi atroce qu'elle soit, car Dieu est toujours finalement juste et bon. Les enfants conduits à la croix eux-mêmes y consentent, et donnent à leur sacrifice le sens d'un don pour le salut de tout le peuple.

Il reste que l'épisode dramatisé dans *La Famine* surtout, mais également celui de la fin de *Saül*, donnent de la divinité une image singulièrement proche de celle qu'offre la tragédie grecque, qui témoigne pourtant d'un tout autre régime théologique. Et les personnages tragiques tendent parfois le poing, comme dans l'Antiquité, contre une transcendance qui paraît fort éloignée du Dieu de tendresse et de pitié...

Le thème de la haine de Dieu revient de manière lancinante ; plus que justice, le héros voit persécution mauvaise. Révolté par la méchanceté de Dieu, Saül exclut la possibilité d'être pardonné. Ce Dieu, châtiant au-delà de toute mesure, haïssant sa victime mais restant silencieux, est proche de la divinité méchante des tragiques grecs. Et la haine de Dieu contre Saül passe de génération en génération, se transformant en fatalité familiale, les innocents payant pour le coupable. Indéchiffrable justice divine qui se manifeste sous les espèces d'une affreuse vengeance ; et l'on comprend la révolte (pourquoi ? pourquoi ?) et le cri des mères – d'abord, avant la soumission croyante à la volonté divine – contre ce Dieu qui va

« aboyant » (voir au vers 286) après la famille de Saül. Comment se soumettre à la volonté de ce Dieu? David lui-même, tel un roi grec, commence par s'en prendre à la « fureur » (v. 10) de Dieu, à sa « volonté dure » (v. 27), à son « decret fatal » (v. 96) qui écrase le peuple, son peuple dont il semble se moquer. La foi du roi d'Israël doit être conquise et elle l'oblige d'accepter le sacrifice des enfants. Méchanceté de Dieu, révolte des victimes : une vision tragique, contradictoire avec l'attitude de foi, persiste dans ces deux tragédies et peut les rendre théologiquement quelque peu ambiguës. Nous sommes assez loin de la lumineuse clarté biblique et chrétienne dans laquelle baignait la scène d'*Abraham sacrifiant* !

Mais s'il est vrai, comme le dit Paul Ricoeur, que la Bible récapitule toute l'expérience religieuse de l'humanité, il n'est pas étonnant qu'elle narre des épisodes si proches de l'univers tragique de l'Antiquité grecque. C'est ceux-là que choisit Jean de La Taille, dont les deux tragédies montrent à quel point, devant la souffrance qui paraît injuste, la tentation tragique est difficile à surmonter, avant d'accéder à la foi biblique.

Robert Garnier

Beaucoup plus que Jodelle qui lança la tragédie nouvelle, Robert Garnier fut le dramaturge de la Pléiade. Dès la publication de *Porcie*, Ronsard et les amis de son groupe entonnèrent le los de Garnier, « ornement du théâtre français », en français, en latin et en grec dans les pièces liminaires ; dans un sonnet précédant *Cornélie*, Ronsard tranche même explicitement en faveur de Garnier. Il faut dire que, de 1568 à 1583, si l'on met à part les deux belles tragédies de Jean de La Taille, Garnier fut pour ainsi dire sans rivaux ; il représenta à peu près à lui seul le genre tragique pendant quinze ans. Auteur phare de la Renaissance avec ses sept tragédies, il a été beaucoup étudié[216]. Après avoir situé le

---

[216] Seule édition d'ensemble achevée : les quatre volumes des *Œuvres complètes* dus à Raymond Lebègue, dont nous suivons généralement le texte (*Les Juives. Bradamante. Poésies diverses*, 1949 ; *La Troade. Antigone*, 1952 ; *Porcie. Cornélie*, 1973 ; *Marc Antoine. Hippolyte*, 1974). Le corpus du théâtre français de la Renaissance (qui modernise le texte) a déjà donné : dans la série de *La Tragédie à l'époque d'Henri II et de Charles IX*, *Porcie* (éd. S. Turzio, vol. 4, 1992), *Hippolyte* (éd. S. Ferrari, vol. 5, 1993), *Cornélie* (éd. S. Turzio, *ibid.*) ; dans la série de *La Tragédie à l'époque d'Henri III*, *Marc Antoine* et *La Troade* (éd. Ch. Mazouer, vol. 1, 1999), *Antigone* (éd. Ch. Mazouer, vol. 2, 2000). La maison Champion entreprend un théâtre complet de Garnier ; sont parus : *Antigone* (éd. J.-D. Beaudin, 1997),

magistrat dramaturge dans son temps, ma présentation s'attachera au poète de théâtre et surtout à sa vision tragique, qui est méditation sur le malheur.

Un dramaturge engagé dans l'histoire

Originaire de La Ferté-Bernard, dans le Maine, où il naquit en 1545, Garnier fit ses études de droit à Toulouse, où il se lia avec Pibrac et donna ses premières productions poétiques. Suivirent trois années parisiennes (1566-1569) : le jeune avocat au parlement se joignit à la Pléiade et composa son *Hymne de la Monarchie* ; il publia aussi sa première tragédie, *Porcie* (1568). A partir de 1569, il s'installa au Mans et toute sa vie fut provinciale, jusqu'à sa mort en 1590. Sa carrière fut celle d'un magistrat. D'abord conseiller au Présidial du Mans (1569-1574), il fut ensuite lieutenant-criminel de la même ville (1574-1586) : représentant du roi, chargé de rattacher étroitement la ville du Mans au pouvoir central, il contrôlait la justice répressive du Maine et luttait contre les factieux, protestants ou ligueurs. En 1586, après quelques années de paix, il fut nommé au Grand Conseil du roi. Sa vie privée se déroula discrètement : mariage avec la poétesse Françoise Habert, en 1573, naissance de ses enfants, veuvage en 1588. On le dit solitaire, secret, parfois maladroit et mal compris ; il eut peu de relations sociales. Il occupait ses loisirs à la composition de son théâtre, dont il surveillait l'édition à Paris où il renouait avec les écrivains et les cercles littéraires : *Hippolyte* en 1573, *Cornélie* en 1574, *Marc Antoine* en 1578, *La Troade* en 1579, *Antigone* en 1580, *Les Juives* en 1583.

La carrière de Garnier s'inscrivit au cœur des troubles qui bouleversèrent la France pendant quarante ans, jusqu'à l'édit de Nantes : de la deuxième guerre civile à la naissance de la Ligue, au massacre des Guises et à l'assassinat d'Henri III, en passant par cinq guerres civiles et par la Saint-Barthélemy. Comment le magistrat manceau aurait-il pu demeurer étranger à l'histoire de son pays ? Rares sont les tragédies qui ne soulignent pas le lien entre l'état de la France et le sujet emprunté à

.

Porcie (éd. J.-Cl. Ternaux, 1999) et *Les Juives* (éd. S. Lardon, 1999). - Les éditions récentes donnent des bibliographies à jour. Jalons bibliographiques : L. Wierenga, « *La Troade* » de *Robert Garnier*, 1970, donne un état présent des études sur Garnier (pp. 113-155) ; Françoise Charpentier, « Bibliographie d'agrégation : Garnier, *Les Juifves*, *Bradamante* », *R.H.R.*, 1979, pp. 78-82 ; Ch. Mazouer, « Vingt ans de recherches... », art. cit., de 1998.

l'histoire romaine ou à la Fable. Evoquant « les cris et les horreurs » de ses tragédies, il définit ainsi le genre : « poeme à mon regret trop propre aux malheurs de nostre siecle[217] ». S'il revint aux guerres civiles de Rome, c'est à cause de « nos dissentions domestiques et [des] malheureux troubles de ce Royaume, aujourd'huy despouillé de son ancienne splendeur, et de la reverable majesté de nos Rois, prophanee par tumultueuses rebellions[218] ». Malheur des princes et saccagement du peuple lors de la guerre de Troie ? Nous connaissons cela par « nos particuliers et domestiques encombres[219] ». Notre âge est misérable et, par le biais de la tragédie, le dramaturge ne cesse de méditer sur cette époque malheureuse, dont il retrouve l'allégorie à Rome, en Grèce ou à Troie.

Car Garnier ne se contente pas d'allusions ni de transpositions des horreurs de la guerre civile ; il a une pensée politique sur le pouvoir, sur la royauté comme sur les guerres civiles ou étrangères[220]. A l'orée de sa carrière dramatique, les 532 vers de l'*Hymne de la Monarchie* prennent nettement position. Le gouvernement d'un seul s'étend à toute la nature, sur la terre comme au ciel : l'exemple vient de Dieu ; d'ailleurs, la monarchie a civilisé l'humanité sauvage. Garnier refuse violemment l'aristocratie comme la démocratie ; il faut « un seul Prince » (v. 136). La « douce Monarchie » (v. 439) peut sans doute se dégrader et le prince devenir un tyran ; mais ce n'est qu'un mauvais usage de la monarchie, qui reste bonne. Un prince humain sauvegarde la liberté de ses sujets (essentiellement, celle de faire le bien...) et combat les troubles civils. Le loyalisme de Garnier à l'égard de la monarchie des Valois fut constant. Dédiant l'édition collective de 1585 de ses tragédies à Henri III, roi de France et de Pologne qui est de Dieu « l'image et la vive représentation », il lui adresse un discours de 174 vers et lui rappelle que la colère de Dieu

---

[217] Dédicace de *Cornélie*.

[218] Dédicace de *Marc Antoine* à Pibrac.

[219] Dédicace de *La Troade*.

[220] Voir : Gillian Jondorf, *Robert Garnier and the Themes of Political Tragedy in the Sixteenth Century*, 1969 ; Jacques Truchet, « La Tyrannie de Garnier à Racine... », art. cit. ; Madeleine Lazard, « Le roi et son peuple dans la tragédie française de la Renaissance », art. cit. ; Patrizia De Capitani, « La storia, luogo privilegiato della tragedia... », [in] *Studi di letteratura francese*, XVIII, 1990, pp. 275-290 ; Frank Lestringant, « Pour une lecture politique du théâtre de Robert Garnier... », [in] *Parcours et rencontres. Mélanges [...] Enea Balmas*, t. I, 1993, pp. 405-422.

s'attache aux rois trop cruels alors que sa sollicitude comble ceux qui honorent la paix et la justice. Un bon roi se distingue justement du tyran – les débats des tragédies le montrent à l'envi – par son souci de la justice et de la clémence . Le poète et le dramaturge ne cessèrent de poursuivre la réflexion que l'action du magistrat dans l'histoire de son temps l'amenait à entreprendre.

Un poète de théâtre

Garnier trouva les sources de son inspiration alternativement dans l'histoire romaine et chez les Grecs, enfin dans la Bible.

Les deux tragédies romaines nous plongent dans les luttes civiles qui eurent finalement raison de la république. L'héroïne éponyme de *Porcie* est la femme de Brutus, le meurtrier de César. Quand elle apprend la défaite de Brutus et de Cassius à Philippes, devant Antoine et Octave, et le suicide de Brutus, dont on lui apporte les cendres, cette épouse qui n'est pas une pleureuse, qui dit avec raideur et lucidité son scepticisme sur l'avenir de la liberté à Rome (devant les horreurs de ses successeurs, elle en vient à regretter le tyran César !), se suicide en avalant des charbons ardents. Elle agit en digne fille de Caton. *Cornélie* médite à nouveau sur l'Etat romain ravagé par les ambitions ; une femme, une grande Romaine encore, Cornélie, la fille de Scipion, successivement veuve de Crassus puis de Pompée, en subit le contrecoup. Après Pharsale, après la mort de Pompée, après la défaite et le suicide de Scipion qui avait repris le combat de Pompée, il ne lui reste qu'à mourir :

> Je vomiray ma vie, et tombant legere Ombre,
> Des esprits de là bas j'iray croistre le nombre[221].

Refaisant à sa manière la *Cléopâtre captive* de Jodelle, *Marc Antoine* dramatise la mort d'Antoine que sa maîtresse Cléopâtre dit vouloir rejoindre dans la mort. Vaincu, cerné, Antoine revient longuement sur son passé et ressasse sa déchéance, due à cette passion violente qui l'a entraîné, oublieux de son devoir et de son destin politique, à la suite de la reine d'Egypte.

---

[221] Ces deux vers aux belles sonorités sont les deux derniers de la tragédie (vers 1933-1934).

Hippolyte, très belle tragédie à l'antique, délaisse l'histoire de Rome et donne une version du mythe de Phèdre. De manière saisissante, elle montre la rage amoureuse de Phèdre, son « abominable désir » qui se tourne en fureur et en haine. Ravages de la passion qui détruit l'amoureuse et la pure victime de son amour incestueux. *La Troade*, de son côté, accumule les malheurs qui s'abattent, après la chute de Troie, sur Hécube, ses filles et leur descendance, jusqu'à la vengeance que prennent les Troyennes sur le roi de Thrace Polymestor – piètre consolation pour la vieille reine qui brandit le poing contre les dieux indifférents. *Antigone* combine plusieurs sources afin de récupérer tous les aspects de l'Antigone antique : la fille dévouée à son père Oedipe et la rebelle qui affronte l'édit inique de Créon – toujours modèle de *pietas* (le sous-titre d'*Antigone* est *La Piété*, ne l'oublions pas).

Les Juives marquent un renouvellement total. Les « souspirables calamitez » cette fois montrées sont celles du roi de Juda Sédécie, des siens et de son peuple que, pour leur faute, Dieu laisse châtier par Nabuchodonosor : Jérusalem prise et ruinée, le peuple déporté, le roi frappé dans son règne et dans ses enfants (nous sommes en 587 avant le Christ). En annonçant la fin de l'Exil et même la venue du Rédempteur, le Prophète des *Juives* laisse filtrer un rayon d'espérance dans cette dernière tragédie du malheur.

Cette rapide présentation des tragédies de Garnier fait entrevoir l'importance des sources. Selon l'esthétique du temps, il traduit, paraphrase, assemble et combine des sources dont il ne fait pas mystère. Les historiens romains, Plutarque, les tragédies grecques, Sénèque surtout, Flavius Joseph et quelques textes de l'Ancien Testament – pour s'en tenir à l'essentiel – entraînent son inspiration, lui fournissent un plan ou la matière de passages entiers. Ce que nous apprennent les érudits sur le nombre et l'amplitude des emprunts laisse parfois rêveur le lecteur moderne. Mais telles étaient les conditions de la création et de l'imitation au XVIe siècle. Et il faut juger le dramaturge et poète sur les résultats qu'il propose de cette élaboration à partir de sources multiples.

On doit à Emile Faguet[222], qui se plaçait dans l'optique d'une progression du théâtre français de Garnier vers le théâtre classique – théâtre de caractères – , l'idée des trois manières de Garnier : des tragédies, d'abord, qui sont des élégies mêlées de développements oratoires ; les suivantes

---

[222] *Essai sur la tragédie française au XVIe siècle*, 1883.

qui nourrissent la fable et creusent les caractères ; *Les Juives* enfin, qui reviennent à la simplicité du plan mais animent les personnages. Quoi qu'il en soit de la pertinence de ce schéma souvent repris, il est bien évident que la dramaturgie de Garnier n'est pas la dramaturgie moderne.

Quant à l'action dramatique, Garnier illustre parfaitement l'esthétique de son temps ; il porte même à son achèvement la tragédie de la déploration, ignorant les tentatives de Jean de La Taille vers une tragédie de l'action. Dans les deux premières tragédies romaines, *Porcie* et *Cornélie*, il n'y a pour ainsi dire pas d'action : lamentations, méditations, discours, débats et récits se succèdent, d'ailleurs sans souci de la construction ou des équilibres. La progression d'*Hippolyte*, donnée par le mythe, est beaucoup plus rigoureuse. L'action de *Marc Antoine* ? Elle est fort mince : Antoine annonce sa décision de mourir au vers 7, le récit de sa mort est prononcé à l'acte IV, et l'acte V montre le deuil de Cléopâtre. Ni action, ni même confrontation des héros : les trois protagonistes ne sont jamais en présence les uns des autres et ne peuvent jamais dialoguer. *La Troade* et *Antigone* procèdent par juxtaposition et accumulation, même si le dramaturge s'efforce de relier les épisodes, souvent avec succès . Dans un cas, la destruction de Troie engendre pour les survivants une série de malheurs en une suite de tableaux. Dans l'autre, pour retrouver le plus grand nombre d'épisodes du destin d'Antigone, Garnier coud ses sources avec plus ou moins d'habileté, introduisant une ligne de fracture à la fin de l'acte III, au point qu'on a l'impression d'une bilogie, se souciant fort peu de l'agencement d'une action et de sa répartition dans des actes ici particulièrement déséquilibrés. Il ne se passe à peu près rien dans *Les Juives*, dont le déploiement temporel est enserré entre le moment de la décision annoncé du roi d'Assyrie et celui de l'exécution des châtiments décidés. Le souci de l'action extérieure est fort peu celui du dramaturge ; et, au fond, dans chaque tragédie, tout est su et donné d'avance . Des personnages, qui parlent plus qu'ils n'agissent, sont entraînés d'emblée dans un piège tragique qui rend vain tout déploiement de l'action humaine. Le discours dramatique, plus soucieux de rhétorique ou de poésie que de dynamisme, alourdit de surcroît la tragédie, dont demeure le statisme[223].

---

[223] Voir Charles Mazouer, « Robert Garnier, poète de théâtre : statisme et mouvement dans *Les Juives* », [in] *Statisme et mouvement au théâtre*, 1995, pp. 37-43.

Si le théâtre de Garnier n'est pas un théâtre de l'action, du conflit dramatique, il n'est pas non plus un théâtre de l'analyse psychologique. Non que les personnages ne puissent donner à penser, intéresser, inquiéter, révolter ou émouvoir puissamment ; c'est même ce qu'on attend d'eux. Ou du moins de leur parole – parole de conviction ou parole d'émotion –, derrière laquelle ils semblent s'effacer. Parce qu'ils agissent trop peu et parlent interminablement, ils se réduiraient à de simples supports du discours. Certains, heureusement, bougeant dans quelques scènes d'action, font croire à leur existence dramatique et accèdent au statut de héros.

Mais, dans la situation tragique qui est donnée à voir et qui doit émouvoir, le verbe reste premier.

En ce qui concerne le discours des personnages, l'écriture de Garnier procède par monologues ou par répliques longues, qui renforcent le statisme. Les longues tirades juxtaposées, les imposants récits à peine entrecoupés de quelques exclamations des auditeurs ne favorisent pas l'échange ni l'animation de la scène. Les débats, dont l'enjeu peut d'ailleurs être réel et émouvant, s'étendent souvent. Ils peuvent aussi nourrir un dialogue pris au feu de la discussion, s'animer au heurt des arguments tout à tour essayés ; on voit alors la tirade s'alléger, le dialogue se faire stichomythique ou hémistichomythique. On entrevoit la possibilité de dialogues plus nerveux, trop rares dans cette écriture dramatique assez raide, engoncée dans des formes fixes qui se succèdent un peu abruptement, sans souci de la souplesse. Hiératisme de l'écriture .

Il faut évidemment souligner, chez Garnier comme chez la plupart des tragiques de la Renaissance, à quel point cette écriture est tributaire de la rhétorique. Des origines du genre, de la formation et du métier de Garnier, sa tragédie tire ce goût pour les longs débats rhétoriques, dont l'effet n'est pas uniquement d'apitoyer mais de donner aussi cette sorte de plaisir de l'échange et du jeu des arguments, qu'il faut savoir inventer, disposer et formuler ; certains sont d'ailleurs communs et ressassent la même argumentation, les mêmes *topoï* dans une thématique politique ou morale – ce qui ne contribue pas à individualiser les personnages. Au demeurant, les procédés et les prestiges de l'art du discours se retrouvent partout, en dehors même des joutes oratoires. La tirade – mais on en dirait autant de ces grandes fresques articulées et travaillées que constituent les récits – s'organise en périodes, met en œuvre une rhétorique véhémente héritée du style des tragédies de Sénèque, avec ses effets d'énumération et de répétition, ses amplifications, ses interrogations oratoires, ses exclamations, ses périphrases et ses images, ses sentences aussi – tous ses ornements et toutes ses figures. Même le lyrisme est contaminé chez Garnier, comme chez les autres, par les procédés rhétoriques.

Car le verbe de Garnier est enfin lyrisme, poésie. Faut-il rappeler la grande alternance de la tragédie humaniste entre les scènes d'action ou de dialogue et les chœurs, peut-être chantés parfois chez Garnier ? Pause lyrique qui chante le malheur, palier méditatif et sentencieux, développement convenu ou hors-d'œuvre surchargé de mythologie, le chœur est le lieu de recherches formelles. Mais le lyrisme de la souffrance est partout : lamentations, déplorations, supplications, prières, adieux bouleversants sont autant d'occasions offertes au poète de ciseler ses vers, de les condenser dans la forme du cri ou de les développer dans l'espace de la réplique ou de la tirade.

Sans doute est-on immédiatement sensible à l'emphase déclamatoire, aux effets d'hyperbole, à ce haut style que réclame la grave tragédie ; et Garnier n'a que trop conscience de chausser le cothurne ! Mais il faut aussi goûter le vocabulaire de Garnier, disciple de la Pléiade et émule de Ronsard, en apprécier la portée, la touche délicate ou la violence, en saisir la précision, le pittoresque, y voir ces recherches que l'on appelle maintenant maniéristes, être sensible aux images qu'il charrie – bref, se laisser toucher et impressionner par cette poésie nombreuse, copieuse, savoureuse, pour en vérifier l'invention, la richesse d'ornementation, la musicalité, la puissance émotive.

Par le choix de la matière tragique, par la facture et l'écriture de ses tragédies, le poète de théâtre qu'est Robert Garnier cherche à magnifier le spectacle du malheur.

Le spectacle du malheur

Avant même que l'on voie le piège tragique se refermer sur le personnage, celui-ci peut entrer en scène obsédé par le malheur passé. Dans *La Troade*, alors que Troie, l'opulente et belle cité désormais réduite en cendres, fume encore de l'incendie allumé par les Grecs, l'image des époux massacrés envahit encore l'imagination et le cœur des femmes. Pour les Juives, le passé qui déchire leur mémoire et hante leur imagination autant que leur pensée, ce sont les malheurs de Sion : la mort de son mari Josias pour Amital[224], et la suite des malheurs jusqu'au siège de

---

[224] *Les Juives*, vers 397-418.

Sion, au sac de la ville et à la fuite de la famille royale, pour les reines et l'ensemble des Juives qui constituent le chœur ; par deux fois, l'acte II revient sur cette « malheureuse nuit » de la chute de Sion.

Mais la tragédie elle-même, l'action tragique représentée est tissée de malheurs et de souffrances. Que la souffrance soit apportée par les dieux, par la marche de l'histoire ou par la démesure et la cruauté des bourreaux, dont la volonté et la liberté doivent s'articuler de manière mystérieuse avec les puissances supérieures, elle accable les victimes, le plus souvent innocentes. Bourreaux, victimes, quelques sages plus spectateurs qu'engagés dans l'aventure tragique sur laquelle ils méditent et qu'ils déplorent : voilà le personnel d'une tragédie de Garnier. Qui d'ailleurs appeler *héros*, si l'on veut que le mot désigne autre chose qu'un personnage important, qu'un protagoniste ? Non pas les orgueilleux vainqueurs comme Octave (*Porcie* et *Marc Antoine*), Antoine (*Porcie* et *Cornélie*) – le même qui paraîtra une troisième fois, dans *Marc Antoine*, mais comme victime – ou César (*Cornélie*) ; non pas ces brutes fermées à toute raison, à tout pardon ou à toute compassion comme Pyrrhus (*La Troade*), Créon (*Antigone*) ou Nabuchodonosor (*Les Juives*). S'il fallait chercher quelque héroïsme, quelque courage, c'est du côté des victimes qu'on le trouverait – des femmes et des enfants, le plus souvent. Elles se plaignent, elles se lamentent, mais elles tâchent de se montrer supérieures au malheur. En se donnant la mort, comme Porcie, Cornélie, Phèdre ou Jocaste. En se vengeant d'un bourreau, comme Hécube et les Troyennes. En exerçant le ministère de la compassion et en acceptant d'être martyre de la *pietas*, comme Antigone. Ou en acceptant dans la foi conquise le châtiment envoyé par la colère divine, à l'instar d'Amital et des reines juives. Le malheur ne laisse pas d'autre issue au personnage tragique.

Et le malheur surplombe d'emblée la tragédie, par l'apparition d'une furie des Enfers, d'une ombre échappée un instant au royaume des morts pour annoncer l'avenir, ou par le récit d'un songe prémonitoire[225]. Il ne lui reste plus qu'à se mettre en marche jusqu'au dénouement sanglant.

Mégère ayant décidé de provoquer une nouvelle moisson de morts romains dans cette cité qui se déchire, il reste à attendre l'annonce du malheur : à l'acte IV de *Porcie*, l'héroïne apprend la mort de son mari

---

[225] Voir : James Dauphiné, « Le songe d'Hippolyte dans l'*Hippolyte* de R. Garnier », [in] *Le Songe à la Renaissance*, 1990, pp. 191-197 ; Olivier Millet, « L'Ombre dans la tragédie française (1550-1640) ou l'enfer sur la terre », [in] *Tourments, doutes et ruptures dans l'Europe des XVIe et XVIIe siècles*, 1995, pp. 163-177.

Brutus qu'elle rejoint dans l'au-delà, en y entraînant sa Nourrice – afin, précise Garnier, d'envelopper davantage la pièce « en choses funebres et lamentables, et en ensanglantant la catastrophe[226] ». Déjà deux fois veuve, pleurant, inconsolable, son bien deux fois perdu, n'aspirant qu'à mourir – « Demaisonnez mon ame, et la tirez à vous », demande-t-elle aux dieux, en un beau vers[227] – , Cornélie a vu Pompée en songe, le « funebre Pompée », le Pompée mort, « palle et tout decharné[228] », qui lui laisse prévoir la mort de son père. A peine lui a-t-on rapporté les cendres de son mari Pompée, qu'on lui annonce la mort de Scipion son père :

> Miserable, dolente, en détresse plongee,
> Foisonnant en malheurs et de malheurs rongee[229]...

Dans *Hippolyte*, l'acte I forme une sorte de portique effrayant dont le funeste climat va s'appesantir sur tout le reste de la tragédie. D'emblée l'ombre d'Egée, sortie des Enfers, impose cette idée que le sort des vivants est déjà préfixé, que les malheurs de Thésée et d'Hippolyte sont voulus par le destin, le « mechant destin » (v. 21) . Et Hippolyte lui-même succède à l'ombre d'Egée et vient raconter un songe affreux – beau morceau poétique – qui annonce clairement le sort final du jeune chasseur. A cet égard, *Hippolyte* paraît le plus proche de l'esprit qui anime la construction de la tragédie grecque. Le « malheur menaçant » (v. 252) et inéluctable est un piège qui va se refermer en utilisant la passion de Phèdre, elle aussi présentée aux actes II et III comme une force contre laquelle on ne peut rien . Victime parfaitement pure et innocente – il donne significativement son nom à la tragédie, malgré un rôle dramatique secondaire – le fils de Thésée est voué à la mort, inexorablement : ni ses prières (acte I), ni celles de la Nourrice (acte IV), quand elle prend conscience de sa responsabilité dans le « crime capital » (v. 1856) qui est sur le point de se réaliser contre le « pauvre jeune homme (v. 1857), ne détournent sa mort. Mais plus grande encore est la souffrance de celle qui provoque la mort d'Hippolyte et qui transforme Thésée en meurtrier de son fils, Phèdre, qui se sait « seule coupable » (v. 2187) et choisit de se

---

[226] *Porcie*, « Argument de la présente tragédie », p. 56.

[227] *Cornélie*, acte II, v. 246.

[228] Acte III, vers 678-679.

[229] Acte V, vers 1833-1834.

donner la mort. Elle se montre toujours à nous comme un être torturé, ravagé par un amour interdit et impossible ; cet amour est un tourment, un supplice qui la dévaste et la détruit :

> O mon bel Hippolyte, et ne voyez-vous pas
> Que pour vous trop aimer, j'approche du trespas[230] ?

Malheurs exemplaires, dans *Marc Antoine,* que ceux d'Antoine et de Cléopâtre – qui entraînent d'ailleurs celui du peuple égyptien - , dus au mortel venin de l'amour qui aura dégradé le général romain et mené la reine d'Egypte à la mort. Quand s'ouvre la tragédie, Antoine est un général vaincu, traqué, trahi et livré, pense-t-il, par celle même qu'il continue d'aimer, abandonné de tous, qui n'envisage d'autre recours que la mort et qui imagine déjà son « corps glacé sous une froide lame » (v. 45). Un récit déploiera les images de la fin pitoyable et touchante d'Antoine, qui a exécuté son suicide dès lors qu'il a cru Cléopâtre effectivement morte. Le réalisme matériel, physique, donne une grande force, une sorte d'expressionnisme, aux différents tableaux, jusqu'à ce que le moribond soit empaqueté et hissé à la force des bras de la reine (raidie, hors d'haleine, le sang lui dégouttant du visage sous l'effort) et de ses femmes. Car le malheur d'Antoine est commun à Cléopâtre qui, tandis qu'elle fait des funérailles pathétiques à Antoine, s'apprête à abandonner son royaume, sa liberté, ses enfants, sa vie même bientôt. Dans le silence où elle s'est enfermée, la reine est accablée de malheurs.

La Troade et *Antigone* accumulent à l'envi les souffrances, dans une dramaturgie qui se contente d'enfiler les épreuves, le plus grand nombre d'infortunes pitoyables . A peine a-t-elle fini de déplorer le sac et l'incendie de Troie qu'Hécube est roulée avec les autres Troyennes par les vagues pressées du malheur. Ces femmes, ces veuves subissent les cruautés de la guerre et le sort des vaincues ; elles voient leurs enfants décimés : Cassandre livrée à Agamemnon, Astyanax jeté du haut d'une tour, Polyxène sacrifiée sur le tombeau d'Achille. Malheurs nouveaux et toujours plus atroces, dont sont littéralement saoulées les Troyennes. On pense à ce beau vers d'Hécube, demandant à Polyxène de transmettre aux morts ce message : « Que je suis en ce monde où je lamente encor[231] ».

---

[230] Acte III, vers 1047-1048.
[231] Acte III, v. 1724.

Antigone s'ouvre sur le désespoir d'Oedipe, qui vient de se crever les yeux, et s'achève sur celui de Créon, veuf désormais, qui porte sur la scène le corps de son fils mort. Entre ces deux tableaux, les Labdacides, race maudite, auront été encore durement frappés : la malheureuse Jocaste, qui tente en vain de séparer les frères ennemis, se tue ; la lutte fratricide réunit Etéocle et Polynice dans la mort ; pour s'être opposée à la tyrannie de Créon, Antigone est enterrée vive. Dans ces deux tragédies, la contamination des sources nourrit l'avalanche des malheurs cruels.

Dans *Les Juives*, Sédécie est châtié, et avec lui tout le peuple d'Israël, pour avoir commis une faute à l'égard du roi d'Assyrie ; mais Nabuchodonosor n'est qu'un instrument dans les mains de Dieu, dont la colère punit les Juifs pour leur infidélité. De là la déportation et le massacre de la famille royale. Nul mieux qu'Amital, la mère de Sédécie, n'exprime la déploration devant les souffrances infligées :

> Je suis le malheur mesme, et ne puis las ! ne puis
> Souffrir plus que je souffre en mon ame d'ennuis[232].

Et le chœur qui l'accompagne dans la plainte : « Las ! tousjours le malheur nous tombe sur les bras[233] ». Et quel malheur ! Après avoir vu ses enfants égorgés, Sédécie aura les yeux crevés et sera déporté à Babylone.

Ces malheurs présents dans la tragédie ne sont pas tous représentés ; beaucoup font l'objet de récits très travaillés et très ornés. Mais l'esthétique et l'effet visé sont les mêmes, qu'on donne à voir par le jeu des acteurs ou qu'on donne à imaginer par des tableaux poétiques. Les récits soulignent en effet de manière très visuelle tel éclairage, telle attitude des protagonistes, telle scène horrible, tel trait concret : le discours poétique manifeste une vertu théâtrale, spectaculaire qui n'a parfois rien à envier à la mise en scène, laquelle reste toujours la plus saisissante. De ces deux manières l'horreur est montrée avec un réalisme précis, cruel, macabre souvent – bien dans le goût baroque. Ces femmes échevelées qui se déchirent la poitrine, ces épées dont on se transperce, ces cadavres défigurés par quelque mort que ce soit, ces personnages aux yeux crevés, ces jeunes filles sacrifiées ou étranglées, ces enfants massacrés – tous ces

---

[232] Acte II, vers 369-370.
[233] Acte III, v. 1177

personnages tragiques hurlant leur souffrance font des tragédies de Garnier des drames pathétiques, émouvant chez les spectateurs la terreur et la pitié.

La méditation morale et philosophique

S'il émeut, le spectacle du malheur doit aussi donner à penser. La souffrance reste en partie une énigme dont le sens est à déchiffrer. A travers les fables de ses tragédies, Garnier mène une méditation et propose un enseignement à ses spectateurs . Quels sont donc les éléments de la vision du monde, de la philosophie tragique de Garnier[234] ?

L'idée s'impose d'emblée que derrière le jeu des volontés humaines, qui peuvent déterminer tel événement, une volonté supérieure régit le sort des hommes et des empires. Les tragédies romaines montrent bien cela. Porcie, Cornélie, Antoine et Cléopâtre souffrent des aléas des guerres civiles ou de leurs contrecoups ; et les vainqueurs, généralement pleins d'orgueil, imposent leur loi. Mais il faut aller au-delà et discerner une véritable philosophie de l'histoire. Si Rome est déchirée par « la civile fureur[235] », dit Cicéron, si les guerres intestines, avec leur cortège de malheurs, la font aller à la dérive (« Tu es comme un navire errant en haute mer », dit encore l'orateur[236]), c'est que les dieux punissent son arrogance ; il est une *hubris* des empires qui inquiète Jupiter, et Jupiter abaisse les empires qui se sont élevés trop haut[237]. Les grands acteurs de l'histoire ne sont pas vraiment les maîtres des événements et le malheur vient de plus loin.

On a vu que les pièces grecques de Garnier, à cause de leur origine, rendent particulièrement sensible la marche de cette machine infernale qu'est le destin tragique, pour reprendre l'image de Cocteau. Les premières paroles de l'ombre d'Egée rendent immédiatement présente et puissante l'idée de l'enchaînement inéluctable des événements :

---

[234] Voir Charles Mazouer, « La vision tragique de Robert Garnier dans *Hippolyte*, *La Troade* et *Antigone* », [in] *Studi di letteratura francese*, XVIII, 1990, pp. 72-82, et « Les tragédies bibliques sont-elles tragiques ? », art. cit.

[235] *Cornélie*, acte I, v. 49.

[236] *Ibid.*, v. 75.

[237] Voir encore : *Porcie*, monologue de Mégère à l'acte I, et les vers 269-270 prononcés par Porcie ; *Marc Antoine*, acte IV, fin du chœur des soldats césariens, vers 1788-1791.

Mais quoy ? le sort est tel. L'inexorable Sort
Ne se peut esbranler d'aucun humain effort[238].

Les exigences les plus atroces des vainqueurs de *La Troade* (mais aussi la vengeance d'Hécube) ont toujours la caution des dieux : les victimes se persuadent vite que les dieux ou le destin veulent ces malheurs, qui présentent ainsi un caractère écrasant. Dans *Antigone*, tout est soumis au « rigoureux Destin, qu'on ne peut eviter[239] », comme le dit Créon ; toute la tragédie montre les malheurs dont ce destin accable les Labdacides – « nostre pauvre race », comme dit Jocaste[240].

Les Juives n'échappent pas à cette loi. Dès l'acte I, la colère de Dieu est en marche contre son peuple infidèle à l'Alliance, qui souffrira d'avoir offensé l'Eternel. Du point de vue de Dieu, une inéluctable fatalité enveloppe et clôt l'action tragique, sans espoir apparemment.

Dans ce malheur, finalement voulu par les forces d'en haut, quelle peut être la part de l'homme, de sa liberté et de sa responsabilité ?

Ni les grandes Romaines, ni les Troyennes, ni Hippolyte, ni Antigone – qui peuvent passer pour de très belles illustrations de ce scandale qu'est la souffrance du juste – ne sont responsables de leur malheur ; ce sont des victimes innocentes. Dans la mesure où elles ont part à la faute commune du peuple, les femmes juives le sont un peu moins. Ni les unes ni les autres ne peuvent agir contre le malheur. Le suicide stoïcien, issue naturelle dans les tragédies romaines, est évité ou mis en question dans les tragédies à sujet grec. Pleurer, prier, faire face et trouver sa grandeur à affronter le destin : tels sont les choix des victimes. Hippolyte, le pieux et pur Hippolyte, qui se sent comme souillé d'avoir inspiré la passion de Phèdre, fuit la cité, espérant en la lucidité de son père et en la justice des dieux, puis va au-devant de la mort « comme le simple agneau qu'on meine au sacrifice[241] ». Les mères de *La Troade*, esclaves sans pouvoir, réduites à supplier vainement, se révoltent contre les « Célestes » qui permettent ces horreurs, tandis que leurs enfants font montre d'un véritable héroïsme devant la mort, qui ravale leurs bourreaux. Après avoir prêché l'apaisement et la réconciliation, Antigone s'oppose à l'ordre de

---

[238] *Hippolyte*, acte I, vers 137-138.

[239] *Antigone*, acte V, v. 2734.

[240] *Ibid.*, acte II, v. 471.

[241] *Hippolyte,* acte IV, v. 1858.

Créon. Désobéissance coupable ? Non pas : elle a suivi « l'ordonnance de Dieu[242] » et accompli un acte très « saint » ; « Le crime qu'elle a fait n'est que de pieté », affirme justement Ismène[243]. Abandonnée par ce Dieu (comme Hippolyte est abandonné par Artémis) dont elle est la martyre, broyée par le destin de sa race, elle ne se révolte pas. Elle se contente d'être fidèle à la *pietas*, jusqu'à la mort, inquiète seulement, au moment d'être enterrée vive, d'abandonner son père, de devoir cesser d'être bonne, consolatrice – de devoir cesser d'exercer son ministère tout chrétien de la compassion, qui est sa réponse à la méchanceté du destin.

Des hommes aussi font le mal et sont responsables – même si les dieux jouent derrière eux – de la souffrance qu'ils infligent aux autres, et parfois aussi à eux-mêmes. Moraliste, Garnier dénonce la démesure – l'*hubris* grecque –, l'ambition et les passions. Par leur orgueil, leur mépris des vaincus, leur cruauté – les débats sur la clémence sont récurrents –, les vainqueurs donnent le malheur et se l'attirent. Tous ne sont pas des monstres fanatiques et inaccessibles à la pitié, comme Pyrrhus ou Nabuchodonosor ; un Ulysse, un Agamemnon (*La Troade*), un Octave même (*Marc Antoine*) tempéreraient leurs exigences avec la conscience de ce qu'est le malheur de leur victime – ce qui montre que Garnier sait aussi créer des personnages partagés. L'ambition et l'appétit du pouvoir des deux frères Etéocle et Polynice apportent le malheur à Thèbes ; la même *libido dominandi* régit Créon, qui s'enfonce dans la tyrannie et provoque trois morts. De ces violences, les uns et les autres sont finalement coupables.

Dans d'autres cas rendus célèbres par les mythes de notre culture, Garnier présente la responsabilité de ceux qui font le mal comme problématique et inscrit dans le dialogue un jugement double, ambigu sur la faute commise. Phèdre est-elle responsable de cette passion qui la dévaste ? Assurément, répond la Nourrice, qui reproche à la reine d'accuser les dieux, de s'en prendre à Vénus qui poursuivrait sa race comme un destin, ou à Cupidon, « ce venimeux Amour » (v. 993) si puissant ; c'est mentir et croire dégager sa responsabilité, c'est la ruse du vice « coupable » qui « couvre son appetit d'une menteuse fable[244] ». Phèdre elle-même choisit personnellement, librement, de se laisser aller,

---

[242] *Antigone*, acte IV, v. 1807.

[243] *Ibid.*, v. 1930.

[244] *Hippolyte*, acte II, vers 787-788.

de se déclarer à Hippolyte et de dénoncer à tort son beau-fils ; après le crime, au moment de se suicider, elle revendique d'ailleurs sa culpabilité : « Je suis seule coupable[245] ». Comment démêler son exacte culpabilité[246] ? Et celle de Thésée, qui assume pleinement toutes ses responsabilités et qui veut vivre pour expier ses fautes, mais dont l'ombre d'Egée avait annoncé le malheur comme manipulé d'en haut ?

Œdipe bien sûr met en pleine lumière la condition de l'homme tragique. Torturé par le remords de son double crime de parricide et d'inceste, il ne supporte pas le poids de sa culpabilité. Antigone justement conteste cette culpabilité : « Du malheur qui vous poingt vous n'estes pas coupable[247] ». Son père a agi dans l'ignorance, sans volonté de faire le mal : imprudence, erreur, non faute (lequel de ces deux derniers mots traduit l'*hamartia* d'Aristote ?). Alors, innocent ou coupable ? Coupable et innocent, à la vérité. La clé du paradoxe se trouve dans ce beau dialogue avec sa fille. Sans rien renier de ses fautes monstrueuses, Oedipe accepte de faire la part d'un destin qui l'accable, comme tous ceux de sa race, de fautes et de malheurs, et formule la vieille prédestination tragique :

> Ainsi, devant que naistre, ains devant qu'estre faict,
> J'estois ja crimineux d'un horrible forfaict :
> J'estois ja parricide, et ma vie naissante
> D'un sort contraire estoit coupable et innocente[248].

Pour Œdipe, comme pour Jocaste et Créon, intervient une fatalité. La transcendance empiète singulièrement sur la liberté des hommes, partageant ainsi leur culpabilité.

« Le secret de la tragédie est théologique », a justement écrit Paul Ricœur[249]. De fait, seule une réflexion sur le divin permet d'aller au fond de la question. Mais la théologie de Garnier, dans ses tragédies, n'est pas exempte d'ambiguïtés et manifeste une évolution radicale. Et, pour

---

[245] Acte V, v. 2187.

[246] Voir Yves Giraud, « Remarques sur le personnage de Phèdre chez Robert Garnier », [in] *Retours du mythe...*, 1996, pp. 31-38.

[247] *Antigone*, acte I, v. 126.

[248] *Ibid.*, vers 271-274.

[249] Dans « Culpabilité tragique et culpabilité biblique », *Revue d'histoire et de philosophie religieuse*, 33 (1953), pp. 285-307.

commencer, quel visage donner à cette transcendance, à cet ordre qui utilise ou cautionne la liberté humaine, qui conduit finalement l'homme à son bonheur ou plus souvent à sa perte ? Car les personnages ne se satisfont pas du hasard pour déchiffrer le sens de leur aventure. On y voit la main de la fortune, l'« instable Fortune » (*Hippolyte*) qui écroule, ébranle, bouleverse et pousse à la renverse les affaires humaines[250]. On y voit l'ordre contraignant des astres, l'inexorable sort, une « celeste ordonnance » (*Hippolyte*) dont les décrets sont immuables. En un mot, les hommes sont soumis au destin. Dans les tragédies à sujet antique, les dieux du panthéon gréco-romain sont très présents : on les invoque, on les prie, on les craint, on espère en eux ou on se révolte contre eux. Curieusement, le Dieu unique de la Bible paraît dans *Antigone* – Dieu qui donne la vie, modère le monde et lui impose ses lois . Cette concurrence, d'ailleurs très inégale, entre le Dieu des chrétiens et les dieux antiques ne va pas sans poser un problème. Dans *Les Juives*, seul existe le Dieu de l'Alliance. Mais alors, quel discours, implicite ou explicite, est tenu par les tragédies sur les dieux ou sur Dieu ?

Il faut bien admettre que Garnier développe – parfois concurremment – deux théologies[251].

Même des tragédies à sujet grec évoquent des dieux qualifiés de « bons ». S'ils sévissent, c'est au nom de la justice dont ils sont les garants, pour châtier les méchants. Les tragédies à sujet romain montrent que la divinité punit l'*hubris* d'une cité comme elle punit l'*hubris* d'un général ou d'un roi. Mais cette vision de la divinité est violemment contredite et les tragédies de Garnier illustrent surtout une théologie du dieu méchant, comme dit Paul Ricoeur. Le destin est un « mechant destin[252] » ; la fatalité qui s'acharne sur la famille de Phèdre ou d'Oedipe est une malédiction. La justice des dieux n'est pas assurée, et ils font passer leur vengeance personnelle avant le souci de la justice. En fait, tous les malheureux voient finalement dans les dieux, plus vindicatifs que justes, la cause de leurs souffrances. Vénus s'acharne contre Phèdre, Pluton punit Thésée et Artémis laisse périr Hippolyte. « La puissance

---

[250] *Antigone*, acte V, vers 2416-2417.

[251] Voir Charles Mazouer, « La théologie de Garnier dans *Hippolyte* et *Les Juifves* », [in] *Lectures de Robert Garnier...*, 2000, pp. 113-125.

[252] *Hippolyte*, acte I, v. 21 ; *La Troade*, acte II, v. 1179.

funeste des dieux[253] » est responsable des malheurs des Troyennes et
Hécube est fondée à lever le poing contre les dieux insensibles, « après
nostre carnage aboyans affamez[254] ». L'univers humain subit la loi de
l'*anagkè*.

Pourtant, dans cet univers pessimiste, il arrive que le chrétien Garnier,
le très catholique Garnier, introduise une promesse de lumière, venue de
sa foi et en contradiction avec la métaphysique tragique qu'entraînent
presque inévitablement les sujets grecs. Le Dieu créateur qu'évoque
Antigone face à Créon ne peut être qu'un Dieu bon. C'est certainement
lui qui, sous le déguisement du dieu des Enfers et de Jupiter (quelques
vers plus haut, dans la même tirade, Antigone mentionne explicitement le
Dieu créateur de la Bible), recommande à la jeune fille « l'humaine
pieté[255] » ; c'est lui, de même, qui, au-delà de la mort, promet aux âmes
immortelles des victimes innocentes de *La Troade*[256] ou de la jeune fille
pieuse et affectueuse qu'est Antigone[257] un bonheur sans fin. Immortalité de l'âme, loi de la charité ici, idée du repentir et de l'expiation là (je
pense à Thésée) : ces notions ne vont pas avec le tragique grec et une
ambiguïté philosophique demeure.

Elle est levée avec *Les Juives*. Sans doute la pensée tragique est-elle
encore proche : les personnages parlent et agissent en vain contre la
vengeance de Nabuchodonosor qu'autorise la colère de Dieu ; ils sont pris
dans la nasse fatale. Sans doute aussi les malheureux se révoltent d'abord,
comme la reine Amital qui s'en prend indistinctement au « ciel endurci »,
à l'impitoyable « destin » et à « l'ire de Dieu[258] » ; même le Prophète,
horrifié par le massacre final, se révolte devant la dureté de son Dieu :
« Es-tu Dieu de Juda, pour sans fin l'affliger[259] ? ». Mais ce n'est que
la première étape, celle de la révolte – ce que j'appelle la tentation
tragique –, avant d'accéder à l'acceptation, à la foi. Selon un cheminement
d'ailleurs parfaitement biblique (nous l'avons déjà rencontré pour le David

---

[253] *La Troade*, acte I, v. 49.
[254] Acte III, vers 1731-1732.
[255] *Antigone*, acte IV, v. 1818.
[256] *La Troade*, acte III, vers 1323-1376. Ce chœur inverse exactement le sens du chœur de Sénèque qui récuse toute survie après la mort.
[257] *Antigone*, acte IV, vers 2262-2269.
[258] *Les Juives,* acte II, vers 373, 377, 389.
[259] Acte V, v. 1861.

de Jean de La Taille), les personnages surmontent le premier mouvement de révolte : la souffrance a un sens et est acceptée. Amital et Sédécie reconnaissent leur péché et celui du peuple ; la colère de Dieu est juste. Et le péché est la marque de la liberté et de la responsabilité de l'homme. Restent la pénitence et l'appel à la miséricorde d'un Dieu qui aime toujours son peuple. Après la rébellion de Sédécie, dans cette lumière d'après le désastre, plane une méditation d'une haute portée religieuse, le roi aveugle étant invité à louer Dieu du malheur infligé. Et la dernière tirade de la tragédie, prononcée par le Prophète, annonce la ruine de Babylone, le rétablissement de Jérusalem et la venue du Christ sauveur. La foi dans le Dieu d'Israël et dans le Dieu de Jésus-Christ – Dieu d'Amour – nous fait sortir du cercle de feu du tragique grec.

Mais combien Garnier aura été fasciné par ce tragique antique, mêlant de manière étrange, ambiguë et impossible, la métaphysique tragique des Grecs, des thèmes sénéquiens et stoïciens, et les lumières de sa foi chrétienne en une Providence bonne ! C'est sans doute la rançon de l'admiration que les chrétiens du XVIᵉ siècle professaient, parfois imprudemment, pour la belle Antiquité.

*

*   *

Quoi qu'il en soit, la hauteur de sa pensée, le pathétique des spectacles qu'il proposait, la beauté de sa poésie valurent à Garnier un succès considérable au XVIᵉ siècle, avant qu'il ne passe de mode, sa dramaturgie et son écriture paraissant archaïques. La mise en scène proposée par le grand Antoine Vitez pour *Hippolyte*, en 1982, tendrait à prouver que notre époque, férue de baroque, pourrait être encore sensible aux impressionnantes tragédies de Robert Garnier .

Antoine de Montchrestien

A certains égards, Montchrestien ferait figure d'attardé : alors que se développe une tragédie irrégulière – plus violente, plus indécente, macabre volontiers, allant chercher à l'occasion ses sujets dans le vieux fonds des mystères –, le dramaturge normand semble illustrer la tragédie des humanistes et continuer Garnier. Nous verrons quelles transformations profondes propose en fait une dramaturgie plutôt traditionnelle. Et, dans une production tragique qui s'accélère singulièrement, l'œuvre de Montchrestien ressort avec éclat[260].

La carrière

Autant les préoccupations quotidiennes du magistrat Garnier trouvaient une sorte de prolongement dans son activité créatrice de poète dramatique, autant Montchrestien a fait la part de la littérature : à 30 ans, en 1604, il a écrit sa pastorale et ses six tragédies ; s'il y revient dix ans plus tard, c'est dans un tout autre registre, avec le *Traité de l'Economie politique*, considéré encore aujourd'hui comme capital. Ce roturier normand né à Falaise, devenu très tôt poète estimé dans sa province, mena en effet une vie agitée, aventureuse, presque une vie d'aventurier, dit Françoise Charpentier. Tirant trop facilement l'épée, il dut s'exiler en Angleterre à la suite d'un duel où son adversaire mourut ; rentré en grâce, il entreprit un long voyage jusqu'aux Pays-Bas et en Allemagne. A son retour en 1611, il se lança dans la métallurgie, la coutellerie, se fit armateur... Activités lucratives et ascension matérielle, qui s'accompagnèrent aussi de son accession à la noblesse. On s'interroge sur ses convictions religieuses exactes : fut-il vraiment protestant ? En tout cas, lors de l'insurrection protestante de 1621, il se mit en campagne contre les troupes royales. Après son échec, il fut chargé par l'assemblée des protestants de La Rochelle de lever des troupes dans l'Ouest. C'est en parcourant la Basse-Normandie avec sa bande armée qu'il trouva la mort ; il fut surpris dans

---

[260] L'étude fondamentale est la thèse de Françoise Charpentier, *Les Débuts de la tragédie héroïque : Antoine de Montchrestien (1575-1621)*, 1981. Pour les compléments bibliographiques, voir Charles Mazouer, « Vingt ans de recherches... », art. cit., p. 324 ; il faut ajouter : Allan Howe, « The Dilemma Monologue in Pre-Cornelian French Tragedy (1550-1610) », [in] *En marge du classicisme...*, 1987, pp. 27-63, et Jane Conroy, *Terres tragiques. L'Angleterre et l'Ecosse dans la tragédie française du XVII° siècle*, 1999. Aux très rares éditions modernes du théâtre de Montchrestien citées par Fr. Charpentier, il faut joindre l'édition d'*Hector* par Jacques Scherer ([in] *Théâtre du XVII° siècle*, t. I, 1975, pp. 3-83). – Nos références sont prises aux éditions suivantes, qui donnent généralement le texte de 1604 : Montchrestien, *Les Tragédies*, éd. Louis Petit de Julleville, 1891, pour *Sophonisbe*, *Aman*, *Les Lacènes* ; éd. Lancaster E. Dabney, 1963, pour *David* (je suis le texte de 1601) ; éd. Joseph D. Crivelli, 1975, pour *La Reine d'Escosse* ; éd. Jacques Scherer, 1975, pour *Hector*.

une hôtellerie, tué et son cadavre roué et brûlé. Il avait à peine dépassé les 45 ans.

Ses *juvenilia* seules nous importent ici, en particulier ses six tragédies qui reçurent leur édition collective définitive en 1604. Il n'est pas aisé d'en déterminer la chronologie exacte ; voici l'ordre vraisemblable auquel aboutit Françoise Charpentier : *Sophonisbe* date de 1596 dans sa première version ; *David* et *Aman* se situent autour de 1598 ; *La Reine d'Écosse* et *Les Lacènes* sont probablement à placer entre 1598 et 1601 ; *Hector* a été écrit entre 1601 et 1604, tandis que Montchrestien revoyait le texte des cinq tragédies précédentes.

La facture

Dès le choix des sujets, Montchrestien semble d'abord entrer dans le moule traditionnel. Depuis la traduction du Trissin, le thème de Sophonisbe a révélé ses virtualités tragiques ; la reine rebelle aux Romains, qui préfère plutôt mourir que de leur être livrée, devait séduire Montchrestien, avant d'attirer d'autres dramaturges, au XVIe et au XVIIe siècle, jusqu'à Corneille. Avant le *David* de Montchrestien, on trouve huit tragédies consacrées à un épisode ou à une partie de la geste de ce personnage biblique si important ; avant son *Aman*, il y a l'*Aman* de Rivaudeau... en attendant l'*Esther* de Racine.

En revanche, il est le premier à s'être inspiré de Plutarque pour mettre au théâtre la fin de Cléomène roi de Sparte, qui, vaincu par le roi de Macédoine Antigone, crut trouver refuge auprès du roi d'Egypte Ptolémée ; il en fit ses *Lacènes* (ou Lacédémoniennes). *Hector* manifeste une très grande originalité par rapport à la légende de Troie, en montrant comment Hector ne put être retenu de se précipiter au combat où il trouva, selon son destin, la mort annoncée. Le sujet le plus audacieux et le plus neuf reste celui de *La Reine d'Ecosse*, car, au lieu d'aller chercher sa fable dans la légende ou dans l'histoire antique, ou encore dans la Bible, Montchrestien trouva une héroïne dans l'histoire immédiatement contemporaine : c'est en 1587 – moins d'une quinzaine d'années avant l'écriture de la tragédie – que Marie Stuart, reine d'Ecosse réfugiée en Angleterre, fut exécutée sur l'ordre d'Elisabeth Ière d'Angleterre.

Au demeurant, le choix du sujet – attendu ou plus neuf – dit peu sur la pensée, très nouvelle, du dramaturge.

Mais restons à la facture, aux procédés, à la dramaturgie et à l'écriture dramatique. Le lecteur de Garnier n'est pas dérouté chez Montchrestien.

Pressentiments, songes, apparitions d'ombres ou autres Furies ne manquent pas. A l'acte I de *Sophonisbe*, dès que la reine est rejointe par sa nourrice, elle raconte un songe, qui entraîne le *topos* de la discussion sur la valeur prémonitoire des songes. Mégère, qui veut multiplier les malheurs, ouvre l'acte III et convoque les Furies pour qu'elles viennent accomplir leurs horreurs « en ce théâtre ici[261] ». On retrouve de ces procédés sur l'autre versant de l'œuvre. *Les Lacènes* commencent par l'apparition de l'ombre de Théricion, un compagnon de Cléomène qui, contrairement à Cléomène, avait choisi le suicide ; juste après, Cléomène raconte ce songe où l'ombre lui a prédit sa mort. Dans *Hector*, la tendresse d'Andromaque pour Hector voudrait obtenir du guerrier qu'il ne parte pas au combat, à cause d'un songe prémonitoire : « Ce songe n'est point vain[262] », insiste-t-elle. L'écriture dramatique connaît débats, parfois obligés, et récits – récit de la mort du général Urie dans *David* (acte IV), de la mort de Marie Stuart dans *La Reine d'Ecosse* (acte V), de la mort des Lacènes et de leurs enfants (acte V), de la mort d'Hector (acte V) . Autant de tableaux saisissants et attendus. Plus disciple de Garnier que de Jean de La Taille, Montchrestien donne beaucoup encore au verbe. Sa tragédie morale multiplie les sentences comme jamais auparavant ; le chœur ne cesse de prêcher.

Est-ce à dire que Montchrestien ne se soucie pas de l'action extérieure ni de la construction de ses tragédies ? C'est justement à voir, car un examen attentif révèle des variations, et même des évolutions, *Hector*, son chef-d'œuvre, constituant aussi un véritable aboutissement dramaturgique.

La Reine d'Ecosse est le modèle même d'une tragédie sans beaucoup d'action ; elle est d'ailleurs construite comme un diptyque, sans aucun affrontement dramatique. Il faut deux actes à la reine d'Angleterre pour consentir à l'exécution de la reine d'Ecosse qui, pendant les deux actes suivants, se prépare à la mort en croyante ; le récit de l'exécution de cette sainte Marie Stuart occupe le dernier acte. Dramatiquement, c'est une épure.

Que se passe-t-il dans *Les Lacènes* ? La sortie suicidaire de Cléomène, annoncée à l'acte I, est racontée à l'acte III ; l'acte II illustre seulement l'illusion tragique de sa mère Cratésicléa. Une fois au courant, Cratésicléa et les femmes décident donc de mourir, ce qui occupe l'acte IV . L'action

---

[261] *Sophonisbe* (devenue *La Carthaginoise* en 1604), acte III, p. 133.
[262] *Hector*, acte I, v. 159.

manque de chair. Elle est relancée au dernier acte par le retour de Ptolémée, qui venge son fils en faisant massacrer les derniers enfants spartiates ; on retrouve dans *David* cette volonté de faire repartir l'action à l'acte V.

C'est encore *Sophonisbe* qui équilibre le moins mal une action restreinte. Si d'entrée Sophonisbe a choisi de mourir plutôt que d'être livrée aux Romains, Massinissa, qui lui a promis de l'aider en cela (acte II), échoue, devant l'opposition de ses amis les Romains, dans son projet d'épouser Sophonisbe pour la sauver (acte III), obtenant seulement de pouvoir lui donner le poison (acte IV) ; « accablé de douleur », il fait envoyer le poison et la reine meurt, seule, devant nous (acte V).

David et *Aman* montrent assurément des intentions claires dans le choix et l'agencement des épisodes retenus. Si *David* met bien en valeur la belle figure tragique d'Urie et le David sensuel et criminel, la tragédie escamote passablement ce qui est central dans la Bible : la conscience de la faute chez David. En un peu plus d'une centaine de vers, comme *in extremis* à la fin du dernier acte, sous l'impulsion du prophète Nathan, David avoue sa faute, fait monter en quatrains la prière du *Miserere* et se voit signifier le pardon de Dieu par Nathan[263]. *Aman*, pour éclairer surtout l'orgueilleux ministre d'Assuérus et assez bien le pieux Mardochée son ennemi, délaisse un peu Esther et lui donne un acte ridiculement court (acte IV).

A partir de la source épique, *Hector* propose une belle création et dénote une véritable maîtrise dramatique[264]. Jamais n'a été aussi bien montrée d'emblée l'inutilité, l'illusion de toute l'action qui va suivre : Cassandre, qui sera relayée plus tard par le songe d'Andromaque puis par les pressentiments d'Hélène, pose le « destin de fer » (v. 60) qui veut la mort d'Hector et la perte de Troie. Tous savent qu'Hector va mourir, et lui-même le sait, qui veut partir au combat. Tous essaieront de le retenir, mais en vain. Et Montchrestien, qui a placé au centre de sa tragédie la longue déploration d'Hélène, responsable de cette terrible moisson de morts, organise merveilleusement les effets : à la fin de l'acte I, Hector part vers son destin ; à l'acte II, Priam parvient à le retenir ; à l'acte III, ne supportant pas son inaction déshonorante, bouillant « après la gloire »

---

[263] Voir Charles Mazouer, « La figure de David dans les tragédies de la Renaissance », art. cit.
[264] Voir Charles Mazouer, « Les mythes antiques dans la tragédie française du XVIe siècle », art. cit.

(v. 1054), il quitte la scène en courant, à l'annonce des mauvaises nouvelles du combat ; à l'acte IV, les gens de Troie apprennent l'intervention victorieuse d'Hector ; illusion de courte durée : l'acte V confirme bientôt la mort d'Hector et le désastre de Troie. Par cette alternance d'angoisses et d'espoirs déclarés vains dès le début, par ce décalage entre ce qui se passe sur le champ de bataille et les sentiments des Troyens, Montchrestien maintient parfaitement la tension et le mouvement – dans une sorte de giration à vide, puisque tout est déterminé dès l'ouverture de la tragédie.

Il faut donc être nuancé. Montchrestien n'a pas la maîtrise dramaturgique d'un Hardy ou d'un Corneille ; il n'a pas créé des tragédies d'action, et même quand il s'essaie à l'agencement d'une action extérieure plus nourrie, demeurent, à nos yeux de modernes, beaucoup de maladresses et des lourdeurs. Mais l'évolution est visible par rapport à Garnier, en particulier dans l'écriture dramatique : avec Montchrestien, la tragédie s'allège ; elle est moins embarrassée par un verbe somptueux : le dialogue s'éclaire, s'anime. Si l'action manque de contenu, si les personnages manquent un peu de chair, ils intéressent, on croit à eux comme personnages dramatiques. Leurs sentiments, leur évolution – et pas seulement leurs discours – deviennent l'objet du spectacle tragique ; l'enseignement moral et philosophique passe davantage par leur incarnation.

Avant d'envisager ces éléments capitaux, un mot sur un dernier aspect fort original de la facture des tragédies. Montchrestien, qui a visiblement écrit un théâtre à jouer, montra un rare souci de son texte. Par « une plus exacte polissure », écrit-il dans une dédicace de 1604 au prince de Condé, il a relu et corrigé ses tragédies : « Je les ai remaniées pièce à pièce et leur ai donné comme une nouvelle forme ». Entre 1596 et 1604, *Sophonisbe*, devenue *La Carthaginoise, ou La Liberté* en 1601, a été profondément remaniée et corrigée sous l'influence probable de Malherbe ; le texte a été allégé, corrigé, transformé. Comme le texte de toutes les autres tragédies, sauf *Hector*, la deuxième version sera encore retouchée entre les deux éditions collectives de 1601 et de 1604 et la pièce s'appellera finalement *La Carthaginoise*. Les tragédies de Montchrestien ont donc une (*Hector*), deux ou trois (*Sophonisbe*) versions. Montchrestien retranche toujours. C'est l'expression qu'il corrige, pour l'améliorer et obtenir plus de correction et plus de force. C'est sans doute ce qui lui permit de parvenir à ce style qu'on qualifie d'ordinaire de clair, aisé et fluide, et qui sait être tour à tour violent, harmonieux ou gracieux. Quant à la langue aussi, Montchrestien se démarquait de Garnier.

La tragédie morale : passions et sentiments

Ces personnages que Montchrestien a su rendre assez vivants et assez intéressants le sont justement par cet ensemble de désirs, de volontés et d'hésitations, d'impulsions et de maîtrise, de passions et de sentiments divers qui les agitent. Nul doute qu'à travers leurs choix et leurs refus, à travers leur réponse aux événements, par la confrontation aussi entre les volontés et les choix opposés des différents personnages, Montchrestien n'invite à découvrir et à dégager une pensée morale, religieuse, philosophique ; notre dramaturge a bien sa vision du monde. On va déjà le vérifier dans le domaine du pouvoir, de l'amour et de la vie religieuse.

Nul mieux qu'Aman n'illustre cette *hubris*, cet orgueil démesuré qui atteint chez lui une dimension métaphysique. Second du roi, il détient en fait le pouvoir : sa gloire est sans pareille, son bonheur au-dessus des atteintes de la fortune ; il s'élève jusqu'au ciel : « Aussi j'atteins au ciel du sommet de la teste[265] ». Seule ombre à son ambition satisfaite : le Juif Mardochée refuse de l'adorer. Pour le punir, Aman envisage de massacrer tout le peuple juif : démesure de la colère et de la vengeance, qui brave, avec une audace impressionnante, le Dieu d'Israël :

> Sus, sus, Dieu mensonger, invisible, inconnu,
> Montre quel tu veux être à l'avenir tenu[266].

Cette outrecuidance prométhéenne sera châtiée, les projets d'Aman renversés,

> Car qui ne se mesure point
> Se ruine enfin de tout point[267].

Pour rester dans le seul horizon politique, la vengeance ou l'exercice intéressé et cynique du pouvoir sont condamnés. La vengeance voulue par le roi Ptolémée à la fin des *Lacènes* est une rage qui met le comble au malheur des femmes de Sparte. Abandonné à sa passion amoureuse, David multiplie les fautes et les crimes. Pour masquer les conséquences de son

---

[265] *Aman*, acte I, p. 238.

[266] Acte II, p. 249.

[267] Acte IV, p. 267.

adultère, il s'abaisse à des procédés médiocres. Il se range vite à l'avis de son conseiller de faire tuer Urie ; c'est même lui qui imagine le piège mortel. Contrairement à de passagers scrupules, il agit bien en « tyran abject[268] » : il faut le voir se mettre d'accord avec son conseiller complice pour s'arracher « du pied cette épine moleste[269] » ; il faut les voir fuir comme deux scélérats quand Urie arrive sur la scène.

En face de la cruauté et de l'ambition, Montchrestien a donné plus d'une image de la modération. Si son ministre Aman s'étourdit de sa démesure, le roi Assuérus, conscient d'être le lieutenant des dieux sur terre, les remercie de sa fortune et en use avec modération. Dans *Sophonisbe*, les vainqueurs font preuve de clémence, de générosité, de compassion : Massinisse à l'égard de Sophonisbe, à l'acte II (mais il est amoureux de la reine) ; Scipion à l'égard de Syphax, à l'acte IV.

Deux actes entiers, un peu maladroitement répétitifs, de *La Reine d'Ecosse* montrent les hésitations d'Elisabeth, reine d'Angleterre, à faire exécuter sa prisonnière ; la fin de l'acte II la voit encore indécise et on ne sait pas trop si elle aura vraiment consenti à faire monter sur l'échafaud une autre reine. Des raisons politiques autant que morales expliquent ses réticences et face à ses conseillers, comme face au chœur de ses Etats, elle prêche le pardon et la clémence à l'égard d'une Marie Stuart pourtant dangereuse et rebelle.

Selon Montchrestien, une identique maîtrise devrait s'exercer sur la passion amoureuse . Car la passion amoureuse est funeste.

Ses ravages sont montrés et sa condamnation formulée, en termes secs et moralisateurs, dès *Sophonisbe*. Deux rois – Syphax et Massinisse successivement – sont victimes de leur amour pour Sophonisbe, cette « sorcière » qui les entraîne contre Rome et ses volontés. Cet amour leur ôte la liberté, la maîtrise et les fait déchoir : entraînés par leur appétit, empoisonnés par un venin, vaincus par une flamme impudique, par une simple fumée – toutes ces expressions sont fournies à l'acte III, dans le débat entre Massinisse et Lélie, le lieutenant de Scipion, et c'est évidemment le Romain qui les emploie –, ils sont prisonniers, leur volonté est défaite, leur raison en déroute ; ils sont incapables désormais de « tous

---

[268] *David*, acte III, v. 592 (texte de 1601).
[269] *Ibid.*, v. 601.

désirs généreux[270] ». La vertu consiste à surmonter cet entraînement. Nous retrouverons encore ce thème.

On ne s'attendrait pas, peut-être, à trouver dans *David* une peinture aussi vive de la passion. L'amour adultère du roi pour Bethsabée, la femme de son général, est assurément péché, faute contre Dieu ; cet aspect, qui n'est développé que bien tardivement, l'emporte finalement sur celui, plus discrètement présent, de la déprise de soi, de la défaite de la raison. Mais le long monologue de David à l'acte I est consacré à ce « démon furieux » de l'amour, qui tantôt glace de crainte sa victime, tantôt l'enflamme de désir. Dans le style d'une poésie précieuse, chargée d'oxymores, de comparaisons, d'allusions mythologiques, David dit son « martyre », cet amour qui le « saccage », qui « réduit tout en poudre au-dedans » de son corps[271]. On admirera l'évocation poétique de Bethsabée à son bain, de son corps sur lequel ruissellent le soleil et l'eau, des formes de ce corps caressées par le vent, entourées d'odeurs. Un tel « charme magique » obtient que le roi s'oublie, oublie son état, que l'amour triomphe de sa « raison débile », que le vice triomphe sur un roi, sur un roi si triomphant, comme dit le chœur final de l'acte I.

Le désir de David apportera la mort. Beaucoup plus meurtrier encore fut l'amour qu'inspira Hélène de Sparte, à cause de qui tant d'illustres seigneurs, tant de princes remarquables « à l'égal ennemis, à l'égal misérables[272] » se sont entre-tués sous les murs de Troie. Il n'est pas de plus terrible condamnation de la passion amoureuse, de ce désir pour un corps périssable, que le long regret, le long remords d'Hélène au cœur de la tragédie d'*Hector* :

> Cette fleur de beauté qui tombe en peu d'années,
> Ces lys soudain passés, ces roses tôt fanées,
> Cet œil en moins de rien couvert d'obscurité,
> Devait-il être, ô Dieux, à tel prix racheté[273] ?

Mais en contrepoint, dans la même pièce, une autre image de l'amour est donnée, celle de la tendresse conjugale : c'est Andromaque à côté d'Hélène, Andromaque qui arrive sur scène « échevelée et blême » en

---

[270] *Sophonisbe* (*La Carthaginoise*), acte III. p. 135.

[271] *David*, acte I, vers 58-59 (texte de 1601).

[272] *Hector*, acte III, vers 1305-1306.

[273] *Ibid.*, vers 1301-1304.

tâchant de retenir Hector[274]. On sait sa passion conjugale angoissée, affolée, inventive pour tenter de convaincre son époux de rester – jusqu'à son fils qu'elle lui met entre les bras (« Hector, voici ton fils[275] »). La célèbre scène homérique est certes reprise, où Hector s'humanise (« Viens, ma douce Andromaque, et ne t'afflige ainsi[276] »). Mais les adieux ont lieu, car la tendresse d'Hector pour son épouse passe après le sens du devoir. Ecoutons ce beau distique :

> L'honneur sauf, Andromaque, à toi je m'abandonne,
> Car à l'égal de toi je n'estime personne[277].

Le même débat reprendra à l'acte suivant, la tendresse paternelle de Priam se heurtant à la détermination de son fils. Si Hector cède aux sollicitations de Priam et d'Hécube, ce ne sera que pour un temps. Mais cette tragédie du destin inexorable aura fait une belle part aux sentiments d'amour et d'affection qui meuvent la famille d'Hector. Celle de Cléomène, dans *Les Lacènes*, n'y a pas droit. C'est en tout cas la pièce païenne d'*Hector* qui donne la vision la plus réconfortante du couple ; la tragédie biblique de *David* développe l'adultère dans sa médiocrité et sa scélératesse, chargeant un chœur de faire l'éloge du mariage fidèle et heureux – celui d'Adam et Eve, dont les hommes ont la nostalgie, condamnés qu'ils sont depuis la faute originelle au mariage, pour remédier à la débauche[278]...

En régime biblique ou chrétien, les fictions tragiques de Montchrestien font enfin une place importante aux sentiments religieux, puisque la Providence divine régit le monde, châtiant les méchants, abandonnant le pécheur qui s'éloigne d'elle, lui faisant sentir sa colère mais aussi sa miséricorde quand il se repent, soutenant les justes.

La leçon de *David* est longuement formulée dans la préface de la tragédie : privé de la grâce, abandonné à lui-même, au pouvoir de ses sens, David chancelle, trébuche, tombe dans le péché ; sans l'appui de Dieu, l'homme apprend qu'il n'est que faiblesse. Les quatre premiers actes ne le montrent que trop, faisant de l'élu de Dieu un pécheur parti-

---

[274] Acte I, v. 148.

[275] *Ibid.*, v. 273.

[276] V. 302.

[277] Vers 151-152.

[278] *David*, chœur final de l'acte II, où l'on trouve la trace de saint Paul.

culièrement odieux. Mais tout bascule – bien tard, assurément, nous l'avons dit – quand, grâce à l'intervention de Nathan le prophète, David, que Dieu avait couvert de bienfaits, David l'ingrat, David l'adultère qui cache sous un visage honnête « un cœur de bouc et une âme de bête[279] », le roi David reconnaît son péché (« J'ai péché contre Dieu[280]... »). Le pécheur qui s'afflige est sur la voie du salut ; David est un « exemple singulier », dit la préface, « à tous pécheurs, pour leur apprendre qu'ils ne doivent point désespérer de leur salut ». Le châtiment demeurera, mais, quand la paraphrase du *Miserere* (visiblement prise au psautier huguenot) a jailli des lèvres de David, le péché peut être pardonné, car la miséricorde divine est infiniment plus grande que le péché.

L'impie Aman ne se repent pas et part au gibet sans un mot, confirmant ce qu'espère la foi et ce qu'implorent les prières de Mardochée et de sa nièce Esther : l'Eternel

> [...] conserve les siens d'un souci paternel
> Et ne souffre pas leur race livrée en proie[281].

Croyant en un Dieu créateur qui continue de maintenir l'univers dans l'être, en un Dieu aussi qui exerce sa « haute justice » sur les hommes, Mardochée représente clairement l'attitude profondément biblique : le malheur des Juifs vient de leur péché et Dieu ne fait qu'appliquer sa sainte justice ; mais on peut, par la prière, en appeler à sa miséricorde, à cette tendresse de pasteur dont il a toujours entouré son peuple. Pour lui et pour Esther qui, bien qu'épouse d'Assuérus, continue de méditer la Loi du Seigneur, restent la pénitence et la prière ; ils attendent du Ciel la délivrance. Et Dieu donnera sa force à Esther pour sauver son peuple.

Marquée par le malheur, la reine d'Ecosse attend fermement sa sentence ; elle a l'âme préparée à tous accidents. La même constance se manifeste quand elle apprend qu'elle sera décapitée ; il faut attendre la mort « de pied ferme ». Mais il y a beaucoup plus ici que la roideur stoïcienne : Marie Stuart envisage sa mort en chrétienne qui quitte un monde transitoire pour s'ancrer au port « où tout repos abonde[282] »,

---

[279] *David*, acte V, v. 1186 (texte de 1601 ; en 1604, v. 1114 : « Un cœur de bouc et des désirs de bête »).

[280] V. 1225 (texte de 1601).

[281] *Aman*, acte V, p. 277.

[282] *La Reine d'Ecosse*, acte III, v. 978.

pour, sauvée grâce au sacrifice du Christ, accueillie par les anges, rejoindre Dieu, son origine,

> Et me vestir au dos la robe de liesse
> Teinte au sang precieux de l'innocent Agneau[283]...

Les deux derniers actes montrent non seulement une croyante confiante en la miséricorde du Christ, mais presque une mystique :

> Ouure toy Paradis pour admettre en ce lieu
> Mon esprit tout bruslant du desir de voir Dieu[284].

Presque une sainte martyre, à qui l'on a même refusé la consolation d'un prêtre catholique. C'est la foi chrétienne qui donne ici le courage.

La tragédie héroïque

Nous touchons là à ce qui fait l'originalité du théâtre de Montchrestien : à des personnages écrasés par le malheur et gémissants, passifs le plus souvent, auxquels nous avait habitués un Garnier, se substituent chez lui des héros qui, face aux aléas de la fortune ou aux coups du destin, tentent d'agir ou affirment au moins leur liberté par l'assentiment au destin et la mort volontaire[285].

Le pessimisme sur la condition de l'homme demeure chez Montchrestien ; nul plus que lui n'a insisté sur l'instabilité, la fragilité, la labilité de la situation humaine. La tragédie n'a-t-elle pas pour fonction de représenter « les divers accidents de la vie, les coups estranges de la fortune, les jugements admirables de Dieu, les effets singuliers de sa providence[286] » ? Cette thématique de l'inconstance des choses humaines, typique de l'automne de la Renaissance et qui donne lieu à plus d'une image poétique de goût baroque, est partout chez Montchrestien. Presque

---

[283] Vers 1010-1011.

[284] Acte IV, vers 1121-1122.

[285] Voir Micheline Sakharoff, *Le Héros, sa liberté et son efficacité de Garnier à Rotrou*, 1967.

[286] Epître à Henri de Bourbon, prince de Condé, en tête de l'édition de 1604.

à l'ouverture de *Sophonisbe*, l'héroïne s'en prend à la « Fortune déloyale » en méditant sur sa chute, et constate :

> Comme l'onde inconstante est de vents tourmentée,
> Notre vie incertaine est de maux agitée[287].

Les chœurs reviennent à l'envi, avec les images attendues de l'onde, du songe ou de la chute, sur les renversements de fortune – que celle-ci entraîne dans sa roue une reine courageuse comme Sophonisbe, ou un ministre orgueilleux comme Aman. La chrétienne Marie Stuart, qui ne peut s'en prendre à la déesse *Fortuna*, sait que tous les malheurs qui l'accablent depuis le berceau font partie des « accidents » de la vie humaine à quoi l'âme doit être préparée, avec l'espoir de la stabilité et du bonheur de l'autre côté de la mort, après le voyage terrestre :

> Moy donc ayant fourni la course de mes ans,
> Supporté constamment les orages nuisans
> Tandis que ie flottois és tempeste du monde,
> Ie veux anchrer au port où tout repos abonde[288].

L'homme donc est ballotté, malmené, agressé, éprouvé, constamment mis en péril et en échec. Un seul personnage, Aman, prend l'initiative de braver la divinité. Les autres sont des victimes. Mais de qui ou de quoi ? Des passions humaines, de la marche de l'histoire, tout simplement, dans *Sophonisbe* ou dans *La Reine d'Ecosse*. Personnages grecs et romains s'en prennent évidement au destin, voire aux dieux. De manière impressionnante, *Hector* assure la toute-puissance du destin – « dur destin », « destin inexorable », « fortune inconstante, outrageuse et rebelle ». Impossible de « tromper les ciseaux de la fatale sœur », chante le chœur final[289] ; mais Cassandre, dès le début de l'acte I, fustigeait l'arrogance des hommes qui pensent « dompter la suprême puissance » et « renverser les décrets souverains ». Folle présomption, car le dieu des dieux lui-même « se range aux dures lois de la Fatalité[290] ». Cette puissance du destin qui

---

[287] *Sophonisbe (La Carthaginoise)*, acte I, p. 115.
[288] *La Reine d'Ecosse*, acte III, vers 975-978.
[289] *Hector*, acte V, v. 2384.
[290] Acte I, v. 33.

emprisonne et surplombe la vie humaine est puissamment rendue sensible dans la dramaturgie d'*Hector*, de bout en bout.

Méchanceté de la fortune, agression du destin contre les humains. Les Lacènes s'en prennent d'abord aux dieux, qui auraient « quelques vieilles rancœurs[291] » contre Sparte ; mais Cratésicléa croit aussi à une justice divine supérieure qui éprouve les bons sur terre en leur assurant la « joie éternelle » pour prix de leurs souffrances terrestres[292]. Nous sommes proches d'une vision chrétienne de la souffrance.

De fait, les tragédies à sujet juif ou chrétien ne pouvaient admettre la métaphysique des dieux méchants, du *Fatum* ou de la *Fortuna*. Montchrestien lui-même, dans l'épître liminaire de 1604, insiste sur « les jugements admirables de Dieu ». Nous sommes donc bien en régime judéo-chrétien et le dramaturge substitue, à la transcendance antique, la Providence divine. C'est la volonté de Dieu qui mène le monde, à la fin des fins, avant de conduire les justes au port de la stabilité. S'il éprouve les bons, il exerce sa justice contre les pécheurs. A propos du péché de David : « Mortels, apprenez la Justice / Et ne mettez Dieu en mépris[293] ». Dans *Aman*, on apprend que le Dieu d'Israël sauve ses élus[294] et renverse à bas les méchants. Le salut n'est pas forcément terrestre, mais la Providence juste et bonne mène le monde : malmené par les événements dans un monde transitoire, finissant sa vie en martyre, la reine d'Ecosse se vêtira de « la robe de liesse[295] » pour l'Eternité. De cette philosophie à celle d'*Hector*, qui est la dernière tragédie de Montchrestien, il y a un abîme. Sont-ce les tragédies à sujet antique ou les tragédies à sujet biblique et chrétien qui révèlent la pensée personnelle de Montchrestien ?

Là n'est peut-être pas l'essentiel, car Montchrestien met surtout en valeur la réponse des hommes à l'agression du destin, aux coups de la fortune ou aux épreuves voulues ou permises par la Providence divine ; il éclaire leur possible héroïsme. Ecoutons-le un peu au long présenter son Hector au prince de Condé, comme exemple « mémorable par la fermeté

---

[291] *Les Lacènes*, acte III, p. 177.

[292] Voir à l'acte IV, pp. 192-193.

[293] *David*, chœur de l'acte III, vers 801-802 (texte de 1601).

[294] Le chœur final de l'acte IV d'*Aman* fait allusion aux chrétiens de « l'Eglise fidèle » du XVIᵉ siècle (les protestants ?) qui sont marqués du signe de la croix (n'était-ce pas l'avertissement du Christ ?) et que Dieu chérit le mieux pour cela.

[295] *La Reine d'Ecosse*, acte III, v. 1011.

d'un courage invincible » ; et parler d'Hector et des héros du même patron :

> C'est d'une émulation des actions généreuses que sont éveillées, nourries et fortifiées en nos âmes ces étincelles de bonté, de prudence et de valeur, qui comme un feu divin sont mêlées en leur essence. De là se tire le fruit des exemples, que ces miracles de l'une et l'autre fortune[296] fournissent abondamment. Leur vie et leur mort est comme une école ouverte à tout venant, où l'on apprend à mépriser les choses grandes de ce monde, seule et divine grandeur de l'esprit humain, et à tenir droite la raison parmi les flots et tempêtes de la vie, seul et plus digne effet qui dépende de notre disposition.

Ce programme est on ne peut plus clairement stoïcien, ou si l'on préfère – car Sénèque est alors relu par un Juste Lipse (on a fait remarquer que son *Traité sur la constance* date de 1604, comme *Hector*) ou par un Guillaume Du Vair, autre écrivain représentant du néo-stoïcisme chrétien[297] – néo-stoïcien. Le héros de Montchrestien est un héros stoïcien.

Il est naturellement déjà incité à être fidèle à la raison et à surmonter un certain nombre de passions méprisables comme la passion amoureuse ou la passion de la vengeance. Dans *Sophonisbe*, Lélie et Scipion en appellent à la volonté de Massinisse et de Syphax contre l'appétit amoureux ; ils doivent triompher d'eux-mêmes, en une sorte de courage intérieur. Tout justement ce qu'a refusé de faire David, dont la raison a cédé à l'appétit, en un asservissement exemplaire de sa liberté.

Mais c'est surtout en face du malheur que se révèlent les âmes héroïques. Le héros de Montchrestien répond à l'infortune par le choix volontaire de la mort. Liberté seulement négative, a-t-on dit, et qui hâte la subordination à l'inéluctable destin final de tout homme : la mort. Mais par là, la liberté s'éprouve et s'affirme plus forte. Sophonisbe – la première d'une lignée de grandes héroïnes de Montchrestien – refuse l'ignominie d'être livrée aux Romains après la défaite de Syphax ; elle refuse sa destinée de vaincue et choisit de mourir en réclamant que

---

[296] La bonne et la mauvaise fortune, le bonheur et le malheur.

[297] Voir les réflexions préliminaires de Jacques Maurens qui, à partir de Sénèque, s'appliquent à l'ensemble de la tragédie humaniste, dans sa *Tragédie sans tragique. Le néo-stoïcisme dans l'œuvre de Pierre Corneille*, 1966.

Massinisse lui fasse passer du poison. En mourant avec constance, elle triomphe du triomphe qu'auraient pris sur elle les Romains. Ce suicide est un bienfait du ciel : « Il me fait un honneur que libre je demeure[298] ». Si l'héroïsme prométhéen d'Aman reste d'un genre particulier, celui d'Urie, dans *David*, rejoint la thématique constante de Montchrestien. Taraudé de sombres pressentiments, persuadé que sa femme Bethsabée l'a trahi, il n'est pas dupe de l'accueil hypocrite de David et résiste raidement à ses sollicitations piégées (le roi voudrait qu'Urie couchât avec Bethsabée pour masquer le fruit de son adultère). Désespéré, sa vie désormais privée de sens, Urie garde pourtant le respect de son roi et suit ses ordres de repartir fougueusement au combat ; la manière furieuse et désespérée dont il s'y comporte équivaut à un suicide. Le général Urie est bien le seul personnage tragique de *David*, qui trouve dans le respect extrême du devoir la manière de surmonter le déshonneur qui lui est infligé. Cléomène échappe à la servitude en tentant une sortie désespérée et suicidaire ; les Lacènes, qui ont appris à recevoir joie et douleur, heurt et malheur « d'un front égal[299] », suivent son exemple (« Libre il voulut mourir pour ne vivre captif[300] ») et décident de mourir, afin d'êtres plus fortes que le destin qui leur donne la chasse.

Tous auront sauvegardé leur liberté face au destin par une mort héroïque. En bons stoïciens, ils ont l'âme préparée à tous accidents et sont assurés d'eux-mêmes ; ils peuvent attendre, voire rechercher la mort avec détermination. C'est exactement ce que dit la chrétienne reine d'Ecosse – « Moy-mesme ie me suis de moy-mesme asseurée[301] » – que sa foi aide, à la différence de autres dont l'héroïsme pourrait paraître un peu vain et d'autant plus estimable, à mépriser l'inconstance des choses humaines et la relativité d'une mort qui ouvre sur un bonheur éternel.

A ce point, il convient évidemment de mettre en valeur l'héroïsme d'Hector. Nul plus que lui n'est conscient de son destin, et que ce destin est inéluctable. Alors que sa femme et ses parents croient trouver la parade dans l'inaction, Hector brûle d'agir, se jette dans la gueule du destin, se rue vers la mort annoncée, dans une tension impressionnante.

---

[298] *Sophonisbe* (*La Carthaginoise*), acte V, p. 155.

[299] *Les Lacènes*, acte II, p. 176.

[300] Acte III, p. 180.

[301] *La Reine d'Ecosse*, acte III, v. 900.

Il veut agir, vaincre ou mourir[302], accomplir contre les Grecs des exploits qui l'honorent, tout en sachant qu'il échouera, qu'il doit mourir. De son échec il fait une victoire. Hector est libre et héroïque en défiant pour rien l'implacable destin.

Vraiment pour rien ? La maîtrise de soi et de ses passions, la constance devant l'adversité, le service malgré tout de l'honneur, le mépris de la mort réclament un courage – un « généreux courage », est-il dit dans *Sophonisbe*[303] – qui est vertu. Les deux dernières tragédies de Montchrestien disent volontiers que cette vertu est belle et qu'elle débouche sur la gloire. La mort la plus volontaire est un « beau mourir » qui peut faire prétendre à la « gloire éternelle[304] » ; elle évite une vie lâche et la vertu fait vivre dans l'au-delà. La mort est un devoir pour les Lacènes et une injonction de leur honneur ; le destin leur aura ainsi permis d'exercer leur vertu – cette force morale qui est conquête sur soi et sur les événements – et d'acquérir joie et gloire dans l'au-delà. Hector le belliqueux, Hector tendu à l'extrême aux approches de la mort est l'image même du héros que sa noblesse de sang et de conduite écarte du vulgaire, comme dit Montchrestien lui-même ; « Aussi remarquez-vous en lui cet air relevé de courage et de gloire, non susceptible d'altération, ains ferme et demeurant immuable en un calme et serein perpétuel de constance[305] ». Hector se doit d'être un héros qui parfait sa vertu dans l'action, assuré, au-dessus du malheur. Partir au combat est peut-être insensé ; mais c'est une exigence de son honneur, c'est un « dessein magnanime[306] ». Son « généreux courage » « bout après la gloire[307] » ; il lui faut agir, malgré la connaissance de l'issue prédestinée. Tel est le héros généreux selon Montchrestien.

*

---

[302] *Hector*, acte I, v. 206 : « Aussi me faut-il vaincre ou mourir au combat ».

[303] *Sophonisbe* (*La Carthaginoise*), acte I, p. 117.

[304] *Les Lacènes*, chœur de l'acte I, p. 167.

[305] Dédicace au prince de Condé.

[306] *Hector*, acte III, v. 1046.

[307] Vers 1033-1034.

Derrière ce généreux courage, derrière ce souci de la gloire, derrière cette vertu néo-stoïcienne, le lecteur aura anticipé, je suppose, le nom de Pierre Corneille. Certains rapprochements sont en effet saisissants ; et l'on se demande si Corneille a lu Montchrestien et comment il a pu être influencé par sa vision tragique. Mais ni par l'idéologie, ni par la dramaturgie nous ne sommes arrivés à Corneille. Héritier de Garnier, dont il se sépare par la conception de l'action et par sa définition de l'héroïsme, Montchrestien, dont les belles œuvres mériteraient d'être davantage lues, constitue un parfait intermédiaire entre la tragédie de la Renaissance et la tragédie de l'âge baroque.

*
*   *

Autour de 1605, Montchrestien dut s'exiler à Londres ; il n'a pas pu ne pas être en contact avec la vie théâtrale anglaise qui connaissait une prodigieuse croissance depuis 1580, avec les grands dramaturges de l'âge élisabéthain. Il avait lui-même achevé son œuvre dramatique. Mais la confrontation laisse à penser. En 1604, Shakespeare, d'une bonne dizaine d'années plus âgé que Montchrestien, a présenté, outre ses meilleures comédies, ses drames historiques (depuis 1590-1592), mais aussi *Roméo et Juliette*, *Jules César*, *Hamlet*, *Othello*... Apparemment un peu terrible : malgré les belles tragédies d'un Garnier ou d'un Montchrestien, le théâtre français de la Renaissance n'a rien créé qui puisse se comparer à la force du génie shakespearien.

Le résultat des soixante années de tragédie n'est pourtant pas mince. L'invention d'un genre, la mise au point d'une esthétique – qui restera à la base de la doctrine classique en la matière –, une production importante qui marque diversification et évolution, quelques grands dramaturges, des tragédies beaucoup plus diffusées par les comédiens qu'on ne le disait jadis : la tragédie de la Renaissance reste un phénomène littéraire et social de grande portée, qui reflète bien à sa manière l'esprit du temps, de cette époque violente et cruelle.

Mais, assurément, le meilleur est encore à venir : la forme léguée par les hommes de la Renaissance attendra les génies dramatiques du XVIIe siècle pour briller de tout son éclat.

CHAPITRE VIII

LA COMÉDIE FRANÇAISE
ET LA COMÉDIE ITALIENNE EN FRANCE

Quelques mois avant de lancer avec éclat sa *Cléopâtre captive*, première tragédie française régulière, le tout jeune Jodelle avait écrit et fait représenter notre première comédie régulière : *L'Eugène*, à la fin de 1552. Coup double qui est bien dans le style de ce poète orgueilleux et ombrageux ! En restituant « en leur ancienne dignité » la comédie si longtemps éloignée « des yeux françois[1]», puis la tragédie, Jodelle comblait assurément le vœu de Du Bellay en sa *Défense et illustration de la langue française*[2].

Comme la tragédie, la comédie de la Renaissance est née du mépris et du refus des genres comiques médiévaux. Toutes ces farces badines que proposent encore d'ignorants bateleurs plaisent au populaire, à la sotte populace, mais sont indignes d'hommes plus savants amoureux de l'Antiquité, de véritables poètes qui choisissent leur matière et liment leur discours ; telle est l'opinion de Jacques Grévin[3], relayée encore quinze ans après par un Jean de La Taille[4], qui refuse les badineries et sottises médiévales au profit d'une comédie faite selon l'art et à l'imitation des œuvres latines et italiennes. Et de fait, avant l'apparition d'œuvres françaises, Térence et l'Arioste avaient été traduits – premier témoignage de l'influence considérable du théâtre latin et du théâtre italien contemporain sur la comédie française.

Contrairement à la tragédie, la comédie humaniste ne s'imposa pas, c'est le moins qu'on puisse dire : en deux générations de dramaturges, guère plus d'une vingtaine de comédies. Il faut croire que, malgré la volonté de rupture des dramaturges, la farce surtout continuait de faire rire ; au demeurant, ce courant populaire fut renforcé par l'apparition de la *commedia dell'arte* en France.

---

[1] *L'Eugène*, Prologue, vv. 25-26.

[2] Livre II, chap. IV.

[3] Avant-Jeu de *La Trésorière*.

[4] Prologue des *Corrivaux*.

Pourquoi cette pauvreté et cet échec, malgré, certes, de bonnes pièces, voire un ou deux chefs-d'œuvre ? L'examen des caractères de notre comédie humaniste et la présentation des dramaturges permettront peut-être de donner une explication. Mais le tableau du théâtre comique à cette époque serait incomplet s'il ne faisait pas une place à la comédie italienne en France[5].

LES CARACTÈRES DE LA COMÉDIE FRANÇAISE
DE LA RENAISSANCE

Une comédie nouvelle

Le refus de la farce

Il est donc entendu que la farce est méprisable car dépourvue d'art et de finalité. Avant Grévin, traducteurs et théoriciens le disaient à l'envi. Dans nombre de nos pièces françaises, affirme Charles Estienne dès 1543[6], « ne se trouve sens, rithme, ne raison : seulement des paroles ridicules, avec quelque badinage, sans autre invention ne conclusion ». Même constat dans l'*Art poétique français* de Thomas Sébillet, en 1548 : « La farce retient peu ou rien de la Comédie Latine : aussi à vrai dire, pour ce à quoi elle sert, ne serviraient rien les actes et scènes, et en serait la prolixité ennuyeuse. Car le vrai sujet de la Farce ou Sottie Française, sont badineries, nigauderies, et toutes sotties émouvant à ris et plaisir[7] ». D'où le vœu de Jacques Peletier, en 1555, « que les Farces qu'on nous a si longtemps jouées se convertiront au genre de la Comédie[8] ».

---

[5] Pour une orientation bibliographique d'ensemble, voir Charles Mazouer, « Vingt ans de recherches sur le théâtre du XVIe siècle. Deuxième partie : le théâtre comique... », *Nouvelle Revue du Seizième Siècle*, 1999, n° 17/2, pp. 301-318. Les études générales de référence sont les suivantes : Brian Jeffery, *French Renaissance Comedy. 1552-1630*, 1949 ; Raymond Lebègue, *Le Théâtre comique en France de « Pathelin » à « Mélite »*, 1972 ; Madeleine Lazard, *La Comédie humaniste et ses personnages*, 1978 et *Le Théâtre en France au XVIe siècle*, 1980.

[6] *Comédie du Sacrifice*, « Epître du traducteur » (éd. L. Zilli, [in] vol. 6 de *La Comédie à l'époque d'Henri II et de Charles IX*, 1994, p. 91).

[7] Deuxième livre, chap. VIII (éd. Francis Goyet, [in] *Traités de poétique et de rhétorique de la Renaissance*, 1990, p. 133).

[8] *Art poétique*, Second livre, V, éd. citée des *Traités de poétique...*, p. 296.

Sous-jacent à ces textes et nettement formulé par Grévin s'impose ce grave reproche : la farce est un genre populaire, rejeté comme tel par l'élitisme des milieux littéraires, auxquels les autorités civiles et religieuses emboîtèrent le pas[9]. Alors qu'un Rabelais ou un Marot, encore liés à la culture populaire, prenaient plaisir à la farce, un Du Bellay ou un Ronsard veulent fuir le peuple ignorant et les jeux de théâtre qui le mettent en joie.

Ce mépris de la farce populaire n'est pas absolument unanime. Charles Estienne connaît la farce, estime et cite le *Pathelin*, mentionne enfin « plusieurs autres de nos facteurs français[10] ». Même Ronsard semble ne pas dédaigner le badin comique de la farce[11]. Quant à Jodelle, il se singularise dès le Prologue de son *Eugène* : s'il veut réhabiliter la comédie à l'ancienne et être le premier à le faire, il veut aussi plaire à chacun et ne dédaigner pas « le plus bas populaire[12] ». Et sa comédie, nous le verrons, témoigne parfaitement de la persistance de la farce médiévale, dans ce coup d'envoi même de la comédie de la Renaissance. Barbara Bowen[13] a amplement montré les traces de la survivance de la farce dans ces comédies jusqu'au moment où, au tournant des XVIe et XVIIe siècles, le vieux genre médiéval connaît un beau regain, en particulier dans des comédies irrégulières[14] ; qu'on pense seulement à *La Tasse* attribuée à Claude Bonet !

On aurait tort de surfaire la valeur de ces observations – traces d'une continuité inconsciente chez les dramaturges de la Pléiade, ceux qui voulaient la rupture ; influence plus nette dans quelques comédies tardives ou hors normes. Sans doute les deux formes successives de notre théâtre comique national se retrouvent-elles dans la *mimèsis* du réel ; sans doute aussi la comédie humaniste est-elle moins morale qu'elle le déclare. Mais reste surtout un écart : un autre art est mis en œuvre, une autre visée de

---

[9] Voir Ubaldo Floris, « Farce et public populaire dans les théories dramatiques 'régulières' », [in] *Letteratura popolare di espressione francese...*, 1983, pp. 95-123.

[10] « Epître du traducteur », *op. cit.*, p. 95.

[11] Ce « Janin ayant la joue pleine / Ou de farine ou d'ancre, qui dira / Quelque bon mot » qui réjouira Catherine de Médicis (*Le Bocage royal*, II, « A elle-mesme », vv. 125-128).

[12] Vv. 19-20. Voir Michael J. Freeman, « Jodelle et le théâtre populaire... », [in] *Aspects du théâtre populaire en Europe au XVIe siècle*, 1989, pp. 55-68.

[13] *Les Caractéristiques de la farce française et leur survivance dans les années 1550-1610*, 1964.

[14] Voir Donald Perret, *Old Comedy in the French Renaissance : 1576-1610*, 1992.

la comédie, un autre rire, car la Renaissance ne pouvait approuver le rire débridé de la farce[15]. Nous aurons à revenir sur tous ces aspects. Affirmons dès maintenant que la comédie de la Renaissance s'est bien conçue et construite contre la farce médiévale.

Les sources

C'est qu'elle alla chercher ailleurs ses sources d'inspiration et se forma à l'école des Anciens et des modernes Italiens. Ce que montrent les traductions, d'abord, avant même la publication ou la représentation de comédies originales. Dès 1503, nous avons un *Therence en françoys*, en vers et en prose ; la même année, une traduction de l'*Amphitryon* de Plaute paraît au même lieu – Anvers. Jusqu'à la fin du siècle, les traductions de Plaute et de Térence vont se multiplier. Charles Estienne donne une *Andrie* française (*L'Andrienne*) « en faveur des bons espritz, studieux des antiques recreations » (1542) ; le même traducteur quitte Térence pour les Italiens avec sa version de la comédie siennoise *Gl'Ingannati*, sous le titre de la *Comédie du Sacrifice*, puis des *Abusés* (1543) ; son exemple est bientôt suivie et l'Arioste va bénéficier de deux traductions pour ses *Suppositi* (1545 et 1552). Le travail de Charles Estienne[16] est emblématique et désigne les deux sources de la nouvelle comédie.

Concernant l'Antiquité[17], les comiques grecs furent mal connus, très peu traduits et sans influence sur notre comédie ; les comiques latins firent une plus belle carrière chez nous, traduits, commentés, imités dans le théâtre néo-latin et étudiés dans les collèges. Plaute beaucoup moins que Térence, dont les six comédies ont été publiées 176 fois entre 1470 et 1600[18]. Térence est admiré et prôné pour ses qualités dramaturgiques, son style et la valeur morale de son théâtre ; on aime Plaute, la saveur

---

[15] Voir Charles Mazouer, « La comédie de la Renaissance contre la farce médiévale ? », [in] *Le Théâtre français des années 1450-1550 : état actuel des recherches*, 2002, pp. 3-14.

[16] Voir Harold Walter Lawton, « Charles Estienne et le théâtre », *Revue du XVIe siècle*, 1927, pp. 336-347.

[17] Marie Delcourt, *La Tradition des comiques anciens en France avant Molière*, 1934.

[18] Voir H. W. Lawton, *Contribution à l'histoire de l'humanisme en France. Térence en France au XVIe siècle*, t. I : *Editions et traductions*, 1926 ; t. II : *Imitation et influence*, 1972.

comique de son *Miles gloriosus* (dont Jean-Antoine de Baïf, auparavant traducteur de *L'Eunuque* de Térence, donna une magnifique adaptation dans son *Brave* de 1573) , mais on le lit et on le traduit peu, déjà peut-être comme au siècle suivant où le plus régulier et décent Térence l'emportera définitivement. Quoi qu'il en soit, c'est un autre univers dramatique que la comédie latine introduisit chez nous.

Avant d'influencer les dramaturges français, Plaute et Térence avaient nourri les humanistes italiens auteurs de comédies néo-latines, puis les dramaturges écrivant dans la langue vivante de leur pays, auteurs de ce qu'on appelle la *commedia erudita* ou *sostenuta* – comédie littéraire écrite, qui s'oppose à la *commedia dell'arte,* improvisée. Cette comédie italienne érudite du *Cinquecento,* pratiquée par les meilleurs écrivains (l'Arioste, Machiavel, l'Arétin, Giordano Bruno) fut très productive. Ces œuvres furent vite connues chez nous, par les voyageurs qui assistèrent aux représentations et achetèrent des livres en Italie (Montaigne se régala de ces comédies), par les représentations que donnèrent en France les comédiens italiens, par les éditions et les traductions françaises enfin[19]. Théâtre régulier imité des Anciens, mais aussi théâtre moderne car les dramaturges italiens s'efforcèrent de refléter leur société et les mœurs de leur temps, la comédie érudite s'offrait naturellement à l'admiration et à l'imitation des dramaturges français qui voulaient à leur tour inventer une littérature nationale en suivant les modèles antiques. A partir de Grévin, l'influence italienne devint essentielle, servant de surcroît d'intermédiaire à l'influence antique ; elle s'épanouira magnifiquement avec l'œuvre de Larivey, qui s'est contenté d'adapter à la française des comédies italiennes : la dédicace de ses *Six premières comédies facétieuses* présente son « petit ouvrage » de 1579 comme « basty à la moderne et sur le patron de plusieurs bons auteurs Italiens[20] ».

Quelles nouveautés apportaient les influences conjuguées des traditions latine et italienne[21] à nos dramaturges soucieux de créer une autre comédie nationale ?

---

[19] Voir Raymond Lebègue, « La comédie italienne en France au XVIe siècle », article de 1950, repris dans ses *Etudes...*, 1977, t. I, pp. 277-296.

[20] « A Monsieur d'Amboise, avocat au parlement » (dans l'éd. M. Lazard et L. Zilli du *Laquais,* 1987, p. 56).

[21] Excellente synthèse par Raymond Lebègue, *Le Théâtre comique en France...*, 1972, pp. 71-72 et 78 *sq.*

Renouvellement des sujets et des personnages

Outre une forme nouvelle, la comédie latine mettait en circulation des motifs et des personnages inconnus de la farce médiévale. L'intrigue y était fondée sur l'amour entre un jeune homme et une jeune fille, amour contrarié par divers obstacles et triomphant au dénouement, où quelque reconnaissance lève les quiproquos et autres échanges de personnages. Cette intrigue faisait paraître traditionnellement l'esclave ingénieux et rusé, le *leno*, marchand d'esclaves, des courtisanes, quelque vieillard amoureux et, plus épisodiquement, le *miles gloriosus* et le parasite.

La *commedia erudita* reprit cette matière, avec ses thèmes et ses personnages, et leur caractère hautement romanesque. Elle nourrit aussi les intrigues amoureuses à partir des nouvelles italiennes, comme celles du *Décaméron*. Les Italiens firent toutefois preuve d'originalité et d'invention dans deux directions – et leurs imitateurs français mèneront un effort semblable. La comédie moderne peint les mœurs qui sont celles de l'Italie du *Cinquecento*, modifie certains personnages et en crée d'autres : jeune filles et femmes de condition plus relevée apparaissent, le serviteur remplace l'esclave, la maquerelle (la *mezzana*) prend la suite du *leno*, le *miles gloriosus* devient un Capitaine espagnol, le pédagogue (le *pedante*) et son étudiant ou le prêtre font leur apparition... Secondement, les dramaturges italiens, en contaminant les sources, se sont plu à compliquer les intrigues, multipliant les péripéties dues aux quiproquos, déguisements et travestissements, ou aux enlèvements – bref, à façonner l'*imbroglio*.

A l'instar des Italiens, nos dramaturges ont suivi l'exemple latin et inventé des comédies d'amours contrariées où paraissent des types traditionnels. Ils ont aussi imité les comédies italiennes en empruntant des personnages et suivi leur exemple en acclimatant les mœurs à la vie française du XVIe siècle et en développant une comédie d'intrigue : amplification de la matière, doublement du fil de l'intrigue, enchaînement de quiproquos, de rebondissements et de surprises jusqu'au retournement final du dénouement qui débrouille ce qu'on avait compliqué à plaisir.

Dans une dramaturgie nouvelle, la comédie française de la Renaissance présente donc un microcosme théâtral pour ainsi dire totalement neuf. On peut suivre Madeleine Lazard[22] pour brosser un tableau sommaire de ce microcosme.

L'intrigue tourne autour des amoureux : jeunes gens et jeunes filles attendus – ceux-là, nobles, bourgeois ou écoliers, libertins ou passionnés, cyniques ou délicats ; celles-ci généralement soucieuses de leur honneur, mais séduites ou violées[23] – , mais aussi courtisanes ou femmes mariées infidèles. Ceux qui font obstacle à ces amours finissent toujours par être les victimes des tromperies et autres *burle*. Quand il n'est pas indulgent, le père, par sa sévérité, exacerbe le conflit entre les générations en s'opposant aux désirs du fils ; il est donc trompé et dans l'incapacité d'imposer ses volontés. Le cocu, personnage essentiel de la farce, reste vivant dans la comédie de la Renaissance, aveugle ou lucide et résigné. Le vieillard amoureux est un personnage nouveau ; avec sa passion et son désir hors de saison, il vient entraver les projets des jeunes gens et en reçoit la punition . Sans être de sérieux obstacles, le fanfaron et le pédant sont des gêneurs que la comédie transforme en caricatures bouffonnes. Le soldat fanfaron, qui se croit aussi séduisant que vaillant, s'appuie à la fois sur les traditions latine et italienne et sur l'observation de l'actualité française[24]. Le pédant, enfermé dans son savoir antique et scolastique sans prise sur la réalité présente mais qui a le tort d'être amoureux, est encore plus stéréotypé, notamment dans son langage[25]. Restent les meneurs de jeu et tous les auxiliaires qui font aboutir l'intrigue amoureuse

---

[22] *La Comédie humaniste au XVIe siècle et ses personnages, op. cit.* Voir aussi, en ce qui concerne les nombreux naïfs que compte ce personnel dramatique, Charles Mazouer, *Le Personnage du naïf..., op. cit.,* chap. IV, pp. 83-108.

[23] Georges Forestier, « Situation du personnage de la jeune fille dans la comédie française du XVIe siècle », *B.H.R.*, 1984, pp. 7-19 ; Jacqueline Sessa, « Les critères de 'l'honnêteté' féminine selon les auteurs comiques français (1562-1611) », [in] *La Catégorie de « l'honnête » dans la culture du XVIe siècle,* 1985, pp. 219-230 ; Robert Aulotte, « Visages du théâtre comique de la Renaissance : deux jeunes filles vieilles de quatre cents ans », [in] *Mélanges Victor E. Graham...,* 1986, pp. 155-159.

[24] Robert Garapon, « Le personnage du soldat fanfaron dans le théâtre français aux XVIe et XVIIe siècles », [in] *Actes du VIIe Congrès de l'Association G. Budé,* 1964, pp. 113-115 ; Hilde Spiegel, « Dom Dieghos de F. d'Amboise, ancêtre du petit marquis de Molière : l'évolution d'un matamore », *R.H.T.,* 1978-1, pp. 7-18 ; M. J. Freeman, « Florimond face aux badauds parisiens : l'homme d'armes dans *L'Eugène* de Jodelle », [in] *L'Homme de guerre au XVIe siècle,* 1992, pp. 266-276.

[25] Voir Anna Maria Raugei, « Un esempio di comicità verbale : il 'jargon' pedantesco nelle commedie di Pierre de Larivey », [in] *Saggi e ricerche sul teatro francese del Cinquecento,* 1985, pp. 141-166.

des jeunes gens. Plus que l'entremetteur ou le parasite, l'entremetteuse[26] a fourni quelques personnages intéressants. Quant aux servantes et aux valets, on en voit de toutes les sortes : balourds et niais, serviteurs habiles, rusés, cyniques, voire détachés de leur maître, servantes à la personnalité drue et au langage cru – toujours gens du peuple qui reflètent leur classe dans ce qu'ils sont, ce qu'ils font et ce qu'ils disent.

Suffisant pour donner une idée du renouvellement des sujets et des personnages de la comédie humaniste, ce tableau devra être complété au fur et à mesure de l'exposé car, au-delà des types, d'ailleurs fort tributaires des différentes traditions comiques, on rencontre, dans telle ou telle comédie, des personnages plus variés, plus individualisés, qui sont vivants, amusants et parfois intéressants. Ne serait-ce, déjà, que parce qu'ils renvoient à la réalité du temps.

Le miroir de la vie

Le réalisme qu'affiche la comédie de la Renaissance ne va pas de soi : le poids de l'héritage et de l'imitation pèse contre lui. Cette comédie reprend des situations et des personnages qui sont devenus conventionnels ; elle est tributaire d'une typologie qu'elle emprunte à la tradition. Elle voulut pourtant être moderne et française ; et elle y réussit passablement bien.

Le réalisme proclamé

La comédie nouvelle le proclame sans répit : elle doit imiter la vie, être le miroir de la vie. Attribuée à Livius Andronicus et partout reprise à propos de Térence[27] qui sert de modèle à cette comédie, la métaphore du miroir traverse la période. De même que sera reprise et traduite[28] la phrase attribuée à Cicéron : « *Comoediam esse Cicero ait imitationem vitae, speculum consuetudinis, imaginem veritatis* ». Ecoutons Jacques

---

[26] Catherine Campbell, *The French Procuress. Her Character in Renaissance Comédies*, 1985.

[27] Rappelons l'expression de Donat, dans son commentaire de Térence : « *quotidianae vitae speculum* » - le « miroüer de la vie journalière », traduira Grévin dans son *Brief Discours pour l'intelligence de ce théâtre* (éd. Lucien Pinvert du *Théâtre complet...*, 1922, p. 9).

[28] Par exemple par Grévin (*Brief Discours...*) : « imitation de vie, miroüer de coustumes et image de vérité » (éd . cit., p. 7).

Peletier, dont l'*Art poétique* de 1555 peut servir de première référence :
« La Comédie a été dite par Live Andronique, le premier Ecriteur de
Comédies Latines, le miroir de la vie : parce qu'en elle s'introduisent
personnes populaires : desquelles faut garder la bienséance, selon la
condition et état de chacune[29] ». Dans le *Brief Discours pour l'intelligence de ce théâtre*, Jacques Grévin défend la comédie comme un
« discours fabuleux, mais approchant de vérité, contenant en soy diverses
manières de vivre entre les citadins de moyen estat[30] ». Ronsard considère tragédies et comédies « comme mirouers de la vie humaine[31] ».
Larivey, dans la dédicace de ses six premières comédies, définit le genre
de la comédie ainsi : « vray miroüer de nos œuvres[32] » ; tels de ses
Prologues y reviennent : « La comedie estant le mirouer de nostre
vie[33] », un auteur moderne doit changer les mœurs mises en scène dans
les comédies des Anciens, « nostre vivre n'estant pareil au leur[34] ». Vauquelin de La Fresnaye, enfin, retrouve la *mimèsis* aristotélicienne en disant,
dans son *Art poétique* publié en 1605, que la comédie est la « Contrefai-
sance / D'vn fait », l'imitation d'un fait[35].

Les dramaturges surent passer de la théorie à la pratique et mettre en
œuvre une vraisemblance de la comédie[36], en vivifiant les stéréotypes par
l'observation de la réalité contemporaine ; ils justifièrent leur prétention
à faire de la comédie le miroir de la vie. Les auteurs de la première
génération, celle de la Pléiade, avaient des intentions polémiques et
satiriques claires vis-à-vis d'une société dont ils dénoncèrent certains
travers ou certains vices ; leur théâtre reflète forcément ladite société.
Ceux de la génération suivante se contentèrent plutôt de renvoyer
cyniquement l'image d'un monde mauvais ; mais leur contemplation
amusée et ironique vaut témoignage sur ce monde détraqué. On a

---

[29] Second livre, VII, éd. cit., p. 302.

[30] Ed. cit., p. 7.

[31] *Préface sur la Franciade touchant le poëme héroïque* (texte de 1572), éd. Céard, Ménager
et Simonin des *Œuvres complètes*, t. I, 1993, p. 1164.

[32] Ed. M. Lazard et L. Zilli du *Laquais*, 1987, p. 57.

[33] Prologue de *La Veuve*.

[34] Prologue de *La Constance*.

[35] Livre troisième, vv. 143-144 (éd. G. Pellissier, 1970 (1885), p. 133).

[36] Voir Giovanni Dotoli, « Théories et pratiques du vraisemblable comique au XVIe siècle »,
art. de 1985 repris et traduit de l'italien dans son *Littérature et société en France au XVIIe
siècle*, 1987, pp. 341-373.

remarqué que le souci de réalisme était moins net à la fin du siècle, chez un Larivey par exemple. Toutefois, l'immense effort de naturalisation française et contemporaine mené par ce dramaturge à partir de ses modèles italiens signale encore la volonté de faire vrai pour renvoyer le spectateur à son monde présent.

Faire vrai, être vraisemblable, donner l'illusion du réel : le miroir n'est pas la réalité et la comédie de la Renaissance n'échappe pas aux limitations du réalisme en littérature. Pour être fidèles à leurs modèles, pour faire rire, les dramaturges reconstruisirent le réel en lui donnant une forme esthétique. Reste que pour intéresser et plaire, pour que la satire eût une portée, pour que l'enseignement moral qu'ils prétendaient offrir eût un point d'appui, ils devaient bien donner une image théâtrale plausible du monde de la réalité. Comment ?

Effets de réel

Un certain nombre d'effets de réel sont tirés de précisions sur le cadre de l'action dramatique fictive. A commencer par le cadre historique : guerres extérieures, guerres religieuses, troubles et déchirures apportés par la Réforme sont évoqués avec quelque insistance. Non que nos comédies prennent parti et manifestent un engagement politique, comme le faisaient par exemple les sotties médiévales : elles se cantonnent à la vie privée[37]. Mais les allusions à l'actualité française constituent une sorte de toile de fond historique et réaliste. Dans *L'Eugène* de Jodelle, elles permettent même de dater exactement l'action de la pièce, puisque le gentilhomme Florimond, revenu à l'arrière et goûtant les émollientes délices d'une nouvelle Capoue, pense que l'ennemi ne fait que dormir et apprend de son serviteur ce qu'on craint : que l'empereur Charles Quint passe le Rhin et met le siège devant Metz, obligeant du même coup Henri II à reprendre le harnais après sa campagne victorieuse de l'été 1552... et ses soldats à laisser là leurs amours et autres « pisseuses » de Paris[38] ! Dans *La Reconnue* de Belleau, le destin de la jeune amoureuse Antoinette a même été gouverné directement par les événements historiques : mise au couvent par son père, elle en sortit au bout de sept ans pour embrasser la religion réformée à l'insu de celui-ci ; c'était en « ce fascheux temps » qui mit

---

[37] Madeleine Lazard, « Politique et comédie au XVIe siècle », [in] *La Littérature de la Renaissance (Mélanges Henri Weber)*, 1984, pp. 227-237.
[38] *L'Eugène*, II, 1 et 2.

« en nostre France / Et le trouble et la violance[39] ». Prise dans le sac de Poitiers en 1562, tandis que catholiques et protestants se disputaient la ville, elle s'en remit à un Capitaine qui devait l'épouser mais qui la laissa pour commencer en butte au désir d'un vieil avocat et à la passion d'un jeune amoureux. Dans son malheur, la jeune huguenote vertueuse et raisonnable, tâchant en tout cas de préserver sa « liberté de conscience[40] », se confie à Dieu, son secours[41].

Des références aussi nettes sont assez rares, mais l'histoire du pays se devine parfois ailleurs. A défaut, certains dramaturges prétendent écrire à partir de faits divers. Grévin déclare avoir trouvé ses arguments « non loing de la place Maubert[42] », ou au « carefour / De Sainct Severin[43] ». Dans le Prologue ou Avant-Jeu de ses *Napolitaines*, François d'Amboise affirme mettre sur la scène « une histoire vraye et fort recreative avenue de nostre tems, en la ville capitale de ce royaume, entre trois personnages de diverses nations, de laquelle plusieurs se peuvent bien ressouvenir pour avoir veu ou par ouidire ».

On observera que ces trois dernières comédies se déroulent à Paris, en des lieux familiers aux spectateurs. Nombre de comédies choisissent en effet la capitale comme lieu de l'action, à commencer par *L'Eugène,* où les militaires revenus du front ne se lassent pas d'admirer « Paris, ville mignarde et belle[44] ». Du coup sont multipliées les allusions à ses quartiers, à ses monuments, à ses églises, à son université et à ses collèges[45]. C'est d'ailleurs presque un *topos* que l'admiration de quelque père venu de province ou de quelque étranger devant Paris. Mais d'autres villes, avec leurs références topographiques, peuvent être choisies ; Toulouse, par exemple, sert de cadre au *Muet insensé* de Le Loyer et aux *Déguisés* de Godard.

Le plaisir de retrouver les lieux réels n'est pas le seul ; les comédies retrouvent aussi tous les *realia* de la vie quotidienne dans ces lieux : la

---

[39] V, 5, vv. 2295-2297.

[40] V. 1439.

[41] Voir I, 3 et IV, 1.

[42] Avant-Jeu de *La Trésorière*.

[43] Avant-Jeu des *Esbahis*, vv. 66-67.

[44] II, 2, v. 687.

[45] Voir Madeleine Lazard, « Paris dans la comédie humaniste », [in] *Etudes seiziémistes offertes à V.-L. Saulnier*, 1980, pp. 315-325.

vie de tous les jours accède à la représentation. Un des exemples les plus massifs est fourni par *Les Contents* de Turnèbe, où les réalités sociales forment le tissu même de la comédie : le quartier et ses habitants, la saison – nous sommes aux jours gras et il fait froid ; mais ce sont aussi les réjouissances du carnaval –, les habitudes religieuses – on va à la messe et au sermon, on entreprend un pèlerinage –, les mœurs amoureuses... Plus que la couleur locale : une véritable impression de vie réelle. Dans toutes les comédies, cette impression de réalité ressort de la présentation des mœurs. Si la vie religieuse reste capitale, on peut s'interroger sur son authenticité quand on voit la peinture et la satire qui sont proposées de la corruption générale des mœurs, très remarquable dans les affaires d'argent et dans les comportements amoureux : avidité à s'enrichir par tous le moyens, transactions douteuses, soumission au désir et au plaisir chez les jeunes gens, mais aussi chez des hommes et des femmes mariés, au risque de mettre en péril le mariage.

Milieux sociaux

Au-delà de ces effets de réel qui concernent le cadre général des comédies, les personnages et les intrigues dans lesquelles ils sont engagés reflètent très précisément un certain nombre d'états et de milieux sociaux. Nos prédécesseurs, Raymond Lebègue ou Madeleine Lazard, ont parfaitement établi la cartographie de ce continent social dans leurs différents ouvrages[46].

Héritier inconscient de la farce médiévale, Jodelle peint un abbé (pas forcément ordonné prêtre) d'un épicurisme et d'un cynisme tranquilles ; son chapelain Messire Jehan organise à l'abbé Eugène une vie de jouissance, ni chrétienne ni morale (*L'Eugène*). Cet abbé sensuel poursuit la tradition du curé ou du moine paillard des farces. Malgré l'apparition de tel autre clerc douteux, notre comédie ne s'intéressa pratiquement pas aux ecclésiastiques.

Elle s'intéressa à peine davantage aux milieux nobles. Les gentilshommes paraissent violents et méprisants, d'autant que leur épée trouve souvent emploi aux armées. Dans les intrigues galantes avec des bourgeoises aussi intéressées que faciles, ils passent de l'aveuglement amoureux à une rage brutale quand ils savent qu'on les trompe. Voyez le

---

[46] *Le Théâtre comique en France...*, *op. cit.*, pp. 96 *sq.* ; *La Comédie humaniste au XVIᵉ siècle...*, *op. cit.*, pp. 414 *sq.*

Florimond de *L'Eugène* ou le Loys de *La Trésorière*. On pourrait rapprocher d'eux les fanfarons, soldats de bien moindre extraction, quoi qu'ils en disent, mais dont les traits caricaturaux sont trop traditionnels pour éclairer sur la vie militaire.

En fait, nos comédies peignent avant tout la bourgeoisie et la vie bourgeoise. Comme les intrigues sont d'amour, les préoccupations essentielles des personnages concernent, même chez des gens mariés ou chez des gens d'âge, les satisfactions de leur sensualité ou leurs soucis parentaux pour le mariage des fils et des filles. Mais les comédies renseignent sur leur état ou sur leur profession. Si la femme du Trésorier (*La Trésorière* de Grévin) est une débauchée, le Trésorier est un redoutable homme de finance : outre la collecte de l'argent, qui est son métier, il pratique l'usure ; et sa réussite financière ne l'empêche pas d'être cocu. Il est en relation avec un marchand aussi peu honnête que lui ; il est vrai que la réputation des marchands reste détestable, comme leurs pratiques. Et dans leur vie privée, ils subissent toutes sortes d'avanies : maris cocus, vieillards amoureux ridicules et bafoués, pères trompés par leurs enfants. Nos comédies saisissent peu les marchands dans leurs affaires ; on ne sait trop leurs occupations, le type de commerce auquel ils se livrent. On trouve seulement quelques bribes de renseignements[47] : ici (*Le Muet insensé* de Le Loyer), les pères font métier de marchandise et se savent soumis aux aléas de la fortune qui leur fait craindre les voleurs, la guerre ou les naufrages ; là (*Le Morfondu* de Larivey), Joachim compulse ses papiers tandis que sa femme Agathe craint les larrons ; ailleurs (*Les Déguisés* de Godard), le vieillard Grégoire explique ses trafics dans les grandes foires de l'Europe d'alors : Anvers, Strasbourg, Francfort.

Redisons-le : cette bourgeoisie de marchandise et de finance est obsédée par l'argent. Mais on peut faire la même remarque pour les gens de loi, du moins en lisant *La Reconnue* de Belleau ; à sa sensualité de vieillard, l'Avocat ajoute le défaut des milieux de « l'avocasserie », cette avidité de la justice qui fait traîner les affaires en longueur pour mieux tondre chicanoux ou malheureux justiciables.

Les fils de la bourgeoisie, inscrits aux collèges ou à l'université, constituent presque un milieu à part, la vie d'étudiant, avec ses libertés,

---

[47] Voir Charles Mazouer, « Le commerçant dans l'ancien théâtre comique français jusqu'à la Révolution », [in] *Commerce et commerçants dans la littérature*, 1988, pp. 19-35.

restant en marge de l'établissement (mariage et métier) auquel ces jeunes gens devront bientôt se résigner. Parfois pourvu d'un précepteur particulier – un de ces pédants aussi faméliques et sots que barbouillés de latin et d'érudition à travers lesquels sont caricaturés certains milieux scolaires et universitaires –, ils s'occupent peu de leurs études et dépensent l'argent des pères à faire la vie et à courir les filles – filles à marier ou femmes mariées. Il y a peu à dire de ceux – maquereaux et entremetteurs – qui servent leurs amours.

En revanche, notre échantillonnage social de la comédie serait incomplet si l'on ne soulignait pas la place des gens du peuple, souvent liés à la bourgeoisie citadine qui marque son niveau social en s'entourant d'une domesticité plus ou moins nombreuse : valets et servantes de tout acabit, qui font partie de la famille, confidents et auxiliaires, parasites aussi quand l'occasion s'en présente, jamais oublieux de satisfaire leur nature et généralement intéressés à l'instar des bourgeois qu'ils servent. Leur place est assez considérable dans les comédies, où ils apportent une indispensable saveur populaire.

Cette saveur tient grandement à leur langue, sur laquelle on pourra revenir. C'est le moment d'insister sur la convenance et sur la variété des langages, des styles de chaque personnage. A côté des jargons professionnels codifiés et immédiatement comiques comme ceux du pédant ou du fanfaron, les dramaturges, selon la volonté des théoriciens, se sont efforcés de faire parler chacun selon ce qu'il est : langage du désir ou phraséologie amoureuse plus élaborée, langages professionnels, langage familier de la vie quotidienne, parler cru et pittoresque de la domesticité. Oui, « c'est le langage qui contribue le plus fortement à rendre présentes les réalités du temps[48] ».

« Ce sont miroirs publics », dira des comédies un personnage de Molière[49], en reprenant la vieille métaphore mise en circulation par les dramaturges de la Renaissance. Quant à eux, ils ont pour l'essentiel réalisé leur vœu de refléter la vie française contemporaine ; à certains égards, la comédie humaniste peut être qualifiée de comédie de mœurs. A sa manière, la farce médiévale était déjà pleinement miroir de la vie ; la comédie de la Renaissance, ayant renouvelé sujets et personnages, reflète maintenant de nouveaux milieux : le théâtre comique s'est déplacé du

---

[48] Madeleine Lazard, *Le Théâtre en France au XVIᵉ siècle, op. cit.*, p. 201.

[49] Uranie dans *La Critique de L'Ecole des femmes*, scène 6.

menu peuple à la bourgeoisie des villes. Celle-ci, toujours entourée d'authentiques gens du peuple, correspond parfaitement aux requêtes des théoriciens qui, réservant à la tragédie nobles, grands seigneurs et princes, cantonne à la comédie un personnel dramatique de niveau inférieur.

L'art de la comédie

Le grand reproche fait par les nouveaux dramaturges au genre ancien de la farce est son absence d'art. A la farce basse et sotte, un Jean de La Taille oppose durement les comédies suivant le patron des Grecs, Latins et modernes Italiens – des comédies faites « selon l'art[50] » ; la farce est rejetée parce qu'elle n'est pas faite « selon le vrai art[51] ». Comme la tragédie, la comédie doit suivre les règles d'un art, souvent commun aux deux genres. La création de la comédie nouvelle est donc liée à tout un effort théorique, fondé sur les commentateurs anciens et distribué dans les arts poétiques qui fleurissent alors et dans les avant-textes dont les dramaturges ornent leurs éditions.

Définitions

Des écrits de l'Antiquité, ce ne sont pas d'abord ceux d'Aristote, au demeurant très bref sur la comédie, qui inspirent les théoriciens ; il faut attendre les *Poetices libri septem* de Jules César Scaliger pour qu'Aristote soit vraiment accessible. Tout part en fait de Donat, grammairien latin du IVe siècle et précepteur de saint Jérôme, qui commenta, avec l'aide d'Evanthius, les comédies de Térence. Sa comparaison de la tragédie et de la comédie est célèbre :

> *In comoedia mediocres fortunas hominum, parvi impetus periculaque, laetique sunt exitus actionum ; at in tragoedia omnia contraria [...]. Et illic turbulenta prima, tranquilla ultima : in tragoedia contrario ordine res aguntur. Tum quod in tragoedia fugienda vita, in comoedia capessenda exprimitur*[52].

---

[50] Prologue des *Corrivaux*.

[51] *De l'art de la tragédie.*

[52] *De tragoedia et comoedia.* Cité dans l'anthologie éditée par H. W. Lawton, *Handbook of French Renaissance Dramatic Theory*, 1949, p. 10, et par R. Lebègue, *Le Théâtre comique...*, *op. cit.*, p. 67. Voir aussi le chap. II de Robert Aulotte, *La Comédie française de la Renaissance et son chef-d'œuvre...*, 1984.

Donat, complété par l'*Art poétique* d'Horace et les écrits des orateurs Cicéron et Quintilien, servit de base aux formulations théoriques d'un Charles Estienne[53] ou de Jacques Peletier du Mans[54], mais aussi aux définitions et aux réflexions d'un Grévin[55], d'un Jean de La Taille, d'un Le Loyer[56] ou d'un François d'Amboise[57].

Nous allons toucher successivement, dans les développements qui suivent, aux problèmes qu'abordent ces écrits théoriques et aux préceptes qu'ils formulent concernant la structure et les parties de la comédie, ses personnages, ses buts. Retenons l'essentiel de la définition de la comédie, dont nous avons donné déjà les principales versions françaises en traitant du réalisme : un poème dramatique doté d'une action organisée, s'achevant par un dénouement heureux et écrit dans un style familier. Ce qui donne, dans le latin de Scaliger[58] : « *Comoediam igitur sic definiamus nos, poema dramaticum, negotiosum, exitu laeto, stylo populari* ».

Une comédie d'intrigue

Les théoriciens ne nous apprennent pas grand chose quand ils exigent que la comédie soit écrite en cinq actes. Ni même quand ils précisent qu'après un prologue – pratiquement tous les dramaturges useront de cette forme aux fins d'éclaircissement, de justification ou de polémique, profitant de ce que la parole leur est donnée avant de la livrer à leurs personnages – l'action inventée se divise en trois parties principales (Scaliger en ajoutera une quatrième !) : la protase, l'épitase et la catastrophe. En termes français, sans le pédantisme grec, et en se servant de Peletier[59], nous avons successivement : l'exposition qui remplit d'ordinaire le premier acte, où « s'explique une partie de tout l'Argument, pour tenir le Peuple en attente de connaître le surplus » ; le nœud avec ses

---

[53] « Epître du translateur au lecteur » de *L'Andrie* (1542) et « Epître du traducteur » de la *Comédie du Sacrifice* (1543).

[54] *Art poétique* de 1555, Second livre, chap. VII.

[55] *Brief Discours pour l'intelligence de ce théâtre*.

[56] Prologue du *Muet insensé*, qui défend l'égale dignité de la comédie face à la tragédie.

[57] Le Prologue ou Avant-Jeu des *Napolitaines*.

[58] Au Livre I des *Poetices libri septem*.

[59] *Art poétique*, Second livre, chap. VII, éd. cit., p. 302.

obstacles et ses péripéties, quand l'action avance et que « les affaires tombent en difficulté, et entre peur et espérance » ; après le trouble, le dénouement, « soudaine conversion des choses en mieux ». Au fond, dans cette marche gît déjà une sorte de philosophie de la comédie : on y voit la Fortune ou la Providence brouiller les destins des personnages, les soumettre aux périls et aux avanies, avant de remettre la situation dans une assiette heureuse et de rendre chacun finalement content – n'oublions pas que *Les Contents* sont le titre du chef-d'œuvre de la comédie humaniste. Il n'y a pas lieu d'insister sur les fameuses unités, dont la moins mal respectée semble être l'unité de temps : le débat n'est qu'amorcé.

Mettons plutôt en valeur le plus important : la comédie du XVIe siècle est une comédie d'intrigue. Dans les sujets vraisemblables fondés sur une intrigue d'amours contrariées au cours de laquelle se manifeste le conflit entre la jeunesse et les hommes d'âge, la marche réglée de l'action signale le souci premier de l'agencement et de ses effets sur les spectateurs. Il faut relire, malgré le style embarrassé, les quelques vers de *L'Art poétique français* de Vauquelin de La Fresnaye consacrés à la matière comique[60] pour le vérifier ; ils reprennent, mais amplifient singulièrement ce que disait Peletier sur les trois parties du poème dramatique comique : la première ne laisse qu'entrevoir l'argument afin que l'âme de chacun reste suspendue dans l'attente ;

> La seconde sera comme vn Enu'lopement ,
> Vn trouble-feste, un brouil de l'entier argument :
> De sorte qu'on ne sçait qu'elle en sera l'issue,
> Qui tout'autre sera qu'on ne l'auoit conceue.
> La derniere se fait comme vn Renuersement,
> Qui le tout debrouillant fera voir clairement
> Que chacun est content par vne fin heureuse,
> Plaisante d'autant plus qu'elle estoit dangereuse.

Héritière de la comédie antique et de la *commedia erudita*, cette comédie d'intrigue façonne avec art l'*imbroglio* avant de le dénouer heureusement.

Substitutions et déguisements qui entraînent des quiproquos dissipés par quelque reconnaissance, tromperies, parfois éventées par quelque espion

---

[60] Livre III, vv. 111-124, éd. cit., p. 132.

à l'écoute, qui s'entrecroisent et embrouillent l'écheveau : tels sont les principaux moyens de parvenir au « brouil », à l'embrouillement – traduction de l'*imbroglio*. Plaisir de l'intrigue et comique de situation : la disposition de la comédie nouvelle est calculée pour surprendre, malmener, bousculer et finalement émerveiller le spectateur . Celui-ci se trouve assurément projeté dans un univers esthétique bien différent de la farce.

Il nous restera, chemin faisant parmi les œuvres elles-mêmes, à apprécier la technique dramaturgique de chaque auteur, embarrassée et alourdie par de multiples monologues chez tel ou tel, aisée, habile, claire, rapide chez d'autres. Certains dramaturges ont visiblement le génie du mouvement dramatique et scénique ; et il n'est pas impossible de repérer des progrès dramaturgiques au fil du temps. Mais le nouveau théâtre comique aura bien imposé en France la comédie d'intrigue.

La conception du personnage

Ce ne pouvait véritablement réaliser ce que l'on admirera au XVIIe siècle sous le nom de comédie de caractère. Trois ordres de faits l'en empêchaient. D'une part, la primauté de l'intrigue ne portait pas à l'analyse psychologique. D'autre part, le poids de l'imitation, de même qu'il entravait le plein développement d'une comédie de mœurs, pesait sur l'analyse des caractères : comment préciser et affiner l'analyse quand on est tributaire de types conventionnels imposés et passablement figés ? Enfin, comme sa sœur la tragédie, la comédie du XVIe siècle subit l'influence profonde et étendue de la rhétorique ; à tant s'occuper du discours des personnages, par ailleurs très bavards, on peut plus difficilement leur constituer une personnalité esthétique et y faire croire.

Cela dit, le XVIe siècle a eu une conception du caractère comique[61], en s'inspirant évidemment de l'Antiquité. On y retrouve le souci des mœurs du personnage, ce qu'Aristote appelle l'*éthos*. On y retrouve aussi une réflexion concernant le *decorum*, menée à partir de la méditation sur le théâtre de Térence. Erasme est revenu à plusieurs reprises sur la question, invitant, par exemple dans l'*Ecclesiastes* de 1536, à enrichir le type, doté de son *decorum personae* ou *decorum* général (un jeune homme est amoureux, un esclave rusé, un vieillard grincheux...), par le *decorum peculiare* ou *decorum* particulier, grâce auquel on peut donner

---

[61] Voir Marvin T. Herrick, *Comic Theory in the Sixteenth Century*, 1950, chap. IV.

au personnage des traits individuels. Plus encore que chez les dramaturges hellénistiques, c'est chez Térence qu'on trouve cela et c'est cela qu'il faut imiter ; Térence constituait pour Erasme ou pour un Scaliger, qui partageait le même souci, une « véritable école de la différence[62] ». Il ne serait probablement pas impossible de rapprocher le souci de l'individualisation du personnage de théâtre de l'évolution du portrait pictural dès le XVᵉ siècle et même de relier ces faits culturels à l'influence du scotisme, soucieux des propriétés individuelles[63].

Quoi qu'il en soit, le résultat est là : si les dramaturges de la Renaissance se sont efforcés de promouvoir le personnage en différenciant, voire en individualisant un peu les types reçus de la tradition, sauf exception notable leur « peinture des caractères demeure, somme toute, assez sommaire[64] ».

L'écriture comique

Le premier problème est celui du vers et de la prose. La farce médiévale avait toujours utilisé le vers octosyllabe. Les anciens Grecs et Latins n'auraient pas imaginé les pièces écrites autrement qu'en vers. Malgré eux et malgré les théoriciens, les dramaturges italiens eurent la plupart du temps recours à la prose, plus proche du langage quotidien. Nos dramaturges de la Pléiade et quelques autres après eux s'en tinrent au vers, et reprirent celui de la farce. Vauquelin de La Fresnaye codifia cet usage :

> Mais nostre vers d'huict, sied bien aux comedies,
> Comme celuy de douze aux graues Tragedies[65].

Pourtant, dès 1542, Charles Estienne traduisait Térence en prose et s'en expliquait en revendiquant la liberté du traducteur. Récidivant en 1543 avec sa traduction des *Ingannati*, il justifiait les auteurs siennois de ne pas s'être soumis « aux rithmes de leur langue » (c'est-à-dire à la métrique du vers italien) : « voyans que le vers ôte la liberté du langage et propriété

---

[62] Jean Lecointe, *L'Idéal et la différence : la perception de la personnalité littéraire à la Renaissance*, 1993, p. 438.
[63] Voir Jean Lecointe, « Les quatre Apostoles : échos de la poétique érasmienne chez Rabelais et Dürer », *R.H.L.F.*, 1995-6, pp. 887-905.
[64] Madeleine Lazard, *La Comédie humaniste au XVIᵉ siècle...*, *op. cit.*, p. 408.
[65] *Art poétique français*, Livre I, vv. 631-632 (éd. cit., p. 39).

d'aucunes phrases », ils « ont beaucoup mieux aimé faire réciter leur Comédie en belle prose (pour mieux montrer l'effet et sens d'icelle[66]) ». La Taille, Larivey, François d'Amboise, Turnèbe optèrent pour la prose, à la fois plus souple et plus vraisemblable . C'est ce qu'explique Larivey, en défendant longuement sa liberté : il aurait été capable de composer ses comédies en vers, mais ne l'a pas fait parce qu'il lui a semblé « que le commun peuple, qui est le principal personnage de la scene, ne s'estudie tant à agencer ses paroles qu'à publier son affection, qu'il a plutost dicte que pensée[67] ». Et les partisans de la prose ont eu raison : style personnel ou maladresse, l'octosyllabe d'un Jodelle, d'un Grévin ou d'un Perrin est embarrassé, alors que La Taille, Larivey et Turnèbe ont inventé une prose habile, souple, généralement coulante – mettant au point une belle prose comique française.

Plus largement, nos dramaturges ont eu à inventer une nouvelle langue comique, puisqu'ils refusaient celle, merveilleuse, de la farce médiévale. Il est bien difficile de porter un jugement général sur la langue et le style de la comédie de la Renaissance. Chaque auteur a sa manière propre qu'il faudra éclairer : rien de commun entre le vers toujours un peu abrupt et compliqué d'un Jodelle, la prose aisée d'un Jean de La Taille, la saveur si coulante et si vrai du style de Turnèbe et celle, passablement moins légère, du langage de Larivey.

Et il ne faut pas oublier le phénomène original au théâtre de la double énonciation : le dramaturge écrit, mais ce sont ses personnages qui parlent. Autant que du style de l'écrivain, il faudrait parler du style des personnages, qui est tributaire et de la rhétorique et de la convenance. La prégnance de la rhétorique, que nous avons déjà remarquée dans la comédie, est parfois aussi forte sur ce genre que sur le genre tragique. Les commentateurs de Térence trouvaient chez le Latin de parfaites illustrations de l'*elocutio* autant que de l'*inventio* et de la *dispositio* ; nos dramaturges eurent toujours un peu ce modèle devant eux[68] quand ils firent parler leurs personnages. D'autre part, non seulement la comédie, à cause de son sujet, a son ton propre différent de celui de la tragédie, mais, si le dramaturge montre du talent, chaque personnage est caractérisé

---

[66] « Epître du traducteur » de la *Comédie du Sacrifice*, éd. cit., pp. 95-96.

[67] « Epître à Monsieur d'Amboise » en tête des *Six Premières Comédies*..., [in] éd. cit. du *Laquais*, p. 58.

[68] Voir toujours sur toutes ces questions la *Comic Theory in the Sixteenth Century* de M. T. Herrick déjà citée.

par un langage et par un style[69] qui lui conviennent et qui doivent le peindre, comme nous l'avons vu. Cela tempère passablement l'influence de la rhétorique, surtout chez les meilleurs dramaturges. Notons au passage que ces personnages, qui appartiennent beaucoup à la bourgeoisie, n'hésitent pas à retrouver un ton proprement tragique dans l'adversité ou dans les revers amoureux, où ils apostrophent volontiers la Fortune ; ils paraissent s'appuyer en cela sur quelques vers d'Horace.

Enfin, il faudra apprécier la qualité proprement dramatique de l'écriture de chaque auteur. Là encore, le naturel le dispute à la rhétorique. L'exemple du monologue est toujours intéressant : beau morceau rhétorique, voire lyrique, il casse, si on en abuse, l'aisance du dialogue. C'est dans cet esprit qu'on examinera, pour chaque dramaturge, la technique du dialogue : répliques longues et répliques courtes, enchaînement des répliques, utilisation de l'*a parte*, rythme des échanges... Car nos écrivains doivent être jugés à la qualité de leur style de théâtre.

La représentation

L'art de la comédie ne s'épuise pas dans la dramaturgie de l'action, la conception des personnages et l'écriture dramatique ; écrire du théâtre, c'est écrire pour la scène. L'affaire est bien entendue désormais pour les comédies comme pour les tragédies de la Renaissance : elles ont bel et bien pu être représentées et des représentations sûres sont attestées. Sans doute par des comédiens différents et dans des conditions matérielles différentes, qui vont de la simple estrade – l'échafaud médiéval ! – dans la plupart des cas, aux somptueux dispositifs qui pouvaient appliquer le décor de Serlio et pratiquer la perspective – configuration rarissime, réservée à un public de cour. Nous n'avons pas à revenir sur ces questions, abordées en leur temps[70]. L'espace scénique représente une rue ou une place bordée de maisons, avec éventuellement des ruelles adjacentes ; l'action se joue donc dans la rue, mais les personnages

---

[69] Parfois aussi par sa langue maternelle, différente de celle des autres personnages (des traces de gascon, de provençal, d'italien, d'espagnol, sans compter le latin des pédants, devenu presque leur langue). Sur ce phénomène, voir Mieczyslaw Brahmer, « La comédie polyglotte (XVIe-XVIIe siècles) », [in] *Actes du Xe Congrès international de linguistique et de philologie romane*, 1965, t. I, pp. 380-382.

[70] Voir *supra*, chap. VI, pp. 189-194. Pour la comédie, un état complet de la question est fait par Raymond Lebègue, *Le Théâtre comique en France...*, *op. cit.*, chap. 14 : « La comédie dans la vie et sur la scène », pp. 114-126.

peuvent se trouver à l'intérieur des maisons, utilisant aussi portes et fenêtres. On voit que l'unité de lieu n'a rien de strict. La lecture des comédies ne renseigne pas seulement sur la configuration de l'espace ; elle peut donner aussi des indications sur la mise en scène et le jeu des acteurs[71]. Si toutes nos comédies de la Renaissance n'ont pas été jouées, les dramaturges les avaient certainement pensées pour la représentation.

Morale et rire

Définissant la *néa*, la comédie nouvelle des Grecs – celle de Ménandre que Plaute et Térence acclimatèrent à Rome –, Charles Estienne conclut ainsi son paragraphe : « En icelle y avait mots pour rire, sentences joyeuses, argument bien disposé et conduit, réformation de mœurs corrompues et lascives[72] ». On repère aussitôt cette conjonction du comique et de l'enseignement moral qu'Horace théorisa plus généralement pour toute la littérature, dans son *Art poétique* : l'écrivain doit mêler l'utile à l'agréable (« *miscuit utile dulci* »), donner en même temps du plaisir et un enseignement (« *delectando pariterque monendo* »). *Delectare* et *monere* : les auteurs de comédie doivent aussi se soumettre à ce précepte.

Le problème concerne l'équilibre entre les deux exigences. Quand il oppose les genres comiques médiévaux aux comédies antiques, Thomas Sébillet[73] remarque lucidement que les unes émeuvent « à ris et plaisir » et n'avaient d'autre but[74], alors que dans les comédies de l'Antiquité (mais il doit connaître mieux Térence qu'Aristophane !) « il y avait plus de Moral que de ris ». Qu'en est-il de cet équilibre dans notre comédie humaniste ?

---

[71] Voir Brian Jeffery, *French Renaissance Comedy*, op. cit., chap. II.

[72] « Epître du translateur » de *L'Andrie*, éd. cit., p. 26.

[73] *Art poétique français*, Deuxième livre, chap. VIII, éd. cit. de F. Goyet, pp. 133 et 134.

[74] S'occupant de la farce, Laudun d'Aigaliers, dans son *Art poétique français* de 1597 (Livre V, chap. I) précise qu'il faut « que presque à chacun vers il y aye moyen de rire » (éd. cit., p. 193).

Les intentions morales

De l'enseignement moral, il est beaucoup question dans les déclarations liminaires de nos dramaturges. Le spectacle comique prétend enseigner et, « par le bonheur ou malheur d'autruy », apprendre au spectateur « ce qui est utile pour la vie, et au contraire cognoistre ce que lon doit fuir », déclare Grévin pour compléter sa définition de la comédie[75]. Larivey ne cessera de revenir sur la question, à partir de la définition attribuée à Livius Andronicus. Relisons l'épître dédicatoire des *Six Premières Comédies facétieuses*[76], où il proclame son originalité dans le genre comique pour avoir acclimaté chez nous tous ces bons auteurs italiens qui s'ébattaient de tâches plus austères en des « comedies morales et facecieuses » :

> Considerant que la comedie, vray miroüer de nos œuvres, n'est qu'une morale filosofie, donnant lumiere à toute honneste discipline, et par consequent à toute vertu, ainsi que le tesmoigne Andronique, qui premier l'a faict veoir aux Latins, j'en ay voulu jetter ces premiers fondemens, où j'ay mis, comme en bloc, divers enseignemens fort profitables, blasmant les vitieuses actions et louant les honnestes, affin de faire congnoistre combien le mal est à eviter, et avec quel courage et affection la vertu doibt estre embrassée pour meriter louange, acquerir honneur en ceste vie et esperer non seulement une gloire eternelle entre les hommes, mais une celeste recompense après le trespas. Et voyla pourquoy mon intention a esté, en ces populaires discours, de representer quelque chose sentant sa verité, qui peust par un honneste plaisir apporter, suyvant le precepte d'Horace, quelque profit et contentement ensemble.

Les prologues du *Laquais*, de *La Veuve* ou des *Jaloux* ne feront qu'enfoncer le clou : Larivey ne fournit pas seulement de la matière pour rire, mais aussi pour apprendre, aux vieillards et aux jeunes gens à modérer les désirs et les passions, aux dames à conserver leur honnêteté, comme aux parents à songer aux affaires de leur ménage ; il défend derechef une comédie qui « enseigne ce qui est utile à la vie et comme il faut fuir les vices et se distraire de toute meschanceté[77] ».

Passé les déclarations liminaires, la réalité des comédies s'avère un peu plus problématique sur le plan de l'enseignement moral.

---

[75] Dans son *Brief Discours...*, éd. cit., p. 7.

[76] Dans l'éd. cit. du *Laquais*, pp. 56-57.

[77] Prologue des *Jaloux* (A.T.F., 6, p. 8).

Sans doute un certain nombre de ridicules, de défauts et de vices sont-ils sanctionnés, comme la négligence des mères, l'avarice des pères, les pulsions amoureuses des vieillards ou la vanité des soldats fanfarons ; et les dénouements, scellant leur échec, transforment ces personnages en leçons bien parlantes. Plus profondément encore, voyez toutes ces intrigues qui opposent deux générations : la jeunesse insouciante, avide de plaisirs, et les pères gardiens de l'ordre bourgeois. La comédie montre les débordements des jeunes gens contre cet ordre. Un père sage, comme Hilaire dans *Les Esprits*, sait « qu'il est necessaire que la jeunesse ayt son cours[78] ». Un autre, le Jérôme des *Jaloux*, du même Larivey, s'est montré indulgent avec son fils unique :

> Tandis que ton aage l'a requis, j'ay assez souvent [...] fermé les yeux à tes apetiz, esperant que quelque jour le temps te meuriroit et te feroit homme de bien. Mais, quand j'ay veu que tu ne te veux amender de toy-mesmes, et que l'aage ne t'apporte rien de bon, j'ay voulu estre celuy qui te mettra au chemin de bien vivre[79].

En un mot, la comédie doit acheminer la jeunesse vers l'acceptation de l'ordre et l'installer, au dénouement, dans le conformisme moral. Là où la farce montrait le spectacle d'un monde à l'envers, la comédie établit *in fine* la morale de la bourgeoisie et son ordre.

En attendant le dénouement, ce qu'on voit dans les comédies n'est guère moral ! Immoralité nécessaire pour faire sentir finalement l'intention morale ? Peut-être. Mais le dénouement ne châtie pas toujours malhonnê-tetés, vices et tromperies ; il les récompense même et parfois prône le libertinage et le cynisme, mettant singulièrement en péril le conformisme final convenu et la victoire de la morale établie.

Si la liberté et la grossièreté de la farce ne sont plus de mise, le monde de la comédie humaniste reste passablement immoral. Et les gens du peuple – serviteurs et servantes – ne sont pas les seuls à être soumis à leurs instincts et singulièrement à leur sexualité. Pères bafoués, maris trompés par des femmes légères, jeunes filles vite consentantes aux entreprises du galant, filles prises de force ou par tromperie : les grandes

---

[78] Larivey, *Les Esprits*, I, 1.
[79] Larivey, *Les Jaloux*, II, 6.

lois du désir et du plaisir continuent de régner[80] ; et la lutte où la force l'emporte sur la faiblesse, la ruse sur la crédulité : il s'agit toujours de tromper et de se satisfaire. Une mise en scène marquante du *Fidèle* de Larivey par Jean-Marie Villégier, en 1989, donna à voir cette violence, parfaitement immorale, de manière saisissante.

Au fond, il faut s'interroger sur les intentions réelles des dramaturges, qui ne sont pas toujours aisées à déchiffrer. Sont-ils indignés par le spectacle des vices de leur société et décidés à en réaliser la satire par le rire pour les corriger ? Ou plus détachés, plus contemplatifs, se content-ent-ils de nous amuser, de nous faire sourire ou de nous faire rire d'un monde détraqué, sans penser véritablement le corriger ? D'excellents critiques italiens[81] ont même voulu voir dans cette différence d'esprit ce qui opposait les deux générations d'auteurs comiques. Mais le débat entre la satire plus engagée et le détachement plus cynique traverse peut-être chaque œuvre comique. Quoi qu'il en soit, si nos dramaturges de la Renaissance n'ont pas su préciser et approfondir, à la différence de leur cadet Shakespeare, une philosophie du rire dans leurs comédies, ils manifestent ici une hésitation qui sera encore celle de notre génial Molière, si acharné contre les vices de son siècle, mais finalement assez sceptique sur la possibilité de corriger réellement ses contemporains et choisissant de transformer en spectacle comique la bêtise et la violence du monde réel.

Le comique

Reprenons pied dans la réalité concrète des œuvres : comment s'y manifeste le comique ? Car, si dramaturges et théoriciens ont fort peu réfléchi sur le rire – quand on se soucie du risible, c'est pour renvoyer à Aristote ou à Cicéron[82] – , les comédies affichent souvent leur volonté

---

[80] Voir aussi Donald Stone, Jr, « Anatomy of a Moral : seduction in sixteenth-century French Comedy », [in] *Essays in Early French Literature presented to Barbara M. Craig*, 1982, pp. 147-161.

[81] Voir : Enea Balmas, *La Commedia francese del Cinquecento*, 1967, et « A propos des *Contents* d'Odet de Turnèbe », [in] *Saggi e ricerche sul teatro francese del Cinquecento*, 1985, pp. 131-140 ; Luiga Zilli, « Une querelle théâtrale : Larivey et Perrin face aux *Ecoliers* », [in] *Pierre de Larivey (1541-1619)...*, 1993, pp. 39-48.

[82] Il faut mettre à part le médecin L. Joubert et son *Traité du ris*, dont l'approche est physiologique (voir Madeleine Lazard, « Du rire théorisé au comique verbal. Le Traité du

de plaire en suscitant la joie ; on a fait remarquer que le *delectare*
horatien n'implique pas automatiquement le rire, qu'on peut plaire et
divertir dans la comédie sans avoir pour but essentiel de faire rire et que
Térence, parangon de toute bonne comédie pour nos auteurs, fait plutôt
sourire que rire. Certes. Et ceux-ci sont si pressés d'affirmer l'utilité
morale de leurs œuvres qu'ils en oublient de mentionner le rire, qui leur
semble peut-être aller de soi dans une comédie. Pourtant, Grévin parle
bien de comédies « gaillardes et joyeuses ». Larivey publie pour commencer six comédies *facétieuses*. Son *Laquais* doit fournir d'abord de la
matière « pour rire » (Prologue) ; et quand il veut souligner l'originalité
de son *Fidèle* avec esprit, il fait mine, dans le Prologue, de renvoyer les
spectateurs qui seraient venus « en intention de rire, espérant voir
représenter la simplicité d'un vieillard et ancien marchand, les sottises
d'un niais valet, les gourmandises et déshonnêtetés d'un écornifleur, et
l'immoralité d'un ivrogne[83] » – désignant ainsi très exactement des
sources habituelles du comique à quoi rient aussi les spectateurs de ses
comédies. Avec ses *Napolitaines*, François d'Amboise offre une comédie
« fort facétieuse » (sous-titre) ; il annonce, dans le *Sommaire de cette
histoire comique*, « les amours plaisantes et comiques » de trois jeunes
amants qui détendront les esprits des spectateurs et, dans le Prologue ou
Avant-Jeu, il met d'abord en avant que sa pièce est « plaisante et
facetieuse autant qu'autre qui ait cy-devant animé le riant théâtre[84] ».

Si nos auteurs voulaient bien faire rire, quelles sont les sources et
qualités du comique qu'on rencontre dans leurs pièces ? Le Prologue de
La Veuve de Larivey peut nous fournir un canevas qui, dans son apologie
de la comédie seule capable de délecter les yeux, les oreilles et l'entendement, pointe successivement la délectation apportée par les personnages,
l'action et le langage[85].

Commençons par l'action : elle réjouit l'esprit « si premierement la
fable est embellie par industrieuses tromperies et gaillards et improveuz
evenemens », dit notre Prologue. Indéniablement, une grande part du

---

Ris de L. Joubert (1579) et le comique de l'amour dans *Les Napolitaines* de François
d'Amboise et *Les Contents* de Turnèbe », [in] *Studi di letteratura francese*, X : *Commedia
e comicità nel Cinquecento francese e europeo*, 1983, pp. 19-30.

[83] Prologue (éd. préparée par L. Zilli, pour la collection du répertoire de L'Illustre
théâtre,1989, pp. 4-5).

[84] Suivre de préférence l'éd. Hilde Spiegel, Heidelberg, 1977.

[85] *A.T.F.*, 5, pp. 105-106.

plaisir comique, dans ces pièces d'intrigue, vient des situations. Tout cet agencement de l'*imbroglio*, avec ses complications, ses contretemps et ses surprises piquantes ravit le spectateur. Et il ne faut pas oublier que l'essentiel des actions est constitué de *burle* ou *beffe*, c'est-à-dire de bons tours et de tromperies avec leur cortège de dupes et de victimes naïves dont l'échec donne au spectateur le plaisir de se sentir supérieur. Larivey désigne bien le caractère propre de ces plaisirs : plaisir de l'intelligence devant le mécanisme des intrigues, surprise plus tonique et qui peut donner occasion à la décharge du rire devant les péripéties (« gaillards evenemens »). Mais, dans les deux cas, gaieté d'esprit plus que rire franc.

Les personnages amènent un rire plus diversifié, selon qu'on a affaire à des types un peu affinés ou à des types caricaturaux. Si l'auteur est capable de faire remarquer quelque contradiction entre les déclarations et la réalité, entre l'apparence et la réalité chez des amoureux[86] ou chez une mère dévote, nous sourirons. On pourrait même parler d'un comique de caractère. Mais il va de soi que les types traditionnels, avec leurs traits grossiers et figés, leur comportement et leur langage, font automatiquement rire d'un rire plus net. Le vieillard ou le pédant sensuels – celui-ci embarbouillé dans son latin – qui se croient capables de séduire et qui sont régulièrement bernés et bafoués, les soldats fanfarons, aussi éclatants dans leurs vantardises verbales que nuls devant l'ombre du moindre danger, sont des caricatures, des bouffons, objet d'un rire sans histoire et facile à faire naître. Un valet stupide aussi est ridicule et nous fait rire de lui.

D'autres serviteurs et servantes nous font plutôt rire avec eux, essentiellement par leur langage . Au-delà du latin mêlé de français du pédant, des accumulations, des grivoiseries, de l'abondance des métaphores militaires qui sortent de la bouche du *miles gloriosus*, des niaiseries d'un valet – « inepties » qui font rire surtout les ignorants, dit Larivey –, il faut souligner une recherche de la saveur et du plaisir de la langue. La langue drue et très souvent crue des domestiques apporte ce genre de plaisir ; en outre ceux-ci aiment à jouer avec les mots, à manier l'équivoque, à rectifier en *a parte* quelque vantard, bref à se livrer à toutes sortes de

---

[86] Voir, sur le comique de l'amour, les analyses de Madeleine Lazard dans son article cité « Du rire théorisé au comique théâtral... ».

facéties verbales[87]. Larivey, qui ne doit pas seulement penser au langage des valets, affirme qu'une belle comédie est « tissue » aussi de « plaisans discours », « railleries, et promptes et aigues responses » ; il reconnaît toutefois que tout cela fait rire non du rire débridé des ignorants, « mais d'une modeste gayeté et soigneuse prudence qui emeuvent encores les plus doctes ».

La comédie de la Renaissance, qui négligea beaucoup le comique de gestes, a donc su exploiter les autres comiques traditionnellement repérés de mots, de caractère et de situation[88]. Mais elle fait rire avec la réserve d'une époque dont l'idéal est plutôt le sourire que le rire[89]. C'est qu'elle rejetait aussi le rire débridé de la farce, le rire populaire qui rabaisse, balaie tout esprit de sérieux, emporte tout dans un grand mouvement de fantaisie et s'affranchit de toutes les normes du réalisme et de la morale.

Il est difficile de savoir, à quatre siècles de distance, ce qui pouvait faire rire les spectateurs du temps ; mais le lecteur moderne doit avouer que la comédie humaniste lui paraît assez modérément comique – aussi modérément comique, au fond, que médiocrement morale.

*
*   *

En tout cas, on comprend qu'à son époque même, la comédie humaniste ne soit pas parvenu à se faire un public. Son esthétique, assez radicalement nouvelle par rapport à la farce – un autre art est mis en œuvre, une autre vision de la comédie, un autre rire – ne pouvait que lui faire perdre le public populaire qui se régalait de la farce et continuait à s'en régaler malgré les doctes, sans qu'un autre public le remplace vraiment.

---

[87] Sur les facéties en général, voir Madeleine Lazard, « Facéties et comédie humaniste », *R.H.R.*, n° 7, mai 1978, pp. 136 sq. (étude développée ou reprise en 1979 : « L'esprit facétieux dans la comédie humaniste », et en 1990 : « Rire et jeu verbal dans la comédie humaniste »).

[88] Voir des détails dans Raymond Lebègue, *Le Théâtre comique...*, *op. cit.*, pp. 100-103.

[89] Voir Daniel Ménager, *La Renaissance et le rire*, 1995.

LES ŒUVRES

De la représentation parisienne de *L'Eugène* de Jodelle, à la fin de 1552, jusqu'à la publication en 1611 des *Trois Nouvelles Comédies* de Larivey, la vingtaine de comédies composées se distribue nettement en deux périodes qui correspondent à deux générations bien tranchées de dramaturges, comme l'ont très tôt fait remarquer les historiens du théâtre de la Renaissance.

La première génération est nettement celle de la Pléiade. Les poètes Etienne Jodelle – celui que la nouvelle école glorifia d'avoir été le premier à restaurer la comédie puis la tragédie régulière –, Jean-Antoine de Baïf et Rémi Belleau furent membres du groupe de Ronsard ; Jacques Grévin et Jean de La Taille se formèrent à la poésie et au théâtre dans la même ambiance de la Pléiade, dont ils furent des proches avant de suivre un destin séparé. Par l'âge, la formation, les enthousiasmes, les idées esthétiques et les ambitions littéraires, ils forment un ensemble ; tous veulent illustrer une nouvelle manière de faire des comédies. Avec l'énergie et l'appétit de la jeunesse : ils ont entre 20 et 30 ans quand ils composent leurs comédies, à destination surtout du milieu estudiantin.

Après une pause assez prolongée, la production comique ne reprend qu'à la fin des années 1570. Il ne s'agit plus d'imposer la comédie nouvelle, qui est désormais un genre bien constitué. Sur les œuvres de cette période, l'influence du théâtre italien se fait très importante. Les auteurs aussi changent, qui ne sont plus de jeunes poètes ambitieux, mais des amateurs qui se sont passé une comédie dans leur jeunesse ou qui en donnent une pour se délasser de plus graves fonctions. Pierre Le Loyer était un magistrat angevin ; François d'Amboise fut conseiller au parlement de Bretagne puis conseiller d'Etat ; Odet de Turnèbe fut reçu avocat au parlement de Paris et nommé, peu avant sa mort, premier président de la Cour des monnaies. A côté d'autres magistrats, comme Jean Godard, on trouve des gens d'Eglise : Pierre de Larivey et François Perrin était chanoines.

A quel public s'adressaient-ils ? On se le demande parfois, comme dans le cas de Turnèbe, dont *Les Contents* furent publiés trois ans après sa mort. François d'Amboise a probablement écrit et fait représenter ses *Napolitaines* quand il était tout jeune régent au collège de Navarre ; il se décida à publier sa comédie beaucoup plus tard, en pensant qu'elle pourrait divertir un public de lecteurs. François Perrin laissa publier sa comédie des *Ecoliers* qu'il avait été obligé de rechercher « parmy un grand fatras de vieux papiers ». Larivey publia soigneusement ses neuf comédies pour un lectorat cultivé ; pour autant qu'elles ont pu être représentées par des comédiens ou dans des représentations privées, leurs prologues[90] indiquent que le dramaturge pensait à un public surtout bourgeois : gens du Palais et gens de l'Université et des collèges. Ainsi, sur ce point du public comme sur quelques autres, les deux générations de dramaturges comiques peuvent se rejoindre.

La génération de la Pléiade

Avant d'examiner les œuvres originales, il convient de souligner l'activité de traduction. On a dit son importance, comme dans le cas de la tragédie, pour la constitution du genre. Par ses traductions de Térence et de la comédie italienne *Gl'Ingannati*, et par les longues épîtres du traducteur qui les précèdent, Charles Estienne[91] diffusa le premier des modèles pour un nouveau théâtre comique et en désigna les sources : le théâtre latin et le théâtre italien. La *commedia erudita*, moins immédiatement accessible que la comédie romaine, fut aussi connue par des traductions de Jacques Bourgeois, de J.-P. de Mesmes et de Jean de La Taille, qui transposèrent tous trois l'Arioste – les deux premiers *I Suppositi*, le dernier *Il Negromante*[92].

De surcroît, ces traductions sont à apprécier en tant que telles, dans leur valeur littéraire intrinsèque. Traducteur, Jean de La Taille confirme ses qualités d'écrivain de théâtre. Par la fidélité et la qualité de la langue, Charles Estienne l'emporte sur les traducteurs d'*I Suppositi*. Mais il faut surtout mettre en valeur le travail de J.-A. de Baïf, traducteur de

---

[90] Madeleine Lazard, « Du public italien au public français : épîtres dédicatoires et prologues de Pierre de Larivey », [in] *L'Ecrivain face à son public en France et en Italie à la Renaissance*, 1989, pp. 253-264.

[91] Voir H. W. Lawton, « Charles Estienne et le théâtre », art. cit.

[92] Jacques Bourgeois, *Comédie très élégante en laquelle sont contenues les amours récréatives d'Erostrate [...] et de la belle Polymneste* (1545), éd. Mariangela Miotti, [in] *La Comédie à l'époque d'Henri II et de Charles IX*, Première série, vol. 6, 1994, pp. 227-340 ; J. P. de Mesmes, *Comédie des Supposés de M. Louis Arioste* (éd. bilingue de 1552) ; Jean de La Taille, *Le Négromant* (édité en 1573 mais écrit bien avant), éd. François Rigolot, [in] *La Comédie à l'époque d'Henri II et de Charles IX*, Première série, vol. 9, 1997, pp. 127-207.

l'*Eunuchus* de Térence et du *Miles gloriosus* de Plaute[93]. En usant habilement de l'octosyllabe, Baïf donna une version fidèle mais un peu plate de Térence, et surtout une version véritablement francisée, une adaptation éblouissante de Plaute[94]. Ce *Brave* naturalisé ouvrit la voie à la production du merveilleux adaptateur de l'italien que fut ensuite Larivey.

L'Eugène *de Jodelle*

En quelques jours ou en quelques semaines, le tout jeune Jodelle compose et fait jouer dans un collège la première comédie régulière française, *L'Eugène*[95], à l'automne 1552. Pionnier du nouveau théâtre comique (mais sa comédie ne sera éditée qu'en 1574), comme il le sera quelques mois plus tard du théâtre tragique, Jodelle fait précéder sa comédie d'un prologue de 86 vers, écrit à sa manière : l'originalité y est orgueilleusement soulignée. Il sera le premier à restaurer – elle le mérite autant que la tragédie – la comédie à l'antique, contre la farce, mais sans servilité à l'égard des « comiques vieux » (l'invention et le style seront nôtres, français) et avec le souci fort remarquable de plaire à tous, c'est-à-dire aussi au peuple (« ne dedaignant le plus bas populaire », v. 20). La lecture de la pièce confirme ce paradoxe : en voulant amuser jusqu'au public populaire avec une comédie faite à l'antique mais française, le contempteur de la farce nationale, certainement à son insu, retrouve exactement l'intrigue et les personnages de celle-ci[96] ! Qu'on en juge.

L'abbé Eugène, avec l'aide de son chapelain, Messire Jean, s'est aménagé une vie de plaisir parfaitement épicurienne ; en particulier, pour couvrir l'honneur de son amante Alix, il l'a mariée au bon lourdaud Guillaume, parfaitement aveugle sur l'inconduite d'Alix. Mais alors même

---

[93] *L'Eunuque* (ms achevé en 1565) et *Le Brave* (représenté en 1567), tous deux imprimés en 1573 (éd. Simone Maser, [in] *La Comédie à l'époque d'Henri II et de Charles IX*, Première série, vol. 8, 1996, pp. 167-400).

[94] Voir Simone Maser, « Jean-Antoine de Baïf, dramaturge », *B.H.R.*, 1985, pp. 555-567. Fils de traducteur, Baïf traduisit aussi l'*Antigone* de Sophocle. Voir également Luigia Zilli, « Lodovico Dolce e Jean-Antoine de Baïf interpreti del *Miles gloriosus* », [in] *Saggi e ricerche sul teatro francese del Cinquecento*, 1985, pp. 103-129.

[95] Ed. Michael J. Freeman, University of Exeter, 1987.

[96] Voir Barbara Bowen, *Les Caractéristiques de la farce française et leur survivance...*, *op. cit.*

que l'abbé a des craintes sur la crédulité de Guillaume, le gentilhomme Florimond, qui a eu Alix pour amante auparavant, revient de la guerre. Ce sera le nœud de l'intrigue : mis au courant de la trahison d'Alix, Florimond fait un esclandre, bat Alix, lui réclame les cadeaux et biens donnés, tandis que le lamentable Guillaume fuit... chez l'abbé, lequel est inquiet pour lui-même de la violence de Florimond. Un arrangement particulièrement cynique constitue le dénouement : Florimond épouse Hélène, la sœur de l'abbé qu'il avait abandonnée ; et pour acheter définitivement la complaisance de Guillaume, l'abbé règle sa dette en vendant une cure . Avant qu'un joyeux banquet réunisse tous les personnages, il est demandé à Alix d'aimer fidèlement... l'abbé Eugène, le benêt mari l'invitant à bien faire ainsi !

Quelque 1900 vers, cinq actes agencés avec un retournement de fortune qu'il faut arranger et qui s'arrange finalement, une véritable intrigue, qui progresse volontiers à l'aide des écoutes de personnages espions : la facture est nouvelle. Mais le sujet, développé à l'aide de l'octosyllabe de la farce ? C'est au fond le trio de la farce avec, autour de la femme sensuelle et adultère, le curé lubrique et le mari naïf et lamentable, complètement aveugle d'abord sur sa situation, qui ne tarit pas d'éloges sur son épouse si chaste, si fidèle, si tolérante pour lui, mais qu'on peut soupçonner, quand il est obligé d'apprendre que sa femme l'a trompé et qu'il s'efforce de nier l'évidence, de jouer l'idiot par lâcheté ; il ressemble fort aux maris badins de notre farce, dont la naïveté s'avère ambiguë. Mais s'il finit comme eux dans la résignation la plus lamentable, il se montre un peu plus complexe qu'eux, dans la mesure où il passe de l'aveuglement à la lucidité[97]. On perçoit plus de complexité et plus de nouveauté chez les autres personnages, campés dans leur milieu avec un réalisme appuyé. Alix se ménage des amants successifs ; Jodelle lui oppose le personnage délicat d'Hélène. Le gentilhomme Florimond installe sur la scène la réalité de la guerre, avec l'indignation et la violence de ceux qui, ayant risqué leur vie, retrouvent à Paris une ambiance de jouissance propice aux infidélités. L'abbé et son chapelain

---

[97] Voir Charles Mazouer, « Du badin médiéval au naïf de la comédie du XVIIᵉ siècle », *C.A.I.E.F.*, n° 26, mai 1974, pp. 69-70, et *Le Personnage du naïf...*, *op. cit.*, pp. 91-93.

surtout sont victimes de la satire, qui fournissent une image terrible des mœurs du clergé[98].

Et la langue ? L'octosyllabe de Jodelle, toujours compliqué et contourné, selon l'écriture de notre poète, n'a évidemment pas la fluidité ni le dynamisme des vers de la farce. C'est le style qui est en cause, celui que le dramaturge donne inévitablement à ses personnages : cru, dru, violent, porté aux excès, d'une couleur quasi tragique quand les personnages sont dans l'inquiétude ou dans l'échec. Même dans la comédie, on reconnaît la patte de Jodelle.

Le lecteur moderne est finalement frappé par l'esprit que dégage cette première comédie humaniste. Non seulement la crudité, mais l'immoralisme, le cynisme tranquille des personnages à peu près tous à la recherche de leur plaisir et qui trouvent un accord durable dans une situation scandaleuse sinon odieuse, prennent ici, à la différence de la farce qui maintient toujours une joyeuse allégresse, une tonalité d'amertume mal résignée au train du monde. Acceptons pour mot de la fin la bonne formule de Michael J. Freeman , qui voit dans *L'Eugène* « une farce déguisée en comédie[99] ». Beaucoup plus ancré qu'il ne le voudrait dans la tradition farcesque, Jodelle fait néanmoins du neuf quant à la forme théâtrale, quant aux milieux reflétés, quant à l'écriture où se manifeste la personnalité du poète. Départ original de la comédie moderne.

La Trésorière *et* Les Ebahis *de Grévin*

Reconnaissant la priorité de Jodelle, Jacques Grévin n'en souligne pas moins à l'adresse de l'« ami lecteur » de son *Théâtre*[100] qu'il est le premier de son temps à s'être hasardé à publier tragédie et comédies ; de fait, en 1561, le théâtre de Jodelle n'était pas publié. Le volume de 1561

---

[98] Sur l'abbé Eugène et les autres personnages, voir l'éclairage de Tilde Sankovitch, « Folly and Society in the Comic Theatre of the Pléiade », [in] *Folie et déraison à la Renaissance*, 1976, pp. 99-107, et *Jodelle et la création du masque. Etude structurale et narrative de « L'Eugène »*, 1979.

[99] « Jodelle et le théâtre populaire : les sabots d'Hélène », [in] *Aspects du théâtre populaire en Europe au XVIᵉ siècle*, 1989, p. 59. Voir aussi son « 'Le style est nostre' : langage et fonction comique dans *L'Eugène* de Jodelle », *Studi francesi*, 1996, pp. 71-75.

[100] Ed. Lucien Pinvert du *Théâtre complet et poésies choisies*, 1922 ; éd. Elisabeth Lapeyre de *La Trésorière. Les Esbahis. Comédies*, 1980.

publie la tragédie de *César*, les deux comédies (toutes deux représentées au collège de Beauvais, *La Trésorière* en 1559 et *Les Ebahis* en 1561) et les fait précéder du *Brief Discours pour l'intelligence de ce théâtre* dont nous avons apprécié l'intérêt théorique. Grévin se pose en dramaturge réformateur ; quant à ses comédies, elles s'éloignent effectivement de la farce, méprisée par lui et réservée à la populace.

Sans avoir à pousser bien loin l'analyse actantielle, on constate que les deux comédies sont polarisées par un personnage féminin, objet de désirs concurrents, autour duquel tourne une constellation d'autres personnages.

Le sujet de *La Trésorière* : les amours et gentilles tromperies de la femme d'un trésorier de la place Maubert, aveugle dans son ménage et cocu[101] **(Planche 20)**. Comme la femme de la farce de *La Cornette*, Constante manipule mari et amants au gré de ses exigences sexuelles et de son avidité pour l'argent, car la dame vend cher ses faveurs à des amoureux inconscients de sa cautèle et de son cynisme[102], et qui clament leur passion naïve dans le langage amoureux du temps. Le gentilhomme Loys comble la trésorière de cadeaux pour obtenir un rendez-vous, tandis que la dévergondée prête l'argent reçu au jeune Protenotaire (homme de loi, probablement)... pour qu'il lui achète des cadeaux. Pour l'heure, Constante est éprise du Protenotaire qu'elle fait venir discrètement après le départ de son mari.

Dans *Les Ebahis* – nous sommes cette fois au carrefour de Saint-Séverin –, la jeune Madeleine, courtisée par le jeune avocat qu'elle aime, a été promise en mariage à un vieillard amoureux[103], Josse, abandonné par sa femme, qui croit toujours être en la fleur de son âge et avoir toujours « la verte braiette » . Il sera évidemment précédé par l'Avocat dans le lit de Madeleine, que son père garde mal . A quoi il faut ajouter un troisième soupirant en la personne de l'Italien Panthaléoné, traité de « Messer'Coioni » (v. 785) et de « forfante » (v. 797) par les valets, qui traîne sa langueur amoureuse et chante même sous le balcon de la belle quelques strophes de l'*Orlando furioso*.

---

[101] Voir Charles Mazouer, *Le Personnage du naïf...*, *op. cit.*, p. 94.

[102] *Ibid.*, pp. 90-91.

[103] *Ibid.*, p. 100.

Les comédies se nouent du heurt des désirs et de surprises que réserve la fortune, plutôt amie du vice[104]. Dans *La Trésorière*, puisque son mari va partir en Languedoc – et elle presse habilement ce voyage –, la trésorière Constante introduit aussitôt le Protenotaire et le cache chez elle. Mais Richard, le valet lucide qui a compris et le jeu de Constante et l'idéalisme naïf de son maître Loys, a vu entrer le Protenotaire au logis de la dame. Cette information – le procédé des propos surpris ou de l'action espionnée est souvent utilisé dans ces comédies – entraîne la réaction brutale de Loys, à l'instar de celle du gentilhomme de *L'Eugène* : Loys casse la porte et, en compagnie du mari revenu, surprend les amants au lit, sur le fait (ne pouvant se disjoindre, précise la servante Marie !). On calme le gentilhomme par un gros dédommagement financier, et le scandale est évité : le mari paie, pardonne à sa femme, tandis que le jeune Protenotaire s'enfuit avec l'argent prêté.

Les Ebahis s'organisent autrement : il s'agit d'empêcher le mariage entre la jeune Madeleine et le vieillard Josse. C'est là qu'interviennent les serviteurs habiles et leurs ruses. La lavandière Marion, qui a « tousjours le mot de gueulle » (v. 253), prend les choses en main, circonvient le valet Antoine, un vrai « niez », un vrai badin[105], et lui dérobe un habit de Josse dont pourra se revêtir le jeune avocat. A la faveur de ce déguisement, le galant s'introduira chez Madeleine et jouira de ses amours, en forçant quelque peu la fille, à l'insu du père négligent, qui ne trouve pas précisément scandaleux qu'on anticipe un peu sur le mariage, d'ailleurs. Voilà le père, le vieillard et le rival bernés. Le déguisement de l'Avocat, qui a pris la fuite, après avoir joui de la fille, toujours revêtu de l'habit de Josse, provoque quelques plaisants quiproquos. Mais, pour compliquer à l'italienne une comédie beaucoup plus longue – *Les Ebahis* comptent 2531 vers contre 1408 pour *La Trésorière* – Grévin imagine de faire revenir à la fin la femme du vieillard Josse, qui l'avait abandonné pour vivre dans la putasserie, entretenue pendant trois ans par Panthaléoné et maintenant par le Gentilhomme, cousin de l'Avocat. Josse, victime absolue parmi les « ébahis » de la pièce, n'aura donc pas Madeleine et doit reprendre sa femme !

---

[104] F. Bevilacqua Caldari, « Il tema della Fortuna in Jacques Grévin », [in] *Il Tema della Fortuna nella letteratura francese e italiana del Rinascimento...*, 1990, pp. 87-105
[105] Ch. Mazouer, *Le Personnage du naïf..., op. cit.*, p. 87.

Les dénouements ne sont guère édifiants ; mais l'immoralité est installée dans les deux comédies, nettement satiriques. Constante et son mari le Trésorier forment un couple sordide : de lui, qui de surcroît prête à usure dans l'illégalité, il est dit qu'il pille « l'argent de France » (v. 1230) ; elle est aussi avide de plaisirs sexuels que d'argent et de cadeaux. La loi du plaisir et le libertinage s'étendent à tous : le jeune Protenotaire surpris au lit avant d'avoir pu rattacher ses chausses « cheutes aux genouls » (v. 1333), les valets – mâles et femelles – d'accord sur le fait qu'une fille n'a pas à refuser ce qui ne s'use pas et reste identique une fois qu'on a rabaissé le tablier[106]. Crudité générale des situations et des propos, qui tranche particulièrement avec l'idéalisme des amoureux dans leurs discours pleins de respect pour la femme aimée et crue fidèle . L'atmosphère est plus allègre dans *Les Ebahis* qui penchent nettement du côté de la comédie à l'italienne, mais la morale est de même eau. Il s'agit de prendre son plaisir, bourgeoises comme servantes, qui font même concurrence aux religieuses « du bas mestier » (v. 1139). Le vieux Josse, disqualifié pour le plaisir, est berné ; c'est juste. Mais le jeune Avocat prévient qu'il prendra Madeleine « ou par amour, ou par contrainte » (v. 1339) – et il doit de fait la jeter sur la couchette avec quelque violence avant que l'amour parle plus fort chez elle que l'honneur. Le récit qu'il fait de son exploit met d'ailleurs son valet « en rut » (v. 2040).

L'octosyllabe de Grévin ne coule ni clairement ni agréablement ; il s'embarrasse volontiers de lieux communs ou de proverbes, il est vrai mis dans la bouche des valets. Valets et servantes, auxiliaires adroits au service de leurs maîtres, sauvent aussi les comédies : mots de gueule insolemment jetés à la figure des maîtres, crudité du langage et de la morale, lucidité qui raille en *a parte* apportent un plaisir bien venu au lecteur qui doit constater que la réalisation n'est pas au niveau des prétentions de Grévin.

La Reconnue *de Belleau*

Pourquoi l'unique comédie écrite par Rémi Belleau[107], probablement en 1563 (pas tout à fait achevée, elle ne sera publiée qu'après la mort du

---

[106] Voir *La Trésorière*, II, 4, v. 604 et IV, 1, vv. 1059-1062.
[107] Rémi Belleau, *La Reconnue*, éd. Jean Braybrook, 1989.

poète), retient-elle davantage la lecteur que les pièces dont il vient d'être question ?

Serait-ce à cause de l'écriture du dialogue ? Belleau utilise le vieil octosyllabe, comme ses prédécesseurs. Mais sa langue et son style personnels sont déjà plus clairs. Il sait même obtenir des effets pittoresques ou plaisants du maniement de l'octosyllabe, ici[108] en une répétition sautillante et ironique de vers analogues, là[109] en bousculant les vers et leur rythme. Sans doute l'écriture dramatique est-elle encore trop souvent alourdie par des monologues fréquents, longs, ornés – mais fort nécessaires pour la connaissance des personnages. Toutefois les dialogues, et des dialogues vivants, ne manquent pas, grâce aux scènes de vie familière, grâce aux querelles et débats, grâce aux conversations entre maîtres et serviteurs[110], grâce aussi à ces scènes assez nombreuses de faux dialogue où un personnage dissimulé surprend et commente un monologue ou une conversation qui auraient dû rester secrets et dont la connaissance fera d'ailleurs avancer l'action. Il va de soi enfin que le ton propre de certains personnages – on pense évidemment aux valets et servantes, vifs, bavards, entreprenants – anime les échanges.

Dès la lecture de l'Argument (peut-être pas écrit par Belleau lui-même), une autre impression s'impose, celle de la clarté et de l'aisance du dessein dramatique, qui entraîne le lecteur dans son mouvement. Est-ce dû aux grands inspirateurs de cette comédie, Plaute et, parmi les Italiens, Machiavel ? En tout cas, à partir d'une exposition claire où les personnages se succèdent naturellement et vivement, la comédie marche bon train jusqu'au dénouement où (presque) tous demeurent contents. Un vieil Avocat parisien a recueilli Antoinette, jeune fille à lui confiée par son cousin le Capitaine qui l'avait faite prisonnière au sac de Poitiers ; il en devint amoureux et pour parvenir à ses fins sans éveiller la jalousie de sa femme, dès lors qu'il croit le Capitaine mort, il imagine de faire épouser Antoinette à son clerc, qui se montre complaisant à la passion du vieillard. Antoinette, convoitée donc par le Capitaine et le vieil Avocat, est aussi aimée de l'Amoureux, un jeune avocat ; raisonnablement, mais dans l'ignorance des desseins lubriques du vieil Avocat, elle accepte finalement d'être mariée au clerc. Aidé de son valet Potiron, l'Amoureux ne peut rien

---

[108] III, 4, vv. 1284-1287.

[109] IV, 6, vv. 1762-1770.

[110] Où il arrive que tel serviteur (Potiron) se moque gentiment de son maître impatient (l'Amoureux) : début de III, 3.

faire contre ce mariage. Le festin de noces est préparé, on va se mettre à table, quand arrivent le Capitaine cru mort, qui trouble tout, puis un solliciteur qui vient pour son procès ; ce solliciteur est un gentilhomme du Poitou qui reconnaît en Antoinette sa fille. Bonne dramaturgie : la fête est troublée, la surprise est renouvelée, une reconnaissance inattendue détruit les desseins longuement tramés de Monsieur l'Avocat, permet de manière inespérée le mariage des jeunes gens, et, grâce toujours à l'argent du père de la reconnue, satisfait les prétendants évincés. Seul regret dans ce dénouement si bien amené : on ne voit pas la scène de l'accord final, qui est seulement racontée par l'Amoureux à son valet.

La Reconnue vaut beaucoup par son réalisme. Je n'insisterai pas sur le moment historique, dont il a déjà été question[111]. Le destin de la jeune huguenote renvoie précisément aux événements de la première guerre de religion : sac de la ville protestante de Poitiers ; siège du Havre et défaite des Anglais. Le cadre parisien, avec ses milieux, la vie familière des bourgeois en compagnie de leurs serviteurs, les commérages de la place publique font l'atmosphère vivante de la comédie. En particulier, à travers les personnages de M. l'Avocat et de son clerc, de l'Amoureux, jeune avocat encore sous tutelle et sans office, du solliciteur de procès, Belleau évoque et critique assez précisément les mœurs des gens de justice, du milieu de l' « advocasserie ».

Par dessus tout, Belleau a su nous intéresser à ses personnages. Bien que la plupart tiennent des rôles traditionnels, le dramaturge est parvenu à leur donner un cachet original, parfois même les doter de quelque épaisseur, voire d'une vie intérieure que les monologues permettent justement de formuler ; les types sont alors quelque peu transcendés.

Le Capitaine répond sans doute à son nom de Rodomont et, en de jolies énumérations, sait se vanter de ses travaux guerriers ; mais ceux-ci sont réels et le brave a des soucis de gain parfaitement réalistes et nullement fantaisistes. Maître Jehan, le clerc de M. l'Avocat, porte le nom des sots de la farce, mais il est original. Besogneux et famélique, il accepte la proposition de M. l'Avocat – épouser Antoinette – en espérant une promotion et sans voir que ce mariage sera la couverture de la sensualité de son patron. Le mariage échoue, mais le clerc y gagne tout de même un bénéfice ou un office. Jehanne la chambrière ouvre la comédie avec ses plaintes savoureuses, placée qu'elle est au milieu du couple dysharmo-

---

[111] Voir *supra*, pp. 320-321.

nieux de l'Avocat et de sa femme râleuse et jalouse, accablée de tâches ménagères plaisamment énumérées[112] ; le laquais Potiron trotte pour servir les amours de l'Amoureux, toujours inventif... et toujours affamé. Le laquais et la chambrière ornent – mais ils ne sont pas les seuls, leurs maîtres aussi en sont capables – la comédie de leurs réflexions drues, sinon salaces, vives, volontiers imagées.

L'Avocat est un vieillard amoureux ; il se parfume, on le raille sur les exploits dont il se croit encore capable avec sa faible lance. Mais Belleau le met dans une situation neuve : il est marié à une femme jalouse et doit à la fois manœuvrer et dissimuler ses manœuvres, plus inquiétantes que fantaisistes. Querelles conjugales et tentative d'adultère qui sonnent assez neuf. Madame l'Avocate aussi, sans enfant, acariâtre, grondeuse, lucide sur la sensualité de son époux mais aveugle sur sa manœuvre, a son poids de vérité.

Et les jeunes gens promis au mariage imprévu ? L'Amoureux dit l'amour et pas seulement le désir, avec la langue poétique de la Pléiade. Ses monologues montrent sa prise de conscience : rendu « furieux » par la passion, il se rebelle contre ces mère et tuteur qui asservissent sa liberté[113] ; plus loin[114], il constate lucidement le déséquilibre que l'amour a apporté dans son être. Antoinette surtout, dont nous pouvons suivre l'évolution, tranche par son originalité et n'a plus rien à voir avec les jeunes filles connues de la comédie. Professe ayant quitté le couvent pour se faire Réformée, ayant donc rompu avec les siens, prise de guerre du Capitaine confiée à M . l'Avocat, elle a accumulé les malheurs, dans lesquels elle se débat seule, la prière étant son ultime recours[115]. On a pitié d'elle. Et que faire devant le mariage avec le clerc ? Elle croit le Capitaine mort, qu'elle estimait et qui lui avait promis de l'épouser. Elle sait le jeune avocat amoureux d'elle, mais hors d'état de pouvoir l'épouser. Avec réalisme et résignation, elle accepte donc d'épouser le clerc, bon garçon qui lui permettra, à Paris, de garder sa « liberté de conscience » (v. 1439). Elle n'aura rien deviné du dessein du vieil avocat, ni dit grand chose de ses sentiments pour le jeune homme qu'elle épousera finalement. Je ne vois aucun autre personnage féminin aussi

---

[112] I, 1.

[113] II, 1.

[114] IV, 6.

[115] I, 3.

singulier et aussi attachant que cette jeune croyante dans la comédie de la Renaissance.

La Reconnue n'est pas une pièce franchement comique ; elle est intéressante et plaisante. Il faut lui rendre justice.

Les Corrivaux *de Jean de La Taille*

Cette comédie[116], écrite par Jean de la Taille en même temps que sa tragédie de *Saül le furieux* en 1562, mais publiée plus tard, en 1573, avec sa traduction du *Négromant* de l'Arioste, ferme bien la série des comédies de la Pléiade. Par ailleurs théoricien de la tragédie, La Taille se sert ici de son prologue pour réaffirmer, contre le Moyen Age, la supériorité d'un nouveau théâtre comique, qui tire sa dignité d'avoir été illustré par un Plaute, un Térence ou un Arioste, qui est fait selon l'art et qui naturalise la comédie « en nostre langue, comme ont desja fait les Italiens ». Récapitulation des tentatives réalisées depuis Jodelle, déjà. Mais La Taille ouvre aussi quelques voies nouvelles : définitivement éloigné de la farce, il s'inspire des Italiens, précisément d'une nouvelle du *Décamérom* de Boccace et, le premier, utilise la prose.

Les Corrivaux sont encore une pièce trop mal appréciée. Sa lecture montre pourtant d'emblée l'art du dramaturge. Le titre contient en germe les développements possibles de l'intrigue : deux jeunes gens, Filadelfe (qui a abandonné Restitue après l'avoir engrossée) et Euverte désirent la même Fleurdelys. Voulant s'emparer d'elle en l'absence de son père, chacun aidé par un auxiliaire différent, ils se retrouvent nez à nez au moment d'enlever la fille. On se bat, on crie ; le guet arrive et voilà les deux garçons en prison. Le double projet convergent et la rencontre sont amusants. Cela occupe les trois premiers actes. La Taille prépare au fond son dénouement dès l'acte IV, où commencent à intervenir les pères, furieux et désolés de l'inconduite des enfants. Une reconnaissance providentielle – Fleurdelys est en réalité la sœur de Filadelfe – permet l'arrangement, et les parents et les enfants passent du désespoir au contentement : sortis de prison, Filadelfe épousera Restitue, Euverte

---

[116] Trois éditions modernes disponibles : par D. L. Drysdall (S.T.F.M., 1974), par Giuseppe Macri (*Les Corrivaus. Commedia del Rinascimento francese*, 1974) et par Monica Barsi (dans *La Comédie à l'époque d'Henri II et de Charles IX*. Première série, vol. 9, 1997, pp. 53-126) – avec des bibliographies.

Fleurdelys, et le père de Fleurdelys et de Filadelfe, Bénard, épousera dame Jacqueline, la mère de Restitue.

Cette intrigue est mise en œuvre dans une dramaturgie claire, aisée, naturelle et vivante. Une exposition habile, une répartition réfléchie et heureuse des éléments qui font avancer chaque fil jusqu'au heurt et de ceux qui feront comprendre le dénouement, lequel gardera sa part de surprise : la pièce est parfaitement construite. Les scènes sont bien liées et le dialogue coule vivement. On prend les conversations en route, les échanges sont rapides, les monologues assez brefs, les répliques souvent courtes. Et cela dans une prose variée selon le style de chaque personnage, mais toujours coulante et facile à suivre.

Le dramaturge des *Corrivaux* propose surtout, dans cette comédie que le Prologue situe précisément dans l'histoire française des années 1552-1562, un univers moral particulier, qui révèle une sorte de vision du monde sous-jacente.

Au départ, le désir : celui des jeunes gens, celui des valets, mâles et femelles ; ce désir sexuel est dans les mots, dans les pensées, fait l'action. Celui des fils de bonne famille ne s'embarrasse guère de respect pour la partenaire ou pour la fidélité. Filadelfe n'a pas été avare de promesses pour avoir Restitue qu'il a engrossée ; mais le désir l'appelle ailleurs : qui ne sait que l'amour est « aveugle, jeune et volage, sans loy et sans raison[117] » ? La fille qu'il pourchasse maintenant ne l'aime pas ? Il la forcera. La même est convoitée par Euverte, qui a tout fait pour en jouir ; comme son père lui a refusé le mariage, il a délibéré « d'avoir la fille par le moyen plus expédient[118] » pour lui. D'où la double tentative d'enlèvement. Les filles n'ont qu'à se plaindre de leur naïveté et de leur faiblesse.

Nourrice, chambrière, serviteurs et valets prêtent leur aide aux entreprises amoureuses. Plus encore que les jeunes bourgeois, ils sont débarrassés des soucis de décence et de morale. Le fruit de Restitue ? On le lui fera passer, dit la Nourrice[119]. Pour Gillet, il ne s'agit pas de faire l'amoureux transi : il prend la fille d'auberge qu'il rencontre, et toutes celles qu'il a sous la main[120]. La chambrière Alizon laisse entendre

---

[117] I, 2.

[118] II, 1.

[119] I, 1.

[120] I, 4.

qu'elle couche avec son maître et qu'elle le trouve trop tiède[121]. Avec une telle morale, ils servent sans scrupules les jeunes maîtres. Remarquons toutefois cette originalité des *Corrivaux* : les serviteurs s'y montrent passablement détachés des maîtres et de leurs malheurs. Chez la Nourrice, l'affection se teinte d'humour. Gillet boit et se vante, sans empressement particulier pour le service. Les maîtres sont-ils en prison ? Félippes, qui s'est heureusement tiré des griffes du guet, et Gillet ne s'en inquiètent pas : « Sur ma foy je suis d'advis de prendre le moins que nous pourrons les matières à cueur[122]... » Que les maîtres se débrouillent et allons boire[123] !

Comment les parents auraient-ils ce détachement ? Dame Jacqueline, la mère de Restitue, n'a rien vu à la galanterie et croit sa fille irréprochable : elle vit pieusement, en sainte, affirme-t-elle – enceinte, oui, rétorque plaisamment la Nourrice[124]. Naïveté maternelle. Gérard, le père d'Euverte, a refusé le mariage désiré par son fils pour une question d'argent ; maintenant que son fils a mal agi en voulant enlever la fille et qu'il est en prison, il se repent de son « trop rigoureux refus[125] » et va tout faire pour le délivrer. Les pères s'entendent finalement, mettant en accord leurs soucis d'argent et leur affection paternelle avec les vœux des jeunes amoureux. Dénouement heureux en plus d'un sens : par la série des mariages qui satisfont chacun de manière équilibrée ; par le retour du père réel de Fleurdelys aussi, qui évite à Filadelfe l'inceste. Dénouement explicitement qualifié de providentiel, amené par la providence divine[126]. Restera, pour que la morale trouve tout à fait son compte, à infliger une dernière et affectueuse leçon aux fils : amenés enchaînés devant leurs parents, ils reconnaissent leur faute et implorent le pardon que les pères – tel le père de l'enfant prodigue – accordent en leur annonçant les décisions heureuses qu'ils ont prises ensemble.

Le leçon de la comédie : après le péché, le désir, les fautes, fils et filles de bonne famille se repentent, sont pardonnés et heureux ; après une

---

[121] II, 3.

[122] III, 6.

[123] Voir encore V, 4.

[124] III, 1.

[125] V, 1.

[126] « Pvis que Dieu par mystere, et par sa prouidence, a voulu permettre telle chose... », V, 5.

errance voulue par la Providence, l'ordre moral et l'ordre bourgeois sont rétablis. Nous retrouverons ailleurs cette idéologie de la comédie.

*

Si l'on tient compte des dates de publication, il aura effectivement fallu une génération pour que la nouvelle comédie française s'impose, par la représentation et par le livre. Telle fut la volonté de quelques jeunes poètes, bien conscients de la voie qu'ils ouvraient. Cinq œuvres seulement en 25 ans, c'est peu ; mais une relecture attentive de ces pièces permet à la fois d'apprécier ces recherches et de mesurer les nouveautés, de rectifier aussi un peu les jugements traditionnels, sans doute trop favorables à Jodelle et à Grévin, au détriment de Belleau et de Jean de La Taille.

Le dernier tiers du siècle

Il est vrai qu'on peut caractériser la génération des dramaturges qui succédèrent à la Pléiade comme celle qui imposa la comédie à l'italienne ; le génial adaptateur Larivey, qui ne publia ses *Trois Nouvelles Comédies* qu'en 1611 et fournit à lui seul 60 % de la production comique de la période, en témoigne assez. Toutefois, un regard d'ensemble sur le petit nombre des œuvres montre moins d'homogénéité et même quelque diversité. Laissons de côté pour le moment l'œuvre de Larivey ainsi que le chef-d'œuvre des *Contents* de Turnèbe, et donnons une idée de l'évolution de cette production comique.

Traductions

L'activité de traduction se poursuit. Singulièrement au ralenti pour Térence, dont le rôle fut si important dans la première moitié du XVIe siècle. Pour Plaute, on ne peut citer que *L'Avaricieux*, composé en 1580 par le médecin caennais Jacques de Cahaignes ; le premier Prologue s'explique bien sur les raisons du choix d'une transposition, à la manière de Larivey : J. de Cahaignes a adapté l'*Aulularia* « pour en faire présent aux comédiens qui passeront par cette ville de Caen, afin de la représenter au peuple françois qui prendra plus de passetemps à l'ouïr telle qu'elle est, que si elle était vertie mot à mot selon le sens de l'autheur[127] ». Il n'y aura plus d'autre traduction de Plaute avant Rotrou[128].

Du côté d'Aristophane, qui attira peu les traducteurs du XVIᵉ siècle, il faut citer *La Néphélococugie, ou La Nuée des cocus* que le magistrat Pierre Le Loyer adapta des *Oiseaux*[129]. Deux vieillards de Toulouse, deux cocus : Genin et Cornard, partent pour le pays des cocus (ou des coucous : le jeu de mot est traditionnel) et, avec Jean Cocu, fondent dans les airs la ville des cocus, où les maris trompés affluent de toute part . Cette longue pièce où Aristophane est adapté et imité, mélange de manière originale critiques, intentions moralisatrices et grivoiseries. La lecture de ce jeu de jeunesse de Le Loyer donna-t-elle des idées au Racine des *Plaideurs* ?

Plus nombreuses enfin restent les traductions et adaptations de l'italien[130] : en sus de celles de Larivey, citons *L'Avare cornu* de G. Chappuis (1580 ; d'après Antonio Francesco Doni[131]), *Angélique* (1599 ; d'après Fabrice de Fornaris, qui donna des idées à Tristan puis à Molière), ou *Emilie* (1609 ; d'après Luigi Groto). L'italianisme triomphe en matière de théâtre.

Comédies originales : Les Napolitaines *et* Le Muet insensé

La première comédie française originale à mettre en valeur est la comédie des *Napolitaines*[132] que le grand magistrat François d'Amboise[133] composa et fit représenter en sa jeunesse, en 1569-1570, mais ne fit publier qu'en 1584. Cette bonne pièce, trop peu connue, se rattache

[127] Ed. Armand Gasté, Rouen, Imprimerie L. Gy, 1899, p. 4.

[128] Marie Delcourt, *La Traduction des comiques anciens en France avant Molière*, op. cit.

[129] Publiée à Lyon, en 1578 ; éd. M. G. B., Turin, J. Gay et Fils, 1869. – Voir Robert Garapon, « La place de la *Comédie néphélococugie* de Pierre Le Loyer dans notre histoire dramatique du XVIᵉ siècle », [in] *La Poésie angevine du XVIᵉ siècle au début du XVIIᵉ siècle*, Presses de l'Université d'Angers, 1982, pp. 60-64.

[130] Voir Raymond Lebègue, *Etudes sur le théâtre français...*, I, op. cit., pp. 281-282.

[131] Voir Emile Roy, « *L'Avare* de Doni et *L'Avare* de Molière », R.H.L.F., 1894, pp. 38-48.

[132] *Les Néapolitaines. Comédie françoise fort facétieuse, sur le subject d'une histoire d'un Parisien, un Espagnol et un Italien*, éd. Hilde Spiegel, Heidelberg, 1977.

[133] Voir Dante Ughetti, *François d'Amboise (1550-1619)*, 1974.

encore, par l'aspect théorique et militant des ses avant-textes, à la Pléiade ; mais sa facture et son esprit dénotent des affinités italiennes[134].

Le plaisir du spectateur dut être d'abord celui de la vraisemblance. Nous sommes à Paris – dont un personnage, le lapidaire napolitain Marc-Aurèle, habitué à voyager en Europe, loue la population, les édifices, la beauté, les commodités (V, 1) –, où se déroule « une histoire vraye et fort recreative ». Différentes nations, différents métiers, différents âges s'y côtoient : le vieux marchand parisien Sire Ambroise, son fils Augustin et leur facteur Julien ; le gentilhomme espagnol Dom Dieghos ; une veuve napolitaine, Madame Angélique ; un écolier napolitain, Camille ; serviteurs et fille de chambre ; un Hôtelier. Insoucieux de marchandise, Augustin est follement amoureux de la jeune veuve napolitaine, assez peu respectable ; son ami Camille l'aide, mais en profite pour violer la fille de la veuve Angélique. L'Espagnol vantard, rival d'Augustin, est rappelé en Espagne. Toute l'affaire tourne bien pour ces personnages, qui auront toujours parlé et agi avec naturel.

La Préface loue « le bel ordre » de la pièce ; à juste titre. Elle est bien faite, vivante et amusante. Curieusement, bien que les monologues et les répliques soient assez longues, tout est pris dans un grand mouvement, qui s'accélère nettement à partir de l'acte III. Les événements avancent, les scènes se multiplient sans temps mort, les échanges sont variés et pressés, les personnages passent sur scène à toute vitesse ; « je n'ay fait qu'aller et venir », dit la servante Béta à la fin (V, 12). De la vie et du comique, les personnages en procurent aussi, François d'Amboise mêlant tradition et observation, comique facile et comique plus fin. Facéties et sornettes des valets, cynisme plaisant de « l'extravagant escornifleur » Maître Gaster, qui a aisément apprivoisé le seigneur Dieghos, fanfaron tradition-nel (guerrier invincible et bellâtre tombeur des cœurs, berné en toutes occasions) mais lesté de réalité et de nouveauté[135]. Les autres personna-ges sont présentés avec des nuances et des finesses nombreuses ; voyez par exemple les deux jeunes gens : Augustin, un peu naïf, qui manie beaucoup la rhétorique et la phraséologie amoureuses, mais recherche surtout des réalités ; le plus jeune Camille, condisciple de son frère au

---

[134] Mieczylaw Brahmer, « *Les Néapolitaines* et la comédie italienne », [in] *Mélanges J. Frappier*, 1970, t. I, pp. 153-158.

[135] Hilde Spiegel, « Dom Dieghos de François d'Amboise, ancêtre du petit marquis de Molière : l'évolution d'un matamore », *R.H.T.*, 1978-1, pp. 7-18.

collège des Lombards, qui organise brutalement le guet-apens qui lui permettra de violer celle qu'il désire.

Malgré les récriminations du vieil Ambroise, désolé que son fils reste oisif, s'endette et dépense son bien avec une Napolitaine, la loi du désir et de la jeunesse l'emporte. Le conformisme final n'a rien de très moral : Camille épouse celle qu'il a déshonorée en l'église Saint-Sulpice, Augustin gardera pour lui seul sa maîtresse Angélique... Douteusement morales, ces jolies scènes de mœurs auront en tout cas atteint le but fixé par son auteur à cette histoire comique : détendre.

Original comme traducteur d'Aristophane, Le Loyer l'est aussi dans une comédie de son cru, *Le Muet insensé*[136], vraisemblablement composée pendant ses études de droit à Toulouse ; l'action se passe d'ailleurs à Toulouse. Il faut savoir que ce magistrat fut aussi poète, érudit, savant en langue grecque et en langue hébraïque ; il fut également un démonologue, publiant en 1586 un livre sur les spectres. Tout cela se retrouve un peu dans son *Muet insensé*, dont le Prologue s'en prend vertement aux vociférations ampoulées de la tragédie et à ses histoires sanglantes, et défend l'égale dignité de la comédie capable, elle aussi, avec son « vers gaillard », de belles sentences et d'éloquence ; Le Loyer choisit d'ailleurs ici l'octosyllabe.

La comédie tire son nom de la mésaventure de l'écolier amoureux qui en est le héros. Faute de se faire agréer et même écouter de la Marguerite intraitable qu'il recherche, il a recours à un astrologue qui, grâce à un anneau magique, rend momentanément la fille amoureuse. Mais l'astrologue ne s'en tient pas là, enferme l'écolier dans un pentacle, et évoque les démons longuement énumérés, si bien que le garçon devient muet et insensé. L'astrologue n'est pas un charlatan, car il remet le pauvre écolier en santé. A moins qu'il faille comprendre que la passion inassouvie rend insensé et qu'on retrouve la santé quand elle trouve sa réponse ; au dénouement heureux, les pères marient en effet les jeunes gens. Il n'empêche que les actes III et IV au moins sont consacrés à ces pratiques cabalistiques.

Le sel de la comédie est ailleurs, dans l'opposition entre l'écolier et son valet Janin. L'amoureux transi est un personnage ridicule, qui dit son amour en termes pédants, précieux, qui se présente maladroitement sur le seuil de la cruelle en chantant son tourment sur le luth, et qui prend son

---

[136] *Erotopegnie ou Passetemps d'Amour, ensemble une Comedie du Muet insensé*, Paris, Abel l'Angelier, 1576.

sort malheureux très au tragique, parlant de son destin, de la mort... Nous sommes loin des écoliers cyniques et jouisseurs des autres comédies ! Son valet Janin fournit en face de lui le regard railleur, lui oppose sa grivoiserie. Il aide son maître, bien qu'il n'ait aucun respect pour « ces sots enragés amoureux[137] ». Mais, généralement en *a parte* , il se moque de « cet amoureux de carême[138] » qui ne touche pas la chair, et dégrade sa belle passion désespérée par un très dissonant « Mon maître est chaud de la braguette[139] ». Ce couple d'un valet cru et critique avec un maître amoureux éploré et sans doute mauvais poète est assez neuf.

Trois comédies en octosyllabes : Les Ecoliers, Les Déguisés, La Tasse

Le retour à l'octosyllabe se confirme avec les trois comédies suivantes, bien différentes par le sujet, le tour et la qualité.

A considérer son sujet, la comédie de jeunesse du chanoine d'Autun François Perrin, qui s'essaya également dans la tragédie, ne manque pas d'intérêt. *Les Ecoliers*[140] opposent deux étudiants : l'un, Sobrin, à qui son père a acheté un bénéfice, délaisse la théologie pour courir les filles ; l'autre, Corbon, d'origine modeste, préfère la science à l'amour d'une belle fille. En échange du bénéfice de son ami, Corbon donne à Sobrin les moyens de s'introduire chez Grassette (courtisée par Sobrin, dédaignée par Corbon) sous le déguisement d'un paysan patoisant, et de la violer. Un fille prise de force, des pères trompés et furieux que les enfants ne suivent que la loi du plaisir, mais qui arrangent un mariage final, des écoliers soumis à leur désir ou à leur intérêt avec un parfait cynisme, des serviteurs qui les aident : on a là une thématique bien rodée et même à l'occasion assez neuve (avec l'écolier pauvre qui obtient bien malhonnête-ment un bénéfice) ; et de quoi construire une bonne pièce. Perrin est malheureusement d'une extrême maladresse, dans la dramaturgie comme dans l'écriture ; la comédie est raide, sans souplesse, sans vie, faite de morceaux maladroitement juxtaposés. Le Prologue polémique implicite-ment avec Larivey qui va chercher ses sujets à l'étranger, en Italie (alors

---

[137] I, 2.

[138] I, 1.

[139] *Ibid.*

[140] Publié en 1589. Edition moderne dans E. Fournier, *Le Théâtre français au XVIᵉ et au XVIIᵉ siècle...*, pp. 166-191.

que Perrin préfère « la façon gauloise ») et qui avait publié, en 1579, une jolie comédie des *Ecoliers*. Perrin, plus soucieux de peinture des mœurs et de satire sociale, marque une résistance à la comédie italianisante[141], qui, avec Larivey, l'emporte par l'art de l'action et une prose savoureuse et diversifiée.

Jean Godard, qui dit avoir fait représenter une tragédie avec sa comédie des *Déguisés*, publiée en 1594[142], n'a pas de réticence envers l'Italie, puisqu'il reprend la donnée des *Suppositi* de l'Arioste. Sans doute préserve-t-il son originalité par rapport à son modèle : il allège, simplifie, remanie pour aboutir à une pièce française assez différente. Mais *Les Déguisés* restent une comédie d'intrigue bien faite, qui dénoue heureusement une situation qui s'était compliquée au fur et à mesure ; les déguisements en particulier provoquent toutes sortes d'erreurs et de situations plaisantes. Godard francise aussi : nous sommes à Toulouse ; le vieillard Grégoire est un marchand qui court les foires de l'Europe pour s'enrichir[143] ; le capitaine Prouventard, dont il a été le tuteur et à qui il est bien incapable aujourd'hui de restituer son bien, fait allusion à une campagne « au pays de Flandre[144] ». Ce fanfaron, flanqué de son valet Vadupié qui rétablit la vérité en *a parte* sur les rodomontades de son maître, fait d'ailleurs beaucoup penser aux fanfarons de nos monologues dramatiques du XVe siècle.

Et si la comédie, avec son octosyllabe, avance agréablement, elle ménage aussi toutes sortes de finesse dans la conception des personnages. Le couple des amoureux Olivier et Louise est charmant et tranche dans le monde comique : lui dit son martyre en interminables monologues de style un peu précieux, est vertueux, respectueux et timide avec sa bien aimée ; c'est elle qui, manifestant pudiquement son goût pour le garçon déguisé en valet, l'encourage à se déclarer ! Et Olivier est servi par Maudolé, plutôt amoureux du potage, mais décidé à aider son maître dans ses amours. On sait que cela se fait par l'échange des vêtements entre le maître et le serviteur – occasion de plusieurs scènes piquantes de la part du valet, qui prend son rôle au sérieux, hausse plaisamment le ton avec

---

[141] Voir Luigia Zilli, « Une querelle théâtrale : Larivey et Perrin face aux *Ecoliers* », [in] *Pierre de Larivey (1541-1619)...*, 1993, pp. 39-48.

[142] *A.T.F.*, 7, pp. 335-462.

[143] I, 1.

[144] II, 1.

Olivier déguisé en valet, fait le brave dans la rue avant de fuir, joue maladroitement le rôle d'un jeune prétendant venu solliciter la main de Louise... Une bien agréable comédie au total.

Avec *La Tasse*[145] de Claude Bonet[146], vraisemblablement, nous sommes en présence d'une vraie farce, en cinq actes. Signe du retour en vogue du genre médiéval malgré la comédie humaniste. La première partie de *La Tasse* fait précisément songer à la *Farce du pâté et de la tarte*, avec cette femme sans méfiance et crédule qui se fait successivement voler par deux soldats une tasse ciselée et des perdrix. Mais comme dame Jacqueline est rudement insultée et battue par Jérôme, le mari furieux, elle se vengera en prenant un amant, l'Italien Laure. A elle de reprendre le dessus : surprise au lit avec son amoureux, elle parvient à faire douter le niais Jérôme de ce qu'il a vu par une habile mystification qui permet à l'amoureux de fuir et d'être remplacé dans le lit par une chambrière déguisée et qui s'est fait passer pour un des témoins réclamés par le mari lui-même[147]. Au cocu d'être battu à son tour. Conflit conjugal, friponnerie et tromperie, ruse féminine : c'est la farce en effet, en une forme ici délayée, violente et vulgaire. *La Tasse* fait aussi penser à l'Italie, notamment avec l'amoureux italien. Mais c'est une comédie polyglotte[148] : un des soldats voleurs parle provençal, l'amoureux l'italien, le valet du mari médecin a des répliques en latin ; l'occitan est utilisé par d'autres personnages, et pour se faire comprendre de son amoureux, Jacqueline utilise un jargon franco-italien ! Ce jeu avec les langues, cette histoire de cocuage probablement passée de la vie à la scène peuvent renvoyer à l'ambiance carnavalesque. A la fin du siècle, *La Tasse* ignore en tout cas le nouveau genre institué par la Pléiade.

Il est temps de présenter les phares de cette comédie humaniste, qui brillent à cette même époque.

---

[145] Dans le *Recueil de pièces rares et facétieuses*, t. 3, 1873, pp. 1-161. Vers 1695.

[146] Qui signe son œuvre de l'anagramme Benoet du Lac. Il est l'auteur de deux « tragi-comédies » où nous avons vu des moralités (voir *supra*, chap. III, pp. 69 et 70).

[147] Voir Charles Mazouer, *Le Personnage du naïf..*, *op. cit.*, p. 94.

[148] Voir Mieczyslaw Brahmer, « La comédie polyglotte (XVIᵉ-XVIIᵉ siècles) », [in] *Actes du Xᵉ congrès international de Linguistique et de philologie romane*, 1965, t. I, pp. 380-381. Donald Perret (*Old Comedy in the French Renaissance (1576-1620)*, 1992) parle même de tour de Babel sémiotique (chap. III, consacré à *La Tasse*).

La carrière théâtrale de Pierre de Larivey

Bien que toutes adaptées de comédies italiennes, les neuf comédies de Larivey[149] forment un massif qui domine de haut la production comique de la fin du siècle. Il ne saurait être question de minimiser la place de cet adaptateur de génie.

Le Champenois Larivey, né en 1541, peut-être issu d'une famille italienne, est mal connu dans sa biographie[150]. Après avoir vécu à Paris où il fréquenta les milieux mondains et intellectuels (il fut l'ami de François d'Amboise), il devint chanoine à Troyes en 1586 et fut ordonné prêtre en 1587. Tout en accomplissant les tâches de son état, il continua de faire et de publier des traductions de l'italien, jusqu'à sa mort en 1619. Il aura ainsi traduit les *Facétieuses Nuits* de Straparole, et divers ouvrages de Firenzuola, Piccolomini, l'Arétin, Arnigio. Passons sur la rédaction d'almanachs et de prédictions, publiés sous un nom d'emprunt ! En tout cas, dans sa carrière d'écrivain[151], Larivey a privilégié le théâtre, conscient qu'il était de son originalité ; il affiche celle-ci d'emblée dans l'épître dédicatoire de ses *Six Premières Comédies facétieuses*, en parlant de sa « nouvelle façon d'escrire en ce nouveau genre de comedie, qui n'a encores esté beaucoup praticqué entre nos François[152] ». Et, comme l'a montré Madeleine Lazard[153], les prologues de chaque comédie, qui permettent de situer un public possible de ce théâtre (plutôt bourgeois), lui sont l'occasion de préciser son esthétique de la comédie. Passant sous silence les réalisations de la Pléiade, Larivey se pose en pionnier du nouveau genre qu'il veut acclimater en France : la comédie à l'italienne.

---

[149] Publiées en 1855-1856 dans les trois volumes de l'*Ancien Théâtre françois* (t. V, VI et VII). Editions plus modernes : *Le Laquais*, par Madeleine Lazard et Luigia Zilli (Paris, 1987) ; *Les Esprits*, par Michael J. Freeman (Genève, 1987) ; *Le Fidèle*, préface de Luigia Zilli (Paris, 1989) ; *Les Tromperies*, par Keith Cameron et Paul Wright (Exeter, 1997).

[150] Voir Louis Morin, « Les trois Pierre de Larivey, biographie et bibliographie », article de 1935-1936, tiré à part en 1937, à Troyes, et l'introduction de M. J. Freeman à son édition des *Esprits*, 1987, pp. 3-19.

[151] Voir *Pierre de Larivey (1541-1610), Champenois, chanoine, traducteur, auteur de comédies et astrologue*, sous la direction d'Yvonne Bellenger, 1993.

[152] *A Monsieur d'Amboise, advocat en Parlement*, p. 56 de l'éd. citée du *Laquais*.

[153] Voir Madeleine Lazard, « Du public italien au public français : épîtres dédicatoires et prologues de Pierre de Larivey », [in] *L'Ecrivain face à son public en France et en Italie à la Renaissance*, 1989, pp. 253-264.

Ses *Six Premières Comédies facétieuses* de 1579, « à l'imitation des anciens Grecs, Latins et modernes Italiens », comme dit le sous-titre, sont en fait toutes adaptées de l'italien. L'épître dédicatoire cite en vrac les dramaturges italiens qui lui servirent de source ; il ne sera plus question d'eux ensuite.

Le recueil s'ouvre sur *Le Laquais*, tiré d'*Il Ragazzo* de Lodovico Dolce. La comédie est ainsi appelée à cause du rôle stratégique qu'y joue le laquais Jacquet, qu'on déguise en fille ; au lieu de coucher avec l'objet de son désir, la jeune fille aimée de son fils, le vieillard Syméon passe la nuit avec le laquais, tandis que son fils jouit de ses amours, que sa fille s'enfuit avec son ami et que sa servante le vole. Trois tromperies pour décevoir le vieillard et qui, découvertes, provoquent un trouble « grand et brouillé », dit le Prologue ; mais le dénouement, qui se veut providentiel, arrange tout, amenant les jeunes amoureux au mariage chrétien et la servante voleuse à résipiscence. Seul le vieillard, qui consent et pardonne, demeure la victime de la comédie ; mais le Prologue l'avait dit : cette comédie enseigne « aux vieillards à estre plus moderez et moins addonnez aux plaisirs de Venus » ! Dès sa première pièce, Larivey impose un rythme qu'on retrouvera dans les autres comédies – comme si les personnages savouraient leur langage, organisaient les échanges en prenant tout le temps voulu. Généralement compliquées par leur intrigue, les comédies de Larivey avancent volontiers – étant sauves, selon les nécessités de l'intrigue, les accélérations du dialogue et de l'action – à un train de sénateur.

On retrouve un vieillard amoureux dans *La Veuve*, mais dans un rôle marginal. Suivant cette fois *La Vedova* de Nicolo Buonaparte, il noue un des fils autour de l'étranger Bonaventure, qui voudrait épouser une Madame Clémence (crue veuve, mais qui n'est autre que la première femme de Bonaventure, qu'il croit avoir perdue dans un naufrage) et qu'une courtisane, également du nom de Clémence, trompe en se faisant passer pour la femme de Bonaventure. On imagine l'heureux dénouement mélodramatique et moral. Les autres fils ne sont pas aussi moraux : à leur insu, on fait coucher le vieillard Ambroise avec une maquerelle et l'amoureux Constant avec une autre partenaire que celle qu'il attendait. C'est que tous les couples, bien ancrés dans la réalité, doivent aboutir à la réunion qui leur est destinée, malgré les gêneurs qui se mettent à la traverse . Les contretemps, ruses et contre-ruses nourrissent une intrigue fort complexe, rebondissant perpétuellement en une structure parfaitement maîtrisée. Une jolie pièce d'intrigue : c'est bien là le plaisir que nous donne Larivey.

Les Esprits, adaptation libre de l'*Aridosia* de Lorenzino de Médicis (Lorenzaccio), qui contamine elle-même l'*Aulularia* et la *Mostellaria* de Plaute, et *Les Adelphes* de Térence – synthèse idéale des sources pour un homme de la Renaissance ! –, est la plus célèbre et la plus parfaite des comédies de Larivey ; Albert Camus ne s'y était pas trompé, qui en réalisa une adaptation[154].

Avec les trois garçons amoureux – Urbain et Fortuné, les fils du vieillard Séverin, et Désiré, l'amoureux de sa fille – qui constituent le pivot de l'intrigue d'amour, Larivey est fidèle à l'entrecroisement et à la complexité de la trame qui, pour éliminer les obstacles comme Séverin, le père avare, se sert de divers auxiliaires – un père indulgent (Hilaire), un maquereau (Ruffin), un sorcier (M. Josse) –, tous entraînés par le serviteur Frontin, véritable meneur de jeu. On admire particulièrement les tromperies où le vieil avare manifeste sa crédulité : en II, 3, pour l'empêcher de rentrer chez lui (Urbain s'y trouve avec son amie), Frontin fait croire au vieillard effrayé que des diables assiègent son logis ; un peu plus tard (III, 3), les yeux bandés, il ajoute foi à la supposée négociation menée par le sorcier Josse avec les fameux « esprits », qui acceptent de décamper contre le don de la bague de Séverin, si nécessaire à son fils Urbain pour payer ses plaisirs. C'est aussi à ce moment là qu'il s'aperçoit qu'on lui a volé la bourse qu'il avait enterrée. L'intrigue est vivement menée, les personnages en général bien inscrits dans la réalité parisienne et bourgeoise ; le rire jaillit à propos de l'avarice caricaturale de Séverin et de ses avanies. A relire ce petit chef-d'œuvre, on pense souvent à Molière.

S'appuyant sur *La Gelosia* de Grazzini, la comédie du *Morfondu* est ainsi nommée « à cause d'un vieillard amoureux d'une jeune fille qu'il vouloit espouser, de laquelle il devint si jaloux que, pour l'espier en une nuict, il pensa mourir de froid » (Prologue). « Ce viel singe contrefaict » de Lazare est doublement mystifié : on lui fait croire que sa promise couche déjà avec un autre ; pendant qu'on le tient dehors, l'amoureux s'introduit à son logis et couche avec sa nièce ; il tombe dans toutes les bourdes qui sont machinées contre lui. Aucune morale, mille inventions

---

[154] Voir Charles Mazouer, « L'adaptation des *Esprits* de Larivey par Albert Camus pour le Festival d'Angers (1953) », *R.H.T.*, 1992-1, pp. 7-15.

de la part du serviteur Lambert toujours sur la brèche, jamais à court de malices et de tromperies. Encore une parfaite comédie d'intrigue.

Selon le titre des *Jaloux* (adaptation de Gabbiani, *I Gelosi* ; mais la dette est avouée aussi au Térence de l'*Andrienne* et de *L'Eunuque*), beaucoup de personnages montrent de la jalousie ; au demeurant, cette comédie analyse plus finement les personnages et propose des scènes plus vraies. On notera l'apparition du traditionnel fanfaron, en la personne du capitaine Fierabras, qui, malgré la garde qu'il mène autour de sa sœur, laisse entrer au logis l'amoureux de celle-ci, qui s'est fait passer pour un vaillant poursuivi par la justice. On retrouve les tromperies, les déguisements, les inventions et menteries d'un ingénieux valet. Mais on sent qu'à côté de l'intrigue, Larivey s'est particulièrement soucié de l'écriture, qu'il s'est plu à écrire des dialogues comiques variés.

Dernière de la série des comédies de 1579, *Les Ecoliers*, qui transposent *La Zecca* de Razzi, récapitulent assez bien l'art du dramaturge. Une intrigue intéressante, vivante où les ruses s'enchevêtrent avec d'inévitables rebondissements, prend pour victimes un père prévoyant, mais trop sûr de lui dans la sauvegarde de sa fille, et un mari berné. C'est que les « écoliers », ces étudiants peu appliqués aux bonnes lettres et endiablés à satisfaire leurs désirs, de gré ou de force, et à s'adonner aux voluptés, sont toujours les plus malins. Larivey peint joliment le milieu et les réactions que provoquent les agissements des écoliers dans la bonne bourgeoisie du quartier latin . Seul le dénouement est assez mal fait.

Larivey attendit 32 ans avant de publier *Trois Nouvelles Comédies*, « à l'imitation des anciens Grecs, Latins et modernes Italiens », également. Les historiens sont sensibles à un changement de ton, compréhensible, et parlent même d'une deuxième manière du dramaturge[155]. Disons un mot de ces inflexions.

Le rôle du pédant Fidence, jargonneux, amoureux, crédule et finalement rossé et humilié, n'égaye guère *La Constance*[156], comédie lente, bavarde, alourdie de débats et de récits ennuyeux, et surtout marquée par un invraisemblable moralisme – tout cela étant peu propice au plaisir comique. Le Prologue lui-même admet que le spectateur puisse douter de

---

[155] Guy Degen, « Une leçon de théâtre : les neuf comédies franco-italiennes de Pierre de Larivey », [in] *Pierre de Larivey (1541-1619)...*, *op. cit.*, 1993, oppose les comédies du désir à celles qui accèdent aux sentiments, aux tourments, à des exigences et à des interrogations morales (p. 37).

[156] Autre adaptation de Razzi (*La Costanza*).

la vraisemblance de « ce qui est raconté de la bonté et fidelité des femmes et des hommes » introduits sur la scène. Nous sommes à Troyes, pour le mardi gras. Mais ce qui se passe est difficilement concevable. Comment croire à cette dame Constance – nom de prédilection chez Larivey ! – sage avec son amoureux avant le mariage, mariée de force à un autre qui la laisse vierge, retrouvant *in fine* l'un et l'autre pour épouser, avec l'accord du mari si délicat, l'amoureux de sa jeunesse qui s'est fait passer pour un soldat espagnol ? Et je ne parle pas du jeune homme dissolu qui revient sur le sentier de la vertu...

On peut s'étonner, à certains égards, que Jean-Marie Villégier ait choisi *Le Fidèle*[157] pour (re)mettre à la scène une comédie du vieux dramaturge, en 1989 . La pièce est longue, l'intrigue touffue, le style et la langue assez lourds. Sans doute, grâce aux tromperies, aux déguisements, aux quiproquos, est-elle aussi d'un certain mouvement dramatique et scénique, que dynamise le jeu des serviteurs. Mais cette histoire de Fidèle trahi par Victoire – femme mariée qui brame à présent son désir pour le jeune et indifférent Fortuné –, la dénonçant à son cocu Cornille, désireux de la tuer, n'intéresse guère avec ses diatribes antiféminines. Le pédant Josse ni le soldat Brisemur, qui gravitent aussi autour de la peu vertueuse Victoire, n'y changent rien. En fait, le travail du metteur en scène moderne fut fascinant car il montra la violence du désir, exprimé et satisfait avec brutalité, mais capable de changer. Le cynisme universel, les figures changeantes du désir et de la satisfaction sexuels renvoyaient à un monde baroque, privé de tout repère.

Les Tromperies[158] : c'est un bon titre pour la dernière comédie de Larivey ! Avec une fille qui passe pour un garçon sous le nom de Robert, qui est poursuivie par une autre fille et s'en débarrasse en la faisant engrosser par son frère Fortunat, tandis que la travestie ne peut déclarer son amour au garçon qu'elle aime, avec la courtisane Dorothée, qui multiplie les dupes, comme un Médecin et un Capitaine, l'*imbroglio* peut se développer, avant que le retour du père de Robert et Fortunat n'arrange tout. Malgré l'ancrage réaliste – nous sommes encore à Troyes, en période de troubles religieux –, malgré la saveur et la verdeur des échanges, ces intrigues liées à la dissolution des jeunes gens ne passionnent pas. Larivey termina sa carrière avec une comédie un peu embarrassée.

---

[157] Adaptation de Luigi Pasqualigo (*Il Fedele*).
[158] Adaptation de Secchi ou Secco, *Gl'Inganni*.

L'art de l'adaptation de Larivey

La carrière théâtrale de Larivey étant celle d'un adaptateur, il convient d'apprécier exactement son travail sur les textes italiens, qu'il ne s'est bien évidemment pas contenté de traduire[159]. Les analyses des récentes éditions de Larivey – celles de Michael J. Freeman, de Madeleine Lazard et de Luigi Zilli – nous y aident beaucoup.

Dans sa libre adaptation de l'original italien, Larivey respecte d'ordinaire l'intrigue embrouillée et ses personnages traditionnels venus d'outre-monts. De l'*imbroglio* constitué à partir des désirs amoureux, avec ses multiples fils, ses ruses et tromperies, ses parallélismes et collisions, ses surprises, péripéties, retournements, reconnaissances et heureux dénouement, il garde la marche et la structure ; s'il fait quelque menu changement, c'est pour accentuer le caractère théâtral, scénique, d'un passage. Ce souci se retrouve d'ailleurs aussi, à l'occasion, dans l'écriture des scènes. En même temps qu'il acclimate les intrigues à l'italienne en s'efforçant de les rendre vivantes malgré leur complication, Larivey introduit chez nous tout le personnel de la comédie italienne – personnages conventionnels de jeunes gens et de jeunes filles, de pères, de valets rusés et de servantes alertes, de courtisanes ou d'entremetteurs (mâles ou femelles) ; caricatures de pédants, de vieillards amoureux ou de fanfarons –, en respectant également son modèle et sans chercher l'originalité ; nous avons déjà présenté ce personnel dramatique[160]. Force est de constater que le dramaturge français ne s'est pas beaucoup occupé des caractères ; toutefois, nous avons noté ici ou là quelques finesses, qui peuvent venir de retouches qu'il a apportées à ses modèles.

En fait, le dessein de l'adaptateur est surtout de naturaliser en France ses modèles, et c'est là qu'éclate son génie. Telle est sa « nouvelle façon d'escrire en ce nouveau genre de comedie » proclamée dès la première ligne de l'épître dédicatoire de 1679 : un « ouvrage basty à la moderne », s'il imite les bons auteurs italiens, doit les « rhabiller », comme il dit, à

---

[159] Voir l'étude très ancienne de Pierre Toldo (« La comédie française de la Renaissance », *R.H.L.F.*, 1898, pp. 554-603 (section V)), et la mise au point de Madeleine Lazard (« Les belles infidèles de Pierre de Larivey », [in] *Mélanges pour Jacques Scherer...*, 1986, pp. 81-89).

[160] Voir *supra*, pp. 316-318 et la note 22.

la française[161]. Il veut que ses comédies, pourtant traduites de l'italien, donnent l'impression d'être « advenues en France » – ce qui explique peut-être sa discrétion sur les sources de chaque comédie, qu'il voudrait faire passer pour française.

La francisation est complète. Nous sommes transportés à Paris, ou à Troyes pour les dernières comédies. Lieux et quartiers de la capitale sont évoqués ; pensons au décor parisien des *Esprits*, au décor plus précis encore du quartier latin dans *Les Ecoliers*. L'histoire française du temps est aussi présente, avec les troubles religieux. Le cadre devient donc français ; mais également déjà les noms des personnages, comme toutes sortes de menus *realia* qui permettent de situer la comédie en France. En cela, Larivey est volontairement infidèle à la pièce italienne. Et l'habillage à la française va assez loin, car ce sont les mœurs françaises qu'il faut montrer aux spectateurs, celles de la bourgeoisie et du peuple. Ce réalisme bourgeois et populaire cohabite d'ailleurs avec des personnages ou des faits dramatiques parfaitement invraisemblables ; mais l'impression demeure que le spectateur pouvait retrouver son monde, avec ses habitudes, ses préoccupations, ses désirs, ses joies et ses défauts, à travers des personnages lestés de réalité bien française.

Il pouvait retrouver aussi son langage. Car, s'il connaissait parfaitement la langue italienne, Larivey s'est livré à une merveilleuse naturalisation en passant d'une langue à l'autre[162]. Il fallait changer l'original italien pour que la pièce française fût bien inscrite dans la réalité bourgeoise et populaire. Soucieux aussi de la qualité théâtrale, le traducteur remanie la syntaxe pour obtenir plus de clarté et de rapidité dans le dialogue.

C'est assez dire que le grand mérite de Larivey est d'avoir inventé une belle langue comique. Il a d'abord choisi délibérément la prose, conscient que ce choix pouvait renforcer l'idée que la comédie reste inférieure à la tragédie, soumise au nombre et à la mesure du vers. Peu lui importe : la prose seule est capable de rendre vraisemblable la conversation des gens du « commun peuple » – c'est-à-dire de ces milieux bourgeois et populaire – avec son naturel, le sentiment étant aussitôt formulé que pensé, sans l'effort, l'artifice et le retard du passage par le vers[163].

---

[161] C'est encore plus vrai si l'on imite l'Antiquité, dit le Prologue de *La Constance*, car la langue, les mœurs, les coutumes, les lois et la religion ont changé.
[162] Double naturalisation, sémantique et grammaticale, selon Luigia Zilli (voir son éd. du *Laquais*, pp. 40 *sq.*)
[163] Voir l'extrait de l'épître dédicatoire de 1679 cité *supra*, p. 330.

Larivey utilise donc la langue de la Renaissance, cette langue abondante, copieuse et qui aime jouir de ses richesses (qu'on pense à la prose de Montaigne, exactement contemporaine de celle de Larivey !), cette langue qui se complaît un peu dans la redondance et l'ornementation. Ce n'est pas notre langue théâtrale moderne, assurément, mais la langue de Larivey est théâtralement efficace, même si ses personnages parlent la langue de leur époque et prennent un peu trop leur temps – à notre goût – pour informer, communiquer, moraliser à loisir. Ses qualités ? Une langue parlée, familière, populaire, comme pouvaient la parler ces bourgeois parisiens de la seconde moitié du XVIe siècle, pleine, savoureuse, imagée, plus crue, argotique, verte, grossière et drôle dans la bouche des simples. Bref, un style riche, coloré et vivant[164]. Dans le dialogue, Larivey fait alterner les scènes plus lentes, aux répliques longues, et les passages enlevés, aux échanges plus vifs. Les répliques s'enchaînent bien entre des personnages au langage personnalisé. Donnons raison à Robert Garapon, selon lequel Larivey annonce aussi Molière par la vivacité, la personnalisation, la naturel et l'allégresse qu'il sait souvent donner à ses dialogues[165].

Le travail sur la langue est le labeur personnel de l'adaptateur. Mais la pensée des pièces si précisément imitées dans leur contenu et dans leur marche ? Dégager une vison du monde propre à Larivey est une entreprise impossible ou extrêmement périlleuse ; pour l'essentiel, on retrouve dans l'adaptation française la vision de la comédie italienne. Larivey n'a cessé de proclamer le but moral de la comédie[166] ; mais de quelle morale s'agit-il ? Celle des pièces ? Elle est plus que douteuse : il n'est question que de désirs à satisfaire par tous les moyens et de tromperies. Celle des dénouements ? Assurément, quand ils ne sont pas providentiels en intégrant le mal à un bien supérieur (*Le Laquais*), ou d'un moralisme étrangement édifiant (*La Constance*), ils rétablissent un certain ordre moral ou un certain conformisme avec la punition entérinée de certains vices, la réconciliation entre les pères et les fils scellée par des mariages qui canalisent le désir anarchique d'une jeunesse qui se livre aux débordements avant l'âge des responsabilités, pour le plus grand bien de

---

[164] Tout justement ce qu'a perdu la langue de Camus dans son adaptation des *Esprits*, qui épure et désincarne Larivey ! Voir l'art. cit. *supra*, n. 154, p. 362.

[165] Voir Robert Garapon, « Le style et le dialogue de Larivey », [in] *Pierre de Larivey (1541-1619)..., op. cit.*, p. 69.

[166] Voir *supra*, p. 333-335.

la société. C'est ce qu'on appelle le dénouement heureux d'une comédie. Cette vision n'est pas spécifique à notre auteur, plus soucieux de nous intéresser avec ses intrigues, de nous amuser avec son dialogue que de nous instruire ou de nous faire réfléchir. Ses neuf adaptations, dont on voit bien maintenant qu'elles méritent d'être prises en considération, ne sont-elles pas appelées « facétieuses » ?

Les Contents *d'Odet de Turnèbe*

Les Contents[167] n'ont pas besoin d'être défendus ! Œuvre originale et unique œuvre de théâtre composée en 1580 ou 1581, peu avant sa mort, par le jeune (il n'a pas trente ans) et brillant magistrat Odet de Turnèbe, fils du célèbre humaniste Adrien de Turnèbe, mais moins austère que lui, cette comédie est l'aboutissement le plus achevé, le fleuron de tout l'effort mené depuis deux générations pour créer en France le genre de la comédie littéraire moderne. La publication des *Contents* fut posthume, en 1584 – à la même date que celle des *Napolitaines* de François d'Amboise ; plus d'un point commun rapproche d'ailleurs les deux auteurs et leurs œuvres, qui, avec Larivey, fournirent ce qu'on fit de mieux en fait de comédies à l'italienne.

Lire *Les Contents* est un véritable bonheur que je voudrais faire partager à mon lecteur, en mettant en valeur la maîtrise de l'action, l'étonnante impression de vie que dégage la pièce et la qualité de l'esprit comique qui la baigne.

Après un prologue gaillard adressé aux dames, orné d'équivoques grivoises, une scène fort naturelle entre une mère, Louise, et sa fille Geneviève, qui s'apprêtent à partir à la messe du matin, fournit les premiers éléments d'une exposition claire et vraisemblable, que la fin du premier acte parachève. La donnée est simple, avec ses enjeux et ses obstacles : Geneviève et le jeune Basile s'aiment ; mais Louise désire

---

[167] Excellente édition par Norman B. Spector, pour la S.T.F.M., 1964, avec une copieuse et solide introduction (4ᵉ tirage avec compléments bibliographiques par Robert Aulotte, en 1984). Les histoires du théâtre consacrent toutes un développement plus ou moins important aux *Contents* ; Robert Aulotte leur a consacré un livre : *La Comédie française de la Renaissance et son chef-d'œuvre, « Les Contens » d'Odet de Turnèbe*, 1984, avec une importante bibliographie. Pour la bibliographie récente, voir Charles Mazouer, « Vingt ans de recherches sur la théâtre du XVIᵉ siècle », 2ᵉ partie, *Nouvelle Revue du Seizième Siècle*, 1999, n° 17/2, p. 312.

successivement deux autres prétendants pour gendre – Eustache d'abord, puis le Capitaine Rodomont. Il faut agir, une vieille femme, Françoise, entremetteuse de fabrique fort originale, prenant les choses en main. On fera coucher ensemble Geneviève et Basile, pour mettre la mère devant le fait accompli, et l'on dégoûtera Eustache de Geneviève, en lui faisant croire (II, 2 et 3) qu'elle a un chancre à un tétin. Les choses se compliquent évidemment ! Afin de n'être pas reconnu, Basile décide de se revêtir d'un habit d'Eustache pour rejoindre Geneviève ; Rodomont, qui a entendu son intention (I, 4), emprunte aussi un habit à Eustache et s'apprête à le précéder chez Geneviève ; mais il est arrêté en chemin (III, 1) et mené en prison pour dettes, laissant le champ libre à Basile . Hélas pour les amoureux ! Revenue trop tôt de l'église, Louise découvre les amoureux au nid (III, 7), et croit que le galant est Eustache. Elle les enferme en vain : Basile s'échappe et on lui substitue Alix, la femme d'un marchand qui sert aux plaisirs des garçons. On imagine que l'erreur de Louise et sa fureur contre Eustache entraînent de plaisants quiproquos, jusqu'au moment où elle trouve Alix avec Geneviève (acte IV). Louise se débattra dans sa difficulté maternelle, en particulier en essayant de donner sa fille à Rodomont (entre temps libéré et reprenant son intention d'aller chez Geneviève), lequel refusera quand il saura la vérité. Cette vérité n'est connue qu'*in extremis* de Louise (V, 5), contrainte d'accepter le mariage qu'elle ne voulait pas pour sa fille, tandis que Rodomont prend son échec avec humour, agrémentant ses rodomontades fantaisistes d'allusions graveleuses aux dames de l'auditoire, qui répondent au style du Prologue. Dénouement nécessaire, rapide, complet et heureux.

« Il est bien près de six heures » et l'on part souper ensemble : tout s'est passé entre l'aube et le coucher du soleil (nous sommes en janvier). Unité de temps. Unité de lieu aussi car, devant la tapisserie qui délimite les coulisses (elle est mentionnée au Prologue), tout se passe au carrefour de plusieurs rues, devant les maisons de Louise et de Girard, le père d'Eustache – du moins ce qu'on voit de l'action. Comme il s'agit d'une action à l'italienne (dont les sources, assez lointaines, sont plus italiennes qu'espagnoles), certains fils secondaires se développent, mais qui finissent par rejoindre l'écheveau central de l'*imbroglio*. Malgré la complication, les péripéties, les écoutes qui permettent une riposte imprévue, les déguisements (le fameux habit incarnat d'Eustache !), quiproquos, substitutions, Turnèbe a agencé sa comédie de manière parfaitement lisible, avec une sorte de maîtrise classique. La pièce avance beau train ;

et la langue des personnages n'y est pas pour rien, qui, malgré sa richesse et sa saveur, constitue un dialogue toujours fluide.

Le bonheur du lecteur vient aussi de la vie qui est restituée sur la scène. D'abord à cause du réalisme. Bien que nous soyons aux jours gras, il fait encore froid : on se couvre chaudement et l'on a hâte de rentrer chez soi. Tout un quartier de Paris vit devant nous, avec ses habitants et ses mœurs bourgeoises : une veuve dévote (elle ne manque ni messe ni sermon) soucieuse de sa fille, un marchand implacable en affaire mais aveugle sur la conduite de sa dévergondée de femme qu'il croit pieuse alors qu'elle est employée par un maquereau aux plaisirs d'un jeune débauché, une vieille femme qui masque son activité d'entremetteuse d'une apparence de dévotion... Tout cela donne donc l'impression d'être réel.

Bien plus : la comédie sonne vrai, du fait de la finesse mise en œuvre par le dramaturge pour la constitution des personnages, finesse qu'on peut dire unique à ce degré dans toute l'histoire de la comédie humaniste. Cette impression de vérité se dégage même de personnages plus secondaires, qui ressortissent à la typologie la plus traditionnelle. Le vantard Rodomont, berné en amour, devient un voleur, un peu escroc, toujours désargenté ; et Turnèbe lui donne une fantaisie qu'exploitera pleinement le Matamore de *L'Illusion comique*. Le trio des valets se nuance : à côté du laquais balourd et biberon (Gentilly), le serviteur astucieux et rusé qui mène l'intrigue (Antoine) et le laquais de Rodomont, fidèle sans doute, mais plein d'un bon sens qui lui fait rectifier les fanfaronnades du capitaine.

On a souvent remarqué, en effet, que Turnèbe, pour rendre vivants ses personnages, ménage entre eux des contrastes. Du côté des jeunes gens, deux fils de famille liés d'amitié, Basile ne ressemble pas à Eustache. Eustache sait qu'il n'est pas aimé de celle avec qui son père veut le marier, qu'il est le rival de son ami ; aussi est-il facilement crédule aux mensonges de Françoise concernant le supposé défaut anatomique de Geneviève. Il abandonne sa poursuite, preuve qu'il ne tenait pas excessivement à la jeune fille. Et il passe sa mélancolie en invitant Rodomont et en se faisant amener une belle garce (Alix, la femme du marchand Thomas). Basile, lui, tient à Geneviève qu'il prend sans scrupule avant le mariage, en la forçant un peu. Mais Turnèbe le fait évoluer : conscient de sa faute, il est bien décidé à épouser Geneviève (III, 9) ; plus tard (V, 3), cet authentique amoureux, toujours enflammé, a des propos délicats pour exprimer ses remords et sa fidélité à la jeune fille. Contraste aussi du côté des parents : autant Louise, la mère de Geneviève, est autoritaire, entêtée, furieuse que sa fille ait forfait à l'honneur au point de répandre partout sa colère contre le séducteur (sur lequel elle se trompe) et de publier sottement le déshonneur, autant Girard, le père d'Eustache, brave vieillard honnête et pieux, se montre indulgent et apaisant, prenant l'embrouille avec une bonhomie souriante : « Voila une plaisante histoire », dit-il, quand il est au courant de la réalité de la situation (IV, 5).

Les trois personnages féminins principaux[168] restent les plus intéressants par leur vérité si finement dévoilée dans l'action et dans les dialogues ; et, comme pour les personnages masculins, cette vérité peut être faite de nuances, d'évolutions, de contradictions, de mauvaise foi inconsciente ou d'hypocrisie assumée. Louise est dévote et ne manquerait pour rien au monde le sermon ; mais la bigote est aussi avare. Elle est autoritaire, mais, justement, elle se fie trop à l'apparente soumission de sa fille, cette « saincte nitouche » dont elle craignait qu'elle ne se fît religieuse (III, 7). Il faut relire la première scène de la comédie entre mère et fille, au cours de laquelle Geneviève, tout en déclarant une obéissance entière à sa mère et sans la heurter de front, dissimule sa douleur et sa révolte, et tâche de défendre son amour compromis avec Basile. Il n'entrait peut-être pas dans ses intentions de se donner à Basile avant le mariage ; c'est l'astucieuse Françoise qui obtient un rendez-vous pour Basile (I, 7). Mais, dans l'entrevue avec Françoise, Geneviève ne se montre pas exactement une ingénue circonvenue : elle est lucide sur les conséquences d'un rendez-vous et elle trouve au fond, dans l'habile dialectique de l'entremetteuse, des raisons d'accepter ce que ses scrupules lui ont fait d'abord refuser. Et elle semble aussi soucieuse du qu'en dira-t-on que de son honneur...

Mais la création la plus extraordinaire de Turnèbe reste évidemment cette Françoise, qui renouvelle entièrement la *mezzana* de la comédie érudite et fait fort bonne figure à côté de la Celestina espagnole[169]. L'entremetteuse est ici une matrone respectable, du moins qui se revêt du manteau de la respectabilité : une maquerelle en habit de dévote, qui pratique l'hypocrisie religieuse, la tartufferie ; elle s'est arrangé la réputation de la meilleure femme de bien de la paroisse. Ayant trois filles à marier sur les bras, elle exerce son joli métier pour de l'argent, mais

---

[168]   Voir Gilbert Schrenck, « Les personnages féminins dans *Les Contens* d'Odet de Turnèbe : comédie et philosophie de l'amour », [in] *Amour tragique, amour comique, de Bandello à Molière*, 1989, pp. 85-97.

[169]   *La Célestine ou tragi-comédie de Calixte et Mélibée,* de Fernando de Rojas (1499) a été traduite en français depuis 1527 ; Jacques de Lavardin donna une deuxième traduction en 1577 (voir « *Célestine* ». *A critical Edition oh the First French Translation (1527) of the Spanish Classic « La Celestina »...,* by Gerard J. Brault, Detroit, 1963).

aussi comme un art. Il suffit de se reporter à deux scènes capitales pour l'intrigue pour vérifier que Françoise pratique un art supérieur de la tromperie, fondé sur de très fines manœuvres psychologiques. Pour vaincre la résistance de Geneviève à recevoir Basile (I, 7), il lui faut plaider, convaincre et sa réussite se fonde sur l'idée que Geneviève ne demande qu'à être convaincue. Elle a aussi une habile tactique avec Eustache (II, 2)[170], qu'elle embobeline en lui faisant croire que Geneviève est atteinte d'un mal tout imaginaire. On vérifie l'importance de son rôle dans l'intrigue des *Contents*.

Turnèbe nous donne du plaisir avec le jeu des situations et contente notre esprit par la vérité et les finesses dont il dote ses personnages si vivants. Pour nous amuser, il a aussi recours aux jeux classiques avec le langage : pensons aux gauloiseries et autres gaillardises ; pensons à tout le rôle de Rodomont et à la valeur comique de ses boniments. Mais le plaisir le plus général et le plus diffus qu'on tire de la lecture des *Contents* tient au climat qu'y fait naître le dramaturge, du fait de son regard sur l'univers fictif qu'il a créé. Le regard de Turnèbe est aigu, acéré, dénonçant malicieusement les contradictions, révélant certains non-dit, débusquant la mauvaise foi, faisant éclater la tartufferie triomphante. Mais sans acrimonie, sans acharnement. Est-ce à dire que notre jeune magistrat portait sur le monde – ce monde bourgeois uniquement régi par le désir sensuel, l'appât du gain, la soif de respectabilité, où les valeurs authentiques n'ont guère cours et où la religion n'offre pas de réelle échappée – un regard cynique[171] ? Je ne le crois pas vraiment. Je vois chez lui davantage de détachement souriant, d'indulgence que de mépris pour les hommes tels qu'ils sont. Plus grinçants, *Les Contents* n'apporteraient pas ce bonheur. Et c'est aussi cette tonalité heureuse qui fait de l'unique comédie de Turnèbe le chef-d'œuvre de la comédie de la Renaissance.

*
*   *

---

[170] Et elle explique sa tactique en II, 7. Analyse de la scène dans Charles Mazouer, *Le Personnage du naïf dans le théâtre comique du Moyen Age à Marivaux*, Service de reproduction des thèses de l'Université de Lille III, 1980, n. 4, pp. 245-246.

[171] C'est l'opinion d'Enea Balmas, « A propos des *Contents* d'Odet de Turnèbe », [in] *Saggi e ricerche sul teatro francese del Cinquecento*, 1985, pp. 131-140.

De Jodelle à Turnèbe, les dramaturges comiques se sont efforcés de proclamer et d'illustrer la dignité de la comédie trop dédaigneusement ravalée par l'envahissante tragédie. La considération des comédies publiées, trop peu nombreuses et de valeur inégale, laisse sceptique sur leur réussite, malgré l'existence d'œuvres intéressantes et aussi de belles œuvres.

Mais un panorama de la comédie de cette époque ne serait pas complet s'il ne prenait pas en considération, après avoir insisté sur l'influence de la *commedia erudita* sur notre comédie littéraire, les autres aspects des contacts théâtraux entre la France et l'Italie dans le domaine de la comédie.

LA COMEDIE ITALIENNE EN FRANCE

Depuis Charles Estienne jusqu'à Larivey, nous avons constaté la très forte présence du théâtre comique italien, lu, goûté, traduit et adapté, et souligné d'emblée le rôle de modèle que joua chez nous la comédie savante – *erudita* ou *sostenuta* – des Italiens. C'était affaire livresque, les livres traversant la frontière, éventuellement dans les bagages des voyageurs, et nourrissant le flux des échanges culturels entre nations. La vie théâtrale en France fut encore plus marquée par un phénomène de grande portée pour plusieurs centaines d'années : la circulation des troupes italiennes, avec toutes ses conséquences.

Les comédiens italiens en France

Par deux fois dans *Les Jaloux* de Larivey[172], publiés en 1579, il est question des Italiens, de leurs comédies et de leurs jeux de théâtre « où certes il y a du plaisir » (I, 1) ; il s'agit certainement des *Comici Gelosi* qui, invités à Blois par Henri III, restèrent un an en France et purent jouer dans le théâtre parisien de l'Hôtel de Bourgogne. Cette troupe donnait essentiellement des spectacles de *commedia dell'arte*, un théâtre de l'improvisation et du jeu, non écrit, très différent du théâtre littéraire et savant.

---

[172] I, 1 et III, 3.

De fait[173], la circulation comique italienne est bien documentée à partir de 1571. Elle a existé auparavant : en 1548, pour l'entrée et le séjour d'Henri II et de Catherine de Médicis à Lyon, des artistes venus d'Italie donnèrent la comédie de *La Calandria* avec un grand luxe de mise en scène, en particulier pour les divertissements avec machines et musique ; en 1556, on signale le passage de comédiens italiens à Chartres[174]. Les documents deviennent plus nombreux et plus sûrs à partir de Charles IX. Ainsi, pour son entrée à Paris, en mars 1571, le roi retint la première compagnie des *Gelosi*, dirigée par Alberto Ganassa. Dans une cour de France pour longtemps italianisée – après Catherine de Médicis, Maris de Médicis (belle-sœur du duc de Mantoue[175]) puis Mazarin favoriseront le goût italien –, les Italiens obtinrent grand succès ; ils voulurent aussi donner leurs « comédies et plaisants jeux » au peuple, qui en était ravi ; mais ils firent grincer les dents au Parlement. Quoi qu'il en soit, l'habitude était prise ; malgré les temps désastreux et l'insécurité du royaume, plusieurs de ces troupes de la *commedia dell'arte* circulaient en même temps ensemble en France, visitant les résidences royales et diverses villes du royaume.

C'est à Venise que le roi Henri III avait vu jouer *I Comici Gelosi* – ces *Jaloux* de plaire –, qui s'étaient renouvelés sous la direction de Flaminio Scala ; il les fit venir en France où ils restèrent jusqu'en 1578, séjournant à Blois puis s'installant à Paris, avec la permission des confrères de la Passion, dans la salle du Petit-Bourbon. Ils jouèrent des spectacles *all'improvviso*, mais aussi, toujours dans leur langue, *commedie sostenute* ou tragédies. « Ils prenaient de salaire quatre sols par tête de tous les Français qui les voulaient aller voir jouer, où il y avait tel concours et affluence de peuple que les quatre meilleurs prédicateurs de Paris n'en avaient pas trestous ensemble autant quand ils prêchaient », remarque

---

[173] Sur la circulation des troupes italiennes, le travail précis mais ancien d'Armand Baschet (*Les Comédiens italiens à la cour de France...*, 1882) a été repris, complété et élargi par Raymond Lebègue dans divers articles (*Revue de littérature comparée*, 1950, pp. 5-24 ; *Rivista du studi teatrali*, 1954, n° 9-10, pp. 71-77 ; *C.A.I.E.F.*, 1963, n° 15, pp. 165-176 ; synthèse dans son *Théâtre comique de « Pathelin, » à « Mélite »*, 1972, chap. XVI).

[174] *Bibliothèque de L'Ecole des Chartes*, 89 (1928), pp. 456-458.

[175] On sait que Louis de Gonzague, le père de Charles, fut le principal artisan du succès des troupes de la *commedia dell'arte* en France. Voir Rosanna Gorris, « La parabola della famiglia Gonzaga-Nevers e la commedia dell'arte : Mantova vs. Parigi – Parigi vs. Mantova », [in] *La Commedia dell'arte tra cinque e seicento in Francia e in Europa*, 1997, pp. 53-83.

L'Estoile dans son *Journal*[176]. D'autres troupes sont signalées : à Nérac, chez le roi de Navarre (1578) ; à Paris, cette fois à l'Hôtel de Bourgogne (1583) ; le duc de Joyeuse (1584) favorise une troupe qui doit être celle des *Confidenti*, dont fait partie l'acteur Fabrizio de Fornaris (titulaire du rôle de bravache espagnol, le capitaine Cocodrillo), lui-même auteur d'une *commedia sostenuta* intitulée l'*Angelica*[177], publiée à Paris en 1585 et dédiée au duc.

Henri IV, qui adorait le gros sel de Italiens, voulut son Arlequin ; il l'eut en la personne de Tristano Martinelli qui, après un séjour en France, peut-être même deux auparavant, faisait partie de la troupe des *Accesi*. Outre le célèbre Arlequin, la troupe comprenait un Fritetellino, joué par Pier Maria Cecchini ; Flaminio Scala, qui publia cinquante-six *scenarii* en 1611[178], faisait aussi partie de cette troupe. Les compagnies se succédèrent. Après les *Accesi*, arriva la troupe de Francesco Andreini – nouvelle compagnie des *Gelosi* –, dont la femme Isabelle fut un fleuron ; elle enthousiasma les Français par sa beauté, son jeu, ses talents d'écrivain aussi ; quant à son mari Francesco, qui jouait les capitans, il est justement l'auteur d'un recueil de fanfaronnades, *Le Bravure del Capitano Spavento*[179]. Puis les comédiens du duc de Mantoue, dirigés par Pier Maria Cecchini, passèrent chez nous en 1608, jouant pour le roi et la cour, et ensuite pour le public parisien de l'Hôtel de Bourgogne, où s'étaient succédées diverses troupes italiennes depuis 1583.

Pendant quarante ans, avec une belle continuité, les comédiens de l'*arte* ont diffusé leur théâtre. Là où résidait la cour des Valois, d'abord : au Louvre, à Blois, à Fontainebleau, à Paris ; à la cour d'Henri de Navarre à Nérac, et à la cour de Lorraine, également. Beaucoup ensuite devant des publics plus larges et plus populaires, à Paris comme dans les provinces : Lyon, Poitiers, Angers, Caen, Amiens, Cambrai, Langres, Nancy... Des troupes plus ou moins éphémères, des acteurs plus ou moins célèbres quittèrent leur pays, prirent le risque de voyager dans un pays déchiré par les guerres civiles pour conquérir un autre public, qui devait suivre les spectacles en langue étrangère ; le succès qu'ils rencontrèrent s'explique sans doute en partie par le style de la *commedia dell'arte*, si cousin de

---

[176] Cité par A. Baschet, *op. cit.*, p. 74.

[177] L'*Angelica* sera traduite en français en 1599.

[178] *Il Teatro delle favole rappresentative.*

[179] Traduites par Jacques de Fonteny en 1608 : *Les Bravacheries du Capitaine Spavente.*

celui de la farce que les dramaturges français voulaient bannir. Les Italiens réalisèrent, eux, la conquête d'un public.

Au passage, on aura repéré nombre de grands acteurs de l'*arte* qui se firent apprécier en France et s'y acquirent notoriété par leur art scénique : les Ganassa, Flaminio Scala, Fornaris, Pier Maria Cecchini, le couple des Andreini, Tristano Martinelli, le premier Arlequin, – lequel ne manquait pas d'audace dans ses rapports avec les princes de ce monde et qui dédia à Henri IV ses *Compositions de rhétorique* (Lyon, 1600-1601) constituées d'une soixantaine de pages...généralement blanches ! Ces acteurs nouèrent des liens un peu plus profonds avec la France. Ils y publièrent telle œuvre en italien, en attendant une traduction française. Nous avons cité le cas de Fabrizio de Fornaris[180] et de Franceso Andreini ; il faudrait aussi mentionner le Véronais Bartolomeo Rossi, probablement membre de la troupe des *Raccolti*, qui joua à Paris et profita de son séjour pour publier, chez Abel l'Angelier, sa *Fiammella* (1584), une comédie pastorale qui mêle à l'idylle les masques de la *commedia dell'arte*[181]. Quant à l'acteur Belando, il vécut une grande partie de sa vie à Paris[182] ; il y publia ses *Lettere facete e chiribizzose* (1588) – lettres facétieuses et fantasques – et sa comédie *Gli amorosi inganni* (1609), qui représente un témoignage important de l'activité des comédiens italiens à la cour de France. Nos acteurs, qui jouèrent aussi bien la *commedia sostenuta* (comme celles qu'ils publièrent), la pastorale, la tragi-comédie ou la tragédie que la *commedia dell'arte*, consacrèrent néanmoins à cette dernière leur art et, à nos yeux, leur célébrité se fonde surtout sur elle. Qu'est-ce donc que cette *commedia dell'arte*[183] que découvrit le public français ?

---

[180] Voir Alessandra Preda, « L'*Angelica* di Fabrizio De Fornaris : il testo di un « comédien », la sua fonte, la sua traduzione », [in] *La Commedia dell'arte tra cinque e seicento...*, *op. cit.*, pp. 193-206.

[181] Voir Elio Mosele, « La *Fiammella* del veronese Bartolomeo Rossi », [in] *ibid.*, pp. 181-192.

[182] Voir Mariangela Miotti, « *Gli Amorosi* di Vincenzo Belando », [in] *ibid.*, pp. 223-233.

[183] Voir une synthèse dans l'introduction, pp. 12-16, de l'éd. Charles Mazouer du *Théâtre italien*, I, d'Evariste Gherardi, 1994. Et surtout Claude Bourqui, *La Commedia dell'arte*, 1999.

L'esthétique de la *commedia dell'arte*

Pas plus en France qu'en Italie, on ne parlait de *commedia dell'arte* : ce terme n'apparaît qu'en 1750, avec Goldoni, au moment où le genre, si genre il y a, périclite ; Benedetto Croce fait toutefois remarquer avec justesse que l'appellation, avec les deux sens du mot *arte* : les règles et la profession, convient fort bien aux compagnies de professionnels qui, vers le milieu du XVIe siècle, en Italie, quittèrent les cours pour aller jouer sur les places publiques, en rejoignant d'autres charlatans et bouffons, et en se soumettant à la loi du marché. Diverses autres appellations avaient cours pour ce nouveau genre de spectacle, qui en désignaient des aspects importants : *commedia all'improvviso, a sogetto, commedie degli zanni, commedie popolare...* Il faut aussi se méfier d'une véritable mythologie de la *commedia dell'arte*, qui s'est fabriquée surtout en France et qui risque de fausser les réalités. Mais nous avons suffisamment de documents sûrs pour éclairer l'esthétique de ce que nous appelons la *commedia dell'arte*.

Il s'agit d'abord de spectacles improvisés, non prémédités. Encore faut-il s'entendre exactement sur la portée de cette improvisation, réalisée à partir d'un canevas ou *sogetto* qui se contentait d'esquisser sommairement, pour chaque scène des trois actes d'une pièce, le thème sur lequel les acteurs devaient improviser. L'action des pièces était fondée sur une intrigue assurément complexe, mais les sujets pouvaient délaisser le comique pour aborder la pastorale ou le tragique. Quant à la technique même de l'improvisation, on la rapproche à juste titre de celle des orchestres de jazz : les acteurs avaient à combiner et à composer. Ils y étaient aidés par un travail préalable, qui était d'abord de mémoire, à partir de quelque *repertorio*, de quelque *zibaldone,* qui fournissaient des répliques ou des jeux de scène que l'acteur savait ajuster exactement dans le déroulement du jeu théâtral. En fait, *improvisé* signifie surtout *non écrit*, et si les acteurs dévalorisaient la rédaction du récit théâtral, ils portaient un soin extrême (et passablement prémédité) à l'agencement des faits, à leur construction dramaturgique.

On comprend aussi que, jouant devant des publics qui ignoraient leur langue, les acteurs aient naturellement insisté sur le geste plus que sur la parole et qu'ils aient masqué et eux-mêmes dévalorisé tout ce travail de construction dramatique préalable au jeu. Si l'improvisation repoussait au second plan l'élaboration littéraire des spectacles, elle donnait lieu à la variété du jeu et mettait en relief les talents de l'acteur, homme d'imagination et de connaissances, dont le jeu se trouvait comme libéré par l'improvisation. De fait, le public français du temps trouvait les Italiens fort « gestueux » et appréciait leur qualité de mimes et de pantomimes, la souplesse et la liberté de leur jeu physique . La liberté de la *commedia dell'arte* est d'ailleurs à entendre en un autre sens, qui renvoie à certaines grossièretés contenues dans les sujets, à l'audace de situations, de propos comme de gestes. C'est cette liberté qui à la fois permit aux Italiens de plaire à un public (les rois comme le peuple) qui regrettait la farce, et lui valut les mercuriales du Parlement effarouché par ce qu'il condamnait comme paillardises.

Secondement, la *commedia dell'arte* est un théâtre de types fondamentaux, d'emplois, les fameux *tipi fissi*. Certains de ces rôles ou *parti* étaient masqués, d'autres non – ce qui explique pourquoi on ne peut faire du masque une caractéristique essentielle de la *commedia dell'arte*. Le type est une sorte de « précondition » des personnages qui se réalisent dans chaque pièce ; cette précondition peut être un simple nom, un costume, un trait physique, un dialecte particulier, une manière de parler, un thème[184]. Les types – on dit parfois les *masques*, même si le personnage ne porte pas le masque – sont donc un peu moins fixés, un peu moins stylisés qu'on l'affirme parfois. On a remarqué qu'ils étaient souvent regroupés par couples : deux *zanni*, deux amoureux, deux vieillards, chaque couple comportant un élément plus dynamique et actif, qui fait progresser l'action, et un autre plus statique, plus verbeux, qui la freine. Apparaît ici l'idée d'une structure des rôles, qu'il faut étendre à l'organisation générale de la troupe. Une troupe type comportait une dizaine de *tipi fissi* ; deux vieillards (le *Pantalone* vénitien et le *Dottore* de Bologne), deux *zanni* (un valet meneur d'intrigue et un sot) et un *Capitan* constituaient les rôles comiques ; les rôles graves étaient ceux des deux *innamorati* et des deux amoureuses, qu'accompagnait la soubrette (ou *fantesca*). Sur cette configuration, qui permet de se figurer les canevas, plus d'une variation et d'un renouvellement étaient possibles.

Tant que vécut la *commedia dell'arte*, les types furent nombreux : les *tipi fissi* changeaient et se renouvelaient. Les acteurs italiens n'ont cessé d'en inventer, y compris en France. A commencer par le personnage d'Arlequin : sa savante et fine historienne, Delia Gambelli, a montré que c'est Tristano Martinelli qui prit le nom d'un personnage infernal et

---

[184] Voir Cesare Molinari, *La Commedia dell'arte*, 1985.

diabolique, Hellequin ou Herlequin, pour en faire, en France, vers 1584-1585, le premier Arlequin – acrobate, maître du verbe et irrésistible comique[185]. Deux vers d'un poème d'Isaac Du Ryer[186] disent parfaitement ce que l'Arlequin apportait de plaisir et de joie au public par le jeu de son type :

> Admirable Harlequin qui dans ton escarcelle
> Par ta seule posture enfermes le soucy...

C'était vrai de tous les autres types et des spectacles qu'ils réalisaient ensemble.

En un mot, pour ne rien dire d'autres éléments comme le décor, la *commedia dell'arte* exaltait l'art de l'acteur et de l'actrice – car c'est la *commedia dell'arte* qui imposa des actrices dans les rôles féminins au XVIe siècle. Ces acteurs, qui étaient gens de mémoire et gens de culture, disaient un texte, et dans certains rôles la déclamation était primordiale . Tous jouaient avec leur corps, ceux qui portaient le masque encore plus que les autres, puisque l'expressivité interdite au visage se reporte sur le reste du corps ; et l'on sait qu'inversement les postures diverses du corps amènent notre imagination à penser que le masque ou, pour Arlequin, le demi-masque (en cuir, parfois en carton) n'est pas fixe. C'est dans l'action scénique que triomphait l'acteur de l'*arte*, souple, mobile, acrobate du visage aux extrémités. Les types comiques se sont particulièrement rendus célèbres par leur jeu physique, poussé au grotesque et à la bouffonnerie. D'où l'importance des fameux *lazzi* – développements adventices ou même carrément étrangers à l'action, qui consistaient parfois en une plaisanterie verbale, mais surtout en un jeu de scène comique. De surcroît, les acteurs savaient chanter, jouer de divers instruments de musique et danser. Faut-il rappeler, pour finir, l'importance de l'adaptation de chaque acteur à son ou à ses partenaires, sur la scène de ce théâtre improvisé ?

Ces spectacles, tout nouveaux pour le public français, eurent chez nous un grand retentissement.

---

[185] Voir Delia Gambelli, *Arlecchino a Parigi. I : Dall'inferno alla corte del Re Sole*, 1993, chap. I et II.
[186] Cité *ibid.*, p. 195.

L'influence de la *commedia dell'arte*

Ce n'est pas le lieu de développer toutes les ramifications de la pénétration de la comédie de l'art dans la vie française ; elles sont innombrables. Pour commencer, à l'égal de la *commedia erudita*, la *commedia dell'arte* a mis sa marque sur le vocabulaire français[187]. Notre langue accueille Pantalon, Arlequin et les autres zanni, le Capitan, et fabriquera, avec leur nom propre, noms communs et dérivés.

C'est que les types de la *commedia dell'arte*, avec leur aspect physique et leur costume, avec leurs traits psychologiques et les situations auxquelles ils sont liées, sont bel et bien entrés dans la réserve d'images disponibles pour les Français. On les voit un peu partout en France sur la scène . On les retrouve sur les gravures et les tableaux. On parle d'eux et désormais on se sert d'eux comme termes de référence ou de comparaison ; mémoires, pamphlets les utilisent – à vrai dire pas toujours pour une comparaison flatteuse, car Pantalon ou Arlequin sont des personnages comiques et bouffons.

Mais au-delà de cette popularité, il est capital de mesurer l'influence de la *commedia dell'arte* sur notre théâtre lui-même.

Signalons déjà une utilisation tout à fait curieuse des masques italiens, au cours de la représentation d'une pastorale . Cela se passait à Montbrison, en 1588, où le chanoine Loys Papon faisait représenter une *Pastorelle*[188] pour célébrer la victoire du duc de Guise sur les Suisses à Vimory et sur les reîtres à Auneau, en 1587, lors de la huitième guerre de religion . Le procès-verbal de la représentation (qui donne d'intéressantes précisions sur la salle dite de la « Diana ») explique que pour éviter l'ennui dans une fête qui dura quatre ou cinq heures, on introduisit dans la représentation, cinq fois en guise d'intermèdes, des acteurs de la comédie italienne : trois Pantalons, un pédant, un capitan, un zanni, une signora, enfin, convoitée par les uns et les autres. Une sorte de fil directeur court d'un intermède à l'autre : pour obtenir la demoiselle, les arguments verbaux ne suffisent pas et il faut que les prétendants montrent leur talent en chant, en danse, en course de bague même, sur des chevaux feints, – la demoiselle tenant elle-même le bague et la haussant ou la

---

[187] Voir Teresa Jaroszewska, *L'Influence de la comédie italienne du XVIe siècle en France (vue à travers le vocabulaire et d'autres témoignages)*, 1983.
[188] Ed. Claude Longeon, Saint-Etienne, 1976.

baissant pour qu'aucun ne vainque ! L'échec des prétendants donna « sujet de mainte longue risée ». Les types italiens, personnages d'inter- mèdes avant de devenir personnages de ballets, sont décidément commis à la détente !

Mais la *commedia dell'arte* et ses types ont-ils transformé notre théâtre comique ? Il est fort douteux qu'ils aient eu une influence sur la comédie littéraire[189]. En revanche, comme l'avait évidemment souligné Gustave Attinger[190], la tradition populaire italienne rencontra la tradition populaire de nos farces . Ce fut d'abord une confrontation entre les troupes, peu amène sans doute, si l'on en juge par les difficultés que rencontrèrent les troupes italiennes pour jouer à Paris en l'Hôtel de Bourgogne, place forte des comédiens et farceurs français de passage dans la capitale[191] : concurrence oblige. Mais assez vite, semble-t-il, la collaboration remplaça l'hostilité. Les comédiens italiens recrutèrent des farceurs français et des sortes de troupes italo-française ou franco- italiennes se constituèrent ; des documents l'attestent. Agnan Sarat, dit Agnan à la laide trogne, qui loua l'Hôtel de Bourgogne aux confrères de la Passion (toujours propriétaires du lieu de théâtre public à Paris) en 1578, s'associa aussi, on ne sait à quelle date, à des acteurs italiens, si l'on en croit le fameux *Recueil Fossard*. Valleran le Conte, chef de troupe célèbre et dont on suit relativement bien la carrière, passa contrat d'association avec une troupe italienne en 1600 puis en 1612 . Cette pratique ne fut pas sans conséquences esthétiques.

Arrêtons-nous un peu sur ce *Recueil Fossard*[192], du nom d'un musi- cien au service de Louis XIV, qui avait rassemblé une quarantaine de gravures, munies de légendes en français, concernant la *commedia dell'arte*. La page de titre manuscrite mérite d'être longuement repro-

---

[189] Malgré Ronald C. D. Perman (« The influence of the commedia dell'arte on the french theatre before 1640 », *French Studies*, 1955, pp. 293-303).

[190] *L'Esprit de la commedia dell'arte dans le théâtre français*, 1950.

[191] Voir les faits de 1585 analysés par Ileana Florescu (« Parigi 1585 : la querelle degli acteurs - bouffons », [in] *Viaggi teatrali dall'Italia a Parigi...*, 1989, pp. 109-122).

[192] Présenté par Agne Beijer, suivi des *Compositions de rhétorique de M. Don Arlequin*, présentées par P.-L. Duchartre, édition augmentée, 1981. Voir Raymond Lebègue, *Le Théâtre comique en France...*, *op. cit.*, pp. 139-141, et Alba Ceccarelli Pellegrino, « Gravures et légendes du *Recueil Fossard* : essai d'analyse sémiologique », [in] *La Commedia dell'arte tra cinque e seicento...*, *op. cit.*, pp. 129-170, et « La *gravure* 'ancilla comoediae' (L'improvisa' alla corte di Enrico III) », [in] *Lettere e arte nel Rinascimento*, 2000, pp. 489-529.

duite : *Recueil de plusieurs fragments des premieres comedies Italiennes qui ont esté representees en France sous le regne de Henry 3. Où lon uoit les differents Caracteres qu'ils donnoient a leurs Acteurs, et les intrigues de leurs pieces meslées de bouffonneries, et de beaucoup de licences. Avec les habillemens de tous leurs personnages tant serieux, que comiques...* »
De fait, on retrouve dans le *Recueil* les types et les situations des canevas de la *commedia dell'arte* (**Planches 24-27**) : Pantalon le vieillard amoureux toujours ridicule, Francisquina sa servante courtisée par Harlequin et Zany Cornetto, le Capitan Cocodrillo et le segnor Dotour, les amoureuses comme Isabella ou la dona Lucia et les amoureux comme il segnor Leandro ou il segnor Horacio. Le témoignage est capital déjà pour cela. Mais d'autres acteurs ont des noms français : à côté d'Agnan, qui figure dans six scènes, Julien le débauché, Guillemette et sa fille Peronne, Nodet, Gringalet... Les six gravures où figure Agnan donnent l'idée, pour autant qu'on puisse les interpréter, de pièces assez différentes des canevas italiens (thème pastoral ou thème du libertinage) ; mais Arlequin paraît dans l'une d'elle. Une même troupe jouait-elle deux répertoires, chacun avec ses acteurs spécifiques ? Mêlait-elle à l'occasion un acteur français à un canevas italien ou un acteur italien à un canevas français ? On ne sait ; mais la collaboration est avérée entre les acteurs des deux traditions.

Comment n'auraient-ils pas confronté leurs esthétiques voisines ? Sans doute, la *commedia dell'arte* manifestait-elle des singularités : l'improvisation sur canevas, les types fixés ou masques, une fantaisie très irréelle parfois. Mais que de points communs ! Une psychologie simplifiée qui réduit l'humain à quelques types, un relatif mépris de l'action, de sa construction et de son agencement au profit d'un rythme comique, une certaine indifférence au dialogue afin que soient mis en valeur le jeu de l'acteur, ces jeux de scène que les Italiens appelaient *lazzi* : les deux théâtres avaient de quoi se fasciner et s'interpénétrer. C'est ce qui se produisit et dont on verra le résultat dans les farces du début du XVIIe siècle[193].

*
*   *

---

[193] Voir *Farces du Grand Siècle. De Tabarin à Molière . Farces et petites comédies du XVIIe siècle*, éd. Charles Mazouer, 1992.

Aspect français d'un phénomène européen – des troupes italiennes circulèrent dans toute l'Europe comme en France –, point de départ d'une longue histoire d'interpénétration des cultures nationales – l'univers de la *commedia dell'arte* va durablement nourrir la sensibilité et la rêverie des spectateurs de théâtre –, la venue en France des compagnies de l'*arte* et leur succès sont très révélateurs pour l'historien qui embrasse du regard tout le siècle. Si l'on découvre des traces d'une continuité plus ou moins consciente avec la farce médiévale chez les dramaturges de la Pléiade, la comédie humaniste s'est érigée contre la farce et a proclamé la rupture . A se concevoir et à se construire contre la farce, elle y a davantage perdu que gagné. Sans doute nous reste-t-il un chef-d'œuvre et quelques comédies littéraires de belle venue ; mais, à la différence de la tragédie, le genre de la comédie n'a pas pris. Et il a perdu un public. On comprend mieux ce que représentait l'irruption de la *commedia dell'arte* et l'alliance des comédiens de l'art avec nos farceurs : la possibilité de renouer avec le comique populaire de la farce, qui avait été relégué hors de la littérature par les doctes[194] et survivait dans les faits. Il faudra attendre un bon demi-siècle la synthèse créatrice de Molière pour que les traditions populaires se réconcilient avec la comédie savante.

---

[194] « En somme, par-dessus notre théâtre de la Renaissance, genre très littéraire, très livresque, la *commedia dell'arte*, sous un déguisement tout italien, faisait jaillir à nouveau un comique que nos lettrés avaient rejeté », écrit, en une excellente formule, le grand historien du théâtre que fut Raymond Lebègue (« Premières infiltrations de la commedia dell'arte... », art. cit., p. 176).

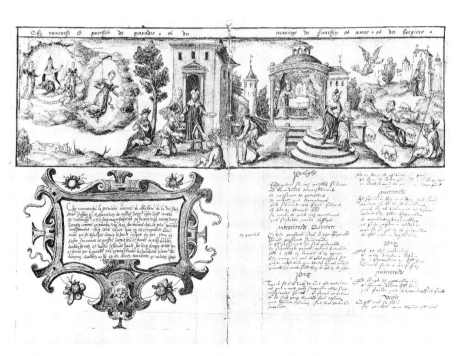

1. Le hourdement de la *Passion* de Valenciennes, 1547, par Cailleau
(B.N.F., MS fr. 12536)

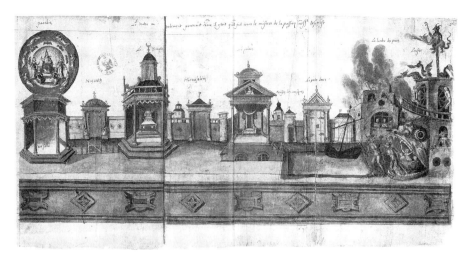

2. Première journée de la *Passion* de Valenciennes (1547), miniature de Cailleau
(B.N.F., Ms Roth. 1-7-3)

3. Quatrième journée de la *Passion* de Valenciennes (1547),
miniature de Cailleau (B.N.F. MS Roth. 1-7-3)

4. Septième journée de la *Passion* de Valenciennes (1547),
miniature de Cailleau (B.N.F. MS Roth. 1-7-3)

5. Neuvième journée de la *Passion* de Valenciennes (1547),
miniature de Cailleau (B.N.F. MS Roth. 1-7-3)

6. Onzième journée de la *Passion* de Valenciennes (1547),
miniature de Cailleau (B.N.F. MS Roth. 1-7-3)

7. Seizième journée de la *Passion* de Valenciennes (1547),
miniature de Cailleau (B.N.F. MS Roth. 1-7-3)

8. Dix-huitième journée de la *Passion* de Valenciennes (1547),
miniature de Cailleau (B.N.F. MS Roth. 1-7-3)

9. Vingt et unième journée de la *Passion* de Valenciennes (1547),
miniature de Cailleau (B.N.F. MS Roth. 1-7-3)

10. Vingt-troisième journée de la *Passion* de Valenciennes (1547),
miniature de Cailleau (B.N.F. MS Roth. 1-7-3)

11. Gravure sur bois pour l'édition (1512) du *Jeu du prince des sots* de Gringore
(B.N.F., réserve des imprimés)

Can-   tique.

CANTVS.

Pere eternel, Qui les cieux habites, D'vn foin pater-

nel Les tiens tu vifites. Nos brebis petites Tu pais, & les

vois. Tes louanges dites Soyent à haute voix.

ALTVS.

Pere eternel, Qui les cieux habites, D'vn foin pater-

nel Les tiens tu vi fi tes. Nos brebis petites Tu pais, & les

vois. Tes louanges dites Soyent à haute voix.

TENOR.

Pere eternel, Qui les cieux habites, D'vn foin pater-

nel Les tiens tu vifites. Nos brebis petites Tu pais, & les

vois. Tes louanges dites Soyent à haute voix.

Soit ton los & prix
Mis en euidence.

BASSVS.

Pere eternel, Qui les cieux habites, D'vn foin pa-

ternel Les tiens tu vi fi tes. Nos brebis pe tites Tu pais,

& l.s vois. Tes louanges dites Soyent à haute voix.

Car tout eft compris
En ta prouidence.

12. Gravure de la musique finale de la *Bergerie spirituelle* de Des Masures
(Genève, 1566)

13. Représentation d'une farce en 1542 (MS 126 de la B.M. de Cambrai)

14. Page de titre de la farce de
Guillerme qui mangea les figues du Curé
(Recueil du British Museum, XIX)

15. Page de titre de la farce *La Mère,
le fils et l'examinateur* (Recueil du
British Museum, XLV)

16. Gravure pour *Les Adelphes* dans le Térence illustré de Trechsel (Lyon, 1493)

17. Gravure pour *L'Heautontimoroumenos* dans le Térence illustré de Venise, 1561

Andriæ

Pam.o Daue modo ut:id eſt:non poſſim eſſe ſcilicet apud me.uel cape ut pro qua/
liter ſic. Daue qualiter mō poſſim eſſe apud me:id poſſim eſſe paratus. Illud etiam
dictum:ſac ut ſis apud te:poteſt eleganter collocari loco horū dictorū. attende di/

Pam.Modo ut poſſim?Daue.Da.Crede in quā hoc
mihi Pamphile /nunꝗ hodie tecum cōmutaturū
patrem unum eſſe uerbum:ſi te dices ducere,

ligerer uel animaduer/
te quid tibi ſit agendū
uel quod uulgo dici ſo
let.tene te i tuis cuſto/
diis&caue tibi Da.o pā
phile in quā.i. dico tibi
crede mihi hoc nūꝗ pa
trē tuū eſſe cōmutaturū.i.altercaturū mū uerbū iurgii.ſ.recū ſi dices te ducere phi
lomenā.Cōmutare uerba dicit Do.eſſe,p bonis dictis mala i gerere.hoc eſt ꝑ iracū
dia i maledicta cōpelli. Proinde illi? dicti crede patrē tuū nō cōmutaturū tecū unū
uerbū.Senſus eſt.patrē nullū iurgiū tecū habiturū.id eſt uerba commutare.Sic in
phormione tua nō cōmutabis uerba inter nos hodie.i.non iurgabis.

18. Gravure pour l'acte II de *L'Andrienne*,
dans le Térence de Trechsel (Lyon, 1493)

La ſignification des ſignes, deſquels i'vſe-
ray en toutes mes Comedies.

‖   Ce ſigne ſignifie vne pauſe.
⊢   Ceſtuy deux.
✝   Ceſtuy trois, chaſcune pauſe vaut vne
    repriſe d'haleine.
⁂   Vn pourmenemét par tout le Theatre
φ   Ceci ſignifie parler bas.
„   Ceci ſignifie, de parler plus viſte qùe
    le reſte.
÷   Cecy de parler plus lentement que le
    reſte.

19. Liste des signes pour la diction des pièces
de Gérard de Vivre (dans *La Fidélité nuptiale*,
Anvers, 1577)

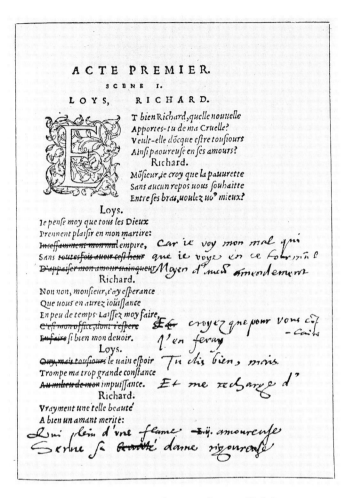

20. Corrections manuscrites portées par Grévin sur un
exemplaire de sa *Trésorière* (Musée Plantin-Moretus, Anvers)

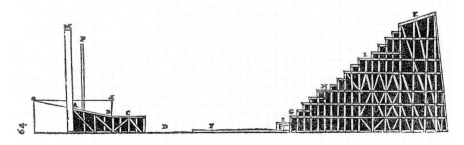

21. Coupe longitudinale d'un théâtre
(Sebastiano Serlio, *Second Livre de perspective*, Paris, 1545)

22. *Scena tragica*, gravure tirée de Sebastiano Serlio,
Second Livre de perspective, Paris, 1545)

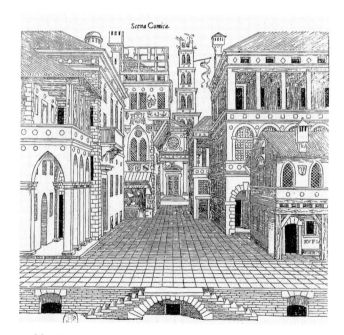

23. *Scena comica*, gravure tirée de Sebastiano Serlio,
Il primo libro d'architettura (Paris, 1545)

Agnan.   La bonne mere Guillemette.   Mathieu Bouclon.

Peróne ma douceur, puis ꝗ ie tien maujoint, | Qu'est-ceci matheureux, veux-tu deshonorer | Toſt laiſſez moy paſſer voiſine Guillemette,
C'eſt par neceſſité qu'il faut que ie vous ſangle, | Vne fille de bien tant belle & tant honeſte, | Ie veux du premier coup ce meſchât aſſommer
Ne faites la retiue on ne nous verra point, | Frapons deſſus voiſin, plus n'en puis endurer, | Il cōuient par fureur que ſur luy la main miette,
Au meurdre, acourez tous, la vilaine m'étrágle. | Il a bien merité qu'on lui rompe la teſte. | Ma couſine il violle en ſaignât de l'aymer. vj.

24. *Le Recueil Fossard*, VIII

Agnan.   La Laictiere.   Harlequin.

Verrier traiſtre & larron, puis ꝗ tu ne veux rēdre, | Dancerai-je touſiours, que veut dire ceci? | Ne ſōne plus (Berger) humblemēt ie t'en prie,
Mon alleſne qu'as priſe ainſi que bien ie ſçay, | Mes œufs ſōt tous caſſez, & mō lait eſt par terre | Ie te ren ton alleſne & me delaiſſe en paix,
Ie te feray le ſon de ceſte flute entendre, | Maudit ſoit le Berger cauſe d'vn tel ſouci, | Mes verres ſont rompus, dōt par grād faſcherie
Et dancer à ton dam pour premier coup d'eſſay. | Et de ſa flute auſſi le ſon qui me fait guerre. ij. | Me faudra demeurer pauure pour tout iamais.

25. *Le Recueil Fossard*, IV

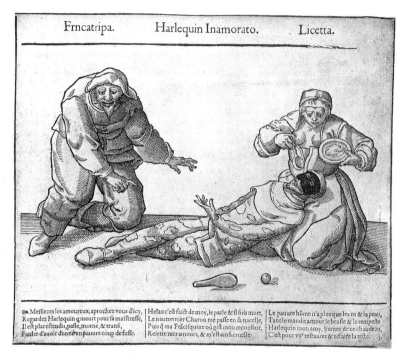

Frncatripa.　　　Harlequin Inamorato.　　　Licetta.

Messieurs les amoureux, aprochez vous d'icy, | Helas! c'est faict de moy, ie parle & si suis mort, | Le pauure hôme n'a plus que les os & la peau,
Regardez Harlequin q̃ meurt pour sa maistresse, | Le nautonnier Charon me passe en sa nacelle, | Tant le maudit amour le brusle & le tempeste
Il est plat estendu, pasle, morne, & transi, | Puis q̃ ma Frãcisquine où gist mon reconfort, | Harlequin mon amy, humez de ce chaudeau,
Faulte d'auoir donné vn pauure coup de fesse. | Reiette mes amours, & m'est ainsi cruelle. | C'est pour vo' restaurer & refaire la teste.

26. *Le Recueil Fossard*, IX

Il Segnor Pantalon.　　　Zany.　　　Francisquina.

Zany mon Achilles, arretons ce gallant, | Ie sçay bien (Pantaẽon) qu'estes vn second Mars, | Receuoir il me faut Harlequin, q̃ vers mõy
Ce mignõ Harlequin q̃ tranche ainsi du braue, | Pour prendre cõtre vn mur sinemẽt vne mouche, | A desir tout armé maintenãt de se rédre, j̃
Ha, ie te feray veoir que ie suis plus vaillant, | Marchez donc le premier, car ie crain les hazars, | Pour ma faueur seule auãcer vn tournoy
Qu'vn tel double poltron qui n'a rien q̃ la baue. | La cuisine vaut mieux cent fois q̃ l'escarmouche. | Où il veut ma beauté soutenir & deffendre.

27. *Le Recueil Fossard*, X

28. Salle de la Diana, à Montbrison, pour la représentation de la *Pastorelle*
de Loys Papon (1588)

29. Gravure extraite du livre
du *Ballet des Polonais* (1573)

30. Gravure extraite du livre du *Ballet comique
de la Reine*, «Figure de la salle» (1581)

CHAPITRE IX

LES SPECTACLES DE COUR ET
LA PASTORALE DRAMATIQUE

Au XVe siècle, les rois de France se méfiaient du théâtre profane contestataire : restriction ou interdiction des représentations, censure préalable, emprisonnement pour les contrevenants. Si, à l'égard de ce théâtre-là, Louis XII se déclara plus tolérant, François Ier le réprima. Mais le théâtre médiéval s'éteint et naît un autre théâtre qui cherche au contraire l'approbation et le soutien du pouvoir royal ; avec Jodelle, la comédie et la tragédie humanistes se placent d'emblée sous la protection du roi Henri II. Celui-ci assiste à des représentations, encourageant la création d'un théâtre national, acceptant les louanges du dramaturge qui chante son roi et le glorifie d'avoir, à la suite de son père, ramené le culte des Muses. Echange de bons procédés : le poète trouve un soutien et le roi un chantre de sa gloire et un propagandiste de sa politique. Avec les nouveaux genres, le rapport du théâtre avec le pouvoir royal change du tout au tout : comédies et tragédies se rangent sous l'autorité du roi, plus protecteur, d'ailleurs, que mécène. Les leçons de la grave tragédie, répètent même les théoriciens, utiles à tous, sont particulièrement profitables aux princes et aux rois. La noblesse aussi, et les jeunes courtisans devraient estimer et apprécier les œuvres des dramaturges : « Pleust à Dieu - s'exclame Jean de La Taille[1] – que les Roys et les grands sçeussent le plaisir que c'est de voir reciter et representer au vif une vraye Tragedie ou Comedie... » De fait, le roi et sa cour prirent le plaisir du théâtre – de toutes les formes du théâtre alors en vogue.

Mais les rois de France participèrent aux transformations culturelles de l'Europe de la Renaissance, qui virent des princes éduqués dans les différents arts, instruits et curieux de connaissances, cultivés ; ces princes, en France comme en Italie ou en Angleterre, furent avides de fêtes et de spectacles, à des fins de divertissement mais aussi avec des visées politiques. Non seulement le faste rejaillissait sur le prince et contribuait à sa gloire vis-à-vis des autres rois et des opinions publiques, mais le sens

---

[1] Dans son *De l'art de la tragédie* de 1572, éd. cit., p. 9.

même des spectacles, loin d'être indifférent, concourait à un dessein politique concerté, comme celui d'affirmer le pouvoir et l'ordre royal contre les forces du désordre à l'œuvre dans le royaume[2]. Avec leurs différents effets, fêtes et spectacles furent multipliés à la cour de France. Tout n'y était évidemment pas théâtre pur ; mais dans une entrée royale, dans un ballet, dans un tableau vivant ou même dans une fête chevaleresque ou nautique, il est possible de dégager ce qui, dans le spectacle, a partie liée avec le théâtre et la théâtralité.

Les spectacles de cour

Une bonne manière de se faire une idée du contenu et des buts de tels spectacles serait de suivre le long tour de France royal dans lequel Catherine de Médicis entraîna Charles IX, dont la majorité venait d'être proclamée, entre janvier 1564 et mai 1566[3]. Vingt-sept mois d'une itinérance qui mit 10 à 15 000 personnes à la suite du roi de Paris à Paris, en passant par Fontainebleau, Bar-le-Duc, Lyon, Toulouse, Bayonne, Bordeaux, La Rochelle, Nantes, Chateaubriant, Moulins, Clermont-Ferrand... Outre quelques desseins de politique extérieure, Catherine de Médicis voulait surtout faire voir le roi à ses sujets et réaffirmer son autorité par tout le royaume.

Dans ce périple, les entrées solennelles dans chaque ville et les fêtes, avec bals, mascarades, tournois, fêtes nautiques et représentations théâtrales, furent nombreuses, fastueuses et toutes orientées, à travers l'affabulation mythologique ou tirée des romans de chevalerie, qu'utilisaient les vers des poètes (Ronsard fut beaucoup mis à contribution), vers l'exaltation de l'harmonie et de l'ordre. A Bar-le-Duc[4], où il y eut force tournois, joutes, danses, banquets et festins, une grande mascarade des quatre éléments frappa spectateurs et observateurs ; figurés sur des chars magnifiques, les quatre éléments se vantaient d'avoir produit le plus grand

---

[2] Sur tout cela, voir Margaret McGowan : « Théâtre œuvre composite. La renaissance du théâtre antique à la fin du XVIe siècle », [in] *Dramaturgie et collaboration des arts au théâtre*, 1993, pp. 87-101 ; et « *Concordia Triomphans* : l'ordre rétabli au moyen de la fête », [in] *Image et spectacle*, 1993, pp. 5-22.

[3] Synthèse et bibliographie dans Arlette Jouanna, *La France du XVIe siècle. 1483-1598*, 1996, pp. 421-425.

[4] Voir Michel Simonin, « Ronsard à Bar-le-Duc : notes sur le texte primitif et la représentation des « mascarades » (7 mai 1564) », *R.H.L.F.*, 1987-1, pp. 99-107.

roi du monde, avant que quatre planètes ne revendiquent le même honneur et que Jupiter, grâce à une impressionnante machinerie, ne descende du ciel pour confirmer l'omnipotence du roi sur la terre entière. A Bayonne[5], les spectacles se succédèrent : course de bagues de six bandes de chevaliers masqués et déguisés, combat à pieds, à la pique et à l'épée sur une thématique inspirée des romans de chevalerie, combat à cheval dans les lices avec quatre fastueux chariots de triomphe pour chacun des éléments – de quoi éblouir les Espagnols, dit le chroniqueur ! –, tournois bien mis en scène, pour opposer les champions de l'Amour à ceux de la Vertu, fête nautique couronnée par un feu d'artifice, et même une « fort belle et gentille comedie françoise » – entendons une pièce de théâtre (une *Sophonisbe* ?) remarquablement interprétée par les acteurs. Ce voyage rassemblait de manière exceptionnelle des spectacles courants dans les diverses cérémonies ou fêtes royales.

Les entrées royales

La cérémonie de l'entrée solennelle a connu des formes et des esthétiques différentes (elle devint fastueuse à la Renaissance), car la tradition en est ancienne. A l'occasion de la visite du souverain, la cité présente elle-même l'image d'un corps social harmonieux, affiche et célèbre son être communautaire ; mais elle accueille le souverain, et lui signifie son allégeance. La préparation et la décoration de la cité, la présence de la population revêtue de ses plus beaux atours, l'ordonnancement du défilé des corps constitués et des corporations, le parcours royal avec les arcs de triomphe, statues et peintures, emblèmes, devises, inscriptions, remise des clés de la ville, tableaux vivants ou petites scènes mimées, les différents défilés de personnages costumés avec leur thématique, visaient à cela[6]. Avec leur éclat et leur idéologie, certaines entrées de la Renaissance ont particulièrement retenu l'attention : entrée

---

[5] Voir Etienne Vaucheret, « Les fêtes de cour dans le Sud-Ouest durant le tour de France de Charles IX (1564-1566) », [in] *La Cour au miroir des mémorialistes. 1530-1682*, 1991, pp. 13-25.

[6] Voir : J. Chartrou, *Les Entrées solennelles et triomphales à la Renaissance (1484-1551)*, 1928 ; *Les Fêtes de la Renaissance*, t. I (2e éd., 1973) et t. III (1975) ; Christian de Mérindol, « Théâtre et politique à la fin du Moyen Age : les entrées royales et autres cérémonies. Mises au point et nouveaux aperçus », [in] *Théâtre et spectacles hier et aujourd'hui. Moyen Age et Renaissance*, 1991, pp. 179-212.

d'Henri II et de son épouse Catherine de Médicis à Lyon (1546), à Rouen (1550), à Paris (1558) où le poète Jodelle vit échouer sa mascarade des Argonautes ; les entrées d'Eléonore d'Autriche et de François II à Nantes[7] (1532), celles de François Ier (1526), d'Eléonore (1530) ou de Charles IX (1565) à Bordeaux[8]. Qu'y trouve-t-on de plus proprement théâtral ?

En fait, l'élément théâtral est constitué uniquement par des tableaux vivants ou de très courtes scènes mimées sur une estrade – ces échafauds dressés sur le parcours du roi que la cité accueille. Les sujets religieux, fréquents au Moyen Age (on parlait de « misteres » mimés lors des entrées), disparaissent ; reste l'illustration de thèmes historiques, mythologiques et surtout allégoriques – espèces de moralités mimées, avec toutes sortes d'allégories morales richement costumées : le roi guidé et couronné par les Vertus, les vertus de la reine dramatisées (Madame Magnanimité, flanquée de Dame Constance et de Dame Crainte, tient enchaînées Folle Vanité et Folle Audace), une leçon morale et religieuse qui dépasse les personnes royales (Humaine Providence retient prisonniers Bonheur et Malheur). Ces exemples sont empruntés aux entrées nantaises de 1532.

Développons un peu cet aspect lors de l'entrée d'Eléonore non pas à Nantes, mais à Bordeaux, dix ans plus tôt, accompagnée des enfants du roi François Ier qu'elle venait d'épouser. « Y furent jouez misteres, et y avoit très grandz theatres eslevez en hault, où estoient les armes du Roy et de la Royne », dit le *Journal d'un bourgeois de Paris*. Par « misteres », il faut entendre ces tableaux mimés constitués d'allégories se rapportant aux personnes royales. Le *Cérémonial françois* de Théodore Godefroy (1649) nous permet de préciser l'aspect des trois théâtres sur lesquels étaient disposées les armes des personnes royales « avec beaux personnages et jeunes enfans, figurant les personnes des Seigneurs et Dames » ; des écriteaux lisibles portaient différents textes en latin. Sur la scène du premier, quelques acteurs mimaient ce que disait le texte des écriteaux. Ainsi, une jeune fille symbolisait la ville de Bordeaux ; elle s'adressait au dauphin et offrait un cœur où étaient peintes les armes de la cité et qui, en s'ouvrant, apparaissait semé de fleurs de lys. Près d'elle, un autre

---

[7] Voir Madeleine Lazard, « Deux entrées royales à Nantes en 1532 : celle d'Eléonore d'Autriche, Reine de France, et celle du Dauphin François II », [in] *Spectacle in early theatre. England and France*, 1996, pp. 116-124.

[8] Voir Henri Lagrave, Charles Mazouer, Marc Régaldo, *La Vie théâtrale à Bordeaux..., op. cit.*, 1985, pp. 47-50.

acteur représentait Conseil vertueux, en costume de magistrat ; il se
tournait vers les enfants qui représentaient les petits princes, tandis qu'on
pouvait lire sur l'écriteau : « *Timete Dominum, filii mei, et regem
honorate* ». Le troisième théâtre, plus avant dans le parcours, montrait, sur
un lit richement paré, une accouchée, Amour. A sa droite, deux jeunes
filles représentaient Justice et Raison. A sa gauche, dans un berceau, Paix,
que berçait Alliance. « Un écriteau en grosse lettre de forme » expliquait
le jeu muet :

> Amour, par le vouloir de Dieu,
> Engendre Paix comme l'on voit ;
> Puis Alliance tient le lieu
> De la nourrice à très bon droit.
> Justice et Raison, où que soit,
> Suivent leurs gestes anciennes
> D'Amour et Paix sont gardiennes.

Les significations de ces tableaux mimés sont transparentes.

Les divertissements de cour

Les fêtes de cour furent profondément renouvelées au XVIe siècle sous
l'influence de l'Italie ; nos rois découvrirent là des fêtes dont ils n'avaient
pas l'idée. On sait que François Ier fit venir en France une pléiade
d'artistes italiens pour orner son palais et y donner également des fêtes
aussi splendides que celles qu'il avait vues outre monts. Sait-on qu'il
utilisa Léonard de Vinci comme inventeur de machines et comme organi-
sateur de fêtes et metteur en scène de théâtre[9] ? Au château d'Argentan,
à l'automne 1517, Léonard présenta son fameux lion mécanique, qui faisait quelques pas et s'ouvrait en déversant des lys ; au château d'Amboise,
en mai 1518, pour le baptême du dauphin et le mariage de Laurent de
Médicis, pendant trois jours se succédèrent tournois, défilés, joutes et pour
finir la reconstitution de la bataille de Marignan, avec combat fictif devant
un château feint en carton ; il collabora enfin, au château de Cloux, à la
mise en scène d'une fête en réalisant un ciel étoilé qui rappelait celui qu'il
avait préparé à Milan, en 1490, pour la fête du *Paradiso*.

---

[9] Voir Charles Mazouer, « Les machines de théâtre au XVIe siècle », [in] *L'Invention au
XVIe siècle*, 1987, pp. 199-218.

Nous sommes mal renseignés sur les divertissements de la première moitié du siècle[10], en particulier sur les mascarades et momeries qu'un Henri III pratiqua encore avec ardeur en compagnie de sa cour au carnaval, avec toutes sortes de débordements dans la ville[11]. Ce genre de divertissement ne nous intéresse pas ici, mais plutôt la sorte de spectacle qui dérive de la *mascherata* italienne et se développa avec Henri II à partir du moment où les poètes de cour s'occupèrent de la réalisation de ces fêtes : Mellin de Saint-Gelais, Dorat, Ronsard[12], Jodelle, Baïf, le provincial Pierre de Brach écrivirent des vers pour ces mascarades à grand spectacle et collaborèrent à la mise en scène. La *mascherata* italienne faisait défiler des chars et des groupes déguisés figurant des scènes mythologiques ou des allégories. Dans les tribunes, le Prince et sa cour admiraient le défilé et entendaient des louanges débitées par les personnages travestis. Et les poètes composaient des vers pour commenter personnages travestis et scènes mimées. C'est ce genre de mascarade qui passa en France, soit dans les fêtes de plein air comme les entrées, les tournois et les courses de bagues, soit dans des spectacles d'intérieur structurés par un récit ou par une série de danses figurées. On comprend qu'Henry Prunières fasse de la mascarade de cour une étape essentielle dans la genèse du ballet de cour !

Pour donner au lecteur une bonne image de ce genre de spectacle de cour aux marges du théâtre, je me sers de la relation assez détaillée[13] des festivités organisées à la fin du mois d'août 1572, juste avant la Saint-Barthélemy, pour les noces du roi de Navarre et de Marguerite de Valois. Le 18 au soir, après le souper et le bal, la mascarade fit défiler une série de chariots figurant soit des rochers et des écueils, soit des poissons et des monstres marins ; les dix ou douze chariots supportaient ici un décor marin mobile assez élaboré. Dans chaque chariot, on trouvait des musi-

---

[10] Sur toute cette histoire des antécédents du ballet de cour, il faut toujours revenir à Henry Prunières, *Le Ballet de cour en France avant Benserade et Lully...*, 1913.

[11] Voir Georges Wildenstein, « Un fournisseur d'habits de théâtre et de mascarades à Paris sous Henri III », *B.H.R.*, 1961, pp. 99-106.

[12] Ronsard regroupa toute une section de ses poésies, d'abord en 1567, sous le titre *Les Mascarades, combats et cartels, faits à Paris et au carnaval de Fontainebleau* (dans l'édition des *Œuvres complètes* de la Pléiade, 1994, au t. II, pp. 229-294).

[13] *Mémoires de l'estat de France sous Charles Neuviesme*, t. I, 2ᵉ éd., 1578. Utilisés par Henry Prunières, *op. cit.*, pp. 71 sq., et par Charles Mazouer, « Les machines de théâtre au XVIᵉ siècle », art. cit., *passim*.

ciens et un chantre célèbre. Le roi, costumé en Neptune, se tenait sur le dernier chariot du défilé, le roi de Navarre et les princes de la famille royale occupant chacun un autre chariot ; sur ces chariots, on chargea quelques princesses et dames. « Puis, ayant fait quelques danses, chacun se retira pour ce soir ».

Deux jours plus tard, le 20 août, furent donnés, dans la salle de Bourbon, des jeux plus élaborés ; la salle fut aménagée pour servir de décor à une action dramatique simple. On appela ce spectacle le *Paradis d'amour*. A une extrémité de la salle, parmi les singeries des diables et diablotins, une grande roue tournait « toute environnée de clochettes » : c'était l'enfer. A l'autre extrémité, comme on s'y attend puisque étaient représentés les grands décors des mystères, se situait le paradis (le paradis et l'enfer étaient séparés par une rivière sur laquelle se trouvait la barque de Charon), avec les Champs Elysées (figurés par un jardin embelli de verdure et de fleurs) et « le Ciel empyrée » ; au ciel « était une grande roue, rendant une grande lueur et clarté par le moyen de lampes et flambeaux ». La relation ajoute que cette roue était « en continuel mouvement » et qu'elle faisait tourner le jardin des Champs Elysées. On aimerait en savoir davantage sur les effets de lumière et sur le mouvement rotatif, sur cette machinerie qui représentait la mécanique des sphères célestes et qui était propre à émerveiller les assistants. Dans ce décor qui mêlait merveilleux chrétien et merveilleux mythologique, l'affabulation était la suivante : des chevaliers errants – le roi de Navarre et ses compagnons huguenots – tentent de gagner le paradis pour s'emparer des nymphes, mais sont réprimés par le roi et ses frères et rejetés dans l'enfer, où ils sont traînés par les diables. A l'instant, l'enfer se ferme. Mais, tout aussitôt, Mercure et Cupidon descendent du ciel sur un coq, chantent et dansent, puis y repartent. Les défenseurs du paradis dansent longuement avec les nymphes des Champs Elysées et les attaquants sont délivrés grâce à l'intervention des dames. La fable du spectacle célébrait bien la réconciliation – oh ! combien précaire ! – entre le roi et les huguenots à la faveur de ce mariage. Ronsard avait écrit les vers prononcés ou chantés de ce spectacle, qui mêlait donc décor, costumes, affabulation, poésie, musique et danse. On pressent le passage au ballet de cour.

Le Ballet comique de la reine

Il revint au *Ballet comique de la reine* de 1581 de dégager de la mascarade le nouveau genre[14]. Ce premier ballet de cour constitua le joyau des « Magnificences » (c'est le titre du programme manuscrit) qui se déroulèrent en septembre-octore 1581, à l'occasion des noces du duc de Joyeuse, favori de Henri III, avec Mademoiselle de Vaudemont, sœur de la reine. *Magnificences* est bien le mot car, dans un climat de faste, festin, combat, carrousel, tournois, mascarade et ballet se succédèrent. Baïf, qui travailla avec Ronsard aux vers, s'écrie, à l'adresse du duc de Joyeuse : « Je vien de recueillir mes esprits esgarez de l'eblouissante diversité de tant de magnifiques theatres, spectacles, courses, combats, mascarades, balets, poësies, musiques, peintures, qui en ceste ville de Paris ont réveillé les meilleurs maistres en chacun art pour honorer et celebrer vostre bien-heureux mariage[15] ». Les préparatifs n'étant pas achevés, *Le Ballet comique de la reine Louise* (c'est elle qui en avait eu l'initiative) ne put être donné que le 15 octobre. Le texte et la musique furent publiés en 1582[16].

Dans une préface au livret imprimé, l'initiateur et le maître d'œuvre de ce spectacle, Balthazar de Beaujoyeulx (Baldassarino da Belgiojoso), s'explique sur l'originalité de son invention. *Ballet comique*, qu'est-ce à dire ? Il faut comprendre déjà : ballet-comédie. Un ballet seul se contente de figures géométriques réalisées par des danseurs que soutient l'harmonie de la musique (**Planche 29**) ; une pièce de théâtre seule n'aurait pas été

---

[14] Ce spectacle a fait l'objet d'un nombre important d'études. Partir des travaux d'Henry Prunières, *Le Ballet de cour en France avant Benserade et Lully, op. cit.*, chap. II et de Frances A. Yates, *The French Academies of the sixteenth Century*, 1947, pp. 236-274, et « Poésie et musique dans les « Magnificences » au mariage du duc de Joyeuse, Paris, 1581 », [in] *Musique et poésie au XVIᵉ siècle*, 1954 (2ᵉ éd. 1973), pp. 241-264. Sont également utiles : Hélène Leclerc, « *Circé*, ou *Le Ballet comique de la Royne* (1581) : métaphysique du son et de la lumière », *Theatre Research. Recherches théâtrales*, vol. III, n° 2, 1961, pp. 101-120 ; Margaret McGowan, *L'Art du ballet en France (1581-1643)*, 1978. D'autres références seront données dans les notes ; pour les références récentes, voir Charles Mazouer, « Vingt ans de recherches sur le théâtre du XVIᵉ siècle », 2ᵉ partie, *Nouvelle Revue du Seizième Siècle*, 1999, n° 17/2, p. 315.

[15] Dédicace des *Mimes*, citée par Frances A. Yeates, p. 242 de « Poésie et musique dans les « Magnificences » au mariage... », art. cit.

[16] Ed. dans Paul Lacroix, *Ballets et mascarades de cour de Henri III à Louis XIV (1581-1652)*, Slatkine Reprints, 1968, t. I, pp. 1-87 ; fac-similé par Margaret McGowan, Binghamton, 1982.

assez magnifique pour une grande reine. Beaujoyeulx s'avisa donc de mêler ensemble théâtre (il dit « comédie ») et ballet, musique et poésie. Ecoutons-le : il ne pouvait « tout attribuer au Balet, sans faire tort à la Comedie, distinctement representee par ses scènes et actes : ny à la Comedie sans perjudicier au Balet, qui honore, esgaye et remplit d'harmonieux recits le beau sens de la Comedie ». Et il conclut : « Ainsi, j'ay animé et fait parler le Balet, et chanter et resonner la Comedie : et y adjoustant plusieurs rares et riches representations et ornements, je puis dire avoir contenté en un corps bien proportionné, l'œil, l'oreille et l'entendement[17] ». Les personnages paraissant dans ce ballet dramatisé étant des personnages « héroïques » (presque uniquement des divinités), mais l'action se terminant heureusement, Beaujoyeulx peut encore appeler son ballet *comique*.

La nouveauté est grande, en effet : une fable dramatique avec le déploiement de son intrigue donne unité et sens aux interventions de la musique (récits et airs) et de la danse (pantomimes et ballets), que Beaujoyeulx a voulu laisser au premier plan. Mais elle était dans l'air du temps et le *Ballet comique de la reine* donnait une sorte d'application aux idées humanistes chères à Baïf et à son *Académie de Poésie et de Musique* sur l'union de la musique et de la danse avec la poésie – idées qui trouvaient leur soubassement philosophique dans le néoplatonisme de Ficin[18]. Le maître d'œuvre Beaujoyeulx trouva donc des collaborateurs pour les différents arts. Nicolas Filleul de La Chesnaye écrivit les vers[19] ; Lambert de Beaulieu (un partisan de Baïf) et maître Salmon composèrent la musique ; le peintre du roi Pierre Patin se chargea des décorations.

Ce dernier eut fort à faire pour réaliser les « si grands et si magnifiques appareils » dont purent se repaître les yeux des spectateurs installés dans la grande salle de l'Hôtel de Bourbon. Qu'on en juge (**Planche 30**) ! Les décors étaient dispersés dans la salle : un petit bocage consacré à Pan et construit en perspective, avec ses arbres, des niches pour les nymphes, une grotte toute brillante, à l'extérieur, mais dissimulant en son sein obscur la musique des orgues, les arbres étant adornés de petites lampes à huile ; vis-à-vis du bocage, une sorte de bois doré et lumineux abritait les

---

[17] Cité dans Henry Prunières, *op. cit.*, pp. 83-84.

[18] Voir aussi Pierre Bonniffet, « Esquisses du ballet humaniste (1572-1581) », *Cahiers de l'I.R.H.M.E.S.*, 1, 1992, pp. 15-49.

[19] Voir Françoise Joukovsky, « De qui est le livret du *Ballet comique de la reine* ? », *B.H.R.*, 1976, pp. 343-344.

musiciens ; à l'autre extrêmité de la salle se tenait le jardin de l'enchanteresse Circé, jardin artificiel richement orné et construit en perspective lui
aussi ; derrière le jardin était enfin figuré le château à la porte duquel
Circé était assise et au-delà de la muraille duquel se voyait une ville en
perspective. Il vaut la peine de relire le détail des descriptions : le décor
dut effectivement émerveiller. S'y ajoutèrent les jeux de lumière, où les
lampes à huile s'aidaient de verres de couleur pour produire des effets
spéciaux. Et il ne faut pas oublier les machines[20] ! Au sommet de la
salle, il y avait une grosse nuée pleine d'étoiles d'où Mercure et Jupiter
descendaient fréquemment pour soutenir les mortels victimes de Circé.
Cette splendide mise en scène, dont nous avons quelques traces dans des
gravures, mêlait donc l'illusion de la réalité et les enchantements les plus
irréels.

Le sujet du ballet[21] – appelé parfois *Circé ou le ballet comique de la
reine*, car Circé en est en effet le personnage essentiel – est le retour sur
terre de l'âge d'or et de la Justice, qui entraîne précisément la résistance
de Circé. La dramaturgie entrelace des intermèdes – cortèges autour de
chars mobiles : la fontaine suivie des tritons ; le char des dryades ; le char
de Minerve au milieu des Vertus – dans les quatre actes d'une action
dramatique réalisée par les danses, la musique et le chant. Un gentilhomme fuit le jardin de Circé et se réfugie aux pieds du roi pour le
supplier de ramener la paix, ce qui provoque une complainte furieuse de
Circé (acte I). Toujours en colère, l'enchanteresse fait cesser les danses
des Néréides en les immobilisant par deux fois, malgré l'intervention de
Mercure, le messager de Jupiter descendu du ciel, et elle entraîne le dieu
et les nymphes dans son jardin (acte II). Satyres et dryades, qui ont loué
le roi, premier spectateur, prient successivement Pan et Minerve de venir
délivrer Mercure (acte III). Après avoir elle aussi loué le roi, Minerve
invoque finalement Jupiter, qui descend du ciel accompagné d'un grand
bruit de tonnerre, prend la tête du combat contre Circé et délivre Mercure ; tous les personnages du ballet viennent alors se mettre aux genoux
du roi, déclarant lui céder en puissance, sagesse, éloquence et vertu (acte
IV). Un grand ballet à figures géométriques clôt ce triomphe du roi.

Ce fastueux ballet, qui sort continuellement de sa fiction pour s'adresser
au roi, a donc une signification politique évidente, qui rejoignait encore
les idées de l'Académie de Baïf : personnage quasi divin, incarnation de

---

[20] Voir Charles Mazouer, « Les machines de théâtre au XVIe siècle », art. cit., *passim*.

[21] Voir Christian Delmas, « Le Ballet comique de la reine (1581) », article de 1970 repris
dans son *Mythologie et mythe dans le théâtre français (1550-1676)*, 1985, pp. 11-29.

l'harmonie universelle, le roi réalise l'ordre sur terre et la paix. Beau-joyeulx lui-même, en reprenant ses intentions politiques, ajouta une autre signification au spectacle, d'ordre moral cette fois, le ballet ayant une valeur allégorique : Circé représentant l'abandon au désir et aux plaisirs, la corruption et la mutation des éléments, la vaincre c'est passer des sens à la raison, c'est s'élever du sensible à la pensée morale, du mouvement à l'ordre. L'âge d'or est ainsi ramené sur terre. On aimerait approfondir la question[22] et montrer mieux les échos du néoplatonisme dans ce spectacle, comme on aimerait détailler l'analyse esthétique de la représentation si bien documentée ; mais force est d'abandonner cette unique illustration d'un genre qui, s'il n'est pas du théâtre parlé, du théâtre pur, reste éminemment théâtral.

Le théâtre à la cour

De Catherine de Médicis et Henri II devant qui l'on représenta une comédie italienne lors de leur entrée solennelle à Lyon (1548), à Henri IV qui se divertit à voir Gros Guillaume jouer la *Farce du gentilhomme gascon* daubant les Gascons et leurs jargons, en passant par Henri III, plus favorable aux divertissements de la comédie italienne ou de la pastorale qu'à la grave tragédie et à ses allusions politiques[23], les rois – nous l'avons vu à plusieurs reprises dans les chapitres précédents – ne cessèrent d'assister à des représentations théâtrales, soit que celles-ci eussent lieu à la cour, soit qu'ils honorassent de leur présence une représentation donnée ailleurs. Les documents restent malheureusement rares et insuffisants[24]. Tragédies et comédies, théâtre français et théâtre italien – avec les deux sortes de *commedie*, la *sostenuta* et la *commedia dell'arte* : la cour s'intéressa à tous les genres, à la satisfaction des dramaturges et des comédiens.

Mais il faut croire que notre cour italianisée désirait entourer ces représentations d'un faste tout particulier. Les costumes, les décors, la machinerie et la mise en scène furent recherchés et luxueux. On adorait

---

[22] Christian Delmas voit une troisième signification, d'ordre mythologique – la mythologie perdant ici son contenu en étant utilisée avec un côté démoniaque et magique ou en étant ramenée au merveilleux chrétien (art. cit.).

[23] Voir Jacqueline Boucher, *Société et mentalités autour de Henri III*, 1981.

[24] Voir Raymond Lebègue, « Les représentations dramatiques à la cour des Valois », article de 1956 repris dans ses *Etudes sur le théâtre français...*, t. I, *op. cit.*, pp. 166-172.

surtout glisser entre les actes de la pièce des intermèdes (c'est l'*intermedio* ou *intermezzo* italien) – divertissements à grand spectacle comprenant de la musique, du chant, de la danse, voire de petites saynètes[25] ; on trouve de ces *entremets* ou *intermedies* aussi bien dans des pièces françaises que dans des pièces italiennes. Voyons trois illustrations de cette habitude.

La première est fournie par la *Calandria* du cardinal Bibbiena dont l'archevêque de Lyon, le prince italien Hippolyte d'Este, et la nation italienne de Lyon offrirent le régal à Henri II et la reine Catherine pour leur entrée de 1548[26]. On avait fait venir de Florence un décorateur, un sculpteur, des comédiens et des chanteurs. Dans une vaste salle du palais de l'archevêque aménagée et décorée, la représentation dura quatre heures car la pièce – comédie ou tragi-comédie, selon Brantôme – était accompagnée (je cite Brantôme) « de force intermedies et feintes ». Prologue, intermèdes et épilogue, sans rapport avec la pièce d'ailleurs parfaitement récitée par les comédiens italiens, firent intervenir le chant, les chœurs, l'orchestre, avec des personnages mythologiques : Apollon, l'Aube, la Nuit, l'Age d'or... Une fois encore nous retrouvons à la cour, et là seulement, l'utilisation de la perspective (la toile de fond représentait une vue de Florence en perspective) et des machines volantes ; l'Aube vient « traversant la place de la perspective et chantant sur son chariot trayné par deux coqz », et la comédie finit « par la survenue de la Nuyct couverte d'estoiles, portant un croissant d'argent et chantant sur son chariot trayné par deux chevêches en grandissime attention et plaisir de tous spectateurs », dit la relation en français[27].

La *Sophonisbe* du Trissin, traduite par Mellin de Saint-Gelais, fut jouée en 1556, au château de Blois, mais en plein air, pour un double mariage[28]. Les acteurs – tous des grands personnages : Marie Stuart, les filles du roi Henri II, Diane d'Angoulême ... – étaient revêtus de très riches costumes, soit contemporains, soit soucieux d'une certaine couleur locale ; les esclaves maures jouaient sous un masque noir. On ne sait rien

---

[25] Voir Helen M. C. Purkis, « Les intermèdes à la cour de France au XVIe siècle » (*B.H.R.*, 1958, pp. 296-301) et « Le origini dell'intermezzo in Italia » (*Convivium*, 1957, pp. 479-483).

[26] Voir aussi Henry Prunières, *L'Opéra italien en France avant Lulli*, 1913 (reprint chez Champion, 1975), pp. XX-XXII.

[27] Cité par Henry Prunières, p. XXI.

[28] Voir Raymond Lebègue, « Sophonisbe au château de Blois », dans ses *Etudes sur le théâtre français*..., I, *op. cit.*, pp. 160-165, et Helen Purkis, « Les intermèdes à la cour de France... », art. cit.

du décor. Mais il y eut des intermèdes ; l'un d'eux nous reste, composé par Baïf et placé avant le quatrième chœur : *La Furie Mégère, entremets de la tragédie de Sophonisbe.* La Furie vient déclarer qu'elle a assuré la perte des trois personnages en rendant Syphax et Massinissa amoureux de Sophonisbe. L'intermède était donc ici exactement lié à la tragédie.

Si Catherine de Médicis, superstitieuse, ne voulait plus que l'on représentât des tragédies à sa cour, elle et ses fils continuèrent de s'intéresser au théâtre. C'est à la demande de Charles IX et de la reine mère que la comédie du *Brave*, traduite par Baïf du *Miles gloriosus*, fut donnée en janvier 1567, à l'Hôtel de Guise, en présence de la cour. Aucun renseignement sur la mise en scène, qui dut être des plus simples. Mais ici encore des intermèdes sous forme de *Chants recitez entre les actes de la Comedie,* dont nous avons le texte ; il s'agit de chants courts que différents poètes – Ronsard, Baïf lui-même, Desportes ou Belleau – dédièrent aux personnes de la famille royale. Les intermèdes de cette comédie française étaient donc bien éloignés du faste des intermèdes italiens de la *Calandria* !

La pastorale dramatique

> Je voy ce me semble à l'ombrage
> De ce doux et plaisant bocage
> Le triste et dolent Alexis
> Plein de douleurs et de soucis.

Ce sont les tout premiers vers d'une pastorale dramatique de 1597, *La Chaste Bergère*, due à un certain de La Roque ; ils introduisent bien au climat de ce genre nouveau. En un lieu naturel et préservé, dans un temps hors de l'histoire, un berger idéalisé que seul l'amour préoccupe exhale une belle plainte à propos de la bergère ou de la nymphe insensible qui le fait souffrir... Telle est l'ambiance de la pastorale dramatique française[29] qui, elle aussi, doit presque tout à la pastorale italienne, la *favola boscareccia.* Le goût du public français pour la pastorale dramatique pendant une bonne cinquantaine d'années, jusqu'au début des années 30 du XVIIe siècle – justement pendant la période qu'en un sens restreint

---

[29] Dans son *Art poétique français* (livre III, chap. VIII), Laudun d'Aigaliers dit sa préférence pour le nom français de *bergerie* ; et il donne cette définition du genre : « Aux Bergeries on traicte tousjours, ou le plus souvent de l'amour, pource que les bergers, comme j'ay dict sont oisifs et l'oisiveté est la mere de volupté » (éd. cit., p. 139).

Jean Rousset appelle « baroque[30] » – participe d'un phénomène culturel européen majeur ; et l'univers mythique et poétique de la pastorale fascinera et nourrira encore longtemps après la rêverie et l'imaginaire artistique de l'Europe occidentale.

Chez nous, la pastorale dramatique se forme et s'impose dans la deuxième moitié du XVIe siècle ; on compte 25 à 30 pièces de ce genre entre 1561 et 1610 : c'est dire l'importance de la nouvelle forme dramatique[31]. Il faudra en dégager la thématique, la topique, les conventions – en un mot l'esthétique. Mais il est remarquable que la pastorale ait été d'abord, en France comme en Italie, un genre aristocratique et ait donné lieu à des représentations fastueuses pour les grands, se rapprochant beaucoup ainsi de l'esprit et de l'esthétique des spectacles de cour.

Représentations au château

En France comme en Italie, l'éclosion de la pastorale dramatique exactement dite est précédée du développement d'églogues renouvelées de l'églogue antique et singulièrement du modèle virgilien. Ces pièces poétiques dialoguées entre bergers[32], à la production desquelles nos plus grands poètes contribuèrent, de Marot à Ronsard, pouvaient être récitées sur une scène, seules ou à l'intérieur d'un spectacle plus ample : simples bergeries, pièces de cour ou de circonstance pour célébrer un mariage royal ou quelque autre événement, ou églogues religieuses et politiques qui prenaient parti, de manière allégorique, sur l'histoire.

Notre première véritable pastorale dramatique, *Les Ombres* de Nicolas Filleul[33], faisait partie d'une série de spectacles, composés par le même poète rouennais, qui s'ouvraient justement sur la représentation de quatre églogues, qui louaient le roi présent et développaient des thèmes communs dans la pastorale dramatique, comme le retour de l'âge d'or. C'est à l'occasion d'un séjour de Charles IX et de sa mère, en effet, reçus par le

---

[30] *La Littérature de l'âge baroque en France. Circé et le paon*, 1954.

[31] Il faut d'abord et toujours revenir au travail de Jules Marsan, *La Pastorale dramatique en France à la fin du XVIe et au commencement du XVIIe siècle*, 1905 (Slatkine Reprints, 1969).

[32] Voir A. Hulubei, *L'Eglogue en France au XVIe siècle. Epoque des Valois (1515-1589)*, 1938.

[33] Ed. Daniela Mauri, dans *La Comédie à l'époque d'Henri II et de Charles IX*, Première Série, vol. 9 (1566-1573), 1997, pp. 1-52.

cardinal de Bourbon, archevêque de Rouen, au château de Gaillon, en septembre 1566, que Filleul composa les églogues, la tragédie de *Lucrèce*, la bergerie des *Ombres* et des vers pour la mascarade ; le tout fut publié dans *Les Théâtres de Gaillon*[34], la même année. *Les Ombres* furent représentées à la suite de *Lucrèce*, à l'intérieur du château, le 29 septembre.

L'action de cette courte et mauvaise pièce est fort réduite, mais elle rassemble les personnages et les thèmes qui vont être ceux de la pastorale dramatique baroque. Tour à tour un berger amoureux et un satyre, une bergère et une nymphe insensibles, une cruelle fidèle à Diane et réfractaire à l'amour, le dieu Cupidon lui-même qu'on enchaîne en vain, et le chœur des Ombres amoureuses (qui donnent leur nom à la pièce) paraissent pour prononcer leur tirade ou leur couplet en des échanges très maladroitement écrits. A côté d'autres thèmes comme celui de la nostalgie de l'âge d'or – heureux temps où le souci de la vertu et de l'honneur ne s'opposait pas à la spontanéité de l'amour –, *Les Ombres* mettent en valeur l'idée de l'universalité de l'amour et de l'impossibilité de résister au pouvoir du dieu Amour.

On ne sait rien des conditions matérielles de la représentation des *Ombres*, mais la lecture de ses 651 alexandrins ne laisse pas deviner une mise en scène et une décoration très élaborées. Spectacle pour le roi, en tout cas, que cette première pastorale dramatique.

J'ai déjà mentionné, à cause de ses intermèdes de *commedia dell'arte*, la *Pastorelle* de Loys Papon[35] (**Planche 28**). Ce ne fut pas exactement une représentation de château, puisque la pastorale fut donnée, en 1588, dans une grande salle du Cloître de Notre-Dame à Montbrison, dite salle de la Diana, devant la bourgeoisie provinciale de cette petite ville du Forez ; la représentation eut cependant un caractère exceptionnel et festif. Si le faste des décors fut absent, on disposa des tapisseries, on veilla aux costumes, on n'épargna pas la cire des chandelles, et la représentation, ornée de musique et dotée de ses intermèdes italiens, s'acheva par l'embrasement de la pyramide érigée par les bergers en signe de victoire. Plusieurs degrés en dessous, c'était la manière des spectacles de cour. Quant à la fable mise en scène, qui célébrait les bienfaits de la paix

---

[34] Ed. Françoise Joukovsky, 1971.

[35] Voir *supra*, chap. VIII, p. 380-381. L'édition citée de Claude Longeon, 1976, publie le *Discours* qui donne les précisions sur la représentation.

revenue, elle utilisait des bergers qui reflétaient non des temps mythiques où on ne se préoccupait que d'amour, mais l'histoire contemporaine, singulièrement plus rude.

Deux pastorales de Nicolas de Montreux, *Athlette* (1585, dédiée au prince de Conti) et *La Diane* (1593, offerte au duc de Montpensier), ont peut-être orné une fête chez ces grands seigneurs ; *L'Amour vaincu* de Jacques de La Fons fut certainement donné, en septembre 1599, au château de Mirebeau, devant le duc de Montpensier et sa jeune épouse.

L'Arimène *de Montreux*

Mais s'il est un spectacle de pastorale qui mérite de retenir l'intérêt pour son déroulement et sa mise en scène, c'est bien celui de *L'Arimène, ou Le Berger désespéré*, autre pastorale de Nicolas de Montreux, que le prince Philippe-Emmanuel de Lorraine, duc de Mercoeur, fit donner dans la grande salle du château de Nantes, le 25 février 1596. Grâce aux deux éditions de cette pièce, légèrement différentes, nous sommes bien renseignés sur le déploiement de la mise en scène, surtout dans les intermèdes qui s'entremêlaient à la pastorale. Cette représentation – cela a été souligné dans un chapitre précédent[36] – apporte un témoignage capital pour l'histoire de la machinerie au XVIe siècle[37] ; et, d'une manière générale, elle est un exemple parfait de la pénétration des idées scéniques italiennes en France.

Comme le déclare la dédicace, il s'agissait de ravir l'âme des spectateurs par la beauté de la représentation. L'avis *Au lecteur* décrit précisément le lieu théâtral : la scène occupait le tiers de la grande salle resplendissante d'une multitude de flambeaux ; les sièges des spectateurs étaient disposés en amphithéâtre, les princes et seigneurs étant rassemblés dans une loge spéciale, proche de la scène ; aux deux extrémités de celle-ci, on voyait plusieurs rangs de lampes, « pleines d'huile de senteur et qui jetaient des lumières de diverses couleurs ». La scène elle-même était construite selon la perspective. On relève surtout les fameux pentagones – quatre machines tournantes (périactes ou *telari*) qui occupaient le fond de la scène et permettaient cinq décors différents : des rochers ; la ville de Mycènes ; des bocages, déserts et rochers au bord de la mer ; un décor

---

[36] Voir *supra*, chap. VI, pp. 193-194.

[37] Voir Charles Mazouer, « Les machines de théâtre au XVIe siècle », art. cit. de 1987, avec la bibliographie sur la question.

pastoral ; un décor d'horreur et de ténèbres. Les pentagones, « dont les faces étaient peintes diversement selon le sujet », « se mouvaient en même temps par une seule vis qui sous le théâtre était facilement tournée ».

A lire la pastorale et le résumé des intermèdes, on comprend la nécessité d'une mise en scène merveilleuse. Sur la chaîne des amours contrariées se greffent des épisodes plus spectaculaires : un berger se jette à la mer avant d'être sauvé ; un chevalier héroïque défend sa bergère contre un sauvage ; un magicien met en œuvre les ressources de son art. Les intermèdes par-dessus tout firent le grand spectacle. Qu'on en juge ! Intermède I : combat des géants contre les dieux ; intermède II : Pâris vient chercher et ravir Hélène en Grèce ; intermède III : Persée vient délivrer Andromède ; intermède IV : Jupiter trompe Argus, le gardien d'Io ; intermède V : Orphée va chercher Eurydice aux Enfers. Tous ces épisodes mythologiques sollicitèrent l'ingéniosité des machinistes et des décorateurs, qui multiplièrent les inventions époustouflantes. On aurait envie de tout commenter, mais il faut se limiter à quelques exemples.

La magie ? Le décor de la pastorale comportait un rocher truqué d'où le magicien faisait « sortir des feux, des eaux, des fleurs et des choses animées au simple toucher de sa verge ». Les dessous ? Il est dit que le fond de la scène « s'ouvrait, pour rendre à la vue des spectateurs les choses qu'on avait besoin de tirer de dessous la terre » ; une trappe permettait donc disparitions et apparitions : géants jetés aux Enfers, bateaux qui sombrent, monstres sortant de la mer, Orphée franchissant une véritable gueule d'enfer pour chercher Eurydice, dont la tête paraissait seule sur le théâtre. « Le théâtre s'ouvrit – précise-t-on – et lors parut la gueule d'enfer ayant au dedans le chien Cerbère, jetant le feu par les trois gueules » ; par son chant, Orphée, qui descendait, assoupit la flamme et les fumées « qui sortaient de ce creux manoir ». On remarquera que les Enfers antiques rejoignaient l'enfer des mystères par l'utilisation de la pyrotechnie.

Les voleries ? Tandis que les géants entassaient Ossa sur Pélion, Jupiter parut sur une nuée, assis dans un globe tournant (l'arc-en-ciel), ayant à son côté Minerve et Mercure, qu'il envoya quérir la foudre de Vulcain bientôt lancée sur les rebelles, dans un grand tintamarre. Persée descendit du ciel sur sa nuée, enfourchant son cheval ailé (aux ailes articulées), pour venir vaincre le monstre marin (animal feint ou automate, qui se défendit en jetant abondance d'eau), puis revoler vers les hauteurs avec en croupe la pucelle délivrée. Le quatrième intermède fit descendre enfin Jupiter et

Mercure, qui charma Argus et lui coupa la tête. Scènes de mer ? Voyez le rapt d'Hélène au deuxième intermède. Les pentagones montraient, peints en perspective, la ville de Mycènes et ses édifices. Pour le reste, laissons la parole à la relation imprimée : « Une mer coula artificieuse-ment sur le théâtre, où flottaient les navires de Pâris, qui rencontrent en leur route des nefs ennemies. Le combat naval se représente avec tous les accidents qui surviennent en pareil cas, feux d'artifice, cris, combats main à main et accrochements de navires. Pâris victorieux coule à fond les nefs ennemies, qui se perdirent en un moment rompues et brisées ». Et un combat terrestre suivra ce combat naval pour que Pâris puisse embarquer Hélène.

Ce sont déjà les merveilles et l'illusionnisme de l'opéra baroque que procura la réalisation de ces intermèdes ! Seul un prince put en effectuer la dépense.

Si elle s'était cantonnée aux représentations de château, la pastorale ne se serait pas développée. Peut-être représentée dans les collèges, certaine-ment jouée par des troupes de comédiens à la fin du siècle, la pastorale se vit de plus en plus cultivée par les écrivains qui en firent un nouveau genre, avec ou sans souci de la représentation.

La formation de la pastorale dramatique

Il est assez malaisé de parler de la pastorale dramatique[38] au XVIe siècle, car le genre connaît alors sa période de formation, le début seulement de son évolution ; encore une fois, nos périodisations par siècle faussent les faits et leur interprétation. L'épanouissement de la pastorale se réalisera dans le premier tiers du XVIIe siècle, qui verra l'éclosion des chefs-d'œuvre ; jusqu'en 1610, on trouve des œuvres maladroites, appliquées dans l'imitation, ou plus heureuses et intéressantes, mais aucune production marquante.

---

[38] Compléter Jules Marsan par les travaux contemporains de Daniela Dalla Valle : *Pastorale barroca. Forme e contenuti dal « Pastor fido » al dramma pastorale francese*, 1973 ; et *Aspects de la pastorale dans l'italianisme du XVIIe siècle*, 1995. Autres travaux utiles : *Le Genre pastoral en Europe du XVIe au XVIIe siècle* (colloque de Saint-Etienne, 1978), 1980 ; *C.A.I.E.F.*, n° 39, mai 1987 ; Daniela Mauri, *Voyage en Arcadie. Sur les origines italiennes du théâtre pastoral français à l'âge baroque*, 1996. Compléments dans Charles Mazouer, « Vingt ans de recherches sur le théâtre du XVIe siècle », 2e partie, art. cit., 1999, pp. 314-315.

A l'horizon de nos dramaturges : les œuvres pastorales des pays d'outremonts – de l'Espagne très peu (si la *Diane* de Montemayor est traduite en 1578, elle aura chez nous aussi peu de succès que d'influence pendant de XVIe siècle), de l'Italie surtout. Le roman pastoral de Sannazaro, l'*Arcadia* de 1501, est traduit en 1544 ; nos poètes se sont imprégnés de son cadre, de certains de ses éléments. Mais l'engouement se manifesta vraiment pour les deux œuvres dramatiques du Tasse et de Guarini – « ce sont les docteurs du pays latin », écrira Alexandre Hardy, qui s'y connaît en matière de théâtre et en matière de pastorale. L'*Aminta* du Tasse date de 1573 ; Pierre de Brach fut le premier à traduire cette pastorale dramatique en français, en 1584, mais il eut de nombreux émules. Le *Pastor fido* de Guarini, « *tragicommedia pastorale* » (l'auteur italien définit la poétique du genre) ultérieure et destinée à rivaliser avec l'*Aminta*, fut mise en français par Roland Brisset, qui prévint que sa traduction était faite pour être lue seulement ; l'influence du *Pastor fido* fut encore plus grande en France que celle de l'*Aminta*.

Les deux œuvres italiennes sont à vrai dire fort différentes. Pur chef-d'œuvre de simplicité et d'émotion poétique, l'*Aminta* montre la conquête de l'amour à travers les souffrances. Dans une Arcadie mythique, la nymphe Silvia, consacrée à Diane, se refuse à Aminta, amoureux dès l'enfance de cette fille d'abord indifférente et ingrate. Respectueux, délicat, sensible, Aminta, après avoir délivré Silvia de la lubricité d'un satyre mais la croyant aussitôt après tuée par des loups, part se donner la mort. C'est alors que se produit la métamorphose intérieure de Silvia : croyant perdre Aminta, elle se repent de sa pudeur excessive, de sa cruauté, pleure, ressent de la compassion ; et, comme le dit justement la délicate conseillère Dafné, « *la pietà messagiera è de l'Amore* » (IV, 1).

Plus qu'à cette simplicité et à cette pureté de ligne, les Français furent sensibles au romanesque du *Pastor fido*, dont l'argument est d'une grande complication et entremêle plusieurs histoires d'amour. Silvio ne se plaît qu'à la chasse et reste insensible à l'amour de Dorinda ; Mirtillo et Amarillis s'aiment, mais on veut marier Amarillis à Silvio et Mirtillo est convoité par la méchante Corisca qui manigance la perte de sa rivale Amarillis, tout en étant désirée par le satyre ! Jusqu'à l'heureux dénouement qui concilie l'amour et la loi divine exprimée par l'oracle – le *pastor fido* peut épouser celle qu'il aime – cela donne une pièce complexe, mouvementée, variée de ton, terriblement longue, comme si Guarini épaississait l'action, les discours et la psychologie de ses personnages par rapport à Tasso. Mais quel répertoire pour les imitateurs !

L'influence des œuvres italiennes ne se fera sentir qu'à partir de 1585 ; c'est aussi à partir de cette date qu'on trouve de véritables pastorales dramatiques françaises – nous avons vu ce qu'il fallait penser des *Ombres* de Nicolas Filleul, et *La Pastorale amoureuse* de Belleforest (1569), démarquée d'une églogue espagnole, n'est pas plus intéressante. Une mention suffira aussi au *Beau Pasteur* de Fonteny (1587), qui est à peine du théâtre, et à la *Pastorelle* de Loys Papon (1588), dont nous avons souligné la spécificité forézienne et historique.

En revanche, il faut s'arrêter un instant sur Nicolas de Montreux (il publiait sous le nom d'Ollenix du Mont-sacré), auteur de trois pastorales dramatiques : *Athlette* (1585) et *Diane* (1594) – deux pastourelles ou fables bocagères insérées dans un roman pastoral des *Bergeries de Juliette*, dont il défend la parution en ces temps de calamités et de guerres civiles ; l'*Arimène* de 1596 enfin, publié à part, dont il a été question déjà pour ses intermèdes et sa mise en scène. Jules Marsan a dit la complexité croissante de ces trois pièces, qui regardent plutôt du côté de l'Espagne. L'*Athlette*, qui montre un couple en butte à la jalousie dangereuse de rivaux non aimés – la magicienne veut empoisonner sa rivale et le berger dédaigné veut prendre pendant son sommeil celle qui aime ailleurs –, insiste sur le cadre pastoral de ces amours (pré, gazon, ruisseaux, ombrage contre « l'aspre chaleur du jour ») qui se laissent aller à la sensualité la plus naturelle : en ces lieux « nous esbattons, hors la crainte des hommes » (II, 2), déclare Athlette. C'est l'amour tout puissant mais inconstant qui provoque l'embrouillement de *La Diane* ; abandons, recours à un magicien, rivalités s'entrelacent jusqu'à l'heureux dénouement que permettent une reconnaissance, la guérison des mal aimés et le retour d'une inconstante. L'idéologie de la fidélité et du mariage triomphe finalement. Quant à l'*Arimène* – où Alphise la bergère est aimée du pasteur Arimène, mais ne l'aime point, mais aussi du chevalier Floridor et du magicien Circiment, qui se découvre le père de Floridor et d'Arimène ; où le même Arimène est aimé de la bergère Clorice, recherchée en vain par le pasteur Cloridan... –, elle surcharge encore son intrigue d'épisodes merveilleux et la pimente avec les interventions d'un valet affamé, d'un pédant ou d'une vieille amoureuse surannée[39]. Malgré son expérience de la pastorale, Nicolas de Montreux n'est pas un dramaturge des plus adroits.

---

[39] Voir Charles Mazouer, « Pastorale e commedia fino a Molière », [in] *Teatri barrochi. Tragedie, commedie, pastorali nella drammaturgia europea fra '500 e '600*, 2000, pp. 469-486.

On lasserait le lecteur à présenter toutes les pastorales dramatiques : le schéma des amours mal ajustées en est devenu classique et se répète de pièce en pièce, avec un certain nombre de variations ou avec une tonalité propre, sans doute. *La Chaste Bergère* du sieur de La Roque est assez fraîche (1597) ; la *Clorinde* de Poullet (1598), particulièrement mal faite, accroît le merveilleux de la pastorale... Bref, le genre est établi et à la mode : il suffit d'être rimeur et un tant soit peu technicien de la dramaturgie pour brocher une pastorale avec les poncifs établis ; on écrit des pastorales comme on écrit des tragédies, autre genre parfaitement rodé à l'époque. Ainsi d'un Laffemas (?) (*L'Instabilité des félicités amoureuses*, 1605), d'un Gautier plus moralisateur (*L'Union d'amour et de chasteté*, 1606), d'un Estival tenté par la tragi-comédie (*Le Bocage d'amour*, 1608), d'un Troterel surtout, bon fabriquant en pastorales, mais qui, par un certain humour vis-à-vis de ses conventions, oriente déjà celles-ci dans la voie de la comédie (*La Driade amoureuse*, 1606 et *Théocris*, 1610).

L'esthétique de la pastorale dramatique

Si l'on veut se faire une idée de ce qu'était devenue la forme de la pastorale dramatique à la fin du siècle, il suffit de lire la *Bergerie* de Montchrestien (1601), car, dans un style beaucoup plus aimable que celui qu'il utilise dans ses graves, rudes et belles tragédies, le dramaturge, comme l'a montré Jules Marsan[40], récapitule toute la poétique de la pastorale ; peu soucieux d'invention, de composition ou d'analyse des sentiments, il emprunte partout son bien : dans l'*Arcadie*, dans l'*Aminta*, dans le *Pastor fido*, chez les Italiens et chez ses prédécesseurs français. Ecoutons l'historien de la pastorale dramatique : « La *Bergerie* suffirait, en somme, pour dresser une liste des éléments traditionnels. Rien n'y manque : les vierges pudiques, les amantes exaltées, les bergers passionnés ou insensibles, les confidents, le père désespéré, la vieille femme experte à composer des philtres amoureux, le satyre, l'écho, l'oracle, le sacrifice interrompu, les reconnaissances, des colères, des remords, des crimes, des résurrections[41]... »

A la vérité, on peut facilement esquisser une poétique générale de la pastorale dramatique, dans la mesure où elle est un monde homogène de

---

[40] *La Pastorale dramatique en France...*, *op. cit.*, pp. 220-227.

[41] Pp. 223-224.

conventions, de types, de *topoï* et de poncifs : lieux, accessoires, intrigues et situations (les cortèges pastoraux, les déguisements, reconnaissances, évanouissements et faux suicides, métamorphoses et oracles magiques), personnages, sentiments, débats, thématique, tout s'y retrouve d'une pièce à l'autre. Dans des pastorales bien ou mal faites – généralement assez mal, car la tentation oratoire et la tentation lyrique sont grandes –, plus ou moins heureusement écrites – on s'y exprime en un langage poétique[42], parfois recherché, le plus souvent ami d'une grave sincérité, où le lyrisme des plaintes, des chansons et des chœurs ajoute sa touche propre de poésie –, on rencontre toujours des bergers et des bergères débarrassés de tout souci qui s'entretiennent de l'amour, s'adonnent surtout à l'amour – des amours traversées et contrariées car, en des figures fuyantes, chacun aime qui en aime un autre ou une autre ; et le désespoir de ceux qui aiment en vain ou se croient trahis au point de vouloir mourir rapprochent même la pastorale du climat tragique, encore renforcé par la présence du surnaturel sous la forme de l'écho, des oracles, du magicien terrifiant, ou tout simplement des dieux.

La pastorale dramatique est un monde de nulle part et d'aucun temps. Elle se déroule dans une Arcadie imaginaire, en un cadre champêtre très largement conventionnel ; des bergers, qui n'ont rien de réaliste ni de vraiment campagnard, y côtoient des nymphes et des satyres brutaux et lascifs, symboles de la part bestiale de l'homme, des magiciens au pouvoir redoutable (pour nuire aux rivaux ou pour guérir ceux qui aiment en vain), des types grotesques parfois, et les dieux de l'Olympe, Diane et Cupidon en particulier, qui s'affrontent par cœurs insensibles ou enflammés interposés. La pastorale se déroule aussi hors du temps et de l'histoire, à une époque indéterminée, toute proche encore du mythique âge d'or. Son univers est un refuge merveilleux, à l'écart des villes et des cours, à l'écart de la guerre et des calamités, loin du présent, de ses conflits et de ses contraintes[43]. A cet égard, la pastorale est parfaitement irréaliste et projette dans l'enchantement et dans le merveilleux, dans l'utopie.

Mais son seul et unique sujet est l'amour. L'amour y est présenté sous toutes ses formes : l'inconstance et la fidélité, la passion sensuelle et le

---

[42] Différents mètres sont employés, de huit, dix ou douze syllabes ; et la prose et les vers peuvent se mêler dans la même pastorale.

[43] Sauf quand la pastorale se fait (très rarement à cette époque) politique sous le voile de la bergerie.

respect des bergères, l'indifférence qui déchire et la jalousie qui pousse au mal et au meurtre. Peu importe alors que ces bergers soient parfaitement irréalistes, comme suspendus dans un non-lieu et dans un hors-temps ; peu importe même qu'on ne croie pas trop à leurs personnages passablement stéréotypés ; peu importe qu'ils reprennent des conflits ou des débats cent fois entendus. A travers eux, la pastorale retrouve un singulier poids de vérité. Elle médite sur l'amour changeant, sur le destin qui sépare les êtres pour finir parfois par les réunir, sur la souffrance de ceux qui ne sont pas aimés et sont renvoyés à la solitude, sur les conditions d'un bonheur durable pour ceux qui s'aiment, sur la nature et la loi morale... Que tel de ces thèmes puisse être qualifié de baroque ne change rien à l'essentiel : à travers l'irréalisme de ses conventions, la pastorale éclaire singulièrement les aspects sentimentaux et moraux de la vie de l'amour.

En 1610, les grandes pastorales dramatique sont encore à venir : Racan ; Hardy, d'Urfé ou Mairet, avec de belles œuvres, mèneront le genre à son véritable épanouissement, avant que divers infléchissements le dirigent vers d'autres voies. Mais à cette date, les fondements de la pastorale dramatique sont bien établis.

*

*   *

Ainsi, pour la pastorale dramatique comme pour les spectacles de cour, le XVIe siècle ne représente qu'un point de départ. Avec les inflexions que l'on verra, avec la mise à distance du genre par l'humour ou la parodie, maintenue dans sa pureté ou abandonnée comme telle mais se retrouvant dans d'autres spectacles – je pense au théâtre musical –, la pastorale dramatique enchantera tout le siècle suivant. Quant aux spectacles de cour, il faut bien voir que la Renaissance n'en offre que les prémices : au-delà des mascarades et du *Ballet comique de la reine*, il faut deviner l'immense développement du ballet de cour sous les Bourbons, la comédie-ballet moliéresque et l'opéra de Lully. Pour l'historien du théâtre et des spectacles, le siècle de la Renaissance est bien un âge moyen, un âge de transition !

CONCLUSION

Le bilan théâtral du XVIᵉ siècle apparaît au total assez considérable, contrairement à l'opinion reçue, en variété et en richesse. Quelle diversité de propositions théâtrales entre les œuvres de facture médiévale et les œuvres qui correspondent à une esthétique entièrement nouvelle ! Le théâtre des mystères reste vivant et connaît des représentations brillantes. Si la sottie ne trouve plus, vers 1540, l'espace qui lui est nécessaire pour exprimer sa contestation, la moralité, qui sait à l'occasion tenir compte des nouvelles formes dramatiques qui sont en train de s'imposer, trouve une voie en se spécialisant dans la polémique religieuse. Quant à la farce, au regard de la datation et du nombre des pièces, elle appartient autant à la Renaissance qu'au Moyen Age tardif.

Mais si renaissance il y a, c'est celle des genres imités de l'Antiquité, la tragédie et la comédie. La Pléiade, dans son enthousiasme pour les grandes œuvres grecques et latines, a inventé la tragédie française, la dotant d'une théorie, élaborant son esthétique, entraînant les poètes à l'illustrer. Nous sommes là en face d'un fait majeur de notre culture, pour le présent comme pour l'avenir. N'oublions pas le succès du genre de la tragédie en un demi-siècle : 100 à 150 œuvres tragiques, avec une variété de sujets – sujets bibliques encore, antiques ; sujets renouvelés à la fin du siècle, par l'histoire moderne ou le romanesque, qui va envahir aussi les premières tragi-comédies. Et surtout, de Théodore de Bèze à Antoine de Montchrestien, en passant par Jean de La Taille et Robert Garnier, la tragédie propose encore à l'admiration, si l'on veut bien s'accommoder à la langue et à la dramaturgie de l'époque, un certain nombre de belles œuvres qui témoignent de la personnalité littéraire et de l'originalité de leurs auteurs et signalent des évolutions dans la courte histoire de la tragédie renaissante. A côté d'elle, la comédie qui, avec ses histoires et son personnel dramatique venus d'Italie, avec ses prétentions esthétiques et morales, ne pouvait rivaliser avec la farce et son rire, fait plus pâle figure, restant pauvre en œuvres et encore plus en chefs-d'œuvre. Mais la création d'une comédie humaniste est un fait dont les prolongements sont à attendre au siècle suivant.

De fait, la grande originalité du théâtre du XVIᵉ siècle est de regarder – *Janus bifrons* ! – en arrière et en avant, entre deux temps, faisant coexister et se succéder des formes théâtrales apparemment incompatibles et qui appartiennent à deux âges. Le siècle de la Renaissance poursuit et achève le développement des formes médiévales ; mais la haute floraison de celles-ci est plutôt au XVe siècle, en arrière : elles ne sont plus créatrices et vont presque toutes vers leur déclin – puisqu'il faut toujours faire une exception pour la farce, qui restera vivante et ouverte au renouvellement venu d'outremonts grâce à la *commedia dell'arte*. La fin du théâtre médiéval se situe en plein XVIe siècle. Mais le théâtre de la Renaissance est tout orienté vers l'avenir. Non qu'il faille ravaler les tragédies et comédies de la deuxième moitié du siècle au rang de simple préparation du théâtre classique : nous avons montré leur spécificité et le XVIIe siècle produira des œuvres tragiques et comiques esthétiquement et substantiellement différentes. Mais c'est bien la Renaissance qui a créé les genres, les a dotés d'une armature théorique, a mis en place une thématique, une technique, un répertoire ; c'est à partir de cela que travaillera le siècle classique. Ce qui est vrai massivement pour la tragédie et la comédie se vérifiera aussi pour les spectacles de cour comme le ballet, ou pour le genre de la pastorale, promis à un brillant avenir après un modeste départ au XVIe siècle.

Mais le XVIe siècle aura aussi réalisé une cassure capitale dans l'histoire du théâtre français, concernant le public. Le théâtre médiéval fascine l'historien par ses liens si étroits avec la société, parce que, ayant envahi l'espace de la cité, il était un théâtre pour tous, un théâtre populaire. Tant qu'il put vivre au XVIe siècle, le théâtre de tradition médiévale continua de réaliser cette alliance avec la société. Dès lors qu'il fut contesté ou interdit, et remplacé par un théâtre littéraire imité de l'Antiquité, un théâtre d'intellectuels, c'en était fini de cette alliance. La fin du théâtre médiéval marque la fin du théâtre populaire.

Sans doute, à l'inverse de la comédie qui ne trouva jamais vraiment un public, la tragédie a-t-elle été représentée, et même, à la fin du siècle, par des comédiens ambulants, qui la diffusèrent ainsi. Et nombre de magistrats intelligents devaient souscrire à ces propos de Montaigne – écrits entre 1572 et 1580, à une époque où fleurissaient les genres nouveaux du théâtre moderne – où l'auteur des *Essais* recommande l'organisation de représentations théâtrales avec de bons comédiens :

> Les bonnes polices prennent soing d'assembler les citoyens et les r'allier, comme aux offices serieux de la devotion, aussi aux exercices et jeux ; la société et amitié s'en augmente. Et puis on ne leur sçauroit conceder des passetemps plus reglez que ceux qui se font en presence d'un chacun et à la veuë mesme du magistrat. Et trouverois raisonnable que le magistrat, et le

prince, à ses despens, en gratifiast quelquefois la commune, d'une affection et bonté comme paternelle ; et qu'aux villes populeuses il y eust des lieux destinez et disposez pour ces spectacles...

Ces conseils sont de grand sens, mais encore aurait-il fallu que le public, tout le commun peuple, se pressât à la tragédie comme il se bousculait à la représentation du mystère. Cela ne fut pratiquement jamais réalisé. Et, au premier tiers du XVIIᵉ siècle, doctes et honnêtes gens auront vite fait de chasser du seul théâtre parisien, l'Hôtel de Bourgogne, un public considéré comme trop populaire, justement, et qui se régalait autant de la farce que des tragédies irrégulières et des tragi-comédies romanesques et violentes. Jusqu'à la Révolution au moins, le divorce sera maintenu entre le peuple de la cité et le théâtre, faisant de celui-ci un loisir spécialisé, réservé à une élite de la culture. Ce divorce, qui a sans doute favorisé l'éclosion d'œuvres dramatiques merveilleuses, est aussi un legs du siècle de la Renaissance...

BIBLIOGRAPHIE

Abréviations usuelles :

B.H.R. :   Bibliothèque d'Humanisme et Renaissance.
C.A.I.E.F. :   Cahiers de l'Association Internationale des Etudes Françaises.
I.L. :   L'Information Littéraire.
R.H.L.F. :   Revue d'Histoire Littéraire de la France.
RHR :   Réforme, Humanisme, Renaissance.
R.H.T. :   Revue d'Histoire du Théâtre.
R.S.H. :   Revue des Siences Humaines.
S.A.T.F. :   Société des Anciens Textes Français.
S.T.F.M. :   Société des Textes Français Modernes.
T.L.F. :   Textes Littéraires Français.

ŒUVRES DE THÉÂTRE DU XVIᵉ SIÈCLE

On trouvera ici, rangées selon les différents chapitres de l'ouvrage, les éditions modernes (depuis le XIXᵉ siècle) des pièces de théâtre.

Les mystères

Les Passions et les textes apparentés

Nativité de nostre seigneur Jhesuchrist par personnages. Avec la digne accouchee, réimpression par Crapelet, 1839. Se vend à Paris, chez Silvestre [Arsenal, Rf 509].

La Passion en rime franchoise, mystère du début du XVIᵉ siècle, édition des trois premières journées par Cécile GUERIN, Melun, Association « Mémoires », 1994.

Trois Jeux des Rois (XVIᵉ-XVIIᵉ siècles), p. p. Y. GIRAUD, N. KING et S. de REYFF, Editions Universitaires de Fribourg (Suisse), 1985 (Sillons, 3) [contient *Le Joyeulx mistère des Trois Trois* de Jean d'Abondance, et *L'Offertorium magorum* de Neuchâtel].

MARGUERITE DE NAVARRE, *Les Marguerites de la Marguerite des princesses*, texte de 1547 p. p. Félix FRANK, Genève Slatkine, 1970 (Paris, 1873), t. II [contient la *Comédie de la nativité de Jésus-Christ*, la *Comédie de l'adoration des trois rois à Jésus-Christ*, la *Comédie des Innocents* et la *Comédie du désert*].

MARGUERITE DE NAVARRE, *Comédies bibliques*, p. p. Barbara MARCZUK, Genève, Droz, 2000 (T.L.F., 531).

Pièces tirées de l'Ancien Testament

Le Mistere du Viel Testament, p. p. James de ROTHSCHILD (édition achevée par Emile PICOT), Paris, Firmin Didot et Cⁱᵉ, 1878-1891, 6 vol. (S.A.T.F.).

The Evolution of a Mystery Play, éd. Barbara M. CRAIG, Orlando (Florida), French Literature Publications Company, 1983 [publie l'épisode du sacrifice d'Isaac extrait du *Mistere du Viel Testament*, texte de 1500, suivi d'une moralité de 1512 sur le même sujet et du *Sacrifice d'Abraham* de 1539].

LECOQ (Thomas), *Tragédie de Caïn*, p. p. Prosper BLANCHEMAIN, Rouen, H. Boissel, 1879 (Société des bibliophiles normands) ; p. p. Nerina CLERICI BALMAS, [in] *Théâtre français de la Renaissance. La Tragédie à l'époque d'Henri III. Deuxième Série. Vol. 2 (1579-1582)*, Florence-Paris, Leo S. Olschki-P.U.F., 2000, pp. 383-437.

Les Mystères de la procession de Lille, p.p. Alan E. KNIGHT, *t. I : le Pentateuque*, Genève, Droz, 2001 (T.L.F., 535).

*Mystères hagiographiques
(rangés par ordre alphabétique des saints)*

Mystère des Actes des Apôtres représenté à Bourges en avril 1536 et publié d'après le manuscrit original par le baron A. DE GIRARDOT, Paris, Librairie archéologique de Victor Didron, 1854 [il ne s'agit pas du texte du mystère, mais de *l'Extraict des fainctes qu'il conviendra faire pour le Mystère des Actes des Apostres*, livre par livre].

Relation de l'ordre de la triomphante et magnifique monstre du mystère des saints actes des apostres par Arnoul et Simon Gréban, ouvrage inédit de Jacques Thiboust, p. p. LABOUVRIE, Genève, Slatkine, 1975 (Bourges, 1836).

Le Mystère de Sant Anthoni de Viennès, p. p. Paul GUILLAUME, Gap-Paris, Société d'Etudes des Hautes-Alpes-Maisonneuve, 1884.

Le Mystère de Saint Christophle, p. p. Graham A. RUNNALLS, Exeter University Press, 1973 (Textes Littéraires).

Le Mystère de saint Eustache, p. p. Paul GUILLAUME, Gap-Paris, Société d'Etudes des Hautes-Alpes-Maisonneuve et Cⁱᵉ, 1883 ; réimpr. Genève, Slatkine, 1978.

GRINGORE (Pierre), *La Vie de Monseigneur Saint Louis par personnages*, p. p. Anatole de MONTAIGLON, Paris, P. Jannet, 1877 (Genève, Slatkine, 1970).

La Vie de Marie Magdaleine par personnages (B.N., Rés. Yf 2914), p. p. Jacques CHOCHEYRAS et Graham A. RUNNALLS, Genève, Droz, 1986 (T.L.F., 342).

Le Mystère de la vie et hystoire de monseigneur sainct Martin, réimpression par Crapelet, 1841. Se vend à Paris, chez Silvestre [Arsenal, Rf 565].

Mystère de Saint Martin (Saint-Martin-de-la-Porte, 1565), p. p . Florimond TRUCHET, Travaux de la Société d'Histoire et d'Archéologie de la Maurienne, 5ᵉ volume, 1881, pp. 193-367.

Le Mystere de saint Remi, p. p. Jelle KOOPMANS, Genève, Droz, 1997 (T.L.F., 477).

Le Mystère de saint Sébastien. Première journée, p. p. F. RABUT, *Mémoires et documents publiés par la Société Savoisienne d'Histoire et d'Archéologie*, t. 13, Chambéry, A. Bottero, 1872, pp. 257-452.

Le Mystère de Sainte Venice, p. p. Graham A. RUNNALLS, Exeter University Press, 1980 (Textes Littéraires).

Le Mystère des trois doms joué à Romans en 1509, p. p. Paul-Emile GIRAUD et Ulysse CHEVALIER, Lyon, Librairie ancienne d'Auguste Brun, 1887, 2 vol.

Mistere de l'Institucion de l'Ordre des Freres Prescheurs, texte de l'édition de Jehan Trepperel (1504-1512 ?), p. p. Simone de REYFF, Guy BÉDOUELLE et Marie-Claire GÉRARD-ZAI, Genève, Droz, 1997 (T.L.F., 473).

Claude DOLESON, *Le mistere et Histoire miraculeuse nouvellement faicte a personnages de l'advenement, dedicace et fundation du devot et singulier oratoire de Nostre Dame du Puy d'Anis...*, [in] *Recueil des chroniqueurs du Puy-en-Velay. II. Le Livre de Podio ou chroniques d'Etienne Médicis, bourgeois du Puy*, p. p. Augustin CHASSAING, Le Puy, Imprimerie Marchessou, 1874, t. II, pp. 369-599.

Les moralités
(recueils, puis pièces séparées)

Ancien Théâtre françois ou Collection des ouvrages dramatiques les plus remarquables depuis les Mystères jusqu'à Corneille, éd. VIOLLET-LE-DUC, Paris, P. Jannet, 1854-1857, 10 vol. (Bibliothèque elzévirienne) ; les t. I-III, dus à Anatole de MONTAIGLON, donnent les 64 pièces du Recueil du British Museum. En abrégé : *ATF*.

BECK (Jonathan), *Théâtre et propagande aux débuts de la Réforme. Six pièces polémiques du Recueil La Vallière*, Genève-Paris, Slatkine, 1986.

CARON (Pierre-Siméon), *Collection de différents ouvrages anciens, poésies et facéties, réimprimés par les soins de...*, Paris, 1798-1806, 11 vol.

FOURNIER (Edouard), *Le Théâtre français avant la Renaissance (1450-1550). Mystères, moralités et farces*, Paris, Laplace, Sanchez et Cⁱᵉ, s.d. (1872).

HELMICH (Werner), *Moralités françaises. Réimpression fac-similé de vingt-deux pièces allégoriques imprimées aux XVᵉ et XVIᵉ siècles*, Genève, Slatkine, 1980, 3 vol.

LE ROUX DE LINCY et Francisque MICHEL, *Recueil de farces, moralités et sermons joyeux*, Paris, Techener, 1837, 4 vol. (Genève, Slatkine, 1977, en 2 vol.).

MARGUERITE DE NAVARRE, *Théâtre profane*, p. p. Verdun Louis SAULNIER, Genève-Paris, Droz-Minard, 1963 (T.L.F., 3).

MONTARAN (M. de), *Recueil de livrets singuliers et rares dont la réimpression peut se joindre aux réimpressions déjà publiées par Caron*, Paris, Imprimerie de Guiraudet, 1829-1830.

Le Recueil Trepperel, Fac-similé des trente-cinq pièces de l'original, introduction par Eugénie DROZ, Genève, Slatkine, 1966.

Théâtre mystique de Pierre du Val et des libertins spirituels de Rouen, au XVIe siècle, p. p. Emile PICOT, Paris, Damascène Morgand, 1882.

ABONDANCE (Jean d'), *Le Gouvert d'Humanité*, p. p . Paul AEBISCHER, *B.H.R.*, 1962, pp. 282-338.

BADIUS (Conrad), *Le Pape malade*, p.p. Enea BALMAS et Monica BARSI, [in] *La Comédie à l'époque d'Henri II et de Charles IX. Première Série. Vol. 7 (1561-1568)*, Florence-Paris, PUF-Leo S. Olschki, 1995, pp. 179-273.

BARRAN (Henri de), *Tragique Comédie française de l'Homme justifié par Foi*, p. p. Régine REYNOLDS-CORNELL, [in] *La Comédie à l'époque d'Henri II et de Charles IX. Première Série. Vol. 6 (1541-1554)*, Florence-Paris, PUF-Leo S. Olschki, 1994, pp. 439-535.

BIENVENU (Jacques), *Comédie du Monde malade et mal pensé*, p. p. Rosalba GUERINI, [in] *La Comédie à l'époque d'Henri II et de Charles IX. Première Série. Vol. 7 (1561-1568)*, Florence-Paris, PUF-Leo S. Olschki, 1995, pp. 275-340.

Moralité des Blasphémateurs de Dieu à XVII personnages, réimpression p. p. F. DIDOT, Paris, Société des Bibliophiles français, 1820.

BRETOG (Jean), *Tragédie française à huit personnages, traitant de l'amour d'un Serviteur envers sa Maîtresse et de tout ce qui en advint*, p. p. Régine REY-NOLDS-CORNELL, [in] *La Tragédie à l'époque d'Henri II et de Charles IX. Première Série. Vol. 4 (1568-1573)*, Florence-Paris, PUF-Leo S. Olschki, 1992, pp . 133-176.

L'Enfant prodigue. Moralità del sec. XVI, a cura di Giuseppe MACRI, Lecce, Adriatica Editrice Salentina, 1982.

GRINGORE (Pierre), *Jeu du Prince des sots*, [in] *Oeuvres complètes* de Pierre GRINGORE, t. I, p. p. Charles d'HERICAULT et Anatole de MONTAIGLON, Paris, P. Jannet, 1858.

De l'orgueil et présomption de l'empereur Jovinien. Moralité du commencement du XVIe sièccle, p. p. Emile PICOT, *Bulletin du Bibliophile*, 1912, pp. 101-123, 215-229, 258-268, 301-318, 372-386.

Moralité nouvelle de Pyramus et Tisbee, p. p. Emile PICOT, *Bulletin du Bibliophile et du Bibliothécaire*, 1901, pp. 1-35.

La Farce des Théologastres, p. p. Claude LONGEON, Genève, Droz, 1989 (T.L.F., 366).

Les sotties

DROZ (Eugénie), *Le Recueil Trepperel, I : Les Sotties*, Paris, Droz, 1935 (Bibliothèque de la Société des historiens du théâtre) ; réimpr. Genève, Slatkine, 1974.

PICOT (Emile), *Recueil général des sotties*, Paris, Firmin Didot et Cie, 1902-1912, 3 vol. (S.A.T.F.).

Deux Moralités de la fin du Moyen Âge et du temps des Guerres de religion. « Excellence, Science, Paris et Peuple ». « Mars et Justice », p. p. Jean-Claude AUBAILLY et Bruno ROY, Genève, Droz, 1990 (T.L.F., 382).

Les sermons joyeux

KOOPMANS (Jelle), *Quatre Sermons joyeux*, Genève, Droz, 1984 (T.L.F., 327).

KOOPMANS (Jelle), *Recueil de sermons joyeux*, Genève, Droz, 1988 (T.L.F., 362).

Les monologues dramatiques

LECUYER (Sylvie), *Roger de Collerye, un héritier de Villon*, Paris, Champion, 1997 [les oeuvres sont éditées pp. 159-487].

LE ROUX DE LINCY et Francisque MICHEL, *Recueil de farces, moralités et sermons joyeux*, Paris, Techener, 1837, 4 vol. (Genève, Slatkine, 1977, en 2 vol.).

MONTAIGLON (Anatole de), *Recueil de poésies françaises des XVe et XVIe siècles*, Paris, P. Jannet-P. Daffis, 1865-1878, 13 vol., les 4 derniers sous la signature d'Anatole de MONTAIGLON et de James de ROTHSCHILD (Bibliothèque elzévirienne).

PICOT (Emile) et NYROP (Christophe), *Nouveau Recueil de farces françaises des XVe et XVIe siècles*, Paris, D. Morgan-Ch. Fatout, 1880 ; réimpr. Genève, Slatkine, 1968.

PIGNON (Jacques), *La Gente Poitevinrie. Recueil de textes en patois poitevin du XVIe siècle publié d'après l'édition de 1572*, Paris, d'Artrey, 1960 (Bibliothèque du « Français moderne »).

Le Franc Archier de Baignollet, suivi de deux autres monologues dramatiques : Le Franc-Archier de Cherré, Le Pionnier de Seurdre, p. p. L. POLAK, Genève-Paris, Droz-Minard, 1966 (T.L.F., 129).

KOOPMANS (Jelle), « La Pronostication des cons sauvages, monologue parodique de 1527 », *Le Moyen Français*, 24-25, 1989, pp. 107-129.

Les farces

AEBISCHER (Paul), « Quelques textes du XVIᵉ siècle en patois fribourgeois. Deuxième partie », *Archivum Romanicum*, vol. VII, 1923, pp. 288-336.

AEBISCHER (Paul), « Trois farces françaises inédites trouvées à Fribourg », *Revue du XVIᵉ siècle*, XI (1924), pp. 129-192.

Ancien Théâtre françois ou Collection des ouvrages dramatiques les plus remarquables depuis les Mystères jusqu'à Corneille, éd. VIOLLET-LE-DUC, Paris, P. Jannet, 1854-1857, 10 vol. (Bibliothèque elzévirienne) ; les t. I-III, dus à Anatole de MONTAIGLON, donnent les 64 pièces du Recueil du British Museum. En abrégé : *ATF*.

AUBAILLY (Jean-Claude), *Deux Jeux de Carnaval de la fin du Moyen Âge. « La Bataille de Sainct Pensard à l'encontre de Caresme » et « Le Testament de Carmentrant »*, Genève, Droz, 1978 (T.L.F., 245).

CARON (P. Siméon), *Collection de différents ouvrages anciens, poésies et facéties, réimprimés par les soins de...*, Paris, 1798-1806, 11 vol.

COHEN (Gustave), *Recueil de farces inédites du XVᵉ siècle*, Cambridge (Massachussetts), The Medieval Academy of America, 1949 ; réimpr. Genève, Slatkine, 1974.

DROZ (Eugénie) et LEWICKA (Halina), *Le Recueil Trepperel. T. II : Les Farces*, Genève, Droz, 1961 (Travaux d'Humanisme et Renaissance, XLV).

Facéties, farces, moralité, comédie, Paris, chez Silvestre, Imprimerie Pinard, 1832.

FAIVRE (Bernard), *Les Farces. Moyen Âge et Renaissance. Vol. I : La guerre des sexes*, Paris, Imprimerie Nationale, 1997 [10 textes édités et traduits].

FOURNIER (Edouard), *Le Théâtre français avant la Renaissance (1450-1550). Mystères, moralités et farces*, Paris, Laplace, Sanchez et Cⁱᵉ, s.d. (1872).

LE ROUX DE LINCY et Francisque MICHEL, *Recueil de farces, moralités et sermons joyeux*, Paris, Techener, 1837, 4 vol. (Genève, Slatkine, 1977, en 2 vol.).

MABILLE (Emile), *Choix de farces, sotties et moralités des XVᵉ et XVIᵉ siècles*, Nice, Gay, 1872, 2 vol. (Genève, Slatkine, 1970, en 1 vol.).

MONTARAN (M. de), *Recueil de livrets singuliers et rares dont la réimpression peut se joindre aux réimpressions déjà publiées par Caron*, Paris, Imprimerie Guiraudet, 1829-1830.

PHILIPOT (Emmanuel), *Six Farces normandes de Recueil La Vallière*, Rennes, Plihon, 1939.

PICOT (Emile) et NYROP (Christophe), *Nouveau Recueil de farces françaises des XVᵉ et XVIᵉ siècles*, Paris, D. Morgan-Ch. Fatout, 1880 (Genève, Slatkine, 1968).

TISSIER (André), *Recueil de farces (1459-1550)*, Genève, Droz, 13 vol. de 1986 à 2000 (T.L.F., 336, 350, 358, 367, 374, 391, 432, 441, 456, 471, 482, 495, 526).
TISSIER (André), *Farces françaises de la fin du Moyen Âge*, transcription en français moderne, Genève, Droz, 1999, 4 vol. (T.L.F., 504, 509, 511, 514).

BRIAND (François), *Farce de l'aveugle et de son valet tort* (1572), p. p. Henri CHARDON, Paris, Champion, 1903.
Les Bâtards de Caux, p. p. Stefania SPADA, « *Les Bâtards de Caux*. Contribution à l'étude de la farce », *Annali della Facoltà di lettere e filosofia* (Università di Macerata), XIV, 1981, pp. 345-387.
« *Farce de Guilliod, à 5 personnages* (Rouen, 1557) », p. p. Eugénie DROZ et Halina LEWICKA, *B.H.R.*, 1961, pp. 76-98.
La Farce de « Janot dans le sac », p. p. Marie-Claire GERARD-ZAI et Simone de REYFF, Genève, Droz, 1990 (T.L.F., 388).
Ragot, Musarde et Babille, p. p. Alan HINDLEY, « Une pièce inédite du XVIᵉ siècle : la Farce de Ragot, Musarde et Babille », *R.H.T.*, 1967-1, pp. 14-23.
Thévot (Farce de), p. p. Charles SAMARAN, « Fragments de manuscrits latins et français du Moyen Âge », *Romania*, 51 (1925), pp. 161-202.
Farce de Thévot le maire, Perruche sa femme et Colin leur fils, p. p. Ian R. MAXWELL, *Humanisme et Renaissance*, 1939, pp. 539-546.
Le Vilain, sa femme et le curé, p. p. Grahams A. RUNNALLS, « Une farce inédite : *La Farce du vilain, sa femme et le curé* », *Romania*, 106 (1985), pp. 456-480.

Le théâtre scolaire

ANEAU (Barthélemy), *Comédie ou dialogue matrimonial, exemplaire de paix en mariage, extraict du devis d'Erasme*, p. p. Luigia ZILLI, [in] *La Comédie à l'époque d'Henri II et de Charles IX. Première Série. Vol. 6 (1541-1554)*, Florence-Paris, Leo S. Olschki-PUF, 1994, pp.181-226.
BUCHANAN (George), *Tragedies*, ed. by P. SHARRATT and P. G. WALSH, Scottish Academic Press, 1983.
BUCHANAN (George), *Iephtes sive votum tragoedia* (1554) a eu des traductions françaises :
VESEL (Claude de), *La Tragédie de Jephté*, p. p. Patrizia DE CAPITANI, [in] *La Tragédie à l'époque d'Henri II et de Charles IX. Première Série. Vol. 3 (1566-1567)*, Florence-Paris, Leo S. Olschki-PUF, 1990, pp. 321-405 ;
CHRESTIEN (Florent), *Jephté ou Le Voeu*, p. p. Daniela BOCCASSINI, [in] *La Tragédie à l'époque d'Henri II et de Charles IX. Première Série. Vol. 3 (1566-1567)*, Florence-Paris, Leo S. Olschki-PUF, 1990, pp. 407-489.

DU DUC (Fronton), *L'Histoire tragique de la Pucelle d'Orléans [...] publiée en 1581 par J. Barnet*, Genève, Slatkine, 1970 (1859).

MURET (Marc-Antoine), *La Tragédie de Julius Caesar*, présentation et traduction par Pierre BLANCHARD, Thonon-les-Bains, Editions Alidades, 1995 ; texte latin également édité par Jeffery FOSTER, dans Jacques GREVIN, *César*, Paris, Nizet, 1974, pp. 103-123.

TIRON (Antoine) [traducteur de Macropedius], *L'Histoire de Joseph*, p. p. Mariangela MIOTTI, [in] *La Comédie à l'époque d'Henri II et de Charles IX. Première Série. Vol. 8 (1564-1573)*, Florence-Paris, Leo S. Olschki-PUF, 1996, pp. 39-108.

TIRON (Antoine) [traducteur de Gnapheus], *L'Histoire de l'enfant prodigue*, p. p. Mariangela MIOTTI, [in] *La Comédie à l'époque d'Henri II et de Charles IX. Première Série. Vol. 8 (1564-1573)*, Florence-Paris, Leo S. Olschki-PUF, 1996, pp. 109-166.

La tragédie et la tragi-comédie

Théâtre français de la Renaissance, collection dirigée par Enea BALMAS et Michel DASSONVILLE (1986-1995), puis par Nerina CLERICI BALMAS, Marcel TETEL et Luigia ZILLI (depuis 1996), Florence-Paris, Leo S. Olschki-PUF. Volumes parus :

La Tragédie à l'époque d'Henri II et de Charles IX. Première Série. Vol. 1 (1550-1561), 1986 [Théodore de BÈZE, *Abraham sacrifiant,* éd. Patrizia De Capitani ; Etienne JODELLE, *Cléopâtre captive*, éd. Enea Balmas ; Jean de LA PÉRUSE, *Médée*, éd. Michel Dassonville ; Charles TOUTAIN, *Agamemnon*, éd. Michel Dassonville ; Mellin de SAINT-GELAIS, *Sophonisba*, éd. Luigia Zilli ; Gabriel BOUNIN, *La Sultane*, éd. Michel Dassonville] ;

La Tragédie à l'époque d'Henri II et de Charles IX. Première Série. Vol. 2 (1561-1566), 1989 [Jacques GREVIN, *César*, éd. Mariangela Mazzocchi Doglio ; Nicolas FILLEUL, *Achille*, éd. J.O. Moses et Enea Balmas ; Claude ROILLET, *Philanire*, éd. Daniela Mauri ; Louis DES MASURES, *David combattant, David triomphant* et *David fugitif*, éd. Michel Dassonville] ;

La Tragédie à l'époque d'Henri II et de Charles IX. Première Série. Vol. 3 (1566-1567), 1990 [André de RIVAUDEAU, *Aman*, éd. Régine Reynolds-Cornell ; PHILONE, *Josias*, éd. Rosanna Gorris ; *Tragédie du Sac de Cabrières*, éd. Daniela Boccassini ; Nicolas FILLEUL, *Lucrèce*, éd. Michel Dassonville ; Claude de VESEL, *Jephté*, éd. Patrizia De Capitani ; Florent CHRESTIEN, *Jephté ou le voeu*, éd. Daniela Boccassini] ;

La Tragédie à l'époque d'Henri II et de Charles IX. Première Série. Vol. 4 (1568-1573), 1992 [Robert GARNIER, *Porcie*, éd. Silvana Turzio ; Jules de GUERSENS, *Panthée*, éd. Enea Balmas ; Jean BRETOG, *Tragédie française à huit personnages*, éd. Régine Reynolds-Cornell ; Jean de LA TAILLE, *Saül le furieux*, éd. Laura Kreyder ; Jacques de LA TAILLE, *Daire* et *Alexandre*, éd. Maria Giulia Longhi] ;

La Tragédie à l'époque d'Henri II et de Charles IX. Première Série. Vol. 5 (1573-1575), 1993 (Jean-Antoine de BAÏF, *Antigone*, éd. Simone Maser ; Robert GARNIER, *Hippolyte* et *Cornélie*, éd. Silvana Turzio ; Jean de LA TAILLE, *La Famine*, éd. Laura Kreyder ; Etienne JODELLE, *Didon se sacrifiant*, éd. Mariangela Miotti] ;

La Tragédie à l'époque d'Henri III. Deuxième Série. Vol. 1 (1574-1579), 1999 [*La Tragédie française du bon Kanut, roi de Danemark*, éd. Christiane Lauvergnat-Gagnière ; François de CHANTELOUVE, *Tragédie de feu Gaspard de Coligny* et *Pharaon*, éd. Lisa Wollfe et Marian Meijer ; Robert GARNIER, *Marc Antoine* et *La Troade*, éd. Charles Mazouer ; Gabriel LE BRETON, *Adonis*, éd. Mario Bensi] ;

La Tragédie à l'époque d'Henri III. Deuxième Série. Vol. 2 (1579-1582), 2000 [*Tragédie nouvelle appelée Pompée*, éd. Ellen Ginsberg ; Robert GARNIER, *Antigone, ou La Pitié*, éd. Charles Mazouer ; Adrien d'AMBOISE, *Holoferne*, éd. Gabriela Cultrera ; Fronton DU DUC, *L'Histoire tragique de la pucelle de Dom-Rémy*, éd. Marc-André Prévost ; Jean de BEAUBRUEIL, *Régulus*, éd. Jole Morgante].

BÈZE (Théodore de), *Abraham sacrifiant*, p. p. Marguerite SOULIE, Mugron (Landes), Editions José Feijoo, SARL SPEC, 1990.

BOUNIN (Gabriel), *La Soltane*, p. p. Michael HEATH, University of Exeter Press, 1977 (Textes Littéraires, 27).

CALVY DE LA FONTAINE (François ?), *L'Antigone de Sophoclés*, a cura di Michele Mastroianni, Alessandria, Edizioni dell'Orso, 2000 [contient, en appendice, les trois traductions latines d'*Antigone* par Gentien HERVET (1541), Georges RATALLER (1550) et Jean LALEMANT (1557)].

CHANTELOUVE (François de), *La Tragédie de feu Gaspard de Coligny*, p. p. Keith CAMERON, University of Exeter Press, 1971 (Textes Littéraires).

CHRÉTIEN DES CROIX (Nicolas), *Les Portugaiz infortunez*, p. p. A. MAYNOR HARDEE, Genève, Droz, 1991 (T.L.F., 397).

DES MASURES, *Tragédies saintes* [*David combattant*, *David triomphant* et *David fugitif*], p. p. Charles COMTE, Paris, Hachette, 1907, pour la Société des Textes Français Modernes.

DU HAMEL (Jacques), *« Acoubar, ou La Loyauté trahie »*. *Tragédie tirée des « Amours de Pistion et Fortunie en leur voyage de Canada »*, roman d'Antoine Du Périer, p. p. Roméo ARBOUR, Editions de l'Université d'Ottawa, 1973.

FILLEUL (Nicolas), *Les Théâtres de Gaillon*, p. p. Françoise JOUKOVSKY, Genève, Droz, 1971 (T.L.F., 181).

GARNIER (Robert), *Oeuvres complètes*, p. p. Raymond LEBÈGUE, Paris, Les Belles Lettres : *Les Juives. Bradamante. Poésies diverses*, 1949 ; *La Troade. Antigone*, 1952 ; *Porcie. Cornélie*, 1973 ; *Marc Antoine. Hippolyte*, 1974.

GARNIER (Robert), *Antigone ou La Pitié (tragédie)*, p. p. Jean-Dominique BEAUDIN, Paris, Champion, 1997.

GARNIER (Robert), *Porcie*, p. p. Jean-Claude TERNAUX, Paris, Champion, 1999.

GARNIER (Robert), *La Troade*, p. p. Jean-Dominique BEAUDIN, Paris, Champion, 1999.

GARNIER (Robert), *Les Juifves*, p. p. Sabine LARDON, Paris, Champion, 1999.

GRÉVIN (Jacques) *César*, p. p. Ellen S. GINSBERG, Genève-Paris, Droz-Minard, 1971 (T.L.F., 179) ; et p. p. Jeffery FOSTER, Paris, Nizet, 1974.

JODELLE (Etienne), *Cléopâtre captive*, p. p. Françoise CHARPENTIER, Jean-Dominique BEAUDIN et José SANCHEZ, Mugron (Landes), Editions José Feijoo, SARL SPEC, 1990.

LA PÉRUSE (Jean de), *Médée*, p. p. James A. COLEMAN, University of Exeter Press, 1985 (Textes Littéraires, LVI).

LA PÉRUSE (Jean de), *Médée*, p. p. Marie-Madeleine FRAGONARD, étude des sources par James A. COLEMAN, Mugron (Landes), Editions José Feijoo, SARL SPEC, 1990.

LASPHRISE (Marc Papillon de), *La Nouvelle tragi-comique*, [in] *Ancien Théâtre françois ou Collection des ouvrages dramatiques les plus remarquables depuis les Mystères jusqu'à Corneille*, éd. VIOLLET-LE-DUC, Paris, P. Jannet, 1854-1857, 10 vol. (Bibliothèque elzévirienne), t. VII, pp. 463-491.

LA TAILLE (Jean de), *Saül le furieux. La Famine, ou Les Gabéonites*, p. p. Elliott FORSYTH, Paris, Marcel Didier, 1968, pour la Société des Textes Français Modernes.

LA TAILLE (Jean de), *Saül le furieux. La Famine, ou Les Gabéonites*, p. p. Gabriel SPILLEBOUT, Mont-de-Marsan, Editions Feijoo-SPEC, 1998.

MATTHIEU (Pierre), *Clytemnestre (1589)*, p. p. Gilles ERNST, Genève, Droz, 1984 (T.L.F., 326).

MATTHIEU (Pierre), *La Guisiade*, p. p. Louis LOBBES, Genève, Droz, 1990 (T.L.F., 377).

MONTCHRESTIEN (Antoine de), *Les Tragédies*, p. p. Louis PETIT DE JULLEVILLE, Paris, Plon, 1891 (Bibliothèque elzévirienne).

MONTCHRESTIEN (Antoine de), *David ou L'Adultère*, p. p. Lancaster E. DABNEY, Austin (Texas), The University Cooperative Society, 1963.

MONTCHRESTIEN (Antoine de), *La Reine d'Ecosse*, p. p. les élèves de Guy MICHAUD, Paris, Fontemoing, 1905 ; p. p. Joseph D. CRIVELLI, Paris-La Haye, Mouton, 1975 ; p. p. A. MAYNOR HARDEE, Milano, Cisalpino-Goliardica, 1975.

MONTCHRESTIEN (Antoine), *Hector*, p. p. Jacques SCHERER, [in] *Théâtre du XVIIe siècle*, t. I , Paris, Gallimard, 1975 (Pléiade), pp. 3-83.

MONTREUX (Nicolas de), *La Sophonisbe, tragédie*, p. p. Donald STONE jr., Genève, Droz, 1976 (T.L.F., 233).

Pompée, eine bisher unbekannte Tragödie über den Tod des Pompejus aus dem Jahre 1579, p. p. Hans JAHN, Nürnberg, Bollman-Verlag, 1934.

RIVAUDEAU (André de), *Aman, tragédie sainte*, p. p. Keith CAMERON, Genève, Droz, 1969 (T.L.F., 154).

SCHÉLANDRE (Jean de), *Tyr et Sidon, ou Les Funestes Amours de Belcar et Méliane*, p. p. Joseph W. BARKER, Paris, Nizet, 1975.

THOMAS (Jean), *Isabelle*, p. p. Alexandre CIORANESCU, Paris, Droz, 1938.

TOUTAIN (Charles), *La Tragédie d'Agamemnon*, p. p. Trevor PEACH, University of Exeter Press, 1988 (Textes Littéraires, LXVI).

La Tragédie Françoise du Bon Kanut, Roy de Danemarch, p. p. Renée GIMÉNEZ (revu avec la collaboration de Christiane LAUVERGNAT-GAGNIÈRE et P. GONDRET), Publications de l'Université de Saint-Etienne, 1989.

Tragi-comédie plaisante et facétieuse intitulée La Subtilité de Franfreluche et Gaudichon, et comme il fut emporté par le diable, [in] MONTARAN (M. de), *Recueil de livrets singuliers et rares dont la réimpression peut se joindre aux réimpressions déjà publiées par Caron*, Paris, Imprimerie Guiraudet, 1829-1830.

Tragi-comédie des Enfants de Turlupin, malheureux de nature, où l'on voit les fortunes dudit Turlupin, la mariage d'entre lui et la Boulonnaise, et autres mille plaisantes joyeusetés qui trompent la morne osiveté, [in] MONTARAN (M. de), *Recueil de livrets singuliers et rares dont la réimpression peut se joindre aux réimpressions déjà publiées par Caron*, Paris, Imprimerie Guiraudet, 1829-1830.

La comédie

Ancien Théâtre françois ou Collection des ouvrages dramatiques les plus remarquables depuis les Mystères jusqu'à Corneille, éd. VIOLLET-LE-DUC, Paris, P. Jannet, 1854-1857, 10 vol. (Bibliothèque elzévirienne) .

FOURNIER (Edouard), *Le Théâtre français au XVIᵉ et au XVIIᵉ siècle, ou choix des comédies les plus curieuses antérieures à Molière*, Paris, Laplace et Sanchez, s.d. (1871) (Genève, Slatkine, 1970).

Recueil de pièces rares et facétieuses anciennes et modernes, en vers et en prose, remises en lumière pour l'esbattement des Pantagruélistes, avec le concours d'un bibliophile, Paris, Barraud, 1872-1873, 4 vol. (Recueil Charles Brunet).

Recueil de plusieurs fragments des premières comédies italiennes qui ont été représentées en France sous le règne de Henry III. Recueil dit de Fossart, présenté par Agne Beijer, suivi de *Compositions de rhétorique de M. Don Arlequin*, présentées par P.-L. Duchartre, édition augmentée, Paris, Librairie Théâtrale, 1981. [Recueil de gravures, pour l'essentiel.]

Théâtre français de la Renaissance, collection dirigée par Enea BALMAS et Michel DASSONVILLE (1986-1995), puis par Nerina CLERICI BALMAS, Marcel TETEL et Luigia ZILLI (depuis 1996), Florence-Paris, Leo S. Olschki-PUF. Volumes parus :

La Comédie à l'époque d'Henri II et de Charles IX. Première Série. Vol. 6 (1541-1554), 1994 (Charles ESTIENNE, *L'Andrie* et *La Comédie du Sacrifice, ou Les Abusés*, p. p. Luigia Zilli ; Jacques BOURGEOIS, *Comédie très élégante en laquelle sont contenues les amours recréatives d'Erostrate, fils de Philogone de Catania en Sicile, et de la belle Polymnesie, fille de Damon bourgeois d'Avignon*, p. p. Mariangela Miotti ; Etienne JODELLE, *L'Eugène*, p. p. Anna Bettoni) ;

La Comédie à l'époque d'Henri II et de Charles IX. Première Série. Vol. 7 (1561-1568), 1995 [Jacques GRÉVIN, *La Trésorière* et *Les Esbahis*, p. p. Catherine Douël Dell'Agnola] ;

La Comédie à l'époque d'Henri II et de Charles IX. Première Série. Vol. 8 (1564-1573), 1996 [Jean-Antoine de BAÏF, *L'Eunuque* et *Le Brave*, p. p. Simone Maser] ;

La Comédie à l'époque d'Henri II et de Charles IX. Première Série. Vol. 9 (1566-1573), 1997 [Jean de LA TAILLE, *Les Corrivaux*, p. p. Monica Barsi ; Jean de LA TAILLE, *Le Négromant*, p. p. François Rigolot].

AMBOISE (François d'), *Oeuvres complètes, I (1518-1584)*, p. p. Dante UGHETTI, Napoli, Ediz. scientifiche italiane, 1973.

AMBOISE (François d'), *Les Néapolitaines, comédie*, p. p. Hilde SPIEGEL, Heidelberg, Carl Winter-Universitätsverlag, 1977.

BAÏF (Jean-Antoine de), *Euvres en rime, avec une biographie et des notes*, p. p. Charles MARTY-LAVEAUX, Paris, Lemerre, 1881-1890, 5 vol.

BAÏF (Jean-Antoine de), *Le Brave*, p. p. Simone Maser, Genève, Droz, 1979 (T.L.F., 265).

BELLEAU (Rémi), *La Reconnue*, p. p. Jean BRAYBROOK, Genève, Droz, 1989 (T.L.F., 375).

CAHAIGNES (Jacques de), *L'Avaricieux*, p. p. Armand GASTE, Rouen, Imprimerie L. Gy, 1899.

GRÉVIN (Jacques), *Théâtre complet et poésies choisies*, p. p. Lucien PINVERT, Paris, Garnier, 1922 (Classiques Garnier).

GRÉVIN (Jacques), *La Trésorière. Les Esbahis. Comédies*, p. p. Elisabeth LAPEYRE, Paris, Société des Textes Français Modernes, 1980 (diff. Champion).

JODELLE (Etienne), *L'Eugène*, p. p. Michael J. FREEMAN, University of Exeter Press, 1987 (Textes Littéraires, LXV).

LARIVEY (Pierre de), *Les Esprits*, p. p. Michael J. FREEMAN, Genève, Droz, 1987 (T.L.F., 345).

LARIVEY (Pierre de), *Le Fidèle*, comédie, préface de Luigia ZILLI, Paris, Cicero Editeurs, 1989 (Collection du répertoire. L'Illustre-Théâtre).

LARIVEY (Pierre de), *Le Laquais, Comédie*, p. p. Madeleine LAZARD et Luigia ZILLI, Paris, Société des Textes Français Modernes, 1987 (diff. Nizet).

LARIVEY (Pierre de), *Les Tromperies*, p. p. Keith CAMERON et P. WRIGHT, Unversity of Exeter Press, 1997 (Textes Littéraires, C).

LA TAILLE (Jean de), *Oeuvres*, p. p. René de MAULDE, Paris, L. Willem, 1878-1882, 4 vol. (Genève, Slatkine, 1968, en 2 vol.).

LA TAILLE (Jean de), *Dramatic Works*, p. p. Kathleen M. HALL et C. N. SMITH, London, The Athlone Press of the University of London, 1972.

LA TAILLE (Jean de), *Les Corrivaux*, p. p. D. L. DRYSDALL, Paris, Société des Textes Français Modernes, 1974 (diff. Didier) ; p. p. Giuseppe MACRI, Galatina, Editrice Salentina, 1974.

LE LOYER (Pierre), *La Néphélococugie, ou La Nuée des cocuz*, p. p. M. G. B., Turin, J. Gay et Fils, 1869.

ROJAS (Fernando de), *La Célestine ou tragi-comédie de Calixte et Mélibée*, éd. et trad. de Pierre HEUGAS, Paris, Aubier-Montaigne, 1963.

ROJAS (Fernando de), *« Célestine ». A critical Edition of the first french Translation (1527) of the spanish Classic « La Celestina »...*, by Gerard J. BRAULT, Detroit, Wayne University Press, 1963.

TURNÈBE (Odet de), *Les Contens*, p. p. Norman B. SPECTOR, Paris, Société des Textes Français Modernes, 1964 (diff. Didier) ; 3ᵉ tirage avec compléments bibliographiques de Robert AULOTTE, 1983 (diff. Nizet).

Les spectacles de cour et la pastorale dramatique

Ballets et mascarades de cour, de Henri III à Louis XIV (1581-1652), recueillis et publiés d'après les éditions originales par Paul LACROIX, Genève, Slatkine, 1968, 6 vol. (1868-1870).

BASSECOURT (Claude de), *Trage-comedie pastoralle (1594)*, p. p. Gustave CHARLIER, Bruxelles-Liège, Palais des Académies-R. Vaillant-Carmanne, 1931.

BELLEFOREST (François de), *La Pastorale amoureuse*, p. p. Maxime GAUME, Publications de l'Université de Saint-Etienne, 1980 (Images et témoins de l'âge classique).

FILLEUL (Nicolas), *Les Théâtres de Gaillon*, p. p. Françoise JOUKOVSKY, Genève, Droz, 1971 (T.L.F., 181).

FILLEUL (Nicolas), *Les Ombres*, p. p. Daniela MAURI, [in] *La Comédie à l'époque d'Henri II et de Charles IX. Première Série. Vol. 9 (1566-1573)*, Florence-Paris, Leo S. Olschki-PUF, 1997, pp. 1-52.

PAPON (Loys), *Pastorelle*, p. p. Claude LONGEON, Saint-Etienne, Centre d'Etudes Foréziennes, 1976.

AUTRES ŒUVRES DU XVIᵉ SIÈCLE

BODIN (Jean), *Les Six Livres de La République*, p. p. Gérard MAIRET, Paris, Librairie Générale Française, 1993 (Le Livre de poche, 4619).

CASTELVETRO (Lodovico), *Poetica d'Aristotele vulgarizzata e sposta*, a cura di Werther ROMANI, Roma-Bari, G. Laterza e Figli, 1978, 2 vol. (Scrittori d'Italia, 264-265).

Critical Prefaces of the French Renaissance, by Bernard WEINBERG, Evanston (Illinois), Northwestern University Press, 1950.

DU BELLAY (Joachim), *La Deffence et illustration de la langue françoyse*, p. p. Henri CHAMARD, Paris, Société de Textes Français Modernes, 4ᵉ tirage 1970 (diff. Marcel Didier).

DU PONT (Gratien), *Art et science de rhétorique métrifiée* (Toulouse, 1539), Genève, Slatkine Reprints, 1972.

ÉRASME (Didier), *Eloge de la folie, Adages, Colloques, Réflexions sur l'art, l'éducation, la religion, la guerre, la philosophie, Correspondance*, p. p. Claude BLUM, André GODIN, Jean-Claude MARGOLIN et Daniel MÉNAGER, Paris, Robert Laffont, 1992 (Bouquins).

Handbook of French Renaissance Dramatic Theory, anthologie p. p. H. W. LAWTON, Westport (Connecticut), Greenwood Press, 1972 (1949).

LA TAILLE (Jean de), *De l'art de la tragédie [suivi d'une] Anthologie des écrits théoriques et critiques français du XVIᵉ siècle sur le théâtre*, édition et notes par Christian BARATAUD ; introduction de José SANCHEZ ; translation en français moderne par Jean-Claude TERNAUX, Mont-de-Marsan, Editions José Feijoo, 1998 (Textes).

LAUDUN D'AIGALIERS (Pierre), *L'art poëtique françois*, édition critique sous la direction de Jean-Charles MONFERRAN, Paris, Société des Textes Français Modernes, 2000 (diff. Klincksieck).

MAROT (Clément), *Oeuvres poétiques*, p. p. Yves GIRAUD, Paris, Garnier-Flammarion, 1973 (GF, 259).

MOLANUS (Johannes) (Jean VERMEULEN, dit), *Traité des saintes images [De picturis et imaginibus sacris]* (1570), éd. et trad. par Fr. BOESPFLUG, O. CHRISTIN et B. TASSEL, Paris, Cerf, 1996.

RABELAIS (François), *Oeuvres complètes*, p. p. Mireille HUCHON, avec la collaboration de François MOREAU, Paris, Gallimard, 1994 (Pléiade).

Ratio studiorum. Plan raisonné et institution des études dans la Compagnie de Jésus, édition bilingue latin-français, trad. Cécile ALBRIEUX et Dominique PRADON-JULIA, notes de Marie-Madelaine COMPÈRE, présentation par Adrien DEMOUSTIER et Dominique JULIA, Paris, Belin, 1997.

RONSARD (Pierre de), *Oeuvres complètes*, p. p. Jean CÉARD, Daniel MÉNAGER et Michel SIMONIN, Paris, Gallimard, 1993 et 1994, 2 vol. (Pléiade).

SCALIGER (Jules César), *Poetices libri septem / Sieben Bücher über die Dichtkunst*, herausgegeben, übersetzt, eingeleitet und erlaütert von Luc DEITZ, Stuttgart-Bad Cannstatt, Frommann-Holzboog, 4 vol. parus entre 1994 et 1998 ; t. 5 à paraître.

SÉBILLET (Thomas), *Art poétique françois*, p. p. Félix GAIFFE ; nouvelle édition mise à jour par Francis GOYET, Paris, S.T.F.M., 1988 (diff. Nizet).

Traités de poétique et de rhétorique de la Renaissance (Sébillet, Aneau, Peletier, Fouquelin, Ronsard), introduction, notices et notes de Francis GOYET, Paris, Librairie Générale Française, 1990 (Le Livre de poche classique).

VAUQUELIN DE LA FRESNAYE (Jean), *L'Art poétique françois*, éd. G. PELLISSIER, Genève, Slatkine, 1970 (1885).

ETUDES

Pour les formes médiévales, on se reportera :

1° à la bibliographie de Charles MAZOUER, *Le Théâtre français du Moyen Âge*, Paris, SEDES, 1998, pp. 395-421 ;

2° à la bibliographie des miracles et mystères français de Graham A. RUNNALLS, mise en ligne (http:///www.byu.edu/~hurlbut/fmddp/bmmf.html), et constamment revue, augmentée et mise à jour.

ALTER (Jean V.), *Les Origines de la satire antibourgeoise en France. Moyen Âge. XVIe siècle*, Genève, Droz, 1966 (Travaux d'Humanisme et Renaissance). « Aspects de l'humanisme jésuite au début du XVIIe siècle », *R.S.H.*, n° 158, 1975.

ATTINGER (Gustave), *L'Esprit de la commedia dell'arte dans le théâtre français*, Genève, Slatkine, 1969 (Paris-Neuchâtel, 1950).

AUBAILLY (Jean-Claude), *Le Monologue, le dialogue et la sottie*, Service de reproduction des thèses de l'Université de Lille III, 1973.

AUBAILLY (Jean-Claude), « Théâtre « populaire » et rhétorique à la fin du Moyen Âge et au début du XVIe siècle », [in] *Aspects du théâtre populaire en Europe au XVIe siècle*, Paris, CDU-SEDES, 1989, pp. 17-29.

AUBAILLY (Jean-Claude), « L'Image du prince dans le théâtre de Gringore », [in] *Le Pouvoir monarchique et ses rapports idéologiques aux XIVe-XVIIe siècles*, Publications de la Sorbonne nouvelle, 1990, pp. 175-183.

AUBAILLY (Jean-Claude), « Variations dramatiques sur la parabole du fils prodigue à la fin du Moyen Âge », [in] *« Et c'est la fin pour quoi sommes ensemble ». Hommage à Jean Dufournet. Littérature, histoire et langue du Moyen Âge*, Paris, Champion, 1993, t. I, pp.109-124.

AULOTTE (Robert), « La *Lucelle* de Louis Le Jars », [in] *Mélanges d'histoire littéraire (XVIe-XVIIe siècle) offerts à Raymond Lebègue*, Paris, Nizet, 1969, pp. 97-106.

AULOTTE (Robert), *La Comédie française de la Renaissance et son chef-d'oeuvre « Les Contens » d'Odet de Turnèbe*, Paris, SEDES, 1984.

AULOTTE (Robert), « Visages du théâtre comique de la Renaissance : deux jeunes filles vieilles de quatre cents ans », [in] *Mélanges Victor E. Graham. Crossroad and Perspectives : French Literature of the Renaisance*, Genève, Droz, 1986, pp. 155-159.

AULOTTE (Robert), « Sur une version française manuscrite de l'*Iphigénie à Aulis* d'Euripide », [in] *L'Art du théâtre. Mélanges en hommage à Robert Garapon*, Paris, PUF, 1992, pp. 3-18.

AULOTTE (Robert), « En passant par la Lorraine, le jésuite bordelais Fronton Du Duc fait jouer à Pont-à-Mousson une *Pucelle de Domremy* (1580) », [in] *Lorraine vivante. Hommage à Jean Lanher*, Presses Universitaires de Nancy, 1993, pp. 15-23.

BAILBÉ (Jacques), « Quelques aspects du pathétique dans *Les Juives* de Robert Garnier », [in] *Actes du colloque Renaissance-Classicisme du Maine*, Paris, Nizet, 1975, pp. 57-75.

BAILBÉ (Jacques), « Ronsard et Robert Garnier », [in] *Ronsard et la Grèce*, Paris, Nizet, 1988, pp. 263-275.

BAILBÉ (Jacques), « Le personnage de Satan dans les tragédies protestantes du XVIe siècle », [in] *L'Art du théâtre. Mélanges en hommage à Robert Garapon*, Paris, PUF, 1992, pp. 35-47.

BALMAS (Enea), *Un poeta del Rinascimento francese : Etienne Jodelle. La sua vita. Il suo tempo*, Firenze, Leo S. Olschki, 1962.

BALMAS (Enea), *La Commedia francese del Cinquecento*, Milano, Viscontea, 1967 (Collana dell'Istituto di lingue straniere dell'Università di Padova).

BALMAS (Enea), *Littérature française. La Renaissance, II : 1548-1570*, Paris, Arthaud, 1974.

BALMAS (Enea), « *La tragédie de Caïn* de Thomas Lecoq », [in] *Mélanges sur la littérature de la Renaissance à la mémoire de V. L. Saulnier*, Genève, Droz, 1984 (Travaux d'Humanisme et Renaissance, 202), pp. 651-662.

BALMAS (Enea), « A propos des *Contents* d'Odet de Turnèbe », [in] *Saggi e ricerche sul teatro francese del Cinquecento*, Firenze, Leo S. Olschki, 1985, pp. 131-140.

BALMAS (Enea), « Tempi della tragedia », [in] *Studi di letteratura francese, XVIII : Tragedia e sentimento del tragico nella letteratura francese del Cinquecento*, Firenze, Leo S. Olschki, 1990, pp. 5-13.

BALMAS (Enea), « La *Tragedie françoise* de Jean Bretog », [in] *L'Art du théâtre. Mélanges en hommage à Robert Garapon*, Paris, PUF, 1992, pp. 49-59.

BALSAMO (Jean), *Les Rencontres des muses. Italianisme et anti-italianisme dans les Lettres françaises de la fin du XVIe siècle*, Genève, Slatkine, 1992.

BAR (Francis), « Jean Bouchet et le théâtre de tradition médiévale », [in] *Mélanges de langue et de littérature françaises du Moyen Âge et de la Renais-*

sance offerts à Charles Foulon, t. I, Rennes, Université de Haute-Bretagne. Institut de Français, 1980, pp. 13-21.

BARTOLI (Renata Anna), « Tradizione e innovazione a confronto : *La Comedie Néphélococugie* di Pierre Le Loyer, riscrittura degli *Uccelli* di Aristofane », [in] *Dalla tragedia rinascimentale alla tragicommedia barocca...*, Fasano, Schena, 1993, pp. 123-135.

BASCHET (Armand), *Les Comédiens italiens à la cour de France sous Charles IX, Henri III, Henri IV et Louis XIII*, Genève, Slatkine, 1969 (Paris, 1882).

BEAUDIN (Jean-Dominique), « Le lexique de la *Cléopâtre captive* de Jodelle », *L'Information grammaticale*, n° 43, octobre 1989, pp. 20-22.

BEAUDIN (Jean-Dominique), « Un cas de latinisation interne du lexique français à la Renaissance : *horreur* et *horrible* dans les tragédies de Robert Garnier », *L'Information grammaticale*, n° 75, octobre 1997, pp. 33-35.

BEAUDIN (Jean-Dominique), « Connaissance de l'étymologie et poétique : l'enrichissement de la langue littéraire par réactivation sémantique et remotivation étymologique : l'emploi du mot *trespas* dans trois tragédies de Robert Garnier » , [in] *Lexique et cognition*, Presses de l'université de Paris-Sorbonne, 1998, pp. 95-108.

BEAUDIN (Jean-Dominique), « Formes de la beauté scénique dans le théâtre de Robert Garnier », *Nouvelle Revue du Seizième Siècle*, 2000, n° 18/2, pp. 93-112.

BEAUDIN (Jean-Dominique), « La monstruosité et l'horreur tragique dans l'*Hippolyte* de Robert Garnier (1573) », *Littératures*, n° 43, automne 2000, pp. 47-57.

BEAUDIN (Jean-Dominique), « A propos de quelques 'tragédièmes' dans *Les Juifves* de Robert Garnier », [in] *Des noms : nomination, désignation, interprétations*, Paris, SEDES, 2000, pp. 43-52.

BEAUDIN (Jean-Dominique), *Introduction à la dramaturgie de Robert Garnier dans « Hippolyte » et « Les Juifves »*, Paris, SEDES/HER, 2000 (Agrégations de Lettres) [bibliographie pp. 99-111).

BECK (Jonathan), « De l'endoctrinement des enfants. Les écoliers de la Gestapo antiprotestante d'après le théâtre aux débuts de la Réforme », [in] *Le Théâtre et la cité dans l'Europe médiévale, Fifteenth-Century Studies*, vol. 13, 1988, pp. 471-483.

BELLENGER (Yvonne), « Le personnage de Saül chez La Taille et Du Bartas », [in] *Le Théâtre biblique de Jean de La Taille. Etudes sur « Saül le furieux », « De l'art de la tragédie », « La Famine ou Les Gabéonites »*, Paris, Champion, 1998, pp. 189-205.

BELMAS (Elisabeth), « La police du théâtre à l'âge classique », [in] *Théâtre et spectacles hier et aujourd'hui. Epoque moderne et contemporaine*, Paris, Editions du Comité des travaux historiques et scientifiques, 1991, pp. 293-302.

BENOIT (Claude), « L'influence espagnole dans *Les Contents* d'Odet de Turnèbe », [in] *Échanges culturels dans le bassin occidental de la Méditerranée (France, Italie, Espagne)*, Toulouse, Presses Universitaires du Mirail, 1989, pp. 239-248.

BEVILACQUA CALDARI (Franca), « Il tema della Fortuna in Jacques Grévin », [in] *Il Tema della Fortuna nella letteratura francese e italiana del Rinascimento. Studi in memoria di Enzo Giudici*, Firenze, Leo S. Olschki, 1990, pp. 87-105.

BILLAULT (Alain), « Jean-Antoine de Baïf traducteur d'*Antigone* », *R.H.T.*, 1991-1 et 2, pp. 76-84.

BIOT (Brigitte), *Barthélemy Aneau, régent de la Renaissance lyonnaise*, Paris, Champion, 1996.

BLANC (André), « Les malheurs de Judith et le bonheur d'Esther », [in] *Poésie et Bible de la Renaissance à l'âge classique. 1550-1680*, Paris, Champion, 1999, pp. 83-101.

BLUM (Claude), « Le Fou, personnage populaire dans les mystères et les miracles », [in] *Aspects du théâtre populaire en Europe au XVIe siècle*, Paris, CDU-SEDES, 1989, pp. 43-53.

BOKOAM (S.), « Jodelle, La Péruse et le commentaire de Marc-Antoine Muret à l'*Ethique à Nicomaque* d'Aristote : colère et magnanimité », *I.L.*, 1990-3, pp. 3-6.

BONNIFFET (Pierre), *Un ballet démasqué. L'union de la musique au verbe dans LE PRINTANS de Jean-Antoine de Baïf et Claude Le Jeune*, Paris-Genève, Champion-Slatkine, 1988.

BONNIFFET (Pierre), « Esquisses du ballet humaniste (1572-1581) », *Cahiers de l'I.R.H.M.E.S*, 1, 1992, pp. 15-49.

BORDES (Hélène), « Bernard Bardon de Brun et sa tragédie de *Sainct Jacques* (1596) », [in] *Etudes sur Etienne Dolet, le théâtre au XVIe siècle, le Forez, le Lyonnais et l'histoire du livre publiées à la mémoire de Claude Longeon*, Genève, Droz, 1993, pp. 175-186.

BORDIER (Jean-Pierre), *Le Jeu de la Passion. Le message chrétien et le théâtre français (XIIIe-XVIe s.)*, Paris, Champion, 1998 (Bibliothèque du XVe siècle, LVIII).

BORIAUD (Jean-Yves), « *Saül le furieux, La Famine ou Les Gabéonites* : rythmes et structures », [in] « *Saül le furieux* ». *Jean de La Taille*, Paris Ellipses / édition marketing, 1998, pp. 65-87.

BOSSUAT (Robert), « Le théâtre scolaire au collège de Navarre (XIVe-XVIIe siècle) », [in] *Mélanges d'histoire du théâtre du Moyen Age et de la Renaissance offerts à Gustave Cohen*, Paris, Nizet, 1950, pp. 165-176.

BOUCHER (Jacqueline), *Société et mentalités autour de Henri III*, Atelier de Lille III, 1981, 4 vol.

BOURQUI (Claude), *La Commedia dell'arte. Introduction au théâtre professionnel italien entre le XVIe et le XVIIIe siècle*, Paris, SEDES, 1999 (Questions de littérature).

BOWEN (Barbara C.), *Les Caractéristiques essentielles de la farce française et leurs survivances dans les années 1550-1620*, Urbana, University of Illinois Press, 1964 (Illinois Studies in Language and Literature, 5).

BOWEN (Barbara), « Is french farce a medieval genre ? », *Tréteaux*, vol. III, décembre 1981, n° 2, pp. 56-67.

BOYSSE (Ernest), *Le Théâtre des jésuites*, Paris, H. Vaton, 1880.

BRADEN (Gordon), *Renaissance tragedy and the Senecan tradition*, New Haven and London, Yale University Press, 1985.

BRAHMER (Mieczyslaw), « La comédie polyglotte (XVIe-XVIIe siècle) », [in] *Actes de Xe Congrès international de linguistique et de philologie romane*, Paris, Klincksieck, 1965, t. I, pp. 373-383.

BRAHMER (Mieczyslaw), « Les *Néapolitaines* et la comédie italienne », [in] *Mélanges Jean Frappier*, Genève, Droz, 1970, t. I, pp. 153-158.

BRERETON (Geoffrey), *French Tragic Drama in the Sixteenth and Seventeenth Centuries*, London, Methuen, 1973.

BROWN (Cynthia J.), « Political Misrule and Popular Opinion : Double Talk and Folly in Pierre Gringore's *Jeu du Prince des Sotz* », *Le Moyen Français*, 11, 1982, pp. 89-108.

BURON (Emmanuel), « La Renaissance de la tragédie ou le spectacle de la parole. Vue et parole dans les tragédies d'Estienne Jodelle », [in] *L'Inscription du regard. Moyen Âge-Renaissance*, ENS-Edition-Fontenay/Saint-Cloud, 1995, pp. 127-168.

BURON (Emmanuel), « La dramaturgie d'*Hippolyte* et des *Juifves* », [in] *Lectures de Robert Garnier : « Hippolyte », « Les Juifves »*, Presses Universitaires de Rennes, 2000, pp. 53-69.

BUZON (Christine de), « La tragédie humaniste selon Jehan de Beaubrueil : *Regulus* (1582) », [in] *Les Officiers « moyens » à l'époque moderne*, Limoges, Pulim, 1998, pp. 345-365.

BUZON (Christine de), « Morale et passions, pudeur et impudeur dans *Hippolyte* de Garnier », [in] *Lectures de Robert Garnier : « Hippolyte », « Les Juifves »*, Presses Universitaires de Rennes, 2000, pp. 97-111.

CAMPAGNOLI (Ruggero), *Forme, maniere, manierismi. Scritti sul Cinquecento francese (con un'appendice quattrocentesca)*, Bologna, Pàtron, 1979.

CAMPAGNOLI (Ruggero), « Promemoria sulla 'mediocritas' nella tragedia francese del Cinquecento », [in] *Saggi e ricerche sul teatro francese del Cinquecento*, Firenze, Leo S. Olschki, 1985, pp. 41-60.

CAMPAGNOLI (Ruggero), « Il sentimento del tragico nella *Didon se sacrifiant* di Estienne Jodelle », [in] *Studi di letteratura francese*, XVIII : *Tragedia e*

sentimento del tragico nella letteratura francese del Cinquecento, Firenze, Leo
S. Olschki, 1990, pp. 17-31.

CAMPBELL (Catherine E.), *The French Procuress. Her Character in Renaissance
Comedies*, New York-Bern-Frankfurt am Main, Peter Lang, 1985.

CAMPBELL (Catherine E.), « 'Medieval' and 'Renaissance' in French Renaissance comedies », [in] *Lapidary Inscriptions. Renaissance Essays for Donald
A. Stone jr.*, Lexington (Kentucky), French Forum, 1991, pp. 103-111.

CARON (Elisabeth), « Des *Esbahis* la sottie aux *Esbahis* la comédie : la formation
et l'usurpation d'un théâtre national populaire », *French Review*, april 1992,
pp. 719-732.

CASSAN (Michel), « La tragédie de *Régulus* (1582) au miroir des guerres de
religion », *B.H.R.*, 2001, pp. 87-103.

CAZAURAN (Nicole), « Marguerite de Navarre et son théâtre : dramaturgie
traditionnelle et inspiration sacrée », *Nouvelle Revue du Seizième Siècle*, 1989,
n° 7, pp. 37-52.

CAZAURAN (Nicole), « Marguerite de Navarre entre mystique et 'mystères' : la
Vierge au repos dans la *Nativité* et le *Désert* », [in] *L'Art du théâtre. Mélanges
en hommage à Robert Garapon*, Paris, PUF, 1992, pp. 25-34.

CECCARELLI PELLEGRINO (Alba), « Gravures et légendes du *Recueil Fossard* :
essai d'analyse sémiologique », [in] *La Commedia dell'arte tra Cinque e
Seicento in Francia e in Europa*, Fasano, Schena, 1997, pp. 129-170.

CECCARELLI PELLEGRINO (Alba), « La *gravure* « ancilla comoediae » (L'« im-
provvisa » alla corte di Enrico III) », [in] *Lettere e arti nel Rinascimento*,
Firenze, Franco Cesati Editore, 2000, pp. 489-529.

CECCHETI (Dario), « La nozione di *tragédie sainte* in Francia tra Rinascimento
e Barocco », [in] *Mélanges de poétique et d'histoire littéraire du XVIe siècle
offerts à Louis Terreaux*, Paris, Champion, 1994, pp. 395-413.

CHAMBON (Jean-Pierre), « La langue du *Sermon joyeux du Mesnage* (Koopmans
19) est-elle vraiment « standardisée » ? Une contribution à l'étude de la
variation diatopique en français préclassique », *Travaux de linguistique et de
philologie*, 35-36 (1997-1998), pp. 165-181.

CHARPENTIER (Françoise), « Les poétiques du langage dramatique en France au
XVIe siècle », *Revue de littérature comparée*, n° 1, janvier-mars 1977, pp. 304-
305.

CHARPENTIER (Françoise), *Pour une lecture de la tragédie humaniste. Jodelle,
Garnier, Montchrestien*, Publications de l'Université de Saint-Etienne, 1979.

CHARPENTIER (Françoise), « Bibliographie d'agrégation : Garnier, *Les Juifves,
Bradamante* », *R.H.R.*, 1979, pp. 78-82.

CHARPENTIER (Françoise), « Le romanesque et la contamination des formes au
théâtre », [in] *L'Automne de la Renaissance. 1560-1630*, Paris, Vrin, 1981, pp.
231-241.

CHARPENTIER (Françoise), *Les Débuts de la tragédie héroïque : Antoine de Montchrestien (1575-1621)*, Service de reproduction des thèses de Lille III, 1981.

CHARPENTIER (Françoise), « L'illusion de l'illusion : les scènes d'égarement dans la tragédie humaniste », [in] *Vérité et illusion dans le théâtre au temps de la Renaissance*, Paris, Jean Touzot, 1983, pp. 75-87.

CHARPENTIER (Françoise), « Invention d'une dramaturgie : Jodelle, La Péruse », *Littératures*, n° 22, printemps 1990, pp. 7-22.

CHARPENTIER (Françoise), « *L'Art de la tragédie* de Jean de La Taille et la doctrine classique », [in] *Etudes sur Etienne Dolet, le théâtre au XVIe siècle, le Forez, le Lyonnais et l'histoire du livre publiées à la mémoire de Claude Longeon*, Genève, Droz, 1993, pp. 151-160.

CHARPENTIER (Françoise), « Médée figure de la passion d'Euripide à l'âge classique », [in] *Prémices et floraison de l'âge classique. Mélanges Jean Jehasse*, Publications de l'Université de Saint-Etienne, 1995, pp. 387-405.

CHARPENTIER (Françoise), « La cruauté de Dieu », [in] *Les Tragédies de Jean de La Taille, Cahiers Textuel*, n° 18, 1998, pp. 87-97.

CHARPENTIER (Françoise), « Vers la tragédie d'action : le *Saül le furieux* de Jean de La Taille », [in] *Le Théâtre biblique de Jean de La Taille. Etudes sur « Saül le furieux », « De l'art de la tragédie », « La Famine ou Les Gabéonites »*, Paris, Champion, 1998, pp. 155-166.

CHARPENTIER (Hélène), « Représentations médiévales de Saül et de David », [in] *Le Théâtre biblique de Jean de La Taille. Etudes sur « Saül le furieux », « De l'art de la tragédie », « La Famine ou Les Gabéonites »*, Paris, Champion, 1998, pp. 87-123.

CHARTROU (Josèphe), *Les Entrées solennelles et triomphales à la Renaissance (1484-1551)*, Paris, PUF, 1928.

CHASLES (Emile), *La Comédie en France au XVIe siècle*, Paris, Didier, 1862 (Genève, Slatkine, 1969).

CHEVALIER (Jean-Frédéric), « L'imitation des poètes latins dans les tragédies de Jean de La Taille », [in] « *Saül le furieux ». Jean de La Taille*, Paris Ellipses / édition marketing, 1998, pp. 33-63.

CHOCHEYRAS (Jacques), « Les éditions de la *Passion* de Jean Michel au XVIe siècle », *Romania*, 87 (1966), pp. 175-193.

CHOCHEYRAS (Jacques), *Le Théâtre religieux en Savoie au XVIe siècle. Avec des fragments inédits*, Genève, Droz, 1971 (Publications romanes et françaises, 115).

CHOCHEYRAS (Jacques), *Le Théâtre religieux en Dauphiné du Moyen Âge au XVIIIe siècle (domaine français et provençal)*, Genève, Droz, 1975 (Publications romanes et françaises, 128).

CHOCHEYRAS (Jacques), « Le théâtre religieux populaire en Provence », [in] *La Vie théâtrale dans les provinces du Midi*, éd. Yves Giraud, Tübingen-Paris, Gunter Narr-J.-M. Place, 1980, pp. 89-99.

CHOCHEYRAS (Jacques), « La conversion de sainte Madeleine représentée à Auriol en 1534 », *Recherches et travaux* (Université de Grenoble), n° 26, 1984, pp. 25-42.

CHOCHEYRAS (Jacques), « La *Vie* de sainte Madeleine par personnages : illustrations », [in] *Aspects du théâtre populaire en Europe au XVIe siècle*, Paris, CDU-SEDES, 1989, pp. 173-179.

CHOCHEYRAS (Jacques), « La tragédie politique d'actualité sous les règnes de Henri III et Henri IV », [in] *Etudes sur Etienne Dolet, le théâtre au XVIe siècle, le Forez, le Lyonnais et l'histoire du livre publiées à la mémoire de Claude Longeon*, Genève, Droz, 1993, pp. 161-173.

CHOMARAT (Jacques), *Grammaire et rhétorique chez Erasme*, Paris, Les Belles Lettres, 1981, 2 vol.

CHONÉ (Paulette), « Le 'dessein' d'une fête masquée à la cour de Lorraine (février 1580) », [in] *Image et spectacle*, Amsterdam, Rodopi, 1993, pp. 377-402.

CIORANESCU (Alexandre), *Le Masque et le visage. Du baroque espagnol au classicisme français*, Genève, Droz, 1983.

CLERICI BALMAS (Nerina), *Un poète du XVIe siècle : Marc Papillon de Lasphrise*, Milan-Paris, Cisalpino Goliardica-Nizet, 1983.

CODINA MIR (Gabriel), *Aux sources de la pédagogie des jésuites. Le « modus parisiensis »*, Roma, Institutum historicum Societatis Jesu, 1968 (Bibliotheca Instituti historici Societatis Jesu, 28).

COHEN (Gustave), *Etudes d'histoire du théâtre en France au Moyen Âge et à la Renaissance*, Paris, Gallimard, 1956.

COHEN (Gustave), *Le Livre de conduite du régisseur et le compte des dépenses pour le mystère de la Passion joué à Mons en 1501*, Genève, Slatkine, 1974 (1925).

COLEMAN (James A.), « L'édition originale de la *Médée* de Jean de La Péruse », *B.H.R.*, 1984, pp. 429-432.

COMBETTES (Bernard), « De l'attribut à la prédication seconde. Adjectifs et participes dans *Saül le furieux* », [in] *Faits de langue et sens des textes*, Paris, SEDES, 1998, pp. 33-53.

COMBETTES (Bernard), « Détermination nominale et syntaxe du groupe verbal dans *Les Juives* de Robert Garnier », *Des noms : nomination, désignation, interprétations*, Paris, SEDES, 2000, pp. 53-66.

COMPÈRE (Madeleine) et JULIA (Dominique*)*, *Les Collèges français. 16e-18e siècles. Répertoire 1. France du Midi*, et *Répertoire 2. France du Nord et de l'Ouest*, Paris, INRP-CNRS, 1984 et 1988.

CONCOLINO MANCINI (Bianca), « *Les Contents* d'Odet de Turnèbe et la tradition comique siennoise », [in] *La Circulation des hommes et des oeuvres entre la France et l'Italie à l'époque de la Renaissance*, Université de la Sorbonne nouvelle, 1992, pp. 189-197.

CONROY (Jane), *Terres tragiques. L'Angleterre et l'Ecosse dans la tragédie française du XVIIe siècle*, Tübingen, Gunter Narr, 1999 (*Biblio 17*, 114).

COTTIN (Jérôme), *Le Regard et la parole. Une théologie protestante de l'image*, Genève, Labor et Fides, 1994.

COURANT (Daniel), « La Sophonisbe de Garel », [in] *La Poésie angevine du XVIe siècle au début du XVIIe siècle*, Presses de l'Université d'Angers, 1982, pp. 74-87.

COUTURIER (Marcel) et RUNNALLS (Graham A.), *Compte du mystère de la Passion. Châteaudun. 1510*, s.l. (Chartres), Société archéologique d'Eure-et-Loir, s.d. (1991).

CUENIN (Micheline), « *Bradamante* : de l'épique au burlesque », [in] *Myth and its Making in the French Theatre. Studies presented to W. D. Howarth*, Cambridge University Press, 1988.

CULLIERE (Alain), « Jean Barnet, éditeur de l'*Histoire tragique de la Pucelle de Dom-Remy* », *B.H.R.*, 1993, pp. 43-63.

DABNEY (Lancaster E.), *Claude Billard. Minor French dramatist of the early seventeenth century*, Baltimore-London-Oxford-Paris, The Johns Hopkins Press-Humphrey Milford- Oxford University Press-Belles Lettres, 1931.

DABNEY (Lancaster E.), *French Dramatic Literature in the Reign of Henri IV. A Study of the extant Plays composed in French betwen 1589 and 1610*, Austin (Texas), The University Cooperative Society, 1952.

DAINVILLE (le P. François de), *La Naissance de l'humanisme moderne*, Genève, Slatkine, 1969 (1940).

DAINVILLE (le P. François de), *L'Education des jésuites (XVIe-XVIIIe siècle)*, Paris, Minuit, 1978 (Le sens commun) ; repris en 1991.

DALEY (Tatham Ambersley), *Jean de La Taille (1533-1606). Etude historique et littéraire*, Genève, Slatkine, 1998 (thèse de 1934).

Dalla tragedia rinascimentale alla tragicommedia barocca . Esperienze teatrali a confronto in Italia e in Francia, a cura di Elio Mosele, Fasano, Schena, 1993.

DALLA VALLE (Daniela), *Pastorale barocca. Forme e contenuti dal « Pastor fido » al dramma pastorale francese*, Ravenna, Longo editore, 1973 (Il Portico. Biblioteca di lettere e arti).

DALLA VALLE, *Aspects de la pastorale dans l'italianisme du XVIIe siècle*, Paris, Champion, 1995.

DANDREY (Patrick), « La comédie, espace 'trivial'. A propos des *Contens* d'Odet de Turnèbe », *R.H.T.*, 1984-4, pp. 323-340.

DASSONVILLE (Michel), « Une tragédie lyrique ? Pourquoi pas ? », [in] *Saggi e ricerche sul teatro francese del Cinquecento*, Firenze, Leo S. Olschki, 1985, pp. 1-15.

DAUPHINÉ (James), « Du songe dans l'*Orbecche* de Giraldi et l'*Orbecc-Oronte* de Du Monin », [in] *Mélanges Maurice Descotes*, Université de Pau et des pays de l'Adour, 1988, pp. 187-197.

DAUPHINÉ (James), « Le songe d'Hippolyte dans l'*Hippolyte* de Robert Garnier », [in] *Le Songe à la Renaissance*, Université de Saint-Etienne et *R.H.R.*, 1990, pp. 191-197.

DAUPHINÉ (James), « Du Monin dramaturge », *Bulletin de l'Association Guillaume Budé*, 1991, pp. 194-203.

DAUPHINÉ (James), « *Dieu sa vie son œuvre* ou du théâtre religieux de Marguerite de Navarre », [in] *Terres et Hommes du Sud. Hommage à Pierre Tucoo-Chala*, Pau, J et D Éditions, 1992, pp. 251-258.

DAUVOIS (Nathalie), « Énonciation lyrique, énonciation tragique dans *Saül le furieux* », *Littératures*, n° 39, automne 1998, pp. 31-42.

DAVIDSON (Sylvie), « *Le Balet comique de la Royne* : stratégies rhétoriques 'fin de siècle' ? », [in] *Fins de siècle. Terme. Evolution. Révolution ?*, Toulouse, Presses Universitaires du Mirail, 1989, pp. 53-63.

DAVIS (Nathalie Z.), *Les Cultures du peuple. Rituels, savoirs et résistances au XVIe siècle*, Paris, Aubier-Montaigne, 1979.

DAVIS (Peter), « Rewriting Seneca : Garnier's *Hippolyte* », *Classical and Modern Literature*, vol. 17, n° 4, summer 1997, pp. 293-318.

DE CAPITANI (Patrizia), « Una 'pièce scolaire' della seconda metà del Cinquecento : *Suzanne ou Le Miroir des ménagères* di Pierre Heyns », [in] *Saggi e ricerche sul teatro francese del Cinquecento*, Firenze, Leo S. Olschki, 1985, pp. 167-182.

DE CAPITANI (Patrizia), « La storia, luogo privilegiato della tragedia : l'esempio di Robert Garnier », [in] *Studi di letteratura francese*, XVIII : *Tragedia e sentimento del tragico nella letteratura francese del Cinquecento*, Firenze, Leo S. Olschki, 1990, pp. 275-290.

DE CAPITANI (Patrizia), « Un'inedita interpretazione del tragico all'epoca di Enrico IV : la *Tragedie sur la mort de Lucresse* », [in] *Dalla tragedia rinascimentale alla tragicommedia barocca...*, Fasano, Scena, 1993, pp. 311-325.

DECUGIS (Nicole) et REYMOND (Suzanne), *Le Décor de théâtre en France du Moyen Âge à 1925*, Paris, Compagnie française des arts graphiques, 1953.

DEGEN (Guy), « Une leçon de théâtre : les neuf comédies franco-italiennes de Pierre de Larivey », [in] *Pierre de Larivey (1541-1619), Champenois, chanoine, traducteur, auteur de comédies et astrologue*, Paris, Klincksieck, 1993, pp. 15-37.

DEIERKAUF-HOLSBOER (S. Wilma), « Les représentations à Athis-sur-Orge en 1542 », [in]] *Mélanges d'histoire du théâtre du Moyen Age et de la Renaissance offerts à Gustave Cohen*, Paris, Nizet, 1950, pp. 199-203.

DEIERKAUF-HOLSBOER (S. Wilma), *L'Histoire de la mise en scène dans le théâtre français à Paris de 1600 à 1673*, Paris, Nizet, 1960.

DEIERKAUF-HOLSBOER (S. Wilma), *Le Théâtre de l'Hôtel de Bourgogne*, Paris, Nizet, 2 vol. en 1968 et 1970.

DELCOURT (Marie), *La Tradition des comiques anciens en France avant Molière*, Liège-Paris, Droz, 1934 (Bibl. de la Faculté de philosophie et lettres de l'université de Liège).

DELCOURT (Marie), « Jodelle et Plutarque », *Bulletin de l'Association Guillaume Budé*, janvier 1934, pp. 36-52.

DELMAS (Christian), *Mythologie et mythe dans le théâtre français (1650-1676)*, Genève, Droz, 1985.

DELMAS (Christian), *La Tragédie de l'âge classique (1553-1770)*, Paris, Seuil, 1994 (Ecrivains de toujours).

DELMAS (Christian), « Les *Sophonisbe* et le renouveau de la tragédie en France », *XVIIe siècle*, n° 208, 2000, pp. 443-464.

DELUMEAU (Jean), *La Civilisation de la Renaissance*, Paris, Arthaud, 1973.

DELUMEAU (Jean), *Le Péché et la peur. La culpabilisation en Occident (XIIIe-XVIIIe siècle)*, Paris, Fayard, 1983.

DELUMEAU (Jean), *Le Catholicisme entre Luther et Voltaire*, Paris, PUF, 3e éd. 1985 (Nouvelle Clio, 30 bis).

DELUMEAU (Jean) et WANEGFFELEN (Thierry), *Naissance et affirmation de la Réforme*, Paris, PUF, 8e éd. refondue, 1997 (Nouvelle Clio).

DEMOUSTIER (le P. Adrien), « Des 'grandes écoles' aux 'collèges'. Un aspect du rôle des jésuites dans l'évolution scolaire du royaume de France au XVIe siècle », [in] *Les Jésuites parmi les hommes aux XVIe et XVIIe siècles*, Association des publications de la Faculté des Lettres et Sciences Humaines de l'Université de Clermont-Ferrand II, 1987 (Nouvelle série. Fascicule 25), pp. 375-384.

DENTZER (Yvelise), « Jehan Neyron, créateur du premier théâtre permanent de Lyon. 1539-1541 », *R.H.T..*, 1992-2, pp. 101-112.

DESGRAVES (Louis), *Répertoire des programmes des pièces de théâtre jouées dans les Collèges en France (1601-1700)*, Genève, Droz, 1986 (Ecole pratique des Hautes Etudes - IVe Section. Sciences historiques et philologiques. VI : Histoire et civilisation du livre, 17).

DI MAURO (Damon Carl), « Garnier's historical sources in *Les Juives* », *Renaissance and Reformation*, printemps 1993, pp. 21-31.

DI MAURO (Damon Carl), « André de Rivaudeau et la Bible », *Bulletin de la Société d'Histoire du Protestantisme français*, 141 (1995), pp. 207-219.

DI MAURO (Damon Carl), « La mort du roi « Josie » dans *Les Juives* de Robert Garnier », *Nouvelle Revue du Seizième Siècle*, 1996, n° 14/2, pp . 201-215.

DOTOLI (Giovanni), « Teorie e pratiche del verosimile comico », [in] *Saggi e ricerche sul teatro francese del Cinquecento*, Firenze, Leo S. Olschki, 1985, pp. 17-39.

DOTOLI (Giovanni), *Littérature et société en France au XVIIe siècle*, Fasano-Paris, Schena-Nizet, 1987.

DOTOLI (Giovanni), « Il tema della fortuna nella *Carthaginoise* di Antoine de Montchrestien », [in] *Parcours et rencontres. Mélanges de langue, d'histoire et de littérature françaises offerts à Enea Balmas*. T. I : *Moyen Âge-XVIIe siècle*, Paris, Klincksieck, 1993, pp. 223-246.

DREANO (Mathurin), *Humanisme chrétien. La tragédie latine commentée pour les chrétiens du XVIe siècle par Martin-Antoine Del Rio*, Paris, Beauchesne, 1936.

DUBU (Jean), *Les Églises chrétiennes et le théâtre (1450-1850)*, Presses Universitaires de Grenoble, 1997.

DULL (Olga), *Folie et rhétorique dans la sottie*, Genève, Droz, 1994.

DUPLAT (André), « Comparaison des quatre mystères de saint Martin récités ou représentés aux XVe et XVIe siècles, en français ou en provençal », [in] *Atti del IV Colloquio della Société Internationale pour l'Etude du Théâtre Médiéval*, a cura di M. Chiabò, F. Doglio et M. Maymone, Centro Studi sul Teatro Medioevale e Rinascimentale, Viterbo, 1984, pp. 235-249.

L'Économie du dialogue dans l'ancien théâtre européen, textes réunis par Jean-Pierre Bordier, Paris, Champion, 1999.

ELLING (Marinus), « Théories dramatiques sur la présence du spectateur », [in] *Dramaturgie et collaboration des arts au théâtre*, Firenze, Leo S. Olschki, 1993, pp. 191-202.

ÉMELINA (Jean), « La mort dans les tragédies de Robert Garnier », [in] *Mélanges Jean Larmat. Regards sur le Moyen Age et la Renaissance (histoire, langue et littérature)*, Annales de la Faculté des Lettres et Sciences Humaines de Nice, n° 39, diff. Paris, Les Belles Lettres, 1982, pp. 321-334.

ÉMELINA (Jean), *Le Comique. Essai d'interprétation générale*, Paris, SEDES, 1991 (Présences critiques).

ÉMELINA (Jean), « Un exemple de théâtre religieux et provincial sous Louis XIV : *Saint-Honorat* », [in] Jean ÉMELINA, *Comédie et tragédie*, Publications de la Faculté des Lettres, Arts et Sciences Humaines de Nice, Centre de Recherches Littéraires Pluridisciplinaires, Collection « Traverses », n° 1, 1998, pp. 309-330.

ERNST (Gilles), « Des deux *Guisade* de Pierre Matthieu », *B.H.R.*, 1985, pp. 367-377.

ERNST (Gilles), « *Clytemnestre* de Pierre Matthieu, ou l'amour fou », [in] *Amour tragique, amour comique, de Bandello à Molière*, Paris, CDU-SEDES, 1989, pp. 71-84.

ERNST (Gilles), « Sénèque et Matthieu dans la *Clytemnestre* (1589) », [in] *Traduction et adaptation en France à la fin du Moyen Âge et à la Renaissance*, Paris, Champion, 1997, pp. 345-358.

EVDOKIMOVA (L.), « Pierre de Larivey comme traducteur de L. de Medici », [in] *France et Italie dans la culture européenne. Mélanges à la mémoire de Franco Simone. 1. Moyen Âge et Renaissance*, Genève, Slatkine, 1980 (Bibliothèque Franco Simone, 4), pp. 531-540.

FAIVRE (Bernard), *Répertoire des farces françaises des origines à Tabarin*, Paris, Imprimerie Nationale, 1993.

FAGUET (Emile), *Essai sur la tragédie française au XVIᵉ siècle (1550-1600)*, Paris, Hachette, 1883.

FANLO (Jean-Raymond), « Les tragédies de Jean de La Taille sont-elles didactiques ? », [in] *Les Tragédies de Jean de La Taille, Cahiers Textuel*, n° 18, 1998, pp. 75-86.

FANLO (Jean-Raymond), « Sentiment du tragique et piété pénitentielle dans *Les Juifves* », *Op. Cit.*, 15, novembre 2000, pp. 43-51.

FEDERICI (Carla), *Réalisme et dramaturgie. Etude de quatre écrivains : Garnier, Hardy, Rotrou, Corneille*, Paris, Nizet, 1974.

FERRADOU (Carine), « Fortune et Providence dans les tragédies de Jean de La Taille », [in] « *Saül le furieux* ». *Jean de La Taille*, Paris Ellipses / édition marketing, 1998, pp. 89-107.

FERRARI (Silvio), « Les choeurs d'*Hippolyte* et la dialectique entre tragique et lyrisme », [in] *Studi di letteratura francese*, XVIII : *Tragedia e sentimento del tragico nella letteratura francese del Cinquecento*, Firenze, Leo S. Olschki, 1990, pp. 83-97.

FERRARI (Silvio), « La *Bradamante* de Robert Garnier : étape d'une évolution annoncée », [in] *Dalla tragedia rinascimentale alla tragicommedia barocca...*, Fasano, Schena, 1993, pp. 327-339.

Les Fêtes de la Renaissance, Paris, CNRS, t. I, 1956 et t. III, 1975.

FLORESCU (Ileana), « Harlequin, nom de comédien », *Biblioteca teatrale*, n° 4, 1986, pp. 21-59.

FLORESCU (Ileana), « Parigi 1585 : la querelle degli acteurs-bouffons », [in] *Viaggi teatrali dall'Italia a Parigi fra Cinque e Seicento*, Genova, Costa e Nolan, 1989, pp. 109-127.

FLORIS (Ubaldo), « Farce et public populaire dans les théories dramatiques 'régulières' », [in] *Letteratura popolare di espressione francese dall' 'Ancien Régime' all'Ottocento*, Fasano, Schena, 1983, pp. 95-123.

FOLEY (Mary F.), « Two versions of the flood : the Valenciennes twenty-day play and the *Mystère de la Passion* of Mons », *Tréteaux*, volume II, mai 1980, n° 1, pp. 21-38.

FORESTIER (Georges), « Situation du personnage de la jeune fille dans la comédie française du XVIᵉ siècle », *B.H.R.*, 1984, n° 1, pp. 7-19.

FORESTIER (Georges), *Esthétique de l'identité dans le théâtre français (1550-1680). Le déguisement et ses avatars*, Genève, Droz, 1988 (Histoire des idées et critique littéraire, vol. 259).

FORSYTH (Elliott), *La Tragédie française de Jodelle à Corneille (1553-1640). Le thème de la vengeance*, édition revue et augmentée, Paris, Champion, 1994 (1962).

FORSYTH (Elliott), « La portée morale et religieuse des tragédies bibliques dans le théâtre protestant du XVIᵉ siècle », *Op. cit.*, 11, novembre 1998, pp. 43-49.

FRAGONARD (Marie-Madeleine), « Du bon usage politique de la tragédie », [in] *Les Tragédies de Jean de La Taille, Cahiers Textuel*, n° 18, 1998, pp. 43-56.

FRAGONARD (Marie-Madeleine), « Réinventer la tragédie : Saül, péché du roi et vengeance de Dieu », [in] *« Par Ta colère nous sommes consumés ». Jean de La Taille auteur tragique*, Orléans, Paradigme, 1998, pp. 5-45.

FRAISSE (Simone), *Le Mythe d'Antigone*, Paris, A. Colin, 1974 (U prisme).

FRANKO (Mark), « *Ut vox corpus* : The Theoretical Bodies of *Le Balet comique de la Royne* », *Continuum*, vol. 5, 1993, pp. 85-109.

FRANKISH (C. R.), « The Theme of idolatry in Garnier's *Les Juifves* », *B.H.R.*, 1968, pp. 65-83.

FRAPPIER (Jean), « Sur Jean du Pont-Alais », [in] *Mélanges d'histoire du théâtre du Moyen Age et de la Renaissance offerts à Gustave Cohen*, Paris, Nizet, 1950, pp. 133-146.

FRAPPIER (Louise), « La topique de la fureur dans la tragédie française du XVIᵉ siècle », *Études françaises*, vol. 36, n° 1, 2000, pp. 29-47.

FREEMAN (Michael J.), « Une source inconnue des *Esprits* de Pierre de Larivey », *B.H.R.*, 1979, pp. 137-145.

FREEMAN (Michael J.), « Gilles Corrozet et les débuts littéraires de Pierre de Larivey », *B.H.R.*, 1986, pp. 431-438.

FREEMAN (Michael J.), « Jodelle et le théâtre populaire : les sabots d'Hélène », [in] *Aspects du théâtre populaire en Europe au XVIᵉ siècle*, Paris, CDU-SEDES, 1989, pp. 55-68.

FREEMAN (Michael J.), « Florimond face aux badauds parisiens : l'homme d'armes dans l'*Eugène* de Jodelle », [in] *L'Homme de guerre au XVIᵉ siècle*, Publications de l'Université de Saint-Etienne, 1992, pp. 266-276.

FREEMAN (Michael J.), « Hearty Laughs and polite smiles : the evolution of the comic theatre in sixteenth-century France », [in] *Origini della commedia nell'Europa del Cinquecento*, Roma, Centro Studi sul Teatro Medioevale e Rinascimentale, 1993, pp. 131-144.

FREEMAN (Michael J.), « 'Le style est nostre' : langage et fonction comique dans l'*Eugène* de Jodelle », *Studi francesi*, gennaio-aprile,1996, pp. 71-75.

GABLE (Anthony), « Du Monin's Revenge Tragedy *Orbecc-Oronte* (1585) . Its Debt to Garnier and Giraldi Cinthio », *Renaissance Drama*, XI, 1980, pp. 3-25.

GAINES (James F.), « Tragic moment and dramatic action in Garnier's *Hippolyte* », *Romanic Review*, 77 (1986), pp. 219-232.

GALLINA (Bernard), « Notes sur le dernier acte des *Juives* », [in] *Parcours et rencontres. Mélanges de langue, d'histoire et de littérature françaises offerts à Enea Balmas*. T. I : *Moyen Âge-XVIIᵉ siècle*, Paris, Klincksieck, 1993, pp. 299-311.

GAMBELLI (Delia), *Arlecchino a Parigi. Dall'inferno alla corte del Re Sole*, Roma, Bulzoni, 1993 (La Commedia dell'arte. Storia. Testi. Documenti, a cura di Ferruccio Marotti, III*).

GARAPON (Robert), *La Fantaisie verbale et le comique dans le théâtre français du Moyen Âge à la fin du XVIIᵉ siècle*, Paris, Armand Colin, 1957.

GARAPON (Robert), « Le personnage du soldat fanfaron dans le théâtre français au XVIᵉ et au XVIIᵉ siècle », [in] *Actes du VIIᵉ Congrès de l'Association Guillaume Budé*, Paris, Les Belles Lettres, 1964, pp. 113-115.

GARAPON (Robert), « Le comique verbal chez Pierre Gringore », *Cahiers de Varsovie*, n° 8, 1981, pp. 39-4.

GARAPON (Robert), « La place de la *Comédie néphélococugie* de Pierre Le Loyer dans notre histoire dramatique du XVIᵉ siècle », [in] *La Poésie angevine du XVIᵉ siècle au début du XVIIᵉ siècle*, Presses de l'Université d'Angers, 1982, pp. 60-64.

GARAPON (Robert), « L'*Antigone* de Robert Garnier et la légende d'Oedipe », [in] *Studi di letteratura francese, XV . Edipo en Francia*, 1989, pp. 33-39.

GARAPON (Robert), « Le style et le dialogue de Larivey », [in] *Pierre de Larivey (1541-1619), Champenois, chanoine, traducteur, auteur de comédies et astrologue*, Paris, Klincksieck, 1993, pp. 61-69.

GARDY (Philippe), « Benoet du Lac (Claude Bonet) *conte d'Aulbe* : actants et figures linguistiques à Aix-en-Provence dans les dernières années du XVIᵉ siècle », [in] *Mélanges de philologie romane offerts à Charles Camproux*, t. II, Montpellier, *Revue des Langues Romanes*, 1978, pp. 509-530.

GARDY (Philippe), « Naissance du théâtre en pays occitan : les célébrations carnavalesques », *R.H.T.*, 1982-1, pp. 10-31.

GARELLI-FRANCOIS (Marie-Hélène), « Quelques clés sénéquiennes pour l'interprétation de *Saül le furieux* », [in] « *Saül le furieux* ». *Jean de La Taille*, Paris Ellipses / édition marketing, 1998, pp. 9-32.

GARIN (Eugenio), *L'Education de l'homme moderne (1400-1600). La pédagogie de la Renaissance*, Paris, Fayard, 1968 (éd. italienne, 1957).

GARNER (Georg R.), « Tragedy, Sovereignty, and the Sign : Jodelle's *Cléopâtre captive* », *Canadian Review of comparative literature / Revue canadienne de littérature comparée*, 1978, pp. 245-279.

GARNIER (Bruno), *Pour une poétique de la traduction : l'« Hécube » d'Euripide en France, de la traduction humaniste à la tragédie classique*, Paris, L'Harmattan, 1999.

Le Genre pastoral en Europe du XVᵉ au XVIIᵉ siècle, Publications de l'Université de Saint-Etienne, 1980 .

« Le Genre pastoral jusqu'à la Révolution », [in] *CAIEF*, n° 39, mai 1987.

GETHNER (Perry), « The didactic Chorus in French Humanist Tragedy », *Classical and Modern Literature*, III, 1982/1983, pp. 139-149.

GIAVARINI (Laurence), « D'antiques lieux de la négation : les *adynata* dans quelques pastorales dramatiques aux XVIᵉ et XVIIᵉ siècles », *Textuel*, n° 29, 1995, pp. 97-109.

GILOT (Michel) et SERROY (Jean), *La Comédie à l'âge classique*, Paris, Belin, 1997 (Lettres Belin Sup).

GIRAUD (Yves), « Remarques sur le personnage de Phèdre chez Robert Garnier », [in] *Retours du myhte. Vingt études pour Maurice Delcroix*, Amsterdam, Rodopi, 1996, pp. 31-38.

GOFFLOT (L.-V.), *Le Théâtre au collège du Moyen âge à nos jours*, Paris, P. Champion, 1907.

GORRICHON (Martine), « L'influence de Sénèque sur une tragédie de Jean de La Taille, *Saül le furieux* », [in] *Présence de Sénèque*, Paris, Jean Touzot, 1991, pp. 155-170.

GORRIS (Rosanna), « Tragedia come apologo della crudeltà : il caso di *Orbecc-Oronte* », [in] *Studi di letteratura francese*, XVIII : *Tragedia e sentimento del tragico nella letteratura francese del Cinquecento*, Firenze, Leo S. Olschki, 1990, pp. 48-71.

GORRIS (Rosanna), « La poetica giraldiana dell'orrore : rifrazioni francesi », *Schifanoia*, 12, Ferrara, 1991, pp. 201-213.

GORRIS (Rosanna), « La tragedia della crudeltà », [in] *Dalla tragedia rinascimentale alla tragicommedia barocca...*, Fasano, Schena, 1993, pp. 295-309.

GORRIS (Rosanna), « La parabola della famiglia Gonzaga-Nevers e la commedia dell'arte : Mantova vs. Parigi - Parigi vs. Mantova », [in] *La Commedia dell'arte tra Cinque e Seicento in Francia e in Europa*, Fasano, Schena, 1997, pp. 53-83.

GRAS (Maurice), *Robert Garnier. Son art et sa méthode*, Genève, Droz, 1965.

GREENLEAF (Jeanne Haroud), « L'unité de lieu dans la *Cléopâtre* de Jodelle », *University of Wisconsin Studies in Language and Literature*, n° 20, 1924, pp. 62-72.

GRIFFITHS (Richard M.), « Les sentences et le « but moral » dans les tragédies de Montchrestien », *R.S.H.*, 1962, pp . 5-14.

GRIFFITHS (Richard M.), « The influence of formulary rhetoric upon french Renaissance tragedy », *The Modern Language Review*, 1964, pp. 201-208.

GRIFFITHS (Richard M.), *The Dramatic Technique of Antoine de Montchrestien . Rhetoric and Style in French Renaissance Tragedy*, Oxford, Clarendon Press, 1970.

GRIFFITHS (Richard M.), *Garnier : « Les Juives »*, London, Grant & Cutler, 1986.

GUERINI (Rosalba), « *Les Amours de Pistion et Fortunie* e *Acoubar* : dal romanzo alla tragedia », [in] *Saggi e ricerche sul teatro francese del Cinquecento*, Firenze, Leo S. Olschki, 1985, pp.197-211.

GUICHEMERRE (Roger), *La Comédie classique en France de Jodelle à Beaumarchais*, Paris, PUF, 2ᵉ éd. mise à jour en 1989 (1978) (Que sais-je ?).

GUICHEMERRE (Roger), *La Tragi-comédie*, Paris, PUF, 1981 (Littératures modernes).

HERRICK (Marvin T.), *Comic Theory in the Sixteenth Century*, Urbana, The University of Illinois Press, 1950.

HINDLEY (Alan), « Staging the old french *Moralité* : The Case of *Les Enfants de Maintenant* », [in] *Spectacle in early theatre. England and France*, Medieval English Theatre volume sixteen (1994), 1996.

Histoire de la France religieuse, dirigée par Jacques LE GOFF et René RÉMOND. T. 2 : *Du christianisme flamboyant à l'aube des Lumières*, volume dirigé par François LEBRUN, Paris, Seuil, 1988.

Histoire des poétiques, sous la direction de Jean BESSIÈRE *et alii*, Paris, PUF, 1997.

HOLYOAKE (John), *A critical Study of the Tragedies of Robert Garnier (1545-1590)*, New York-Bern-Frankfurt am Main-Paris, Peter Lang, 1987 (American University Studies. Series II : Romance Languages and Literature, vol. 57).

HORN-MONVAL (Madeleine), « La grande machinerie théâtrale et ses origines », *R.H.T.*, 1957, pp. 291-308.

HOWE (Alan), « The Dilemma Monologue in Pre-Cornelian French Tragedy (1550-1610) », [in] *En marge du classicisme. Essays in the French Theatre from the Renaissance to the Enlightenment*, Liverpool University Press, 1987, pp. 27-63.

HOWE (Alan), « La place de la tragédie dans le répertoire des comédiens français à la fin du XVIᵉ et au début du XVIIᵉ siècle », *B.H.R.*, 1997, pp. 283-303.

HUCHON (Mireille), « Masques du poètes », [in] *Les Tragédies de Jean de La Taille, Cahiers Textuel*, n° 18, 1998, pp. 9-24.

HULUBEI (Alice), *L'Eglogue en France au XVIᵉ siècle. Epoque des Valois (1515-1589)*, Paris, Droz, 1938.

HÜTHER (Jochen), *Die Monarchische Ideologie in den französischen Römerdramen des 16. und 17. Jahrhunderts*, München, Max Hueber Verlag, 1966.

HÜTHER (Jochen), « Zur christlichen und moralpolitischen Ideologie zweier seltener französischen Römerdramen des 16. Jahrhunderts », *Zeitschrift für französische Sprache und Literatur*, 77, 1967, pp. 47-63.

INGMAN (Heather), « The Use of Machiavelli by some French Renaissance dramatists », *B.H.R.*, 1984, pp. 277-298.

INGMAN (Heather), *Machiavelli in Sixteenth-Century French Fiction*, New York-Bern-Frankfurt am Main-Paris, Peter Lang, 1988.

JAROSZEWSKA (Teresa), *L'Influence de la comédie italienne du XVIᵉ siècle en France (vue à travers le vocabulaire et d'autres témoignages)*, Wroclaw-Warszawa-Krakow-Gdansk-Lodz, Zaklad Narodowy Imienia Ossolinskich Wydawnictwo Polskiej Akademii Nauk, 1983.

JAROSZEWSKA (Teresa), *Le Vocabulaire du théâtre de la Renaissance en France (1540-1585) . Contribution à l'histoire du lexique théâtral*, Lodz, Wydawnictwo Uniwersytetu Lodziego, 1997.

JEHASSE (Jean), *La Renaissance de la critique. L'essor de l'humanisme érudit*, Publications de l'Université de Saint-Etienne, 1976.

JEFFERY (Brian), *French Renaissance Comedy. 1552-1630*, Oxford, Clarendon Press, 1969.

Les Jésuites à la Renaissance. Système éducatif et production du savoir, p.p. Luce Giard, Paris, PUF, 1995.

Les Jésuites parmi les hommes aux XVIᵉ et XVIIᵉ siècles, Actes du Colloque de Clermont-Ferrand (avril 1985) publiés par G. et G. DEMERSON, B. DOMPNIER et A. REGOND, Association des publications de la Faculté des Lettres et Sciences Humaines de l'Université de Clermont-Ferrand II, 1987 (Nouvelle série. Fascicule 25).

JIMENEZ (Dolores), « *Les Corrivaux* de Jean de La Taille et la *comedia* de Sepulveda : deux propositions théâtrales différentes sur un même thème », [in] *Échanges culturels dans le bassin occidental de la Méditerranée (France, Italie, Espagne)*, Toulouse, Presses Universitaires du Mirail, 1989, pp. 223-230.

JONDORF (Gillian), *Robert Garnier and the Themes of Political Tragedy in the Sixteenth Century*, Cambridge University Press, 1969.

JONDORF (Gillian), « Doctrine and image in Jodelle's *Didon se sacrifiant* », *French Studies*, july 1978, pp. 257-274.

JONDORF (Gillian), « Beauty and coherence in Montchrestien and Corneille », [in] *The Equilibrium of Wit. Essays in honour of Odette de Mourgues*, Lexington (Kentucky), French Forum, 1982, pp. 117-134.

JONDORF (Gillian), « 'An aimless rhetoric' ? Theme and structure in Jacques de La Taille's *Alexandre* », *French Studies*, 1987, pp. 267-282.

JONDORF (Gillian), *French Renaissance tragedy . The dramatic word*, Cambridge University Press, 1990.

JONKER (Gérard Dirk), *Le Protestantisme et le théâtre de langue française au XVIe siècle*, Gronningen, Batavia, 1939.

JOUANNA (Arlette), *La France du XVIe siècle. 1483-1598*, Paris, PUF, 1996.

JOUKOVSKY (Françoise), « De qui est le livret du *Ballet comique de la Reine* ? », *B.H.R.*, 1976, pp. 343-344.

JOUKOVSKY (Françoise), « Le tragique dans la *Cléopâtre captive* », [in] *Parcours et rencontres. Mélanges de langue, d'histoire et de littérature françaises offerts à Enea Balmas*. T. I : *Moyen Âge-XVIIe siècle*, Paris, Klincksieck, 1993, pp. 347-360.

KEEGSTRA (Pieter), *Abraham sacrifiant de Théodore de Bèze et le théâtre calviniste de 1550 à 1566*, Den Haag, Drukkerij Van Haeringen, 1928.

KLOTZ (Roger), « Lecture méthodique de la *Tragédie du Sac de Cabrières* », *I.L.*, 1994-1, pp. 36-39.

KNIGHT (Alan E.), « From the sacred to the profane », *Tréteaux*, vol. I, décembre 1978, n° 2, pp. 41-49.

KONINGSON (Elie), *La Représentation d'un mystère de la Passion à Valenciennes en 1547*, Paris, CNRS, 1969.

KONIGSON (Elie), *L'Espace théâtral médiéval*, Paris, CNRS, 1975 (Choeur des Muses).

KOOPMANS (Jelle), « Frère Guillebert : taxinomies et visualisations d'une farce », *Revue Romane*, 1989, pp. 49-64.

KOOPMANS (Jelle), « 'Genres théâtraux' et 'choses vues' : la cas du théâtre profane à la fin du Moyen Âge », *Fifteenth-Century Studies*, vol. 16, 1990, pp. 143-156.

KOOPMANS (Jelle), « La table et les tréteaux. Cuisine grasse et cuisine maigre dans le théâtre de la fin du Moyen Âge », [in] *La Vie matérielle au Moyen Âge. L'apport des sources littéraires, normatives et de la pratique*, p. p. E. Rassart-Eeckhout, J.-P. Sosson, Cl. Thiry et T. van Hemelryck, Louvain-la-Neuve, Université catholique de Louvain, 1997, pp . 127-146.

KOOPMANS (Jelle), et VERHUYCK (Paul), « Quelques sources et parallèles des sermons joyeux des XVe et XVIe siècles », *Neophilologus*, 70 (1986), pp. 168-184.

KREYDER (Laura), « Sur la dramaturgie de La Taille : *L'art de la tragédie* », [in] *Le Théâtre biblique de Jean de La Taille. Etudes sur « Saül le furieux », « De l'art de la tragédie », « La Famine ou Les Gabéonites »*, Paris, Champion, 1998, pp. 125-151.

KUPISZ (Kazimierz), « Autour du drame biblique. L'histoire de Joseph », [in] *Parcours et rencontres. Mélanges de langue, d'histoire et de littérature françaises offerts à Enea Balmas*. T. I : *Moyen Âge-XVIIe siècle*, Paris, Klincksieck, 1993, pp. 361-377.

LAGRAVE (Henri), MAZOUER (Charles) et REGALDO (Marc), *La Vie théâtrale à Bordeaux des origines à nos jours, t. I : Des origines à 1799*, Paris, CNRS, 1985.

LANCASTER (Henry Carrington), *The French Tragi-comedy. Its Origin and Development from 1552 to 1628*, Baltimore, J. H. Furst, 1907.

LANSON (Gustave), « Etudes sur les origines de la tragédie classique en France. Comment s'est opéré la substitution de la tragédie aux mystères et moralités », *R.H.L.F*, 1903, pp. 177-231 et 413-436.

LANSON (Gustave), « L'idée de tragédie en France avant Jodelle », *R.H.L.F.*, 1904, pp. 541-585.

LANSON (Gustave), *Esquisse d'une histoire de la tragédie française*, n^{elle} éd. Paris, Champion, 1954.

LARTHOMAS (Pierre), *Le Langage dramatique. Sa nature et ses procédés*, Paris, A. Colin, 1972 ; rééd. Paris, PUF, 1980.

LAWRENSON (Thomas Edward), *The French Stage and Playhouse in the XVIIth Century. A Study in the Advent of the Italian Order*, 2e éd. revue et augmentée, New York, AMS Press, 1986 (AMS Studies in the seventeenth Century, 1) (1957).

LAWTON (Harold Walter), *Contribution à l'histoire de l'humanisme en France. Térence en France au XVIe siècle. Editions et traductions*, Genève, Slatkine, 1970 (Paris, 1926).

LAWTON (Harold Walter), « Charles Estienne et le théâtre », *Revue du XVIe siècle*, 14 (1927), pp. 336-347.

LAWTON (Harold Walter), « Térence et le théâtre néo-latin », [in] *De Jean Lemaire de Belges à Jean Giraudoux. Mélanges Pierre Jourda*, Paris, Nizet, 1970, pp. 37-57.

LAWTON (Harold Walter), *Contribution à l'histoire de l'humanisme en France. Térence en France au XVIe siècle. T. II : Imitation et influence*, Genève, Slatkine, 1972.

LAZARD (Madeleine), *La Comédie humaniste et ses personnages*, Paris, PUF, 1978.

LAZARD (Madeleine), « Facétie et comédie humaniste », *R.H.R.*, IV, 7, mai 1978, pp. 136-139.

LAZARD (Madeleine), *Le Théâtre en France au XVIe siècle*, Paris, PUF, 1980.

LAZARD (Madeleine), « Du rire théorisé au comique théâtral. Le *Traité du Ris* de L. Joubert (1579) et le comique de l'amour dans *Les Néapolitaines* de François d'Amboise et *Les Contents* de Turnèbe », [in] *Studi di letteratura francese, X : Commedia e comicità nel Cinquecento francese e europeo*, Firenze, Leo S. Olschki, 1983, pp. 19-30.

LAZARD (Madeleine), « Rire et jeu verbal dans la comédie humaniste », *Humoresques, L'Humour d'expression française*, t. I, 2e éd., Nice, 1990, pp. 86-90.

LAZARD (Madeleine), « Didon et Enée au XVIᵉ siècle : la *Didon se sacrifiant* de Jodelle », [in] *Enée et Didon. Naissance, fonctionnement et survie d'un mythe*, Paris, CNRS, 1990, pp. 89-96.

LAZARD (Madeleine), « Le dessein de Larivey et son public », [in] *Pierre de Larivey (1541-1619), Champenois, chanoine, traducteur, auteur de comédies et astrologue*, Paris, Klincksieck, 1993, pp. 49-60.

LAZARD (Madeleine), « Du théâtre médiéval à la comédie du XVIᵉ siècle : continuité et rupture », *R.H.R.*, 1997, n° 44, pp. 65-78.

LAZARD (Madeleine), *Joyeusement vivre et honnêtement penser. Mélanges offerts à Madeleine Lazard.* Choix d'articles réunis par Marie-Madeleine Fragonard et Gilbert Schrenck, Paris, Champion, 2000. [On retrouvera dans ce volume huit articles sur le théâtre dont nous nous dispensons de décrire ici les premières éditions, d'ailleurs mentionnées au cours de nos développements, dans les notes.]

LEBÈGUE (Raymond), *La Tragédie religieuse en France. Les débuts (1514-1573)*, Paris, Champion, 1929.

LEBÈGUE (Raymond), *Le Mystère des Actes des Apôtres. Contribution à l'étude de l'humanisme et du protestantisme français au XVIᵉ siècle*, Paris, Champion, 1929.

LEBÈGUE (Raymond), « La vie d'un ancien genre dramatique : le mystère », *Hélicon*, t. 2, fasc. 1-3, 1940, pp. 216-224.

LEBÈGUE (Raymond), « Tableau de la comédie française de la Renaissance », *B.H.R.*, VIII, 1946, pp. 278-344.

LEBÈGUE (Raymond), « Notes sur le vocabulaire de Robert Garnier », *Le Français moderne*, XVII (1949), pp. 165-181.

LEBÈGUE (Raymond), « L'évolution du théâtre religieux en France des origines à Claudel », *Droit et liberté*, 1ᵉʳ avril 1952, III, 2, pp. 12-20.

LEBÈGUE (Raymond), *La Tragédie française de la Renaissance*, 2ᵉ éd., revue et augmentée, Presses Universitaires de Bruxelles, 1954.

LEBÈGUE (Raymond), « Les débuts de la Commedia dell'Arte en France », *Rivista di studi teatrali*, 1954, n° 9-10, pp. 71-77.

LEBÈGUE (Raymond), « L'évolution du théâtre dans les provinces du Nord », [in] *La Renaissance dans les provinces du Nord*, Paris, CNRS, 1956, pp. 117-126.

LEBÈGUE (Raymond), « Premières infiltrations de la commedia dell'arte dans le théâtre français », *C.A.I.E.F.*, n° 15, 1963, pp. 165-176.

LEBÈGUE (Raymond), *Le Théâtre comique en France de « Pathelin » à « Mélite »*, Paris, Hatier, 1972 (Connaissance des Lettres).

LEBÈGUE (Raymond), « Théâtre et politique en France au XVIᵉ siècle », [in] *Culture et politique en France à l'époque de l'humanisme et de la Renaissance*, Turin, Academia delle scienze, 1974, pp. 427-437.

LEBÈGUE (Raymond), « Tradition et nouveauté dans le théâtre de Robert Garnier », [in] *Actes du colloque Renaissance-Classicisme du Maine*, Paris, Nizet, 1975, pp. 283-289.

LEBÈGUE (Raymond), « Robert Garnier et les problèmes de Phèdre », [in] *Literatur und Spiritualität. Hans Sckommodan zum 70. Geburtstag*, München, Fink, 1977 (Münchner Romanistische Arbeiten, 47), pp. 139-144.

LEBÈGUE (Raymond), *Etudes sur le théâtre français. I : Moyen Âge, Renaissance, Baroque*, Paris, Nizet, 1977 ; *II : Les classiques. En province. Les jésuites. Les acteurs. Le théâtre moderne à sujet religieux*, Paris, Nizet, 1978. [[On retrouvera dans ces volumes une série d'articles sur le théâtre dont nous nous dispensons de décrire ici les premières éditions, d'ailleurs mentionnées au cours de nos développements, dans les notes.]]

LEBÈGUE (Raymond), « *Les Juives* » de Robert Garnier, 3ᵉ éd. Paris, CDU-SEDES, 1979.

LEBÈGUE (Raymond), « Du mystère à la tragédie », [in] *Mélanges à la mémoire de Franco Simone, 4 : Tradition et originalité dans la création littéraire*, Genève, Slatkine, 1983, pp. 103-109.

LEBLANC (Paulette), *Les Écrits théoriques et critiques français des années 1540-1561 sur la tragédie*, Paris, Nizet, 1972.

LECERCLE (François), « Saül et les effets du spectacle », [in] *Les Tragédies de Jean de La Taille, Cahiers Textuel*, n° 18, 1998, pp. 25-42.

LECLERC (Hélène), *Les Origines italiennes de l'architecture théâtrale moderne. L'évolution des formes en Italie de la Renaissance à la fin du XVIIᵉ siècle*, Paris, Droz, 1946 (Slatkine, 1975).

LECLERC (Hélène), « *Circé, ou Le Ballet comique de la Royne* (1581) : métaphysique du son et de la lumière », *Theatre Research. Recherches théâtrales*, vol. III, n° 2, 1961, pp.101-120.

LECOINTE (Jean), *L'Idéal et la différence : la perception de la personnalité littéraire à la Renaissance*, Genève, Droz, 1993.

LECOINTE (Jean), « Les quatre Apostoles : échos de la poétique érasmienne chez Rabelais et Dürer », *R.H.L.F.*, 1995-6, pp. 887-905.

Lectures de Robert Garnier : « Hippolyte », « Les Juifves », textes réunis par Emmanuel BURON, Presses Universitaires de Rennes, 2000.

LÉCUYER (Sylvie), *Roger de Collerye, un héritier de Villon*, Paris, Champion, 1997.

LEFEBVRE (Joël), *Les Fols et la folie. Etude sur les genres du comique et la création littéraire en Allemagne pendant la Renaissance*, Paris, Klincksieck, 1968.

LE HIR (Yves), *Les Drames bibliques de 1541 à 1600. Etudes de langue, de style et de versification*, Presses Universitaires de Grenoble, 1974.

LESTRINGANT (Frank), « Pour une lecture politique du théâtre de Robert Garnier : le commentaire d'André Thevet en 1584 », [in] *Parcours et rencontres.*

Mélanges de langue, d'histoire et de littérature françaises offerts à Enea Balmas. T. I : *Moyen Âge-XVIIe siècle*, Paris, Klincksieck, 1993, pp. 405-422.

LESTRINGANT (Frank), « Sénèque, la Bible et les malheurs fondamentaux de *Saül à La Famine* », [in] *« Par Ta colère nous sommes consumés ». Jean de La Taille auteur tragique*, Orléans, Paradigme, 1998, pp. 175-190.

LESTRINGANT (Frank), « On tue des enfants. La mort des fils de Saül dans *La Famine ou Les Gabéonites* de Jean de La Taille », [in] *Le Théâtre biblique de Jean de La Taille. Etudes sur « Saül le furieux », « De l'art de la tragédie », « La Famine ou Les Gabéonites »*, Paris, Champion, 1998, pp. 167-187.

LESTRINGANT (Frank), « Le vers de théâtre au XVIe siècle », *C.A.I.E.F.*, mai 2000, n° 52, pp. 267-278.

Le Lieu théâtral à la Renaissance, éd. Jean JACQUOT, avec la collaboration d'Elie KONINGSON et Marcel ODDON, Paris, CNRS, 2e éd. 1968 (1964).

LINTILHAC (Eugène), *Histoire générale du théâtre en France, t. II : La Comédie. Moyen Âge et Renaissance*, Paris, Flammarion, s.d. (Genève, Slatkine, 1973).

LIOURE (Michel), *Le Théâtre religieux en France*, Paris, P.U.F., 1982 (Que sais-je ?, 2062).

La Littérature populaire aux XVe et XVIe siècles, *R.H.R.*, n° 11, 1980.

LOBBES (Louis), « Du Bartas et Matthieu : genèse d'une vocation de dramaturge », [in] *L'Art du théâtre. Mélanges en hommage à Robert Garapon*, Paris, PUF, 1992, pp. 61-66.

LOBBES (Louis), « L'exécution des Guises prétexte à tragédie », [in] *Le Mécénat et l'influence des Guises*, Paris, Champion, 1997, pp. 567-579.

LOBBES (Louis), « Pierre Matthieu, dramaturge phénix (1563-1621) », *R.H.T.*, 1998-3, pp. 207-236.

LONGEON (Claude), « Le théâtre au Puy-en-Velay au XVIe siècle », [in] *Mélanges offerts à Georges Couton*, Presses Universitaires de Lyon, 1981, pp. 23-34.

LONGEON (Claude), « L'image du prince dans le théâtre protestant de langue française du XVIe siècle », *Travaux de linguistique et de littérature*, XXII, 2, 1984, pp. 247-256.

LORIAN (Alexandre), « La répétition dans l'*Abraham sacrifiant* de Théodore de Bèze », [in] *Scripta Hierosolymitana 19, Studies in the Drama*, p. p. Arieh Sachs, Jérusalem, Magnes press, 1967 (Publications of the Hebrew University, Jerusalem), pp. 152-172.

LORIAN (Alexandre), « Les protagonistes dans la tragédie biblique de la Renaissance », *Nouvelle Revue du Seizième Siècle*, 1994, n° 12/2, pp . 197-208.

LOSKOUTOFF (Yvan), « Magie et tragédie : la *Cléopâtre captive* d'Étienne Jodelle », *B.H.R.*, 1991, n° 1, pp. 65-80.

LOUKOVITCH (Koster), *L'Évolution de la tragédie religieuse classique en France*, Genève, Slatkine, 1977 (Paris, 1933).

LOUVAT (Bénédicte), *La Poétique de la tragédie classique*, Paris, SEDES, 1997 (Campus).

LOUVAT (Bénédicte), « Le théâtre protestant et la musique (1550-1580) », [in] *Par la vue et par l'ouïe. Littérature du Moyen Âge et de la Renaissance*, Paris, ENS Editions, 1999, pp. 135-158.

McFARLANE (I. D.), « En relisant le *César* de Jacques Grévin », [in] *Mélanges pour Jacques Scherer. Dramaturgies et langages dramatiques*, Paris, Nizet, 1986, pp. 185-191.

McGOWAN (Margaret M.), *L'Art du ballet de cour en France. 1581-1643*, Paris, C.N.R.S., 1963 (repris en 1978).

McGOWAN (Margaret M.), « *Concordia Triumphans* : l'ordre rétabli au moyen de la fête », [in] *Image et spectacle*, Amsterdam, Rodopi, 1993, pp. 5-22.

McGOWAN (Margaret M.), « Théâtre oeuvre composite. La Renaissance du théâtre antique à la fin du XVIe siècle », [in] *Dramaturgie et collaboration des arts au théâtre*, Firenze, Leo S. Olschki, 1993, pp. 87-101.

MAMCZARZ (Irène), « Quelques aspects d'interaction dans les théâtres italien, français et polonais des XVIe et XVIIe siècles : drame humaniste, comédie *dell'arte*, théâtre musical », [in] *Le Théâtre italien et l'Europe. XVe-XVIIe siècle*, Paris, PUF, 1983, pp. 171-217.

MARCZUK-SZWED (Barbara), « Le théâtre de Marguerite de Navarre : glose poétique de la Bible », *Sources*, n° 3, mai-juin 1993, pp. 115-122.

MARCZUK-SZWED (Barbara), « Les motifs mystiques dans le théâtre biblique de Marguerite de Navarre », [in] *Marguerite de Navarre : Actes du Colloque international de Pau*, Mont-de-Marsan, Éditions InterUniversitaires, 1995, pp. 403-421.

MARSAN (Jules), *La Pastorale dramatique en France, à la fin du XVIe siècle et au commencement du XVIIe siècle*, Paris, Hachette, 1905 (Genève, Slatkine, 1969).

MARTIN-ULRICH (Claudie), « Discours furieux, discours douloureux : le cas de Phèdre dans l'*Hippolyte* de Garnier », *Op. Cit.*, 15, novembre 2000, pp. 53-61.

MARTINEZ (Caritad), « Fantômes, oracles et malédictions : figures du temps tragique », [in] *Le Temps et la durée dans la littérature au Moyen Âge et à la Renaissance*, Paris, Nizet, 1986, pp. 139-151.

MASER (Simone), « Jean-Antoine de Baïf, dramaturge », *B.H.R.*, 1985, pp. 555-567.

MASSEBIEAU (Louis), *Les Colloques scolaires du XVIe siècle et leurs auteurs*, Paris, J. Bonhoure, 1878.

MATHIEU-CASTELLANI (Gisèle), « 'Celui-là répond pour nous aux questions de ce temps...' : le choix de Saül comme héros tragique », [in] *Les Tragédies de Jean de La Taille*, *Cahiers Textuel*, n° 18, 1998, pp. 57-73.

MAURENS (Jacques), *La Tragédie sans tragique. Le néo-stoïcisme dans l'oeuvre de Pierre Corneille*, Paris, A. Colin, 1966.

MAURI (Daniela), « Elementi precorneliani nell'opera tragica di Antoine de Montchrestien », [in] *Saggi e ricerche sul teatro francese del Cinquecento*, Firenze, Leo S. Olschki, 1985, pp. 213-227.

MAURI (Daniela), « *La Carthaginoise* di Antoine de Montchrestien : un sentimento del tragico multiforme e 'in evoluzione' », [in] *Studi di letteratura francese*, XVIII : *Tragedia e sentimento del tragico nella letteratura francese del Cinquecento*, Firenze, Leo S. Olschki, 1990, pp. 111-124.

MAURI (Daniela), *Voyage en Arcadie. Sur les origines italiennes du théâtre pastoral français de l'âge baroque*, Paris-Fiesole, Champion-Edizioni Cadmo, 1996 (Centre d'Etudes Franco-Italiennes. Université de Turin et de Savoie. Textes et études. Domaine français, 32).

MAZOUER (Charles), « Du Badin médiéval au Naïf de la comédie du XVIIᵉ siècle », *C.A.I.E.F.*, n° 26, 1974, pp. 61-76.

MAZOUER (Charles), *Le Personnage du naïf dans le théâtre comique du Moyen Âge à Marivaux*, Paris, Klincksieck, 1979 (Bibliothèque française et romane. Série C, 76).

MAZOUER (Charles), « Théâtre et société à Bordeaux jusqu'à la fin du XVIᵉ siècle », [in] *La Vie théâtrale dans les provinces du Midi. Actes du IIᵉ colloque de Grasse*, Tübingen-Paris, Gunter Narr Verlag-Ed. J.-M. Place, 1980 (Etudes littéraires françaises, n° 6), pp. 73-87.

MAZOUER (Charles), « Théâtre et mission pendant la conquête du Chablais (1597-1598) », *XVIIᵉ siècle*, n° 137, 1982, pp. 399-412, et *La Revue Savoisienne*, 1982, pp. 44-67.

MAZOUER (Charles), « Le Théâtre comique et populaire en France au Moyen Age », [in] *Rappresentazioni arcaiche della tradizione popolare* (Atti del VI Convegno di Studio. Viterbo, 27-31 maggio 1981), p.p. le Centro di Studi sul Teatro Medioevale e Rinascimentale, sous l'égide de l'Amministrazione provinciale di Viterbo, 1982, pp. 447-468.

MAZOUER (Charles), « Théâtre et carnaval en France jusqu'à la fin du XVIᵉ siècle », *R.H.T.*, 1983-2, pp. 147-161.

MAZOUER (Charles), « Chantelouve et la Saint-Barthélemy : *La Tragédie de feu Gaspard de Colligny* (1575) », [in] *Les Écrivains et la politique dans le Sud-Ouest de la France autour des années 1580*, Presses Universitaires de Bordeaux, 1983, pp. 129-142.

MAZOUER (Charles), « Les mythes antiques dans la tragédie française du XVIᵉ siècle », [in] *L'Imaginaire du changement en France au XVIᵉ siècle*, Presses Universitaires de Bordeaux, 1984, pp. 131-161.

MAZOUER (Charles), « Les machines de théâtre au XVIᵉ siècle », [in] *L'Invention au XVIᵉ siècle*, Presses Universitaires de Bordeaux, 1987, pp. 197-218.

MAZOUER (Charles), « Le Père Fronton Du Duc et son *Histoire tragique de la Pucelle d'Orléans* », [in] *Les Jésuites parmi les hommes aux XVIe et XVIIe siècles*, Association des publications de la Faculté des Lettres et Sciences Humaines de l'Université de Clermont-Ferrand II, 1987 (Nouvelle série. Fascicule 25), pp. 417-429.

MAZOUER (Charles), « Spectacle et théâtre dans la chevauchée des Conards de Rouen au XVIe siècle », [in] *Le Théâtre et la cité dans l'Europe médiévale*, Hans-Dieter Heinz, Akademischer Verlag Stuttgart, 1988 (*Fifteenth-Century Studies*, vol. 13), pp. 387-399.

MAZOUER (Charles), « Le commerçant dans l'ancien théâtre comique français jusqu'à la Révolution », [in] *Commerce et commerçants dans la littérature*, Presses Universitaires de Bordeaux, 1988, pp. 19-35.

MAZOUER (Charles), « Le Répertoire des comédiens ambulants à l'étranger et la diffusion du théâtre français », [in] *Horizons européens de la littérature française au XVIIe siècle. L'Europe : lieu d'échanges culturels ? La circulation des œuvres et des jugements au XVIIe siècle*, p. p. W. Leiner, Tübingen, Gunter Narr, 1988, pp. 289-298.

MAZOUER (Charles), « La vision tragique de Robert Garnier dans *Hippolyte*, *La Troade* et *Antigone* », [in] *Studi di letteratura francese*, XVIII : *Tragedia e sentimento del tragico nella letteratura francese del Cinquecento*, Firenze, Leo S. Olschki, 1990, pp. 72-82.

MAZOUER (Charles), « Le théâtre de Gérard de Vivre », *R.H.T.*, 1991-3, pp. 275-284 .

MAZOUER (Charles), « L'adpatation des *Esprits* de Larivey par Albert Camus pour le Festival d'Angers (1953) », *R.H.T.*, 1992-1, pp. 7-15.

MAZOUER (Charles), « Antoine de La Pujade et son *Jacob* (1604) », *Les Cahiers de Varsovie*, 1992, n° 19, pp. 47-57.

MAZOUER (Charles), « Les tragédies bibliques sont-elles tragiques ? », *Littératures classiques*, n° 16, printemps 1992, pp. 125-140.

MAZOUER (Charles), « Robert Garnier, poète de théâtre : statisme et mouvement dans *Les Juives* », [in] *Statisme et mouvement au théâtre*, Publications de la licorne, UFR Langues Littératures de Poitiers, 1995, pp. 37-43.

MAZOUER (Charles), « La figure de David dans les tragédies de la Renaissance », [in] *Claude Le Jeune et son temps en France et dans les États de Savoie (1530-1600). Musique, littérature et histoire*, Bern-Berlin-Frankfurt/M.-New York-Paris-Wien, Peter Lang, 1996, pp. 253-263.

MAZOUER (Charles), « La moralité au XVIe siècle en France », *B.H.R.*, t. LVIII (1996), n° 2, pp. 351-365.

MAZOUER (Charles), « Abraham du *Mistere du Viel Testament* à l'*Abraham sacrifiant* de Théodore de Bèze », *R.H.R.*, n° 14, juin 1997, pp. 55-64.

MAZOUER (Charles), *Le Théâtre français du Moyen Âge*, Paris, SEDES, 1998.

MAZOUER (Charles), « Vingt ans de recherches sur le théâtre du XVIe siècle. Première partie : le théâtre sérieux », *Nouvelle Revue du Seizième Siècle*, 1998, n° 16/2, pp. 301-325.

MAZOUER (Charles), « Vingt ans de recherches sur le théâtre du XVIe siècle. Deuxième partie : le théâtre comique, les genres nouveaux, les spectacles de cour, le théâtre scolaire », *Nouvelle Revue du Seizième Siècle*, n° 17/2, 1999, pp. 301-318.

MAZOUER (Charles), « La prédication populaire et le théâtre au début du XVIe siècle : Michel Menot », [in] *Le Jeu théâtral, ses marges, ses frontières. Actes de la deuxième rencontre sur l'ancien théâtre européen de 1997*, Paris, Champion, 1999 (Centre d'Etudes Supérieures de la Renaissance. Le savoir de Mantice), pp. 79-89.

MAZOUER (Charles), « La dérision dans les mystères médiévaux », [in] *Rire des dieux*, Clermont-Ferrand, Presses Universitaires Blaise Pascal, 2000, pp. 73-83.

MAZOUER (Charles), « Rire et religion dans le théâtre médiéval », *Humoresques*, n° 12, juin 2000, pp. 131-142.

MAZOUER (Charles), « Pastorale e commedia fino a Molière », [in] *Teatri barocchi. Tragedie, commedie, pastorali nella drammaturgia europea fra '500 e 600*, Roma, Bulzoni, 2000, pp. 469-486.

MAZOUER (Charles), « La théologie de Garnier dans *Hippolyte* et *Les Juifves* : du destin à la Providence », [in] *Lectures de Robert Garnier : « Hippolyte », « Les Juifves »*, Presses Universitaires de Rennes, 2000, pp. 113-125.

MAZOUER (Charles), « La comédie de la Renaissance contre la farce médiévale ? », [in] *Le Théâtre français des années 1450-1550. État actuel des recherches*, p.p. Olga Anna Duhl, Centre de Recherches Le Texte et l'Édition, Université de Bourgogne, Dijon, 2002 (Actes n° 10), pp. 3-14.

MAZOUER (Charles) (éd.) : *Farces du Grand Siècle. De Tabarin à Molière. Farces et petites comédies du XVIIe siècle*, introduction, notices et notes par..., Paris, Librairie générale française, 1992 (Le Livre de poche classique).

MAZOUER (Charles) (éd.) : Évariste GHERARDI, *Le Théâtre italien, I*, textes établis, présentés et annotés par..., Paris, Société des Textes Français Modernes, 1994 (diff. Klincksieck).

MELLOT (Jean), « A propos du théâtre liturgique à Bourges, au Moyen Age et au XVIe siècle », [in] *Mélanges d'histoire du théâtre du Moyen Age et de la Renaissance offerts à Gustave Cohen*, Paris, Nizet, 1950, pp. 193-198.

MÉNAGER (Daniel), *La Renaissance et le rire*, Paris, PUF, 1995 (Perspectives littéraires).

MENOZZI (Daniele), *Les Images. L'Eglise et les arts visuels*, Paris, Cerf, 1991.

MERINDOL (Christian de), « Théâtre et politique à la fin du Moyen Âge : les entrées royales et autres cérémonies. Mises au point et nouveaux aperçus », [in] *Théâtre et spectacles hier et aujourd'hui. Moyen Âge et Renaissance*,

Paris, Editions du Comité des travaux historiques et scientifiques, 1991, pp. 179-212.

MEYLAN (Henri), *D'Érasme à Théodore de Bèze. Problèmes de l'Église et de l'École chez les Réformés*, Genève, Droz, 1976 (Travaux d'Humanisme et Renaissance, CXLIX).

MIGNON (Maurice), *Études sur les théâtres français et italien de la Renaissance*, Paris, Champion, 1923.

MILHE POUTINGON (Gérard), « La répétition dans *Saül le furieux* de Jean de La Taille », [in] *Faits de langue et sens des textes*, Paris, SEDES, 1998, pp. 55-75.

MILLET (Olivier), « Vérité et mensonge dans la *Tragédie du sac de Cabrières* : une dramaturgie de la parole en action », *Australian Journal of French Studies*, XXXI, n° 3, 1994, pp. 259-273.

MILLET (Olivier), « Exégèse évangélique et culture littéraire humaniste : entre Luther et Bèze, l'*Abraham sacrifiant* selon Calvin », *Études théologiques et religieuses*, 1994/3, pp. 367-380.

MILLET (Olivier), « De l'erreur au péché : la culpabilité dans la tragédie humaniste du XVIe siècle », *Travaux de littérature*, VIII, 1995, pp . 57-73.

MILLET (Olivier), « L'ombre dans la tragédie française (1550-1640), ou l'enfer sur la terre », [in] *Tourments, doutes et ruptures dans l'Europe des XVIe et XVIIe siècles*, Paris, Champion, 1995, pp. 163-177.

MILLET (Olivier), « La tragédie humaniste de la Renaissance (1550-1580) et le sacré », [in] *Le Théâtre et le sacré*, Paris, Klincksieck, 1996, pp. 69-94.

MILLET (Olivier), « A propos de Saül « impatient » : Philippe Mélanchton, source possible de Jean de La Taille », [in] *Les Tragédies de Jean de La Taille*, *Cahiers Textuel*, n° 18, 1998, pp.109-119.

MIOTTI (Mariangela), « La 'tragédie artificielle' di Rivaudeau », [in] *Studi di letteratura francese*, XVIII : *Tragedia e sentimento del tragico nella letteratura francese del Cinquecento*, Firenze, Leo S. Olschki, 1990, pp. 32-47.

MIOTTI (Mariangela), « La definizione di 'tragedia' in alcuni dizionari francesi del Cinquecento », [in] *Parcours et rencontres. Mélanges de langue, d'histoire et de littérature françaises offerts à Enea Balmas. T. I : Moyen Âge-XVIIe siècle*, Paris, Klincksieck, 1993, pp. 489-507.

MIOTTI (Mariangela), « *Gli Amorosi* di Vincenzo Belando », [in] *La Commedia dell'arte tra Cinque e Seicento in Francia e in Europa*, Fasano, Schena, 1997, pp. 223-233.

MOINS (Catherine), *Lectures d'une oeuvre. « Saül le furieux. » « La Famine ou Les Gabéonites »*, Paris, Editions du temps, 1998.

MOLINARI (Cesare), *La Commedia dell'arte*, Milano, Mondadori, 1985.

MOREL (Jacques), *La Tragédie*, 3e éd. Paris, A. Colin, 1968 (collection U).

MOREL (Jacques), *Littérature française. La Renaissance. III : 1570-1624*, Paris, Arthaud, 1973 ; n^elle^ édition révisée : *Littérature française. 3. De Montaigne à Corneille. 1572-1660*, Paris, Arthaud, 1986.

MOREL (Jacques), *Agréables mensonges. Essais sur le théâtre français du XVIIe siècle*, Paris, Klincksieck, 1991.

MORGANTE (Jole), « L'innovazione estetica del *Regulus* di Jean de Beaubreuil (1582) », [in] *Riflessioni teoriche di poetica tra Francia e Italia nel Cinquecento*, Fasano, Schena, 1999, pp. 195-208.

MORIN (Louis), « Les trois Pierre de Larivey, biographie et bibliographie », *Mémoires de la Société académique de l'Aube*, 1935-1936, pp. 69-199 (tirage à part, Troyes, 1937).

MOSELE (Elio), « La *Fiammella* del veronese Bartolomeo Rossi », [in] *La Commedia dell'arte tra Cinque e Seicento in Francia e in Europa*, Fasano, Schena, 1997, pp. 181-192.

MOUFLARD (Marie-Madeleine), *Robert Garnier. 1545-1590. La vie*, La Ferté-Bernard, R. Bellanger, 1961 ; *Robert Garnier. 1545-1590. L'oeuvre*, La Roche-sur-Yon, Imprimerie Centrale de l'Ouest, 1963 ; *Robert Garnier. 1545-1590. Les sources*, La Roche-sur-Yon, Imprimerie Centrale de l'Ouest, 1964.

MOURAD (François), « La dramaturgie d'*Abraham sacrifiant* de Théodore de Bèze », *Orbis litterarum*, 1992, pp. 81-94.

MOURGUES (Odette de), « L'*Hippolyte* de Garnier et l'*Hippolytus* de Sénèque », [in] *The French Renaissance and its Heritage (Mélanges Boase)*, London, Methuen and C°, 1968, pp. 191-202.

MUCHEMBLED (Robert), *Culture populaire et culture des élites dans la France moderne (XVe-XVIIIe siècle)*, Paris, Flammarion, 1978 (L'Histoire vivante).

MUND-DOPCHIE (Monique), *La Survie d'Eschyle à la Renaissance. Editions, traductions, commentaires et imitations*, Louvain, Peeters, 1984.

NAKAM (Géralde), « A propos des *Contens* d'Odet de Turnèbe », *Littératures*, n° 8, octobre 1983, pp. 7-11, et *R.H.R.*, décembre 1983, n° 17, pp. 113-120.

NELSON (Ida), *La Sottie sans souci. Essai d'interprétation homosexuelle*, Paris, Champion, 1977.

« *Par Ta colère nous sommes consumés* ». *Jean de La Taille auteur tragique*, textes réunis par Marie-Madeleine FRAGONARD, Orléans, Paradigme, 1998.

PAYEN (Jean-Charles), « Un ancêtre de Figaro : le badin Naudet dans la farce du *Gentilhomme* », [in] *Mélanges Georges Couton*, Presses Universitaires de Lyon, 1981, pp. 15-22.

PELISSON-KARRO (Françoise), « Le théâtre des jésuites à Pont-à-Mousson dans la Lorraine ducale (1574-1737) », [in] *Symphonies lorraines. Compositeurs, exécutants, destinataires*, Paris, Klincksieck, 1998, pp. 229-270.

PERMAN (Ronald C. D.), « The influence of the commedia dell'arte on the french theatre befor 1640 », *French Studies*, october 1955, pp. 293-303.

PÉROUSE (Gabriel-André), « L'amour, la mort et le salut selon Marguerite de Navarre des Comédies sacrées », [in] *Les Visages et les voix de Marguerite de Navarre*, Paris, Klincksieck, 1992, pp. 159-168.

PERREGAUX (Béatrice), « *Abraham sacrifiant*, de Théodore de Bèze (1550) », [in] *Approches de l'opéra*, Paris, Didier Erudition, 1986, pp. 329-333.

PERRET (Donald), *Old Comedy in the French Renaissance. 1576-1620*, Genève, Droz, 1992.

PETIT DE JULLEVILLE (Louis), *Les Mystères*, Paris, Hachette et Cie, 1880, 2 vol.

PETIT DE JULLEVILLE (Louis), *Les Comédiens en France au Moyen Âge*, Paris, Léopold Cerf, 1885.

PETIT DE JULLEVILLE (Louis), *Répertoire du théâtre comique en France au Moyen Âge*, Paris, Léopold Cerf, 1886.

PHILLIPS (J. H.), « Le théâtre scolaire dans la querelle du théâtre au XVIIe siècle », *R.H.T.*, 1983-2, pp. 190-221.

PHILIPOT (Emmanuel), « Notes sur quelques farces de la Renaissance », *Revue des études rabelaisiennes*, IX (1911), pp. 365-422.

PICOT (Emile), *Le Monologue dramatique dans l'ancien théâtre français*, Genève, Slatkine, 1970 (reprise, en 1 vol., des trois articles parus en 1886-1888).

PICOT (Emile), *Les Moralités polémiques ou la controverse religieuse dans l'ancien théâtre français*, Genève, Slatkine, 1970 (articles de 1887).

PICOT (Emile), « Les moralités polémiques ou la controverse religieuse dans l'ancien théâtre français », *Bulletin de la Société d'Histoire du Protestantisme Français*, 1892, n° 11, pp. 561-582 ; 1892, n° 12, pp. 617-633 ; 1906, pp. 254-262.

Pierre de Larivey (1541-1619), Champenois, chanoine, traducteur, auteur de comédies et astrologue, sous la direction d'Yvonne BELLENGER, Paris, Klincksieck, 1993 (Actes et colloques, 36).

POIRSON (Florence), « Le récit de théâtre dans *Hippolyte* et *Les Juifves* », [in] *Lectures de Robert Garnier : « Hippolyte », « Les Juifves »*, Presses Universitaires de Rennes, 2000, pp. 43-51.

PRAT (Marie-Hélène), « Sur les rimes dans *Saül le furieux*. Poésie et tragédie chez Jean de La Taille », [in] *Faits de langue et sens des textes*, Paris, SEDES, 1998, pp. 77-91.

PREDA (Alessandra), « L'*Angelica* di Fabrizio de Fornaris : il testo di un « comédien », la sua fonte, la sua traduzione », [in] *La Commedia dell'arte tra Cinque e Seicento in Francia e in Europa*, Fasano, Schena, 1997, pp. 193-206.

PRIVAT (Jean-Marie), « Pour une approche ethno-critique des sotties », [in] *Le Théâtre et la cité dans l'Europe médiévale, Fifteenth-Century Studies*, vol. 13, 1988, pp. 145-162.

PRUNIÈRES (Henry), *L'Opéra italien en France avant Lulli*, Paris, Champion, 1913 (repris en 1975).

PRUNIÈRES (Henry), *Le Ballet de cour en France avant Benserade et Lully*, Paris, H. Laurens, 1913.

PURKIS (Helen M. C.), « Le origini dell'intermezzo in Italia », *Convivium*, 1957, pp. 479-483.

PURKIS (Helen M. C.), « Les intermèdes à la cour de France au XVIᵉ siècle », *B.H.R.*, XX (1958), pp. 296-309.

PURKIS (Helen M. C.), « Choeurs chantés ou parlés dans la tragédie française au XVIᵉ siècle », *B.H.R.*, XXII, 1960, pp. 294-301.

RAUGEI (Anna Maria), « Un esempio di comicità verbale : « il jargon » pedantesco nelle commedie di Pierre de Larivey », [in] *Saggi e ricerche sul teatro francese del Cinquecento*, Firenze, Leo S. Olschki, 1985, pp. 141-166.

RAYMOND (Marcel), *L'Influence de Ronsard sur la poésie française (1550-1585)*, nᵉˡˡᵉ éd., Genève, Droz, 1965 (1929).

REAL (Elena), « L'intrigue dans *La comedia* de Sepulveda et dans *Les Corrivaux* de La Taille », [in] *Echanges culturels dans le bassin occidental de la Méditerranée (France, Italie, Espagne)*, Toulouse, Presses Universitaires du Mirail, 1989, pp. 231-237.

REISS (Timothy J.), *Tragedy and Truth. Studies in the Development of a Renaissance and Neoclassical Discourse*, New Haven and London, Yale University Press, 1980.

REY-FLAUD (Henri), *Le Cercle magique. Essai sur le théâtre en rond à la fin du Moyen Âge*, Nouvelle édition, revue, corrigée et augmentée d'une postface, Genève, Slatkine, 1998.

REYNOLDS-CORNELL (Régine), « Le personnage d'Esther dans la tragédie française ou la Bible expurgée », [in] *Saggi e ricerche sul teatro francese del Cinquecento*, Firenze, Leo S. Olschki, 1985, pp. 183-195.

RICHTER (Mario), « La poetica di Théodore de Bèze e le *Chrestiennes meditations*. Contributo per lo studio della poesia 'barocca' in Francia », *Aevum*, 38 (1964), pp. 479-525.

RICOEUR (Paul), « Culpabilité tragique et culpabilité biblique », *Revue d'histoire et de philosophie religieuse*, 33 (1953), pp. 285-307.

RICOEUR (Paul), *Finitude et culpabilité, t. II : La Symbolique du mal*, Paris, Aubier, 1960.

RICOEUR (Paul), *Lectures 3. Aux frontières de la philosophie*, Paris, Seuil, 1994 (La couleur des idées).

RITCH (Katharine Janet), « Notice biographique sur Maître Eloy Du Mont dict Costentin et son *Livre de la louenge de la mort corporelle* », *B.H.R.*, 1995, pp. 401-406.

ROBERT (Philippe de), « De la Bible à la tragédie », [in] *Les Tragédies de Jean de La Taille, Cahiers Textuel*, n° 18, 1998, pp. 99-108.

ROCH (Jean-Louis), « Le roi, le peuple et l'âge d'or : la figure de Bon Temps entre le théâtre, la fête et la politique (1450-1550) », *Médiévales*, n° 22-23, 1992, pp. 187-206.

ROHOU (Jean), *La Tragédie classique (1550-1793)*, Paris SEDES, 1996 (Collection Anthologies SEDES).

ROTHSTEIN (Mariam), « The problem of the perfect hero : Garnier's *Hippolyte* », *Romanic Review*, 1987, pp. 25-33.

ROUSSE (Michel), « Jean d'Abondance et la farce de la Cornette », [in] *La Vie théâtrale dans les provinces du Midi*, p. p. Yves Giraud, Tübingen-Paris, Gunter Narr-J.-M. Place, 1980, pp. 51-61.

ROUSSE (Michel), *Le Théâtre des farces en France au Moyen Âge*, thèse d'Etat dactyl., Rennes II, 1983, 5 vol.

ROUSSE (Michel), « Fonction du dispositif théâtral dans la genèse de la farce », [in] *Atti del IV Colloquio della Société Internationale pour l'Étude du Théâtre Médiéval*, a cura di M. Chiabò, F. Doglio et M. Maymone, Centro Studi sul Teatro Medioevale e Rinascimentale, Viterbo, 1984, pp. 379-395.

ROUSSE (Michel), « L'appropriation populaire d'un texte théâtral : le *Dialogue de deux amoureux* de Marot », [in] *Aspects du théâtre populaire en Europe au XVIe siècle*, Paris, CDU-SEDES, 1989, pp. 31-41.

ROUSSE (Michel), « Le pouvoir royal et le théâtre des farces », [in] *Le Pouvoir monarchique et ses rapports idéologiques aux XIVe-XVIIe siècles*, Publications de la Sorbonne nouvelle, 1990, pp.185-197.

ROUSSE (Michel), « Angers et le théâtre profane médiéval », *R.H.T.*, 1991-1 et 2, pp. 53-67.

ROUSSET (Jean), *La Littérature de l'âge baroque en France. Circé et le paon*, Paris, José Corti, 1954.

ROY (Bruno), « L'auteur du *Veterator*, une énigme pathelinienne », [in] « *Et c'est la fin pour quoi sommes ensemble* ». *Hommage à Jean Dufournet*, Paris, Champion, 1993, t. III, pp. 1233-1243.

ROY (Emile), « *L'Avare* de Doni et *L'Avare* de Molière », *R.H.L.F.*, 1894, pp. 38-48.

RUEGGER. (Emmanuelle), « De Grâce-Dieu à Circé : le ballet de cour au XVIe siècl.e et son livret », [in] *Théâtre et spectacles hier et aujourd'hui. Moyen Âge et Renaissance*, Paris, Editions du Comité des travaux historiques et scientifiques, 1991, pp. 145-164.

RUNNALLS (Graham A.), *Le Mystère de la Passion à Amboise au Moyen Âge : représentations théâtrales et texte*, Montréal, éditions Ceres, 1990 (*Le Moyen Français*, 26).

RUNNALLS (Graham A.), « Deux hommes de théâtre au début du XVIe siècle », *R.H.T.*, 1996-4, pp. 391-406.

RUNNALLS (Graham A.), « Les mystères de la Passion en langue française : tentative de classement », *Romania*, 114 (1996), pp. 468-516.

RUNNALLS (Graham A.), « Sponsorship and control in medieval french religious drama : 1402-1548 », *French Studies*, july 1997, n° 3, pp. 257-266.

RUNNALLS (Graham A.), « Repas fictifs, repas réels : le rôle des banquets et de l'alimentation dans les mystères français », [in] *La Vie matérielle au Moyen Âge. L'apport des sources littéraires, normatives et de la pratique*, p. p. E. Rassart-Eeckhout, J.-P. Sosson, Cl. Thiry et T. van Hemelryck, Louvain-la-Neuve, Université catholique de Louvain, 1997, pp. 205-216.

RUNNALLS (Graham A.), « Le personnage dans les mystères à la fin du Moyen Âge et au XVIᵉ siècle : stéréotypes et originalité », *R.H.R.*, n° 44, juin 1997, pp. 11-26.

RUNNALLS (Graham A.), *Études sur les mystères. Un recueil de 22 études sur les mystères français, suivi d'un répertoire du théâtre religieux français du Moyen Âge et d'une bibliographie*, Paris, Champion, 1998.

RUNNALLS (Graham A.), « Mysteries'end in France : performances and texts », [in] *European medieval drama / Dramma medioevale europeo*, p. p. Sydney Higgins et Fiorella Paino, Università degli studi di Camerino. Centro Linguistico di Ateneo, 1998, pp. 175-186.

RUNNALLS (Graham A .), « Drama and community in late medieval Paris », [in] *Drama and Community : People and Plays in Medieval Europe*, p. p. Alan Hindley, Turnhout, Brepols, 1999, pp. 18-33.

RUNNALLS (Graham A.), *Les Mystères français imprimés. Une étude sur les rapports entre le théâtre religieux et l'imprimerie à la fin du Moyen Âge français, suivie d'un Répertoire complet des mystères français imprimés (ouvrages, éditions, exemplaires), 1484-1630*, Paris, Champion, 1999 (Bibliothèque du XVᵉ siècle, LXI).

RUNNALLS (Graham A.), « Medieval Actors and the Invention of Printing in Late Medieval France », *The Early Drama, Art and Music Review*, vol. 22, spring 2000, n° 2, pp . 59-80.

RUNNALLS (Graham A.), « Le *Livre de raison* de Jacques Le Gros et le mystère de la Passion joué à Paris en 1539 », *Romania*, 118 (2000), pp. 138-193.

RUNNALLS (Graham A.), « Jean Louvet : compositeur de mystères et homme de théâtre parisien (1536-1550) », *B.H.R.*, 2000, n° 3, pp. 561-589.

RUNNALLS (Graham A.), « Les Mystères à Paris et en Île-de-France à la fin du Moyen Âge. L'apport de six actes notariés », *Romania*, 2001, pp. 113-169.

SAINT JACQUES-COTE (Diane), « La représentation d'un mistere à Mons en 1501 : analyse dramatique et essai sur le sens de l'événement », présentation de la thèse de Ph. D., 1980, *Tréteaux*, vol. II, n° 2, décembre 1980, pp.43-45.

SAINTE-BEUVE (Charles-Augustin), *Tableau historique et critique de la poésie française et du théâtre français au XVIᵉ siècle*, Paris, A. Sautelet, 1828.

SAKHAROFF (Micheline), *Le Héros, sa liberté et son efficacité de Garnier à Rotrou*, Paris, Nizet, 1967.

SANKOVITCH (Tilde), « Folly and Society in the Comic Theatre of the Pléiade », [in] *Folie et déraison à la Renaissance*, Editions de l'Université libre de Bruxelles, 1976, pp. 99-107.

SANKOVITCH (Tilde), *Jodelle et la création du masque. Etude structurale et normative de « L'Eugène »*, York (South Carolina), French Literature Publications Compagny, 1979.

SCHMIDT (Albert-Marie), « *Lucelle*, chef-d'oeuvre du théâtre baroque », *Médecine de France*, 1959, n° 102, pp. 33-40.

SCHRENCK (Gilbert), « Les personnages féminins dans *Les Contens* d'Odet de Turnèbe. Comédie et philosophie de l'amour », [in] *Amour tragique, amour comique, de Bandello à Molière*, Paris, SEDES, 1989, pp. 85-97.

SEIDMANN (David), *La Bible dans les tragédies religieuses de Garnier et de Montchrestien*, Paris, Nizet, 1971.

SERVET (Pierre), « La Résurrection abrégée (inédite) d'Eloy Du Mont, dit Costentin : mystère ou tragédie ? », *Nouvelle Revue du Seizième Siècle*, n° 9, 1991, pp. 15-40.

SERVET (Pierre), « L'insertion épique dans les mystères hagiographiques : la *Vie de sainct Christofle* de Chevalet », [in] *Les Genres insérés dans le théâtre*, p. p. Anne Sancier et Pierre Servet, Université Jean Moulin- Lyon 3, C.E.D.I.C., n° 14, 1998, pp. 31-45.

SESSA (Jacqueline), « Les critères de l' 'honnêteté' féminine selon les auteurs comiques français (1562-1611) », [in] *La Catégorie de « l'honneste » dans la culture du XVIᵉ siècle*, R.H.R. et Université de Saint-Etienne, 1985, pp. 219-230.

SESSA (Jacqueline), « La notion de moderne au théâtre d'après quelques prologues de comédies du XVIᵉ siècle », [in] *Fins de siècle. Terme. Evolution. Révolution ?*, Toulouse, Presses Universitaires du Mirail, 1989, pp. 65-73.

SIMONIN (Michel), « Ronsard à Bar-le-Duc : notes sur le texte primitif et la représentation des « mascarades » (7 mai 1564) », *R.H.L.F.*, 1987-1, pp. 99-107.

SISSA (Paola), « Tragicommedia e *engagement* : l'esempio della *Bradamante* di Robert Garnier », *Quaderni li lingue e letterature* (Università di Verona), 21 (1996), pp. 103-114.

SMITH (Christopher), « Fronton Du Duc's *Histoire tragique de la Pucelle* (1580) », *Renaissance Studies*, vol. 9, n° 4, 1995, pp. 374-384.

SMITH (Darwin), « Les manuscrits 'de théâtre'. Introduction codicologique à des manuscrits qui n'existent pas », *Gazette du livre médiéval*, n° 33, automne 1998, pp. 1-9.

SOULIÉ (Marguerite), « Le théâtre et la Bible au XVIᵉ siècle », [in] *Le Temps des Réformes et la Bible*, Paris, Beauchesne, 1989, pp. 635-658 (Bible de tous les temps).

SPIEGEL (Hilde), « Dom Dieghos de F. d'Amboise, ancêtre du petit marquis de Molière. L'évolution d'un matamore », *R.H.T.*, 1978-1, pp. 7-18.

STEGMANN (André), *L'Héroïsme cornélien. Genèse et signification. T. 2 : L'Europe intellectuelle et le théâtre. 1580-1650*, Paris, A. Colin, 1968.

STEINER (George), *La Mort de la tragédie*, Paris, Gallimard, 1993 (Folio essais) (édition anglaise en 1961).

STEINER (George), *Les Antigones*, Paris, Gallimard, 1986 (Folio essais) (éd. anglaise en 1984).

STELLING-MICHAUD (Sven), « La confession de Théodore de Bèze et la genèse de l'*Abraham sacrifiant* », *Musées de Genève*, n° 234, avril 1983, pp. 13-17.

STONE jr. (Donald), *French Humanist Tragedy. A reassessment*, Manchester University Press, 1974.

STONE jr. (Donald), « Anatomy of a Moral : Seduction in sixteenth-century French Comedy », [in] *Essays in Early French Literature presented to Barbara M. Craig*, York (South Carolina), French Literature Publications Compagny, 1982, pp. 147-161.

STREET (J. S.), *French Sacred Drama from Bèze to Corneille : dramatic forms and their purposes in the early modern theatre*, Cambridge University Press, 1983.

STUREL (René), « Essai sur les traductions du théâtre grec en français avant 1550 », *R.H.L.F.*, 1913, pp. 269-296 et 637-666.

TAVIANI (Ferdinando) et SCHINO (Mirella), *Le Secret de la commedia dell'arte. La mémoire des compagnies italiennes aux XVIᵉ, XVIIᵉ, XVIIIᵉ siècles*, s.l., Bouffonneries, « Contrastes », 1984 (trad. de *Il Segreto della Commedia dell'arte*, Firenze, 1982).

TERNAUX (Jean-Claude), « *Saül le furieux* au moule de la tragédie sénéquienne », [in] *Le Théâtre biblique de Jean de La Taille. Etudes sur « Saül le furieux », « De l'art de la tragédie », « La Famine ou Les Gabéonites »*, Paris, Champion, 1998, pp. 67-86.

TERNAUX (Jean-Claude), « Le travail de l'imitation dans *Hippolyte* : Virgile, Ovide et Pétrarque », [in] *Lectures de Robert Garnier : « Hippolyte », « Les Juifves »*, Presses Universitaires de Rennes, 2000, pp. 87-96.

TERNAUX (Jean-Claude), « Les comparaisons dans *Hippolyte* : le dessein parénétique de Robert Garnier », *Op. Cit.*, 15, novembre 2000, pp. 63-72.

TIN (Louis-Georges), « L'univers tragique de Jean de La Taille : justice ou vengeance ? », *R.H.R.*, n° 48, juin 1999, pp. 25-44.

TISSIER (André), « Sur la notion de 'genre' dans les pièces comiques. De la farce de *Pathelin* à la comédie de *L'Eugène* de Jodelle », *Littératures classiques*, n° 27, 1996, pp. 13-24.

TISSIER (André), « Sur le vers dans le genre dramatique des farces à la fin du Moyen Âge », *C.A.I.E.F.*, mai 2000, n° 52, pp. 247-265.

TOLDO (Pietro), « La comédie française de la Renaissance », *R.H.L.F.*, 1897, pp. 366-392 ; 1898, pp. 220-264 et 554-603 ; 1899, pp. 571-608 ; 1900, pp. 263-283.

Les Tragédies de Sénèque et le théâtre de la Renaissance, Paris, CNRS, 1964.

TRINQUET (Roger), « Nouveaux aperçus sur les débuts du collège de Guyenne. De Jean Tartas à André de Gouvéa (1533-1535) », *B.H.R.*, 1964, pp. 510-558.

TRINQUET (Roger), « Un maître de Montaigne : l'humaniste limousin Marc-Antoine Muret. Sa carrière pédagogique en France et la composition de son *Julius Caesar* », *Bulletin de la Société des amis de Montaigne*, n° 7, juillet-septembre 1966, pp. 3-17.

TRISOLINI (Giovanna), « Adrien d'Amboise : *L'Holoferne*. Presentazione critica », [in] *Lo Scrittore e la Città. Saggi di letteratura francese (miscellanea di studi in memoria di Dante Ughetti)*, Genève, Slatkine, 1982, pp. 61-75.

TRISOLINI (Giovanna), « Un re, un papa, un popolo. Per una ri-lettura del teatro profano di Gringore », [in] *Saggi e ricerche sul teatro francese del Cinquecento*, Firenze, Leo S. Olschki, 1985, pp. 63-88.

TRISOLINI (Giovanna), « I caprici della Fortuna nella *Lucelle* di Louis Le Jars », [in] *Il Tema della Fortuna nella letteratura francese e italiana del Rinascimento. Studi in memoria di Enzo Giudici*, Firenze, Leo S. Olschki, 1990, pp. 173-187.

TRUCHET (Jacques), *La Tragédie classique en France*, Paris, PUF, 3ᵉ éd. corrigée en 1997 (1975) (Collection SUP).

TRUCHET (Jacques), « La tyrannie de Garnier à Racine : critères juridiques, psychologiques et dramaturgiques », *Travaux de linguistique et de littérature*, XXII, 2, 1984, pp. 257-264.

UGHETTI (Dante), *François d'Amboise (1550-1612)*, Roma, Bulzoni, 1974.

VALENTIN (Jean-Marie), *Le Théâtre des jésuites dans les pays de langue allemande, 1554-1680 : salut des âmes et ordre des cités*, Bern-Frankfurt/M.-Las Vegas, Peter Lang, 1978, 3 vol. (Berner Beiträge in Barochgermanistik, 3).

VALENTIN (Jean-Marie), *Theatrum Catholicum : les jésuites et la scène en Allemagne aux XVIᵉ et XVIIᵉ siècles*, Presses Universitaires de Nancy, 1990.

VALENTIN (Jean-Marie), *Les Jésuites et le théâtre (1554-1680). Contribution à l'histoire culturelle du monde catholique dans le Saint-Empire romain germanique*, Paris, Desjonquères, 2001.

VAUCHERET (Etienne), « Les fêtes de cour dans le Sud-Ouest durant le tour de France de Charles IX (1564-1566) », [in] *La Cour au miroir des mémorialistes. 1530-1682*, Paris, Klincksieck, 1991, pp. 13-25.

VERGER (Jacques), *Les Universités au Moyen Âge*, Paris, P.U.F., 1973 (collection Sup).

VERHUYCK (Paul), « Petite histoire littéraire de Maistre Aliborum », [in] *La Vie matérielle au Moyen Âge. L'apport des sources littéraires, normatives et de la pratique*, p. p. E. Rassart-Eeckhout, J.-P. Sosson, Cl. Thiry et T. van Hemelryck, Louvain-la-Neuve, Université catholique de Louvain, 1997, pp. 303-334.

VERHUYCK (Paul), « La farce du Capitaine Mal en Point (recueil Cohen n° XLIX) », *R.H.R.*, n° 44, juin 1997, pp . 27-47.

VERNET (Max), « 'L'Histoire tragique au service du Prince'. Un sens politique de la trilogie de Des Masures », *Renaissance and Reformation / Renaissance et Réforme*, 1981, pp. 146-161.

VIGNES (Jean), *Bibliographie des écrivains français : Jean-Antoine de Baïf*, Paris-Roma, Éditions Memini, 1999.

VODOZ (Jules), *Le Théâtre latin de Ravisius Textor. 1470-1524*, Genève, Slatkine, 1970 (1898).

VOLTZ (Pierre), *La Comédie*, Paris, A. Colin, 3ᵉ éd. 1964 (collection U).

WEBER (Edith), « Le théâtre humaniste protestant à participation musicale et le théâtre jésuite : influences, convergences, divergences », [in] *Les Jésuites parmi les hommes aux XVIᵉ et XVIIᵉ siècles*, Association des publications de la Faculté des Lettres et Sciences Humaines de l'Université de Clermont-Ferrand II, 1987 (Nouvelle série. Fascicule 25), pp. 445-460.

WEBER (Henri), « Chevauchée de l'âne et plaisants devis des suppots de la Coquille », [in] *Conteurs et romanciers de la Renaissance. Mélanges offerts à Gabriel-André Pérouse*, Paris, Champion, 1997, pp. 409-421.

WIERENGA (L.), « *La Troade* » de Robert Garnier . *Cosmologie et imagination poétique*, Assen, Te Assen Bij, 1970.

WIERENGA (L.), « *La Troade* et *Les Juives* de Robert Garnier. Etude de technique dramatique », *Neophilologus*, 55 (1971), pp. 375-386.

WILDENSTEIN (Georges), « Un fournisseur d'habits de théâtre et de mascarades à Paris sous Henri III », *B.H.R.*, 1961, pp. 99-106.

WIONET (Chantal), « Les formes en *–ANT* dans *Les Juifves* de Garnier », *L'Information grammaticale*, n° 87, octobre 2000, pp. 44-49.

WRIGHT (Stephen K.), « Records of Early French Drama in Parisian Notary Registers », *Comparative Drama*, vol. 24, Fall 1990, n° 3, pp. 232-254.

YATES (Frances Amalia), *Les Académies en France au XVIe siècle*, Paris, P.U.F., 1996 (Questions) (traduction de *The French Academies of the sixteenth Century*, 1947).

YATES (Frances Amalia), « Poésie et musique dans les *Magnificences* au mariage du duc de Joyeuse, Paris, 1581 », [in] *Musique et poésie au XVIe siècle*, Paris, CNRS, 2e éd. 1973 (1954), pp. 241-263.

ZAMPARELLI (Thomas L.), *The Theater of Claude Billard : a study in post-Renaissance dramatic esthetics*, New Orleans, Tulane University, 1978 (Tulane Studies in Romance Languages and Literature, 9).

ZANTA (Léontine), *La Renaissance du stoïcisme au XVIe siècle*, Paris, Champion, 1914.

ZILLI (Luigia), « Lodovico Dolce e Jean-Antoine de Baïf interpreti del *Miles gloriosus* », [in] *Saggi e ricerche sul teatro francese del Cinquecento*, Firenze, Leo S. Olschki, 1985, pp. 103-129.

ZILLI (Luigia), « Une querelle théâtrale : Larivey et Perrin face aux *Escolliers* », [in] *Pierre de Larivey (1541-1619), Champenois, chanoine, traducteur, auteur de comédies et astrologue*, Paris, Klincksieck, 1993, pp. 39-48.

ZILLI (Luigia), « Saül : de Jean de La Taille à Pierre Du Ryer », [in] *Le Théâtre biblique de Jean de La Taille. Etudes sur « Saül le furieux », « De l'art de la tragédie », « La Famine ou Les Gabéonites »*, Paris, Champion, 1998, pp. 207-221.

ZONZA, « La tragédie à sujet actuel : *La Mort d'Henry IV* de Claude Billard », *R.H.L.F.*, 2000-6, pp. 1459-1479.

INDEX DES NOMS

Sont ici répertoriés les noms des personnes, à l'exclusion des noms des personnages de théâtre, fussent-ils empruntés à l'histoire. Les noms des critiques sont distingués par la minuscule.

BELLEAU (Rémi) : 178, 179, 320, 323, 339, 346-350, 353, 397.
BELLEFOREST (François de) : 404.
Bellenger (Yvonne) : 266n, 360n.
BELLONE (Estienne) : 244, 245n, 246.
Belmas (Elisabeth) : 188n.
BERQUIN (Louis de) : 77n.
BERTHRAND (François) : 223.
Bessière (Jean) : 182n.
BEUZEVAL (Guillaume), peintre-décorateur : 46.
Bevilacqua Caldari (Franca) : 226n, 345n.
BEYLARD (Simon) : 240n.
BÈZE (Théodore de) : 23, 38, 164, 175, 179, 195, 211, 212, 213, 214, 217, 252-257, 409.
BIBBIENA (Bernardo DOVIZI, dit) : 175, 396.
BIENVENU (Jacques) : 75.
BILLARD (Claude): 195, 200, 203, 213, 219n, 220, 223, 228, 235, 241-242, 248-249.
Biot (Brigitte) : 72n.
Blanc (André) : 212n.
Blanchard (Pierre) : 172n.
Blum (Claude) : 159n.
BOCCACE (Giovanni Boccaccio, dit) : 350.
Boccassini (Daniela) : 163n, 238n.
BOCHETEL (Guillaume) : 170, 185, 196, 198, 199.
BODIN (Jean) : 231.
Bokoam (S.) : 222n.
BONADUS (François) : 147n.
BONET (Claude) (anagramme : BENOET DU LAC) : 69, 70, 246-247, 313, 359.
BONIFACIO (le P. Juan) : 153.
Bonniffet (Pierre) ; 393n.
Boriaud (Jean-Yves) : 266n.
Bordes (Hélène) : 219n.
Bordier (Jean-Pierre) : 35n.
BORROMÉE (saint Charles) : 29.
Bossuat (Robert) : 148n.
BOSSUET (Jacques Bénigne) : 29
Boucher (Jacqueline) : 395n.

BOUCHET (Jean) : 27, 30-31, 45, 51.
BOUNIN (Gabriel) : 73, 228, 232n.
BOURBON (Charles de), archevêque de Rouen : 399.
BOURGEOIS (Jacques) : 340.
Bourqui (Claude) : 376n.
BOUSY (Pierre de) : 221n.
Bowen (Barbara C.) : 102n, 313, 341n.
Boysse (Ernest) : 154n.
BRACH (Pierre de) : 390, 403.
Braden (Gordon) : 170n, 197n.
Brahmer (Mieszyslaw) : 331n, 355n, 359n.
BRANTÔME (Pierre de Bourdeilles, abbé et seigneur de) : 175, 396.
Brault (Gérard F.) : 371n.
Braybrook (Jean): 346n.
BRETOG (Jean) : 68.
BRETON (Robert), régent bordelais : 160.
BRIAND (François) : 148.
BRIÇONNET (Guillaume) : 44.
BRISSET (Roland) : 186, 199, 204, 403.
Brown (Cynthia J.) : 72n.
BRUNO (Giordano) : 315.
BUCHANAN (George) : 155, 161-163, 170, 171-172, 173, 199.
Buzon (Christine de) : 226n.
BUONAPARTE (Nicolo) : 361.

C

CAHAIGNES (Jacques de) : 353.
CAILLEAU (Hubert) : 44, 49.
CALMUS (Jean) : 155.
CALVIN (Jean CAUVIN, dit) : 29, 54, 161, 215, 252, 255, 273.
Cameron (Keith) : 238n, 252n, 360n.
CAMUS (Albert) : 362, 367n.
Campbell (Catherine E.) : 318n.
CASTELVETRO (Lodovico): 183, 270.
CATHERINE DE MÉDICIS : 175, 215, 217, 239, 313n, 374, 386, 388, 395, 396, 397, 398.
Cazauran (Nicole) : 36n.
Céard (Jean) : 319n.

INDEX DES PIÈCES DE THÉÂTRE

Quand le nom de l'auteur est connu, il suit le titre de la pièce. Pour les pièces de forme médiévale, le genre (parfois discuté) est indiqué.

TABLE DES MATIÈRES

Dans la même collection

Achevé d'imprimer en 2002
à Genève (Suisse)